Legislação da Segurança Social

Legislação da Segurança Social

SISTEMATIZADA E ANOTADA

SISTEMA PREVIDENCIAL
CÓDIGO DOS REGIMES CONTRIBUTIVOS, PRESTAÇÕES E CONTENCIOSO

2019 · 7ª Edição

Apelles J. B. Conceição
Docente do Instituto de Direito do Trabalho da Faculdade de Direito de Lisboa

ALMEDINA

LEGISLAÇÃO DA SEGURANÇA SOCIAL
AUTOR
Apelles J. B. Conceição

Data da 1ª Edição: 1979

EDITOR
EDIÇÕES ALMEDINA, S.A.
Rua Fernandes Tomás, nºs 76, 78 e 80
3000-167 Coimbra
Tel.: 239 851 904 · Fax: 239 851 901
www.almedina.net · editora@almedina.net
DESIGN DE CAPA
FBA.
PRÉ-IMPRESSÃO
EDIÇÕES ALMEDINA, S.A.
IMPRESSÃO E ACABAMENTO
PAPELMUNDE

Novembro, 2019
DEPÓSITO LEGAL
464082/19

ALMEDINA | GRUPOALMEDINA

Biblioteca Nacional de Portugal – Catalogação na Publicação

PORTUGAL. Leis, decretos, etc.

Legislação da Segurança Social : sistematizada e anotada / Apelles J. B. Conceição. – 7ª ed. – (Coletâneas de legislação)
ISBN 978-972-40- 8162-5

I - CONCEIÇÃO, Apeles J. B.

CDU 349

Aos meus filhos

Maria Teresa

Francisco Alexandre

Maria José

DO ORGANIZADOR

- Licenciado em Direito pela Faculdade de Direito da Universidade Clássica de Lisboa – ano lectivo 71/72;
- Pós-graduado em Estudos Europeus (dominante jurídica) pelo Centro de Estudos Europeus da Faculdade de Ciências Humanas da Universidade Católica Portuguesa – ano lectivo 82/83;
- Advogado (inscrição suspensa a pedido);
- Docente do Instituto de Direito do Trabalho da Faculdade de Direito de Lisboa; Docente e conferencista do ensino superior (Faculdade de Direito da Clássica e da Nova);
- Consultor de projectos e auditor de empresas;
- Antigo dirigente, formador e assessor principal do Ministério do Trabalho e Segurança Social;
- Antigo chefe de gabinete do Provedor de Justiça;
- Principais obras publicadas na área da protecção social (para além de artigos em revistas jurídicas):

  a) Edições actuais:
    - *Legislação da Segurança Social – Sistematizada e anotada,* Coimbra, Almedina, 2019, 7ª edição;
    - *Segurança Social – Manual Prático,* Coimbra, Almedina, 2019, 11ª edição;
    - *Regimes Profissionais de Segurança Social – Sistema Complementar de Segurança Social,* Coimbra, Almedina, 2018;
    - *Estatuto das Instituições Particulares de Solidariedade Social* – Anotado, Coimbra, Almedina, 2015, 2ª edição;

b) Outras edições:

- *Direito da Segurança Social*, Lisboa, Imprensa Nacional, 1983/85 (4 volumes);
- *Acidentes de Trabalho e Doenças Profissionais*, 2 edições, 1983 e 2000;
- *Trabalhadores Independentes, Administradores e Directores*, Lisboa, Rei dos Livros, 2000 (2ª edição);
- *Direito Internacional e Europeu de Segurança Social*, Lisboa, Cosmos, 1997;
- *Dicionário de Segurança Social*, Lisboa, Rei dos Livros, 1999;
- *Regime da Função Pública – Segurança Social*, Lisboa, Rei dos Livros, 2003.

NOTA DE APRESENTAÇÃO

Tal como em outras áreas do Direito, também a legislação direta ou indiretamente relacionada com a Segurança Social tem sofrido inúmeras e nem sempre justificadas alterações. Algumas das relevantes modificações legislativas em sede de Segurança Social, tendo em vista uma transformação estrutural do regime, encontraram justificação num período de acentuada crise económica, principalmente quando, por força do Memorando de Entendimento, se impôs ao Estado português uma significativa redução da despesa pública, que poderia ser conseguida, nomeadamente nas transferências para a Segurança Social. Mas no período subsequente à crise financeira de 2008-2014 a intervenção legislativa em matéria de Segurança Social manteve-se com o mesmo desiderato de sustentação económica do sistema.

Atendendo à indicada instabilidade legislativa, o conhecimento das leis em vigor torna-se numa tarefa árdua, sendo frequente a necessidade de juristas e de outros práticos, que precisam conhecer regimes jurídicos e aplicar normas, se socorrerem de compilações de textos legais; a situação é recorrente e, na falta de compilações oficiais – como o caso das Ordenações Afonsinas –, desde há vários séculos que se recorre às compilações particulares (recorde-se a compilação de leis de Duarte Nunes de Lião, intitulada "Leis Extravagantes", no século XVI, estando então em vigor as Ordenações Manuelinas).

No âmbito da legislação sobre Segurança Social, além da instabilidade legislativa acresce a dificuldade inerente ao facto de ter sido publicado um número muito elevado de diplomas que regulam aspetos distintos, havendo necessidade não só de os conhecer como, especialmente, de os poder relacionar. E estes diversos aspetos dos regimes de segurança social interessam não só a muitos juristas como igualmente a vários outros profissionais, como economistas, contabilistas, atuários, etc.

O trabalho de compilação da legislação da segurança social já foi tentado por diversas vezes, mas, neste âmbito, merece especial destaque o labor do Senhor Dr. Apelles da Conceição, que, além de outros trabalhos nesta área, de que resulta o seu conhecimento profundo dos regimes jurídicos da Segurança Social, já elaborou anteriormente outras compilações de leis da Segurança Social. Poder-se-ia pensar que na era da informática, em que os diplomas legislativos estão disponibilizados em páginas eletrónicas, tornar-se-ia despicienda a compilação de leis; todavia, mesmo podendo aceder aos diplomas legislativos via eletrónica, é de especial relevo a possibilidade de poder consultar as diferentes leis que regulam distintos aspetos dos regimes da Segurança Social num volume, bem sistematizado e com índices, especialmente um índice temático, que permitem a fácil consulta e concatenação de matérias, mesmo quando não incluídas nesta compilação. Compila-se neste volume a principal legislação de Segurança Social, com breves anotações, fazendo-se ainda menção a outra legislação, que não podia ser reproduzida por motivos de viabilidade editorial.

Justificava-se, deste modo, a publicação num volume – ainda que mais conciso do que edições anteriores atenta a multiplicidade de diplomas – da principal legislação da Segurança Social, em 7.ª edição, a que o Instituto de Direito do Trabalho da Faculdade de Direito de Lisboa se associa, patrocinando institucionalmente a sua publicação.

A *Legislação da Segurança Social* do Senhor Dr. Apelles da Conceição constitui, pois, uma obra incontornável para todos aqueles que pretendam conhecer os regimes de Segurança Social e tenham necessidade de aplicar as correspondentes normas.

Lisboa, outubro de 2019

Pedro Romano Martinez
(Professor Catedrático da Faculdade de Direito de Lisboa
Presidente da assembleia Geral do Instituto de Direito do Trabalho)

NOTA PRÉVIA

1. Porque acreditamos que a divulgação sistematizada do direito positivo de áreas academicamente subalternizadas como a segurança social pode, de algum modo, contribuir para a criação de espaços que favoreçam o seu crescimento científico organizámos mais esta edição como instrumento de apoio à formação centrado do Código dos Regimes Contributivos actualizado e com o alto patrocínio institucional do Instituto do Direito do Trabalho da Faculdade de Direito de Lisboa.

2. Trata-se, afinal, de tentar mais uma vez disponibilizar os textos normativos necessários a uma resposta satisfatória às expectativas dos utilizadores que tenham como objectivo uma percepção sistematizada do direito interno da segurança social na vertente previdencial (que aliás a edição de diplomas avulsos de modo algum garante). Consequentemente, a um conjunto normativo que se pretende integrado faz-se corresponder um amplo índice temático como reforço da coerência pretendida.

Acontece, porém, que publicar uma qualquer compilação sectorial de textos normativos de uma qualquer área da segurança social em suporte papel sempre obedeceu e continuará a obedecer a exigências comerciais, embora compreensíveis, muito severas.

Assim, à medida que a legislação se expande e dispersa, isto apesar do recente esforço de consolidação das normas aplicáveis aos regimes do chamado "sistema previdencial", em sentido oposto o volume das compilações dos respectivos textos vai sendo objecto de implacável redução.

Na verdade, para além de outros conjuntos normativos da segurança social não contidos nesta versão curta da compilação como:

- diplomas complementares do Código dos Regimes;
- regimes profissionais de segurança social – objecto de compilação própria nos finais de 2018.
- regime dos acidentes de trabalho e doenças profissionais, tratado tradicionalmente com autonomia, objecto de 2 edições específicas (1982 e 2000);
- respostas sociais no âmbito da acção social – matéria há muito arredada de compilações normativas;
- organização administrativa da segurança social – objecto de compilação própria, Ed. Imprensa Nacional, Casa da Moeda, nos recuados anos de 1983/85;
- intervenção institucionalizada das pessoas colectivas de utilidade pública do sector social, designadamente, instituições particulares de solidariedade social – tem compilação própria: "Estatuto das Instituições Particulares de Solidariedade Social, Anotado", Coimbra, Almedina, 2015 (2ª edição) – bem como o regime jurídico dos respectivos equipamentos e serviços sociais.

Relativamente aos regimes e prestações não estão contidos, por exemplo:

- prestações não contributivas, associadas e complementares (junta-se lista de diplomas);
- regime de protecção social convergente (tradicionalmente tratado com autonomia, sobretudo no que toca ao regime da aposentação);
- normas aplicáveis a outros regimes ou grupos fechados e correspondentes prestações (maior parte já publicada nas edições anteriores);
- normas aplicáveis a fundos especiais (pela frequência reduzida de consulta) (aliás elencados em anotação ao artº 60º do CRC);
- regimes de seguro social não geridos pela segurança social (Vg: seguro social penal);
- códigos e regimes jurídicos codificados relevantes – CC, CPA, Regime Geral das Contra-ordenações e códigos fiscais (LGT, RGIT, CPPT...) – por se entender de fácil consulta;
- normas sobre harmonização e coordenação de regimes nacionais, o designado Direito Internacional e Europeu de Segurança Social objecto da compilação "Direito Internacional e Europeu de Segurança Social" – Lisboa, Cosmos, 1997 – consultáveis ainda com alguma actualidade no que se refere à ONU, OIT e Conselho da Europa.

3. Milita ainda a favor do suporte papel o fraco entusiasmo na adesão à desmaterialização de textos normativos (as chamadas "compilações electrónicas")

por parte de grupos de profissionais academicamente treinados na leitura, análise e avaliação da lei em suporte físico (o papel), designadamente os juristas.

4. No que respeita ao critério de anotação específica do Código dos Regimes Contributivos, diploma que, aliás, alguns editores sobretudo os "caçadores de códigos" seduzidos pela novidade, numa avaliação menos correcta da extensão da matéria objecto da codificação, pretenderam elevar à dignidade de um verdadeiro Código da Segurança Social, optou-se por guarnecê-lo com as notas, indicações e referências indispensáveis sem comentários exaustivos para não sobrecarregar o texto.

De qualquer modo, as posições assumidas pelo organizador não vinculam o IDT.

5. Para uma súmula descritiva da segurança social quanto a regimes e prestações vinculados e respectivo contencioso, bem como dos conceitos ou expressões específicas consultar "Segurança Social – Manual Prático", Coimbra, Almedina, 2019 (11ª edição).

Setembro de 2019

O organizador

ACRÓNIMOS E ABREVIATURAS MAIS UTILIZADOS

Ac	Acórdão
ACT	Autoridade para as Condições do Trabalho
ACTV	Acordo colectivo de trabalho vertical
AP	Administração Pública ou Administrações públicas
AR	Assembleia da República
ARS	Administração Regional de Saúde
ASM	Associação de socorros mútuos
BI	Bilhete de identidade
CC	Código Civil
CCT	Contrato colectivo de trabalho
CE	Comunidade Europeia (agora UE)
CEE	Comunidade Económica Europeia (agora UE)
CESD	Cartão europeu de seguro de doença
CGA	Caixa Geral de Aposentações
CIRC	Código do IRC
CIRE	Código de Insolvência e Recuperação de Empresas
CIRS	Código do IRS
CIT	Certificado de incapacidade temporária para o trabalho por estado de doença
CIVA	Código do IVA
CNP	Centro Nacional de Pensões
CoE	Conselho da Europa
CP	Código Penal
CPA	Código do Procedimento Administrativo
CPC	Código de Processo Civil

CPP	Código de Processo Penal
CPPT	Código de Procedimento e do Processo Tributário
CPS	Certificado provisório de substituição (do CESD)
CPT	Código de Processo do Trabalho
CPTA	Código de Processo nos Tribunais Administrativos
CRC	Código dos Regimes Contributivos do Sistema Previdencial de Segurança Social
CRP	Constituição da República Portuguesa
CSC	Código das Sociedades Comerciais
CT	Código do Trabalho
D Leg Reg	Decreto legislativo regional
D Reg	Decreto regulamentar
D Reg Reg	Decreto regulamentar regional
Dec	Decreto
Desp	Despacho
DGSS	Direcção-Geral da Segurança Social
DL	Decreto-Lei
DN	Despacho Normativo
DP	Documento portátil
DPs	Documentos portáteis (Dtº. Comunitário) (antigos formulários)
DR	Diário da República
DRSS	Direcção Regional da Solidariedade Social (RA Açores)
EA	Estatuto da Aposentação
EBF	Estatuto dos Benefícios Fiscais
EESSI	*Electronic Exchange of Social Information* (Drtº Comunitário)
EEE	Espaço Económico Europeu ou Entidades empresariais do Estado
EIRL	Estabelecimento individual de responsabilidade limitada
ENI	Empresário em nome individual
EPS	Estatuto das Pensões de Sobrevivência
ETAF	Estatuto dos Tribunais Administrativos e Fiscais
FEFSS	Fundo de Estabilização Financeira da Segurança Social
FS	Factor de sustentabilidade
GF	Grupo ou Regime fechado
IAS	Indexante dos apoios sociais
IEFP, IP	Instituto do Emprego e da Formação Profissional, I.P.
IGFCSS, IP	Instituto de Gestão de Fundos de Capitalização da Segurança Social, I.P.
IGFSS, IP	Instituto de Gestão Financeira da Segurança Social, I.P.

IGMTSSS	Inspecção-Geral do Ministério do Trabalho, Solidariedade e Segurança Social
II, IP	Instituto de Informática, I.P.
INR, IP	Instituto Nacional para a Reabilitação, I.P.
IP	Instituto público
IPRA	Instituto público das regiões autónomas
IPSS	Instituição particular de solidariedade social
IRC	Imposto sobre o rendimento de pessoas colectivas
IRCT	Instrumento de regulamentação colectiva de trabalho
IRS	Imposto sobre o rendimento de pessoas singulares
ISS, IP	Instituto da Segurança Social, I.P.
ISSA	Instituto da Segurança Social dos Açores
ISSM, IPRA	Instituto de Segurança Social da Madeira, IPRA
IVA	Imposto sobre o valor acrescentado
JOUE	Jornal Oficial da União Europeia
L	Lei
LGT	Lei Geral Tributária
LOSJ	Lei da Organização do Sistema Judiciário
LSS	Lei da Segurança Social
LTFP	Lei Geral do Trabalho em Funções Públicas
MOEs	Membros de órgãos estatutários
MTSSS	Ministério ou Ministro do Trabalho, Solidariedade e Segurança Social
NIF	Número de identificação fiscal
NIPC	Número de identificação de pessoa colectiva
NISS	Número de identificação da segurança social
OE	Orçamento do Estado
OISS	Organização Ibero-americana de Segurança Social
OIT	Organização Internacional do Trabalho
ONU	Organização das Nações Unidas
OSS	Orçamento da Segurança Social
PORT	Portaria
RAA	Região Autónoma dos Açores
RAM	Região Autónoma da Madeira
RAR	Resolução da Assembleia da República
REG	Regulamento (Comunitário no âmbito da UE)
RGCO	Regime Geral das Contra-ordenações
RGIT	Regime Geral das Infracções Tributárias
RGSS	Regime geral da segurança social

RMMG	Retribuição mínima mensal garantida
RPSC	Regime de protecção social convergente
RPSFP	Regime de protecção social da função pública
SEDs	*Strutured Electronic Documents* (documentos electrónicos – antigos formulários E desmaterializados)
SESS	Secretaria ou Secretário de Estado da Segurança Social
SISS	Sistema de informação da segurança social
SNS	Serviço Nacional de Saúde ou Sistema Nacional de Saúde
SPE	Secção de processo executivo da segurança social
SRIAS	Secretaria ou Secretário Regional da Inclusão e dos Assuntos Sociais (RA Madeira)
SRSS	Secretaria ou Secretário Regional da Solidariedade Social (RA Açores)
SSS	Sistema de segurança social
STA	Supremo Tribunal Administrativo
STJ	Supremo Tribunal de Justiça
SVI	Sistema de verificação de incapacidades
TC	Tribunal Constitucional
TCO	Trabalhadores por conta de outrem
TFUE	Tratado sobre o Funcionamento da União Europeia
TJUE	Tribunal de Justiça da União Europeia
Tratado CE	Tratado que institui a Comunidade Europeia (agora Tratado sobre o Funcionamento da UE)
TSU	Taxa social única
TUE	Tratado da União Europeia
UC	Unidade de conta
UE	União Europeia

ÍNDICE SISTEMÁTICO

SISTEMA PREVIDENCIAL DE SEGURANÇA SOCIAL

PARTE I
Normas Fundamentais

- Decreto de 10 de Abril de 1976 – Constituição da República, de 2 de Abril de 1976 (versão da Lei Constitucional nº 1/2005, de 12 de Agosto)
- Lei nº 4/2007, de 16 de Janeiro – Bases gerais do sistema de segurança social

---

Constituição da República Portuguesa [1]

(Versão da Lei Constitucional nº 1/2005, de 12 de Agosto)

Princípios fundamentais

Artigo 1º – República Portuguesa

Portugal é uma República soberana, baseada na dignidade da pessoa humana e na vontade popular e empenhada na construção de uma sociedade livre, justa e solidária.

- *A dignidade humana constitui um dos princípios nucleares, como direito ao desenvolvimento da personalidade: trata-se do direito da pessoa a prestações indispensáveis para viver conforme a dignidade humana.*
- *No sentido da determinação do mínimo de subsistência condigna ver Ac TC 509/02.*

[1] As normas reproduzidas correspondem ao conteúdo social da Constituição – a designada "Constituição Social".

Artigo 2º – Estado de direito democrático

A República Portuguesa é um Estado de direito democrático, baseado na soberania popular, no pluralismo de expressão e organização política democráticas, no respeito e na garantia de efectivação dos direitos e liberdades fundamentais e na separação e interdependência de poderes, visando a realização da democracia económica, social e cultural e o aprofundamento da democracia participativa.

– *Democracia social no sentido do acesso de todos às prestações sociais (com a reserva do financeiramente possível) e à participação na definição da política social.*

(...)

Artigo 9º – Tarefas fundamentais do Estado

São tarefas fundamentais do Estado:

(...)

b) Garantir os direitos e liberdades fundamentais e o respeito pelos princípios do Estado de direito democrático;

(...)

d) Promover o bem-estar e a qualidade de vida do povo e a igualdade real entre os portugueses, bem como a efectivação dos direitos económicos, sociais, culturais e ambientais, mediante a transformação e modernização das estruturas económicas e sociais;

(...)

PARTE I – Direitos e deveres fundamentais

TÍTULO I – Princípios gerais

(...)

Artigo 12º – Princípio da universalidade

1. Todos os cidadãos gozam dos direitos e estão sujeitos aos deveres consignados na Constituição.

2. As pessoas colectivas gozam dos direitos e estão sujeitas aos deveres compatíveis com a sua natureza.

– *Na área da protecção social ver artº 6º da L 4/2007, 16.01.*

Artigo 13º – Princípio da igualdade

1. Todos os cidadãos têm a mesma dignidade social e são iguais perante a lei.

2. Ninguém pode ser privilegiado, beneficiado, prejudicado, privado de qualquer direito ou isento de qualquer dever em razão de ascendência, sexo, raça, lín-

gua, território de origem, religião, convicções políticas ou ideológicas, instrução, situação económica, condição social ou orientação sexual.

– *Ver artº 7º da L 4/2007, 16.01.*

(...)

Artigo 16º – Âmbito e sentido dos direitos fundamentais

1. Os direitos fundamentais consagrados na Constituição não excluem quaisquer outros constantes das leis e das regras aplicáveis de direito internacional.

2. Os preceitos constitucionais e legais relativos aos direitos fundamentais devem ser interpretados e integrados de harmonia com a Declaração Universal dos Direitos do Homem.

– *A Declaração Universal dos Direitos do Homem, agora Declaração Universal dos Direitos Humanos, nos termos da Lei nº 45/2019, de 27 de Junho, foi publicada no DR I, de 7/03/78. Nomeadamente os arts 22º e 25º respeitam à segurança social.*

(...)

Artigo 29º – Aplicação da lei criminal

1. Ninguém pode ser sentenciado criminalmente senão em virtude de lei anterior que declare punível a acção ou a omissão, nem sofrer medida de segurança cujos pressupostos não estejam fixados em lei anterior.

2. O disposto no número anterior não impede a punição, nos limites da lei interna, por acção ou omissão que no momento da sua prática seja considerada criminosa segundo os princípios gerais de direito internacional comummente reconhecidos.

3. Não podem ser aplicadas penas ou medidas de segurança que não estejam expressamente cominadas em lei anterior.

4. Ninguém pode sofrer pena ou medida de segurança mais graves do que as previstas no momento da correspondente conduta ou da verificação dos respectivos pressupostos, aplicando-se retroactivamente as leis penais de conteúdo mais favorável ao arguido.

5. Ninguém pode ser julgado mais do que uma vez pela prática do mesmo crime.

6. Os cidadãos injustamente condenados têm direito, nas condições que a lei prescrever, à revisão da sentença e à indemnização pelos danos sofridos.

– *Ver expressão deste princípio da legalidade, em termos de contra-ordenações da segurança social, no artº 222º do CRC.*

(...)

Artigo 41º – Liberdade de consciência, de religião e de culto

1. A liberdade de consciência, de religião e de culto é inviolável.

2. Ninguém pode ser perseguido, privado de direitos ou isento de obrigações ou deveres cívicos por causa das suas convicções ou prática religiosa.

3. Ninguém pode ser perguntado por qualquer autoridade acerca das suas convicções ou prática religiosa, salvo para recolha de dados estatísticos não individualmente identificáveis, nem ser prejudicado por se recusar a responder.

4. As igrejas e outras comunidades religiosas estão separadas do Estado e são livres na sua organização e no exercício das suas funções e do culto.

5. É garantida a liberdade de ensino de qualquer religião praticado no âmbito da respectiva confissão, bem como a utilização de meios de comunicação social próprios para o prosseguimento das suas actividades.

6. É garantido o direito à objecção de consciência, nos termos da lei.

– *Ver Lei da Liberdade Religiosa – L 16/2001, 11.06.*
Protecção social dos membros das igrejas, associações e confissões religiosas – arts 122º e segs do CRC.

(...)

Artigo 46º – Liberdade de associação

1. Os cidadãos têm o direito de, livremente e sem dependência de qualquer autorização, constituir associações, desde que estas não se destinem a promover a violência e os respectivos fins não sejam contrários à lei penal.

2. As associações prosseguem livremente os seus fins sem interferência das autoridades públicas e não podem ser dissolvidas pelo Estado ou suspensas as suas actividades senão nos casos previstos na lei e mediante decisão judicial.

3. Ninguém pode ser obrigado a fazer parte de uma associação nem coagido por qualquer meio a permanecer nela.

4. Não são consentidas associações armadas nem de tipo militar, militarizadas ou paramilitares, nem organizações racistas ou que perfilhem a ideologia fascista.

– *Ver artº 160º do Código Civil.*

(...)

Artigo 50º – Direito de acesso a cargos públicos

(...)

2. Ninguém pode ser prejudicado na sua colocação, no seu emprego, na sua carreira profissional ou nos benefícios sociais a que tenha direito, em virtude do exercício de direitos políticos ou do desempenho de cargos públicos.

(...)

Artigo 56º – Direitos das associações sindicais e contratação colectiva

1. Compete às associações sindicais defender e promover a defesa dos direitos e interesses dos trabalhadores que representem.

2. Constituem direitos das associações sindicais:

(...)

b) Participar na gestão das instituições de segurança social e outras organizações que visem satisfazer os interesses dos trabalhadores;

(...)

4. A lei estabelece as regras respeitantes à legitimidade para a celebração das convenções colectivas de trabalho, bem como à eficácia das respectivas normas.

– *Para a alínea b) ver princípio da participação previsto no nº 2 do artº 63º da CRP e desenvolvido no artº 16º da Lei nº 4/2007, 16.01.*

(...)

Artigo 59º – Direitos dos trabalhadores

1. Todos os trabalhadores, sem distinção de idade, sexo, raça, cidadania, território de origem, religião, convicções políticas ou ideológicas, têm direito:

(...)

e) A assistência material, quando involuntariamente se encontrem em situação de desemprego;

f) A assistência e justa reparação, quando vítimas de acidente de trabalho ou de doença profissional.

2. Incumbe ao Estado assegurar as condições de trabalho, retribuição e repouso a que os trabalhadores têm direito, nomeadamente:

(...)

e) A protecção das condições de trabalho e a garantia dos benefícios sociais dos trabalhadores emigrantes;

(...)

Artigo 61º – Iniciativa privada, cooperativa e autogestionária

1. A iniciativa económica privada exerce-se livremente nos quadros definidos pela Constituição e pela lei e tendo em conta o interesse geral.

2. A todos é reconhecido o direito à livre constituição de cooperativas, desde que observados os princípios cooperativos.

3. As cooperativas desenvolvem livremente as suas actividades no quadro da lei e podem agrupar-se em uniões, federações e confederações e em outras formas de organização legalmente previstas.

4. A lei estabelece as especificidades organizativas das cooperativas com participação pública.

5. É reconhecido o direito de autogestão, nos termos da lei.

- *V. Código Cooperativo aprovado pela Lei nº 119/2015, 31.08, e outra legislação conexa na colectânea "Estatuto das Instituições Particulares de Solidariedade Social – anotado", Coimbra, Almedina, 2015 (2ª edição).*

(...)

CAPÍTULO II – Direitos e deveres sociais

Artigo 63º – Segurança social e solidariedade

1. Todos têm direito à segurança social.

2. Incumbe ao Estado organizar, coordenar e subsidiar um sistema de segurança social unificado e descentralizado, com a participação das associações sindicais, de outras organizações representativas dos trabalhadores e de associações representativas dos demais beneficiários.

3. O sistema de segurança social protege os cidadãos na doença, velhice, invalidez, viuvez e orfandade, bem como no desemprego e em todas as outras situações de falta ou diminuição de meios de subsistência ou de capacidade para o trabalho.

4. Todo o tempo de trabalho contribui, nos termos da lei, para o cálculo das pensões de velhice e invalidez, independentemente do sector de actividade em que tiver sido prestado.

5. O Estado apoia e fiscaliza, nos termos da lei, a actividade e o funcionamento das instituições particulares de solidariedade social e de outras de reconhecido interesse público sem carácter lucrativo, com vista à prossecução de objectivos de solidariedade social consignados, nomeadamente, neste artigo, na alínea *b)* do nº 2 do artigo 67º, no artigo 69º, na alínea *e)* do nº 1 do artigo 70º e nos artigos 71º e 72º.

- *Ver, genericamente, L 4/2007,16.01 – Lei de bases gerais do sistema de segurança social.*
- *O lacónico nº 1 podemos entendê-lo no sentido da proclamação de 10 de Dezembro de 1948 – a Declaração Universal dos Direitos do Homem – que no seu artº 22º dispõe:*
  "Toda a pessoa, como membro da sociedade, tem direito à segurança social; e pode legitimamente exigir a satisfação dos direitos económicos, sociais e culturais indispensáveis, graças ao esforço nacional e à cooperação internacional, de harmonia com a organização e os recursos de cada país."
- *O sistema deve ser subsidiado pelo Estado (nº 2, 1ª parte) no sentido em que, para além dos encargos suportados pelas contribuições dos empregadores e quotizações dos trabalhadores, parte das despesas é suportada pelo orçamento do Estado, o chamado*

financiamento público directo. Ver artº 90º da L 4/2007, 16.01, e respectiva anotação.

- *Os "cinco requisitos constitucionais" do sistema público de segurança social, segundo J. J. Gomes Canotilho e Vital Moreira in "Constituição da República Portuguesa – Anotada" em anotação ao artº 63º, aliás todos considerados princípios pelo direito infraconstitucional nesta matéria, a Lei de Bases da Segurança Social, a saber:*
  - *. universalidade (princípio da universalidade subjectiva) (nº1) – o sistema abrange todos os cidadãos – V. artº 6º da L 4/2007, 16.01, e anotação;*
  - *. generalidade ou integralidade (princípio da generalidade objectiva) (nº 3) – o sistema integrará todas as respostas às condições de existência das pessoas – V. artº 6º da L 4/2007, 16.01, e anotação;*
  - *. natureza unificada (princípio da unidade) (nº 2) – todos os mecanismos de protecção social integram um único sistema "o que afasta a possibilidade de sistemas privativos diferenciados, como sucedeu até agora com o sistema de segurança social próprio dos funcionários públicos..."– V. artº 16º da L 4/2007, 16.01, e anotação;*
  - *. natureza descentralizada (princípio da descentralização) (nº 2) – o sistema tem autonomia institucional – V. artº 17º da L 4/2007, 16/01, e anotação;*
  - *. natureza participada (princípio da participação) (nº 2) – o sistema pressupõe envolvimento dos interessados na sua gestão – V. artº 18º da L 4/2007, 16.01, e anotação.*
- *A expressão "Todo o tempo de trabalho contribui, nos termos da lei, para o cálculo das pensões..." (nº 4) só faz sentido se esse tempo de trabalho (actividade profissional remunerada) for acompanhado da sua quantificação retributiva – as remunerações que dele resultam. Na verdade, só a retribuição da actividade permite qualificá-la de trabalho – são elementos incindíveis da mesma realidade – não se pode considerar tempo de trabalho sem um dos seus componentes: a sua retribuição. Deve, assim, considerar-se que viola este princípio toda a disposição legal que desconsidere, suprima ou restrinja o valor remuneratório da totalidade do tempo de trabalho relevante para o cálculo das pensões.*
  Não confundir com a totalização dos prazos de garantia que está regulado no nº 2 do artº 61º da L 4/2007, 16/01.
- *Para as instituições de economia social ou entidades do sector não lucrativo (ESNL) (NPO – non-profit organization), nomeadamente as instituições particulares de solidariedade social (IPSS) (nº 5) ver alínea d) do nº 4 do artº 82º desta CRP e nº 6 do artº 31º e artº 32º da L 4/2007, 16.01, e legislação complementar na colectânea "Estatuto das Instituições Particulares de Solidariedade Social, Anotado", Coimbra, Almedina, 2015 (2ª edição).*

Artigo 64º – Saúde

1. Todos têm direito à protecção da saúde e o dever de a defender e promover.

2. O direito à protecção da saúde é realizado:

a) Através de um serviço nacional de saúde universal e geral e, tendo em conta as condições económicas e sociais dos cidadãos, tendencialmente gratuito;

b) Pela criação de condições económicas, sociais, culturais e ambientais que garantam, designadamente, a protecção da infância, da juventude e da velhice, e pela melhoria sistemática das condições de vida e de trabalho, bem como pela promoção da cultura física e desportiva, escolar e popular, e ainda pelo desenvolvimento da educação sanitária do povo e de práticas de vida saudável.

3. Para assegurar o direito à protecção da saúde, incumbe prioritariamente ao Estado:

a) Garantir o acesso de todos os cidadãos, independentemente da sua condição económica, aos cuidados da medicina preventiva, curativa e de reabilitação;

b) Garantir uma racional e eficiente cobertura de todo o país em recursos humanos e unidades de saúde;

c) Orientar a sua acção para a socialização dos custos dos cuidados médicos e medicamentosos;

d) Disciplinar e fiscalizar as formas empresariais e privadas da medicina, articulando-as com o serviço nacional de saúde, por forma a assegurar, nas instituições de saúde públicas e privadas, adequados padrões de eficiência e de qualidade;

e) Disciplinar e controlar a produção, a distribuição, a comercialização e o uso dos produtos químicos, biológicos e farmacêuticos e outros meios de tratamento e diagnóstico;

f) Estabelecer políticas de prevenção e tratamento da toxicodependência.

4. O serviço nacional de saúde tem gestão descentralizada e participada.

– *Ver, nomeadamente:*
Lei nº 56/79, 15.09 – Serviço Nacional de Saúde;
Lei nº 95/2019, de 4 de Setembro – Lei de Bases da Saúde.

Artigo 65º – Habitação e urbanismo

1. Todos têm direito, para si e para a sua família, a uma habitação de dimensão adequada, em condições de higiene e conforto e que preserve a intimidade pessoal e a privacidade familiar.

2. Para assegurar o direito à habitação, incumbe ao Estado:

a) Programar e executar uma política de habitação inserida em planos de ordenamento geral do território e apoiada em planos de urbanização que garantam a existência de uma rede adequada de transportes e de equipamento social;

b) Promover, em colaboração com as regiões autónomas e as autarquias locais, a construção de habitações económicas e sociais;

c) Estimular a construção privada, com subordinação ao interesse geral, e o acesso à habitação própria ou arrendada;

d) Incentivar e apoiar as iniciativas das comunidades locais e das populações, tendentes a resolver os respectivos problemas habitacionais e a fomentar a criação de cooperativas de habitação e a autoconstrução.

3. O Estado adoptará uma política tendente a estabelecer um sistema de renda compatível com o rendimento familiar e de acesso à habitação própria.

4. O Estado, as regiões autónomas e as autarquias locais definem as regras de ocupação, uso e transformação dos solos urbanos, designadamente através de instrumentos de planeamento, no quadro das leis respeitantes ao ordenamento do território e ao urbanismo, e procedem às expropriações dos solos que se revelem necessárias à satisfação de fins de utilidade pública urbanística.

5. É garantida a participação dos interessados na elaboração dos instrumentos de planeamento urbanístico e de quaisquer outros instrumentos de planeamento físico do território.

– *Ver Lei nº 83/2019, de 3 de Setembro – Lei de Bases da Habitação*

Artigo 66º – Ambiente e qualidade de vida

1. Todos têm direito a um ambiente de vida humano, sadio e ecologicamente equilibrado e o dever de o defender.

2. Para assegurar o direito ao ambiente, no quadro de um desenvolvimento sustentável, incumbe ao Estado, por meio de organismos próprios e com o envolvimento e a participação dos cidadãos:

a) Prevenir e controlar a poluição e os seus efeitos e as formas prejudiciais de erosão;

b) Ordenar e promover o ordenamento do território, tendo em vista uma correcta localização das actividades, um equilibrado desenvolvimento sócio-económico e a valorização da paisagem;

c) Criar e desenvolver reservas e parques naturais e de recreio, bem como classificar e proteger paisagens e sítios, de modo a garantir a conservação da natureza e a preservação de valores culturais de interesse histórico ou artístico;

d) Promover o aproveitamento racional dos recursos naturais, salvaguardando a sua capacidade de renovação e a estabilidade ecológica, com respeito pelo princípio da solidariedade entre gerações;

e) Promover, em colaboração com as autarquias locais, a qualidade ambiental das povoações e da vida urbana, designadamente no plano arquitectónico e da protecção das zonas históricas;

f) Promover a integração de objectivos ambientais nas várias políticas de âmbito sectorial;

g) Promover a educação ambiental e o respeito pelos valores do ambiente;

h) Assegurar que a política fiscal compatibilize desenvolvimento com protecção do ambiente e qualidade de vida.

Artigo 67º – Família

1. A família, como elemento fundamental da sociedade, tem direito à protecção da sociedade e do Estado e à efectivação de todas as condições que permitam a realização pessoal dos seus membros.

2. Incumbe, designadamente, ao Estado para protecção da família:

a) Promover a independência social e económica dos agregados familiares;

b) Promover a criação e garantir o acesso a uma rede nacional de creches e de outros equipamentos sociais de apoio à família, bem como uma política de terceira idade;

c) Cooperar com os pais na educação dos filhos;

d) Garantir, no respeito da liberdade individual, o direito ao planeamento familiar, promovendo a informação e o acesso aos métodos e aos meios que o assegurem, e organizar as estruturas jurídicas e técnicas que permitam o exercício de uma maternidade e paternidade conscientes;

e) Regulamentar a procriação assistida, em termos que salvaguardem a dignidade da pessoa humana;

f) Regular os impostos e os benefícios sociais, de harmonia com os encargos familiares;

g) Definir, ouvidas as associações representativas das famílias, e executar uma política de família com carácter global e integrado.

h) Promover, através da concertação das várias políticas sectoriais a conciliação da actividade profissional com a vida familiar.

Artigo 68º – Paternidade e maternidade

1. Os pais e as mães têm direito à protecção da sociedade e do Estado na realização da sua insubstituível acção em relação aos filhos, nomeadamente quanto à sua educação, com garantia de realização profissional e de participação na vida cívica do país.

2. A maternidade e a paternidade constituem valores sociais eminentes.

3. As mulheres têm direito a especial protecção durante a gravidez e após o parto, tendo as mulheres trabalhadoras ainda direito a dispensa do trabalho por período adequado, sem perda da retribuição ou de quaisquer regalias.

4. A lei regula a atribuição às mães e aos pais de direitos de dispensa de trabalho por período adequado, de acordo com os interesses da criança e as necessidades do agregado familiar.

– *Quanto a faltas, dispensas e licenças ver arts 33º a 65º do Código do Trabalho.*

Artigo 69º – Infância

1. As crianças têm direito à protecção da sociedade e do Estado, com vista ao seu desenvolvimento integral, especialmente contra todas as formas de abandono, de discriminação e de opressão e contra o exercício abusivo da autoridade na família e nas demais instituições.

2. O Estado assegura especial protecção às crianças órfãs, abandonadas ou por qualquer forma privadas de um ambiente familiar normal.

3. É proibido, nos termos da lei, o trabalho de menores em idade escolar.

Artigo 70º – Juventude

1. Os jovens gozam de protecção especial para efectivação dos seus direitos económicos, sociais e culturais, nomeadamente:

a) No ensino, na formação profissional e na cultura;
b) No acesso ao primeiro emprego, no trabalho e na segurança social;
c) No acesso à habitação;
d) Na educação física e no desporto;
e) No aproveitamento dos tempos livres.

2. A política de juventude deverá ter como objectivos prioritários o desenvolvimento da personalidade dos jovens, a criação de condições para a sua efectiva integração na vida activa, o gosto pela criação livre e o sentido de serviço à comunidade.

3. O Estado, em colaboração com as famílias, as escolas, as empresas, as organizações de moradores, as associações e fundações de fins culturais e as colectividades de cultura e recreio, fomenta e apoia as organizações juvenis na prossecução daqueles objectivos, bem como o intercâmbio internacional da juventude.

Artigo 71º – Cidadãos portadores de deficiência

1. Os cidadãos portadores de deficiência física ou mental gozam plenamente dos direitos e estão sujeitos aos deveres consignados na Constituição, com ressalva do exercício ou do cumprimento daqueles para os quais se encontrem incapacitados.

2. O Estado obriga-se a realizar uma política nacional de prevenção e de tratamento, reabilitação e integração dos cidadãos portadores de deficiência e de apoio às suas famílias, a desenvolver uma pedagogia que sensibilize a sociedade quanto aos deveres de respeito e solidariedade para com eles e a assumir o encargo da efectiva realização dos seus direitos, sem prejuízo dos direitos e deveres dos pais ou tutores.

3. O Estado apoia as organizações de cidadãos portadores de deficiência.

– *Ver, para além da Convenção sobre os Direitos das Pessoas com Deficiência (ONU – 2007), L 38/2004, 18/08, DL 202/96, 23/10, e DL 93/2009, 16/04.*

Artigo 72º – Terceira idade

1. As pessoas idosas têm direito à segurança económica e a condições de habitação e convívio familiar e comunitário que respeitem a sua autonomia pessoal e evitem e superem o isolamento ou a marginalização social.

2. A política de terceira idade engloba medidas de carácter económico, social e cultural tendentes a proporcionar às pessoas idosas oportunidades de realização pessoal, através de uma participação activa na vida da comunidade.

– *Ver nesta matéria (com carácter proclamatório):*

. No âmbito da ONU – Resolução nº 46/91, da Assembleia Geral da ONU, de 16 de Dezembro de 1991 – direitos das pessoas idosas;

. No âmbito comunitário – Carta dos Direitos Fundamentais da UE (artº 25º);

. No âmbito do Conselho da Europa – Recomendação CM/Rec (2014) 2 do Comité de Ministros dos Estados-membros – direitos humanos das pessoas idosas;

. No âmbito interno – Resolução do Conselho de Ministros nº 63/2015, de 25 de Agosto – Estratégia de protecção ao idoso.

CAPÍTULO III – Direitos e deveres culturais

Artigo 73º – Educação, cultura e ciência

1. Todos têm direito à educação e à cultura.

2. O Estado promove a democratização da educação e as demais condições para que a educação, realizada através da escola e de outros meios formativos, contribua para a igualdade de oportunidades, a superação das desigualdades económicas, sociais e culturais, o desenvolvimento da personalidade e do espírito de tolerância, de compreensão mútua, de solidariedade e de responsabilidade, para o progresso social e para a participação democrática na vida colectiva.

3. O Estado promove a democratização da cultura, incentivando e assegurando o acesso de todos os cidadãos à fruição e criação cultural, em colaboração com os órgãos de comunicação social, as associações e fundações de fins culturais, as colectividades de cultura e recreio, as associações de defesa do património cultural, as organizações de moradores e outros agentes culturais.

4. A criação e a investigação científicas, bem como a inovação tecnológica, são incentivadas e apoiadas pelo Estado, por forma a assegurar a respectiva liberdade e autonomia, o reforço da competitividade e a articulação entre as instituições científicas e as empresas.

Artigo 74º – Ensino

1. Todos têm direito ao ensino com garantia do direito à igualdade de oportunidades de acesso e êxito escolar.

2. Na realização da política de ensino incumbe ao Estado:

a) Assegurar o ensino básico universal, obrigatório e gratuito;

b) Criar um sistema público e desenvolver o sistema geral de educação pré-escolar;

c) Garantir a educação permanente e eliminar o analfabetismo;

d) Garantir a todos os cidadãos, segundo as suas capacidades, o acesso aos graus mais elevados do ensino, da investigação científica e da criação artística;

e) Estabelecer progressivamente a gratuitidade de todos os graus de ensino;

f) Inserir as escolas nas comunidades que servem e estabelecer a interligação do ensino e das actividades económicas, sociais e culturais;

g) Promover e apoiar o acesso dos cidadãos portadores de deficiência ao ensino e apoiar o ensino especial, quando necessário;

h) Proteger e valorizar a língua gestual portuguesa, enquanto expressão cultural e instrumento de acesso à educação e da igualdade de oportunidades;

i) Assegurar aos filhos dos emigrantes o ensino da língua portuguesa e o acesso à cultura portuguesa;

j) Assegurar aos filhos dos imigrantes apoio adequado para efectivação do direito ao ensino.

– *Ver L 46/86, 14/10 – Lei de Bases do Sistema Educativo – e legislação complementar.*

(...)

PARTE II – Organização económica

TÍTULO I – Princípios gerais

Artigo 81º – Incumbências prioritárias do Estado

Incumbe prioritariamente ao Estado no âmbito económico e social:

a) Promover o aumento do bem-estar social e económico e da qualidade de vida das pessoas, em especial das mais desfavorecidas, no quadro de uma estratégia de desenvolvimento sustentável;

b) Promover a justiça social, assegurar a igualdade de oportunidades e operar as necessárias correcções das desigualdades na distribuição da riqueza e do rendimento, nomeadamente através da política fiscal;

c) Assegurar a plena utilização das forças produtivas, designadamente zelando pela eficiência do sector público;

d) Promover a coesão económica e social de todo o território nacional, orientando o desenvolvimento no sentido de um crescimento equilibrado de todos os sectores e regiões e eliminando progressivamente as diferenças económicas e sociais entre a cidade e o campo e entre o litoral e o interior;

e) Promover a correcção das desigualdades derivadas da insularidade das regiões autónomas e incentivar a sua progressiva integração em espaços económicos mais vastos, no âmbito nacional ou internacional;

f) Assegurar o funcionamento eficiente dos mercados, de modo a garantir a equilibrada concorrência entre as empresas, a contrariar as formas de organização monopolistas e a reprimir os abusos de posição dominante e outras práticas lesivas do interesse geral;

g) Desenvolver as relações económicas com todos os povos, salvaguardando sempre a independência nacional e os interesses dos portugueses e da economia do país;

h) Eliminar os latifúndios e reordenar o minifúndio;

i) Garantir a defesa dos interesses e os direitos dos consumidores;

j) Criar os instrumentos jurídicos e técnicos necessários ao planeamento democrático do desenvolvimento económico e social;

l) Assegurar uma política científica e tecnológica favorável ao desenvolvimento do país;

m) Adoptar uma política nacional de energia, com preservação dos recursos naturais e do equilíbrio ecológico, promovendo, neste domínio, a cooperação internacional;

n) Adoptar uma política nacional da água, com aproveitamento, planeamento e gestão racional dos recursos hídricos.

Artigo 82º – Sectores de propriedade dos meios de produção

1. É garantida a coexistência de três sectores de propriedade dos meios de produção.

2. O sector público é constituído pelos meios de produção cujas propriedade e gestão pertencem ao Estado ou a outras entidades públicas.

3. O sector privado é constituído pelos meios de produção cuja propriedade ou gestão pertence a pessoas singulares ou colectivas privadas, sem prejuízo do disposto no número seguinte.

4. O sector cooperativo e social compreende especificamente:

a) Os meios de produção possuídos e geridos por cooperativas, em obediência aos princípios cooperativos, sem prejuízo das especificidades estabelecidas na lei para as cooperativas com participação pública, justificadas pela sua especial natureza;

b) Os meios de produção comunitários, possuídos e geridos por comunidades locais;

c) Os meios de produção objecto de exploração colectiva por trabalhadores;

d) Os meios de produção possuídos e geridos por pessoas colectivas, sem carácter lucrativo, que tenham como principal objectivo a solidariedade social, designadamente entidades de natureza mutualista.

– *Para a alínea d) do nº 4 ver:*
. *anotação a este artigo na compilação "Estatuto das Instituições Particulares de Solidariedade Social", Coimbra, Almedina, 2015, 2ª edição;*
. *arts 32º a 34º da L 4/2007, 16/01, e anotação.*

(...)

Artigo 92º – Conselho Económico e Social

1. O Conselho Económico e Social é o órgão de consulta e concertação no domínio das políticas económica e social, participa na elaboração das propostas das grandes opções e dos planos de desenvolvimento económico e social e exerce as demais funções que lhe sejam atribuídas por lei.

2. A lei define a composição do Conselho Económico e Social, do qual farão parte, designadamente, representantes do Governo, das organizações representativas dos trabalhadores, das actividades económicas e das famílias, das regiões autónomas e das autarquias locais.

3. A lei define ainda a organização e o funcionamento do Conselho Económico e Social, bem como o estatuto dos seus membros.

– *Sede do tripartismo (Estado, empregadores e trabalhadores) proposto pela OIT.*
– *Para o nº 3 trata-se da L 108/91, 17/08 e DL 90/92, de 21 de Maio (com alterações).*
– *Para a RAM: Decreto Legislativo Regional nº 2/2016/M, de 15 de Janeiro – Conselho Económico e da Concertação Social.*

TÍTULO III – Políticas agrícola, comercial e industrial

Artigo 93º – Objectivos da política agrícola

1. São objectivos da política agrícola:

(...)

b) Promover a melhoria da situação económica, social e cultural dos trabalhadores rurais e dos agricultores, o desenvolvimento do mundo rural, a racionalização das estruturas fundiárias, a modernização do tecido empresarial e o acesso à propriedade ou à posse da terra e demais meios de produção directamente utilizados na sua exploração por parte daqueles que a trabalham;

c) Criar as condições necessárias para atingir a igualdade efectiva dos que trabalham na agricultura com os demais trabalhadores e evitar que o sector agrícola seja desfavorecido nas relações de troca com os outros sectores;

(...)

Artigo 103º – Sistema fiscal

1. O sistema fiscal visa a satisfação das necessidades financeiras do Estado e outras entidades públicas e uma repartição justa dos rendimentos e da riqueza.

2. Os impostos são criados por lei, que determina a incidência, a taxa, os benefícios fiscais e as garantias dos contribuintes.

3. Ninguém pode ser obrigado a pagar impostos que não hajam sido criados nos termos da Constituição, que tenham natureza retroactiva ou cuja liquidação e cobrança se não façam nos termos da lei.

– *A 2ª parte do nº 1, pressuposta a assimetria de rendimentos, consagra o princípio da solidariedade vertical – redistribuição vertical dos rendimentos e da riqueza com progressividade fiscal.*

(...)

Artigo 105º – Orçamento

1. O Orçamento do Estado contém:

a) A discriminação das receitas e despesas do Estado, incluindo as dos fundos e serviços autónomos;

b) O orçamento da segurança social.

– *Para a alínea b) ver artº 93º da L 4/2007, 16/01, e respectiva anotação.*

(...)

Artigo 165º – Reserva relativa de competência legislativa

1. É da exclusiva competência da Assembleia da República legislar sobre as seguintes matérias, salvo autorização ao Governo:

(...)

f) Bases do sistema de segurança social e do serviço nacional de saúde;

(...)

i) Criação de impostos e sistema fiscal e regime geral das taxas e demais contribuições financeiras a favor das entidades públicas;

(...)

– *Para a alínea f) ver:*

. Lei de bases da segurança social – Lei nº 4/2007, 16/01;

. Lei de bases da saúde – Lei nº 95/2019, de 4 de Setembro.

– *A alínea i) consagra o princípio da legalidade tributária e contributiva. Na verdade, segundo a melhor doutrina, a parafiscalidade das contribuições para a segurança social situar-se-á na 2ª parte da mesma alínea, não sendo, porém, aplicáveis os princípios da unidade e da universalidade relativo ao imposto sobre o rendimento pessoal do nº 1 do artº 104º (Ac TC 404/2016).*

(...)

TÍTULO IX – Administração Pública

Artigo 266º – Princípios fundamentais

1. A Administração Pública visa a prossecução do interesse público, no respeito pelos direitos e interesses legalmente protegidos dos cidadãos.

2. Os órgãos e agentes administrativos estão subordinados à Constituição e à lei e devem actuar, no exercício das suas funções, com respeito pelos princípios da igualdade, da proporcionalidade, da justiça, da imparcialidade e da boa fé.

(...)

Artigo 268º – Direitos e garantias dos administrados

1. Os cidadãos têm o direito de ser informados pela Administração, sempre que o requeiram, sobre o andamento dos processos em que sejam directamente interessados, bem como o de conhecer as resoluções definitivas que sobre eles forem tomadas.

2. Os cidadãos têm também o direito de acesso aos arquivos e registos administrativos, sem prejuízo do disposto na lei em matérias relativas à segurança interna e externa, à investigação criminal e à intimidade das pessoas.

3. Os actos administrativos estão sujeitos a notificação aos interessados, na forma prevista na lei, e carecem de fundamentação expressa e acessível quando afectem direitos ou interesses legalmente protegidos.

4. É garantido aos administrados tutela jurisdicional efectiva dos seus direitos ou interesses legalmente protegidos, incluindo, nomeadamente, o reconhecimento desses direitos ou interesses, a impugnação de quaisquer actos administrativos que os lesem, independentemente da sua forma, a determinação da prática de actos administrativos legalmente devidos e a adopção de medidas cautelares adequadas.

5. Os cidadãos têm igualmente direito de impugnar as normas administrativas com eficácia externa lesivas dos seus direitos ou interesses legalmente protegidos.

6. Para efeitos dos nºs 1 e 2, a lei fixará um prazo máximo de resposta por parte da Administração.

(...)

Lei nº 4/2007, de 16 de Janeiro

Aprova as bases gerais do sistema de segurança social

(Versão da Lei nº 83-A/2013, de 30 de Dezembro)

A Assembleia da República decreta, nos termos da alínea *c)* do artigo 161º da Constituição, o seguinte:

CAPÍTULO I – Objectivos e princípios

Artigo 1º – Objecto

A presente lei define as bases gerais em que assenta o sistema de segurança social, adiante designado por sistema, bem como as iniciativas particulares de fins análogos.

- *Genericamente previsto no artº 63º da Constituição da República Portuguesa.*
- *As leis da segurança social anteriores estão enumeradas no nº 2 do artº 109º.*
- *As "iniciativas particulares" estão consagradas no nº 5 do artº 63º da Constituição da República Portuguesa.*

  Ver, designadamente, os arts 32º a 35º.

  Esta matéria é objecto de compilação própria – "Estatuto das Instituições Particulares de Solidariedade Social", Coimbra, Almedina, 2015 (2ª edição).
- *Um sistema é um conjunto (no caso, de normas) ordenado, permanente e autónomo.*
- *O sistema já foi designado de "Sistema de solidariedade e segurança social" na L 17/2000, 08.08.*
- *Tratando-se de uma lei de bases tem a natureza jurídica de lei de valor reforçado (artº 112º in fine da CRP) cuja observância se impõe a outras leis com elas em relação especial, não podendo com função de desenvolvimento afectar os princípios gerais nelas consagrados (Jorge Miranda, in "Funções, Órgãos e Actos do Estado"). Veja-se a relevância destas regras no caso do artº 104º.*

  "As leis com valor reforçado... dispõem de uma superioridade relativa em face de outros actos legislativos, derivado do seu conteúdo, que é condicionante material da normação a estabelecer pelos diplomas a publicar na sua dependência" Ac TC nº 365/96.

  Quanto à inequívoca natureza jurídica de leis de valor reforçado das leis de bases da segurança social ver Nazaré da Costa Cabral, Orçamento da Segurança Social, Coimbra, Almedina, 2005, págs 31.

Artigo 2º – Direito à segurança social

1 – Todos têm direito à segurança social.

2 – O direito à segurança social é efectivado pelo sistema e exercido nos termos estabelecidos na Constituição, nos instrumentos internacionais aplicáveis e na presente lei.

- *O nº 1 reproduz o nº 1 do artº 63º da Constituição da República Portuguesa que consagra o princípio da universalidade subjectiva. Ver artº 6º e anotação.*
- *Composição do sistema – artº 23º.*
- *"Instrumentos internacionais" – artº 25º.*

Artigo 3º – Irrenunciabilidade do direito à segurança social

São nulas as cláusulas do contrato, individual ou colectivo, pelo qual se renuncie aos direitos conferidos pela presente lei.

- *Consagra-se o também designado princípio da indisponibilidade que tem expressão, designadamente, na impenhorabilidade relativa e intransmissibilidade – artº 72º. Corresponde porém a uma renúncia o não exercício do direito às prestações (Vg: não requerer a prestação no prazo estabelecido – caducidade – ou o não receber uma prestação já atribuída e posta a pagamento deixando-a prescrever).*

Artigo 4º – Objectivos do sistema

Constituem objectivos prioritários do sistema de segurança social:

a) Garantir a concretização do direito à segurança social;

b) Promover a melhoria sustentada das condições e dos níveis de protecção social e o reforço da respectiva equidade; e

c) Promover a eficácia do sistema e a eficiência da sua gestão.

- *Aliás já proclamados no artº 63º da Constituição da República Portuguesa.*
- *Ver técnicas utilizadas na composição do sistema – artº 23º e anotação.*

Artigo 5º – Princípios gerais

Constituem princípios gerais do sistema o princípio da universalidade, da igualdade, da solidariedade, da equidade social, da diferenciação positiva, da subsidiariedade, da inserção social, da coesão intergeracional, do primado da responsabilidade pública, da complementaridade, da unidade, da descentralização, da participação, da eficácia, da tutela dos direitos adquiridos e dos direitos em formação, da garantia judiciária e da informação.

- *A utilidade da sistematização de uma enumeração tão longa de princípios parece óbvia. Por exemplo dividi-los em: princípios básicos ou substantivos (quanto aos fins) e princípios de gestão ou adjectivos (arts 16º a 18º)(quanto aos meios e organização).*
- *Outros princípios referenciados nesta lei:*
  . da eficiência (artº 24º);

. de acção social (artº 31º);
. da contributividade (artº 54º);
. da indisponibilidade das prestações (artº 72º);
. da diversidade das fontes de financiamento (artº 87º);
. da adequação selectiva (artº 89º);
. da convergência de regimes (artº 104º).

– *Aplicáveis ao regime de protecção social convergente (RPSC) – artº 17º da L 4/2009, 29/01.*

Artigo 6º – Princípio da universalidade

O princípio da universalidade consiste no acesso de todas as pessoas à protecção social assegurada pelo sistema, nos termos definidos por lei.

– *No desenvolvimento do princípio da universalidade subjectiva do nº 1 do artº 63º da Constituição da República Portuguesa (CRP) e já repetido no nº 1 do artº 2º.*
– *Trata-se de uma universalidade subjectiva que a nível nacional tem expressão no sistema de protecção social de cidadania (subsistema de solidariedade) – arts 26º e segs – e a nível grupal tem expressão no sistema previdencial – arts 50º e segs.*
– *No entanto, verificam-se situações de:*
. facultatividade – no seguro social voluntário – nº 2 do artº 51º e no regime dos independentes – artº 145º do CRC; e
. exclusão – nos regimes ou prestações de natureza não contributivos pela limitação do acesso – exigência da condição de recursos e/ou de residência – artº 40º.
– *No que respeita ao princípio da generalidade objectiva do nº 3 do artº 63º da CRP o acesso a todas as respostas às condições de existência das pessoas está regulada nos vários sistemas e subsistemas em que a segurança social se divide.*

Artigo 7º – Princípio da igualdade

O princípio da igualdade consiste na não discriminação dos beneficiários, designadamente em razão do sexo e da nacionalidade, sem prejuízo, quanto a esta, de condições de residência e de reciprocidade.

– *Nos termos do princípio consagrado no artº 13º da Constituição da República Portuguesa.*
– *Não impede, porém, o funcionamento do mecanismo da diferenciação positiva – arts 10º e nº 4 do 63º.*
– *Coloca-se aqui a questão da solidariedade técnica na medida em que pressupõe que todas as pessoas abrangidas por um determinado regime são potenciais afectados pelas eventualidades previstas, por isso todos pagam as respectivas contribuições embora nem todos venham a ficar efectivamente afectados por todos esses factos e assim só alguns serão beneficiários concretos das prestações correspondentes.*

Artigo 8º – Princípio da solidariedade

1 – O princípio da solidariedade consiste na responsabilidade colectiva das pessoas entre si na realização das finalidades do sistema e envolve o concurso do Estado no seu financiamento, nos termos da presente lei.

2 – O princípio da solidariedade concretiza-se:

a) No plano nacional, através da transferência de recursos entre os cidadãos, de forma a permitir a todos uma efectiva igualdade de oportunidades e a garantia de rendimentos sociais mínimos para os mais desfavorecidos;

b) No plano laboral, através do funcionamento de mecanismos redistributivos no âmbito da protecção de base profissional; e

c) No plano intergeracional, através da combinação de métodos de financiamento em regime de repartição e de capitalização.

– *Ver anotação ao artigo anterior.*
– *A solidariedade para além de outras classificações pode ser, quanto aos resultados pretendidos:*
  . horizontal – implica transferências dentro dos mesmos grupos sociais (vg: dos trabalhadores activos para os pensionistas), próprio do seguro social;
  . vertical – implica transferências dos detentores de rendimentos mais elevados para pessoas com rendimentos mais baixos numa perspectiva redistributiva, próprio do sistema fiscal, nos termos do artº 103º da CRP.
– *Quanto ao nº 2:*
  . para a alínea a) ver artº 36º;
  . para a alínea b) ver artº 50º;
  . para a alínea c) ver artº 13º.

Artigo 9º – Princípio da equidade social

O princípio da equidade social traduz-se no tratamento igual de situações iguais e no tratamento diferenciado de situações desiguais.

– *Complementa o princípio da igualdade (artº 7º) introduzindo-lhe o elemento jurídico ilustrado no princípio da diferenciação positiva do artº 10º.*
– *Ver nº 2 do artº 37º.*

Artigo 10º – Princípio da diferenciação positiva

O princípio da diferenciação positiva consiste na flexibilização e modulação das prestações em função dos rendimentos, das eventualidades sociais e de outros factores, nomeadamente, de natureza familiar, social, laboral e demográfica.

– *Ou seja, as prestações variam inversamente aos rendimentos. Na diferenciação negativa, própria do seguro social, as prestações evoluem proporcionalmente aos rendimentos.*

- *No âmbito do subsistema de solidariedade ver artº 42º, no subsistema de protecção familiar o artº 49º e no subsistema previdencial o artº 62º.*
- *Refere-se apenas à selectividade material (modulação do valor das prestações em função dos rendimentos) não à selectividade pessoal (limita o acesso às pessoas que não preencham determinadas condições).*
- *Ver aplicação deste princípio nos nº 2 do artº 37º, nº 2 do artº 62º e nº 4 do artº 63º.*

Artigo 11º – Princípio da subsidiariedade

O princípio da subsidiariedade assenta no reconhecimento do papel essencial das pessoas, das famílias e de outras instituições não públicas na prossecução dos objectivos da segurança social, designadamente no desenvolvimento da acção social.

- *A intervenção da sociedade civil é justificada também pelos princípios do primado da responsabilidade pública (artº 14º) e da complementaridade (artº 15º).*

Artigo 12º – Princípio da inserção social

O princípio da inserção social caracteriza-se pela natureza activa, preventiva e personalizada das acções desenvolvidas no âmbito do sistema, com vista a eliminar as causas de marginalização e exclusão social e a promover a dignificação humana.

- *A parte final do artigo obedece aos fundamentos do Estado expresso no artº 1º da CRP – a dignidade humana – que atravessa longitudinalmente toda a sociedade.*
- *Ver nº 2 do artº 37º e artº 43º.*

Artigo 13º – Princípio da coesão intergeracional

O princípio da coesão intergeracional implica um ajustado equilíbrio e equidade geracionais na assunção das responsabilidades do sistema.

- *Sublinha o princípio da solidariedade (artº 8º) na dimensão intergeracional.*

Artigo 14º – Princípio do primado da responsabilidade pública

O princípio do primado da responsabilidade pública consiste no dever do Estado de criar as condições necessárias à efectivação do direito à segurança social e de organizar, coordenar e subsidiar o sistema de segurança social.

- *Decorre do nº 2 do artº 63º da CRP.*
- *Deve ser articulado com os princípios da subsidiariedade (artº 11º), da complementaridade (artº 15º) e da boa administração (artº 24º).*

Artigo 15º – Princípio da complementaridade

O princípio da complementaridade consiste na articulação das várias formas de protecção social públicas, sociais, cooperativas, mutualistas e privadas com o objectivo de melhorar a cobertura das situações abrangidas e promover a partilha das responsabilidades nos diferentes patamares da protecção social.

– *Articular com o princípio da subsidiariedade (artº 11º).*
– *Quanto aos "patamares" ou seja os vários níveis de organização da protecção social (na área da acção social designada de redes):*
  . protecção pública – prosseguida por instituições públicas;
  . protecção privada ou empresarial – prosseguida por entes privados da sociedade civil;
  . protecção solidária – prosseguida por pessoas colectivas de utilidade pública (sem fins lucrativos) – instituições particulares de solidariedade social (IPSS), cooperativas, mutualidades...

Artigo 16º – Princípio da unidade

O princípio da unidade pressupõe uma actuação articulada dos diferentes sistemas, subsistemas e regimes de segurança social no sentido da sua harmonização e complementaridade.

– *No desenvolvimento do requisito da natureza unificada do sistema (nº 2 do artº 63º da CRP) implica integração de todos os mecanismos de protecção no mesmo sistema ou seja unidade no sentido material dos fins prosseguidos (pressuposta a integração funcional e orgânica iniciada pelo DL 549/77, 31.12, referido no artº 106º) – sem prejuízo do funcionamento dos princípios da equidade social (justiça) (artº 9º) ou da diferenciação positiva (artº 10º).*
– *Ver aplicação deste princípio aos "regimes da função pública" no artº 104º.*

Artigo 17º – Princípio da descentralização

O princípio da descentralização manifesta-se pela autonomia das instituições, tendo em vista uma maior aproximação às populações, no quadro da organização e planeamento do sistema e das normas e orientações de âmbito nacional, bem como das funções de supervisão e fiscalização das autoridades públicas.

– *No desenvolvimento do requisito da natureza descentralizada do sistema (nº 2 do artº 63º da CRP) tem expressão primeiro na sua autonomia mesmo financeira em relação à Administração directa do Estado, depois relativamente à descentralização territorial, só historicamente assim foi até à integração dos centros regionais de segurança social que substituíram as caixas de previdência e abono de família distritais num instituto de âmbito nacional.*

Actualmente bem visível é o respeito pelo princípio contraposto da desconcentração em unidades orgânicas regionalizadas, como por exemplo os centros distritais e os seus serviços locais na dependência hierárquica do Instituto da Segurança Social, bem como as secções de processo executivo distritais (SPEs) dependentes hierarquicamente do Instituto de Gestão Financeira da Segurança Social.

Artigo 18º – Princípio da participação

O princípio da participação envolve a responsabilização dos interessados na definição, no planeamento e gestão do sistema e no acompanhamento e avaliação do seu funcionamento.

- *No desenvolvimento do requisito da natureza participada do sistema (nº 2 do artº 63º da CRP), e no âmbito dos conselhos consultivos ou gerais ver artº 96º.*
- *Tratando-se de intervenções não de natureza vinculativa mas meramente consultiva parece não fazer qualquer sentido a "responsabilização dos interessados" bem longe do tripartismo (Estado, empregadores e trabalhadores) proposto pela OIT, prosseguido no âmbito do Conselho Económico e Social (artº 82º da CRP).*

Artigo 19º – Princípio da eficácia

O princípio da eficácia consiste na concessão oportuna das prestações legalmente previstas, para uma adequada prevenção e reparação das eventualidades e promoção de condições dignas de vida.

- *Deve entender-se extensivamente como obrigando todos os procedimentos admitidos que estão a montante do pagamento das prestações.*

Artigo 20º – Princípio da tutela dos direitos adquiridos e dos direitos em formação

O princípio da tutela dos direitos adquiridos e dos direitos em formação visa assegurar o respeito por esses direitos, nos termos da presente lei.

- *Aplicação do princípio exclusivamente ao regime contributivo do sistema previdencial – arts 66º e 100º.*

Artigo 21º – Princípio da garantia judiciária

O princípio da garantia judiciária assegura aos interessados o acesso aos tribunais, em tempo útil, para fazer valer o seu direito às prestações.

- *Nos termos do artº 20º da Constituição da República Portuguesa (CRP) e do artº 2º do Código do Processo Civil (CPC).*
- *Apoio judiciário: L 34/2004, 29/07 (com alterações).*

Artigo 22º – Princípio da informação

O princípio da informação consiste na divulgação a todas as pessoas, quer dos seus direitos e deveres, quer da sua situação perante o sistema e no seu atendimento personalizado.

– *Fundamenta-se nos nºs 1 e 2 do artº 268º da Constituição da República Portuguesa (CRP).*

– *No âmbito do Código do Procedimento Administrativo:*
. artº 11º – Princípio da colaboração da Administração com os particulares;
. artº 17º – Princípio da Administração aberta;
. artº 82º – Direito dos interessados à informação;
. artº 83º – Consulta do processo e passagem de certidões;

– *Ver aplicação nos arts 71º e 73º desta lei e arts 23º e 23º-A do CRC.*

Artigo 23º – Composição do sistema

O sistema de segurança social abrange o sistema de protecção social de cidadania, o sistema previdencial e o sistema complementar.

– *Ou seja, conforme a técnica utilizada o sistema global de segurança social compõe-se de:*
. técnica universal e assistencialista (protecção social de cidadania) – arts 26º a 49º;
. técnica de seguro social (previdencial) – arts 50º a 66º;
. técnica de seguro privado (complementar) – arts 81º a 86º.

Composição do sistema de segurança social português

SISTEMA GLOBAL DE SEGURANÇA SOCIAL

- 1. **Sistema Previdencial** (regimes contributivos - substitutivo de rendimentos de trabalho) (*função seguro*)
  - Regimes obrigatórios
    - Regime geral dos trabalhadores por conta de outrem (Pessoas vinculadas por contrato de trabalho e equip.)
    - Regime dos trabalhadores independentes (produtores, comerciantes e prestadores de serviços)
    - Regime especial de protecção social convergente (GF) (regime de segurança social público)
    - Outros regimes especiais
      - Regimes satélites (advog. e solicit.
      - Grupos ou regimes fechados (agrícolas, ferroviários, bancários...)
  - Regime de inscrição facultativa (regime de seguro social voluntário)
- 2. **Sistema de Protecção Social de Cidadania** (*função redistribuição*)
  - a. **Subsistema de Solidariedade** (regimes não contributivos e fracamente contributivos)
    - Regime não contributivo
    - Prestações complem. do regime de protecção social convergente
  - b. **Subsistema de Protecção Familiar** (compensação de encargos)
    - encargos familiares
    - encargos com deficiência
    - encargos com dependência
  - c. **Subsistema de acção social** (directa ou por acordo)
- 3. **Sistema Complementar** (*modelo liberal*)
  - Regime público de capitalização
  - Regimes complementares
    - de iniciativa individual
    - de iniciativa colectiva (regimes profissionais complementares)
- 4. Instituições gestoras (instituições de segurança social e outros organismos públicos)

Artigo 24º – Administração do sistema

1 – Compete ao Estado, no que diz respeito à componente pública do sistema de segurança social, garantir a sua boa administração.

2 – Compete ainda ao Estado assegurar, no que diz respeito aos regimes complementares de natureza não pública, uma adequada e eficaz regulação, supervisão prudencial e fiscalização.

– *Para o nº 1 trata-se do princípio da eficiência e boa administração, complementado com os princípios da responsabilidade pública (artº 14º) e da complementaridade (artº 15º).*

Artigo 25º – Relação com sistemas estrangeiros

1 – O Estado promove a celebração de instrumentos de coordenação sobre segurança social com o objectivo de garantir a igualdade de tratamento aos beneficiários por ele abrangidos que exerçam actividade profissional ou residam no respectivo território relativamente aos direitos e obrigações, nos termos da legislação aplicável, bem como a protecção dos direitos adquiridos e em formação.

2 – O Estado promove, igualmente, a adesão a instrumentos adoptados no quadro de organizações internacionais com competência na matéria que visem o desenvolvimento ou a convergência das normas de segurança social adoptadas.

– *No âmbito das técnicas utilizadas com o objectivo da aproximação de legislações:*
  - *. o nº 1 aponta a coordenação – coordenar significa ajustar os efeitos das respectivas legislações sem modificar directamente o seu conteúdo;*
  - *. o nº 2 refere a harmonização – harmonizar implica certas modificações de conteúdo nas normas ou sistemas para criar entre elas as similitudes necessárias ao equilíbrio de relações que se pretende garantir.*

– *Tipos de instrumentos ou actos internacionais de aproximação de legislações de segurança social*

a. Quanto ao objectivo
  - *• Desenvolvimento de legislações nacionais – normas a integrar nas legislações dos Estados aderentes (Convenções normativas);*
  - *• Harmonização de regimes (Directivas e Recomendações);*
  - *• Coordenação de regimes nacionais (Convenções bilaterais ou multilaterais).*

b. Quanto à função
  - *. Instrumentos declarativos*

Para além das declarações sem valor jurídico – declarações políticas puramente proclamatórias, tais como Carta do Atlântico (1941), Declaração de Santiago do Chile (1942), Declaração de Filadélfia (1944).

O instrumento declarativo deve entender-se como uma declaração de princípio, constituída por uma enumeração mais ou menos generosa de ideais a atingir, reconhecendo direitos sem no entanto precisar o seu conteúdo. Tem como única ambição a melhoria das legislações nacionais e tende essencialmente a elevar os níveis de protecção social. Em regra, tem um valor mais moral que jurídico, caso da Declaração Universal dos Direitos do Homem (apenas no âmbito que nos ocupa) e da própria Carta das Nações Unidas.

. Instrumentos normativos (harmonização)

Os instrumentos normativos, os chamados «tratados de unificação», são os que visam promover o desenvolvimento das legislações nacionais de segurança social. Os Estados que os ratificam obrigam-se a instaurar um sistema de segurança social que assegure aos indivíduos uma protecção conforme a norma posta por estes instrumentos. Implicam uma reciprocidade de compromissos entre Estados e facilitam a coordenação dos sistemas nacionais (caso das convenções da OIT).

Contrapõem-se funcionalmente aos instrumentos de aproximação (harmonização ou coordenação).

Outros tendem apenas ao estabelecimento de estatutos internacionais – caso dos refugiados (Convenção de 28 de Julho de 1951 (ONU) e Protocolo de Nova Iorque de 31 de Janeiro de 1967) e dos apátridas (Convenção de Nova Iorque, de 28 de Setembro de 1954).

. Instrumentos de coordenação – técnica internacional privatista (normas remissivas).

c. Quanto ao âmbito de aplicação

- *Bilaterais – negociadas e aplicadas entre dois Estados (V. relação em "Segurança Social – Manual Prático", Coimbra, Almedina, 2019 – 11ª edição;*
- *Multilaterais – em regra concluídas no quadro de uma organização internacional, com fundamento num tratado ou acto constitutivo. Podem ser:*
  - *universais (OIT);*
  - *regionais (Conselho da Europa).*

d. Quanto à forma

- *Convenções*
  - *normativas (Convenção 102 da OIT, Carta Social Europeia Revista e Código Europeu de Segurança Social Revisto do Conselho da Europa);*
  - *de coordenação (Convenção Europeia de Segurança Social do Conselho da Europa e convenções bilaterais);*
- *Regulamentos (coordenação) – Regulamento (CE) nº 883/2004 do Parlamento Europeu e do Conselho, de 29 de Abril de 2004, e Regulamento (CE) nº 987/2009 do Parlamento Europeu e do Conselho, de 16 de Setembro de 2009;*
- *Directivas (harmonização) (UE);*

- *Recomendações (UE e OIT) – não vinculativas;*
- *Arranjos administrativos – acordos administrativos entre Estados.*

– *Ver enumeração exaustiva dos instrumentos internacionais aplicáveis em "Segurança Social – Manual Prático", Coimbra, Almedina, 2019 (11ª edição) em Trabalhadores migrantes.*

– *Ver no "Direito Internacional e Europeu de Segurança Social", Lisboa, Cosmos, 1997, textos de instrumentos internacionais aplicáveis ainda com alguma actualidade no âmbito da ONU, OIT e Conselho da Europa.*

CAPÍTULO II – Sistema de protecção social de cidadania

SECÇÃO I – Objectivos e composição

Artigo 26º – Objectivos gerais

1 – O sistema de protecção social de cidadania tem por objectivos garantir direitos básicos dos cidadãos e a igualdade de oportunidades, bem como promover o bem-estar e a coesão sociais.

2 – Para concretização dos objectivos mencionados no número anterior, compete ao sistema de protecção social de cidadania:

a) A efectivação do direito a mínimos vitais dos cidadãos em situação de carência económica;

b) A prevenção e a erradicação de situações de pobreza e de exclusão;

c) A compensação por encargos familiares; e

d) A compensação por encargos nos domínios da deficiência e da dependência.

Artigo 27º – Promoção da natalidade

1 – A lei deve estabelecer condições especiais de promoção da natalidade que favoreçam a conciliação entre a vida pessoal, profissional e familiar e atendam, em especial, aos tempos de assistência a filhos menores.

2 – As condições a que se refere o número anterior podem consistir, designadamente, no desenvolvimento de equipamentos sociais de apoio na primeira infância, em mecanismos especiais de apoio à maternidade e à paternidade e na diferenciação e modulação das prestações.

Artigo 28º – Composição

O sistema de protecção social de cidadania engloba o subsistema de acção social, o subsistema de solidariedade e o subsistema de protecção familiar.

– *Ou seja, conforme a técnica utilizada, o sistema de protecção social de cidadania compõe-se de:*

. técnica assistencialista (subsistema de acção social) – arts 29º a 35º;
. técnica universal (subsistema de solidariedade) – arts 36º a 43º e (subsistema de protecção familiar) arts 44º a 49º.

SECÇÃO II – Subsistema de acção social

Artigo 29º – Objectivos

1 – O subsistema de acção social tem como objectivos fundamentais a prevenção e reparação de situações de carência e desigualdade sócio-económica, de dependência, de disfunção, exclusão ou vulnerabilidade sociais, bem como a integração e promoção comunitárias das pessoas e o desenvolvimento das respectivas capacidades.

2 – O subsistema de acção social assegura ainda especial protecção aos grupos mais vulneráveis, nomeadamente crianças, jovens, pessoas com deficiência e idosos, bem como a outras pessoas em situação de carência económica ou social.

3 – A acção social deve ainda ser conjugada com outras políticas sociais públicas, bem como ser articulada com a actividade de instituições não públicas.

- *Para o nº 3 ver nº 5 do artº 63º da CRP – sector social – onde se prevê a intervenção das instituições particulares de solidariedade social (IPSS), com regime desenvolvido no artº 32º.*
- *Devem ser considerados factos relevantes (usando método semelhante ao das eventualidades dos restantes subsistemas) – os da alínea b) do artº 30º, ou seja:*
  . insuficiência económica – objecto da assistência social;
  . disfunção social ou desajustamento social;
  . exclusão social ou rotura social.

Artigo 30º – Prestações

Os objectivos da acção social concretizam-se, designadamente através de:

a) Serviços e equipamentos sociais;

b) Programas de combate à pobreza, disfunção, marginalização e exclusão sociais;

c) Prestações pecuniárias, de carácter eventual e em condições de excepcionalidade; e

d) Prestações em espécie.

- *Estas prestações não constituem os seus destinatários em titulares de direitos subjectivos.*
- *A enumeração dos serviços e equipamentos sociais é-nos dada, nomeadamente, pelo artº 4º do DL 64/2007, 14/03 (versão actual) (regime de licenciamento).*
- *Prestações em espécie (d) – utilização de serviços e equipamentos sociais.*

Artigo 31º – Desenvolvimento da acção social

1 – A acção social é desenvolvida pelo Estado, pelas autarquias e por instituições privadas sem fins lucrativos, de acordo com as prioridades e os programas definidos pelo Estado e em consonância com os princípios e linhas de orientação definidos nos números seguintes.

2 – A concretização da acção social obedece aos seguintes princípios e linhas de orientação:

a) Intervenção prioritária das entidades mais próximas dos cidadãos;

b) Desenvolvimento social através da qualificação e integração comunitária dos indivíduos;

c) Contratualização das respostas numa óptica de envolvimento e de responsabilização dos destinatários;

d) Personalização, selectividade e flexibilidade das prestações e dos apoios sociais, de modo a permitir a sua adequação e eficácia;

e) Utilização eficiente dos serviços e equipamentos sociais, com eliminação de sobreposições, lacunas de actuação e assimetrias na disposição geográfica dos recursos envolvidos;

f) Valorização das parcerias, constituídas por entidades públicas e particulares, para uma actuação integrada junto das pessoas e das famílias;

g) Estímulo do voluntariado social, tendo em vista assegurar uma maior participação e envolvimento da sociedade civil na promoção do bem-estar e uma maior harmonização das respostas sociais; e

h) Desenvolvimento de uma articulação eficiente entre as entidades com responsabilidades sociais e os serviços, nomeadamente de saúde e de educação.

3 – O desenvolvimento da acção social consubstancia-se no apoio direccionado às famílias, podendo implicar, nos termos a definir por lei, o recurso a subvenções, acordos ou protocolos de cooperação com as instituições particulares de solidariedade social e outras.

4 – A criação e o acesso aos serviços e equipamentos sociais são promovidos, incentivados e apoiados pelo Estado, envolvendo, sempre que possível, os parceiros referidos no nº 6.

5 – A utilização de serviços e equipamentos sociais pode ser condicionada ao pagamento de comparticipações pelos respectivos destinatários, tendo em conta os seus rendimentos e os dos respectivos agregados familiares.

6 – O desenvolvimento da acção social concretiza-se, no âmbito da intervenção local, pelo estabelecimento de parcerias, designadamente através da rede social, envolvendo a participação e a colaboração dos diferentes organismos da administração central, das autarquias locais, de instituições públicas e das instituições particulares de solidariedade social e outras instituições privadas de reconhecido interesse público.

- *Ver listagens de diplomas em Apêndice ao "Estatuto das Instituições Particulares de Solidariedade Social – Anotado", Coimbra, Almedina, 2015 (2ª edição).*
- *Para o regime das pessoas colectivas de utilidade publica (nº 6) consultar colectânea própria "Estatuto das Instituições Particulares de Solidariedade Social – Anotado", Coimbra, Almedina, 2015 (2ª edição).*
- *Para as IPSS (nºs 3 e 6) ver anotação ao artº 32º.*
- *Conceito de comparticipação (nº 5) – ver anotação ao artº 92º.*

Artigo 32º – Instituições particulares de solidariedade social

1 – O Estado apoia e valoriza as instituições particulares de solidariedade social e outras de reconhecido interesse público, sem carácter lucrativo, que prossigam objectivos de solidariedade social.

2 – As instituições particulares de solidariedade social e outras de reconhecido interesse público sem carácter lucrativo, consagradas no nº 5 do artigo 63º da Constituição, estão sujeitas a registo obrigatório.

3 – O Estado exerce poderes de fiscalização e inspecção sobre as instituições particulares de solidariedade social e outras de reconhecido interesse público sem carácter lucrativo, que prossigam objectivos de natureza social, por forma a garantir o efectivo cumprimento das respectivas obrigações legais e contratuais, designadamente das resultantes dos acordos ou protocolos de cooperação celebrados com o Estado.

- *Para o regime das pessoas colectivas de utilidade pública previstas na alínea d) do nº 4 do artº 82º e referidos no nº 5 do artº 63º ambos da CRP, onde se incluem as IPSS consultar colectânea própria "Estatuto das Instituições Particulares de Solidariedade Social – Anotado", Coimbra, Almedina, 2015 (2ª edição).*
- *Acordos (nº 3 do artº 31º):*
  - *. de cooperação – Portaria nº 196-A/2015, de 1 de Julho;*
  - *. de reinserção de toxicodependentes – DL 72/99, 15/03.*
- *Formas previstas no Estatuto das IPSS – DL 119/83, 26/02:*
  - *. associações de solidariedade social;*
  - *. cooperativas de solidariedade social (são sociedades cooperativas – artº 4º da L 119/2015, 31.08);*
  - *. associações mutualistas (DL 59/2018, 02/08);*
  - *. fundações de solidariedade social;*
  - *. irmandades da misericórdia.*
- *Entidades equiparadas e não previstas no mesmo Estatuto – casas do povo (nos termos do DL 171/98, 25/06).*
- *Podem agrupar-se em:*
  - *. uniões;*

. federações; e

. confederações.

– *Quanto ao registo, nos termos do artº 7º do Estatuto das IPSS:*
mutualidades e fundações de segurança social complementar: Port 135/2007, 26.01;
IPSS em geral: acção social – Port 139/2007, 29.01;
saúde – Port 466/86, 25.08;
educação – Port 860/91, 20.08;
Pessoas jurídicas canónicas – DL 19/2015, de 3 de Fevereiro.

Artigo 33º – Das iniciativas dos particulares

Os serviços e equipamentos sociais da iniciativa de entidades privadas com fins lucrativos podem beneficiar de incentivos e benefícios previstos na lei.

– *Por exemplo no âmbito do exercício da responsabilidade social das empresas (RSE) do artº 35º.*

Artigo 34º – Licenciamento, inspecção e fiscalização

Os serviços e equipamentos sociais assegurados por instituições e entidades privadas com ou sem fins lucrativos carecem de licenciamento prévio e estão sujeitos à inspecção e fiscalização do Estado nos termos da lei.

– *Desenvolvendo o nº 5 do artº 63º da CRP.*

– *Para o regime de licenciamento, contra-ordenações e fiscalização – DL 64/2007, 14.03 (versão do DL 33/2014, 04.03) reproduzido na colectânea "Estatuto das Instituições Particulares de Solidariedade Social – Anotado", Coimbra, Almedina, 2015 (2ª edição).*

Artigo 35º – Responsabilidade social das empresas

O Estado estimula e apoia as iniciativas das empresas que contribuam para o desenvolvimento das políticas sociais, designadamente através da criação de equipamentos sociais e serviços de acção social de apoio à maternidade e à paternidade, à infância e à velhice e que contribuam para uma melhor conciliação da vida pessoal, profissional e familiar dos membros do agregado familiar.

– *Situam-se no âmbito da previsão deste artigo, designadamente:*
. organização e manutenção de creches, jardins-de-infância ou lactários;
. emissão de vales sociais nos termos do regime aprovado pelo DL 26/99, 28/01 (alterado pelo artº 10º da L 82-E/2014, 31/12).

– *Para vantagens fiscais ver:*
. para vales sociais – alínea b) do nº 1 do artº 2º-A do CIRS;
. em geral – arts 61º a 66º do Estatuto dos Benefícios Fiscais;
– artº 43º do IRC.

SECÇÃO III – Subsistema de solidariedade

Artigo 36º – Objectivos

1 – O subsistema de solidariedade destina-se a assegurar, com base na solidariedade de toda a comunidade, direitos essenciais por forma a prevenir e a erradicar situações de pobreza e de exclusão, bem como a garantir prestações em situações de comprovada necessidade pessoal ou familiar, não incluídas no sistema previdencial.

2 – O subsistema de solidariedade pode abranger também, nos termos a definir por lei, situações de compensação social ou económica em virtude de insuficiências contributivas ou prestacionais do sistema previdencial.

– *No âmbito do princípio da solidariedade no plano nacional (artº 8º) pretende-se garantir um rendimento social mínimo.*

Artigo 37º – Âmbito pessoal

1 – O subsistema de solidariedade abrange os cidadãos nacionais, podendo ser tornado extensivo, nas condições estabelecidas na lei, a não nacionais.

2 – O acesso às prestações obedece aos princípios da equidade social e da diferenciação positiva e deve contribuir para promover a inserção social das pessoas e famílias beneficiárias.

3 – Para os efeitos previstos na presente lei, consideram-se não nacionais os refugiados, os apátridas e os estrangeiros não equiparados a cidadãos nacionais por instrumentos internacionais de segurança social.

– *Para o nº 2:*
. princípio da equidade social – artº 9º;
. princípio da diferenciação positiva – artº 10º;
. princípio da inserção social – arts 12º e 43º.

Artigo 38º – Âmbito material

1 – O subsistema de solidariedade abrange as seguintes eventualidades:

a) Falta ou insuficiência de recursos económicos dos indivíduos e dos agregados familiares para a satisfação das suas necessidades essenciais e para a promoção da sua progressiva inserção social e profissional;

b) Invalidez;

c) Velhice;

d) Morte; e

e) Insuficiência das prestações substitutivas dos rendimentos do trabalho ou da carreira contributiva dos beneficiários.

2 – O subsistema de solidariedade abrange ainda as situações de incapacidade absoluta e definitiva dos beneficiários do sistema previdencial, na parte necessá-

ria para cobrir a insuficiência da respectiva carreira contributiva em relação ao correspondente valor da pensão de invalidez.

3 – O subsistema de solidariedade pode ainda abranger os encargos decorrentes de diminuição de receitas ou de aumento de despesas, sem base contributiva específica.

- *Prestações – artº 41º.*
- *Excluindo o complemento social, incluído na alínea c), todas as outras prestações estão sujeitas a condição de recursos.*
- *Segundo alguns, a única eventualidade digna desse nome é a insuficiência de rendimentos da alínea a), na medida em que as restantes são decalcadas sobre as do regime contributivo do artº 52º.*

Artigo 39º – Regimes abrangidos

O subsistema de solidariedade abrange, designadamente, o regime não contributivo, o regime especial de segurança social das actividades agrícolas, os regimes transitórios ou outros formalmente equiparados a não contributivos.

- *Para o regime não contributivo ver anotação ao artº 41º.*
- *Para o regime especial de segurança social das actividades agrícolas (RESSAA) – grupo fechado – ver DL 81/85, 28/03, e D Reg 19/85, 28/03 (V. compilações anteriores); Os regimes transitórios dos rurais do artº 90º do DL 445/70, 23/09, do DL 391/72, 13/10, e artº 4º do Dec 174-B/75, 01/04, foram integrados no regime da pensão social pelo artº 11º do D Reg 52/81, 11/11.*
- *Regimes equiparados a não contributivos são os que vêm enumerados nas portarias anuais de actualização de valores como tais e foram integrados no regime da pensão social pelo nº 3 do artº 10º do D Reg 83/83, 30/11.*

Artigo 40º – Condições de acesso

1 – A atribuição das prestações do subsistema de solidariedade depende de residência em território nacional e demais condições fixadas na lei.

2 – A lei pode, no que diz respeito a não nacionais, fazer depender o acesso à atribuição de prestações de determinadas condições, nomeadamente de períodos mínimos de residência legal ou de situações legalmente equiparadas.

3 – A concessão das prestações não depende de inscrição nem envolve o pagamento de contribuições, sendo determinada em função dos recursos do beneficiário e do seu agregado familiar.

- *O nº 1 determina o âmbito territorial destas prestações. Porém, ver excepção à condição de residência no nº 1 do DL 297/84, 31/08.*
- *O complemento social (arts 46º e 47º do DL 187/2007, 10/05) escapa à regra da condição de recursos do nº 3.*

- *"Não nacionais" (nº 2) – ver nº 3 do artº 37º.*
- *..."não depende de inscrição" (nº 3) não confundir com identificação sempre necessária nos termos do disposto no artº 99º.*
- *Genericamente para o regime da condição de recursos e da composição do agregado familiar ver DL 70/2010, 16/06.*
- *Regime do asilo e refugiados: L 27/2008, 30/06.*

Artigo 41º – Prestações

1 – A protecção concedida no âmbito do subsistema de solidariedade concretiza-se através da concessão das seguintes prestações:

a) Prestações de rendimento social de inserção;

b) Pensões sociais;

c) Subsídio social de desemprego;

d) Complemento solidário para idosos;

e) Complementos sociais; e

f) Outras prestações ou transferências afectas a finalidades específicas, no quadro da concretização dos objectivos do presente subsistema.

2 – Sem prejuízo do disposto nos nºs 1 e 3 do artigo anterior, a atribuição de complementos sociais pode não depender da verificação das condições de residência e de recursos, nos termos a definir por lei ou do disposto em instrumentos internacionais de segurança social aplicáveis.

- *Para a alínea f) do nº 1 ver, por exemplo, o subsídio de renda de casa.*
- *Prestações do subsistema de solidariedade:*

Eventualidades	*Prestações correspondentes*	*Legislação aplicável*
Parentalidade	Subsídio social por risco clínico durante a gravidez * Subsídio social por interrupção da gravidez * Subsídio social parental Subsídio social por adopção Subsídio social por riscos específicos * ** Se houver exercício de actividade profissional*	*DL 91/2009, 09/04*
Desemprego	*Subsídio social de desemprego* *Apoio aos desempregados de longa duração*	*DL 220/2006, 3/11*
Velhice	*Pensão social*	*DL 464/80, 13/10*
	Complemento extraordinário de solidariedade	*L 30-C/2000, 29/12 (artº 27º) e DL 208/2001, 27/07*
Morte	*Pensão de viuvez*	*DL 160/80, 27/05*
	Pensão de orfandade	*D Reg 52/81 (arts 9º e 11º)*
Estado de necessidade	*Complemento social*	*DL 187/2007, 10/05 (arts 46º e 47º)*
	Complemento solidário para idosos	*DL 332/2005, 29/12*
	Prestação do rendimento social de inserção	*L 13/2003, 21/05*

– *O complemento social é atribuído sem condição de recursos nos termos do nº 2. Ver também garantia de alimentos a menores – L 75/98, 19.11, e DL 164/99, 13.05.*

Artigo 42º – Montantes das prestações

1 – Os montantes das prestações pecuniárias do subsistema de solidariedade são fixados por lei com o objectivo de garantir as necessidades vitais dos beneficiários, de modo a assegurar direitos básicos de cidadania.

2 – Os montantes das prestações referidas no número anterior devem ser fixados em função dos rendimentos dos beneficiários e dos respectivos agregados familiares, bem como da sua dimensão, podendo os mesmos ser modificados em consequência da alteração desses rendimentos, da composição e dimensão do agregado familiar ou ainda de outros factores legalmente previstos.

– *A proclamação das "necessidades vitais" (nº 1) sem quantificação objectiva de pouco serve....*
A "sobrevivência condigna" (1 RMMG) como limite à penhora de prestações pode eventualmente servir de aproximação ao conceito – ver anotação ao artº 72º.

– *As prestações podem ser diferenciais – aquelas cujo montante é igual à diferença entre o rendimento do agregado ou da pessoa em causa e um valor de referência considerado, nomeadamente: o complemento solidário para idosos e a prestação do rendimento social de inserção.*
O complemento extraordinário de solidariedade modulado em função da idade em 2 escalões – DL 208/2001, 27/07.

Artigo 43º – Contratualização da inserção

A lei prevê, no âmbito das condições de atribuição das prestações do subsistema de solidariedade, sempre que tal se mostre ajustado, a assunção, por parte dos beneficiários, de um compromisso contratualizado de inserção e do seu efectivo cumprimento.

– *Próprio da prestação do rendimento social de inserção – programa de inserção social (no domínio familiar ou comunitário) ou de inserção profissional ou socioprofissional.*

– *Cf. artº 12º e nº 2 do artº 37º.*

SECÇÃO IV – Subsistema de protecção familiar

Artigo 44º – Objectivo

O subsistema de protecção familiar visa assegurar a compensação de encargos familiares acrescidos quando ocorram as eventualidades legalmente previstas.

– *Histórica e doutrinariamente com fundamento no "salário familiar".*

– *Eventualidades – artº 46º.*
– *Prestações – artº 48º.*

Artigo 45º – Âmbito pessoal

O subsistema de protecção familiar abrange a generalidade das pessoas.

– *O âmbito do abono de família e subsídio de funeral (nos termos do DL 176/2003, 03/08) não é universal mas geral – residentes com condição de recursos e por módulos.*
Relativamente às outras prestações familiares, designadamente às reguladas no DL 133-B/97, 30/05, em bom rigor, mantêm natureza previdencial pela exigência de passado contributivo.

Artigo 46º – Âmbito material

O subsistema de protecção familiar abrange, nomeadamente, as seguintes eventualidades:

a) Encargos familiares;
b) Encargos no domínio da deficiência; e
c) Encargos no domínio da dependência.

– *Ver prestações correspondentes no artº 48º.*

Artigo 47º – Condições de acesso

1 – A atribuição das prestações do subsistema de protecção familiar depende de residência em território nacional e demais condições fixadas na lei.

2 – A lei pode, no que diz respeito a não nacionais, fazer depender o acesso à atribuição de prestações de determinadas condições, nomeadamente de períodos mínimos de residência legal ou de situações legalmente equiparadas.

3 – A lei pode prever condições especiais de acesso em função das eventualidades a proteger.

4 – O disposto no nº 1 não prejudica a aplicação do disposto em instrumentos internacionais de segurança social.

– *Legislação complementar associada – regime de entrada permanência, saída e afastamento de estrangeiros:*
. para cidadãos comunitários, do EEE e Suíça – L 37/2006, 09/08;
. para outros – L 23/2007, 4/07, e D Reg 84/2007, 05/11, e legislação complementar.

Artigo 48º – Prestações

1 – A protecção nas eventualidades previstas no âmbito do subsistema de protecção familiar concretiza-se através da concessão de prestações pecuniárias.

2 – A protecção referida no número anterior é susceptível de ser alargada, de modo a dar resposta a novas necessidades sociais, designadamente no caso de famílias monoparentais, bem como às que relevem, especificamente, dos domínios da deficiência e da dependência.

3 – A lei pode prever, com vista a assegurar uma melhor cobertura dos riscos sociais, a concessão de prestações em espécie.

4 – O direito às prestações do subsistema de protecção familiar não prejudica a atribuição de prestações da acção social referidas na alínea c) do artigo 30º.

– *Prestações familiares (no sentido funcional de ser consequência de acréscimo de encargos no agregado – encargos emergentes) pelas eventualidades enumeradas no artº 46º.*
– *Para o regime não contributivo ver nota ao artº 41º.*

Prestações funcionalmente do subsistema de protecção familiar

<table>
<tr><th colspan="2">Em geral</th><th>Por riscos profissionais (a)</th></tr>
<tr><td>1) Abono de família
2) Abono de família pré-natal
3) Bolsa de estudo</td><td>DL 176/2003, 02/08</td><td rowspan="2">1) Prestações em espécie (a) (b)
2) Subsídio para readaptação de habitação</td></tr>
<tr><td>4) Complemento de pensão por cônjuge</td><td>Dec. 45266, 23/09/63 (artº 80º)</td></tr>
<tr><td>Por morte
1) Reembolso das despesas de funeral</td><td>DL 322/90, 08/10 (arts 32º, 35º e 54º)</td><td rowspan="3">1) Subsídio por morte
2) Subsídio por despesas de funeral</td></tr>
<tr><td>2) Subsídio de funeral</td><td>DL 176/2003, 02/08</td></tr>
<tr><td>3) Subsídio por morte</td><td>DL 322/90, 08/10 (arts 32º, 35º e 54º)</td></tr>
<tr><td>Por deficiência
1) Bonificação por deficiência</td><td>DL 133-B/97, 30/05</td><td rowspan="3">--------</td></tr>
<tr><td>2) Prestação social para a inclusão</td><td>DL 126-A/2017, 06/10</td></tr>
<tr><td>3) Subsídio de educação especial</td><td>D Reg 3/2016, 23/08</td></tr>
<tr><td>Por dependência
1) Complemento por dependência</td><td>DL 265/99, 14/07</td><td rowspan="2">Prestação suplementar p/ assistência de 3ª pessoa</td></tr>
<tr><td>2) Subsídio por assistência de 3ª pessoa</td><td>DL 133-B/97, 30/05</td></tr>
</table>

(a) No âmbito dos riscos físicos profissionais – acidentes de trabalho e doenças profissionais – L 98/2009, 04/09.
(b) Reembolso das despesas de saúde e reabilitação e das deslocações, alimentação e alojamento indispensáveis à concretização das mesmas.

Artigo 49º – Montantes das prestações

Os montantes das prestações pecuniárias a atribuir no âmbito da protecção prevista na presente secção são estabelecidos em função dos rendimentos, da composição e da dimensão dos agregados familiares dos beneficiários e, eventualmente, dos encargos suportados, sendo modificados nos termos e condições a fixar por lei.

- *Exemplo de selectividade material: diferenciação em função de vários critérios – ver anotação ao artº 10º.*
  Modulação degressiva em função do nível progressivo dos rendimentos, designadamente:
  . Abono de família modulado em função dos rendimentos do agregado, da idade e do número de titulares – DL 176/2003, 02/08;
  . Bonificação por deficiência modulado em 3 escalões em função da idade – DL 133-B/97, 30/05.

CAPÍTULO III – Sistema previdencial

Artigo 50º – Objectivos

O sistema previdencial visa garantir, assente no princípio de solidariedade de base profissional, prestações pecuniárias substitutivas de rendimentos de trabalho perdido em consequência da verificação das eventualidades legalmente definidas.

- *Para os regimes ver Código dos Regimes Contributivos do Sistema Previdencial de Segurança Social (CRC) aprovado pela L 110/2009, 16/09.*
- *Para o princípio da solidariedade ver artº 8º.*

Artigo 51º – Âmbito pessoal

1 – São abrangidos obrigatoriamente pelo sistema previdencial, na qualidade de beneficiários, os trabalhadores por conta de outrem ou legalmente equiparados e os trabalhadores independentes.

2 – As pessoas que não exerçam actividade profissional ou que, exercendo-a, não sejam, por esse facto, enquadradas obrigatoriamente nos termos do número anterior, podem aderir à protecção social definida no presente capítulo, nas condições previstas na lei.

- *Conceito de contrato de trabalho – artº 1152º do CC e artº 11º do CT. V. anotação ao artº 24º do CRC.*
- *Para o nº 1 notar que há pessoas que não pertencendo a nenhum dos grupos referidos estão, porém, abrangidos pelo sistema previdencial por disposição expressa da lei: membros dos órgãos estatutários das pessoas colectivas, membros de igrejas, associações ou confissões religiosas (clero), pré-reformados, trabalhadores em funções públicas... com regras próprias.*
- *Quanto a trabalhadores legalmente equiparados a trabalhadores por conta de outrem devem ser considerados: o clero, os trabalhadores em acumulação e os trabalhadores no domicílio.*
- *Para o nº 2 e arts 1º in fine e 169º e segs do CRC ver artº 53º in fine e rubrica "Regimes facultativos", o seguro social voluntário e outros.*

– *Esta obrigatoriedade não impede que o enquadramento produza efeitos diferidamente vg: trabalhadores independentes após 1º ano de exercício de actividade e quando o rendimento relevante ultrapassar 6 IAS /ano – nº 1 do artº 145º do CRC.*
– *Ver quadro 1 – "Enquadramento" nas páginas seguintes.*

Artigo 52º – Âmbito material

1 – A protecção social regulada no presente capítulo integra as seguintes eventualidades:

a) Doença;
b) Maternidade, paternidade e adopção;
c) Desemprego;
d) Acidentes de trabalho e doenças profissionais;
e) Invalidez;
f) Velhice; e
g) Morte.

2 – O elenco das eventualidades protegidas pode ser alargado, em função da necessidade de dar cobertura a novos riscos sociais, ou reduzido, nos termos e condições legalmente previstos, em função de determinadas situações e categorias de beneficiários.

– *Por âmbito material deve entender-se um conjunto de situações ou factos – eventualidade na expressão da lei – cujas consequências desvantajosas são assumidas pela segurança social por transferência prévia dos riscos correspondentes através do mecanismo do seguro social. – Ver arts 19º e 28º do CRC.*
– *O nº 1 elenca 7 das 9 eventualidades clássicas previstas na Convenção nº 102 da OIT – norma mínima de segurança social – e no Código Europeu de Segurança Social, com a especificidade de o regime dos acidentes de trabalho (alínea d) se situar fora do sistema – cf. artº 107º e respectiva anotação; as restantes são: cuidados de saúde com âmbito e estrutura próprios – respectivamente o Serviço Nacional de Saúde e o Sistema Nacional de Saúde – e encargos familiares (esta discutivelmente retirada do sistema previdencial de seguro).*
– *A alínea b) do nº 1 tem a designação abreviada de parentalidade – nº 3 do artº 33º do CT , nº 3 do artº 19º do CRC e L 61/2008, 31/10 (regime jurídico do divórcio).*
– *O nº 2 consagra a elasticidade e a flexibilidade do âmbito material permitindo figuras como os fundos especiais – eventualidades ou valores para além dos gerais – e os regimes incompletos ou reduzidos – só com algumas eventualidades. Este aspecto está regulamentado no nº 2 do artº 4º do CRC e previsto também no nº 2 do artº 15º do DL 367/2007, 02/11.*

Situações de âmbito material incompleto pelo regime geral (as restantes eventualidades são garantidas por outras entidades), nomeadamente (V. quadro 2 – Eventualidades / âmbito pessoal):

. militares (DL 76/2018, 11/10) e docentes (DL 67/2000, 26/04) abrangidos pela CGA – só têm desemprego;

. trabalhadores da Lusoponte, abrangidos pela CGA – DN 61/95, 11/10;

. bancários abrangidos pelo regime do ACTV dos bancários – DL 1-A/2011, 03/01.

– *Ver caracterização das prestações da segurança social em "Segurança Social – Manual Prático", Coimbra, Almedina, na rubrica "Prestações da segurança social em geral".*
– *Para o regime de protecção social convergente (RPSC) ver artº 13º da L 4/2009, 29/01, e anotação.*
– *Ver quadros 2 e 3 nas páginas seguintes.*

Artigo 53º – Regimes abrangidos

O sistema previdencial abrange o regime geral de segurança social aplicável à generalidade dos trabalhadores por conta de outrem e aos trabalhadores independentes, os regimes especiais, bem como os regimes de inscrição facultativa abrangidos pelo nº 2 do artigo 51º.

– *Os regimes do sistema previdencial são o objecto do "Código dos Regimes Contributivos do Sistema de Segurança Social", aprovado pela L 110/2009, 16/09, que, aliás não acolheu formalmente a expressão "regime geral" relativamente aos trabalhadores independentes (V. epígrafe do título II da Parte II do CRC – arts 132º e segs), embora a expressão surja (ao que parece incidentalmente ?) no nº 4 do artº 165º do mesmo CRC e no nº 2 do artº 15º-C da L 13/2003, 21/05 (versão do DL 133/2012, 27/06).*

  Note-se a expressão "regimes gerais de segurança social" da alínea a) do nº 1 do artº 14º do DL 367/2007, 02/11.
– *Abrange também trabalhadores em funções públicas, designadamente, o regime de protecção social convergente (RPSC) (designado de "regime de segurança social público" no artº 20º-A do DL 167-C/2013, 31/12 (versão do DL 28/2015, 10/02), com regime especial em grupo fechado – artº 2º e nº 2 do artº 17º da L 4/2009, 29/01.*
– *Para regimes especiais ver artº 103º.*
– *Para "regimes de inscrição facultativa" ver artº 1º do CRC e respectiva anotação.*

Quadro 1. **ENQUADRAMENTO**
(sistema previdencial)

Quanto ao vínculo	Contrato de trabalho	Contrato de administraçã ou de gestão	Trabalhadores autónomos (sem vínculo)	Contrato de prestação de serviço	Vínculo irrelevante (sociedades e associações)	Vínculo relevante para inscrição facultativa
Regime	Regime geral dos trabalhadores por conta de outrem (regime regra)	Regime dos membros dos órgãos estatutários das pessoas colectivas	Regime dos trabalhadores independentes		(não enquadrado)	Regime do seguro social voluntário (de inscrição facultativa)
Actividade exercida	– trabalhadores por conta de outrem (TCO) em geral e equiparados (e); – cooperadores (membros trabalhadores de cooperati--vas) (regra) (c); – prestadores de serviço equiparados a TCO (em acumulação...) (artº 129º CRC); – membros de órgãos estatutários (representantes autónomos das sociedades) nas entidades a cujo quadro pertencem (artº 63º c); – representantes não autónomos das sociedades (di-rector-geral, director técni-co, gerente comercial, ge-rente técnico, caixeiro, au-xiliar...)	– membros dos órgãos estatutários de pessoas colectivas – representantes autónomos (que não sejam trabalhadores das sociedades) (b): . gerente social (sociedade por quotas, unipessoal por quotas e em nome colectivo) . membro do conselho de administração e de comissão executiva (SA monista); . membros do conselho geral e directores (SA dualista e cooperativas) – gestores de empresas públicas (não abrangidos por ou-tro regime obrigatório); – membros dos órgãos de fis-calização interna (não abran-gidos por outro regime obri-gatório)	– empresários em nome individual . produtores (industriais e agrícolas, silvícolas e pe-cuários); . comerciantes; . titular de EIRL; . representantes comerciais autónomos com contrato de agência ou de concessão comercial (f) (agente comercial e concessionário) – sócios ou membros de sociedades de profissionais e de agricultura de grupo e (por opção) de cooperativas de produção e serviços, mesmo com funções de gestão;	prestadores de serviços (não equiparados a TCO d) – profissionais livres; – trabalhado--res inte-lectuais; – artistas; – amas; – ajudantes familiares; – membros da família de acolhi-mento	– sócios (a); – associados; – membros da assembleia geral; – membro da mesa da assembleia geral; – directores as-sociativos sem remuneração	Cidadãos maiores aptos para o trabalho e não abrangidos por regime obrigatório (g): – continuação voluntária de pagamento de contribuições – portugueses no estrangeiro; – estrangeiros ou apátridas residentes há mais de um ano; – trabalhadores marítimos e os vigias, portugueses, em navios de empresas estrangeiras; – trabalhadores marítimos portugueses a bordo de navios de empresas comuns de pesca; – tripulantes em navios inscritos no Registo Internacional de Navios da Madeira (MAR); – voluntários sociais; – bolseiros de investigação; – agentes da cooperação (cooperantes); – praticantes desportivos de alto rendimento.

(a) Excepto: sócios trabalhadores – são trabalhadores por conta de outrem – e sócios ou membros das sociedades de profissionais, de agricultura de grupo e das cooperativas de produção e consumo que exerçam a opção do artº 135º do CRC (cooperadores) ainda que exerçam funções nos órgãos estatutários – são trabalhadores independentes.

(b) Mesmo como liquidatários.

Excepto: de órgãos estatutários das sociedades de profissionais, de agricultura de grupo e das cooperativas de produção e serviços (são trabalhadores independentes) e excluídos por acumulação (artº 64º do CRC).

(c) Se a cooperativa não optar pelo regime dos trabalhadores independentes (artº 135º CRC).

(d) São legalmente equiparados a TCO (presunção de falsos recibos verdes): se em regime de acumulação (artº 129º CRC) com a excepção das situações previstas no artº 150º nº 4 do CRC.

(e) Mesmo em situações especiais (arts 61º a 131º CRC) V. quadro seguinte.

(f) de marcas e produtos.

(g) Mesmo sem actividade profissional.

Quadro 1. **ENQUADRAMENTO (Cont.) – TRABALHADORES POR CONTA DE OUTREM E EQUIPARADOS**

Com âmbito material completo	Com âmbito material reduzido	Em grupo fechado
Trabalhadores em geral (9) Trabalhadores em regime de trabalho intermitente Trabalhadores em funções públicas em geral (1) Trabalhadores do serviço doméstico com trabalho mensal a tempo completo Trabalhadores de actividades agrícolas, silvícolas e pecuárias ou equiparados Trabalhadores em situação de pré-reforma c/ redução da prestação de trabalho Trabalhadores e proprietários das embarcações da pesca local e costeira, apanhadores de espécies marinhas e pescadores apeados	Trabalhadores no domicílio Praticantes desportivos profissionais Trabalhadores em regime de contrato de curta duração Trabalhadores em situação de pré-reforma – c/ suspensão do contrato de trabalho Pensionistas em actividade Trabalhadores c/ 65 anos ou mais e carreira contributiva não inferior a 40 anos Trabalhadores do serviço doméstico c/ trabalho horário ou diário Membros das igrejas, associações e confissões religiosas Trabalhadores em funções públicas no âmbito do ensino português no estrangeiro (2)	Notários Oficiais de notariado Serviço militar (7) Docentes (5) – ensino particular e cooperativo – ensino público básico e secundário (8) Trabalhadores do sector bancário – regime incompleto de âmbito reduzido (3) Trabalhadores da PT – ex-CTT (6) Trabalhadores da Lusoponte

(1) Admitidos a partir de Janeiro de 2006. Os admitidos até 31 de Dezembro de 2005: regime especial de protecção social convergente (RPSC) com as especificidades da Administração Pública (prestações, organização e financiamento próprios).

(2) Coordenadores, adjuntos e pessoal docente – artº 36º nº 6 do DL 165/2006, 11/08 (versão do DL 165/2009, 28/07. Restantes eventualidades pela Administração Pública.

(3) Grupo fechado desde 3 de Março de 2009 – DL 54/2009, 02/03. Os do grupo IV e do ex-Grupo CUF (ex-Totta & Açores) sempre fora regime geral. Parentalidade e velhice desde Jan de 2011. Doença, invalidez e morte pelas entidades empregadoras (ACTV do sector). Para o BPN – regime geral – DL 88/2012, de 11 de Abril.

(5) Integrados na CGA

(6) Grupo fechado em 14/05/92. Regime actual – DL 140-B/2010, 20/12.

(7) DL 320-A/2000, 15/12. Militares em regime de contrato (RC) ou regime de contrato especial (RCE) (DL 130/2010, de 14 de Dezembro) e de voluntariado (RV)

(8) DL 67/2000, de 26 de Abril – transitoriamente – artº 274º CRC.

(9) Mesmo que sócios de sociedade a cujo quadro pertencem, excepto sócios ou membros das sociedades de profissionais, das sociedades de agricultura de grupo e das cooperativas (são trabalhadores independentes).

Quadro 2 – Âmbito pessoal / Âmbito material (Eventualidades)
Sistema Previdencial

<table>
<tr><th colspan="2">Âmbito material – Eventualidades
Âmbito pessoal</th><th>Doença</th><th>Parentalidade</th><th>Desemprego</th><th>Doenças prof.</th><th>Invalidez</th><th>Velhice</th><th>Morte</th></tr>
<tr><td colspan="2">Trabalhadores em geral
Trabalhadores em regime de trabalho intermitente
Trabalhadores em funções públicas em geral (1)
Trabalhadores do serviço doméstico com trabalho mensal a tempo completo
Trabalhadores de actividades agrícolas ou equiparados
Trabalhadores em situação de pré-reforma c/ redução da prestação de trabalho
Trabalhadores e proprietários das embarcações da pesca local e costeira, apanhadores de espécies marinhas e pescadores apeados
Trabalhadores em regime de acumulação
Membros dos órgãos estatutários das pessoas colectivas (a)</td><td>•</td><td>•</td><td>•</td><td>•</td><td>•</td><td>•</td><td>•</td></tr>
<tr><td rowspan="14">Âmbito material reduzido</td><td>Trabalhadores no domicílio</td><td>•</td><td>•</td><td></td><td>•</td><td>•</td><td>•</td><td>•</td></tr>
<tr><td>Praticantes desportivos profissionais</td><td></td><td>•</td><td>•</td><td>•</td><td>•</td><td>•</td><td>•</td></tr>
<tr><td>Trabalhadores em regime de contrato de curta duração</td><td rowspan="2"></td><td rowspan="2"></td><td rowspan="2"></td><td rowspan="2"></td><td rowspan="2">•</td><td rowspan="2">•</td><td rowspan="2">•</td></tr>
<tr><td>Jovens em férias escolares</td></tr>
<tr><td>Trabalhadores em situação de pré-reforma – c/ suspensão do contrato de trabalho</td><td></td><td></td><td></td><td></td><td>•</td><td>•</td><td>•</td></tr>
<tr><td>Pensionistas em actividade – pensionistas de invalidez</td><td></td><td>•</td><td></td><td>•</td><td>•</td><td>•</td><td>•</td></tr>
<tr><td>– pensionistas de velhice</td><td></td><td>•</td><td></td><td>•</td><td></td><td>•</td><td>•</td></tr>
<tr><td>Trabalhadores c/ 65 anos ou mais e carreira contributiva não inferior a 40 anos</td><td>•</td><td>•</td><td></td><td>•</td><td></td><td>•</td><td>•</td></tr>
<tr><td>Trabalhadores do serviço doméstico c/ trabalho horário ou diário</td><td>•</td><td>•</td><td></td><td>•</td><td>•</td><td>•</td><td>•</td></tr>
<tr><td>Membros das igrejas, associações e confissões religiosas
– âmbito reduzido</td><td></td><td></td><td></td><td></td><td>•</td><td>•</td><td></td></tr>
<tr><td>– âmbito alargado (por opção)</td><td>•</td><td>•</td><td></td><td>•</td><td>•</td><td>•</td><td>•</td></tr>
<tr><td>Trabalhadores em funções públicas no âmbito do ensino português no estrangeiro (2)</td><td></td><td></td><td>•</td><td></td><td></td><td></td><td></td></tr>
<tr><td>Trabalhadores independentes (3)</td><td>•</td><td>•</td><td>4</td><td>•</td><td>•</td><td>•</td><td>•</td></tr>
</table>

(1) Admitidos desde 1 de Janeiro de 2006. Quanto ao âmbito material ver anotação ao artº 114º do CRC. Doenças profissionais com diploma próprio – DL 503/99, de 20 de Novembro (artº 26º da L 4/2009, de 29 de Janeiro).
Os admitidos até 31 de Dezembro de 2005: regime especial de protecção social convergente (RPSC) com as especificidades da Administração Pública (prestações, organização e financiamento próprios). Ver anotação ao artº 13º da Lei nº 4/2009, de 29 de Janeiro.
(2) Coordenadores, adjuntos e pessoal docente – nº 6 do artº 36º do DL 165/2006, 11/08 (versão do DL 165/2009, 28/07). Restantes eventualidades pela Administração Pública.
(3) Situações consideradas no Quadro 1.
(4) Atribuído subsídio por cessação de actividade aos prestadores de serviços em entidades contratantes e aos empresários em nome individual (não atribuído aos profissionais livres).
(a) Com funções de gerência e administração.

Quadro 2 – Âmbito pessoal / Âmbito material (Eventualidades) (cont.)
Sistema Previdencial

Âmbito pessoal \ *Âmbito material – Eventualidades*		*Doença*	*Parentalidade*	*Desemprego*	*Doenças prof.*	*Invalidez*	*Velhice*	*Morte*
Grupos fechados (4)	*Notários*	•	•		•			
	Serviço militar (7)			•				
	Docentes (5) – ensino particular e cooperativo	•	•	•	•			
	– ensino público básico e secundário (8)			•				
	Trabalhadores do sector bancário – regime incompleto de âmbito reduzido (3)		•	•	•		•	
	Oficiais de notariado	•	•	•	•			
	Trabalhadores da PT – ex-CTT (6)	•	•	•	•			
	Trabalhadores da Lusoponte	•	•	•	•			
Seguro social voluntário (9) *Cidadãos maiores aptos para o trabalho e não abrangidos por regime obrigatório:* *– continuação voluntária de pagamento de contribuições – portugueses no estrangeiro;* *– estrangeiros ou apátridas residentes há mais de um ano;* *– agentes da cooperação;* *– praticantes desportivos de alto rendimento* *– tripulantes em navios inscritos no Registo Internacional de Navios da Madeira (MAR);* *– cuidador informal principal*						•	•	•
– voluntários sociais					•	•	•	•
– trabalhadores marítimos e os vigias, portugueses, que se encontrem a exercer actividade profissional em navios de empresas estrangeiras; *– trabalhadores marítimos portugueses que exerçam actividade a bordo de navios de empresas comuns de pesca;* *– bolseiros de investigação.*		•	•		•	•	•	•

3 – Grupo fechado desde 3 de Março de 2009 – DL 54/2009, 02/03. Os do grupo IV e do ex-Grupo CUF (ex-Totta e Açores) sempre fora regime geral. Parentalidade e velhice desde Jan de 2011. Doença, invalidez e morte pelas entidades empregadoras (ACTV do sector).
4 – Âmbito material incompleto.
5 – Integrados na CGA
6 – Grupo fechado em 14/05/92. Regime actual – DL 140-B/2010, 20/12.
7– DL 76/2018, 11/10. Militares em regime de contrato (RC) ou regime de contrato especial (RCE) (DL 130/2010, de 14 de Dezembro) e de voluntariado (RV)
8 – DL 67/2000, de 26 de Abril – transitoriamente – artº 274º CRC.
9 – Âmbito material reduzido.

Quadro 3 – Eventualidades / prestações correspondentes

<table>
<tr><th></th><th>Eventualidades
Âmbito material</th><th colspan="2">Prestações correspondentes</th></tr>
<tr><td rowspan="12">Sistema previdencial – Prestações substitutivas de rendimento de trabalho</td><td>1) Licenças de parentalidade</td><td colspan="2">Subsídio parental
Subsídio por deslocação para realização do parto
Subsídio por adopção
Subsídio para assistência a filho
Subsídio para assistência a filho com deficiência doença crónica ou oncológica
Subsídio para assistência a neto
Subsídio por interrupção da gravidez
Subsídio por risco clínico durante a gravidez
Subsídio por riscos específicos
Subsídio por hospitalização de recém-nascido</td></tr>
<tr><td>2) Por riscos físicos</td><td>Não profissionais</td><td>Profissionais (a)</td></tr>
<tr><td>– doença</td><td>Subsídio de doença
Subsídio de tuberculose</td><td>Subsídio ou indemnização p/ incapacidade temporária p/ o trabalho</td></tr>
<tr><td>– invalidez</td><td>Pensão de invalidez (b)</td><td>. Pensão provisória
. Pensão por doença profissional ou por incapacidade permanente para o trabalho
– Subsídio p/ situação de elevada incapacidade permanente</td></tr>
<tr><td>– reconversão profissional</td><td>Subsídio de reconversão profissional (d)</td><td>Subsídio para frequência de acções no âmbito da reabilitação</td></tr>
<tr><td>– velhice</td><td>Pensão de velhice (b)</td><td>-----</td></tr>
<tr><td>– morte</td><td>Pensão de sobrevivência</td><td>Pensão por morte</td></tr>
<tr><td>3) Por riscos económicos
– cessação do contrato; e
– salários em atraso</td><td colspan="2">Subsídio por cessação de actividade
Subsídio de desemprego
Subsídio de desemprego parcial</td></tr>
<tr><td>– lay-off</td><td colspan="2">Compensação retributiva (comparticipação)</td></tr>
<tr><td>– créditos de remunerações</td><td colspan="2">Garantia salarial</td></tr>
<tr><td>– despedimento ilícito</td><td colspan="2">Retribuição intercalar por despedimento</td></tr>
<tr><td>– acordo de pré-reforma</td><td colspan="2">Redução de contribuições</td></tr>
</table>

(a) Riscos físicos profissionais – acidentes de trabalho e doenças profissionais.
(b) Pode acrescer, para perfazer a mínima, prestação não contributiva – complemento social (antes designada "melhoria" como parcela não contributiva da pensão regulamentar).
(d) Profissionais de artes do espectáculo.

Quadro 4 – Correspondência factos jurídico-laborais / prestações previdenciais

I – *Situação de suspensão da relação de trabalho*

Factos jurídico-laborais	*Lei aplicável*	*Prestações previdenciais correspondentes*	*Lei aplicável*
1. Suspensão por facto respeitante ao trabalhador por decurso do tempo (mais de 30 dias) *1) licenças no âmbito da tutela da parentalidade:* *– para assistência a filho;* *– para assistência a filho deficiente ou doença crónica*	*CT artº 296º nº 1*	*– Subsídio para assistência a filho;* *– Subsídio para assistência a filho com deficiência ou doença crónica*	*DL 91/2009 arts 7º/1,g),h), 19º, 20º, 35º e 36º*
2) Impossibilidade de prestação de trabalho por: *a) acidente de trabalho ou doença profissional*		*Indemnização ou subsídio por incapacidade temporária;*	*– CT arts 283º e 284º* *– L 98/2009, 4/09* *– DL 503/99, 29/11*
b) doença natural		*Subsídio de doença*	*DL 28/2004 arts 9º. 12º e 16º*
2. Suspensão por facto respeitante ao empregador (crise empresarial) *– lay off*	*CT artº 298º a 308º*	*Comparticipação na compensação retributiva*	*CT artº 305º*
– salários em atraso	*L 105/2009, 14/09* *– arts 25º a 31º*	*Subsídio de desemprego*	*DL 220/2006, 3/11*
– Créditos de remuneração	*CT artº 336º*	*Garantia salarial*	*DL 59/2015, 21/04*
3. Suspensão por acordo de pré-reforma total (a parcial é irrelevante)	*CT arts 318º a 322º*	*Redução contributiva*	*CRC arts 84º a 88º*

II – Situação de cessação da relação de trabalho

Factos jurídico-laborais	*Lei aplicável*	*Prestações previdenciais correspondentes*	*Lei aplicável*
Cessação de contrato por: *– revogação* *– despedimento* *– resolução* *– caducidade por decurso do tempo*	*CT arts 338º e segs*	*– Subsídio de desemprego* *– Compensação por cessação de contrato (suportado pelo empregador – Fundo de Compensação do Trabalho)*	*– DL 220/2006, 3/11* *– L 70/2013. 30/08*
– caducidade por atribuição de pensão definitiva	*CT artº 296º nº 4 e 343º*	*– Pensão de invalidez ou pensão por incapacidade permanente* *– Pensão de velhice*	*– DL 187/2007, 10/05* *– L 98/2009, 4/09* *– DL 503/99, 29/11*
Despedimento ilícito	*CPT artº 98º-N*	*Retribuição intercalar por despedimento*	*CPT artº 98-N*
Reconversão profissional (prof. espectáculos)	*L 4/2008, 7/02 artº 21-B (versão da L 28/2011, 16/06)*	*Subsídio de reconversão profissional*	*L 4/2008, 7/02 artº 21-B*

Artigo 54º – Princípio da contributividade

O sistema previdencial deve ser fundamentalmente autofinanciado, tendo por base uma relação sinalagmática directa entre a obrigação legal de contribuir e o direito às prestações.

- *Trata-se da regra da comutatividade própria dos seguros sociais (aliás repetida no nº 3 do artº 11º do CRC) na forma da chamada "dupla proporcionalidade": 1ª proporção: remuneração / contribuição (artº 57º) e 2ª proporção: remuneração / prestação (artº 62º), aliás surpreendentemente ignorada (e assim, desconsiderada) no âmbito do Ac TC 188/2009.*
- *Quanto ao autofinanciamento ver arts 87º a 93º e DL 367/2007, 02/11.*

Artigo 55º – Condições de acesso

São condições gerais de acesso à protecção social garantida pelos regimes do sistema previdencial a inscrição e o cumprimento da obrigação contributiva dos trabalhadores e, quando for caso disso, das respectivas entidades empregadoras.

- *Reproduzido no artº 18º do Código dos Regimes Contributivos.*
- *Consequências da falta de inscrição ou do cumprimento da obrigação contributiva – nº 4 do artº 61º.*
- *Condição de atribuição das prestações – artº 61º.*
- *A permanência da inscrição está estabelecida no nº 4 do artº 66º.*

Artigo 56º – Obrigações dos contribuintes

1 – Os beneficiários e, no caso de exercício de actividade profissional subordinada, as respectivas entidades empregadoras, são obrigados a contribuir para os regimes de segurança social.

2 – A obrigação contributiva das entidades empregadoras constitui-se com o início do exercício da actividade profissional dos trabalhadores ao seu serviço.

3 – A lei define o modo e as condições de concretização da obrigação contributiva e das demais obrigações dos contribuintes perante o sistema.

4 – A lei estabelece ainda, nos casos de incumprimento das obrigações dos contribuintes, o regime do respectivo suprimento oficioso pelos serviços da segurança social.

- *Regulamentação – arts 11º e 37º e segs do CRC.*
- *O nº 2 consagra o princípio da efectividade laboral (por contraposição a efectividade salarial) mas apenas como valor a determinar (artº 400º do CC) que apenas se torna líquido e determinado após a respectiva liquidação (em sentido lato no qual se compreende a própria declaração de remunerações) feita pelo empregador. O suprimento oficioso da liquidação está previsto no artº 40º do CRC.*

Porém, a falta de cumprimento não prejudica o direito às prestações nos termos do nº 4 do artº 61º.

- *A obrigação contributiva dos trabalhadores independentes constitui-se nos termos do nº 1 do artº 150º do CRC e a dos beneficiários do seguro social voluntário nos termos do artº 176º do CRC.*
- *Regime do cumprimento da obrigação nos termos da lei civil – nº 1 do artº 762º do CC.*

Artigo 57º – Determinação do montante das quotizações e das contribuições

1 – O montante das quotizações dos trabalhadores por conta de outrem e das contribuições das entidades empregadoras é determinado pela aplicação das taxas legalmente previstas às remunerações que, nos termos da lei, constituam base de incidência contributiva.

2 – A lei define os critérios e as condições de registo de remunerações por equivalência à entrada de contribuições, designadamente quanto à relevância jurídica, ao valor a registar e ao respectivo período de registo.

3 – As taxas contributivas são fixadas, actuarialmente, em função do custo de protecção das eventualidades previstas, sem prejuízo da possibilidade de adequações, designadamente em razão da natureza das entidades contribuintes, das situações específicas dos beneficiários ou de políticas de emprego.

4 – A lei pode prever mecanismos de adequação do esforço contributivo, justificados pela alteração das condições económicas, sociais e demográficas, designadamente mediante a conjugação de técnicas de repartição e de capitalização.

- *Para o nº 1 ver artº 13º do CRC. No regime de protecção social convergente (RPSC) – artº 23º da L 4/2009, 29.01.*
- *Para o nº 2 ver nº 3 do artº 16º e artº 17º do CRC.*
  Quanto aos efeitos da divergência da base de incidência regime geral de segurança social (RGSS) / regime de protecção social convergente (RPSC), sendo que este último segue o regime do Estatuto da Aposentação (DL 498/72, 09/12) e o regime geral utiliza uma base de incidência mais ampla, por esta via é o regime geral que em situações idênticas consegue montantes superiores de prestações violando ostensivamente o princípio da convergência do artº 104º.
- *Para o nº 3 ver arts 15º, 53º e 54ºdo CRC.*
  Uma contribuição diz-se actuarial quando é baseada em dois factores que são: o volume ou a dimensão do benefício a ser pago na eventualidade segurada (por exemplo, doença) e a probabilidade da sua verificação (levando em conta a mortalidade, a morbidez e outros factores relevantes) (Adaptado de Fernando Ribeiro Mendes).

- *Para o nº 4 ver artº 56º.*
- *Trata-se da designada "taxa social única" (TSU) resultante da unificação da taxa contributiva para a segurança social de 29% (21% empregador e 8% trabalhador) com taxa do Fundo de Desemprego de 7,5% (4,5% e 3,5%, respectivamente) (então reduzida em 1% – 0,5% em cada parcela) – assim 29% + 6,5% =35,5%, efectuada pelo DL 140-D/86, 14/06.*

  Assim, o valor actual resulta da taxa de 35,5% (24,5% empregador e 11% trabalhador) fixada pelo DL 140-D/86, 14/06 para vigorar a partir de Outubro de 1986, e reduzida desde Janeiro de 1995 para a entidade empregadora em 0,75% (23,75%) pelo artº 11º da L 39-B/94, 27/12. Ver artº 53º do CRC.

  Evolução das taxas de quotizações / contribuições para a previdência / segurança social / TSU

Trabalhadores por conta de outrem em geral

Datas das alterações	Diplomas legais	Trabalhador		Empregador		Total
		Diferença	Taxa	Diferença	Taxa	
Até Jun 1970	(Estatutos das caixas) (e)		5,5%		15%	20,5%
Jul 1970	DL 277/70, 17/06 (b)	+ 1%	6,5%	+ 2%	17%	23,5%
Jan 1977	DL 29/77, 20/01 (artº 1º)	+ 1%	7,5%	+ 2%	19%	26,5%
Jan 1980	DL 513-M/79, 26/12 (artº 11º)	+ 0,5%	8%	+ 1,5%	20,5%	28,5%
Out 1981	PORT 770/81, 8/09 (a)	-	8%	+ 0,5%	21%	29%
Out 1986	DL 140-D/86, 14/06 (c)	+ 3%	11%	+ 3,5%	24,5%	35,5%
Jan 1995	L 39-B/94, 27/12 (artº 11º) (d)	-	11%	– 0,75%	23,75%	34,75%
	DL 199/99, 08/06 – Set 1999		11%		23,75%	34,75%
	CRC (artº 53º) – Jan 2011		11%		23,75%	34,75%

(a) Integração das doenças profissionais, nos termos do DL 200/81, de 9 de Julho.
(b) Generalização da pensão de sobrevivência. Estas taxas já eram praticadas desde Abril de 1966, por contratação colectiva, nos termos do Regulamento das Pensões de Sobrevivência aprovado por Despacho de 15 de Abril de 1966 (DR, II, 11 MAI 66).
(c) Integração da taxa do Fundo de Desemprego, passando a designar-se de *taxa social única* (TSU).
(d) Por criação do IVA Social.
(e) Vg: artº 48º dos Estatutos da Caixa Nacional de Pensões – Alvará de 23 Set 1965.

- *Contribuições "stricto sensu" – valor da responsabilidade do empregador; Contribuições "lato sensu" – inclui também a quotização do trabalhador (valor retido pelo empregador).*
- *A separação contribuição / quotização, foi instituída pela L 17/2000, 08/08 (artº 61º), e mantida pela L 32/2002, 20/12 (artº 46º). Ver também artº 92º.*

  Para o regime de protecção social convergente (RPSC) ver nº 2 do artº 16º da L 4/2009, 29/01.

De notar, porém, que o legislador continua a empregar a expressão contribuições no sentido lato, por exemplo no nº 2 do artº 266º do CRC "contribuições do beneficiário"... ou então trata-se de mais uma gralha...
O que aliás também sucede na tipificação do crime de abuso de confiança contra a segurança social – artº 107º do RGIT (L 15/2001, 05/06).

- *Embora quer uma parte da doutrina, quer a jurisprudência, quer a lei atribuam às contribuições natureza de tributo fiscal, convém não deixar esquecer aos que lhe atribuem efeito confiscatório o que genética e funcionalmente sempre foram, são e serão: o prémio de um seguro social (obrigatório) instituído num contexto de servidão industrial com fundamento legítimo no facto de perante a necessidade de, por um lado se fixar um salário social que as empresas nunca assumiram e, por outro, de segurar a capacidade de trabalho contra riscos sociais, nomeadamente profissionais, eventualidades que a suprimissem ou reduzissem, ter levado os Estados a impor às empresas a transferência da responsabilidade por riscos sociais inerentes às condições de existência dos trabalhadores e a fazê-las pagar o prémio correspondente.*
  A parafiscalidade, isto é, a deriva do Direito da Segurança Social para o Direito Fiscal no que respeita ao seguro social não se ajusta claramente ao seu objecto – substituição do rendimento perdido como resposta aos factos que patologicamente afectam as relações de trabalho –; relativamente às prestações não substitutivas de rendimento o recurso a uma matriz fiscal falseada potencia distorções sociais indesejadas.
- *Quanto à divergência da base de incidência entre o regime geral e o regime de protecção social convergente (RPSC) sendo que este último segue o regime do Estatuto da Aposentação até Dezembro de 2012 mais restrito que o regime geral, o montante das prestações da Administração Pública resultava inferior ao do regime geral (vg. na parentalidade) violando deste modo o princípio da convergência consagrado no artº 104º, situação aliás corrigida no Orçamento para 2013.*

Artigo 58º – Limites contributivos

1 – A lei pode ainda prever, protegendo os direitos adquiridos e em formação e garantindo a sustentabilidade financeira da componente pública do sistema de repartição e das contas públicas nacionais e o respeito pelo princípio da solidariedade, a aplicação de limites superiores aos valores considerados como base de incidência contributiva ou a redução das taxas contributivas dos regimes gerais, tendo em vista nomeadamente o reforço das poupanças dos trabalhadores geridas em regime financeiro de capitalização.

2 – A determinação legal dos limites referidos no número anterior é baseada em proposta fundamentada em relatório que demonstre, de forma inequívoca, o cumprimento dos requisitos mencionados no número anterior e será obrigatoriamente precedida de parecer favorável da comissão executiva do Conselho Nacional de Segurança Social.

- *Têm limites superiores fixados normativamente:*
  - *. Trabalhadores independentes – 12 IAS (artº 163º do CRC);*
  - *. Seguro social voluntário – 8 IAS (artº 180º do CRC);*
  - *. Membros de igrejas e associações religiosas (situação opcional) – 8 IAS (artº 126º do CRC).*
- *Têm valor de base de incidência pré-determinado:*
  - *. Trabalhadores do serviço doméstico (regra) – 1 IAS (artº 119º do CRC); e*
  - *. Praticantes desportivos profissionais (regra) – 1/5 da remuneração efectiva (artº 77º do CRC).*

Para o nº 2 quanto à intervenção do então Conselho Nacional de Segurança Social ver anotação ao artº 95º.

Artigo 59º – Responsabilidade pelo pagamento das contribuições

1 – As entidades empregadoras são responsáveis pelo pagamento das quotizações dos trabalhadores ao seu serviço, devendo para o efeito proceder, no momento do pagamento das remunerações, à retenção na fonte dos valores correspondentes.

2 – São nulas as cláusulas do contrato, individual ou colectivo, pelo qual o trabalhador assuma a obrigação de pagar, total ou parcialmente, as contribuições devidas pela entidade empregadora.

- *Trata-se da figura da substituição tributária. Ver artº 42º do CRC e anotação.*
- *Objecto da obrigação – artº 11º do CRC.*
- *Relativamente ao nº 2 trata-se de matéria que não está na disponibilidade das partes.*
- *O beneficiário só pode ser responsável pelo pagamento nas situações em que não há entidade empregadora:*
  - *. pagamento voluntário de contribuições na âmbito da flexibilização da idade de acesso à pensão – arts 249º e segs do CRC;*
  - *. pagamento voluntário de contribuições prescritas – arts 254º e segs do CRC.*

Artigo 60º – Restituição e cobrança coerciva das contribuições ou prestações

1 – As quotizações e as contribuições não pagas, bem como outros montantes devidos, são objecto de cobrança coerciva nos termos legais.

2 – As prestações pagas aos beneficiários que a elas não tinham direito devem ser restituídas nos termos previstos na lei.

3 – A obrigação do pagamento das quotizações e das contribuições prescreve no prazo de cinco anos a contar da data em que aquela obrigação deveria ter sido cumprida.

4 – A prescrição interrompe-se por qualquer diligência administrativa, realizada com conhecimento do responsável pelo pagamento, conducente à liquidação ou à cobrança da dívida.

- *Cobrança coerciva (nº 1) através de execução cível ou fiscal (nº 1 do artº 186º do CRC). Ver regime do incumprimento dos deveres legais no artº 80º.*
- *Relativamente à restituição:*
  . de prestações (nº 2) ver DL 133/88, 20.04;
  . de contribuições – arts 267º e segs do CRC (anteriormente: arts 128º e 129º do Dec 45266, 23/09/1963).
- *Ver regime de reembolso das quotizações – arts 261º a 266º do CRC.*
- *Quanto à prescrição (nºs 3 e 4) – inexigibilidade do direito não exercido pelo seu titular – ver regime no Direito Civil – arts 298º a 304º do CC e artº 187º do CRC.*
  O prazo de 5 anos (antes: prazo de 20 anos – até Maio de 1980 – artº 27º do CPCI; prazo de 10 anos artº 14º do DL 103/80, 09.05, e nº 2 do artº 53º da L 28/84, 14.08) e a contagem do prazo (início do ano seguinte àquele em que tiver ocorrido o facto tributário) foi introduzido pelo artº 63º da L 17/2000, 08/08, que entrou em vigor em 8 de Fevereiro de 2001 – Ver Ac TCA Norte de 7/09/06, quanto à sucessão de prazos prescricionais).
  São aplicáveis subsidiariamente, nos termos do artº 1º da Lei Geral Tributária (LGT), os arts 48º e 49º – efeitos dos factos interruptivos (nº 2 do artº 49º antes de revogado) e as causas de suspensão (nº 3 do artº 49º).
  Considerar também o regime da caducidade de 4 anos do artº 45º da LGT, aplicável nos termos do Ac STA 1481/2013 e notificações respectivas – nº 6 do artº 77º do CPPT.
- *Os nºs 2 e 3 devem considerar-se aplicáveis a todos os créditos da segurança social.*

Artigo 61º – Condições de atribuição das prestações

1 – Constitui condição geral de atribuição das prestações, nas eventualidades em que tal seja exigido, o decurso de um período mínimo de contribuição ou situação equivalente.

2 – O decurso do período previsto no número anterior pode ser considerado como cumprido pelo recurso à totalização de períodos contributivos ou equivalentes, registados no quadro de regimes de protecção social, nacionais ou estrangeiros, nos termos previstos na lei ou em instrumentos internacionais aplicáveis.

3 – Podem ainda ser previstas por lei, para cada eventualidade, condições especiais de acesso às prestações.

4 – A falta de cumprimento da obrigação de inscrição, incluindo a falta de declaração do início de actividade profissional ou a falta do pagamento de contribuições relativas a períodos de exercício de actividade profissional dos trabalhadores por conta de outrem, que lhes não seja imputável, não prejudica o direito às prestações.

– *Princípio da totalização (nº 2):*
  . Regimes nacionais: nº 4 do artº 63º da Constituição da República Portuguesa;
  . No âmbito do Direito Comunitário: artº 48º do TFUE e arts 17º e segs do REG (CE) 883/2004, de 29 de Abril de 2004.
– *O prazo de garantia próprio das prestações substitutivas de rendimento de trabalho varia de prestação para prestação (Ver lista no "Segurança Social – Manual Prático", Coimbra, Almedina, 2019, 11ª edição) não sendo exigido por exemplo nas prestações de doenças profissionais (L 98/2009, 4/09) e no subsídio por morte (artº 18º do DL 322/90, 18.10).*
– *O índice de profissionalidade do artº 12º do DL 28/2004, 04.02 (subsídio de doença) é uma das condições especiais previstas no nº 3, não sendo aplicável a trabalhadores independentes.*
– *O regime do nº 4 ressalva os efeitos do incumprimento para efeitos de acesso aos direitos sociais previsto no artº 55º.*
– *Relativamente ao nº 4: o não pagamento de quotizações dos trabalhadores da responsabilidade do empregador nunca pode ser imputável ao trabalhador. V. porém anotação ao artº 59º.*
  Para o regime de protecção social convergente (RPSC) ver nº 3 do artº 16º da L 4/2009, 29.01.
– *V. registo por equivalência no artº 17º do CRC.*

Artigo 62º – Determinação dos montantes das prestações

1 – O valor das remunerações registadas constitui a base de cálculo para a determinação do montante das prestações pecuniárias substitutivas dos rendimentos, reais ou presumidos, da actividade profissional.

2 – Sem prejuízo do disposto no número anterior, a determinação dos montantes das prestações pode igualmente ter em consideração outros elementos, nomeadamente e consoante os casos, a natureza da eventualidade, a duração da carreira contributiva, a idade do beneficiário ou o grau de incapacidade.

3 – Sempre que as prestações pecuniárias dos regimes de segurança social se mostrem inferiores aos valores mínimos legalmente fixados é garantida a concessão daquele valor ou a atribuição de prestações que as complementem.

4 – Os valores dos subsídios de doença e de desemprego não podem ser superiores aos valores das respectivas remunerações de referência, líquidos de impos-

tos e de contribuições para a segurança social, que serviram de base de cálculo das prestações.

- *A regra do nº 1 decorre do princípio do artº 54º – o montante da prestação corresponde à média do valor das remunerações registadas.*
- *Relevância dos elementos referidos no nº 2 (ver artº 10º):*
  . natureza da eventualidade – prestações por doenças profissionais, situações determinantes da aplicação do regime especial de invalidez;
  . carreira contributiva (número de anos ou meses com registo de remunerações mesmo por equivalência) – para a determinação da taxa global de formação de pensão (proporcional) ou para aceder (por exemplo) ao regime de antecipação da pensão;
  . idade do titular – encargos familiares e complemento extraordinário de solidariedade;
  . grau de incapacidade – invalidez, doenças profissionais e complemento por dependência;
  . outros elementos – duração do facto – subsídio de doença;
  – número de titulares – encargos familiares.
- *O nº 3 prevê o complemento social, antes designado "melhoria", prestação diferencial de natureza não contributiva sem condição de recursos regulada nos arts 46º e 47º do DL 187/2007, 10.05.*
- *Para o nº 4: os valores das prestações de parentalidade e por doenças profissionais não têm como limite a remuneração de referência.*

Artigo 63º – Quadro legal das pensões [2]

1 – O quadro legal das pensões deve ser, gradualmente, adaptado aos novos condicionalismos sociais, de modo a garantir-se a maior equidade e justiça social na sua concretização.

2 – A lei pode prever que a idade normal de acesso à pensão de velhice seja ajustada de acordo com a evolução dos índices da esperança média de vida.

3 – A lei pode consagrar medidas de flexibilidade da idade legal para atribuição de pensões, através de mecanismos de redução ou bonificação das pensões, consoante se trate de idade inferior ou superior à que se encontra definida nos termos gerais.

4 – A lei pode prever a diferenciação positiva das taxas de substituição a favor dos beneficiários com mais baixas remunerações, desde que respeitado o princípio da contributividade.

[2] O nº 2 foi aditado pela Lei nº 83-A/2013, de 30 de Dezembro, e os restantes renumerados.

5 – O cálculo das pensões de velhice e de invalidez tem por base os rendimentos de trabalho, revalorizados, de toda a carreira contributiva, nos termos da lei.

6 – Os valores das remunerações que sirvam de base de cálculo das pensões devem ser actualizados de acordo com os critérios estabelecidos na lei, nomeadamente tendo em conta a inflação.

– *Para o nº 2 ver critérios de fixação da idade normal de acesso à pensão de velhice nos nºs 2 e segs do artº 20º do DL 187/2007, de 10.05.*
– *Para o nº 3 os critérios de antecipação da idade de acesso à pensão de velhice estão definidos nos arts 20º (nº 1) a 25º do DL 187/2007, 10.05, e arts 57º e 58º do DL 220/2006, 03.11.*
– *Para o nº 4 trata-se da utilização da técnica da selectividade material em função dos rendimentos prevista no artº 10º e ilustrada no artº 31º do DL 187/2007, 10.05.*
– *Para o nº 5 ver regime transitório no artº 101º.*
– *Para os nºs 5 e 6, conforme decorre com clareza do preâmbulo das portarias que aprovam anualmente as tabelas dos coeficientes de revalorização, que "revalorização" e "actualização" são sinónimos.*

Artigo 64º – Factor de sustentabilidade

1 – Ao montante da pensão estatutária, calculada nos termos legais, é aplicável um factor de sustentabilidade relacionado com a evolução da esperança média de vida, tendo em vista a adequação do sistema às modificações resultantes de alterações demográficas e económicas.

2 – O factor de sustentabilidade é definido pela relação entre a esperança média de vida verificada num determinado ano de referência e a esperança média de vida que se verificar no ano anterior ao do requerimento da pensão.

3 – A lei pode alterar o ano de referência da esperança média de vida previsto no número anterior, sempre que a situação demográfica e a sustentabilidade das pensões justificadamente o exija, aplicando-se o novo factor de sustentabilidade no cálculo das pensões futuras. [3]

– *Regulado no artº 35º do DL 187/2007, 10.05.*

Artigo 65º – Acumulação de pensões com rendimentos do trabalho

A lei estabelece os termos e as condições de acumulação de pensões com rendimentos de trabalho.

– *Ver anotação ao artº 67º.*

[3] O nº 3 foi aditado pela Lei nº 83-A/2013, de 30 de Dezembro.

Artigo 66º – Direitos adquiridos e em formação

1 – É aplicável aos regimes do sistema previdencial o princípio da tutela dos direitos adquiridos e dos direitos em formação.

2 – Para o efeito do número anterior, consideram-se:

a) Direitos adquiridos, os que já se encontram reconhecidos ou possam sê-lo por se encontrarem reunidos todos os requisitos legais necessários ao seu reconhecimento;

b) Direitos em formação, os correspondentes aos períodos contributivos e valores de remunerações registadas em nome do beneficiário.

3 – Os beneficiários mantêm o direito às prestações pecuniárias dos regimes de segurança social ainda que transfiram a residência do território nacional, sem prejuízo do disposto em instrumentos internacionais aplicáveis.

4 – Os efeitos da inscrição não se extinguem pelo decurso do tempo.

- *Não confundir o nº 1 com o princípio da não retroactividade social objectiva que segundo a doutrina e a jurisprudência constante do Tribunal Constitucional – vg. Ac TC 101/92, (in DR II, de 18/8/92) – não cabe na Constituição da República Portuguesa.*
- *Para o nº 2 ver artº 100º.*
- *O nº 3 refere-se à exportação de prestações – pagamento não territorial das prestações.*
- *O nº 4 consagra a regra da inscrição vitalícia – ver nº 3 e 4 do artº 8º do CRC. Perdurando os seus efeitos para lá da morte do beneficiário, no caso da atribuição das prestações derivadas (sobrevivência e morte).*

CAPÍTULO IV – Disposições comuns aos subsistemas de solidariedade e protecção familiar e ao sistema previdencial

SECÇÃO I – Prestações

Artigo 67º – Acumulação de prestações

1 – Salvo disposição legal em contrário, não são cumuláveis entre si as prestações emergentes do mesmo facto, desde que respeitantes ao mesmo interesse protegido.

2 – As regras sobre acumulação de prestações pecuniárias emergentes de diferentes eventualidades são reguladas por lei, não podendo, em caso algum, resultar da sua aplicação montante inferior ao da prestação mais elevada nem excesso sobre o valor total.

3 – Para efeitos de acumulação de prestações pecuniárias podem ser tomadas em conta prestações concedidas por sistemas de segurança social estrangeiros, sem prejuízo do disposto em instrumentos internacionais aplicáveis.

- *Quanto à acumulação de pensões com pensões ver:*
  Decreto-Lei nº 187/2007, de 10 de Maio – arts 54º a 57º e nº 2 do artº 104º;
  Decreto-Lei nº 141/91, de 10 de Abril – para pensões iniciadas até 31 de Maio de 2007;
- *Quanto à cumulação de pensões com rendimento de trabalho ver:*
  . em geral – arts 58º a 62º do DL 187/2007, 10.05;
  . com subvenções vitalícias – artº 9º da L 52-A/2005, 10.10;
  . pensões iniciadas até 31/12/93 – DL 41/89, 02.02.
- *Ver regime de concessão substitutiva:*
  . doença – artº 7º do DL 28/2004, 04.02 – concessão provisória do subsídio com direito à diferença de valores;
  . invalidez – arts 6º e 7º do DL 187/2007, 10.05 – compensação com a pensão de invalidez.
- *O nº 3 é aplicável internamente entre regimes, nos termos da alínea b) do artº 2º do DL 141/91, 10.04.*

Artigo 68º – Indexante dos apoios sociais e actualização do valor das prestações

1 – Os montantes dos apoios sociais, designadamente os valores mínimos de pensões, são fixados tendo por base o indexante dos apoios sociais, nas situações e nos termos definidos por lei.

2 – O valor de referência previsto no número anterior é objecto de actualização anual, tendo em conta um conjunto de critérios atendíveis, designadamente a evolução dos preços e o crescimento económico.

3 – A actualização anual das prestações obedece a critérios objectivos fixados por lei que garantam o respeito pelo princípio da equidade intergeracional e pela sustentabilidade financeira do sistema de segurança social.

- *Regime do IAS: L 53-B/2006, 29.12. Montante fixado por portaria anual (€ 435,76 - 2019).*
- *A regra da actualização anual (nº 2 e 3) retomada em 2017, fora suspensa em sucessivas leis orçamentais (2010 a 2016).*

Artigo 69º – Prescrição do direito às prestações

O direito às prestações pecuniárias vencidas prescreve a favor das instituições devedoras no prazo de cinco anos, contado a partir da data em que as mesmas são postas a pagamento, com conhecimento do credor.

- *As prestações continuadas prescrevem passados 5 anos sobre o respectivo vencimento no último dia do prazo de pagamento.*
- *Diferente deve ser entendida a caducidade do direito de requerer que ocorre sempre que o beneficiário deixa extinguir o prazo que a lei define.*

Artigo 70º – Responsabilidade civil de terceiros

No caso de concorrência pelo mesmo facto do direito a prestações pecuniárias dos regimes de segurança social com o de indemnização a suportar por terceiros, as instituições de segurança social ficam sub-rogadas nos direitos do lesado até ao limite do valor das prestações que lhes cabe conceder.

- *Na situação de concessão substitutiva – prestações substitutivas de remuneração – Desp 35/SESS/93, de 6 Mai (DR II, de 19/5/93):*
  . Para a doença: artº 7º do DL 28/2004, 04.02;
  . Para a invalidez: arts 6º e 7º do DL 187/2007, 10.05;
  . Reembolso por via judicial: artº 4º do DL 59/89, 22.02.
- *No âmbito do regime de protecção social convergente (RPSC) – artº 20º da L 4/2009, 29.01.*

SECÇÃO II – Garantias e contencioso

Artigo 71º – Deveres do Estado e dos beneficiários

1 – Compete ao Estado garantir aos beneficiários informação periódica relativa aos seus direitos, adquiridos e em formação, designadamente em matéria de pensões.

2 – Os beneficiários têm o dever de cooperar com as instituições de segurança social, cabendo-lhes, designadamente, ser verdadeiros nas suas declarações e requerimentos e submeter-se aos exames de verificação necessários para a concessão ou manutenção das prestações a que tenham direito.

- *O dever geral de colaboração vem também expresso no artº 4º do D Reg 1-A/2011, 03/01.*
- *Para o nº 1 ver:*
  . princípio no artº 22º. Ver também artº 73º.
  . artº 11º do CPA – princípio da colaboração com os particulares; e
  . DL 135/99, 22/04 – informação aos cidadãos.
- *Para o nº 2 ver: artº 10º do CPA – princípio da boa fé; e*
  arts 22º, 221º a 248º do CRC – violação de deveres.
- *Consequências para os beneficiários da violação dos seus deveres:*
  1) cumprimento dos deveres legais (artº 80º);

2) invalidade dos actos (nulidade ou anulabilidade) – revogação dos actos (arts 78º e 79ª) – não concessão ou extinção dos direitos;

3) aplicação de sanções ou penas:

. pecuniárias – coimas ou multas (artº 80º); e

. privativas de liberdade – crimes contra a segurança social (arts 106º e 107º do RGIT);

4) devolução dos valores indevidamente recebidos (nº 2 do artº 60º);

5) sanções acessórias de suspensão do direito de requerer prestações durante 2 anos (artº 15º do DL 79/2010, 16/06).

Artigo 72º – Intransmissibilidade e penhorabilidade parcial das prestações

1 – As prestações concedidas pelas instituições de segurança social são intransmissíveis.

2 – As prestações dos regimes de segurança social são parcialmente penhoráveis nos termos da lei geral.

– *O nº 1 completa o princípio da indisponibilidade do artº 3º, estabelecendo a impossibilidade de cessão, total ou parcial, a título gratuito ou oneroso em vida ou por morte do direito às prestações.*
– *Para doenças profissionais ver artº 78º da L 98/2009, 04.09.*
– *Para o nº 2: "lei geral" ver regras no artº 738º do CPC. Para definir o "mínimo adequado e necessário a uma sobrevivência condigna" como limite à penhora ver Ac TC nº 411/93, de 29 de Junho (DR, II, de 19/1/94), nº 318/99 e nº 96/2004. Quanto à fixação do limite em 1 RMMG V. Ac TC 177/2002, de 2 de Julho – DR, I, de 2 de Julho.*

Artigo 73º – Garantia do direito à informação

Os beneficiários e as entidades empregadoras têm direito a informação adequada sobre os direitos e obrigações decorrentes da presente lei e legislação complementar.

– *Ver anotação aos arts 22º e 71º.*
– *Ver artº 23º do CRC.*

Artigo 74º – Certificação da regularidade das situações

1 – Qualquer pessoa ou entidade sujeita a obrigações perante as instituições de segurança social pode requerer, em qualquer momento, que lhe seja emitida declaração comprovativa do regular cumprimento dessas obrigações.

2 – Quando não seja emitida a declaração comprovativa mencionada no número anterior, o particular pode solicitar aos tribunais administrativos que intimem a administração para passagem de certidão correspondente, nos termos legais.

- *Para o nº 1 ver nº 3 do artº 83º do CPA.*
- *Para o nº 2 ver alínea a) do nº 1 do artº 4º do ETAF.*

Artigo 75º – Confidencialidade

1 – As instituições de segurança social abrangidas pela presente lei devem assegurar a confidencialidade dos dados de natureza estritamente privada de que disponham, relativos à situação pessoal, económica ou financeira de quaisquer pessoas ou entidades.

2 – A obrigação prevista no número anterior cessa mediante autorização do respectivo interessado ou sempre que haja obrigação legal de divulgar os dados abrangidos pela confidencialidade.

- *Para o nº 1 ver nº 2 do artº 26º e nº 4 do artº 35º da Constituição da República Portuguesa, L 67/98, 26/10, e artº 91º do RGIT.*
- *O nº 2 consagra a renunciabilidade ou disponibilidade do direito à confidencialidade de dados. Ver DL 114/2007, 19.04.*

Artigo 76º – Reclamações e queixas

1 – Os interessados na concessão de prestações do sistema podem apresentar reclamações ou queixas sempre que se considerem lesados nos seus direitos.

2 – As reclamações ou queixas são dirigidas às instituições a quem compete conceder as prestações, sem prejuízo das garantias contenciosas reconhecidas por lei.

3 – O processo para apreciar reclamações tem carácter de urgência.

- *Regime jurídico: arts 184º e segs. do CPA.*
- *A reclamação ou queixa tem como objecto qualquer acto administrativo nos termos do artº 191º do CPA.*
- *Ver garantias contenciosas no artº 77º.*
- *Para o nº 3 procedimentos:*
  . prazo para apresentar a reclamação – 15 dias (artº 191º nº 3º do CPA);
  . prazo para decisão – 30 dias (artº 192º nº 2 do CPA).

Artigo 77º – Garantias contenciosas

As acções e omissões da administração no âmbito do sistema de segurança social são susceptíveis de reacção contenciosa nos termos do Código de Processo nos Tribunais Administrativos.

- *Nos termos da Constituição da República Portuguesa (nº 1 do artº 20º e nº 4 do artº 268º).*

– *Este artigo, ao referir apenas a jurisdição administrativa não é limitativo antes incompleto, aliás sem nada acrescentar ao procedimento administrativo previsto no CPA, constituindo uma tendência arrastada das leis de bases anteriores (artº 78º da L 32/2002, de 20/12, artº 75º da L 17/2000, de 08/08, e artº 40º da L 28/84, de 14/08). Na verdade, o funcionamento do sistema de segurança social não se limita à prática de actos administrativos, antes implica o recurso a uma diversidade de áreas do direito com jurisdição própria cuja enumeração legal não caberia necessariamente no âmbito de uma lei de bases específica.*

Outras jurisdições que intervêm no funcionamento do sistema de segurança social, designadamente:

- *jurisdição tributária – em matéria de créditos da segurança social, designadamente, em execução por dívidas – arts 5º e 6º do DL 42/2001, 09/02, LGT e artº 151º do CPPT;*
- *jurisdição penal – crimes contra a segurança social – arts 106º e 107º do RGIT (L 15/2001, 5/06);*
- *jurisdição cível:*
  - *responsabilidade de terceiros (nos termos da responsabilidade civil);*
  - *reclamação de créditos no âmbito da insolvência em execução cível (nº 2 do artº 786º, artº 788º do CPC e artº 80º do D Reg 1-A/2011, 03/01);*
- *jurisdição laboral:*
  - *doenças profissionais – arts 167º a 172º da L 98/2009, 04.09;*
    – arts 117º a 155º do CPT;
  - *recursos no âmbito das contra-ordenações – artº 126º nº 2 da LOSJ (L 62/2013, 26.08);*
    – artº 34º e 49º a 51º da L 107/2009, 14/09.

Artigo 78º – Nulidade

Os actos administrativos de atribuição de direitos ou de reconhecimento de situações jurídicas, baseados em informações falsas, prestadas dolosamente ou com má fé pelos beneficiários, são nulos e punidos nos termos da legislação aplicável.

– *Formas de nulidade: artº 161º do CPA.*

– *Ver artº 48º e segs do CPTA.*

– *Para as consequências do incumprimento ver nº 2 do artº 71º e anotação.*

– *Para além da nulidade dos actos este artigo também prevê a responsabilidade penal e contra-ordenacional dos beneficiários, por exemplo por falsas declarações previsto no âmbito dos regimes contributivos no artº 22º do CRC e em termos penais, desde Fevereiro de 2013, no artº 348º-A do Código Penal (antes: no artº 22º do DL 33725, de 1 de Junho de 1944).*

Artigo 79º – Revogação de actos inválidos

1 – Os actos administrativos de atribuição de direitos ou de pagamento de prestações inválidos são revogados nos termos e nos prazos previstos na lei, sem prejuízo do disposto no número seguinte.

2 – Os actos administrativos de atribuição de prestações continuadas inválidos podem, ultrapassado o prazo da lei geral, ser revogados com eficácia para o futuro.

- *Regra: anulabilidade. Ver regime da revogação e da anulação administrativas nos arts 165º e segs do CPA.*
- *Ver também DL 133/88, 20/04 (arts 15º a 19º).*

Artigo 80º – Incumprimento das obrigações legais

A falta de cumprimento das obrigações legais relativas, designadamente, à inscrição no sistema, ao enquadramento nos regimes e ao cumprimento das obrigações contributivas, bem como a adopção de procedimentos, por acção ou omissão, tendentes à obtenção indevida de prestações, consubstanciam contra-ordenações ou ilícitos criminais, nos termos definidos por lei.

- *Dever geral de colaboração – artº 4º do D Reg 1-A/2011, 03/01.*
- *Para o incumprimento das obrigações contributivas: arts 185º e segs do CRC e arts 149º a 152º do CPPT.*
- *Para as contra-ordenações:*
  - *. arts 9º, 11º e 13º do DL 64/89, 25.02 – regimes não contributivos;*
  - *. arts 22º e 221º a 248º do CRC – regime contributivo;*
  - *. L 107/2009, 14/09 – processo;*
  - *. arts 39º-A a 39º-K do DL 64/2007, 14/03 – equipamentos;*
  - *. arts 548º a 565º do CT – doenças profissionais (por remissão do regime previsto na L 98/2009, 04.09);*
  - *. recursos para jurisdição do trabalho – nº 2 do artº 126º da LOSJ e arts 49º a 51º da L 107/2009, 14.09;*
  - *. subsidiariamente – DL 433/82, 27.10 (com alterações);*
- *Para ilícitos criminais:*
  - *. RGIT – arts 87º a 91º (crimes tributários) e 106º e 107º (crimes específicos contra a segurança social);*
  - *. artº 348º-A do CP – falsas declarações.*

CAPÍTULO V – Sistema complementar

(para a legislação nesta matéria ver a nossa compilação Regimes Profissionais de Segurança Social, Coimbra, Almedina, 2018)

SECÇÃO I – Composição do sistema complementar

Artigo 81º – Composição

1 – O sistema complementar compreende um regime público de capitalização e regimes complementares de iniciativa colectiva e de iniciativa individual.

2 – Os regimes complementares são reconhecidos como instrumentos significativos de protecção e de solidariedade social, concretizada na partilha das responsabilidades sociais, devendo o seu desenvolvimento ser estimulado pelo Estado através de incentivos considerados adequados.

– *Esta matéria tem compilação própria – Regimes Profissionais de Segurança Social, Coimbra, Almedina, 2018.*
– *Ver quadro na página seguinte.*

SECÇÃO II – Do regime público de capitalização

Artigo 82º – Caracterização

1 – O regime público de capitalização é um regime de adesão voluntária individual, cuja organização e gestão é da responsabilidade do Estado, que visa a atribuição de prestações complementares das concedidas pelo sistema previdencial, tendo em vista o reforço da protecção social dos beneficiários.

2 – Para efeitos do disposto no número anterior, podem ser criadas por lei, para cada beneficiário aderente, contas individuais geridas em regime financeiro de capitalização, que lhes garanta uma protecção social complementar, concretizando o previsto no nº 4 do artigo 57º.

3 – A lei define as condições de adesão, as características, a garantia de direitos, o método de financiamento, o regime de transmissão por morte e o tratamento fiscal do regime referido no presente artigo.

4 – A lei define ainda as formas de gestão das contas individuais, designadamente a possibilidade de contratualização parcial da gestão com entidades do sector privado.

– *Trata-se do DL 26/2008, 22.02, e Port 212/2008, 29.02.*

Sistema de segurança social complementar português (a)

Modalidades Previdenciais – Regimes / Características			Lei aplicável	Fim	Equilíbrio financeiro	Entidades gestoras (continente)	Tutela / Entidades reguladoras (continente)
Públicos (legais)	Previdência colectiva – 2º pilar	Regimes voluntários Seguro social voluntário	L 110/2009, 16/09 (arts 169º a 184º CRC)	Previdência	Repartição	Instituto da Segurança Social, IP (ISS, IP)	Ministério do Trabalho, Solidariedade e Segurança Social (MTSSS)
		Fundos especiais de segurança social	L 1884, 16/03/1935	Previdência e acção social		Instituto de Gestão Financeira da Segurança Social, IP (IGFSS, IP)	
		Regimes profissionais complementares	DL 225/89, 06/07	Previdência	Repartição / Capitalização	– Associações mutualistas – Fundações de segurança social complementar	Direcção-Geral da Segurança Social (DGSS)
						– Empresas seguradoras – Sociedades financeiras gestoras de fundos de pensões ou de investimento	Autoridade de Supervisão de Seguros e Fundos de Pensões (ASF) ou CMVM
		Regime público de capitalização	DL 26/2008, 22/02		Capitalização	Instituto de Gestão de Fundos de Capitalização da Segurança Social (IGFCSS, IP)	Ministério do Trabalho, Solidariedade e Segurança Social (MTSSS)
Privados		Prestações complementares	L 7/2009, 12/02 (artº 478º CT)	Previdência	Repartição	Empresas (d)	-----
	Previdência individual – 3º pilar	Seguros comerciais	DL 72/2008, 16/04	Previdência e financeiro	Capitalização	Empresas de seguros Lei nº 147/2015, 09/09 – Anexo I	ASF
		Planos de pensões profissionais – Planos poupança reforma – Fundos de pensões – Fundos de investimento	DL 158/2002, 02/07 DL 12/2006, 20/01			– Empresas de seguros – Sociedades financeiras gestoras de fundos de investimentos ou de fundos de pensões	ASF ou CMVM
Sector social		Seguro mutualista	DL 59/2018, 02/08	Previdência e acção social	Repartição / Capitalização	Associações mutualistas	DGSS
			L 147/2015, 09.09			Mútuas de seguros	ASF
	Serviços e equipamentos sociais (b)		DL 119/93, 25/02	Acção social	-----	Instituições particulares de solidariedade social (IPSS) (c) e empresas	Instituto da Segurança Social (ISS, IP)

(a) Enquadramento facultativo. Técnica profissionalista ou previdencialista. Antigos esquemas de prestações complementares.
(b) Modalidades não previdenciais.
(c) Intervenção social por acordos de cooperação e de gestão – Portaria nº 196-A/2015, de 1 de Julho, (continente e Madeira; na RAA, contratos de cooperação e de gestão).
(d) Como componente da responsabilidade social da empresa (RSE), através dos IRCT ou dos regulamentos de empresa.

SECÇÃO III – Regimes complementares de iniciativa colectiva e individual

Artigo 83º – Natureza dos regimes de iniciativa colectiva

1 – Os regimes complementares de iniciativa colectiva são regimes de instituição facultativa a favor de um grupo determinado de pessoas.

2 – Integram-se nos regimes referidos nos números anteriores os regimes profissionais complementares.

3 – Os regimes profissionais complementares abrangem trabalhadores por conta de outrem de uma empresa, de grupos de empresas ou de outras entidades empregadoras de um sector profissional ou interprofissional, bem como trabalhadores independentes.

4 – Os regimes profissionais complementares são financiados pelas entidades empregadoras ou pelos trabalhadores independentes, sem prejuízo de eventual pagamento de quotizações por parte dos trabalhadores por conta de outrem.

– *Para o nº 2 ver DL 225/89, 06/07.*

Artigo 84º – Natureza dos regimes de iniciativa individual

Os regimes complementares de iniciativa individual são de instituição facultativa, assumindo, entre outras, a forma de planos de poupança-reforma, de seguros de vida, de seguros de capitalização e de modalidades mutualistas.

– *Para os planos poupança-reforma ver DL 158/2002, 02/07.*
– *Para os seguros de vida ver regime jurídico do contrato de seguro – DL 72/2008, 16/04 (artº 183º e segs).*
– *Para as modalidades mutualistas ver o Código das Associações Mutualistas (DL 59/2018, de 2 de Agosto) e mútuas de seguros.*

Artigo 85º – Administração

1 – Os regimes complementares de iniciativa colectiva e individual podem ser administrados por entidades públicas, cooperativas ou privadas, nomeadamente de natureza mutualista, criadas para esse efeito nos termos legais.

2 – Quando, no âmbito de um regime profissional complementar, estiver em causa a atribuição de prestações nas eventualidades de invalidez, velhice e morte, a respectiva gestão tem de ser concedida a entidade jurídica distinta da entidade que o instituiu.

– *Ver artº 5º do DL 225/89, de 6 de Julho.*

Artigo 86º – Regulamentação, supervisão e garantia dos regimes complementares

1 – A criação e modificação dos regimes complementares de iniciativa colectiva e individual e a sua articulação com o subsistema previdencial são definidas por lei que regula, designadamente, o seu âmbito material, as condições técnicas e financeiras dos benefícios e a garantia dos respectivos direitos.

2 – A regulamentação dos regimes complementares de iniciativa colectiva deve ainda concretizar o princípio da igualdade de tratamento em razão do sexo e a protecção jurídica dos direitos adquiridos e em formação, e fixar as regras relativas à portabilidade daqueles direitos, à igualdade de tratamento fiscal entre regimes e ao direito à informação.

3 – A regulação, a supervisão prudencial e a fiscalização dos regimes complementares previstos na presente secção é exercida nos termos da lei e pelas entidades legalmente definidas.

4 – A lei prevê ainda a instituição de mecanismos de garantia dos regimes complementares referidos na presente secção.

– *Para o nº 1, nos termos do capítulo III (arts 50º e segs) trata-se do "sistema previdencial".*

CAPÍTULO VI – Financiamento

Artigo 87º – Princípios

O financiamento do sistema obedece aos princípios da diversificação das fontes de financiamento e da adequação selectiva.

– *Regulamentação desta matéria no DL 367/2007, 02/11, que revogou o DL 331/2001, 20/12.*

Artigo 88º – Princípio da diversificação das fontes de financiamento

O princípio da diversificação das fontes de financiamento implica a ampliação das bases de obtenção de recursos financeiros tendo em vista, designadamente, a redução dos custos não salariais da mão-de-obra.

– *Princípio desenvolvido nos arts 7º e 14º do DL 367/2007, 02/11.*
– *Cf. artº 92º.*

Artigo 89º – Princípio da adequação selectiva

O princípio da adequação selectiva consiste na determinação das fontes de financiamento e na afectação dos recursos financeiros, de acordo com a natureza e os objectivos das modalidades de protecção social definidas na presente lei e com situações e medidas especiais, nomeadamente as relacionadas com políticas activas de emprego e de formação profissional.

- *Ver artº 2º do DL 367/2007, 02/11.*
- *Em obediência a este princípio o DL 367/2007, 02/11, garante uma lógica funcional de financiamento – separação do financiamento pelas funções exercidas pela segurança social – prestações substitutivas de rendimento perdido (função previdencial) por contribuições sobre as remunerações e para prestações não substitutivas de rendimento (função assistencialista) por transferências do Estado.*

Artigo 90º – Formas de financiamento

1 – A protecção garantida no âmbito do sistema de protecção social de cidadania é financiada por transferências do Orçamento do Estado e por consignação de receitas fiscais.

2 – As prestações substitutivas dos rendimentos de actividade profissional, atribuídas no âmbito do sistema previdencial e, bem assim as políticas activas de emprego e formação profissional, são financiadas por quotizações dos trabalhadores e por contribuições das entidades empregadoras.

3 – Sem prejuízo do disposto no número anterior, a contrapartida nacional das despesas financiadas, no âmbito do Fundo Social Europeu, é suportada pelo Orçamento do Estado.

4 – As despesas de administração e outras despesas comuns do sistema são financiadas através das fontes correspondentes aos sistemas de protecção social de cidadania e previdencial, na proporção dos respectivos encargos.

5 – Podem constituir ainda receitas da acção social as verbas consignadas por lei para esse efeito, nomeadamente as provenientes de receitas de jogos sociais.

6 – O disposto no presente artigo é regulado por lei.

- *Com fundamento no nº 2, 1ª parte do artº 63º da CRP "2. Incumbe ao Estado... subsidiar um sistema de segurança social...".*
  Ver regime nos arts 3º e 4º do DL 367/2007, 02/11.
- *Para o nº 1 termos de transição – artº 105º.*
- *Excepções ao nº 2:*
  . regime dos independentes – nº 1 do artº 154º do CRC;
  . seguro social voluntário – artº 177º do CRC;
  . situação em que não há entidade empregadora – arts 249º e segs do CRC.
- *Para o complemento social ver alínea a) do nº 1 do artº 11º do DL 367/2007, 02/11.*
- *Para o regime de protecção social convergente (RPSC) esta matéria contém-se no artº 22º da L 4/2009, 29/01.*

Artigo 91º – Capitalização pública de estabilização

1 – Reverte para o Fundo de Estabilização Financeira da Segurança Social uma parcela entre dois e quatro pontos percentuais do valor percentual correspondente às quotizações dos trabalhadores por conta de outrem, até que aquele fundo assegure a cobertura das despesas previsíveis com pensões, por um período mínimo de dois anos.

2 – Os saldos anuais do sistema previdencial, bem como as receitas resultantes da alienação de património e os ganhos obtidos das aplicações financeiras, integram o fundo a que se refere o número anterior, sendo geridos em regime de capitalização.

3 – Pode não haver lugar à aplicação do disposto no nº 1, se a conjuntura económica do ano a que se refere ou a situação financeira do sistema previdencial justificadamente o não permitirem.

– *Para o nº 1 ver arts 16º e 17º do DL 367/2007, 02/11.*

– *Regulamento do Fundo de Estabilização Financeira da Segurança Social (FEFSS) – Port 1273/2004, 07/10.*

– *Capital inicial do FEFSS: receitas fiscais consignadas (imposto complementar, secção A, cobrada em 1989 e imposto profissional não retido na fonte referente a rendimentos de 1988) e valores patrimoniais mobiliários e imobiliários susceptíveis de capitalização transferidos das instituições de segurança social.*

Artigo 92º – Fontes de financiamento

Constituem fontes de financiamento do sistema:

a) As quotizações dos trabalhadores;

b) As contribuições das entidades empregadoras;

c) As transferências do Estado e de outras entidades públicas;

d) As receitas fiscais legalmente previstas;

e) Os rendimentos de património próprio e os rendimentos de património do Estado consignados ao reforço do Fundo de Estabilização Financeira da Segurança Social;

f) O produto de comparticipações previstas na lei ou em regulamentos;

g) O produto de sanções pecuniárias;

h) As transferências de organismos estrangeiros;

i) O produto de eventuais excedentes da execução do Orçamento do Estado de cada ano; e

j) Outras legalmente previstas ou permitidas.

– *Nos termos dos arts 7º e 14º do DL 367/2007, 02/11.*

– *Para a alínea a) também contribuições dos beneficiários do regime dos trabalhadores independentes, do seguro social voluntário ou do pagamento voluntário de contri-*

buições nas situações de inexistência de entidade empregadora ou de contribuições prescritas (arts 249º do CRC).

- *A entidade empregadora não é contribuinte nomeadamente nas seguintes situações:*
  - *. seguro social voluntário dos trabalhadores marítimos nos barcos estrangeiros (alínea b) do nº 1 do artº 170º do CRC);*
  - *. pagamento de contribuições prescritas (arts 254º e segs do CRC).*
- *Para a alínea c) transferências internas:*
  1) correntes – financiam actividades inerentes às finalidades protectoras; de capital – financiam actividades de investimento;
  2) do Estado ou de outras entidades públicas.
- *Para a alínea d) trata-se do "IVA social" instituído pelo nº 6 do artº 32º da L 39-B/94, 27/12.*
  Ver regras de consignação desta receita no artº 8º do DL 367/2007, 02/11.
- *Para a alínea e) nos termos do nº 2 do artº 91º os saldos anuais do sistema previdencial.*
- *Para a alínea f) "comparticipações" são valores pagos pelos utilizadores de serviços e equipamentos sociais em percentagem do respectivo custo em regra modulada em função da composição ou /e rendimento do agregado familiar.*
- *Para a alínea g) coimas (relativas às contra-ordenações) ou multas (artº 12º do RGIT). Constituem receita de cada um dos sistemas (alínea f) nº 1 do artº 14º do DL 367/2007, 02/11).*
- *Para a alínea h) transferências do FSE, por exemplo.*

Artigo 93º – Orçamento da segurança social

1 – O orçamento da segurança social é apresentado pelo Governo e aprovado pela Assembleia da República como parte integrante do Orçamento do Estado.

2 – As regras de elaboração, organização, aprovação, execução e controlo do orçamento da segurança social constam da lei.

3 – O Governo apresenta à Assembleia da República uma especificação das receitas e das despesas da segurança social, desagregadas pelas diversas modalidades de protecção social, designadamente pelas eventualidades cobertas pelos sistemas previdencial e protecção social de cidadania e subsistemas respectivos.

4 – O Governo elabora e envia ainda à Assembleia da República uma projecção actualizada de longo prazo, designadamente dos encargos com prestações diferidas e das quotizações dos trabalhadores e das contribuições das entidades empregadoras.

- *Aliás, conforme previsão do artº 105º da Constituição da República Portuguesa.*
- *Disciplina Orçamental – Lei do Enquadramento Orçamental: L 115/2015, 10.09.*
- *Na sequência da revisão constitucional de 1982, o Orçamento da Segurança Social constitui parte integrante do Orçamento do Estado (monismo orçamental). Assim,*

desde 1984 o Orçamento da Segurança Social embora autónomo, está formalmente integrado no Orçamento do Estado. Até então vigorava o dualismo orçamental – o Orçamento da Segurança Social não estava englobado no Orçamento do Estado, havia dois instrumentos jurídicos diferentes.

– *Compete ao Instituto de Gestão Financeira da Segurança Social, IP (IGFSS) a elaboração do orçamento e da conta – artº 3º do DL 84/2012, 30/03.*

CAPÍTULO VII – Organização

Artigo 94º – Estrutura orgânica

1 – A estrutura orgânica do sistema compreende serviços que fazem parte da administração directa e da administração indirecta do Estado.

2 – Os serviços a que se refere a última parte do número anterior são pessoas colectivas de direito público, denominadas instituições da segurança social.

– *No continente (V. quadro na página 93):*

. Ministério do Trabalho, Solidariedade e Segurança Social (MTSSS) – DL 251-A/2015, 17/12.

Administração directa do Estado:

. Direcção-Geral da Segurança Social (DGSS) – D Reg 36/2012, 27/03;

. Inspecção-Geral do Ministério do Trabalho, Solidariedade e Segurança Social (IGMTSSS) – D Reg 22/2012, 08/02.

Administração indirecta do Estado (institutos públicos):

. Instituições de segurança social enumeradas no artº 2º do DL 39/2011, 21/03, que dispõe:

"Artigo 2º (Instituições da segurança social)

São instituições da segurança social, nos termos do disposto no nº 2 do artº 94º da L 4/2007, 16/01, e na alínea b) do nº 1 do artº 48º da L 3/2004, 15/01, os seguintes institutos:

a) O Instituto de Gestão de Fundos de Capitalização da Segurança Social, I. P. (IGFCSS, I. P.);

b) O Instituto de Gestão Financeira da Segurança Social, I. P. (IGFSS, I. P.);

c) O Instituto de Informática, I. P. (II, I. P.);

d) O Instituto da Segurança Social, I. P. (ISS, I. P.)"

. A Caixa Geral de Aposentações, IP. é um instituto público que assegura a gestão e atribuição de prestações devidas no âmbito do regime de segurança social público (regime de protecção social convergente) e outras de natureza especial – DL 131/2012, 25/06 (com alterações);

. O Instituto Nacional para a Reabilitação, I.P. (INR, I.P.) é um instituto público com jurisdição sobre todo o território nacional – DL 31/2012, 9/02;

. A Casa Pia de Lisboa, I. P. (CPL, I. P.) é um instituto público – DL 77/2012, 26/03;

. A Santa Casa da Misericórdia de Lisboa (SCML) é uma pessoa colectiva de direito privado e utilidade pública administrativa. A tutela é exercida pelo membro do Governo que superintende a área da segurança social – DL 235/2008, 03/12.

– *Para as regiões autónomas ver anotação ao artº 108º.*

Artigo 95º – Conselho Nacional de Segurança Social

1 – A participação no processo de definição da política, objectivos e prioridades do sistema é assegurado pelo Conselho Nacional de Segurança Social.

2 – Será criada, no âmbito do conselho, uma comissão executiva constituída de forma tripartida por representantes do Estado, dos parceiros sociais sindicais e patronais.

3 – A lei determina as atribuições, competências e composição do conselho e da comissão executiva, tendo em conta, quanto a esta última, o disposto no nº 2 do artigo 58º.

– *Extinto pela alínea b) do artº 25º do DL 126/2011, 29/12.*
Agora, nos termos do artº 6º do mesmo diploma: Conselho Nacional para as Políticas de Solidariedade, Voluntariado, Família, Reabilitação e Segurança Social ou Conselho Nacional para as Políticas de Solidariedade e Segurança Social (CNPSSS). Criado pelos arts 6º e 21º do DL 167-C/2013, de 31 de Dezembro, e organizado pelo DL 48/2017, de 22 de Maio.

– *Na prática a participação já vinha sendo exercida dominantemente no âmbito do Conselho Permanente da Concertação Social, órgão do Conselho Económico e Social. Ver artº 92º da CRP.*

– *A participação da Administração Pública na qualidade de entidade empregadora e não em representação do Estado está prevista no artº 25º da L 4/2009,29/12.*

– *Conselhos regionais de segurança social, ao nível das regiões autónomas ver anotação ao artº 108º.*

Artigo 96º – Participação nas instituições de segurança social

A lei define as formas de participação nas instituições de segurança social das associações sindicais e patronais, bem como de outras entidades interessadas no funcionamento do sistema.

– *O princípio da participação está previsto no artº 18º.*

– *No continente: conselhos consultivos (ISS, IP; II, IP; IFCSS, IP) ou conselho geral (IGFSS, IP).*

Estrutura da Segurança Social (continente)

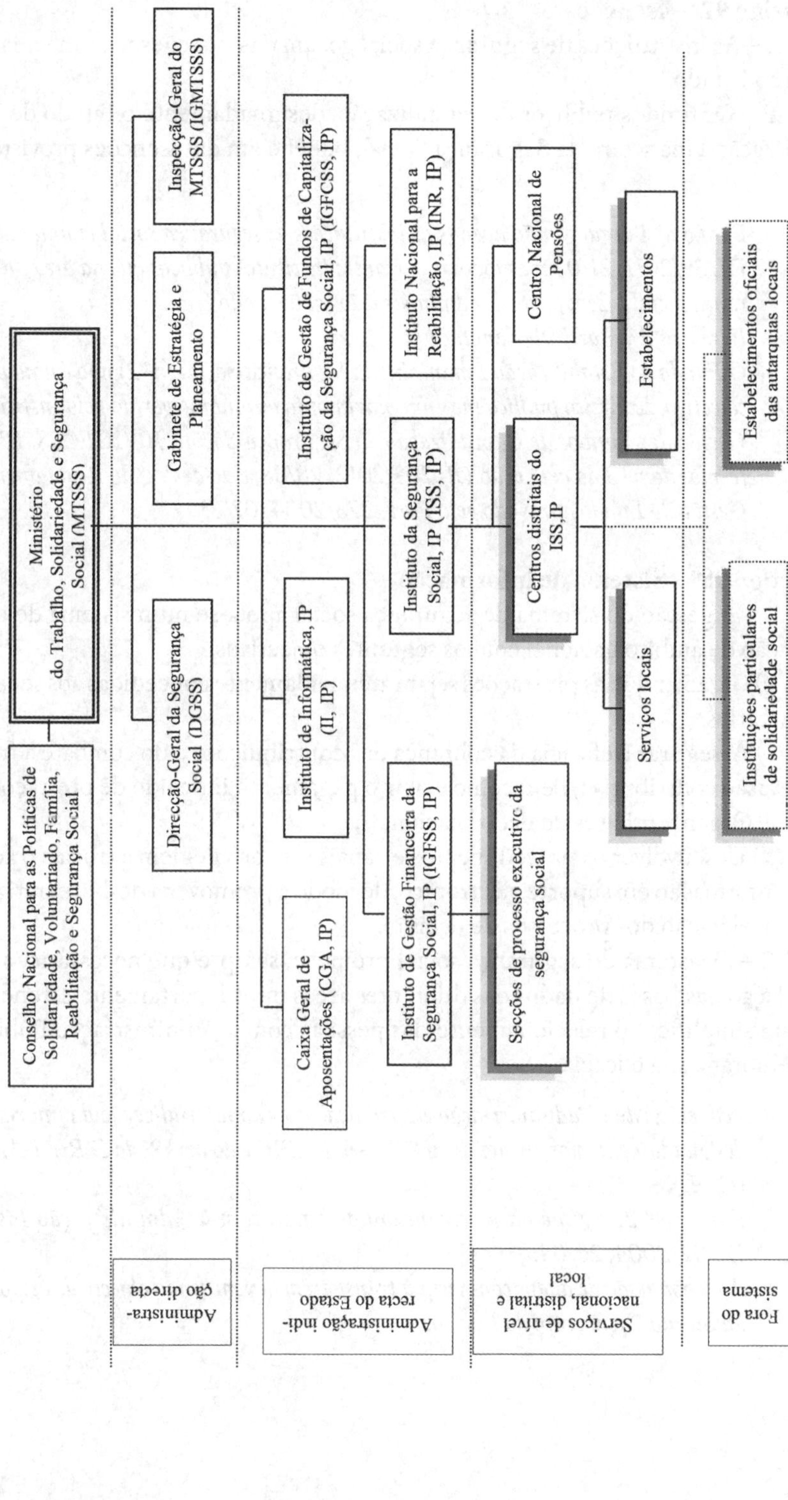

Artigo 97º – Isenções

1 – As instituições de segurança social gozam das isenções reconhecidas por lei ao Estado.

2 – Os fundos públicos de capitalização, designadamente o Fundo de Estabilização Financeira da Segurança Social, beneficiam das isenções previstas na lei.

- *Para o nº 1 abrange não apenas as instituições de segurança social enumeradas no DL 39/2011, 21/03 mas todos os restantes institutos públicos que na área da segurança social fazem parte de administração indirecta do Estado.*
- *Para o nº 2 ver artº 91º e anotação.*
- *O Fundo de Estabilização Financeira da Segurança Social (nº 2) não é uma pessoa colectiva de direito público mas um património autónomo gerido pelo Instituto de Gestão dos Fundos de Capitalização da Segurança Social, IP (IGFCSS, IP), nos termos do nº 3 do artº 1º do DL 203/2012, 28/08, e do artº 2º do Regulamento de Gestão do Fundo aprovado pela Port 1273/2004, 07/10.*

Artigo 98º – Sistema de informação

1 – A gestão do sistema de segurança social apoia-se num sistema de informação de âmbito nacional com os seguintes objectivos:

a) Garantir que as prestações sejam atempadamente concedidas aos seus destinatários;

b) Assegurar a eficácia da cobrança das contribuições e do combate à fraude e evasão contributiva, bem como evitar o pagamento indevido de prestações;

c) Organizar bases de dados nacionais; e

d) Desenvolver os procedimentos e canais que privilegiem a troca e o acesso de informação em suporte electrónico, de modo a promover a desburocratização e a aceleração dos processos de decisão.

2 – O sistema de segurança social promove, sempre que necessário, a articulação das bases de dados das diferentes áreas interdepartamentais, tendo em vista simplificar o relacionamento das pessoas com a Administração Pública e melhorar a sua eficácia.

- *Tem em vista a "administração electrónica" e a desmaterialização da informação, designadamente nos termos do artº 23º-A do CRC e do artº 2º do D Reg 1-A/2011, 03/01.*
- *Para o nº 2: regime da interconexão de dados com a Administração Fiscal – DL 92/2004, 20/04.*
  A transmissão de dados com vista à transparência vem sendo objecto de disposições anuais no Orçamento do Estado.

Artigo 99º – Identificação

1 – Estão sujeitas a identificação no sistema de informação as pessoas singulares e colectivas que se relacionem com o sistema de segurança social.

2 – A declaração de início de actividade para efeitos fiscais é oficiosamente comunicada ao sistema de segurança social.

– *A identificação no Sistema de Informação da Segurança Social (SISS) é o primeiro de 3 tempos da vinculação ao sistema de segurança social, a saber: identificação, inscrição e enquadramento, antecedendo-os (Cf. nº 3 do artº 6º do CRC).*

Para além da comunicação oficiosa obrigatória do registo de nascimento que impende sobre os serviços de registo civil nos termos do nº 1 do artº 102ºA do Código do Registo Civil (aprovado pelo DL 131/95, 06/06) nos seguintes termos:

"Artigo 102º-A (Comunicações obrigatórias)

1 – Uma vez lavrado o assento de nascimento são comunicados imediatamente e por via electrónica os dados relevantes para efeitos de inscrição da criança nos serviços de segurança social e de saúde e, se tal for solicitado pelos pais ou por outros representantes legais, nos serviços de finanças." (Aditado pelo DL 324/2007, 28/09).

A atribuição do número de identificação da segurança social (NISS) oficiosamente pela segurança social é uma das componentes da identificação, podendo ocorrer:

. para pessoas singulares, no âmbito da atribuição do cartão de cidadão – L 7/2007, 05/02 (artº 16º):

"1 – O cartão de cidadão implica a atribuição do número de identificação civil, do número de identificação fiscal, do número de utente dos serviços de saúde e do número de identificação da segurança social, a qual é efectuada a partir de informação obtida e confirmada, em separado, em cada uma das bases de dados, geridas com autonomia pelas entidades competentes, nos termos da lei.

2 – Não é permitida a interconexão ou cruzamento de dados registados nas bases referidas no número anterior, salvo nos casos devidamente autorizados por lei ou pela Comissão Nacional de Protecção de Dados."

. para pessoas colectivas, no âmbito da atribuição de cartão de empresa e de pessoas colectiva – DL 247-B/2008, 30/12, e Port 4/2009, 23/01.

. no âmbito da identificação dos trabalhadores – nº 4 do artº 5º do D Reg 1-A/2011, 03/01; ou das entidades empregadoras.

– *Nos termos do nº 5º da Port 1483/2004, 23/12 "o número de identificação de segurança social é constituído por 11 dígitos, sendo iniciado pelos nºs 1 ou 2, consoante se trate, respectivamente, de pessoa singular ou de pessoa colectiva", sendo os 9 dígitos seguintes o nº de beneficiário e o último o dígito de controlo (check-digit).*

– *Quanto ao carácter transitório do actual cartão de identificação da segurança social o nº 1 do artº 55º da L 7/2007, 05/02 (cartão de cidadão) – (cartões de identificação válidos), dispõe:*

"1 – Os bilhetes de identidade, cartões de contribuinte, cartões de utente dos serviços de saúde e cartões de identificação da segurança social válidos continuam a produzir os seus efeitos, nos termos previstos nos diplomas legais que regulam a sua emissão e utilização, enquanto não tiver sido entregue cartão de cidadão aos respectivos titulares".

– *Para o nº 2 ver regime no artº 143º do Código dos Regimes Contributivos.*

CAPÍTULO VIII – Disposições transitórias

Artigo 100º – Salvaguarda dos direitos adquiridos e em formação

O desenvolvimento e a regulamentação da presente lei não prejudicam os direitos adquiridos, os prazos de garantia vencidos ao abrigo da legislação anterior, nem os quantitativos de pensões que resultem de remunerações registadas na vigência daquela legislação.

– *O princípio da manutenção dos direitos adquiridos e em formação na perspectiva da sua exportabilidade está enunciado no nº 3 do artº 66º.*

Artigo 101º – Regime transitório de cálculo das pensões

Sem prejuízo do disposto no nº 4 do artigo 63º, deve fazer-se relevar, no cálculo das pensões e com respeito pelo princípio da proporcionalidade, os períodos da carreira contributiva cumpridos ao abrigo de legislação anterior, bem como as regras de determinação das pensões então vigentes, quando aplicáveis à situação do beneficiário.

Artigo 102º – Grupos sócio-profissionais

A lei define os termos em que se efectiva a integração no sistema previdencial dos trabalhadores e respectivas entidades empregadoras por aquele parcialmente abrangidos.

– *Trata-se, em regra, de situações já abrangidas quanto à generalidade das eventualidades pela Caixa Geral de Aposentações (CGA), de âmbito material restrito apenas a algumas eventualidades, ou seja, incompleto relativamente ao regime geral. Ver anotação ao artº 52º.*

Artigo 103º – Regimes especiais

Os regimes especiais vigentes à data da entrada em vigor da presente lei continuam a aplicar-se, incluindo as disposições sobre o seu funcionamento, aos grupos de trabalhadores pelos mesmos abrangidos, com respeito pelos direitos adquiridos e em formação.

- *São regimes especiais, nomeadamente, os regimes satélites (bancários –agora grupo fechado – e advogados) e grupos ou regimes fechados, para além do regime de protecção social convergente (RPSC) e dos enumerados nos arts 273º e 274º do CRC, designadamente:*
  - *. pessoal do Serviço de Transportes Colectivos do Porto (Regulamentos do Montepio dos Empregados Superiores e da Caixa de Socorros e Pensões, de 21 de Maio de 1927;*
  - *. trabalhadores ferroviários admitidos antes de 1 de Julho de 1955, nos termos do DL 40 262, 19/07/1955 (Regulamentos de pensão de reforma de 1927, referidos no artº 1º do DL 39 557, de 09/03/1954;*
  - *. agrícolas – DL 81/85, 28/03.*
- *Para fundos especiais – patrimónios com autonomia financeira constituídos em antigas caixas de previdência – quanto ao financiamento ver artº 60º do CRC.*
- *A expressão "disposições sobre o seu funcionamento", arrastada das leis anteriores é indecifrável só fazendo sentido se se tratar de "disposições sobre o seu financiamento".*

Artigo 104º – Regimes da função pública

Deve ser prosseguida a convergência dos regimes da função pública com os regimes do sistema de segurança social.

- *Não faz qualquer sentido a colocação sistemática desta norma arrastada de leis anteriores na medida em que se trata de manter o princípio da harmonização dos regimes geral de segurança social e o então regime de protecção social da função pública, legalmente consagrada desde a Lei da Segurança Social de 1984, e não de uma norma transitória, entendida como aquelas que "a lei fixa casuisticamente para a solução das hipóteses que se colocam na fronteira entre a lei nova e a lei velha" (Oliveira Ascensão).*
- *Na verdade, trata-se da projecção do requisito constitucional da natureza unificada do sistema de segurança social assente no "... sistema de segurança social unificado..." do nº 2 do artº 63º da CRP e do artº 16º desta lei (V. anotações respectivas) prevendo um imperativo de harmonização na consagração expressa do princípio da convergência do "regime da função pública" com o regime geral, imperativo elevado, neste caso, ao nível de lei de valor reforçado (V. anotação ao artº 1º), que se traduz, a final, na proibição de divergência entre os dois regimes. Esta exigência normativa esteve presente em todas as leis da segurança social anteriores, a saber: artº 70º da L 28/84, 14/08; artº 110º da L 17/2000, 08/08; e artº 124º da L 32/2002, 20/12.*
  Na expressão de Isabel Viseu " Temos assim que as diferentes leis (da segurança social) têm reconhecido que o direito à segurança social, garantido a todos os cidadãos, pode ser assegurado em relação aos trabalhadores da AP através de um regime especial autónomo que, porém, faz parte integrante do próprio SSS (sistema de segurança social).

Está sujeito aos seus princípios e regras gerais, as pessoas por ele abrangidas estão obrigadas à identificação no respectivo sistema de identificação nacional e deve evoluir, nos termos da lei, no sentido da convergência com os restantes regimes de segurança social, designadamente do sistema previdencial. Com efeito não há concretização deste direito fora do SSS" in "Protecção Social dos Trabalhadores em Funções Públicas", Coimbra, Coimbra Editora, 2011, pág 36. Veja-se o caso da divergência da base de incidência (aliás entretanto corrigida) referido em anotação ao artº 57º.

- *Para além da relevância no regime geral que o então designado regime da função pública sempre teve quer ao nível da consideração para efeitos de acumulação de pensões ou de isenção de regimes, a convergência dos regimes traduziu-se quase sempre na aprovação de direito uniforme ou único (aliás nos termos do nº 2 do artº 63º da CRP) para os dois regimes. São expressão de tal movimento:*
  - *. as prestações familiares – DL 170/80, 29/05. Regime actual: DL 133-B/97, 30/05, e DL 176/2003, 03/08);*
  - *. regime da unificação das pensões – DL 159/92, 31/07. Regime actual: DL 361/98, 18/11;*
  - *. unificação do cálculo das pensões da CGA com o regime geral para os funcionários admitidos a partir de Setembro de 1993 – DL 286/93, 20/08;*
  - *. os trabalhadores em funções públicas, admitidos desde 1 de Janeiro de 2006, integram o regime geral de segurança social – alínea a) do artº 7º da L 4/2009, 29/01. Os admitidos até 31 de Dezembro de 2005 abrangidos até então pelo regime de protecção da função pública constituem um grupo fechado com regime de protecção social próprio, designado desde Janeiro de 2009 regime de protecção social convergente (RPSC) (também designado regime de segurança social público no artº 20º-A do DL 167-C/2013, 31/12, versão do DL 28/2015, 10/02), passando assim a fazer parte da própria designação o seu objectivo jurídico – "convergente" com o regime geral – artº 11º da L 4/2009, 29/01.*

Artigo 105º – Financiamento do sistema de protecção social de cidadania

A lei define os termos da transição para a forma de financiamento do sistema de protecção social de cidadania prevista no nº 1 do artigo 90º.

- *Ver anotação ao artº 90º.*

Artigo 106º – Aplicação às instituições de previdência

Mantêm-se autónomas as instituições de previdência criadas anteriormente à entrada em vigor do Decreto-Lei nº 549/77, de 31 de Dezembro, com os seus regimes jurídicos e formas de gestão privativas, ficando subsidiariamente sujeitas às disposições da presente lei e à legislação dela decorrente, com as necessárias adaptações.

– *As instituições de previdência estão, desde a última fusão operada pelo DL 26/2012, de 06.02, praticamente todas extintas com excepção da Caixa de Previdência dos Advogados e Solicitadores (Regulamento no DL 119/2015, 29.06), último exemplo de expressão corporativa contrária ao princípio da unidade do nº 2 do artº 63º da CRP e do artº 16º desta lei.*

De notar que, apesar da designação, não são instituições de previdência de inscrição obrigatória no sentido desta norma, para além das associações de socorros mútuos (V. Regime na colectânea "Estatuto das Instituições Particulares de Solidariedade Social, Anotado", Coimbra, Almedina, 2015 – 2ª edição), as instituições de inscrição facultativa de natureza marcadamente associativa (com excepção da CGA após 1929), constituídas por diplomas próprios e abrangendo apenas algumas eventualidades, nomeadamente:

. Caixa de Previdência do Ministério da Educação instituída pelo DL 35781, 05/08/1946, tem os actuais estatutos no DL 193/97, 29/07, garantindo aos seus associados subsídio por morte e empréstimos;

. Cofre de Previdência dos Funcionários e Agentes do Estado instituído como Cofre de Previdência do Ministério das Finanças pelo Dec 3, 24/12/1901, reorganizado pelo DL 44 333, 10/05/1962, tem os actuais estatutos no DL 465/76, 31/06 (com alterações), concedendo aos seus associados subsídios de doença e por morte e empréstimos;

. Caixa Geral de Aposentações inicialmente criada como instituição gestora de regime facultativo por Decreto de 17/07/1886, instituída pelo Dec 16 667, 17/03/1929, como instituição de previdência integrando com outras caixas a Caixa Nacional de Previdência, classificada como instituição de previdência de 4ª categoria pelo nº 5 da Base III da L 2115, 18/06/1962, e autonomizada relativamente à Caixa Geral de Depósitos pelo DL 277/93, 10/08, tem como instituto público a sua actual lei orgânica no DL 131/2012, 25/06, gerindo as prestações diferidas do regime de protecção social convergente.

Quanto à história recente da organização da previdência social ver "Organização da Previdência", de António da Silva Leal, 1966/67, Ed. policopiada do Instituto de Estudos Sociais ou, sumariamente, a anotação à Base III da L 2115, de 18/06/1962, na "Legislação da Segurança Social", Lisboa, Rei dos Livros, 1979, 1ª edição.

– *As instituições de previdência são também objecto do artº 2º da L 110/2009, 16/09, que aprova o CRC.*

CAPÍTULO IX – Disposições finais

Artigo 107º – Protecção nos acidentes de trabalho

A lei estabelece o regime jurídico da protecção obrigatória em caso de acidente de trabalho, definindo os termos da respectiva responsabilidade.

– *Ver regime, nomeadamente, arts 281º a 308º do Código do Trabalho e L 98/2009, 04/09.*
– *Parece ter deixado de fazer sentido manter a eventualidade acidentes de trabalho na enumeração do artº 52º (alínea d) do nº 1).*
– *Para os trabalhadores em funções públicas quer abrangidos pelo regime geral de segurança social (RGSS) quer pelo regime de protecção social convergente (RPSC) aplica-se o DL 503/99, 20/11, nos termos do artº 26º da L 4/2009, 29/01, que expressamente afasta o princípio da obrigatoriedade da transferência do risco acidentes de trabalho, então acidentes em serviço.*

Artigo 108º – Regiões Autónomas

A aplicação da presente lei às Regiões Autónomas dos Açores e da Madeira não prejudica a regulamentação própria em matéria de organização e funcionamento, bem como a regionalização dos serviços de segurança social.

– *Legislação principal no âmbito da organização:*
Nível de governos regionais:
Região Autónoma dos Açores
. Orgânica do Governo Regional – D Reg Reg 9/2016/A, 21/11;
. Secretaria Regional da Solidariedade Social – D Reg Reg 10/2013/A, 2/08;
Região Autónoma da Madeira
. Orgânica do Governo Regional – D Reg Reg 2/2015/M, 12.05;
. Orgânica da Secretaria Regional da Inclusão e dos Assuntos Sociais – D Reg Reg 15/2015/M, 19.08.
Instituições regionais de segurança social:
. RA Açores
. Criação do Instituto da Segurança Social dos Açores (ISSA) – Dec Leg Reg 14/2013/A, 03.10;
. Estatutos do Instituto da Segurança Social dos Açores (ISSA) – D Reg Reg 2/2014/A, 24.01;
. RA Madeira
. Orgânica do Instituto de Segurança Social da Madeira (ISSM) – D Leg Reg 34/2012/M, 16.11(versão do DLR 29/2016/M, 15/07;
. Estatutos do Instituto de Segurança Social da Madeira (ISSM) – Port Reg nº 17/2017, 23/06.

Conselhos regionais de segurança social:
. Região Autónoma dos Açores – D Reg Reg 4/91/A, 25.02;
. Região Autónoma da Madeira – artº 14º do D Reg Reg 15/2015/M, 19.08.

– *Admitindo regionalização no sentido material (de regimes e prestações) ver Ac TC 304/2011, de 21 de Junho (DR 1ª, de 29 de Julho de 2011).*

Artigo 109º – Norma revogatória

1 – É revogada a Lei nº 32/2002, de 20 de Dezembro.

2 – Até revogação expressa, mantêm-se em vigor as disposições legais e regulamentares aprovadas ao abrigo das Leis nº 28/84, de 14 de Agosto, nº 17/2000, de 8 de Agosto e nº 32/2002, de 20 de Dezembro.

– *O silêncio da lei quanto às normas publicadas anteriormente à entrada em vigor da Lei nº 28/84 (normas publicadas ao abrigo da Lei nº 2115, de 18 de Junho de 1962, e anteriores não revogadas) e aqui aparentemente ignoradas (podendo não ser tão residuais quanto se pense) não afecta a sua vigência.*

– *A exigência de revogação expressa (do nº 2) no âmbito de uma lei de valor reforçado, embora se aplauda a intenção disciplinadora, pode trazer algumas dificuldades a esta área do direito.*
Na verdade, a sua utilização, quando acontece, raramente é exaustiva pela vastidão de normas e diplomas em vigor e por isso o legislador prudentemente e em regra não se compromete, privilegiando o silêncio da revogação implícita (atitude ferida de ilegalidade a partir de agora), deixando nas mãos do intérprete essa tarefa nada simples da determinação das normas em vigor aplicáveis.
Ilustra tal dificuldade a extensa enumeração do artº 5º da L 110/2009, 16/09, que aprova o Código dos Regimes Contributivos e a subsequente utilização da figura da repristinação para anular revogações indevidas.

Artigo 110º – Entrada em vigor e produção de efeitos

1 – A presente lei entra em vigor no dia seguinte ao da sua publicação.

2 – O disposto no artigo 68º produz efeitos a partir de 1 de Janeiro de 2007.

Aprovada em 14 de Dezembro de 2006. O Presidente da Assembleia da República, *Jaime Gama.*

Promulgada em 6 de Janeiro de 2007. Publique-se. O Presidente da República, ANÍBAL CAVACO SILVA.

Referendada em 9 de Janeiro de 2007. O Primeiro-Ministro, *José Sócrates Carvalho Pinto de Sousa.*

PARTE II
Regimes Contributivos do Sistema Previdencial

Código dos Regimes Contributivos do Sistema Previdencial de Segurança Social e Regulamento

- Lei nº 110/2009, de 16 de Setembro – Aprova o Código dos Regimes Contributivos do Sistema Previdencial de Segurança Social (CRC)
- Decreto Regulamentar nº 1-A/2011, de 3 de Janeiro – Regulamenta o CRC
- Portaria nº 66/2011, de 4 de Fevereiro – Procedimentos, elementos e meios de prova – CRC

Lei nº 110/2009, de 16 de Setembro
Aprova o Código dos Regimes Contributivos do Sistema Previdencial de Segurança Social

Com a redacção dos seguintes diplomas:
- *Lei nº 119/2009, de 30 de Dezembro;*
- *Decreto-Lei nº 140-B/2010, de 30 de Dezembro (artº 19º);*
- *Lei nº 55-A/2010, de 31 de Dezembro (arts 69º a 71º);*
- *Lei nº 64-B/2011, de 30 de Dezembro (artº 81º);*
- *Lei nº 20/2012, de 14 de Maio (artº 16º);*
- *Lei nº 66-B/2012, de 31 de Dezembro (artº 116º);*
- *Lei nº 83-C/2013, de 31 de Dezembro (artº 171º);*
- *Declaração de Rectificação nº 11/2014, de 24 de Fevereiro;*

- *Lei nº 82-B/2014, de 31 de Dezembro (arts 175º e 260º b);*
- *Lei nº 23/2015, de 17 de Março (artº 5º);*
- *Lei nº 42/2016, de 22 de Dezembro (artº 271º);*
- *Decreto-Lei nº 93/2017, de 1 de Agosto (artº 13º);*
- *Lei nº 114/2017, de 29 de Dezembro (arts 65º, 66º e 296º);*
- *Decreto-Lei nº 2/2018, de 9 de Janeiro;*
- *Declaração de Rectificação nº 9/2018, de 9 de Março;*
- *Lei nº 71/2018, de 31 de Dezembro (artº 333º);*
- *Lei nº 93/2019, de 4 de Setembro (arts 3º, 4º, 7º e 10º);*
- *Lei nº 100/2019, de 6 de Setembro.*

A Assembleia da República decreta, nos termos da alínea c) do artigo 161º da Constituição, o seguinte:

Artigo 1º – Objecto

É aprovado o Código dos Regimes Contributivos do Sistema Previdencial de Segurança Social, adiante designado Código, que se publica em anexo à presente lei e que dela faz parte integrante.

- *Trata-se de um "código" sectorial – abrange apenas uma parte do Direito da Segurança Social: os chamados regimes (com exclusão das prestações) e destes apenas os contributivos, isto é, aqueles que pressupõem esforço contributivo (pagamento de contribuições).*
- *O chamado Sistema Previdencial constitui, na configuração que o artº 23º da L 4/2007, 16/01 (Lei da Segurança Social) lhe confere, um dos sistemas em que o "sistema (global) de segurança social" se decompõe e regulado nos arts 50º a 66º da mesma Lei 4/2007.*
- *Dos trabalhos preparatórios desta lei há a referir, principalmente, a discussão na generalidade da Proposta de Lei nº 270/X/4ª – DAR, I série, nº 91, de 15/06/2009. Ver todo o processo legislativo no site da AR sob a designação "Proposta de Lei 270/X".*

Artigo 2º – Aplicação às instituições de previdência

O disposto no Código é aplicável, com as necessárias adaptações, às instituições de previdência criadas anteriormente à entrada em vigor do Decreto-Lei nº 549/77, de 31 de Dezembro.

- *O DL 549/77, atribuindo a gestão a institutos públicos, teve como função e mérito afastar definitivamente a perspectiva associativa e grupal com que a previdência social então era encarada (cada instituição tinha o seu próprio regulamento de benefícios embora delimitado por um regulamento geral), consagrando uma estrutura organizativa geral separada dos fins dessa mesma organização.*

– *As instituições de previdência estão praticamente todas extintas com excepção da Caixa de Previdência dos Advogados e Solicitadores. Ver anotação ao artº 106º da L 4/2007, 16/01.*

Artigo 3º – Obrigação de informar *(revogado)* [4]

Artigo 3º-A – Trabalhadores bancários a integrar no regime geral de segurança social [5]

1 – Os trabalhadores bancários no activo, inscritos na Caixa de Abono de Família dos Empregados Bancários e abrangidos por regime de segurança social substitutivo constante de instrumento de regulamentação colectiva de trabalho vigente no sector bancário são integrados no regime geral de segurança social dos trabalhadores por conta de outrem para efeitos de protecção na parentalidade, no âmbito das eventualidades de maternidade, paternidade e adopção e na velhice.

2 – Os trabalhadores referidos no número anterior mantêm a protecção do regime de segurança social dos trabalhadores por conta de outrem nas eventualidades de doença profissional e desemprego.

3 – A taxa contributiva é de 26,6%, cabendo 23,6% à entidade empregadora e 3% ao trabalhador, sem prejuízo do disposto no número seguinte.

4 – No caso de entidades sem fins lucrativos a taxa contributiva é de 25,4%, cabendo 22,4% à entidade empregadora e 3% ao trabalhador.

– *Regulamentado pelo Decreto-Lei nº 1-A/2011, 03/01, e DL 127/2011, 31/12.*
– *Sumário da evolução do regime dos bancários*

1) Até Dez 2008:

. Regime incompleto para trabalhadores abrangidos pela Caixa de Abono de Família dos Empregados Bancários (CAFEB) na eventualidade de encargos familiares e, desde 1986, doença profissional e desemprego (nas restantes eventualidades pelo regime do acordo colectivo;

. Regime geral para trabalhadores do Grupo IV (DN 118/83, 13/05) e do Banco Totta e Açores (ex-Grupo CUF então abrangidos por caixa própria).

2) Desde Janeiro de 2009 – DL 54/2009, 02/03:

. Regime geral para os novos trabalhadores admitidos e mantido para os já abrangidos;

. Regime incompleto – passa a grupo fechado abrangido pela CAFEB;

. Regime substitutivo do ACTV passa a grupo fechado.

3) Desde Janeiro de 2011 – artº 3º A da L 110/2009, 16/01 (redacção da L 55-A/2010, 31/12) e DL 1-A/2011, 03/01:

[4] Revogado pelo nº 1 do artº 71º da Lei nº 55-A/2010, de 31 de Dezembro.
[5] Aditado pelo nº 1 do artº 70º da Lei nº 55-A/2010, de 31 de Dezembro.

. Regime incompleto em grupo fechado – nas eventualidades de encargos familiares, doença profissional, desemprego e, desde Janeiro 2011, parentalidade e velhice;

. Regime do ACTV dos bancários em grupo fechado – Regime de segurança social substitutivo constante de instrumento de regulamentação colectiva de trabalho vigente no sector bancário – nas eventualidades doença, invalidez e morte.

Extinção da Caixa de Abono de Família dos Empregados Bancários (CAFEB) por integração no Instituto da Segurança Social (DL 247/2012, 19/11).

4) Desde Janeiro de 2012: DL 127/2011, 31/12 – transferência do pagamento das pensões em curso em 31/12/2011 para a segurança social.

Artigo 4º – Regulamentação [6]

1 – São regulamentados por decreto-lei ou por decreto regulamentar os procedimentos necessários à implementação, à aplicação e à execução do disposto no Código.

2 – A regulamentação das alíneas r), x) e aa) do nº 2 do artigo 46º e do artigo 55º-A, ambos do Código, é precedida de avaliação efectuada em reunião da Comissão Permanente de Concertação Social.

– *Quanto à regulamentação:*

. Em geral – D Reg 1-A/2011, 03/01;

. Procedimentos e meios de prova – Port 66/2001, 04/02;

. Modelos de formulários – Despacho nº 5130/2011, 17/03 (DR, 2ª, 24/03).

– *A comissão referida no nº 2 é um órgão que integra o Conselho Económico e Social (artº 9º da L 108/91, 17/08).*

Artigo 5º – Norma revogatória

1 – Com a entrada em vigor do Código são revogados:

a) O artigo 19º do Decreto-Lei nº 513-M/79, de 26 de Dezembro, alterado pelos Decretos-Leis nºs 251/83, de 11 de Junho, 81/85, de 28 de Março, e 141/91, de 10 de Abril;

b) O Decreto-Lei nº 103/80, de 9 de Maio, alterado pelos Decretos-Leis nºs 275/82, de 15 de Julho, 194/83, de 17 de Maio, e 118/84, de 9 de Abril;

c) O Decreto-Lei nº 124/84, de 18 de Abril, alterado pelos Decretos-Leis nºs 201/95, de 1 de Agosto, 330/98, de 2 de Novembro, e 14/2007, de 19 de Janeiro;

d) Os artigos 14º e 19º do Decreto-Lei nº 140-D/86, de 14 de Junho, alterado pelos Decretos-Leis nºs 295/86, de 19 de Setembro, e 102/89, de 29 de Março, pelas Leis nºs 2/92, de 9 de Março, 75/93, de 20 de Dezembro, 39-B/94, de 27 de Dezembro, 52-C/96, de 27 de Dezembro, e 87-B/98, de 31 de Dezem-

[6] O nº 2 foi aditado pelo nº 1 do artº 69º da Lei nº 55-A/2010, de 31 de Dezembro. O nº 2 na redacção da L 93/2019, de 4 de Setembro.

bro, pelo Decreto-Lei nº 199/99, de 8 de Junho, e pela Lei nº 67-A/2007, de 31 de Dezembro;

e) O Decreto-Lei nº 401/86, de 2 de Dezembro;

f) Os artigos 2º a 17º, 18º, nº 1, 19º a 21º, 35º a 44º e 45º, nº 1, do Decreto-Lei nº 40/89, de 1 de Fevereiro, alterado pelos Decretos-Leis nºs 176/2003, de 2 de Agosto, 28/2004, de 4 de Fevereiro, e 91/2009, de 9 de Abril;

g) Os artigos 1º a 8º, 10º e 12º do Decreto-Lei nº 64/89, de 25 de Fevereiro;

h) O Decreto-Lei nº 102/89, de 29 de Março;

i) O Decreto-Lei nº 300/89, de 4 de Setembro;

j) O Decreto-Lei nº 411/91, de 17 de Outubro, alterado pelo Decreto-Lei nº 400/93, de 3 de Dezembro;

l) O Decreto-Lei nº 327/93, de 25 de Setembro, alterado pelos Decretos-Leis nºs 103/94, de 20 de Abril, e 571/99, de 24 de Dezembro;

m) O Decreto-Lei nº 328/93, de 25 de Setembro, alterado pelos Decretos-Leis nºs 240/96, de 14 de Dezembro, 397/99, de 13 de Outubro, 159/2001, de 18 de Maio, e 119/2005, de 22 de Julho;

n) Os artigos 7º, 9º, 10º, 11º e 12º do Decreto-Lei nº 89/95, de 6 de Maio, alterado pelo Decreto-Lei nº 34/96, de 18 de Abril;

o) O Decreto-Lei nº 199/99, de 8 de Junho, alterado pelo artigo 36º da Lei nº 3-B/2000, de 4 de Abril;

p) O Decreto-Lei nº 200/99, de 8 de Junho;

q) O Decreto-Lei nº 464/99, de 5 de Novembro;

r) O Decreto-Lei nº 40/2001, de 9 de Fevereiro;

s) O Decreto-Lei nº 106/2001, de 6 de Abril;

t) O Decreto-Lei nº 8-B/2002, de 15 de Janeiro, alterado pelos Decretos-Leis nºs 111/2005, de 8 de Julho, e 125/2006, de 29 de Junho, pela Lei nº 40/2007, de 24 de Agosto, e pelos Decretos-Leis nºs 73/2008, de 16 de Abril, e 122/2009, de 21 de Maio;

u) O Decreto-Lei nº 87/2004, de 17 de Abril, e o Decreto-Lei nº 261/91, de 25 de Julho, alterado pelas Leis nºs 118/99, de 11 de Agosto, e 99/2003, de 27 de Agosto, e pelos Decretos-Leis nºs 87/2004, de 17 de Abril, e 187/2007, de 10 de Maio;

v) O Decreto-Lei nº 98/2005, de 16 de Junho;

x) O artigo 11º do Decreto Legislativo Regional nº 12/93/M, de 23 de Julho, alterado pelo Decreto Legislativo Regional nº 22/98/M, de 18 de Setembro;[7]

z) Os artigos 17º, 20º, 24º, 127º, 128º e 129º do Decreto nº 45 266, de 23 de Setembro de 1963;

aa) O Decreto nº 420/71, de 30 de Setembro;

[7] Redacção do nº 2 do artº 81º da Lei nº 64-B/2011, de 30 de Dezembro.

bb) O Decreto Regulamentar nº 43/82, de 22 de Julho, alterado pelos Decretos Regulamentares nºs 36/87, de 17 de Junho, e 71/94, de 21 de Dezembro;

cc) O Decreto Regulamentar nº 5/83, de 31 de Janeiro;

dd) O Decreto Regulamentar nº 12/83, de 12 de Fevereiro, alterado pelo Decreto Regulamentar nº 53/83, de 22 de Junho;

ee) O Decreto Regulamentar nº 75/86, de 30 de Dezembro, alterado pelo Decreto Regulamentar nº 9/88, de 3 de Março;

ff) O Decreto Regulamentar nº 14/88, de 30 de Março;

gg) O Decreto Regulamentar nº 17/94, de 16 de Julho, alterado pelo Decreto Regulamentar nº 6/97, de 10 de Abril, e pelo Decreto-Lei nº 397/99, de 13 de Outubro;

hh) O Decreto Regulamentar nº 26/99, de 27 de Outubro;

ii) O Decreto Regional nº 26/79/M, de 7 de Novembro, alterado pelo Decreto-Lei nº 40/2001, de 9 de Fevereiro, e pelo Decreto Legislativo Regional nº 20/2004/M, de 7 de Agosto;

jj) O Decreto Legislativo Regional nº 18/84/A, de 12 de Maio;

ll) A Portaria nº 780/73, de 9 de Novembro;

mm) A Portaria nº 456/97, de 11 de Julho;

nn) A Portaria nº 989/2000, de 14 de Outubro;

oo) A Portaria nº 1039/2001, de 27 de Agosto, alterada pela Portaria nº 311/2005, de 23 de Março;

pp) A Portaria nº 311/2005, de 23 de Março;

qq) A Portaria nº 292/2009, de 23 de Março;

rr) O Despacho Normativo nº 208/83, de 22 de Novembro;

ss) O Decreto-Lei nº 299/86, de 19 de Setembro [8].

2 – Até à entrada em vigor da regulamentação mantêm-se transitoriamente em vigor as disposições procedimentais dos diplomas revogados no número anterior que não contrariem o disposto no Código.

– *A codificação mesmo que tenha natureza sectorial e dominantemente consolidante e compilatória, deve criar um mundo novo, expurgado de "velharias" normativas, sem falhas e dotado de plenitude; só que para além dos diplomas e normas em matéria de regimes mantidos fora do código (normas extravagantes, vg: regime dos profissionais do espectáculo e do audiovisual) e os diplomas complementares aí estão a perturbar a perfeição das coisas...*

– *Não se compreende, por exemplo, o preciosismo do aditamento da alínea ss) ao nº 1 dado que a enumeração não pode ser considerada exaustiva (embora o devesse ser nos termos do artº 109º da L 4/2007, 16/01. Ver respectiva anotação).*

– *Quanto à extensa enumeração do nº 1:*

[8] Aditada pelo nº 1 do artº 69º da Lei nº 55-A/2010, de 31 de Dezembro.

. *não se pode considerar exaustiva ou taxativa pois há outros diplomas ou normas não constantes da lista que não podem deixar de se considerar implicitamente revogados;*

. *por outro lado, por força da salvaguarda do nº 2, parte dos diplomas enumerados manter-se-ão, embora parcial e transitoriamente, em vigor (Vg: parcialmente o DL 8-B/2002, de 15/01);*

. *listam-se normas já revogadas (caso, por exemplo, do artº 12º do DL 64/89, 25/02);*

. *relativamente aos diplomas ou às normas que regulam grupos agora fechados (como por exemplo o DL 261/91, 25/07, ou o DL 464/99, 05/11, nos termos do artº 273º nº 2 e nº 1 e) e g) e h), respectivamente), e/ou as respectivas taxas contributivas (vg: DL 199/99, 08/06, cujas taxas nalgumas situações continuam aplicáveis, conforme dispõe, por exemplo, o nº 2 do artº 273º) que boa técnica de elaboração normativa poderá determinar a sua revogação sem mais?*
De notar que o legislador já repristinou de novo o artº 12º do DL 261/91 pelo artº 10º do DL 167-E/2013, 31/12.

. *a confusão aumenta quando na última versão se adita "artº 11º" à alínea x): primeiro revoga-se o diploma e um ano depois é reposto em vigor (repristinado), mantendo o artº 11º revogado que aliás respeita ao regime fechado das bordadeiras (cf. nº 3 do artº 273º do CRC).*

Artigo 6º – Entrada em vigor [9]

1 – A presente lei entra em vigor no dia 1 de Janeiro de 2011.

2 – As disposições constantes dos artigos 277º a 281º passam a ter como primeiro ano de referência, para a entrada em vigor, o ano de 2011, adaptando-se consecutivamente aos anos seguintes.

3 – O disposto nas alíneas r), x) e aa) do nº 2 do artigo 46º e o artigo 55º-A, ambos do Código, só entram em vigor quando forem regulamentados.

– *Nos termos das regras gerais da aplicação da lei no tempo (artº 12º do Código Civil e mais expressamente do nº 2 do artº 12º da LGT), o Código não se aplicou aos rendimentos de trabalho relativos a 2010 (auferidos até 31 de Dezembro de 2010, designadamente os declarados em Janeiro de 2011 relativos a rendimento de trabalho de Dezembro de 2010).*

– *De notar que o nº 2 omitiu a referência ao anexo I do Código.*

[9] Os nºs 1 e 2 têm redacção do artº 1º da Lei nº 119/2009, de 30 de Dezembro.
O nº 3 foi aditado pelo nº 1 do artº 69º da Lei nº 55-A/2010, de 31 de Dezembro, e tem redacção da L 93/2019, de 4 de Setembro.

Aprovada em 23 de Julho de 2009. O Presidente da Assembleia da República, *Jaime Gama.*

Promulgada em 31 de Agosto de 2009. Publique-se. O Presidente da República, ANÍBAL CAVACO SILVA.

Referendada em 31 de Agosto de 2009. O Primeiro-Ministro, *José Sócrates Carvalho Pinto de Sousa.*

ANEXO

CÓDIGO DOS REGIMES CONTRIBUTIVOS DO SISTEMA PREVIDENCIAL DE SEGURANÇA SOCIAL

PARTE I – Disposições gerais e comuns

CAPÍTULO I – Disposições gerais

Artigo 1º – Âmbito de aplicação

O presente Código regula os regimes abrangidos pelo sistema previdencial aplicáveis aos trabalhadores por conta de outrem ou em situação legalmente equiparada para efeitos de segurança social, aos trabalhadores independentes, bem como o regime de inscrição facultativa.

- *O "sistema previdencial" está previsto no artº 23º e regulado nos arts 50º a 60º todos da L 4/2007, 16/01.*
- *Este artigo corresponde praticamente ao artº 53º da L 4/2007, 16/01.*
- *Abrange também trabalhadores em funções públicas – artº 2º da L 4/2009, 29/01.*
- *Para o "regime de inscrição facultativa" ver regime do seguro social voluntário dos arts 169º e segs.*

Artigo 2º – Objecto

O presente Código define o âmbito pessoal, o âmbito material, a relação jurídica de vinculação e a relação jurídica contributiva dos regimes a que se refere o artigo anterior, regulando igualmente o respectivo quadro sancionatório.

- *Doutrinariamente é contestada a "construção dos regimes (alicerçada) na figura da relação jurídica que é um conceito dogmaticamente ultrapassado e claramente inadequado ao vínculo de segurança social" – Profª Doutora Palma Ramalho, in "Revista de Finanças Públicas e Direito Fiscal", nº 4, Ano 2.*

– *Quanto ao quadro sancionatório: contra-ordenações – arts 221º e segs – e crimes – arts 106º e segs do RGIT.*

Artigo 3º – Direito subsidiário

São subsidiariamente aplicáveis:

a) Quanto à relação jurídica contributiva, a Lei Geral Tributária;

b) Quanto à responsabilidade civil, o Código Civil;

c) Quanto à matéria procedimental, o Código do Procedimento Administrativo;

d) Quanto à matéria substantiva contra-ordenacional, o Regime Geral das Infracções Tributárias.

– *Ver anotação ao artº 77º da L 4/2007, 16/01 – não está estabelecida qualquer limitação à jurisdição competente em razão da matéria.*
– *Para a alínea a) e respectivos procedimentos – arts 1º a 86º da LGT.*
Não esquecer que o Código de Procedimento e Processo Tributário (CPPT) (arts 1º a 95º-C) é legislação complementar da LGT.
– *Para a alínea b) quanto à responsabilidade civil: arts 483º e segs por factos ilícitos; arts 499ºe segs pelo risco; 562º e segs obrigação de indemnização; e 798º pela falta de cumprimento da obrigação, todos do Código Civil.*
– *Para a alínea c) – arts 53º e segs do CPA.*
– *Para a alínea d) ver arts 1º a 11º e 23º a 50º do RGIT.*
Em matéria adjectiva ver artº 247º donde decorre que, nos termos do artº 60º da L 107/2009, 14/09, é subsidiariamente aplicável o regime geral das contra-ordenações (RGCO) – DL 433/82, 27/10 (arts 33º e segs).
– *Para processo de execução de dívidas – LGT e CPPT, nos termos do artº 6º do DL 42/2001, 09/02.*

Artigo 4º – Quadro legal de referência

1 – O regime aplicável à generalidade dos trabalhadores por conta de outrem, designado no presente Código por regime geral, constitui o quadro legal de referência dos restantes regimes contributivos do sistema previdencial.

2 – O regime geral pode ser objecto de adaptações no que respeita, designadamente, ao âmbito pessoal, ao âmbito material e à obrigação contributiva, permitindo a sua adequação às condições e características específicas do exercício da actividade e das categorias de trabalhadores.

– *O regime geral assume, assim, a função de regime padrão relativamente a todos os outros regimes contributivos ou categorias ou situações específicas, mesmo os formalmente especiais como o regime de protecção social convergente (RPSC).*

Numa perspectiva sistemática, retira-se do nº 1 que a relação entre as matérias do designado regime geral e de outros regimes ou situações constitui uma relação lógico-jurídica de generalidade / especialidade material numa qualquer das funções próprias das normas especiais, a saber: complementar, integrativa ou derrogatória. Em matéria que não esteja regulada como especial aplica-se o regime geral.

– *A amplitude da flexibilização da protecção social (nº 2) expressão da especialidade de cada categoria ou situação específica, está prevista no nº 2 do artº 52º da L 4/2007, 16/01. Ver quanto ao âmbito material o artº 19º deste Código.*

Artigo 5º – Regime geral dos trabalhadores por conta de outrem

O regime geral dos trabalhadores por conta de outrem compreende:

a) O regime aplicável à generalidade dos trabalhadores por conta de outrem;

b) O regime aplicável aos trabalhadores integrados em categorias ou situações específicas;

c) O regime aplicável às situações equiparadas a trabalho por conta de outrem.

– *Trata-se do principal regime dos enumerados no artº 53º da L 4/2007, 16/01.*
– *Conceito de contrato de trabalho – artº 11º do Código do Trabalho.*
– *No âmbito deste Código são situações equiparadas a trabalho por conta de outrem, embora nalgumas situações com âmbito material reduzido (sem desemprego):*
Formalmente nos termos dos arts 122º e segs:
. membros das igrejas, associações e confissões religiosas (não existe contrato de trabalho) – arts 122º a 128º;
. trabalhadores com actividade em acumulação (são trabalhadores independentes) – arts 129º a 131º ;
Ope legis *(presunção juris et de jure):*
. administradores, directores e gerentes nas entidades a cujo quadro pertencem – alínea c) do artº 63º – há contrato de administração;
. cooperadores trabalhadores que não exerçam a opção do artº 136º (são membros da cooperativa);
. trabalhadores no domicílio – arts 71º e segs (só há dependência económica).
Para o Direito do Trabalho ver artº 10º do CT.
– *Não se pode considerar legítimo que normas de segurança social pretendam determinar ou qualificar a relação jurídico-laboral subjacente com autonomia relativamente ao Direito do Trabalho sobretudo em sentido oposto (como abusivamente faz o nº 1 do artº 69º e se repete no nº 1 do artº 37º do D Reg 1-A/2011, 03/01, com as expressões "empregador" e "trabalhador" relativamente a uma situação que nada tem com a relação de trabalho, o que já não foi desacautelado no artº 127º, a propósito do clero); embora, por razões sistemáticas, o Código agrupe situações com alguma proximidade, tratando-as como equiparadas.*

CAPÍTULO II – Disposições comuns

Artigo 6º – Relação jurídica de vinculação

1 – A relação jurídica de vinculação é a ligação estabelecida entre as pessoas singulares ou colectivas e o sistema previdencial de segurança social.

2 – A vinculação ao sistema previdencial de segurança social efectiva-se através da inscrição na instituição de segurança social competente.

3 – A inscrição pressupõe a identificação do interessado no sistema de segurança social através de um número de identificação na segurança social (NISS).

- *Quanto à inadequação da figura da relação jurídica ver anotação ao artº 2º. Por outro lado, devia ser deixada à doutrina a elaboração de definições e qualificações a que a lei sistematicamente procedeu, conforme defendido pelos principais autores (Vg. Profª Doutora Palma Ramalho, ibidem).*
- *Quanto à decomposição da vinculação em identificação, inscrição e enquadramento e atribuição do NISS ver artº 99º da L 4/2007, 16/01, e anotação.*
- *Inscrição:*
  . de trabalhadores por conta de outrem – artº 30º;
  . de trabalhadores independentes – artº 144º;
  . de beneficiários do seguro social voluntário – nº 2 do artº 173º.

Artigo 7º – Objecto da relação jurídica de vinculação

A relação jurídica de vinculação tem por objecto a determinação dos titulares do direito à protecção social do sistema previdencial da segurança social, bem como dos sujeitos das obrigações.

– Norma de utilidade discutível.

Artigo 8º – Inscrição

1 – A inscrição é o acto administrativo pelo qual se efectiva a vinculação ao sistema previdencial da segurança social.

2 – A inscrição confere:

a) A qualidade de beneficiário às pessoas singulares que preenchem as condições de enquadramento no âmbito pessoal de um dos regimes abrangidos pelo sistema previdencial;

b) A qualidade de contribuinte às pessoas singulares ou colectivas que sejam entidades empregadoras.

3 – A inscrição dos beneficiários é obrigatória e vitalícia permanecendo independentemente dos regimes em cujo âmbito o indivíduo se enquadre.

4 – A inscrição das entidades empregadoras é obrigatória, única e definitiva.

- *Definição de acto administrativo – artº 148º do CPA:*
  "...consideram-se actos administrativos as decisões dos órgãos da Administração que ao abrigo de normas de direito público visem produzir efeitos jurídicos numa situação individual e concreta."
- *O artº 55º da L 4/2007, 16.01, considera a inscrição como condição geral de acesso à protecção social, ressalvando porém no nº 4 do artº 61º a falta de inscrição quando não imputável ao trabalhador.*
- *O carácter vitalício ou definitivo da inscrição (nºs 3 e 4) está previsto no artº 66º da L 4/2007, 16.01.*
- *Distinguindo inscrição / enquadramento dir-se-á que António, pressuposta a sua identificação pela atribuição do NISS, nos termos do artº 99º da LSS, é inscrito como trabalhador (no âmbito do Código) vitaliciamente na segurança social sempre que inicia o exercício de uma actividade profissional remunerada (mantendo tal inscrição vitaliciamente mesmo que deixe de exercer qualquer actividade) é enquadrado no correspondente regime de protecção social – regime dos trabalhadores por conta de outrem (genericamente ou em qualquer categoria especial prevista legalmente) ou regime dos trabalhadores independentes – enquanto exercer essa actividade profissional ou no regime do seguro social voluntário se preencher as condições legais.*
- *Inscrição de trabalhadores por conta de outrem – artº 30º; das entidades empregadoras – artº 34º; de trabalhadores independentes – artº 144º e de beneficiários do seguro social voluntário – artº 173º.*
- *Instituições competentes – artº 282º deste CRC e artº 12º do D Reg 1-A/2011, 03.01.*
- *Elementos e meios de prova previstos no nº 3 do artº 3º do D Reg 1-A/2011, 03.01, e artº 2º da Port 66/2011, 04.02.*

Artigo 9º – Enquadramento

1 – O enquadramento é o acto administrativo pelo qual a instituição de segurança social competente reconhece, numa situação de facto, a existência dos requisitos materiais legalmente definidos para ser abrangido por um regime de segurança social.

2 – Sempre que ocorra em relação à mesma pessoa mais de um enquadramento estes são efectuados por referência ao mesmo NISS.

- *Para distinção relativamente à inscrição ver anotação ao artigo anterior.*
- *Para trabalhadores por conta de outrem – artº 31º;*
  Para trabalhadores independentes – artº 144º;
  Para seguro social voluntário – artº 173º.
- *Quanto ao NISS ver anotação ao artº 99º da L 4/2007, 16/01.*
- *Instituições competentes – artº 282º deste CRC e artº 12º do D Reg 1-A/2011, 03.01.*

- *Enquadramento supletivo – artº 7º do D Reg 1-A/2011, 03.01.*
- *Ver quadro de enquadramento em anotação ao artº 51º da L 4/2007, 16.01.*

Artigo 10º – Relação jurídica contributiva

1 – A relação jurídica contributiva consubstancia-se no vínculo de natureza obrigacional que liga ao sistema previdencial:

a) Os trabalhadores e as respectivas entidades empregadoras;

b) Os trabalhadores independentes e quando aplicável as pessoas colectivas e as pessoas singulares com actividade empresarial que com eles contratam;

c) Os beneficiários do regime de seguro social voluntário.

2 – A relação jurídica contributiva mantém-se mesmo nos casos em que normas especiais determinem a dispensa temporária, total ou parcial, ou a redução do pagamento de contribuições.

- *Os arts 37º e segs regulam a tributação.*
- *Para o nº 1 b) 2ª parte: trata-se das designadas entidades contratantes – artº 140º e anotação.*
- *Quanto ao mandato das entidades contribuintes ver artº 35º do D Reg 1-A/2011, 03.01.*
- *Relativamente à questão da "relação jurídica" ver anotação ao artº 6º.*

Artigo 11º – Objecto da obrigação contributiva

1 – A obrigação contributiva tem por objecto o pagamento regular de contribuições e de quotizações por parte das pessoas singulares e colectivas que se relacionam com o sistema previdencial de segurança social.

2 – As contribuições são da responsabilidade das entidades empregadoras, dos trabalhadores independentes, das entidades contratantes e dos beneficiários do seguro social voluntário, consoante os casos, e as quotizações são da responsabilidade dos trabalhadores, nos termos previstos no presente Código.

3 – As contribuições e quotizações destinam-se ao financiamento do sistema previdencial que tem por base uma relação sinalagmática directa entre a obrigação legal de contribuir e o direito às prestações.

- *Ver anotação ao artº 56º da L 4/2007, 16/01.*
- *Para o nº 3 ver o artº 54º e nº 2 do artº 90º da L 4/2007, 16.01.*
- *Desenvolvimento destas regras:*
  - *. trabalhadores por conta de outrem – arts 38º e segs;*
  - *. trabalhadores independentes – artº 151º;*
  - *. seguro social voluntário – artº 176º.*

Artigo 12º – Conceito de contribuições e quotizações

As contribuições e as quotizações são prestações pecuniárias destinadas à efectivação do direito à segurança social.

– *"prestações pecuniárias" no sentido obrigacional; não no sentido mais comum na área social de atribuição pecuniária de segurança social.*
– *Ver anotação ao artº 57º da L 4/2007, 16.01.*
– *No âmbito do regime de protecção social convergente (RPSC) de natureza contributiva relativamente a prestações imediatas em que não haja pagamento de contribuições, o exercício de funções, nos termos do artº 16º da L 4/2009, 29/01, é equiparado a carreira contributiva.*

Artigo 13º – Determinação do montante das contribuições e das quotizações

O montante das contribuições e das quotizações é determinado pela aplicação da taxa contributiva às remunerações que constituem base de incidência contributiva, nos termos previstos no presente Código.

– *Conforme nº 1 do artº 57º da L 4/2007, 16.01.*
– *Ver arts 49º e segs.*
. *taxas contributivas reduzidas – critérios – artº 56º;*
. *taxas contributivas complementares (acrescidas) – artº 60º.*

Artigo 14º – Base de incidência contributiva

Considera-se base de incidência contributiva o montante das remunerações, reais ou convencionais, sobre as quais incidem as taxas contributivas, nos termos consagrados no presente Código, para efeitos de apuramento do montante das contribuições e das quotizações.

– *Conforme nº 1 do artº 57º da L 4/2007, 16.01 – ver anotação respectiva.*
– *V. Regime jurídico nos arts 44º e segs.*

Artigo 15º – Taxa contributiva

A taxa contributiva representa um valor em percentagem, determinado actuarialmente em função do custo da protecção das eventualidades previstas no presente Código, sendo afecta à cobertura das diferentes eventualidades e às políticas activas de emprego e valorização profissional, nos termos previstos no presente Código.

– *Corresponde ao nº 3 do artº 57º da L 4/2007, 16.01.*
– *Ver taxas do regime geral nos arts 49º e segs.*
– *Quanto à determinação actuarial da taxa e à TSU ver anotação ao artº 57º da L 4/2007, 16.01, e anotação ao artº 53º.*
– *Políticas activas de emprego – DL 13/2015, 26/01.*

Artigo 16º – Registo de remunerações

1 – A instituição de segurança social competente procede ao registo das remunerações sobre as quais incidiram as contribuições e as quotizações, bem como dos respectivos períodos contributivos.

2 – O registo referido no número anterior constitui a carreira contributiva dos beneficiários relevante para efeitos de atribuição das prestações.

3 – O registo de remunerações pode efectuar-se por equivalência à entrada de contribuições nos termos legalmente previstos.

– *Para o nº 1 ver regras nos arts 69º e 70º do D Reg 1-A/2011, 03.01.*
– *Conceito de equivalência à entrada de contribuições – artº 17º.*
– *Para o registo por equivalência (nº 3) ver nº 2 do artº 57º da L 4/2007, 16.01, e arts 71º a 74º do D Reg 1-A/2011, 03.01.*

Artigo 17º – Equivalência à entrada de contribuições

A equivalência à entrada de contribuições é o instituto jurídico que permite manter os efeitos da carreira contributiva dos beneficiários com exercício de actividade que, em consequência da verificação de eventualidades protegidas pelo regime geral, ou da ocorrência de outras situações consideradas legalmente relevantes, deixem de receber ou vejam diminuídas as respectivas remunerações.

– *O também designado registo de remunerações por equivalência.*
– *Nos termos do nº 2 do artº 57º da L 4/2007, 16.01, e do nº 3 do artº 16º deste Código.*
– *V. anotação ao artº anterior.*
– *V. também arts 14º e 19º da L 4/2009, 23.01.*

Artigo 18º – Condições gerais de acesso à protecção social

São condições gerais de acesso à protecção social garantida pelos regimes do sistema previdencial a inscrição e o cumprimento da obrigação contributiva dos trabalhadores, quando for caso disso, das respectivas entidades empregadoras e dos beneficiários do regime de inscrição facultativa.

– *Corresponde ao artº 55º da L 4/2007, 16.01.*
– *Para trabalhadores independentes e beneficiários do seguro social voluntário – arts 217º a 220º.*

Artigo 19º – Âmbito material

1 – A protecção social conferida pelos regimes do sistema previdencial integra a protecção nas eventualidades de doença, maternidade, paternidade e adopção, desemprego, doenças profissionais, invalidez, velhice e morte, de acordo com o especificamente regulado para cada eventualidade.

2 – O elenco das eventualidades protegidas pode ser reduzido em função de determinadas situações e categorias de beneficiários nos termos e condições previstas no presente Código ou alargado em função da necessidade de dar cobertura a novos riscos sociais.

3 – As eventualidades de maternidade, paternidade e adopção previstas no nº 1 são abreviadamente designadas por parentalidade.

– *Corresponde ao artº 52º da L 4/2007, 16.01. V. anotação.*

– *O nº 3 conforme o artº 33º do CT.*

– *Regimes principais:*

. trabalhadores por conta de outrem em geral – artº 28º;

. trabalhadores em categorias ou situações específicas – arts 61º a 131º;

. trabalhadores independentes – arts 141º e 142º;

. seguro social voluntário – artº 172º.

Artigo 20º – Gestão do processo de arrecadação e cobrança

1 – A gestão do processo de arrecadação e cobrança das contribuições, quotizações e juros de mora compete às instituições de segurança social nos termos das respectivas competências.

2 – Para efeitos da arrecadação e da cobrança previstas no número anterior a instituição de segurança social competente pode celebrar contratos de prestação de serviços com instituições de crédito ou outras entidades devidamente habilitadas para esse efeito, através dos quais se regulem as condições da prestação dos serviços de arrecadação e cobrança por parte destas e, designadamente, as receitas abrangidas, o custo do serviço, a forma e o prazo de entrega.

– *Para o nº 1, trata-se do Instituto de Gestão Financeira da Segurança Social, IP (IGFSS, IP), nos termos do DL 84/2012, 30.03.*

– *Instituições de segurança social são as enumeradas na lei. Ver anotação ao artº 94º da L 4/2007, 16.01.*

– *Ver regime actual da arrecadação e cobrança (nº 2) no DL 236/91, 18/06, designadamente os arts 3º, 7º e 12º. V. também os arts 75º e 76º do D Reg 1-A/2011, 03.01.*

Artigo 21º – Cumprimento do dever

O pagamento de coima relativo a condenação pela prática de contra-ordenação que consista na violação por acção ou omissão de um dever não dispensa o infractor do cumprimento do dever violado.

– *O regime das contra-ordenações está inscrito sobretudo nos arts 221º e segs embora ao longo da lei se vão qualificando as várias violações dos deveres.*

Artigo 22º – Falsas declarações

Constitui contra-ordenação muito grave:

a) As falsas declarações ou a utilização de qualquer outro meio de que resulte enquadramento em regime de segurança social sem que se verifiquem as condições legalmente exigidas;

b) As falsas declarações ou a utilização de qualquer outro meio de que resulte a isenção indevida da obrigação de contribuir ou a aplicação de um regime contributivo indevido quer quanto à base de incidência quer quanto às taxas contributivas;

c) As falsas declarações ou a adopção de procedimentos, por acção ou omissão, tendentes à obtenção indevida de prestações.

- *Funda-se no disposto no nº 2 do artº 71º da L 4/2007, 16.01.*
  Os actos administrativos praticados são nulos – artº 78º da L 4/2007, 16/01.
- *As falsas declarações são criminalmente previstas e punidas no artº 348º-A do CP (redacção da L 19/2013, 21.02):*
  "Artigo 348º-A (Falsas declarações)
  1 – Quem declarar ou atestar falsamente à autoridade pública ou a funcionário no exercício das suas funções identidade, estado ou outra qualidade a que a lei atribua efeitos jurídicos, próprios ou alheios, é punido com pena de prisão até um ano ou com pena de multa, se pena mais grave não lhe couber por força de outra disposição legal.
  2 – Se as declarações se destinarem a ser exaradas em documento autêntico o agente é punido com pena de prisão até dois anos ou com pena de multa."
  Antes previstas pelo DL 33725, de 21/06/1944, nos seguintes termos (V. Código Penal, anotado por Maia Gonçalves em comentário ao então artº 402º):
  "Artº 22º – aquele que declarar ou atestar falsamente à autoridade pública ou a funcionário no exercício das suas funções identidade, estado ou outra qualidade a que a lei atribua efeitos jurídicos, próprios ou alheios, será punido com prisão simples até um ano".
- *Para alguns autores as falsas declarações podem ser qualificadas como fraude contra a segurança social, preenchidos os requisitos do nº 1 do arts 106ª e do nº 1 do artº 103º do RGIT, aplicável nos termos da alínea d) do artº 3º.*
- *Para o montante das coimas ver arts 233º e segs.*
- *O Código não tem, em regra, como objecto as prestações. Porém, em matéria sancionatória são duas as situações consideradas: as falsas declarações (alínea c) e a sobreposição de subsídios de desemprego e de doença com actividade profissional (artº 230º).*
- *Quanto ao âmbito de aplicação da alínea c) parece numa perspectiva sistemática apenas abranger as prestações da segurança social do sistema previdencial que codifica: as substitutivas de rendimento de trabalho. Vai neste sentido a revogação selectiva operada pela alínea g) do artº 5º da L 110/2009, 16.09, com a manutenção das regras do artº 9º do DL 64/89, 25.02.*

Regras anteriores a considerar derrogadas, designadamente, alíneas a) e d) a i) do nº 1 do artº 92º do DL 187/2007, 10.05 (pensões de invalidez e velhice), nº 1 do artº 64º (na matéria do artº 24º) do DL 91/2009, 09/04 (subsídios de parentalidade).

– *No âmbito das doenças profissionais – subtraídas ao regime do CRC porque segue o regime do Código do Trabalho (artº 167º da L 98/2009, 04/09) – contra-ordenação grave, nos termos do artº 172º da mesma lei.*

– *Nas prestações não substitutivas de rendimento manter-se-iam as normas anteriores, a saber:*

. Abono de família e subsídio de funeral: artº 47º do DL 176/2003, 02.08;

. Complemento por dependência: artº 25º do DL 265/99, 24.07;

. Restantes prestações familiares: artº 65º do DL 133-B/97, 30.05;

. Subsídios sociais de parentalidade: nº 1 do artº 64º (na matéria do arts 51º e 78º) do DL 91/2009, 09.04;

. Estabelecimentos: arts 39º-A a 39º-K do DL 64/2007, 14.03;

. Igualdade de tratamento: artº 14º do DL 307/97, 11.11.

– *Para falsas declarações no âmbito das prestações não substitutivas de rendimento de trabalho ver regime das sanções acessórias no artº 15º do DL 70/2010, 16.06. Integra faltas de declarações ou comunicações que determinem concessão indevida de prestações, favoreçam montante de prestação ou a extinga ou suspenda (vg: de pagamento de indemnização pelo terceiro responsável...).*

Artigo 23º – Direito à informação

1 – As instituições de segurança social disponibilizam, designadamente no sítio da Internet da segurança social, a cada beneficiário informação de que conste, relativamente a cada ano e em relação a cada mês:

a) O número de dias de trabalho ou situação equivalente e as respectivas remunerações registadas;

b) O número de dias correspondente a remunerações registadas por equivalência à entrada de contribuições.

2 – O beneficiário ou terceiro interessado pode apresentar reclamação do registo dos elementos constantes do número anterior nos termos do Código do Procedimento Administrativo.

3 – As instituições de segurança social disponibilizam ainda, designadamente no sítio da Internet da segurança social, a cada contribuinte informação sobre a sua situação contributiva.

– Desenvolve o princípio da informação previsto no artº 22º da L 4/2007, 16.01.

– Garantia do direito – artº 73º da L 4/2007, 16.01.

Artigo 23º-A – Notificações electrónicas [10]

1 – São obrigados a aderir ao sistema de notificações electrónicas da Segurança Social, quando não adiram ao serviço público de notificações electrónicas associado à morada única digital:

a) As entidades empregadoras, com excepção das pessoas singulares sem actividade empresarial;

b) As entidades contratantes;

c) Os trabalhadores independentes que se encontrem sujeitos ao cumprimento da obrigação contributiva. [11]

2 – O regime da obrigação prevista no número anterior é regulamentado em diploma próprio

3 – O regime das notificações e citações efectuadas através da plataforma informática disponibilizada pelo sítio electrónico da Segurança Social, previsto no presente artigo, é regulamentado em diploma próprio. [12]

- *Ver também: arts 14º e 61º e segs do CPA, artº 6º-A do DL 42/2001, 09.02 e artº 2º do D Reg 1-A/2011, 03.01.*
- *Nesta matéria o artº 15º do DL 93/2017, de 1 de Agosto, dispõe:*
  Artigo 15º – Notificações electrónicas da Segurança Social
  1 – As notificações e as citações electrónicas no âmbito das relações jurídicas contributivas e prestacionais do sistema de segurança social e do processo executivo e do procedimento contra-ordenacional, quando não exista adesão ao serviço público de notificações electrónicas associado à morada única digital, são efectuadas através da plataforma informática disponibilizada pelo sítio electrónico da Segurança Social ou através da caixa postal electrónica.
  2 – As notificações e citações previstas no número anterior, efectuadas através da plataforma informática disponibilizada no sítio electrónico da Segurança Social, equivalem à remessa por via postal, via postal registada ou por via postal registada com aviso de recepção, consoante os casos.
  3 – Aplica-se à perfeição das notificações e das citações electrónicas referidas no nº 1, o disposto nos nºs 10 e 11 do artigo 39º e nos nºs 6 e 7 do artigo 191º do CPPT, respectivamente.
  4 – Aplica-se ainda o disposto no nº 13 do artigo 38º do CPPT.

[10] Aditado pelo artº 171º da Lei nº 83-C/2013, de 31 de Dezembro. Na redacção do artº 13º do DL 93/2017, de 1 de Agosto.

[11] Redacção do artº 175º da Lei nº 82-B/2014, de 31 de Dezembro.

[12] O nº 3 aditado pelo artº 13º do DL 93/2017, de 1 de Agosto.

PARTE II – Regimes contributivos do sistema previdencial

TÍTULO I – Regime geral dos trabalhadores por conta de outrem

CAPÍTULO I – Disposições gerais

SECÇÃO I – Âmbito de aplicação

Artigo 24º – Trabalhadores abrangidos

1 – São abrangidos pelo regime geral, com carácter de obrigatoriedade, os trabalhadores que exercem actividade profissional remunerada ao abrigo de contrato de trabalho nos termos do disposto no Código do Trabalho.

2 – São ainda abrangidas pelo regime geral as pessoas singulares que em função das características específicas da actividade exercida sejam, nos termos do presente Código, consideradas em situação equiparada à dos trabalhadores por conta de outrem para efeitos da relação jurídica de segurança social.

– Corresponde ao artº 51º da L 4/2007, 16.01. Ver respectiva anotação.

O artº 11º do Código do Trabalho fixa a noção de contrato de trabalho (aliás também definido no artº 1152º do Código Civil):

"Contrato de trabalho é aquele pelo qual uma pessoa singular se obriga, mediante retribuição, a prestar a sua actividade a outra ou outras pessoas, no âmbito de organização e sob a autoridade destas."

Artigo 25º – Trabalhadores especialmente abrangidos

Consideram-se, em especial, abrangidos pelo regime geral, previsto no presente título:

a) Os trabalhadores destacados sem prejuízo do disposto em legislação própria e em instrumentos internacionais a que Portugal se encontre vinculado;

b) Os trabalhadores que exercem a respectiva actividade em estabelecimentos de turismo rural, turismo de habitação e agro-turismo;

c) Os trabalhadores que prestam serviço de limpeza em prédios em regime de propriedade horizontal.

– Para trabalhadores destacados (alínea a) legislação própria:

. Decisão 96/71/CE, do Parlamento Europeu e do Conselho, de 16/12/1996;

. DL 64/93, 05.03;

. Port 224/96, 24.06;

. Arts 6º e 8º do Código do Trabalho, nos seguintes termos:

"Artigo 6º (Destacamento em território português)

1 – Consideram-se submetidas ao regime de destacamento as seguintes situações, nas quais o trabalhador, contratado por empregador estabelecido noutro Estado, presta a sua actividade em território português:
a) Em execução de contrato entre o empregador e o beneficiário que exerce a actividade, desde que o trabalhador permaneça sob a autoridade e direcção daquele;
b) Em estabelecimento do mesmo empregador, ou empresa de outro empregador com o qual exista uma relação societária de participações recíprocas, de domínio ou de grupo;
c) Ao serviço de um utilizador, à disposição do qual foi colocado por empresa de trabalho temporário ou outra empresa.
2 – O regime é também aplicável ao destacamento efectuado nas situações referidas nas alíneas a) e b) do número anterior por um utilizador estabelecido noutro Estado, ao abrigo da respectiva legislação nacional, desde que o contrato de trabalho subsista durante o destacamento.
3 – O regime de destacamento em território português não é aplicável ao pessoal navegante da marinha mercante.
Artigo 8º (Destacamento para outro Estado)
1 – O trabalhador contratado por uma empresa estabelecida em Portugal, que preste actividade no território de outro Estado em situação a que se refere o artigo 6º, tem direito às condições de trabalho previstas no artigo anterior, sem prejuízo de regime mais favorável constante da lei aplicável ou do contrato.
2 – O empregador deve comunicar, com cinco dias de antecedência, ao serviço com competência inspectiva do ministério responsável pela área laboral a identidade dos trabalhadores a destacar para o estrangeiro, o utilizador, o local de trabalho, o início e o termo previsíveis da deslocação.
3 – Constitui contra-ordenação grave a violação do disposto no número anterior."

– Ver anotação ao artº 138º.
– Para os instrumentos internacionais aplicáveis ver anotação ao artº 25º da L 4/2007, 16.01.
– Para a alínea b): estes trabalhadores não são trabalhadores agrícolas.
– Para a alínea c): estes trabalhadores não são trabalhadores do serviço doméstico. Ver fins não lucrativos das entidades empregadoras na alínea o) do artº 111º.

Artigo 26º – Trabalhadores excluídos

1 – São excluídos do âmbito de aplicação do regime geral os trabalhadores abrangidos pelo regime de protecção social convergente dos trabalhadores que exercem funções públicas ou que nos termos da lei tenham optado pelo regime de protecção social pelo qual estão abrangidos, desde que este seja de inscrição obrigatória.

2 – A exclusão respeita exclusivamente à actividade profissional que determina a inscrição nos regimes de protecção social previstos no número anterior.

– *Trata-se da aplicação do princípio da unicidade da legislação aplicável.*
O regime de protecção social convergente (RPSC) está previsto e regulado na alínea b) do artº 6º e arts 11º e segs da L 4/2009, 29.01, e o regime do contrato de trabalho em funções públicas na L 35/2014, de 20 de Junho.

Artigo 27º – Entidades empregadoras

1 – As pessoas singulares ou colectivas que beneficiem da actividade dos trabalhadores a que se refere o presente título são abrangidas pelo regime geral dos trabalhadores por conta de outrem na qualidade de entidades empregadoras, independentemente da sua natureza e das finalidades que prossigam.

2 – Para efeitos do disposto no presente Código as empresas de trabalho temporário são consideradas entidades empregadoras dos trabalhadores temporários.

3 – O fim não lucrativo das entidades empregadoras, qualquer que seja a sua natureza jurídica, não as exclui do âmbito de aplicação do presente Código.

– *Regime do trabalho temporário – arts 172º e segs do Código do Trabalho.*
– *Para o nº 2, nos termos do DL 260/2009, 25.09, "empresa de trabalho temporário é a pessoa singular ou colectiva cuja actividade consiste na cedência temporária a utilizadores da actividade de trabalhadores que, para esse efeito, admite e retribui".*
Dispondo o artº 13º do mesmo diploma legal quanto a segurança social e seguro de acidente de trabalho:
"1 – Os trabalhadores temporários são abrangidos pelo regime geral da segurança social dos trabalhadores por conta de outrem, competindo à empresa de trabalho temporário o cumprimento das respectivas obrigações legais.
2 – Nas situações a que se refere o artigo 10º deve ser entregue pela empresa de trabalho temporário uma cópia do contrato de trabalho temporário no serviço competente do ministério responsável pela área da segurança social.
3 – A empresa de trabalho temporário é obrigada a transferir a responsabilidade pela indemnização devida por acidente de trabalho para empresas legalmente autorizadas a realizar este seguro.
4 – Constitui contra-ordenação muito grave a violação do disposto no nº 3 e contra-ordenação leve a violação do disposto no nº 2."
– *Na situação de pluralidade de empregadores do artº 101º do CT, há naturalmente pluralidade de contribuintes (porque efectivamente o são) independentemente de o representante poder cumprir os deveres de todos perante a segurança social.*
– *Para o nº 3: influindo porém na taxa contributiva – arts 110º e segs.*

Artigo 28º – Âmbito material

A protecção social conferida pelo regime geral dos trabalhadores por conta de outrem integra protecção nas eventualidades de doença, parentalidade, desemprego, doenças profissionais, invalidez, velhice e morte, de acordo com o especificamente regulado para cada eventualidade.

– Corresponde ao artº 52º da L 4/2007, 16/01. V. respectiva anotação.
– V. nº 1 do artº 19º.

SECÇÃO II – Relação jurídica de vinculação

SUBSECÇÃO I – Dos trabalhadores

Anteriormente: Decreto-Lei nº 103/80, de 9 de Maio (arts 1º e 2º), e Decreto-Lei nº 124/84, de 18 de Abril (arts 1º a 5º e 11º).

Artigo 29º – Comunicação da admissão de trabalhadores [13]

1 – A admissão dos trabalhadores é obrigatoriamente comunicada pelas entidades empregadoras à instituição de segurança social competente, no sítio na Internet da segurança social, com excepção dos trabalhadores do serviço doméstico, em que aquela pode ser efectuada através de qualquer meio escrito.

2 – A comunicação referida no número anterior é efectuada:

a) Nas vinte e quatro horas anteriores ao início da produção de efeitos do contrato de trabalho;

b) Nas vinte e quatro horas seguintes ao início da actividade sempre que, por razões excepcionais e devidamente fundamentadas, ligadas à celebração de contratos de trabalho de muito curta duração ou à prestação de trabalho por turnos a comunicação não possa ser efectuada no prazo previsto na alínea anterior.

3 – Com a comunicação a entidade empregadora declara à instituição de segurança social o NISS, se o houver, se o contrato de trabalho é a termo resolutivo ou sem termo e os demais elementos necessários ao enquadramento do trabalhador.

4 – Sem prejuízo do disposto no nº 6, na falta de cumprimento da obrigação prevista no nº 1, presume-se que o trabalhador iniciou a prestação de trabalho ao serviço da entidade empregadora faltosa no 1º dia do 6º mês anterior ao da verificação do incumprimento.

[13] O nº 1 com redacção do artº 171º da Lei nº 83-C/2013, de 31 de Dezembro.
Os nºs 2 e 5 com redacção do nº 2 do artº 69º da Lei nº 55-A/2010, de 31 de Dezembro.
O actual nº 7 era o nº 6. O actual nº 6 foi aditado pelo nº 2 do artº 69º da Lei nº 55-A/2010, de 31 de Dezembro.

5 – Na falta da comunicação da admissão do trabalhador no caso de o mesmo se encontrar a receber prestações de doença ou de desemprego, presume-se que a prestação de trabalho teve início na data em que começaram a ser concedidas as referidas prestações, sendo a entidade empregadora solidariamente responsável pela devolução da totalidade dos montantes indevidamente recebidos pelo trabalhador.

6 – A presunção referida nos nºs 4 e 5 é elidível por prova de que resulte a data em que teve, efectivamente, início a prestação do trabalho.

7 – A violação do disposto nos nºs 1 a 3 constitui contra-ordenação leve quando seja cumprida nas vinte e quatro horas subsequentes ao termo do prazo e constitui contra-ordenação grave nas demais situações.

– Regime aplicável mesmo para trabalho de muito curta duração nos termos do nº 1 do artº 142º do Código do Trabalho – arts 80º a 83º.
– O nº 3 (2ª parte) tinha a ver com a aplicação das regras do artº 55º.
– A declaração do trabalhador (nº 2 do artº 33º) pode substituir a comunicação de admissão do empregador.
A regra do nº 4 é aplicável se não houver também declaração do trabalhador (V. artº 33º).
– Conteúdo da comunicação – artº 5º do D Reg 1-A/2011, 03.01.
– Prova de admissão e entrega de documentos ao trabalhador – artº 6º do D Reg 1-A/2011, 03.01.
– Enquadramento supletivo – artº 7º do D Reg 1-A/2011, 03.01.
– Para o nº 5 ver especialmente coimas no nº 1 do artº 241º, arts 242º (agravamento) e 243º (sanção acessória).
– Para o nº 6 presunção ilidível (elidível no texto da lei) por prova em contrário (presunção juris tantum) (cf. nº 2 do artº 350º do CC).
– No nº 4 "disposto no nº 6" é, obviamente, o disposto no actual nº 7.

Artigo 30º – Inscrição dos trabalhadores

1 – Após o cumprimento, pelas entidades empregadoras, do disposto no artigo anterior a instituição de segurança social competente procede à inscrição dos trabalhadores que não se encontrem já inscritos.

2 – A inscrição reporta-se à data do início do exercício de actividade profissional.

– Conceito de inscrição – artº 8º.
– Elementos e meios de prova – artº 2º da Port 66/2011, 04.02.

Artigo 31º – Enquadramento dos trabalhadores

1 – Após o cumprimento, pelas entidades empregadoras, do disposto no artigo 29º a instituição de segurança social competente procede ao enquadramento dos trabalhadores.

2 – O enquadramento reporta-se à data do início do exercício da actividade profissional.

3 – É nulo o enquadramento de trabalhadores que tenha resultado de falsas declarações prestadas pelo contribuinte, nomeadamente por não ser verdadeira a relação laboral comunicada. [14]

– Noção – artº 9º.
– Enquadramento supletivo – artº 7º do D Reg 1-A/2011, 03.01.

Artigo 32º – Cessação, suspensão e alteração da modalidade do contrato de trabalho [15]

1 – A entidade empregadora é obrigada a declarar à instituição de segurança social competente a cessação, a suspensão do contrato de trabalho e o motivo que lhes deu causa, bem como a alteração da modalidade de contrato de trabalho.

2 – As comunicações previstas no número anterior consideram-se cumpridas sempre que sejam do conhecimento oficioso do sistema de segurança social.

3 – Sem prejuízo do disposto no número seguinte, enquanto não for cumprido o disposto no número anterior, presume-se a existência da relação laboral, mantendo-se a obrigação contributiva.

4 – Constitui contra-ordenação leve a violação do disposto no nº 1.

– Prazos para a comunicação e forma – artº 8º do D Reg 1-A/2011, 03.01.
– Para a parte final do nº 1 "modalidades de contrato de trabalho" – desde que a alteração de regime determine alteração de taxa contributiva. Relativamente à Administração Pública releva a alteração da modalidade da relação jurídica de emprego público que possam implicar alterações de taxa contributiva (Vg: mudança de vínculo de contratado para nomeado).
– Para o nº 2 é do conhecimento oficioso, designadamente, a situação de suspensão do contrato de trabalho após o período de doença superior a um mês, nos termos do nº 1 do artº 296º do CT.
– A presunção do nº 3 é ilidível por prova em contrário.
– Para o nº 3 "disposto no número anterior" é, obviamente, o disposto no nº 1.
– Em termos de coimas: ver nº 1 do artº 241º.
– Legislação complementar associada:
. Regime da cessação do contrato de trabalho – arts 114º (período experimental) e 338º e segs (em geral) do CT.
. Regime da suspensão do contrato de trabalho – arts 296º e segs do CT.

[14] Aditado pelo artº 175º da Lei nº 82-B/2014, de 31 de Dezembro.

[15] Redacção do nº 2 do artº 69º da Lei nº 55-A/2010, de 31 de Dezembro. Os nºs 3 e 4 eram os nºs 2 e 3 e o actual nº 2 foi aditado.

Artigo 33º – Declaração do trabalhador

1 – Os trabalhadores abrangidos pelo regime geral devem declarar à instituição de segurança social competente o início de actividade profissional ou a sua vinculação a uma nova entidade empregadora e a duração do contrato de trabalho.

2 – A declaração referida no número anterior determina, para efeitos de acesso ou de cálculo das prestações de segurança social, a relevância dos períodos de actividade profissional não declarados que sejam anteriores ao período de tempo previsto no nº 4 do artigo 29º quando se verifique que:

a) Não tenha sido efectuada a comunicação prevista no artigo 29º;

b) Não tenha dado entrada a correspondente declaração de remunerações.

– A não apresentação das declarações dos empregadores e dos trabalhadores significa que o trabalhador apenas beneficia dos 6 meses do nº 4 do artº 29º. Tem natureza jurídica de ónus com efeitos previstos no nº 2.

– Prazo para apresentação e relevância – artº 9º do D Reg 1-A/2011, 03.01.

– Elementos que deve conter – artº 4º da Port 66/2011, 04.02.

– Procedimentos (nº 2) – arts 53º e segs do CPA.

SUBSECÇÃO II – Das entidades empregadoras

Anteriormente: Decreto-Lei nº 8-B/2002, de 15 de Janeiro, e Portaria nº 121/2007, de 25 de Janeiro.

Artigo 34º – Efectivação da inscrição

1 – A inscrição das pessoas colectivas é feita oficiosamente na data da sua constituição sempre que esta obedeça ao regime especial de constituição imediata de sociedades e associações ou ao regime especial de constituição *online* de sociedades.

2 – O disposto no número anterior aplica-se ainda à criação imediata de representações permanentes em Portugal de entidades estrangeiras.

3 – A inscrição de pessoas colectivas e de representações permanentes de entidades estrangeiras que não seja efectuada nos termos do nº 1, bem como a das pessoas singulares, que beneficiam da actividade profissional de terceiros, prestada em regime de contrato de trabalho, é feita oficiosamente na data da participação de início do exercício de actividade.

4 – A inscrição das pessoas singulares que beneficiam da actividade profissional de terceiros, prestada em regime de contrato de trabalho, é feita na data da admissão do primeiro trabalhador.

– Entidades empregadoras criadas pelos regimes especiais de constituição, designadamente:

. imediata de sociedades – "empresa na hora" – DL 111/2005, 08.07;

. das representações permanentes em Portugal de entidades estrangeiras – "sucursal na hora" – DL 73/2008, 16.04.

. imediata de associações– "associações na hora" – L 40/2007, 24.08; e

. online de sociedades comerciais e civis sob forma comercial – "empresa online" – DL 125/2006, 29.06.

– Efectivação da inscrição – arts 10º a 12º do D Reg 1-A/2011, 03.01.

– Elementos necessários – artº 5º da Port 66/2011, 04.02.

– Regime da interconexão de dados com a Administração Fiscal – DL 92/2004, 20.04. Obrigatoriedade de declaração tributária aos serviços fiscais – artº 112º do CIRS. Comunicações obrigatórias dos serviços de registo:

. artº 72º-A do Código do Registo Comercial (DL 403/86, 03/12);

. artº 102º-A do Código do Registo Civil (DL 131/95, 06/07);

. artº 11º-A do Registo Nacional de Pessoas Colectivas (DL 129/98, 13/05).

– Data da produção de efeitos – artº 35º.

– Preenche a hipótese do nº 4, por exemplo, o trabalhador independente que posteriormente ao seu início de actividade celebra contrato de trabalho por conta de outrem com uma pessoa para o seu serviço.

Artigo 35º – Produção de efeitos da inscrição

1 – Os efeitos da inscrição reportam-se:

a) Nas situações previstas nos nºs 1, 2 e 3 do artigo anterior, à data do início do exercício de actividade declarada para efeitos fiscais;

b) Na situação prevista no nº 4, à data do início do exercício da actividade do primeiro trabalhador.

2 – A data referida nas situações da alínea *a*) do número anterior é ilidível, mediante a apresentação de prova documental em contrário.

– Declaração fiscal (nº 1 a) nos termos do artº 112º do CIRS.

Artigo 36º – Comunicações obrigatórias

1 – As entidades empregadoras devem comunicar à instituição de segurança social competente a alteração de quaisquer dos elementos relativos à sua identificação, incluindo os relativos aos estabelecimentos, bem como o início, suspensão ou cessação de actividade.

2 – As comunicações previstas no número anterior consideram-se cumpridas perante a segurança social sempre que sejam efectuadas à administração fiscal ou possam ser oficiosamente obtidas nos termos legalmente previstos.

3 – Sempre que os elementos referidos no nº 1 do presente artigo não possam ser obtidos oficiosamente ou suscitem dúvidas, são as entidades empregadoras notificadas para, no prazo de 10 dias úteis, os apresentarem à instituição de segurança social competente.

4 – A violação do disposto no nº 1 constitui contra-ordenação leve.

5 – A violação do disposto no nº 3 constitui contra-ordenação leve quando seja cumprida nos 10 dias subsequentes ao termo do prazo e constitui contra-ordenação grave nas demais situações.

– *Estabelece-se a prevalência da oficiosidade, tornando a intervenção das entidades empregadoras residual.*
– *Para o nº 3, trata-se do modelo RV 1011/2011-DGSS – Despacho nº 5130/2011, de 17/03 (DR, 2ª, nº 59, 24/03).*
– *Coimas, nomeadamente, nº 1 do artº 241º.*

SECÇÃO III – Relação jurídica contributiva

SUBSECÇÃO I – Obrigações dos contribuintes

Anteriormente: Decreto-Lei nº 199/99, de 8 de Junho; Decreto Regulamentar nº 26/99, de 27 de Outubro; Decreto-Lei nº 8-B/2002, de 15 de Janeiro.

Artigo 37º – Facto constitutivo da obrigação contributiva

A obrigação contributiva constitui-se com o início do exercício de actividade profissional pelos trabalhadores ao serviço das entidades empregadoras.

– *Corresponde ao nº 2 do artº 56º da L 4/2007, 16.01.*
– *Para trabalhadores independentes ver artº 150º.*

Artigo 38º – Obrigação contributiva

1 – A obrigação contributiva compreende a declaração dos tempos de trabalho, das remunerações devidas aos trabalhadores e o pagamento das contribuições e das quotizações.

2 – A obrigação contributiva vence-se no último dia de cada mês do calendário.

– *Cf. artº 11º.*
– *Para além de previamente ter de se proceder à liquidação (autoliquidação) das contribuições (no sentido técnico do nº 2 do artº 187º) – apuramento, cômputo ou contagem dos valores ou quantias em dívida (não no sentido de pagamento que vem depois).*

– Resumindo, cabe à entidade empregadora (ou à empresa de trabalho temporário), o dever legal de efectuar por si todo o acto de aplicação da lei aos factos que originam as contribuições – a autoliquidação – compreendendo:

. determinação do valor e natureza da remuneração sobre que incide – incidência;

. aplicação das normas legais que definem as taxas e a base de incidência sobre que recaem;

. apuramento aritmético – liquidação stricto sensu;

. por remessa ou entrega dos elementos informativos sobre a realidade sobre que incidem as contribuições, tempo de trabalho e remunerações devidas aos trabalhadores – a declaração de remunerações (arts 40º e segs);

. pagamento espontâneo, incluindo as importâncias devidas pela retenção das quotizações dos trabalhadores (por substituição tributária – artº 42º).

Se houver retardamento de liquidação parece dever pôr-se a hipótese da obrigação de juros compensatórios próprios da relação jurídico-tributária, nos termos do artº 35º da LGT.

– Para trabalhadores independentes ver artº 151º.

– Para seguro social voluntário ver artº 176º.

Artigo 39º – Entidades contribuintes

As entidades empregadoras, para efeitos de segurança social, são consideradas entidades contribuintes.

– Como efeito da inscrição – alínea b) do nº 2 do artº 8º.

Artigo 40º – Declaração de remunerações

1 – As entidades contribuintes são obrigadas a declarar à segurança social, em relação a cada um dos trabalhadores ao seu serviço, o valor da remuneração que constitui a base de incidência contributiva, os tempos de trabalho que lhe corresponde e a taxa contributiva aplicável.

2 – A declaração prevista no número anterior deve ser efectuada até ao dia 10 do mês seguinte àquele a que diga respeito.

3 – Sem prejuízo do disposto no número seguinte, a falta ou a insuficiência das declarações previstas nos números anteriores podem ser supridas ou corrigidas oficiosamente pela instituição de segurança social competente, designadamente por recurso aos dados de que disponha no seu sistema de informação, no sistema de informação fiscal ou decorrente de acção de fiscalização. [16]

4 – O suprimento oficioso das declarações previstas nos números anteriores é notificado à entidade contribuinte nos termos do disposto no Código do Procedimento Administrativo.

[16] Redacção do artº 175º da Lei nº 82-B/2014, de 31 de Dezembro.

5 – A não inclusão de trabalhador na declaração de remunerações constitui contra-ordenação muito grave.

6 – Sem prejuízo do disposto no número anterior, a violação do disposto nos nºs 1 e 2 constitui contra-ordenação leve quando seja cumprida nos 30 dias subsequentes ao termo do prazo e constitui contra-ordenação grave nas demais situações.

– *A declaração de remunerações constitui obrigacionalmente uma declaração de dívida tornando-se discutível a obrigação da sua entrega enquanto não forem pagas as remunerações aos trabalhadores referentes ao mês em causa – ver anotação ao artº 42º.*

– *Complementarmente, requisitos técnicos e procedimentos: arts 13º a 30º do D Reg 1-A/2011, 03.01.*

– *A declaração de remunerações é válida para efeitos fiscais e vice-versa nos termos do DN 1-A/2013, 02.01 (DR, 2ª, de 10/01/2013).*

– *Características técnicas da declaração – pontos 1.4 e segs do anexo II da Port 1039/2001, 27.08.*

– *Suporte – artº 41º.*

– *O prazo do nº 2 (que anteriormente era até ao dia 15 do mês seguinte coincidindo com o prazo para o pagamento das contribuições) foi encurtado em 5 dias e desfasado do prazo de pagamento que passou a ser de 10 a 20 (artº 43º).*

– *Cumprimento do prazo:*

quando o prazo para entrega da declaração de remunerações termine ao sábado, domingo ou dia feriado transfere-se o seu termo para o 1º dia útil seguinte (nº 4 do artº 21º do D Reg 1-A/2011, 03.01);

O termo do prazo que caia em dia em que o serviço perante o qual deva ser praticado o acto não esteja aberto ao público, ou não funcione durante o período normal, transfere-se para o primeiro dia útil seguinte (alínea f) do artº 87º do CPA).

Entrega pela Internet: até às 24 horas do último dia do prazo (não até ao encerramento dos serviços).

Se apresentada fora do prazo é aplicável a coima correspondente. Ver contra-ordenações.

– *Liquidação oficiosa (nº 3) – arts 29º e 30º do D Reg 1-A/2011, 03/01.*

– *Acções de fiscalização (nº 3) promovidas pela ACT ou pelo ISS, nos termos do artº 10º da L 107/2009, 14/09.*

– *Coimas – nº 1 do artº 241º e sanções acessórias – alínea b) do artº 243º.*

– *Outras consequências – alínea c) do nº 1 do artº 102º.*

– *Notificação (nº 4) – artº 30º do D Reg 1-A/2011, de 03/01, arts 110º e segs do CPA e artº 36 do CPPT.*

Artigo 41º – Suporte das declarações [17]

1 – A declaração prevista no artigo anterior é apresentada por transmissão electrónica de dados, através do sítio na Internet da segurança social.

2 – *(revogado)*

3 – A não utilização do suporte previsto no nº 1 determina a rejeição da declaração por parte dos serviços competentes, considerando-se a declaração como não entregue.

– Regra: utilização da internet "administração electrónica" (excluindo-se portanto quer em disquette, quer em USB) – artº 2º do D Reg 1-A/2011, 03.01.

– Quanto ao modelo, requisitos técnicos e procedimentos – arts 13º a 30º do D Reg 1-A/2011, 03.01.

Artigo 42º – Responsabilidade pelo cumprimento da obrigação contributiva

1 – As entidades contribuintes são responsáveis pelo pagamento das contribuições e das quotizações dos trabalhadores ao seu serviço.

2 – As entidades contribuintes descontam nas remunerações dos trabalhadores ao seu serviço o valor das quotizações por estes devidas e remetem-no, juntamente com o da sua própria contribuição, à instituição de segurança social competente.

3 – Sem prejuízo do disposto no Regime Geral das Infracções Tributárias, a violação do disposto nos nºs 1 e 2 constitui contra-ordenação leve quando seja cumprida nos 30 dias subsequentes ao termo do prazo e constitui contra-ordenação grave nas demais situações.

– Nos termos do nº 1 do artº 59º da L 4/2007, 16.01.

– O nº 1 consagra a figura da substituição tributária dos arts 18º, 20º, 23º, 28º e 34º da LGT, aplicáveis nos termos do artº 3º a), ou seja, o empregador é substituto tributário do trabalhador – contribuinte económico.

Dispondo o artigo 20º (Substituição tributária):

"1 – A substituição tributária verifica-se quando, por imposição da lei, a prestação tributária for exigida a pessoa diferente do contribuinte.

2 – A substituição tributária é efectivada através do mecanismo da retenção na fonte do imposto devido."

Neste âmbito a relação empregador / trabalhador / segurança social é a seguinte:

. relativamente às quantias efectivamente retidas pelo empregador e não entregues à segurança social o trabalhador fica desonerado da responsabilidade do respectivo pagamento (nº 1 do artº 28º da LGT);

. se o empregador não proceder à retenção permanece como responsável originário do pagamento das quotizações devidas, só se efectivando a responsabilidade

[17] Redacção do artº 171º da Lei nº 83-C/2013, de 31 de Dezembro.

subsidiária do trabalhador pelas quotizações não deduzidas por reversão no processo de execução fiscal perante a fundada insuficiência dos bens penhoráveis do empregador e outros responsáveis solidários (nº 2 do artº 28º da LGT).

- *Figura distinta é a da responsabilidade subsidiária dos gerentes, directores e administradores pelas dívidas (reversão) – artº 23º da LGT.*
- *Decorre também do nº 2 (retenção na fonte) que enquanto não houver pagamento de remunerações, embora possa haver obrigação contributiva (mas de valor a determinar) antes da liquidação e da determinação do valor não pode haver obrigação nem de descontar (onde?), nem de declaração de remunerações (declarar o quê?)(artº 40º nº 1) nem de remeter (o quê?).*
- *Para o nº 3 – para além dos juros de mora (artº 211º) e das contra-ordenações (arts 221º e segs) o crime de abuso de confiança pelo não pagamento das quotizações dos trabalhadores – RGIT artº 107º.*
- *Imputação do pagamento insuficiente – artº 79º do D Reg 1-A/2011, 03.01.*

Artigo 43º – Pagamento das contribuições e das quotizações

O pagamento das contribuições e das quotizações é mensal e é efectuado do dia 10 até ao dia 20 do mês seguinte àquele a que as contribuições e as quotizações dizem respeito.

- *Requisitos – artº 15º da Port 66/2011,04/02.*
- *Data de vencimento da obrigação – nº 2 do artº 38º.*
- *Da conjugação dos prazos do artº 40º com os do artº 43º resulta que se o contribuinte quiser continuar a cumprir as obrigações declarativas e de pagamento na mesma data como até Dez de 2010 (até ao dia 15) só o poderá fazer no dia 10 (único dia que se sobrepõe).*
- *Pagamento insuficiente previsto no artº 13-A do DL 42/2001, 09.02 – artº 79º do D Reg 1-A/2011, 03.01.*

  Situação diversa: imputação da dívida ao montante pago em prestações na situação de resolução do acordo prestacional – nº 3 do artº 193º.
- *Lugar e meios – arts 75º e 76º do D Reg 1-A/2011, 03.01.*
- *Para cumprimento do prazo – ver anotação ao artº 40º.*
- *Juros de mora – artº 211º.*
- *Anteriormente: até ao dia 15 do mês seguinte, nos termos do nº 2 do artº 10º do DL 199/99, 08.06. V. anotação ao artº 40º.*

SUBSECÇÃO II – Bases de incidência contributiva

Anteriormente: Decreto Regulamentar nº 12/83, de 12 de Fevereiro; Decreto-Lei nº 140-D/86, de 14 de Junho e Decreto Regulamentar nº 14/88, de 30 de Março.

Artigo 44º – Base de incidência contributiva

1 – Para a determinação do montante das contribuições das entidades empregadoras e das quotizações dos trabalhadores, considera-se base de incidência contributiva a remuneração ilíquida devida em função do exercício da actividade profissional ou decorrente da cessação do contrato de trabalho nos termos do presente Código.

2 – O estabelecido no número anterior não prejudica a fixação de bases de incidência convencionais ou a sua sujeição a limites mínimos ou máximos.

– *Caracterização – artº 14º.*
– *Trata-se de fazer tributar as vantagens patrimoniais efectivas (rendimento efectivo) do trabalhador desconsiderando os critérios jurídico-laborais.*
– *Para a parte final do nº 1 ver alínea v) do nº 2 do artº 46º.*
– *Para a 2ª parte do nº 2 ver anotação ao artº 58º da L 4/2007, 16.01.*

Artigo 45º – Bases de incidência convencionais

1 – As bases de incidência convencionais são fixadas por referência ao valor do indexante dos apoios sociais (IAS).

2 – Para efeitos do número anterior, a actualização da base de incidência produz efeitos a partir do 1º dia do mês seguinte ao da publicação do diploma que concretize a actualização do IAS.

– *As bases de incidência convencionais são fixadas por lei, desconsiderando o valor remuneratório efectivo da actividade em causa, facultando a lei, em regra, a escolha pelo beneficiário do escalão de IAS pretendido (caso do regime do seguro social voluntário e do anterior regime dos trabalhadores independentes).*
Diversamente, as bases de incidência efectivas correspondem aos valores remuneratórios efectivamente auferidos, mesmo que sujeito a um mecanismo de arredondamento dos duodécimos (na expressão da lei, convertidos) para o escalão de referência mais próximo (normativamente fixado) como sucede no actual regime dos trabalhadores independentes onde o IAS tem função meramente instrumental, apenas relevando como valor de referência no escalão mais próximo do valor efectivo da actividade exercida, embora em situações residuais especificadas na lei a base de incidência seja convencional (caso dos arts 164º – base de incidência facultativa – e 165º – situações especiais) ainda se reportando directamente ao IAS.
– *Têm base de incidência convencional:*

. trabalhadores com contrato de trabalho de muito curta duração – artº 82º;
. trabalhadores do serviço doméstico (regra geral 1 IAS) – artº 119º;
. membros de igrejas, associações e confissões religiosas (regra geral 1 IAS) – artº 126º;
. regime do seguro social voluntário – 10 escalões (entre 1 e 8 IAS) – artº 180º;
. situações de base de incidência facultativa e de situações especiais dos trabalhadores independentes (arts 164º e 165º).

– O IAS previsto no artº 68º da L 4/2007, 16/01, tem o seu regime fixado no DL 53-A/2006, 29.12.

– A regra do nº 2 é ajustada relativamente a independentes no nº 8 do artº 163º.

– Para o nº 2 anteriormente: segundo mês posterior à publicação do diploma – DN 208/83, 22.11.

Artigo 46º – Delimitação da base de incidência contributiva [18]

1 – Para efeitos de delimitação da base de incidência contributiva consideram-se remunerações as prestações pecuniárias ou em espécie que nos termos do contrato de trabalho, das normas que o regem ou dos usos são devidas pelas entidades empregadoras aos trabalhadores como contrapartida do seu trabalho.

2 – Integram a base de incidência contributiva, designadamente, as seguintes prestações:

a) A remuneração base, em dinheiro ou em espécie;

b) As diuturnidades e outros valores estabelecidos em função da antiguidade dos trabalhadores ao serviço da respectiva entidade empregadora;

c) As comissões, os bónus e outras prestações de natureza análoga;

d) Os prémios de rendimento, de produtividade, de assiduidade, de cobrança, de condução, de economia e outros de natureza análoga que tenham carácter de regularidade;

e) A remuneração pela prestação de trabalho suplementar;

f) A remuneração por trabalho nocturno;

g) A remuneração correspondente ao período de férias a que o trabalhador tenha direito;

h) Os subsídios de Natal, de férias, de Páscoa e outros de natureza análoga;

i) Os subsídios por penosidade, perigo ou outras condições especiais de prestação de trabalho;

j) Os subsídios de compensação por isenção de horário de trabalho ou situações equiparadas;

[18] As alíneas n), s), v) do nº 2 e o nº 3 têm redacção do nº 2 do artº 69º da Lei nº 55-A/2010, de 31 de Dezembro.
Os nºs 4 e 5 foram aditados pelo nº 2 do artº 69º da Lei nº 55-A/2010, de 31 de Dezembro.

l) Os valores dos subsídios de refeição, quer sejam atribuídos em dinheiro, quer em títulos de refeição;

m) Os subsídios de residência, de renda de casa e outros de natureza análoga, que tenham carácter de regularidade;

n) Os valores efectivamente devidos a título de despesas de representação desde que se encontrem pré-determinados e dos quais não tenham sido prestadas contas até ao termo do exercício;

o) As gratificações, pelo valor total atribuído, devidas por força do contrato ou das normas que o regem, ainda que a sua atribuição esteja condicionada aos bons serviços dos trabalhadores, bem como as que, pela sua importância e carácter regular e permanente, devam, segundo os usos, considerar-se como elemento integrante da remuneração;

p) As importâncias atribuídas a título de ajudas de custo, abonos de viagem, despesas de transporte e outras equivalentes, na parte em que excedam os limites legais ou quando não sejam observados os pressupostos da sua atribuição aos servidores do Estado; [19]

q) Os abonos para falhas;

r) Os montantes atribuídos aos trabalhadores a título de participação nos lucros da empresa, desde que ao trabalhador não esteja assegurada pelo contrato uma remuneração certa, variável ou mista adequada ao seu trabalho;

s) As despesas resultantes da utilização pessoal pelo trabalhador de viatura automóvel que gere encargos para a entidade empregadora nos termos do artigo seguinte;

t) As despesas de transporte, pecuniárias ou não, suportadas pela entidade empregadora para custear as deslocações em benefício dos trabalhadores, na medida em que estas não se traduzam na utilização de meio de transporte disponibilizado pela entidade empregadora ou em que excedam o valor de passe social ou, na inexistência deste, o que resultaria da utilização de transportes colectivos, desde que quer a disponibilização daquele quer a atribuição destas tenha carácter geral;

u) Os valores correspondentes às retribuições a cujo recebimento os trabalhadores não tenham direito em consequência de sanção disciplinar;

v) A compensação por cessação do contrato de trabalho por acordo apenas nas situações com direito a prestações de desemprego;

x) Os valores despendidos obrigatória ou facultativamente pela entidade empregadora com aplicações financeiras, a favor dos trabalhadores, designadamente seguros do ramo «Vida», fundos de pensões e planos de poupança reforma ou quaisquer regimes complementares de segurança social, quando sejam objecto

[19] Redacção do artº 171º da Lei nº 83-C/2013, de 31 de Dezembro.

de resgate, adiantamento, remição ou qualquer outra forma de antecipação de correspondente disponibilidade ou em qualquer caso de recebimento de capital antes da data da passagem à situação de pensionista, ou fora dos condicionalismos legalmente definidos;

z) As importâncias auferidas pela utilização de automóvel próprio em serviço da entidade empregadora;

aa) As prestações relacionadas com o desempenho obtido pela empresa quando, quer no respectivo título atributivo quer pela sua atribuição regular e permanente, revistam carácter estável independentemente da variabilidade do seu montante;

bb) O valor mensal atribuído pela entidade patronal ao trabalhador em 'vales de transportes públicos colectivos'. [20]

3 – As prestações a que se referem as alíneas *l*), *q*), *u*), *v*), *z*) e *bb*) do número anterior estão sujeitas a incidência contributiva, nos mesmos termos previstos no Código do Imposto sobre o Rendimento das Pessoas Singulares. [21]

4 – Para as prestações a que se referem as alíneas p), q), v) e z) do nº 2, o limite legal previsto pode ser acrescido até 50%, desde que o acréscimo resulte de aplicação, de forma geral por parte da entidade empregadora, de instrumento de regulação colectiva de trabalho. [22]

5 – Constituem base de incidência contributiva, além das prestações a que se referem os números anteriores, todas as que sejam atribuídas ao trabalhador, com carácter de regularidade, em dinheiro ou em espécie, directa ou indirectamente como contrapartida da prestação do trabalho.

– Regimes próprios para:
. trabalhadores independentes – artº 163º;
. seguro social voluntário – artº 180º.

– Especificidades da base de incidência (nº 2):
. membros dos órgãos estatutários ver artº 68º;
. praticantes desportivos profissionais ver artº 76º;
. profissionais das artes do espectáculo e do audiovisual – artº 21º-C da L 4/2008, 07.02.

– Nos termos do artº 44º, são consideradas as remunerações ilíquidas, dentro dos limites contributivos máximo e mínimo, se existirem.

[20] Aditada pelo art º 175º da Lei nº 82-B/2014, de 31 de Dezembro.

[21] Redacção do artº 175º da Lei nº 82-B/2014, de 31 de Dezembro. Teve redacção do artº 171º da Lei nº 83-C/2013, de 31 de Dezembro:.

[22] Conforme Declaração de Rectificação nº 11/2014, de 24 de Fevereiro.

- *Tal como nos regimes de 1963 e 1983 a definição do nº 1 está centrada na figura da retribuição, facto que a enumeração do nº 2 não respeitou.*
- *Como é sabido, alguma doutrina distingue retribuição (artº 258º do CT) (remuneração em sentido estrito, como contrapartida da actividade laboral prestada, "remuneração base", na expressão do nº 2) e remuneração (em sentido amplo, como conjunto de vantagens patrimoniais que decorrem do contrato de trabalho). Estão no segundo caso vg: ajudas de custo, abono para falhas, trabalho suplementar e nocturno...*
- *Remunerações em espécie (nº 1) – nos termos do artº 31º do D Reg 1-A/2011, 03.01 (cuja conformidade constitucional formal se pode pôr legitimamente em causa por dispor sobre base de incidência), a equivalência pecuniária das remunerações em espécie para efeitos de determinação da sua incidência contributiva, designadamente em géneros, utilização de habitação, empréstimos sem juros ou taxa de juro reduzida, ganhos de mercados de valores mobiliários, uso ou aquisição de viatura automóvel faz-se nos termos previstos no artº 24º do CIRS – à remuneração em espécie é atribuído um valor sempre que não sejam fixados valores superiores em instrumento de regulamentação colectiva de trabalho.*
  A alimentação em espécie segue o regime do subsídio de refeição (V. infra).
- *A enumeração do nº 2 não é taxativa, constituindo norma aberta. Para o conceito de regularidade – artº 47º.*
  Para além disso, constituem, designadamente, também base de incidência:
  - *. honorários (de trabalho independente) por acumulação de actividade por conta de outrem com actividade profissional independente na mesma empresa (arts 129º e 130º);*
  - *. compensação retributiva do contrato intermitente – o valor da compensação retributiva é estabelecido em instrumento de regulamentação colectiva de trabalho (IRCT) ou na sua falta 20% da retribuição base (nº 1 do artº 160º do Código do Trabalho).*
- *Para o ajustamento progressivo da base de incidência das alíneas n), p), q), s), t), v), z) do nº 2 e parte final da m) ver artº 277º.*
- *As alíneas r), x) e aa) do nº 2 só entram em vigor quando forem regulamentadas – nº 2 do artº 4º e nº 3 do artº 6º da lei preambular.*
- *Quanto à delimitação das situações e apuramento dos valores tendo em conta os limites estabelecidos no regime fiscal (nº 3), nos termos do artº 2º do CIRS:*
  - *. os bónus da alínea c) e as espécies remuneratórias das alíneas d), o), r) e aa) (suspensas) constituem prémios e gratificações com exigências de "regularidade" ou "carácter regular e permanente", com excepção da alínea r) que em circunstâncias normais não está sujeito a contribuições.*
  - *. férias gozadas ou não (alínea g) – remunerações referentes a férias pagas e não gozadas por cessação do contrato de trabalho – Desp 129/SESS/91, 25/11 (DR, II, 17.12);*

por violação do direito a férias não é passível de contribuições (a) do artº 48º.

. na alínea j) trata-se da "retribuição por isenção do horário de trabalho" do artº 265º do CT.

. subsídios de refeição (alínea l) – isentos com referência ao valor do subsídio de refeição da Administração Pública (valor do subsídio desde 2011 a 2016: € 4,27 – nº 10 da Port 1553-D/2008, 31.12 – em 2017: Janeiro a Julho, € 4,52, Agosto e segs, € 4,77 – L 42/2016, 28/12 (art 20º) nos termos do ponto 2) da alínea b) do nº 3 do artº 2º do CIRS, nos seguintes valores:

Ano	*Em numerário*	*Em vales de refeição*
2011	*€ 6,41 (n+50%)*	*€ 7,26 (n+70%)*
2012	*€ 5,12 (n+20%)*	*€ 6,83 (n+60%)*
2013 a 2016	*€ 4,27 (=n)*	*€ 6,83 (n+60%)*
2017	*Jan a Jul € 4,52 (=n)* *Ago e segs € 4,77 (=n)*	*€ 7,23 (n+60%)* *€ 7,63 (n+60%)*

Em que n é o valor do subsídio de refeição da Administração Pública.

. despesas de representação (alínea n) – considerando-se como tal, nomeadamente, as despesas suportadas com recepções, refeições, viagens, passeios e espectáculos oferecidos no país ou no estrangeiro a clientes ou fornecedores ou ainda a quaisquer outras pessoas ou entidades (nº 7 do artº 88º do CIRC redacção da L 55-A/2010, 31/12). "...até ao termo do exercício", ou seja, período tributário relevante em termos de IRC.

. ajudas de custo (alínea p) despesas de deslocação em benefício do empregador se for em benefício do próprio – alínea t) que excedam os valores das tabelas da Administração Pública – alínea d) do nº 3 do artº 2º do CIRS;

Montantes diários da Administração Pública relevantes (desde Jan. 2011) (nº 2º da Port 1553-D/2008, 31/12, com a redução do artº 4º do DL 137/2010, 28.12, na redacção da L 66-B/2012, 31.12), nos termos da circular 12/91, 06/05, da DGCI – valor de ministro e o mais elevado dos restantes grupos:

	Deslocações em território nacional	Deslocações ao estrangeiro	
		2012	*Desde 2013*
Membros de órgãos societários	*€ 69,19*	*€ 133,66*	*€ 100,24*
Trabalhadores	*€ 50,20*	*€ 119,13*	*€ 89,35*

. abono para falhas (alínea q) – isento até 5% da remuneração mensal – alínea c) do nº 3 do artº 2º do CIRS;

– utilização pessoal de viatura automóvel (alínea s) ver regras no artº 46ª-A.

. despesas de transporte em benefício do próprio (alínea t) (em benefício do empregador – alínea p) mesmo em espécie;

. para os valores não recebidos por sanção disciplinar (alínea u) referida no nº 3) não se conhecem regras fiscais aplicáveis;

. compensação por cessação do contrato de trabalho por acordo (alínea v) que quando equiparável a desemprego involuntário nos termos do arts 9º e 10º do DL 220/2006, 03/11, exceda uma vez e meia o valor médio das remunerações regulares – alínea b) do nº 4 do artº 2º do CIRS;

. aplicações financeiras (alínea x)(suspensa) – quando mobilizadas antecipadamente, ou seja, quando não exercem função de prestação complementar de segurança social.

. Utilização de viatura própria ("quilómetros") (alínea z) – € 0,36 / Km;

Dos valores assim apurados relativos a ajudas de custo, despesas de transporte, abono para falhas, compensação por cessação de contrato de trabalho e por utilização de automóvel próprio:

1) podem ser acrescidos de 50% se o acréscimo resultar de IRCT, nos termos do nº 4;

2) transitoriamente, apenas foram considerados base de incidência, nos termos do artº 277º:

- 33% em 2011; e

- 66% em 2012.

– Para o conceito de "...aplicação, de forma geral por parte da entidade empregadora" (nº 4) no sentido do "mesmo critério de aplicação" (artº 32º do D Reg 1-A/2011, 03.01).

– A expressão "regulação colectiva de trabalho" (nº 4) está no original do DR.

– Carácter de regularidade (nº 5), ver artº 47º.

– Relativamente aos trabalhadores em funções públicas:

As despesas de representação dos dirigentes previstas na L 2/2004, 12/01, devem considerar-se abrangidas pela alínea n) do nº 2;

Os prémios de desempenho atribuídos nos termos da L 35/2014, 20/06, devem considerar-se abrangidos pelo nº 5.

Código de remunerações para o preenchimento da declaração de remunerações (Desp nº 2 I/SESS/2011)

Código	*Descrição*	*Norma do CRC (regra)*
A	*Ajudas de custo e transportes*	*Artº 46º nº 2 p), s), t) e bb)*
B	*Prémios, bónus e outras prestações mensais*	*Artº 46º nº 2 b), c), d), n), o), e nº 5*
C	*Comissões*	*Artº 46 nº 2 c)*
D	*Compensação por cessação do contrato de trabalho*	*Artº 46º nº 2 v)*
F	*Subsídio de férias*	*Artº 46º nº 2 h)*
H	*Honorários por acumulação*	*Artº 129º e 130º*
M	*Subsídios de carácter regular mensal*	*Artº 46º nº 2 i), j), m), q)*
N	*Subsídio de Natal, de Páscoa e análogos*	*Artº 46º nº 2 h)*
O	*Prémios,* bónus e outras prestações de *carácter não mensal*	*Artº 46º nº 1, nº 2 c), d), n), o) e nº 5*
P	*Remuneração base*	*Artº 46º nº 2 a), g) u)*
R	*Subsídio de refeição*	*Artº 46 nº 2 l)*
S	*Trabalho suplementar*	*Artº 46º nº 2 e)*
T	*Trabalho nocturno*	*Artº 46º nº 2 f)*
X	*Subsídios de carácter regular não mensal*	*Artº 46º nº 2 i), j), m), q)*
2	*Remunerações referentes a férias pagas e não gozadas por cessação do contrato de trabalho*	*Desp 129/SESS/91*
6	*Diferenças de remunerações. Acertos de valores declarados com código P incluindo retroactivos*	
I	*Compensação remuneratória do contrato intermitente*	

Artigo 46º-A – Uso pessoal de viatura automóvel [23]

1 – Para efeitos do disposto na alínea s) do nº 2 do artigo anterior, e sem prejuízo do disposto no número seguinte, considera-se que a viatura é para uso pessoal sempre que tal se encontre previsto em acordo escrito entre o trabalhador e a entidade empregadora do qual conste:

a) A afectação, em permanência, ao trabalhador, de uma viatura automóvel concreta;

b) Que os encargos com a viatura e com a sua utilização sejam integralmente suportados pela entidade empregadora;

[23] Aditado pelo nº 2 do artº 70º da Lei nº 55-A/2010, de 31 de Dezembro.

c) Menção expressa da possibilidade de utilização para fins pessoais ou da possibilidade de utilização durante vinte e quatro horas por dia e o trabalhador não se encontre sob o regime de isenção de horário de trabalho.

2 – Considera-se ainda que a viatura é para uso pessoal sempre que no acordo escrito seja afecta ao trabalhador, em permanência, viatura automóvel concreta, com expressa possibilidade de utilização nos dias de descanso semanal.

3 – Nos casos previstos no número anterior, esta componente não constitui base de incidência nos meses em que o trabalhador preste trabalho suplementar em pelo menos dois dos dias de descanso semanal obrigatório ou em quatro dias de descanso semanal obrigatório ou complementar.

4 – O valor sujeito a incidência contributiva corresponde a 0,75% do custo de aquisição da viatura.

– Para o nº 4: 0,75% / mês.

– Dado o nível de exigências, em circunstâncias normais, dificilmente constituirá base de incidência. De notar que o nº 3 do artº 46º não remete a alínea s) para os critérios fiscais.

Artigo 47º – Conceito de regularidade [24]

Considera-se que uma prestação reveste carácter de regularidade quando constitui direito do trabalhador, por se encontrar preestabelecida segundo critérios objectivos e gerais, ainda que condicionais, por forma que este possa contar com o seu recebimento e a sua concessão tenha lugar com uma frequência igual ou inferior a cinco anos.

– Conceito relevante para as alíneas d), m), o) e aa) do nº 2 do artº 46º.

Artigo 48º – Valores excluídos da base de incidência [25]

Não integram a base de incidência contributiva, designadamente:

a) Os valores compensatórios pela não concessão de férias ou de dias de folga;

b) As importâncias atribuídas a título de complemento de prestações do regime geral de segurança social;

c) Os subsídios concedidos a trabalhadores para compensação de encargos familiares, nomeadamente os relativos à frequência de creches, jardins-de-infância, estabelecimentos de educação, lares de idosos e outros serviços ou estabelecimentos de apoio social;

[24] Redacção do artº 171º da Lei nº 83-C/2013, de 31 de Dezembro. Teve redacção do nº 2 do artº 69º da Lei nº 55-A/2010, de 31 de Dezembro.

[25] O corpo do artigo e a alínea h) na redacção do nº 2 do artº 69º da Lei nº 55-A/2010, de 31 de Dezembro.

d) Os subsídios eventuais destinados ao pagamento de despesas com assistência médica e medicamentosa do trabalhador e seus familiares;

e) Os valores correspondentes a subsídios de férias, de Natal e outros análogos relativos a bases de incidência convencionais;

f) Os valores das refeições tomadas pelos trabalhadores em refeitórios das respectivas entidades empregadoras;

g) As importâncias atribuídas ao trabalhador a título de indemnização, por força de declaração judicial da ilicitude do despedimento;

h) A compensação por cessação do contrato de trabalho no caso de despedimento colectivo, por extinção do posto de trabalho, por inadaptação, por não concessão de aviso prévio, por caducidade e por resolução por parte do trabalhador;

i) A indemnização paga ao trabalhador pela cessação, antes de findo o prazo convencional, do contrato de trabalho a prazo;

j) As importâncias referentes ao desconto concedido aos trabalhadores na aquisição de acções da própria entidade empregadora ou de sociedades dos grupos empresariais da entidade empregadora.

– *A alínea a) por contraposição à alínea g) do artº 46º reporta-se à indemnização por violação ilícita do direito a férias – artº 246º do CT.*

– *A alínea d) – subsídios eventuais – reembolso de despesas, por exemplo, por oposição a subsídios regulares. "Familiares" que coabitam com o trabalhador, naturalmente.*

– *Alínea e) -."bases de incidência convencional" ver nota ao artº 45º.*

– *Ver também:*

. nº 3 do artº 76º para praticantes desportivos profissionais;

. artº 21º-C da Lei nº 4/2008, de 7 de Fevereiro (versão da Lei nº 28/2011, de 16 de Junho) – profissionais das artes do espectáculo e do audiovisual.

– *Há a considerar ainda:*

os valores referidos nas alíneas r), x) e aa) do nº 2 do artº 46º enquanto a regulamentação se não verificar;

transitoriamente em 2011, 67% do valor das alíneas n), p), q), s), t), v), z);

transitoriamente em 2012, 33% do valor das mesmas alíneas n), p), q), s), t), v), z).

– *"Grupos empresariais" (alínea j) em relação de domínio ou de grupo por analogia com a alínea a) i) do nº 1 do artº 157º.*

Relativamente aos trabalhadores em funções públicas os subsídios e outros apoios sociais atribuídos no âmbito da acção social complementar e dos subsistemas de saúde estão excluídos da base de incidência.

– *Legislação complementar associada:*

. valores compensatórios pela não concessão de férias – nº 5 do artº 238º do CT ou IRCT;

. *valores compensatórios por férias não gozadas na sequência de cessação do contrato de trabalho e em caso de violação do direito a férias – arts 245º e 246º do CT;*

. *valores compensatórios pela não concessão de dias de folga – IRCT;*

. *importâncias atribuídas ao trabalhador a título de indemnização, por força de declaração judicial da ilicitude do despedimento – alínea a) do artº 389º do CT;*

. *compensação por cessação do contrato de trabalho no caso de despedimento colectivo (artº 383º do CT), por extinção do posto de trabalho (artº 384º), por inadaptação (arts 379ª e 385º), por não concessão de aviso prévio (artº 401º do CT), por caducidade (arts 343º a 348º do CT) e por resolução por parte do trabalhador (arts 394º a 399º CT).*

. *indemnização paga ao trabalhador pela cessação, antes de findo o prazo convencional, do contrato de trabalho a termo (prazo) – artº 393º do CT.*

SUBSECÇÃO III – Taxas contributivas

Anteriormente: Decreto-Lei nº 199/99, de 8 de Junho.

DIVISÃO I – Taxa contributiva global

Artigo 49º – Taxa contributiva global

A taxa contributiva do regime geral é determinada, de forma global, de harmonia com o seu âmbito material.

– Caracterização – artº 15º.

Artigo 50º – Elementos integrantes da taxa contributiva global

A taxa contributiva global integra o custo correspondente a cada uma das eventualidades referidas no artigo 28º, sendo este calculado em função do valor de cada uma das seguintes parcelas:

a) Custo técnico das prestações;

b) Encargos de administração;

c) Encargos de solidariedade laboral;

d) Encargos com políticas activas de emprego e valorização profissional.

– Custo técnico das prestações (o fundamento actuarial) – custo líquido das eventualidades (global ou por eventualidade), isto é, sem outros encargos.

– Os encargos com políticas activas de emprego e valorização profissional são definidos anualmente no orçamento do Estado.

Artigo 51º – Desagregação da taxa contributiva global

1 – A taxa contributiva global é desagregada por cada eventualidade que integra o regime geral dos trabalhadores por conta de outrem nos seguintes termos:

Eventualidades	Taxa desagregada – percentagem				
	Total	Custo técnico das prestações	Adminis-tração	Solidarieda-de laboral	Formação profissional
Doença	1,41	1,33	0,03	0,04	--
Doença profissional	0,50	0,06	0,00	0,44	--
Parentalidade	0,76	0,72	0,02	0,02	--
Desemprego	5,14	3,76	0,09	0,12	1,16
Invalidez	4,29	3,51	0,09	0,12	0,58
Velhice	20,21	19,10	0,48	0,63	--
Morte	2,44	2,31	0,06	0,08	--
Total global	34,75	30,79	0,77	1,45	1,74

2 – A taxa contributiva global desagregada deve ser revista quinquenalmente, com base em estudos actuariais a desenvolver para o efeito.

– *Anteriormente: DL 200/99, 08.06.*

– *Por eventualidade coberta – desagregação vertical; Por componentes de custos – desagregação horizontal.*

Artigo 52º – Consignação de receita às políticas activas de emprego e valorização profissional

1 – São consignadas às políticas activas de emprego e valorização profissional 5% das contribuições orçamentadas no território continental.

2 – As contribuições consignadas nos termos do número anterior constituem receitas próprias dos organismos com competências na matéria nos termos fixados no Orçamento do Estado.

3 – Constitui receita própria das Regiões Autónomas da Madeira e dos Açores 5% das contribuições orçamentadas nos respectivos territórios destinadas às políticas activas de emprego e valorização profissional.

4 – Os saldos gerados pelas receitas atribuídas nos termos do nº 2 revertem para o orçamento da segurança social.

– *Anteriormente: artº 19º do DL 140-D/86, 14.06.*

– *Políticas levadas a cabo pelas entidades de emprego do continente (IEFP) e regiões autónomas.*

Artigo 53º – Valor da taxa contributiva global

A taxa contributiva global do regime geral correspondente ao elenco das eventualidades protegidas é de 34,75%, cabendo 23,75% à entidade empregadora e 11% ao trabalhador, sem prejuízo do disposto no artigo seguinte.

- *Ver anotação ao artº 57º da L 4/2007, 16/01, e artº 15º.*
- *O valor actual resulta da taxa de 35,5% (24,5% empregador e 11% trabalhador) que foi fixada pelo DL 140-D/86, 14.06, para vigorar a partir de Outubro de 1986, e reduzida desde Janeiro de 1995 para a entidade empregadora em 0,75% (23,75%) pelo artº 11º da L 39-B/94, 27.12.*
- *V. quadros das taxas contributivas no "Segurança Social – Manual Prático", Coimbra, Almedina, 2019 (11ª edição).*

Artigo 54º – Princípio geral de adequação da taxa

As taxas contributivas aplicáveis a categorias de trabalhadores ou a situações específicas são fixadas por referência ao custo de protecção social de cada uma das eventualidades garantidas, tendo em conta as parcelas que compõem o custo previsto no artigo 50º.

- *Ver artº 57º nº 3 da L 4/2007, 16/01.*
- *Fundamento de todas as taxas fixadas em função do âmbito material incompleto – arts 61º e segs.*
- *Estão formalmente fora deste código, por exemplo:*
  - *. regime de ensino português no estrangeiro – 5% para desemprego – artº 90º D Reg 1-A/2011, 03/01;*
  - *. trabalhadores da Lusoponte – 7,8% por doença, parentalidade e doença profissional –DN 61/95, 11/10.*

Artigo 55º – Adequação da taxa contributiva à modalidade de contrato de trabalho *(revogado)* [26]

Artigo 55º-A – Contribuição adicional por rotatividade excessiva [27]

1 – Às pessoas colectivas e às pessoas singulares com actividade empresarial, independentemente da sua natureza e das finalidades que prossigam, que no mesmo ano civil apresentem um peso anual de contratação a termo resolutivo superior ao respectivo indicador sectorial em vigor, é aplicada uma contribuição adicional por rotatividade excessiva.

[26] Revogado pelo artº 10º da L 93/2019, de 4 de Setembro.
[27] Aditado pelo artº 7º da L 93/2019, de 4 de Setembro.

2 – O indicador sectorial anual consta de portaria dos membros do Governo responsáveis pelas áreas do emprego e da segurança social, publicada no primeiro trimestre do ano civil a que respeita.

3 – O apuramento das entidades empregadoras que se encontram nas condições previstas no nº 1 e da respectiva obrigação contributiva é efectuado oficiosamente no primeiro trimestre do ano seguinte àquele a que respeita.

4 – A obrigação contributiva prevista no número anterior constitui-se no momento em que a instituição de segurança social competente notifica a entidade empregadora do valor da contribuição adicional por rotatividade excessiva e efectiva-se com o seu pagamento.

5 – Constitui base de incidência contributiva o valor total das remunerações base, em dinheiro ou em espécie, relativas aos contratos a termo resolutivo, devidas no ano civil a que o apuramento respeita.

6 – A taxa contributiva adicional, da responsabilidade da entidade empregadora, tem aplicação progressiva com base na diferença entre o peso anual de contratação a termo e a média sectorial, até ao máximo de 2 %, sendo a escala de progressão fixada em decreto regulamentar.

7 – O pagamento da contribuição deve ser efectuado no prazo de 30 dias a contar da notificação, sem prejuízo da celebração de acordo de regularização voluntária de dívida, nos termos da alínea b) do nº 7 do artigo 190º.

8 – O disposto no presente artigo não se aplica:

a) Aos contratos de trabalho a termo resolutivo celebrados para:

i) Substituição de trabalhador que se encontre no gozo de licença de parentalidade;

ii) Substituição de trabalhador com incapacidade temporária para o trabalho por doença por período igual ou superior a 30 dias.

b) Aos contratos de trabalho de muito curta duração celebrados nos termos do disposto na legislação laboral.

9 – O disposto no presente artigo não se aplica ainda aos contratos obrigatoriamente celebrados a termo resolutivo por imposição legal ou em virtude dos condicionalismos inerentes ao tipo de trabalho ou à situação do trabalhador.

10 – Constituem contra-ordenação muito grave as falsas declarações sobre o tipo de contrato de trabalho celebrado, com o intuito de isentar a entidade empregadora da obrigação contributiva prevista no presente artigo.

11 – Sempre que se verifique a situação prevista no número anterior é notificado o serviço com competência inspectiva do ministério responsável pela área laboral.

12 – São definidos por decreto regulamentar os conceitos e os procedimentos necessários à implementação e à execução do presente artigo.

13 – A contribuição adicional prevista no presente artigo destina-se à protecção na eventualidade de desemprego.

– Nos termos do nº 3 do artº 13º da L 93/2019, 4/09 este artigo produz efeitos a 1 de Janeiro de 2020.

DIVISÃO II – Taxas contributivas mais favoráveis

Anteriormente: DL 199/99, de 8 de Junho

Artigo 56º – Fixação de taxas contributivas mais favoráveis

1 – A fixação de taxas contributivas mais favoráveis do que a estabelecida no artigo 53º traduz-se na redução da taxa contributiva global na parte imputável à entidade empregadora, ao trabalhador ou a ambos, conforme o interesse que se visa proteger e depende da verificação de uma das seguintes situações:

a) Redução do âmbito material do regime geral;

b) Prossecução de actividades por entidades sem fins lucrativos;

c) Sectores de actividade economicamente débeis;

d) Adopção de medidas de estímulo ao aumento de postos de trabalho;

e) Adopção de medidas de estímulo ao emprego relativas a trabalhadores que, por razões de idade, incapacidade para o trabalho ou de inclusão social sejam objecto de menor procura no mercado de trabalho;

f) Inexistência de entidade empregadora.

2 – As taxas contributivas mais favoráveis referentes às situações previstas no número anterior são calculadas de harmonia com o custo das eventualidades protegidas e a relação custo/benefício das mesmas.

3 – Quando do cálculo da taxa contributiva, efectuada de acordo com o disposto nos números anteriores, resulte um valor expresso em centésimas é o mesmo arredondado para a primeira casa decimal.

– Nos termos do nº 4 do artº 57º da L 4/2007, 16/01.

– Critérios utilizados no nº 1:

. material – alínea a) – ver arts 61º a 91º;

. institucional – alínea b) – ver arts 110º a 121º;

. económico – alínea c) – ver arts 95º a 99º;

. promoção de emprego – alínea d) e e) – ver arts 100º a 107º e arts 89º a 91º, 108º e 109º;

. contributivo – alínea f) – ver artº 249º.

Artigo 57º – Isenção ou redução temporária de taxas contributivas

1 – Podem ser estabelecidas medidas excepcionais e temporárias de incentivo ao emprego que determinam a isenção ou redução da taxa contributiva tendo em vista:

a) O aumento de postos de trabalho;

b) A reinserção profissional de pessoas afastadas do mercado de trabalho;

c) A permanência dos trabalhadores em condições de acesso à pensão de velhice nos seus postos de trabalho.

2 – As medidas excepcionais previstas no número anterior são estabelecidas nos termos do disposto na secção IV do capítulo II desta parte e por diploma legal próprio.

– Para o nº 2 ver, designadamente, o regime dos arts 100º a 104º e do DL 72/2017, de 21 de Junho.

Artigo 58º – Acumulação de situações determinantes de taxas contributivas mais favoráveis [28]

1 – Sem prejuízo do disposto no nº 3 e no artigo 101º, a coexistência de situações determinantes da redução das taxas contributivas respeitantes às entidades empregadoras em função dos mesmos trabalhadores não pode dar lugar à respectiva aplicação cumulativa, devendo ser-lhes oficiosamente aplicada a taxa mais favorável.

2 – A coexistência de situações determinantes da redução das taxas contributivas respeitantes a um trabalhador não pode dar lugar à respectiva aplicação cumulativa, devendo ser-lhe oficiosamente aplicada a taxa mais favorável.

3 – *(revogado)*

– Regra geral: não se permite a cumulação de taxas mais favoráveis.

Artigo 59º – Condições para a isenção ou redução da taxa contributiva

A concessão da isenção ou redução prevista nos artigos anteriores, com excepção da resultante da redução do âmbito material, e a sua manutenção dependem da verificação da situação contributiva regularizada perante a segurança social e a administração fiscal.

– Cessação e retoma – artº 36º do D Reg 1-A/2011, 03/01.

– Situação contributiva regularizada – artº 208º.

[28] O nº 3 revogado pelo artº 10º da L 93/2019, de 4 de Setembro.

DIVISÃO III – Taxas contributivas complementares

Anteriormente: artº 8º do DL 199/99, de 8 de Junho.

Artigo 60º – Taxas contributivas complementares

Às taxas contributivas previstas no presente Código podem acrescer, nos termos previstos em legislação própria:

a) Taxas aplicáveis para efeito de financiamento de fundos especiais de segurança social;

b) Taxas relativas à bonificação de tempos de serviço para melhoria das pensões de invalidez, velhice e sobrevivência.

– Para a alínea a) legislação aplicável a fundos especiais – patrimónios com autonomia financeira constituídos no âmbito das antigas caixas da previdência, nos termos do artº 103º da L 4/2007, 16/01:

– Caixa de Previdência do Pessoal dos Telefones de Lisboa e Porto (CPPTLP) + 1% para a entidade empregadora;

Desp de 19/03/1966 (circ. 42/66) e Desp de 08/03/77 (DR 2ª, 03/05/1977);

– Pessoal da indústria vidreira

Artº 5º do Regulamento aprovado pelo Despacho de 6 de Setembro de 1982;

– Profissionais de espectáculos

Artº 19º do Regulamento aprovado pela Port 770/83, 20/07 (alterada pela Port 131/87, 15/02);

Portaria nº 461A/89, de 21 de Junho Percentagens a atribuir ao Fundo dos Profissionais de Espectáculos;

– Pessoal da indústria de lanifícios

Artº 15º do Regulamento aprovado pela Port de 31 de Agosto de 1984 (alterada pela Port 275/98, 29/04);

– Pessoal da Companhia Carris de Ferro de Lisboa

Artº 5º do Regulamento aprovado pelo Despacho Normativo nº 72/86, de 23 de Agosto;

– Jornalistas

Artº 18º do Regulamento aprovado pela Portaria nº 477/87, de 5 de Junho

Decreto-Lei nº 135/98, de 15 de Maio Alteração às receitas;

– Médicos

Decreto-Lei nº 27/88, de 30 de Janeiro – Fundo de Solidariedade Social;

– Profissionais de seguros

Arts 24º e 25º do Regulamento aprovado pela Port 233/90, 29/03 (Alterada pela Port 287/93, 12/03);

– Profissionais de banca dos casinos

Artº 40º do Regulamento aprovado pela Portaria nº 140/92, de 4 de Março (alterada pelas Portarias nº 96/93, de 25 de Janeiro e nº 101/94, de 9 de Fevereiro); Decreto-Lei nº 422/89, de 2 de Dezembro (artigo 79º) Distribuição das gratificações; Portaria nº 1159/90, de 27 de Novembro (alterada pela Port 129/94, 1/03) Distribuição das gratificações;

- *Pessoal da Companhia Portuguesa Rádio Marconi*
  Arts 19º e 20º do Regulamento aprovado pelo Despacho nº 24/SESS/95, de 22 de Junho;
- *Trabalhadores da Empresa Portuguesa das Águas Livres, S.A.*
  Artº 19º do Regulamento aprovado pela Portaria nº 777/99, de 30 de Agosto.

Outras taxas complementares não integradas em fundos especiais:

- *Caixa de Previdência do Pessoal da Companhias Reunidas de Gás e Electricidade (CPPCRGE) + 0,8% para a entidade empregadora;*
- *Federação "Cimentos" – + 0,9% para a entidade empregadora.*

CAPÍTULO II – Regimes aplicáveis a trabalhadores integrados em categorias ou situações específicas

SECÇÃO I – Trabalhadores com âmbito material de protecção reduzido

SUBSECÇÃO I – Membros dos órgãos estatutários das pessoas colectivas e entidades equiparadas

Anteriormente:

- *Decreto-Lei nº 327/93, de 25 de Setembro, na redacção do DL 103/94, de 20 de Abril, do artº 26º da Lei nº 10-B/96, de 23 de Março, e DL 571/99, de 24 de Dezembro;*
- *Decreto-Lei nº 103/94, de 20 de Abril.*

Artigo 61º – Âmbito pessoal

São obrigatoriamente abrangidos pelo regime geral, com as especificidades previstas na presente subsecção, na qualidade de beneficiários, os membros dos órgãos estatutários das pessoas colectivas e entidades equiparadas, ainda que sejam seus sócios ou membros.

- *Em termos jurídico-laborais os membros dos órgãos estatutários das pessoas colectivas (MOEs) não são trabalhadores por conta de outrem muito embora no âmbito material se contenha o desemprego para os que exercem funções de gerência e de administração (artº 65º) nem há acesso às reduções contributivas por 1º emprego. O contrato de mandato (de administração ou de gestão) que vincula os membros dos órgãos estatutários às pessoas colectivas é uma das espécies de contrato de prestação de serviço (artº 1157º e segs do Código Civil).*

Só por razões de proximidade de regime se admite esta colocação sistemática, sendo sempre desadequado designá-los de trabalhadores. As pessoas colectivas e as entidades equiparadas são equiparadas a entidades empregadoras, ficando abrangidas, na qualidade de contribuintes. (V. anotação ao artº 5º)

– Pessoa colectiva (privada) é toda a organização que tem em vista a prossecução de um interesse comum determinado à qual a ordem jurídica atribui a qualidade de sujeito de direito, constituída por:

a) um agrupamento de indivíduos:

• com fins lucrativos

– sociedades civis (arts 980º e segs do CC);

– sociedades comerciais (Código das Sociedades Comerciais – CSC);

• sem fins lucrativos

– sem interesse económico – associações (arts 157º e segs do Código Civil);

– com interesse económico – sector social, economia social – cooperativas (Código Cooperativo – L 119/2015, 31.08);

b) um complexo patrimonial – fundação.

São equiparadas a pessoas colectivas:

– sociedades incompletas – as entidades a quem a lei confere personalidade jurídica após o respectivo processo de formação, entre o momento em que tiverem iniciado esse processo e aquele em que o tiverem terminado;

– sociedades aparentes – as entidades desprovidas de personalidade jurídica que, prosseguindo objectivos próprios e realizando actividades diferenciadas das dos seus sócios ou membros, sejam, nessa qualidade, considerados sujeitos passivos do imposto sobre os rendimentos das pessoas colectivas.

– sociedades irregulares – com vícios de forma ou de substância.

– Órgão de pessoa colectiva é o centro de imputação de poderes funcionais com vista à formação e manifestação da vontade juridicamente imputável à pessoa colectiva para exercício de direitos e cumprimento de deveres que a esta cabem.

Os órgãos estatutários estão taxativa e exaustivamente enumerados na lei para cada tipo de pessoa colectiva.

São órgãos estatutários das pessoas colectivas previstos na lei e nos seus estatutos, nomeadamente:

a) deliberativos – assembleia geral;

b) executivos:

• nas sociedades em nome colectivo (e Companhia ou e Cª) e por quotas (Ldª) – gerência;

• nas sociedades anónimas (SA):

– monista – conselho de administração;

– dualista – conselho geral e direcção.

c) de fiscalização – conselho fiscal ou fiscal único.

É entendido que os membros dos chamados órgãos estatutários atípicos (vg: comissões de vencimentos) se já foram membros de outros órgãos e assumirem aqueles por inerência não deve haver duplo enquadramento: só devem ser abrangidos se não forem membros de outros órgãos.

Os membros da assembleia geral (os sócios ou associados) não desenvolvem nela qualquer actividade profissional pelo que não devem considerar-se abrangidos. No âmbito dos MOEs a qualidade de sócio só releva para os efeitos das alíneas a) e d) do artº 63º.

A mesa da assembleia geral não é entendida como órgão estatutário pelo que os seus membros não devem considerar-se abrangidos.

Algumas situações parecem pouco claras. É o caso da figura do secretário da sociedade (equiparado a MOE's pelo artº 17º do Regulamento do Registo Comercial – redacção da Port 1416-A/2006, 19.12), dificilmente entendível como membro de órgão estatutário (qual?).

– Procedimentos de enquadramento – artº 37º do D Reg 1-A/2011, 03.01.

Artigo 62º – Categorias de trabalhadores abrangidos [29]

São, designadamente, membros dos órgãos estatutários das pessoas colectivas ou equiparadas:

a) Os administradores, directores e gerentes das sociedades e das cooperativas;

b) Os administradores de pessoas colectivas gestoras ou administradoras de outras pessoas colectivas, quando contratados a título de mandato para aí exercerem funções de administração, desde que a responsabilidade pelo pagamento das respectivas remunerações seja assumida pela entidade administrada;

c) Os gestores de empresas públicas ou de outras pessoas colectivas, qualquer que seja o fim prosseguido, que não se encontrem obrigatoriamente abrangidos pelo regime de protecção social convergente dos trabalhadores em funções públicas e que não tenham optado, nos termos legais, por diferente regime de protecção social de inscrição obrigatória;

d) Os membros dos órgãos internos de fiscalização das pessoas colectivas, qualquer que seja o fim prosseguido, que não se encontrem obrigatoriamente abrangidos pelo regime de protecção social convergente dos trabalhadores em funções públicas e que não tenham optado, nos termos legais, por diferente regime de protecção social de inscrição obrigatória;

e) Os membros dos demais órgãos estatutários das pessoas colectivas, qualquer que seja o fim prosseguido, que não se encontrem obrigatoriamente abrangidos pelo regime de protecção social convergente dos trabalhadores em funções públicas e que não tenham optado, nos termos legais, por diferente regime de protecção social de inscrição obrigatória.

[29] As alíneas d) e e) na redacção do nº 2 do artº 81º da Lei nº 64-B/2011, de 30 de Dezembro.

– *Quanto à alínea a) – "directores" das sociedades anónimas dualistas e das cooperativas. Os directores-gerais, directores comerciais, de produção... estão vinculados por contrato de trabalho, sendo portanto trabalhadores por conta de outrem. Regra prática: nas sociedades comerciais ou civis sob forma comercial: todos os directores de sociedades que não sejam sociedades anónimas dualistas ou cooperativas são trabalhadores por conta de outrem.*

– *Quanto a gerentes das sociedades (alínea a), obviamente gerentes sociais, isto é, titulares da gerência de uma sociedade. Em linguagem de serviço, aliás pouco precisa, na medida em que os gerentes podem não ser sócios, designam-se de sócios-gerentes.*

Os gerentes de comércio ou comerciais (por exemplo, gerentes bancários), embora sejam representantes comerciais (não autónomos) e como tal estejam sujeitos nessa qualidade ao Direito Comercial, essa representação não tem autonomia, aplicando-se-lhes enquanto participantes de uma relação de trabalho, a legislação do contrato de trabalho, pois são trabalhadores por conta de outrem.

Regra prática: todos os gerentes de sociedades anónimas ou cooperativas são trabalhadores por conta de outrem.

Os representantes comerciais autónomos são trabalhadores independentes, caso dos agentes comerciais, concessionários ...

Os membros da administração, em regra, mantêm-se abrangidos mesmo como liquidatários (por força do nº 1 do artº 151º do CSC) até ao encerramento da liquidação nos termos do nº 1 do artº 70º.

– *Quanto a cooperativas (alínea a) de produção e serviços ver regime opcional no artº 135º e regime transitório na alínea c) do artº 275º.*

– *Quanto à alínea c) mesmo nomeados por Resolução do Conselho de Ministros.*

Regime dos gestores públicos (alínea c) cf. artº 35º do DL 71/2007, 27.03 – Estatuto do Gestor Público.

– *Há a considerar também os sócios das sociedades unipessoais por quotas que exercem a gerência.*

– *Legislação complementar associada:*

. pessoas colectivas – arts 157º e segs do Código Civil;
. sociedades – artº 980º do Código Civil;
. sociedades comerciais – Código das Sociedades Comerciais;
. cooperativas – ver anotação ao artº 111º;
. sociedades gestoras de participações sociais (holdings) ou os grupos – artº 488º do CSC e DL 495/88, 30.09;
. entidades públicas empresariais (EPE) e empresas públicas (EP) – DL 133/2013, 03.10.

Artigo 63º – Pessoas singulares excluídas

São excluídos do âmbito de aplicação da presente subsecção:

a) Os membros de órgãos estatutários de pessoas colectivas sem fim lucrativo que não recebam pelo exercício da respectiva actividade qualquer tipo de remuneração;

b) Os sócios que, nos termos do pacto social, detenham a qualidade de gerentes mas não exerçam de facto essa actividade, nem aufiram a correspondente remuneração;

c) Os trabalhadores por conta de outrem eleitos, nomeados ou designados para cargos de gestão nas entidades a cujo quadro pertencem, cujo contrato de trabalho na data em que iniciaram as funções de gestão tenha sido celebrado há pelo menos um ano e tenha determinado inscrição obrigatória em regime de protecção social;

d) Os sócios gerentes de sociedades constituídas exclusivamente por profissionais incluídos na mesma rubrica da lista anexa ao Código do Imposto sobre o Rendimento das Pessoas Singulares e cujo fim social seja o exercício daquela profissão;

e) As pessoas que, integrando as situações referidas no artigo anterior, sejam nomeadas por imperativo legal para funções a que corresponda inscrição em lista oficial especialmente elaborada para esse efeito, identificativa das pessoas habilitadas para o exercício de tais funções, designadamente as correspondentes às funções de gestores judiciais ou revisores oficiais de contas;

f) Os membros dos órgãos estatutários das sociedades de agricultura de grupo;

g) Os liquidatários judiciais.

– *São considerados trabalhadores independentes:*
  - *. sócios gerentes de sociedades de profissionais da alínea d) – alínea b) do nº 1 do artº 133º;*
  - *. membros dos órgãos estatutários das sociedades de agricultura de grupo da alínea f) – alínea d) do nº 1 do artº 133º;*
  - *. membros das direcções das cooperativas que exerçam a opção do artº 135º;*
  - *. administradores de insolvência e liquidatários judiciais (gestores judiciais);*
  - *. revisores oficiais de contas.*

– *Para o âmbito do conceito de remuneração relevam as prestações pecuniárias específicas elencadas no artº 68º.*

– *Para a alínea b)– não são gerentes de facto. Por "gerentes" lato sensu deve entender-se todos os membros dos órgãos estatutários com funções de gerência ou de administração.*

– *Quanto à situação da alínea c) – manutenção do enquadramento no regime geral dos TCO, ou seja, irrelevância da designação de trabalhadores como gestores.*
Aplica-se apenas a situações que ocorram dentro da própria empresa ("entidades a cujo quadro pertencem") não parecendo adequado estender esta regra a outras empresas por analogia pelo facto de pertencerem ao mesmo grupo económico.

Não se aplica às sociedades de profissionais (alínea d), às sociedades de agricultura de grupo (alínea f) nem às cooperativas que exerçam a opção do artº 135º.

Na perspectiva do Direito das Sociedades e do Direito do Trabalho nºs 1 e 2 do artº 398º do Código das Sociedades Comerciais, aprovado pelo DL 262/86, 02.09, com as alterações do DL 76-A/2006, 29.03, dispõe:

Exercício de outras actividades

1 – Durante o período para o qual foram designados, os administradores não podem exercer, na sociedade ou em sociedades que com esta estejam em relação de domínio ou de grupo, quaisquer funções temporárias ou permanentes ao abrigo de contrato de trabalho, subordinado ou autónomo, nem podem celebrar quaisquer desses contratos que visem uma prestação de serviços quando cessarem as funções de administrador.

2 – Quando for designado administrador uma pessoa que, na sociedade ou em sociedades referidas no número anterior, exerça qualquer das funções mencionadas no mesmo número, os contratos relativos a tais funções extinguem-se, se tiverem sido celebrados há menos de um ano antes da designação, ou suspendem-se, caso tenham durado mais do que esse ano".

Ou seja, nos termos do nº 2 nas sociedades anónimas e nas cooperativas o contrato de trabalho anterior suspende-se (não se extingue) mesmo que tenha menos de um ano, conforme jurisprudência do TC (Ac TC nº 1018/96, de 9/10/96, Proc. 714/95), posição que o legislador da segurança social não teve em consideração.

Considera-se jurisprudencialmente que as regras dos nºs 1 e 2 não são aplicáveis às sociedades por quotas sem mais, devendo as situações de sócio-gerente trabalhador, segundo critérios próprios ser apreciadas caso a caso (Vg: Ac STJ de 99.09.29 e da Relação de Coimbra de 30/09/2004).

- *Para a alínea g) os liquidatários (não judiciais) por força do nº 1 do artº 151º do CSC, e nos termos do nº 1 do artº 70º mantêm-se abrangidos até ao encerramento da liquidação (nº 2 do artº 70º).*
- *Elementos de prova: artº 38º do D Reg 1-A/2011, 03.01.*
- *Legislação complementar associada:*
  - *. administradores judiciais – L 22/2013, 26.02;*
  - *. sociedades de administradores de insolvência – DL 54/2004, 18.03;*
  - *. revisores oficiais de contas – DL 487/99, 16.11;*
  - *. técnicos oficiais de contas – DL 310/2009, 26.10;*
  - *. sociedades de agricultura de grupo – DL 336/89, 04.10.*

Artigo 64º – Exclusão nos casos de acumulação com outra actividade ou situação de pensionista

1 – São ainda excluídos do âmbito de aplicação da presente subsecção os membros de órgãos estatutários de pessoas colectivas com fins lucrativos que

não recebam, pelo exercício da respectiva actividade, qualquer tipo de remuneração e se encontrem numa das seguintes situações:

a) Sejam abrangidos por regime obrigatório de protecção social em função do exercício de outra actividade em acumulação com aquela, pela qual aufiram rendimento superior a uma vez o valor do IAS;

b) Sejam pensionistas de invalidez ou de velhice de regimes obrigatórios de protecção social, nacionais ou estrangeiros.

2 – Consideram-se regimes obrigatórios de protecção social, para efeitos do número anterior, o regime geral de segurança social dos trabalhadores por conta de outrem ainda que com âmbito material reduzido, o regime de segurança social dos trabalhadores independentes, o regime de protecção convergente dos trabalhadores que exercem funções públicas, o regime que abrange os advogados e solicitadores, bem como os regimes de protecção social estrangeiros relevantes para efeitos de coordenação com os regimes de segurança social portugueses.

– *Regime paralelo ao da isenção da obrigação contributiva dos trabalhadores independentes – cf. artº 157º.*
  Porém, este regime de exclusões é imperativo: não pode ser afastado por vontade dos interessados dado não estarmos perante um regime facultativo.
  A exclusão não está dependente de requerimento.

– *Os membros de órgãos estatutários que acumulam situações de exercício de actividade não remunerada como membros de órgãos estatutários estão abrangidos apenas por um dos postos de trabalho, excluindo as restantes situações de membros de órgãos estatutários não remuneradas, pelo limite mínimo da base de incidência.*
  Por "outra actividade" (a) do nº 1) deve entender-se outro posto de trabalho.

– *Para o nº 2:*
  . regime de protecção social convergente (RPSC) (no texto referido como "regime de protecção convergente") – L 4/2009, 29.01;
  . regime dos advogados e solicitadores – DL 119/2015, de 29 de Junho;
  . regimes estrangeiros ver anotação ao artº 25º da L 4/2007, 16.01.

– *Elementos de prova – artº 38º do D Reg 1-A/2011, 03.01.*

Artigo 65º – Âmbito material [30]

1 – Os membros dos órgãos estatutários das pessoas colectivas e entidades equiparadas têm direito à protecção nas eventualidades de doença, parentalidade, doenças profissionais, invalidez, velhice e morte.

2 – Os membros dos órgãos estatutários das pessoas colectivas que exerçam funções de gerência ou de administração têm ainda direito à protecção na eventualidade de desemprego, nos termos de legislação própria.

[30] O nº 2 foi aditado pelo nº 1 do artº 116º da Lei nº 66-B/2012, de 31 de Dezembro.

– *Com a eventualidade desemprego (com mais rigor, o facto é a cessação de actividade) apesar de não haver relação jurídico-laboral, nos termos do DL 12/2013, 25.01.*

Artigo 66º – Base de incidência contributiva [31]

1 – Sem prejuízo do disposto nos artigos 44º e seguintes, a base de incidência contributiva dos membros dos órgãos estatutários corresponde ao valor das remunerações efectivamente auferidas em cada uma das pessoas colectivas em que exerçam actividade, com o limite mínimo igual ao valor do IAS.

2 – O limite mínimo fixado no número anterior não se aplica nos casos de acumulação da actividade de membro de órgão estatutário com outra actividade remunerada que determine a inscrição em regime obrigatório de protecção social ou com a situação de pensionista desde que o valor da base de incidência considerado para o outro regime de protecção social ou de pensão seja igual ou superior ao valor do IAS.

3 – *(revogado)*

– *No enquadramento oficioso – nº 2 do artº 37º do D Reg 1-A/2011, 03.01.*
– *Para o IAS ver artº 3º da Lei 53-B/2006, 19/12.*

Artigo 67º – Base de incidência facultativa *(revogado)* [32]

Artigo 68º – Remunerações especialmente abrangidas

Integram ainda a remuneração dos membros dos órgãos estatutários:

a) Os montantes pagos a título de gratificação, desde que atribuídos em função do exercício da actividade de gerência sem adstrição à qualidade de sócio e sem que sejam imputáveis aos lucros, os quais devem ser parcelados por referência aos meses a que se reportam;

b) Os montantes pagos a título de senhas de presença.

– *Pretende-se abranger apenas rendimentos da actividade de gestão (gratificações); não, no caso de serem sócios, o rendimento do capital, os lucros.*
– *A exigência de parcelamento dos valores obedece à preocupação de não facilitar programações da base de incidência de licitude duvidosa.*
– *A atribuição destes valores remuneratórios podem obstar à exclusão prevista nos arts 63º e 64º.*

[31] Redacção do artº 171º da Lei nº 83-C/2013, de 31 de Dezembro.
[32] Revogado pelo artº 171º da Lei nº 83-C/2013, de 31 de Dezembro.

Artigo 69º – Taxa contributiva [33]

1 – A taxa contributiva relativa aos membros dos órgãos estatutários é de 29,6%, sendo, respectivamente, de 20,3% e de 9,3% para as entidades empregadoras e para os trabalhadores.

2 – A taxa contributiva relativa aos membros das pessoas colectivas que exerçam funções de gerência ou de administração é de 34,75%, sendo, respectivamente, de 23,75% e de 11% para as entidades empregadoras e para os trabalhadores.

3 – *(revogado)*

– *Taxa contributiva anterior: 31,25% (21,25% e 10%) – artº 13º do DL 199/99 08.06.*
– *O nº 1 reporta-se apenas a membros de órgãos de fiscalização e de conselhos consultivos.*
– *Os MOEs não são trabalhadores por conta de outrem – o contrato que os liga às pessoas colectivas é de mandato (de administração ou de gestão) – assim é desadequado o uso das expressões "entidade empregadora" e "trabalhador".*

Artigo 70º – Cessação de actividade dos membros dos órgãos estatutários

1 – Para efeitos da relação jurídica contributiva, os membros dos órgãos estatutários cessam a respectiva actividade nos termos do contrato por destituição, renúncia ou quando se verificar o encerramento da liquidação da empresa.

2 – Excepcionalmente, os membros dos órgãos estatutários podem requerer a cessação da respectiva actividade desde que a pessoa colectiva tenha cessado actividade para efeitos de IVA e não tenha trabalhadores ao seu serviço.

– *Para o nº 1 na situação de liquidação da empresa os membros da administração actuam na qualidade de liquidatários (nº 1 do artº 151º do CSC).*
– *Procedimentos: artº 39º do D Reg 1-A/2011, 03/01.*
– *Legislação complementar associada:*
  . *Liquidação da empresa – artº 146º do CSC;*
  . *Na situação de insolvência é nomeado administrador substituindo os membros dos órgãos estatutários – artº 36º do CIRE;*
  . *Cessação da actividade para efeitos de IVA – artº 13º do CIVA.*

[33] Redacção do nº 1 do artº 116º da Lei nº 66-B/2012, de 31 de Dezembro. O anterior nº 2 passou a nº 3 e o actual nº 2 foi aditado.
O nº 3 revogado pela L 93/2019, de 4 de Setembro.

SUBSECÇÃO II – Trabalhadores no domicílio

Anteriormente: Decreto-Lei nº 98/2005, de 16 de Junho

Artigo 71º – Âmbito pessoal

São abrangidos pelo regime geral, com as especificidades previstas na presente subsecção, os trabalhadores em regime de trabalho no domicílio, nos termos definidos na legislação laboral.

– *Ver regime jurídico-laboral na Lei nº 101/2009, 08/09, cujo artº 15º dispõe: "O trabalhador no domicílio e o beneficiário da actividade são abrangidos, como beneficiário e contribuinte, respectivamente, pelo regime geral de segurança social dos trabalhadores por conta de outrem, nos termos previstos em legislação específica". Quanto à caracterização do trabalho no domicílio estabelece o artº 1º da mesma lei: "1 – A presente lei regula a prestação de actividade, sem subordinação jurídica, no domicílio ou em instalação do trabalhador, bem como a que ocorre para, após comprar a matéria-prima, fornecer o produto acabado por certo preço ao vendedor dela, desde que em qualquer caso o trabalhador esteja na dependência económica do beneficiário da actividade.*
2 – Compreende-se no número anterior a situação em que vários trabalhadores sem subordinação jurídica nem dependência económica entre si, até ao limite de quatro, executam a actividade para o mesmo beneficiário, no domicílio ou instalação de um deles.
3 – O disposto no nº 1 é ainda aplicável:
a) A trabalhador no domicílio que seja coadjuvado na prestação de actividade por membro do seu agregado familiar;
b) Quando, por razões de segurança ou saúde relativas ao trabalhador ou ao agregado familiar, a actividade seja executada fora do domicílio ou instalação daquele, desde que não o seja em instalação do beneficiário da actividade."

Artigo 72º – Âmbito material

Os trabalhadores no domicílio têm direito à protecção nas eventualidades de doença, parentalidade, doenças profissionais, invalidez, velhice e morte.

– *Sem desemprego porque sem subordinação jurídica.*

Artigo 73º – Taxa contributiva [34]

1 – A taxa contributiva relativa aos trabalhadores no domicílio é de 29,6%, sendo, respectivamente, de 20,3% e de 9,3% para os beneficiários da actividade e para os trabalhadores.

[34] O nº 2 revogado pelo artº 10º da L 93/2019, de 4 de Setembro.

2 – *(revogado)*

– *Taxa anterior do "beneficiário da actividade" com o mesmo âmbito material – 20,7%. A taxa do "trabalhador" manteve-se.*

SUBSECÇÃO III – Praticantes desportivos profissionais

Anteriormente:
Para jogadores profissionais de futebol: Decreto-Lei nº 300/89, de 4 de Setembro;
Para jogadores profissionais de basquetebol: Portaria nº 456/97, de 11 de Julho.

Artigo 74º – Âmbito pessoal

São abrangidos pelo regime geral, com as especificidades previstas na presente subsecção, os desportistas profissionais que, através da celebração de contrato de trabalho desportivo e após a necessária formação técnico-profissional, praticam uma modalidade desportiva como profissão exclusiva ou principal, auferindo por via dela uma remuneração, nos termos de legislação própria.

– *Nos termos do artº 41º da Lei nº 5/2007, 16.01 (Lei de Bases da Actividade Física e do Desporto):*
"O sistema de segurança social dos praticantes e demais agentes desportivos é definido no âmbito do regime geral da segurança social, e no caso dos praticantes profissionais e de alto rendimento, respeitando a especificidade das suas carreiras contributivas".

– *Nos termos do artº 2º da L 54/2017, de 14 de Julho:*
"Contrato de trabalho desportivo, aquele pelo qual o praticante desportivo se obriga, mediante retribuição, a prestar actividade desportiva a uma pessoa singular ou colectiva que promova ou participe em actividades desportivas, no âmbito de organização e sob a autoridade e direcção desta.
Contrato de formação desportiva, o contrato celebrado entre uma entidade formadora e um formando desportivo, nos termos do qual aquela se obriga a prestar a este a formação adequada ao desenvolvimento da sua capacidade técnica e à aquisição de conhecimentos necessários à prática de uma modalidade desportiva, ficando o formando desportivo obrigado a executar as tarefas inerentes a essa formação.
Empresário desportivo, a pessoa singular ou colectiva que, estando devidamente credenciada, exerça a actividade de representação ou intermediação, ocasional ou permanente, na celebração de contratos desportivos;
Formando desportivo, o praticante que, tendo concluído a escolaridade obrigatória ou estando matriculado e a frequentar o nível básico ou secundário de educação, assine contrato de formação desportiva, com vista à aprendizagem ou aperfeiçoamento de uma modalidade desportiva."

Sujeito a forma escrita e dependente de registo na federação respectiva. (artº 6º da mesma lei)
Os jogadores profissionais de futebol têm minuta própria no Contrato Colectivo de Trabalho entre o respectivo sindicato e a Liga Portuguesa de Futebol Profissional.

- *Aos praticantes desportivos de alto rendimento (DL 272/2009, 10/10) aplica-se o regime de seguro social voluntário – artº 170º nº 2 d).*
- *Para os treinadores e outros profissionais que desenvolvem a actividade no desporto: contrato de trabalho normal ou contrato de prestação de serviço.*
- *Paralelamente existe contrato de seguro desportivo obrigatório para os agentes desportivos, os praticantes de actividades desportivas em infra-estruturas desportivas abertas ao público e os participantes em provas ou manifestações desportivas. São agentes desportivos, nomeadamente: praticantes desportivos federados, árbitros, juízes e cronometristas, treinadores de desporto e dirigentes desportivos – DL 10/2009, 12.01.*

Artigo 75º – Âmbito material

Os praticantes desportivos profissionais têm direito à protecção nas eventualidades de parentalidade, desemprego, doenças profissionais, invalidez, velhice e morte.

- *Os cuidados de saúde (e o correspondente subsídio) estão a cargo ou directamente dos departamentos das entidades desportivas ou por transferência de responsabilidade para seguradora ou estrutura de saúde.*

Artigo 76º – Remuneração mensal efectiva

1 – Considera-se remuneração mensal efectiva dos praticantes desportivos profissionais as prestações pecuniárias ou em espécie estabelecidas no contrato que os vincula à respectiva entidade empregadora.

2 – Para efeitos do disposto no número anterior integram o valor das remunerações os montantes pagos a título de prémios de assinatura de contrato, os quais são parcelados por cada um dos meses da sua duração, e os atribuídos por força de regulamento interno do clube ou de contrato em vigor.

3 – Não integra o conceito de remuneração mensal efectiva as importâncias despendidas pela entidade empregadora, a favor do trabalhador, na constituição de seguros de doença, de acidentes pessoais e de seguros de vida que garantam exclusivamente o risco de morte, invalidez ou reforma por velhice, no último caso desde que o benefício seja garantido após os 55 anos de idade, desde que não garantam o pagamento e este se não verifique nomeadamente por resgate ou adiantamento de qualquer capital em vida durante os primeiros cinco anos.

– Regulamento interno (nº 2) nos termos do artº 99º do CT.

– Clube (nº 2) no sentido lato de associação ou sociedade (as sociedades desportivas SADs regem-se pelo DL 10/2013, 25.01)

Artigo 77º – Base de incidência contributiva

Constitui base de incidência contributiva dos praticantes desportivos profissionais um quinto do valor da sua remuneração efectiva com o limite mínimo de uma vez o valor do IAS.

– Para o IAS ver artº 68º da Lei nº 4/2007, de 16 de Janeiro.

Artigo 78º – Base de incidência facultativa

Mediante acordo entre o trabalhador e a entidade empregadora, celebrado por escrito no início do contrato de trabalho para durar por toda a sua vigência, pode ser considerada como base de incidência contributiva a remuneração mensal efectiva do trabalhador desde que seja superior a uma vez o valor do IAS.

– Procedimentos: remessa da cópia do acordo – artº 40º do D Reg 1-A/2011, 03/01.

Artigo 79º – Taxa contributiva [35]

1 – A taxa contributiva relativa aos praticantes desportivos profissionais é de 33,3%, sendo, respectivamente, de 22,3% e de 11% para as entidades empregadoras e para os trabalhadores.

2 – *(revogado)*

– A taxa relativa à entidade empregadora atingida progressivamente, nos termos do nº 2 do artº 6º da lei preambular e da alínea a) do nº 1 do artº 281º.

– Taxa contributiva anterior (até Dez 2010) – 28,5% (17,5% empregador e 11% trabalhador).

SUBSECÇÃO IV – Trabalhadores em regime de contrato de trabalho de muito curta duração

Artigo 80º – Âmbito pessoal

São abrangidos pelo regime geral, com as especificidades previstas na presente subsecção, os trabalhadores em regime de contrato de trabalho de muito curta duração, nos termos do disposto na legislação laboral.

– Nos termos do artº 142º do Código do Trabalho (redacção da L 23/2012, 25.06):

[35] O nº 2 revogado pelo artº 10º da L 93/019, de 4 de Setembro.

"Casos especiais de contrato de trabalho de muito curta duração

1 – O contrato de trabalho em actividade sazonal agrícola ou para realização de evento turístico de duração não superior a 15 dias não está sujeito a forma escrita, devendo o empregador comunicar a sua celebração ao serviço competente da segurança social, mediante formulário electrónico que contém os elementos referidos nas alíneas a), b) e d) do nº 1 do artigo anterior, bem como o local de trabalho.

2 – Nos casos previstos no número anterior, a duração total de contratos de trabalho a termo com o mesmo empregador não pode exceder 70 dias de trabalho no ano civil.

3 – Em caso de violação do disposto em qualquer dos números anteriores, o contrato considera-se celebrado pelo prazo de seis meses, contando-se neste prazo a duração de contratos anteriores celebrados ao abrigo dos mesmos preceitos".

– A Lei nº 102/2017, de 28 de Agosto, define

"«Trabalho sazonal» a actividade dependente das estações do ano, designadamente a actividade que está ligada a determinado período do ano por evento recorrente ou padrão de eventos associados a condições de carácter sazonal, durante os quais ocorra acréscimo significativo de mão-de-obra necessária às tarefas habituais".

E o Despacho nº 745/2018, de 11 de Janeiro (DR, 2ª, 17/01/2018) elenca os sectores de emprego onde exista trabalho sazonal.

– Com a revogação do artº 10-A da L 4/2008, 02.02 (versão da L 28/2011, 16.06) não é aplicável este regime aos profissionais das artes do espectáculo e do audiovisual. Ver trabalhadores em regime de trabalho intermitente.

– Procedimentos: comunicação de admissão e conversão do contrato – arts 41º e 42º, respectivamente, do D Reg 1-A/2011, 03.01.

– Não confundir com trabalho intermitente – arts 92º e segs.

Artigo 81º – Âmbito material

Os trabalhadores em regime de contrato de trabalho de muito curta duração têm direito à protecção nas eventualidades de invalidez, velhice e morte.

– Ou seja, apenas prestações diferidas.

Artigo 82º – Base de incidência contributiva

1 – Constitui base de incidência contributiva a remuneração convencional calculada com base no número de horas de trabalho prestado e na remuneração horária determinada nos termos do número seguinte.

2 – A remuneração horária é calculada de acordo com a seguinte fórmula:

$Rh = IAS \times 12/52 \times 40$

3 – Na fórmula prevista no número anterior, *Rh* corresponde ao valor da remuneração horária e *IAS* ao valor do indexante dos apoios sociais.

– O nº 2 corresponde à fórmula do artº 271º do CT sobre o cálculo do valor da retribuição horária, neste caso com remuneração convencional – o IAS – e com 40 horas semanais (limite máximo do período normal de trabalho nos termos do nº 1 do artº 203º do CT).

– O IAS previsto no artº 68º da L 4/2007, 16/01.

– Cf. tabela anual de contribuição horária elaborada pela segurança social.

Artigo 83º – Taxa contributiva [36]

1 – A taxa contributiva relativa aos trabalhadores em regime de trabalho de muito curta duração é de 26,1% da responsabilidade das entidades empregadoras.

2 – *(revogado)*

SUBSECÇÃO V – Jovens em férias escolares [37]

Artigo 83º-A – Âmbito pessoal

São abrangidos pelo regime geral, com as especificidades previstas na presente subsecção, os jovens a frequentar estabelecimento de ensino oficial ou autorizado que prestem trabalho, nos termos do disposto na legislação laboral, durante o período de férias escolares.

– V. artº 42º-A do D Reg 1-A/2011, de 3 de Janeiro.

Artigo 83º-B – Âmbito material

Os jovens em férias escolares têm direito à protecção nas eventualidades de invalidez, velhice e morte.

Artigo 83º-C – Base de incidência contributiva

1 – Constitui base de incidência contributiva a remuneração convencional calculada com base no número de horas de trabalho prestado e na remuneração horária determinada nos termos do número seguinte.

2 – A remuneração horária é calculada de acordo com a seguinte fórmula:

Rh = (IAS x 12)/(52 x 40)

36 O nº 2 revogado pelo artº 10º da L 93/2019, de 4 de Setembro.

37 Aditada pelo artº 65º da Lei nº 114/2017, de 29 de Dezembro.

3 – Na fórmula prevista no número anterior, Rh corresponde ao valor da remuneração horária e IAS ao valor do indexante dos apoios sociais.

V. nota ao artº 82º.

Artigo 83º-D – Taxa contributiva [38]

1 – A taxa contributiva relativa aos jovens em férias escolares é de 26,1% da responsabilidade das entidades empregadoras.

2 – *(revogado)*

SUBSECÇÃO VI – Trabalhadores em situação de pré-reforma

Esta subsecção é aplicável aos profissionais de bailado – artº 14º da Lei nº 22/2019, de 26 de Fevereiro.

Anteriormente: Decreto-Lei nº 261/91, de 25 de Julho, que passou a grupo fechado em 1 de Janeiro de 2010, nos termos das alíneas g) e h) do nº 1 do artº 273º, tendo sido, entretanto, repristinado o artº 12º, nos termos do artº 10º do DL 167-E/2013, de 31 de Dezembro.

Artigo 84º – Âmbito pessoal

1 – São abrangidos pelo regime geral, com as especificidades previstas na presente subsecção, os trabalhadores por conta de outrem com 55 ou mais anos que nos termos estabelecidos na legislação laboral tenham celebrado acordo de pré-reforma com as respectivas entidades empregadoras.

2 – O regime previsto na presente subsecção aplica-se aos trabalhadores a que se refere o número anterior até ao momento em que completem a idade normal de acesso à pensão por velhice acrescida do número de meses necessários à compensação do factor de sustentabilidade nos termos previstos no Decreto-Lei nº 187/2007, de 10 de Maio, alterado pela Lei nº 64-A/2008, de 31 de Dezembro, salvo se até essa data ocorrer a extinção do acordo.

– *Nos termos do artº 318º do CT, considera-se pré-reforma a "situação de redução ou suspensão da prestação de trabalho, constituída por acordo entre empregador e trabalhador com idade igual ou superior a 55 anos, durante a qual este tem direito a receber do empregador uma prestação pecuniária mensal, denominada de pré-reforma".*
Para trabalhadores portuários em regime de transição "ainda que não tenham completado 55 anos" – artº 4º da L 3/2013, 14.01.
Podendo exercer outra actividade remunerada – artº 321º do CT.

[38] O nº 2 revogado pelo artº 10º da L 93/2019, de 4 de Setembro.

– *Esta subsecção é aplicável aos profissionais de bailado desde os 45 anos de idade – artº 14º da L 22/2019, 26/02.*
– *Ver restante regime jurídico-laboral da pré-reforma nos arts 319º a 322º do CT.*
– *Ver situações especiais de pré-reforma em situação económica difícil no artº 12º do DL 261/91, 25.07.*
– *O factor de sustentabilidade (nº 2), previsto no artº 64º da L 4/2007, 16.01, é regulado no artº 35º do DL 187/2007, 10.05.*
– *Situação distinta é a antecipação da idade legal da reforma por velhice (arts 20º a 25º e 36º do DL 187/2007, 10.05), em que há cessação da relação de trabalho.*
– *Prova da situação – artº 43º do D Reg 1-A/2011, 03.01.*

Artigo 85º – Trabalhadores excluídos

São excluídos do regime da pré-reforma os trabalhadores cujo âmbito de protecção não integre as eventualidades de invalidez, velhice e morte.

– *É o caso dos regimes incompletos com prestações diferidas atribuídas por outros sistemas (bancários – parte – trabalhadores da Lusoponte e professores de estabelecimentos de ensino particular ou cooperativo).*

Artigo 86º – Âmbito material

1 – Os trabalhadores em regime de pré-reforma mantêm o direito à protecção nas eventualidades garantidas no âmbito do regime geral, sem prejuízo do disposto nos números seguintes.

2 – Nas situações em que o acordo de pré-reforma estabeleça a suspensão da prestação de trabalho, não é reconhecido o direito à protecção nas eventualidades de doença, doenças profissionais, parentalidade e desemprego.

3 – Nas situações de redução da prestação de trabalho, o trabalhador mantém o direito à protecção prevista no nº 1, com base na remuneração auferida referente ao trabalho prestado.

4 – O exercício de outra actividade remunerada que determine a entrada de contribuições no sistema previdencial não afasta o disposto no número anterior.

– *O nº 3 contempla a figura da pré-reforma parcial.*
– *Para o nº 4 nos termos do artº 321º do CT ver, por exemplo, o artº 6º do DL 91/2009, 09.04 – regime da parentalidade.*

Artigo 87º – Base de incidência contributiva

A base de incidência contributiva corresponde ao valor da remuneração que serviu de base ao cálculo da prestação de pré-reforma.

Artigo 88º – Taxa contributiva [39]

1 – Relativamente aos trabalhadores em situação de pré-reforma com o âmbito de protecção previsto no nº 1 do artigo 86º é mantida a taxa contributiva que lhe era aplicada no momento da passagem à situação de pré-reforma.

2 – A taxa contributiva relativa aos trabalhadores em situação de pré-reforma com o âmbito de protecção previsto no nº 2 do artigo 86º é de 26,9%, sendo, respectivamente, de 18,3% e de 8,6% para as entidades empregadoras e para os trabalhadores.

3 – *(revogado)*

– *Ver situação de grupo fechado com manutenção das taxas contributivas anteriores nas alíneas g) e h) do nº 1 do artº 273º.*

SUBSECÇÃO VII – Pensionistas em actividade

Artigo 89º – Âmbito pessoal

São abrangidos pelo regime geral, com as especificidades previstas na presente subsecção, os pensionistas de invalidez e velhice de qualquer regime de protecção social que cumulativamente exerçam actividade profissional.

– *Regime de acumulação de pensões com rendimento de trabalho – arts 58º e segs do DL 187/2007, 10.05.*
No mesmo empregador o contrato de trabalho converte-se em contrato a termo – artº 348º do CT.

– *Prova da situação – artº 44º do D Reg 1-A/2011, 03.01.*

– *Situação distinta: trabalhadores com mais de 65 anos: arts 105º a 107º.*

Artigo 90º – Âmbito material

1 – Os pensionistas de invalidez têm direito à protecção nas eventualidades de parentalidade, doenças profissionais, invalidez, velhice e morte.

2 – Os pensionistas de velhice têm direito à protecção nas eventualidades de parentalidade, doenças profissionais, velhice e morte.

3 – Os pensionistas de invalidez ou velhice em exercício de funções públicas têm ainda direito à protecção na eventualidade de doença. [40]

Para o nº 3 ver artº 44º do D Reg 1-A/2011, 03,01 – não acumulação com a pensão.

[39] O nº 3 revogado pelo artº 10º da L 93/2019, de 4 de Setembro.
[40] Aditado pelo artº 296º da Lei nº 114/2017, de 29 de Dezembro.

Artigo 91º – Taxa contributiva [41]

1 – A taxa contributiva relativa aos pensionistas de invalidez é de 28,2%, sendo, respectivamente, de 19,3% e de 8,9% para as entidades empregadoras e para os trabalhadores.

2 – A taxa contributiva relativa aos pensionistas de velhice é de 23,9%, sendo, respectivamente, de 16,4% e de 7,5% para as entidades empregadoras e para os trabalhadores.

3 – A taxa contributiva relativa aos pensionistas de invalidez em exercício de funções públicas é de 29,6%, sendo, respectivamente, de 20,4% e 9,2% para as entidades empregadoras e para os trabalhadores.

4 – A taxa contributiva relativa aos pensionistas de velhice em exercício de funções públicas é de 25,3%, sendo, respectivamente, de 17,5% e 7,8% para as entidades empregadoras e para os trabalhadores.

5 – *(revogado)*

– Taxas anteriores:

pensionistas de invalidez – 26,5% (18,2% empregador e 8,3% trabalhador);
pensionistas de velhice – 23,1% (15,3% empregador e 7,8% trabalhador).

SECÇÃO I-A – Trabalhadores que exercem funções públicas [42]

(Anteriormente: DL 55/2006, de 15 de Março; Portaria nº 292/2009, de 23 de Março; Lei nº 59/2008, de 11 de Setembro)

Artigo 91º-A – Âmbito pessoal [43]

São abrangidos pelo regime geral com as especificidades previstas na presente secção:

a) Os trabalhadores titulares de relação jurídica de emprego público constituída a partir de 1 de Janeiro de 2006, independentemente da modalidade de vinculação;

b) Os demais trabalhadores, titulares de relação jurídica de emprego constituída até 31 de Dezembro de 2005 que à data se encontravam enquadrados no regime geral de segurança social.

– Anterior artº 113º.
– Nos termos do artº 7º da L 4/2009, 29.01.

[41] Redacção do artº 296º da Lei nº 114/2017, de 29 de Dezembro – Aditou os nºs 3 e 4. O nº 5 era o nº 3 e foi revogado pelo artº 10º da L 93/2019, de 4 de Setembro..

[42] Aditada pelo nº 3 do artº 116º da Lei nº 66-B/2012, de 31 de Dezembro.

[43] Aditado pelo nº 2 do artº 116º da Lei nº 66-B/2012, de 31 de Dezembro. Anteriormente: artº 113º.

O regime de protecção social convergente (RPSC) (também designado "regime de segurança social público" – V. nota ao artº 104º da LSS) tem regime próprio em grupo fechado – artº 6º b) e 11º e segs da mesma lei.

– Relativamente aos trabalhadores das entidades públicas empresariais (empresas públicas e empresas participadas do Estado) – DL 133/2013, 03.10 – regime geral dos trabalhadores por conta de outrem.

– Para os trabalhadores das fundações públicas – regime dos trabalhadores ao serviço de entidades empregadoras sem fins lucrativos (arts 110º e segs).

– Regime do contrato de trabalho em funções públicas – L 35/2014, 20.06 (LTFP).

Artigo 91º-B – Âmbito material [44]

1 – Aos trabalhadores que exercem funções públicas é garantida a protecção nas eventualidades previstas no nº 1 de artigo 19º.

2 – Sem prejuízo do disposto no número anterior, o pagamento das prestações sociais na eventualidade de desemprego atribuídas aos trabalhadores que exercem funções públicas, nas condições referidas no artigo 10º da Lei nº 12-A/2008, de 27 de Fevereiro, alterada pelas Leis nºs 64-A/2008, de 31 de Dezembro, 3-B/2010, de 28 de Abril, 34/2010, de 2 de Setembro, 55-A/2010, de 31 de Dezembro, e 64-B/2011, de 30 de Dezembro, é da responsabilidade das entidades empregadoras competentes, nos termos previstos na Lei nº 4/2009, de 29 de Janeiro, alterada pela Lei nº 10/2009, de 10 de Março.

3 – O disposto no número anterior é aplicável aos trabalhadores referidos no nº 4 do artigo 88º da Lei nº 12-A/2008, de 27 de Fevereiro, alterada pelas Leis nºs 64-A/2008, de 31 de Dezembro, 3-B/2010, de 28 de Abril, 34/2010, de 2 de Setembro, 55-A/2010, de 31 de Dezembro, e 64-B/2011, de 30 de Dezembro, cuja relação jurídica de emprego foi constituída entre 1 de Janeiro de 2006 e a data da entrada em vigor da referida norma.

– Anterior artº 114º.

– Para doenças profissionais – DL 503/99, 20/11, nos termos do seu artº 2º.

– Na situação do nº 2 – situação regra – cabe ao serviço da segurança social a aplicação da protecção de desemprego cabendo à ex-entidade empregadora pública suportar os correspondentes encargos com as prestações de desemprego nos termos e conforme o regime do subsídio de desemprego do sector privado – DL 220/2006, 03/11 – cujos elementos devem ser solicitados à segurança social. Situação que, nos termos do nº 2 do artº 91º-C, determina o não pagamento de taxa contributiva correspondente por parte da AP.

– Para a parte final do nº 2 trata-se do artº 10º da L 4/2009, 29.01.

– Para o nº 3: situação dos trabalhadores nomeados definitivamente que passaram para o regime de contrato de trabalho.

[44] Aditado pelo nº 2 do artº 116º da Lei nº 66-B/2012, de 31 de Dezembro. Anteriormente: artº 114º.

– *Quanto ao âmbito material do regime de protecção social convergente (RPSC) e legislação aplicável ver artº 13º da L 4/2009, 29.01, e respectiva anotação.*

Artigo 91º-C – Taxa contributiva [45]

1 – A taxa contributiva relativa aos trabalhadores que exercem funções públicas é de 34,75%, sendo, respectivamente, de 23,75% e de 11% para as entidades empregadoras e para os trabalhadores.

2 – A taxa contributiva relativa aos trabalhadores abrangidos pelos nºs 2 e 3 do artigo anterior é de 29,6% sendo, respectivamente, de 18,6% e de 11% para as entidades empregadoras e para os trabalhadores.

3 – *(revogado)*

– *Anterior artº 115º.*
– *Nos termos do artº 9º da L 4/2009, 29.01.*
– *Para o nº 2 ver anotação ao artigo anterior.*
– *Ver última anotação ao artº 27º.*
– *Evolução das taxas de contribuições nos órgãos da administração pública (a) do pessoal admitido desde Jan 2006 integrado no regime geral de segurança social (b): como funcionários e agentes administrativos (de Jan 2006 a Dez 2008) e como trabalhadores em funções públicas (desde Janeiro de 2009):*

	Empregador			Trabalhador
	Invalidez, velhice e morte	Todas as eventualidades sem desemprego	Todas as eventualidades	
Jan 2006 a Dez 2008 Artº 4º nº 2 DL 55/2006, 15/03	12,08	-	-	11%
Jan 2009 a Dez 2010 Artº 1º Port 292/2009, 23/03	-	15,7%	20,6%	11%
Jan 2011 a Dez 2012 Artº 115º CRC	-	17,2%	22,3%	11%
Desde Jan 2013 Artº 91º-C CRC	-	18,6%	23,75%	11%

(a) As entidades públicas empresariais têm taxas do regime geral – 23,75% (ou 18,6% sem desemprego)

(b) Os admitidos até Dez 2005 estão integrados no regime de protecção social convergente (grupo fechado).

[45] Aditado pelo nº 2 do artº 116º da Lei nº 66-B/2012, de 31 de Dezembro. Anteriormente: artº 115º. O nº 3 foi revogado pelo artº 10º da L 93/2019, de 4 de Setembro.

SECÇÃO II – Trabalhadores em regime de trabalho intermitente

Artigo 92º – Âmbito pessoal

São abrangidos pelo regime geral, com as especificidades previstas na presente subsecção, os trabalhadores com contrato de trabalho intermitente ou em exercício intermitente da prestação de trabalho, nos termos do disposto na legislação laboral aplicável.

– Prova – artº 45º do D Reg 1-A/2011, 03.01.

– Nos termos do artº 157º do CT (Admissibilidade de trabalho intermitente)

"1 – Em empresa que exerça actividade com descontinuidade ou intensidade variável, as partes podem acordar que a prestação de trabalho seja intercalada por um ou mais períodos de inactividade.

2 – O contrato de trabalho intermitente não pode ser celebrado a termo resolutivo ou em regime de trabalho temporário."

– Para o restante regime ver arts 158º a 160º do CT.

– Para profissionais das artes do espectáculo e do audiovisual – artº 8º da L 4/2008, 07.02, com progressividade de taxa contributiva – artº 4º da L 28/2011, 16.06.

Artigo 93º – Base de incidência contributiva

Sem prejuízo do disposto no artigo 46º, a base de incidência contributiva corresponde à remuneração base auferida pelo trabalhador no período de actividade e à compensação retributiva nos períodos de inactividade.

– O nº 1 do artº 160º do Código do Trabalho (direitos do trabalhador) dispõe:

"1 – Durante o período de inactividade, o trabalhador tem direito a compensação retributiva em valor estabelecido em instrumento de regulamentação colectiva de trabalho ou, na sua falta, de 20% da retribuição base, a pagar pelo empregador com periodicidade igual à da retribuição."

Artigo 94º – Registo de remuneração por equivalência

1 – Durante o período de inactividade a diferença entre a compensação retributiva paga ao trabalhador e a sua remuneração é registada por equivalência à entrada de contribuições.

2 – Sempre que durante o período de inactividade o trabalhador exerça outra actividade profissional, só é registada por equivalência a diferença entre a remuneração desta actividade e a correspondente ao período de actividade no contrato de trabalho intermitente.

– Duração máxima – artº 46º do D Reg 1-A/2011, 03.01.

SECÇÃO III – Trabalhadores de actividades economicamente débeis

SUBSECÇÃO I – Trabalhadores de actividades agrícolas

Anteriormente: Decreto-Lei nº 401/86, de 2 de Dezembro e Decreto Regulamentar nº 75/86, de 30 de Dezembro, que, nos termos do nº 2 do artº 273º, passaram a grupo fechado em 1 de Janeiro de 2011, com as taxas previstas no DL 199/99, de 8 de Junho.

Ver regime especial da agricultura familiar nas regiões autónomas – Lei nº 29/2016, de 23 de Agosto.

Artigo 95º – Âmbito pessoal

1 – São abrangidos pelo regime geral, com as especificidades previstas na presente subsecção, os trabalhadores que exercem actividades agrícolas ou equiparadas, sob a autoridade de uma entidade empregadora, prestadas em explorações que tenham por objecto principal a produção agrícola, sem prejuízo do disposto no artigo 80º.

2 – São ainda abrangidos os trabalhadores que exercem a respectiva actividade em explorações de silvicultura, pecuária, hortofruticultura, floricultura, avicultura e apicultura, e em actividades agrícolas ainda que a terra tenha uma função de mero suporte de instalações, as quais são equiparadas a actividades e explorações agrícolas.

3 – Para efeitos do disposto na presente subsecção, não são considerados trabalhadores de actividades agrícolas os trabalhadores que exerçam a respectiva actividade em explorações que se destinem essencialmente à produção de matérias-primas para indústrias transformadoras que constituam, em si mesmas, objectivos dessas empresas.

- *Consideram-se equiparadas a actividade agrícola: a pecuária, a silvicultura e actividades dos serviços relacionados, ainda que nelas a terra tenha uma função de mero suporte de instalações.*
- *Do regime fiscal (artº 4º do CIRS) retiram-se, nomeadamente, regras de delimitação das actividades:*

  "1 – Consideram-se actividades comerciais e industriais, designadamente, as seguintes:
  (...)
  l) As actividades agrícolas e pecuárias não conexas com a exploração da terra ou em que esta tenha carácter manifestamente acessório;
  m) As actividades agrícolas, silvícolas e pecuárias integradas noutras de natureza comercial ou industrial.
  2 – Considera-se que a exploração da terra tem carácter manifestamente acessório quando os respectivos custos directos sejam inferiores a 25% dos custos directos totais do conjunto da actividade exercida.

3 – Para efeitos do disposto na alínea m) do nº 1, consideram-se integradas em actividades de natureza comercial ou industrial, as agrícolas, silvícolas e pecuárias cujos produtos se destinem a ser utilizados ou consumidos em mais de 60% do seu valor naquelas actividades.

4 – Consideram-se actividades agrícolas, silvícolas ou pecuárias, designadamente, as seguintes:

a) As comerciais ou industriais, meramente acessórias ou complementares daquelas, que utilizem, de forma exclusiva, os produtos das próprias explorações agrícolas, silvícolas ou pecuárias;

b) Caça e a exploração de pastos naturais, água e outros produtos espontâneos, explorados directamente ou por terceiros;

c) Explorações de marinhas de sal;

d) Explorações apícolas;

e) Investigação e obtenção de novas variedades animais e vegetais, dependentes daquelas actividades."

– *Caracterização e enumeração das actividades de produção agrícola, pecuária e silvícola – adaptado das listas anexas ao DL 381/2007, 14.11 – Classificação Portuguesa de Actividades Económicas, Revisão 3 (CAE-REV 3) e ao CIVA :*

Agricultura (produção agrícola – exploração da terra) (a) Culturas temporárias Cerealicultura (trigo, aveia, cevada, milho, arroz...) Cultura de leguminosas secas e sementes oleaginosas (girassol) Cultura de produtos hortícolas, raízes e tubérculos (horticultura) Cultura de cana-de-açúcar Cultura de tabaco Cultura de plantas têxteis (algodão...) Cultura de flores e plantas ornamentais (floricultura) Culturas permanentes (fruticultura) Viticultura Cultura de frutos tropicais e subtropicais Cultura de citrinos (laranjas...) Cultura de pomóideas e prunóideas (maçãs e ameixas) Cultura de outros frutos (inclui casca rija), em árvores e arbustos Cultura de frutos oleaginosos (oleicultura) Olivicultura Cultura de outros frutos oleaginosos Cultura de plantas destinadas à preparação de bebidas Cultura de cogumelos, especiarias, plantas aromáticas, medicinais e farmacêuticas Cultura de materiais de propagação vegetativa Preparação e tratamento de sementes para propagação Exploração de viveiros	Pecuária (produção animal – criação de animais) (b) Criação de bovinos para produção de leite (vacas...) Criação de outros bovinos e búfalos Criação de equinos, asininos e muares (cavalos, burros e mulas) Criação de camelos e camelídeos (dromedários...) Criação de ovinos e caprinos (ovelhas e cabras) Apicultura (abelhas) Avicultura (aves) Canicultura (cães) Cunicultura (leporídeos: coelhos e lebres) Helicicultura (caracóis) Sericicultura (bichos-da-seda) Suinicultura (porcos) Criação de animais de companhia Criação de aves canoras, ornamentais e de fantasia Aquicultura – culturas aquícolas e piscícolas Agricultura e produção animal combinadas Silvicultura e exploração florestal (produtos florestais) Exploração florestal (madeira) Extracção de cortiça, resina e apanha de outros produtos florestais Indústrias extractivas – Extracção de sal marinho (salicultura)

(a) Actividades de produção agrícola – prestações de serviços que contribuem para a produção agrícola: operações de sementeira, plantio, colheita, debulha, enfardação, ceifa, recolha e transporte; operações de embalagem e de acondicionamento (secagem, limpeza, trituração, desinfecção, ensilagem e preparação dos produtos agrícolas para venda) e armazenamento de produtos agrícolas; destruição de plantas e animais nocivos e tratamento de plantas e terrenos por pulverização; exploração de instalações de irrigação e de drenagem; actividades de transformação efectuadas por produtor agrícola sobre produtos provenientes essencialmente da respectiva produção agrícola com os meios normalmente utilizados nas explorações agrícolas.

(b) Actividades de produção animal – guarda, criação e engorda para obtenção de carne, leite, mel, ovos, lã, seda, pelo, pele, e para caça, repovoamento cinegético ou experiências de laboratório (produção pecuária ou de animais de espécie pecuária – DL 214/2008, 10.11) – conexa com a exploração do solo ou em que este tenha carácter essencial.

Artigo 96º – Taxa contributiva

A taxa contributiva relativa aos trabalhadores de actividades agrícolas é de 33,3%, sendo, respectivamente, de 22,3% e de 11% para as entidades empregadoras e para os trabalhadores.

– *V. Regime de agricultura familiar para as regiões autónomas – Lei nº 29/2016, 23/08 – 29% (21% + 8%).*
– *V. situações de grupo fechado nas alíneas e) e f) do nº 1 e nº 2 do artº 273º.*
– *Taxas anteriores: diferenciados – 32,5% (23% empregador e 9,5% trabalhador); indiferenciados – 29% (21% empregador e 8% trabalhador).*

SUBSECÇÃO II – Trabalhadores da pesca local e costeira, apanhadores de espécies marinhas e pescadores apeados [46]

Anteriormente: Decreto nº 420/71, de 30 de Setembro, Decreto-Lei nº 199/99, de 8 de Junho.

Artigo 97º – Âmbito pessoal [47]

São abrangidos pelo regime geral, com as especificidades previstas na presente subsecção, os trabalhadores que exercem actividade profissional na pesca local e costeira, sob autoridade de um armador de pesca ou do seu representante legal, bem como os proprietários de embarcações de pesca local e costeira,

[46] Redacção do nº 4 do artº 81º da Lei nº 64-B/2011, de 30 de Dezembro.
[47] Redacção do nº 2 do artº 81º da Lei nº 64-B/2011, de 30 de Dezembro.

que integrem o rol de tripulação e exerçam efectiva actividade profissional nestas embarcações, e ainda os apanhadores de espécies marinhas e os pescadores apeados.

– *São inscritos marítimos para efeitos de obrigação contributiva, todos os trabalhadores (portugueses ou não) dependentes afectos à actividade da embarcação de pesca local e costeira, que desempenhem as funções e tarefas correspondentes às competências típicas das profissões de marítimo.*

– *Os inscritos marítimos da pesca de largo e longínqua (pesca industrial) são abrangidos pelo regime geral dos trabalhadores por conta de outrem.*

– *Os membros de órgãos estatutários das pessoas colectivas de sociedades de pesca são enquadrados pelo regime dos MOEs mesmo sendo tripulantes.*

– *Os proprietários de embarcação durante o ano de 2011 estiveram enquadrados no regime dos trabalhadores independentes – mantendo a protecção social na doença e na parentalidade do regime geral dos trabalhadores por conta de outrem.*

Os pescadores apeados e os apanhadores de espécies marinhas também estiveram durante o ano de 2011 enquadrados como trabalhadores independentes.

O nº 3 do artº 139º veio justificar o reposicionamento destes profissionais da pesca. Quanto à dispensa das contribuições correspondentes, ver o artº 9º do DL 213/2012, 25.09.

– *Pesca local é o tipo de pesca que se realiza nos rios, lagoas e lagos, bem como perto do litoral, não podendo as embarcações afastar-se mais de seis milhas da costa. Utiliza meios essencialmente artesanais, como a linha e anzol, redes de emalhar ou de arrasto para terra ou armadilhas, e barcos de pequenas dimensões, como canoas ou jangadas.*

Pesca costeira é aquela que se pratica à vista da costa. Pode ser artesanal, comercial ou recreativa e geralmente é regulamentada segundo o tamanho das embarcações, as artes de pesca permitidas e, por vezes, as espécies ou quantidades que se podem explorar. É uma actividade muito diversificada, utilizando arrasto, emalhe, cerco, linha e anzol e diferentes tipos de armadilhas.

Pesca de largo é o tipo de pesca que se efectua para lá das 12 milhas da costa, tendo uma duração média entre uma e duas semanas. É uma pesca industrial podendo utilizar redes de cerco, arrasto, aspiradores e sondas.

Pesca longínqua é um tipo de pesca que se realiza em águas internacionais ou nas que se encontram sob a jurisdição de outros países, tendo uma duração que se pode prolongar por vários meses. A este tipo de pesca está associada a pesca industrial.

– *Regime jurídico-laboral:*

. *Inscritos marítimos – DL 280/2001, 23.10;*

. *Contrato de trabalho a bordo – L 15/97, 31.05 (alterado pela L 114/99, 03.08).*

Artigo 98º – Base de incidência contributiva [48]

1 – A contribuição relativa aos trabalhadores que exercem actividade na pesca local e aos proprietários de embarcações, que integrem o rol de tripulação e exerçam efectiva actividade profissional nestas embarcações, corresponde a 10% do valor bruto do pescado vendido em lota, a repartir de acordo com as respectivas partes.

2 – A contribuição relativa aos apanhadores de espécies marinhas e aos pescadores apeados, bem como a outros sujeitos que estejam autorizados à primeira venda de pescado fresco, fora das lotas, corresponde a 10% do valor do produto bruto do pescado vendido de acordo com as respectivas notas de venda.

3 – A contribuição referida nos números anteriores equivale à aplicação da taxa contributiva à base de incidência e determina a respectiva remuneração a registar.

4 – O disposto nos nºs 1 e 3 também se aplica aos trabalhadores e proprietários de embarcações que exerçam a sua actividade a bordo de embarcações de pesca costeira que, à data da entrada em vigor do presente Código, estivessem abrangidas pelo nº 2 do artigo 34º do Decreto-Lei nº 199/99, de 8 de Junho.

5 – Sem prejuízo do disposto nos números anteriores, a base de incidência contributiva pode ser determinada nos termos previstos nos artigos 44º e seguintes desde que para tal exista manifestação de vontade da entidade contribuinte, sendo esta irrevogável.

6 – A cobrança das contribuições referidas nos nºs 1 e 2 é efectuada pela entidade que explorar a lota, no acto da venda do pescado em lota ou no acto da entrega da nota de venda, conforme aplicável.

7 – Sem prejuízo do disposto no nº 4, a base de incidência dos trabalhadores inscritos marítimos que exercem a sua actividade a bordo de embarcações de pesca costeira determina-se nos termos do disposto nos artigos 44º e seguintes.

– Para o nº 1 ver procedimentos no artº 34º do D Reg 1-A/2011, 03.01.

– Para o nº 4: o artº 34º do DL 199/99, 08.06 (trabalhadores da pesca local), dispunha:

> *"1 – A taxa contributiva relativa aos trabalhadores inscritos marítimos que exercem actividade na pesca local corresponde a 10,00% do valor do produto bruto do pescado vendido em lota.*
>
> *2 – O disposto no número anterior é igualmente aplicável aos trabalhadores inscritos marítimos enquanto exerçam a sua actividade a bordo de embarcações de pesca costeira que à data da entrada em vigor do presente diploma sejam objecto, para efeitos de taxa contributiva, do regime de retenção na lota de 10% do valor do produto do pescado."*

[48] Redacção do nº 2 do artº 81º da Lei nº 64-B/2011, de 30 de Dezembro..

Artigo 99º – Taxa contributiva [49]

1 – A taxa para efeitos de cálculo de remuneração dos sujeitos abrangidos pelo artigo 97º e regulados pelo artigo 98º corresponde a 29%, sendo, respectivamente, de 21% e de 8% para as entidades empregadoras e para os trabalhadores.

2 – *(revogado)*

SECÇÃO IV – Disposições gerais referentes ao regime de incentivos ao emprego

Anteriormente: Decreto-Lei nº 199/99, 08.06 (arts 35º a 38º)

Artigo 100º – Disposição geral [50]

1 – São fixadas pelo Governo, mediante decreto-lei, de forma transitória, medidas de isenção ou diferimento contributivo, total ou parcial, que se destinem:

a) Ao estímulo à criação de postos de trabalho e à reinserção profissional de pessoas afastadas do mercado de trabalho;

b) À redução de encargos não salariais em situação de catástrofe, de calamidade pública ou de fenómenos de gravidade económica ou social, nomeadamente de aleatoriedades climáticas.

2 – As medidas referidas na alínea b) do número anterior podem ser determinadas por portaria do membro do Governo responsável pelas áreas da solidariedade e da segurança social, desde que tenham sido previstas em resolução do Conselho de Ministros.

3 – As medidas de isenção ou diferimento contributivo previstas nos termos do número anterior são integralmente financiadas por transferências do Orçamento do Estado.

– Previsão – artº 57º.

– Nas situações de 1º emprego, desemprego de longa duração e desemprego de muito longa duração ver DL 72/2017, 21/06.

– Com situação contributiva regularizada, nos termos do artº 59º.

– A eventual utilização de decreto-lei pode colocar a questão do respeito pela legalidade fiscal não havendo autorização da Assembleia da República – alínea i) do nº 1 do artº 165º da CRP.

– Para a alínea b) do nº 1 ver pagamento diferido nos arts 7º e 8º do DL 213/2012, 25.09.

– Para o nº 2 ver nº 7 do artº 190º.

[49] Redacção do nº 2 do artº 81º da Lei nº 64-B/2011, de 30 de Dezembro.
O nº 2 foi revogado pelo nº 4 do artº 171º da Lei nº 83-C/2013, de 31 de Dezembro.

[50] Redacção do artº 16º da Lei nº 20/2012, de 14 de Maio.

Artigo 101º – Situações excluídas

Não têm direito às dispensas previstas na alínea a) do nº 1 do artigo anterior: [51]

a) As entidades empregadoras, no que respeita a trabalhadores abrangidos por esquemas contributivos com taxas inferiores à estabelecida para a generalidade dos trabalhadores por conta de outrem, com excepção das entidades cuja redução de taxa resulte do facto de serem pessoas colectivas sem fins lucrativos ou por pertencerem a sectores considerados no presente Código como economicamente débeis;

b) As entidades empregadoras, no que respeita a trabalhadores abrangidos por bases de incidência fixadas em valores inferiores à remuneração real ou convencionais.

– *Cf. nº 1 do artº 58º.*
– *Para entidades sem fins lucrativos ver arts 110º a 112º.*
– *Entidades economicamente débeis – agricultura e equiparadas (silvicultura, pecuária) e pesca local e costeira – arts 95º a 99º.*
– *Para a alínea b) ver anotação ao artº 45º (remunerações convencionais).*

Artigo 102º – Cessação da dispensa

1 – As dispensas de pagamento de contribuições prevista no artigo 100º cessa sempre que:

a) Termine o período de concessão;

b) Deixem de se verificar as condições de acesso;

c) Se verifique a falta de entrega, no prazo legal, das declarações de remuneração ou falta de inclusão de quaisquer trabalhadores nas referidas declarações;

d) Cesse o contrato de trabalho.

2 – A transmissão de estabelecimento em que se verifique a manutenção dos contratos de trabalho celebrados com a anterior entidade empregadora não determina a cessação da dispensa desde que a nova entidade empregadora cumpra as condições previstas no artigo 59º.

– *Para a alínea c) ver prazo legal no nº 2 do artº 40º.*
– *O artº 59º consagra a situação contributiva regularizada como condição geral para a isenção ou redução da taxa contributiva.*
– *Regime jurídico-laboral da transmissão de empresa ou estabelecimento (nº 2) – arts 285º a 287º do CT.*

[51] Corpo do artigo na redacção do artº 16º da Lei nº 20/2012, de 14 de Maio.

Artigo 103º – Exigibilidade de contribuições [52]

1 – A cessação do contrato de trabalho por iniciativa do empregador, com base em despedimento sem justa causa, despedimento colectivo, despedimento por extinção do posto de trabalho ou despedimento por inadaptação, torna exigíveis as contribuições relativas ao período durante o qual tenha vigorado a dispensa.

2 – O disposto no número anterior é ainda aplicável quando a cessação do contrato ocorra dentro dos 24 meses seguintes ao termo do período de concessão da dispensa.

3 – Nos casos em que haja lugar à exigência de contribuições nos termos do nº 1, não são devidos juros de mora relativos aos períodos a que as mesmas se referem, se forem pagas no prazo de 60 dias após a cessação do contrato.

– Juros de mora – arts 211º e 212º.
– Regime jurídico-laboral:
. Despedimento – artº 351º do CT;
. Despedimento sem justa causa – artº 387º do CT.

Artigo 104º – Condicionamento à concessão de novas dispensas

As entidades empregadoras não têm direito à concessão de novas dispensas do pagamento de contribuições ao abrigo da presente secção e da respectiva legislação própria nos 24 meses seguintes à cessação do contrato por algum dos motivos constantes do artigo anterior.

SECÇÃO V – Incentivos à permanência no mercado de trabalho

Artigo 105º – Âmbito pessoal

São abrangidos pelo regime geral, com as especificidades previstas na presente secção, os trabalhadores activos com, pelo menos, 65 anos de idade e carreira contributiva não inferior a 40 anos e os que se encontrem em condições de aceder à pensão de velhice sem redução no âmbito do regime de flexibilização da idade de acesso à pensão de velhice.

– V. alínea c) do nº 1 do artº 57º.
– Acesso à pensão sem redução (regime de flexibilização) – artº 21º do DL 187/2007, 10.05 e arts 57º e 58º do DL 220/2006, 03/11.
– Sem prejuízo da pensão bonificada prevista no artº 37º do DL 187/2007, 10.05.
– Condições: artº 47º do D Reg 1-A/2011, 03.01.
– Situação distinta: pensionistas em actividade – arts 89º a 91º.

[52] Os nº 1 e 2 têm redacção do artº 16º da Lei nº 20/2012, de 14 de Maio.

Artigo 106º – Âmbito material

Os trabalhadores previstos no artigo anterior têm direito à protecção nas eventualidades de doença, parentalidade, doenças profissionais, velhice e morte.

– Sem desemprego nem invalidez por já preencherem condições para requerer pensão de velhice.

Artigo 107º – Taxa contributiva [53]

1 – A taxa contributiva relativa aos trabalhadores referidos no artigo 105º é de 25,3%, sendo, respectivamente, de 17,3% e de 8% para as entidades empregadoras e para os trabalhadores.

2 – *(revogado)*

– Taxa contributiva anterior – 26,2% (17,9% empregador e 8,3% trabalhador).

SECÇÃO VI – Incentivo à contratação de trabalhadores com deficiência

Anteriormente: Decreto-Lei nº 299/86, de 19 de Setembro.

Artigo 108º – Âmbito pessoal

1 – São abrangidos pelo regime geral, com as especificidades previstas na presente secção, os trabalhadores com deficiência.

2 – Para efeitos do disposto no número anterior são trabalhadores com deficiência os trabalhadores que possuam capacidade de trabalho inferior a 80% da capacidade normal exigida a um trabalhador não deficiente no mesmo posto de trabalho.

3 – Para efeitos do disposto na presente secção apenas são abrangidos os trabalhadores com deficiência com contratos de trabalho sem termo.

– Nos termos do artº 2º da L 38/2004, 18.08:

Considera-se pessoa com deficiência aquela que, por motivo de perda ou anomalia, congénita ou adquirida, de funções ou de estruturas do corpo, incluindo as funções psicológicas, apresente dificuldades específicas susceptíveis de, em conjugação com os factores do meio, lhe limitar ou dificultar a actividade e a participação em condições de igualdade com as demais pessoas.

– Trabalhadores com deficiência – arts 85º e segs do Código do Trabalho.

– Procedimentos: artº 48º do D Reg 1-A/2011, 03.01.

[53] O nº 2 revogado pelo artº 10º da L 93/2019, de 4 de Setembro.

Artigo 109º – Taxa contributiva [54]

1 – A taxa contributiva relativa a trabalhadores com deficiência é de 22,9%, sendo, respectivamente, de 11,9% e de 11% para as entidades empregadoras e trabalhadores.

2 – *(revogado)*

– Taxas contributivas anteriores – 23,5% (12,5% empregador e 11% trabalhador).

SECÇÃO VII – Trabalhadores ao serviço de entidades empregadoras sem fins lucrativos

Anteriormente: arts 24º a 27º do Decreto-Lei nº 199/99, de 8 de Junho

SUBSECÇÃO I – Disposições gerais

Artigo 110º – Disposição comum [55]

1 – As entidades empregadoras sem fins lucrativos têm direito à redução da taxa contributiva global nos termos da presente subsecção.

2 – A taxa contributiva relativa a trabalhadores de entidades sem fins lucrativos é determinada em função do âmbito material de protecção e pela dedução da percentagem imputada à parcela da solidariedade laboral correspondente ao respectivo âmbito material.

3 – O disposto no presente capítulo não é aplicável às entidades e serviços públicos, nomeadamente, às entidades da administração directa e indirecta do Estado, das regiões autónomas e da administração local, bem como às respectivas instituições personalizadas ou de utilidade pública.

– Entidades enumeradas, embora não exaustivamente, no artigo seguinte.

Artigo 111º – Entidades abrangidas

Para efeitos do presente Código consideram-se entidades sem fins lucrativos, nomeadamente, as seguintes:

a) a d) *(revogadas)* [56]

e) Instituições particulares de solidariedade social;

f) Igrejas, associações e confissões religiosas;

g) Associações, fundações, comissões especiais e cooperativas;

h) Associações de empregadores, sindicatos e respectivas uniões, federações e confederações;

i) Ordens profissionais;

[54] O nº 2 revogado pelo artº 10º da L 93/2019, de 4 de Setembro.
[55] O nº 3 foi aditado pelo nº 1 do artº 116º da Lei nº 66-B/2012, de 31 de Dezembro.
[56] Revogadas as alíneas a) a d) pelo nº 4 do artº 116º da Lei nº 66-B/2012, de 31 de Dezembro.

j) Partidos políticos;
l) Casas do povo;
m) Caixas de crédito agrícola mútuo;
n) Entidades empregadoras do pessoal do serviço doméstico;
o) Condomínios de prédios urbanos.

– A enumeração é exemplificativa (norma aberta), conforme decorre do corpo do artigo. A considerar também: genericamente pessoas colectivas de utilidade pública, associações mutualistas e respectivas caixas económicas (são IPSS), Caixa Central de Crédito Agrícola Mútuo, uniões, federações e confederações destas entidades abrangidas...

– As entidades públicas empresariais (empresas públicas...) não são consideradas entidades sem fins lucrativos.

– Para pessoas colectivas de utilidade pública, designadamente, instituições particulares de solidariedade social (alínea e) e casas do povo (alínea l) ver compilação própria "Estatuto das Instituições Particulares de Solidariedade Social, Anotado", Coimbra, Almedina, 2015 (2ª edição).

– Regime das Igrejas, associações e confissões religiosas (alínea f) ver arts 122º a 128º e respectiva anotação.

– Legislação complementar associada:

. Associações, comissões especiais – arts 157º e segs do Código Civil;

. Associações de empregadores, sindicatos e respectivas uniões, federações e confederações (alínea h) – artº 440º segs do Código do Trabalho;

. Caixas de crédito agrícola mútuo (alínea m) – DL 24/91, 11.01;

. Condomínios de prédios urbanos (alínea o) – artº 1414º do Código Civil;

. Cooperativas – ramos do sector cooperativo entre outros (artº 4º do Código Cooperativo – L 119/2015, 31.08):

. cooperativas de bens e serviços – Código Cooperativo – L 119/2015, 31.08;

. cooperativas de habitação e de construção – DL 502/99, 19/11;

. cooperativas de comercialização – DL 523/99, 10.12;

. cooperativas de solidariedade social – DL 7/98, 15.01.

. Entidades empregadoras de trabalhadores (na lei "pessoal") do serviço doméstico (alínea n) ver arts 116º a 121º e respectiva anotação;

. Fundações – L 24/2012, 09/07 – Lei-Quadro das Fundações;

. Ordens profissionais (alínea i) – L 2/2013, 10.01;

. Partidos políticos (alínea j) – Lei Orgânica nº 2/2003, 22.08.

Artigo 112º – Taxa contributiva

A taxa contributiva relativa aos trabalhadores de entidades sem fins lucrativos é, quando referente a todas as eventualidades, de 33,3%, sendo, respectivamente, de 22,3% e de 11% para as entidades empregadoras e para os trabalhadores.

– Não têm todas as eventualidades, por exemplo, o regime regra dos membros das igrejas, associações e confissões religiosas – arts 122º a 128º e o regime regra dos trabalhadores do serviço doméstico.

– A taxa contributiva geral relativa à entidade empregadora atingida progressivamente, nos termos do nº 2 do artº 6º da lei preambular e da alínea c) do nº 1 do artº 281º.

Taxas contributivas anteriores – 31,6% (20,6% empregador e 11% trabalhador).

– Para as instituições particulares de solidariedade social (IPSS) desde 2017. Transitoriamente, nos termos seguintes – alínea b) do nº 1 do artº 281º:

Ano	*Taxa*
2011	*20%*
2012	*20,4%*
2013	*20,8%*
2014	*21,2%*
2015	*21,6%*
2016	*22%*

Taxas contributivas anteriores – 30,6% (19,6% empregador e 11% trabalhador).

SUBSECÇÃO II – Trabalhadores que exercem funções públicas [57]

Artigo 113º – Âmbito pessoal *(revogado)* [58]

Artigo 114º – Âmbito material *(revogado)* [59]

Artigo 115º – Taxa contributiva *(revogado)*[60]

SUBSECÇÃO II-A – Trabalhadores que exercem funções sindicais [61]

Artigo 115º-A – Âmbito pessoal

1 – São abrangidos pelo regime geral os dirigentes e os delegados sindicais na situação de faltas justificadas que excedam o crédito de horas e na situação de suspensão do contrato de trabalho para o exercício de funções sindicais, nos termos da legislação laboral.

[57] Revogada pelo nº 4 do artº 116º da Lei nº 66-B/2012, de 31 de Dezembro. Cf. Secção I-A do Cap. II do Título I da Parte II.

[58] Revogado pelo nº 4 do artº 116º da Lei nº 66-B/2012, de 31 de Dezembro. Texto anterior: actual artº 91º-A.

[59] Revogado pelo nº 4 do artº 116º da Lei nº 66-B/2012, de 31 de Dezembro. Texto anterior: actual artº 91º-B.

[60] Revogado pelo nº 4 do artº 116º da Lei nº 66-B/2012, de 31 de Dezembro. Texto anterior: actual artº 91º-C.

[61] Aditada pelo nº 3 do artº 171º da Lei nº 83-C/2013, de 31 de Dezembro.

2 – Para efeitos de segurança social, as associações sindicais são consideradas entidades empregadoras dos dirigentes e delegados sindicais na situação de faltas justificadas que excedam o crédito de horas e na situação de suspensão do contrato de trabalho para o exercício de funções sindicais.

3 – O disposto nos números anteriores não se aplica aos dirigentes e delegados sindicais abrangidos por instrumento de regulamentação colectiva de trabalho que preveja funções sindicais a tempo inteiro ou outras situações específicas, por o direito às prestações retributivas ser garantido pela entidade empregadora.

Artigo 115º-B – Base de incidência

Constitui base de incidência contributiva a compensação paga pelas associações sindicais aos dirigentes e delegados sindicais pelo exercício das correspondentes funções sindicais.

SUBSECÇÃO III – Trabalhadores do serviço doméstico

Anteriormente: Decreto-Lei nº 284/82, de 22 de Julho, Decreto Regulamentar nº 43/82, de 22 de Julho, e Decreto Regulamentar nº 22/83, de 15 de Março.

Artigo 116º – Âmbito pessoal

São abrangidos pelo regime geral, com as especificidades previstas na presente subsecção, os trabalhadores que prestem a outrem, de forma remunerada, com carácter regular, sob a sua direcção e sua autoridade, actividades destinadas à satisfação das necessidades próprias ou específicas de um agregado familiar, ou equiparado, nos termos definidos em legislação própria.

– *Elementos adicionais do enquadramento – artº 6º da Port 66/2011, 04.02.*
– *Nos termos do artº 2º do DL 235/92, 24.10:*

"1 – Contrato de serviço doméstico é aquele pelo qual uma pessoa se obriga, mediante retribuição, a prestar a outrem, com carácter regular, sob a sua direcção e autoridade, actividades destinadas à satisfação das necessidades próprias ou específicas de um agregado familiar, ou equiparado, e dos respectivos membros, nomeadamente:
a) confecção de refeições;
b) lavagem e tratamento de roupas;
c) limpeza e arrumo de casa;
d) vigilância e assistência a crianças, pessoas idosas e doentes;
e) tratamento de animais domésticos;
f) execução de serviços de jardinagem;
g) execução de serviços de costura;
h) outras actividades consagradas pelos usos e costumes;
i) coordenação e supervisão de tarefas do tipo das mencionadas neste número;

j) execução de tarefas externas relacionadas com as anteriores."

– Para o restante regime jurídico-laboral ver DL 235/92, 24.10.

– Coimas reduzidas a metade: nº 2 do artº 241º.

Artigo 117º – Pessoas excluídas

1 – São excluídas do âmbito de aplicação da presente subsecção as pessoas ligadas à entidade empregadora pelos seguintes vínculos familiares:

a) O cônjuge;

b) Os descendentes até ao 2º grau ou equiparados e afins;

c) Os ascendentes ou equiparados e afins;

d) Os irmãos e afins.

2 – São igualmente excluídas as pessoas que em relação à entidade empregadora se encontrem em regime de união de facto, por com ela viverem há mais de dois anos em condições análogas às dos cônjuges.

– V. 1ª anotação ao artigo anterior.

– Linhas de parentesco e afinidade e cômputo de graus: arts 1580º a 1585º CC.

– Para a união de facto: L 7/2007, 24.08.

– Elementos adicionais do enquadramento – ver anotação ao artigo anterior.

Artigo 118º – Âmbito material

1 – Os trabalhadores do serviço doméstico têm direito à protecção nas eventualidades de doença, parentalidade, doenças profissionais, invalidez, velhice e morte.

2 – Os trabalhadores do serviço doméstico têm ainda direito à protecção na eventualidade de desemprego quando a base de incidência contributiva corresponde a remuneração efectivamente auferida em regime de contrato de trabalho mensal a tempo completo.

– Para o nº 2, nos termos nºs 2 e 5 do artº 120º.

Artigo 119º – Base de incidência contributiva do trabalho em regime horário e diário

1 – Constitui base de incidência contributiva a remuneração convencional calculada com base no número de horas ou de dias de trabalho prestados e a remuneração horária ou diária determinada nos termos do número seguinte.

2 – Para efeitos contributivos os valores da remuneração por dia e por hora são calculados sobre a importância que constitui a base de incidência referida no número anterior, de acordo com as seguintes fórmulas:

$Rd = IAS/30$

$Rh = IAS \times 12/52 \times 40$

3 – Nas fórmulas previstas no número anterior, *Rd* corresponde ao valor da remuneração diária, *IAS* ao valor do indexante dos apoios sociais e *Rh* ao valor da remuneração horária.

4 – Para determinação das contribuições devidas por trabalho prestado por trabalhadores não contratados ao mês em regime de tempo completo é considerado o valor da remuneração horária.

5 – O número mensal de horas a declarar não pode, em qualquer circunstância, ser inferior a 30 por cada trabalhador e respectiva entidade empregadora.

– Para o IAS ver artº 68º da Lei nº 4/2007, de 16 de Janeiro.
– Para o nº 2 Rh ver anotação ao artº 82º.
– Cf. tabela anual de contribuição horária elaborada pela segurança social.

Artigo 120º – Base de incidência contributiva para trabalho mensal em regime de tempo completo

1 – A base de incidência contributiva dos trabalhadores contratados ao mês em regime de tempo completo corresponde a uma vez o valor do IAS, sem prejuízo do disposto nos números seguintes.

2 – Mediante acordo escrito entre o trabalhador e a entidade empregadora, pode ser considerada como base de incidência a remuneração efectivamente auferida nos termos do disposto nos artigos 44º e seguintes.

3 – Nas situações em que os trabalhadores com contrato mensal não prestem serviço durante todo o mês, por motivo de admissão, cessação de contrato de trabalho, baixa por doença ou qualquer outra causa, é considerada a remuneração correspondente ao número de dias de trabalho efectivamente prestado.

4 – Para efeitos do número anterior, tratando-se de remuneração convencional, a remuneração diária é determinada nos termos do disposto no nº 2 do artigo anterior.

5 – A opção pela base de incidência prevista no nº 2 só pode ser formulada se o trabalhador tiver idade inferior à prevista no mapa do anexo I e a capacidade para o exercício da actividade se encontre atestada por médico assistente.

– Para o nº 1 em 2011 a base de incidência correspondeu a 85% do IAS – artº 278º.
– Para o nº 2 ver regras do artº 49º do D Reg 1-A/2011, 03.01.

Artigo 121º – Taxa contributiva [62]

1 – A taxa contributiva relativa aos trabalhadores do serviço doméstico, quando o âmbito material da protecção não integre a eventualidade de desemprego, é

[62] O nº 3 revogado pelo artº 10º da L 93/2019, de 4 de Setembro.

de 28,3%, sendo, respectivamente, de 18,9% e de 9,4% para as entidades empregadoras e para os trabalhadores.

2 – Quando o âmbito material de protecção integrar a eventualidade de desemprego, a taxa contributiva é de 33,3%, sendo, respectivamente, de 22,3% e de 11% para as entidades empregadoras e para os trabalhadores.

3 – *(revogado)*

– *Taxas anteriores:*

. sem desemprego (regra) – 26,7% (17,4% entidade empregadora e 9,3% trabalhador);

. com desemprego – 31,6% (20,6% entidade empregadora e 11% trabalhador).

CAPÍTULO III – Regime aplicável às situações equiparadas a trabalho por conta de outrem

SECÇÃO I – Membros das igrejas, associações e confissões religiosas

Anteriormente: Decreto Regulamentar nº 5/83, de 31 de Janeiro.

Artigo 122º – Âmbito pessoal

1 – São abrangidos pelo regime geral, com as especificidades previstas na presente secção, como beneficiários, os membros do clero secular e religioso da Igreja Católica, os membros dos institutos religiosos, das sociedades de vida apostólica e dos institutos seculares da Igreja Católica, bem como os membros do governo das outras igrejas, associações e confissões religiosas legalmente existentes nos termos da lei.

2 – São ainda abrangidos pelo disposto no número anterior:

a) Os religiosos e as religiosas que tenham votos ou compromissos públicos e vivam em comunidade ou a ela pertençam;

b) Os noviços e as noviças, nas condições da parte final da alínea anterior;

c) Os ministros das confissões não católicas que desempenhem o seu *munus* em actividades de formação próprias daquelas confissões.

3 – São abrangidos pelo regime geral com as especificidades previstas na presente secção, como contribuintes, as dioceses, os institutos religiosos, os institutos seculares, as sociedades da vida apostólica, as fábricas da Igreja e os centros paroquiais da Igreja Católica, bem como as demais associações ou confissões religiosas legalmente existentes, de que dependam ou em que se integrem os beneficiários.

– *Legislação complementar associada constante da colectânea "Estatuto das Instituições Particulares de Solidariedade Social – Anotado", Coimbra, Almedina, 2015 (2ª edição):*

. Regime na Lei da Liberdade Religiosa – L 16/2001, 11.06 (arts 15º, 58º, 63º e 64º);

. Para a Igreja Católica ver Concordata entre a Santa Sé e o Estado Português, de 18 de Maio de 2004 – Resolução da Assembleia da República nº 34/2004, 16.11;

. Para a Comunidade muçulmana Shia Imami Ismaili – Resolução da Assembleia da República nº 109/2010, 24.09;

. Regime de registo das pessoas colectivas religiosas – DL 134/2003, 28.06.

Artigo 123º – Enquadramento

O enquadramento dos beneficiários no âmbito da presente secção é efectuado por referência a uma única entidade contribuinte, independentemente do número de entidades de que dependam ou em que se integrem.

– Cf anotação ao artº 8º.

Artigo 124º – Enquadramento facultativo

1 – O enquadramento ao abrigo da presente secção é facultativo nos casos em que a actividade religiosa seja secundária e o exercício da actividade principal não religiosa determine a inscrição obrigatória num regime de segurança social.

2 – Considera-se actividade secundária a que for exercida, em média, por período inferior a 30 horas semanais.

Artigo 125º – Âmbito material

1 – Sem prejuízo do disposto no número seguinte, os beneficiários referidos no artigo 122º têm direito à protecção nas eventualidades de invalidez e velhice.

2 – Os beneficiários referidos no artigo 122º podem optar por um âmbito de protecção material que inclui a doença, parentalidade, doenças profissionais, invalidez, velhice e morte.

3 – O direito de opção previsto no número anterior é exercido mediante acordo escrito entre a entidade contribuinte e o beneficiário.

– Procedimentos: artº 50º do D Reg 1-A/2011, 03.01.

Artigo 126º – Base de incidência contributiva

1 – Sem prejuízo do disposto no número seguinte, a base de incidência contributiva corresponde ao valor de um indexante dos apoios sociais.

2 – Os beneficiários referidos no artigo 122º podem requerer que a base de incidência contributiva seja fixada de acordo com um dos escalões previstos para o regime de seguro social voluntário.

3 – À opção pela incidência prevista no número anterior aplicam-se as regras de alteração da base de incidência contributiva previstas no regime do seguro social voluntário.

4 – O direito de opção previsto no nº 2 é exercido mediante acordo escrito entre a entidade contribuinte e o beneficiário.

– *Procedimentos: artº 51º do D Reg 1-A/2011, 03.01.*

Artigo 127º – Taxa contributiva [63]

1 – A taxa contributiva relativa ao âmbito material de protecção previsto no nº 1 do artigo 125º é de 23,8%, sendo, respectivamente, de 16,2% e de 7,6% para as entidades contribuintes e para os beneficiários.

2 – A taxa contributiva relativa ao âmbito material de protecção previsto no nº 2 do artigo 125º é de 28,3%, sendo, respectivamente, de 19,7% e de 8,6% para as entidades contribuintes e para os beneficiários.

3 – *(revogado)*

– *Desde Janeiro de 2018.*

– *Teve taxas de aplicação progressiva – alíneas d) e e) do artº 281º, conforme nº 2 do artº 6º da lei preambular:*

Âmbito material	*Ano*	*Entidade contribuinte*	*Beneficiário*
Invalidez e velhice	*2011*	*9%*	*5%*
	2012	*10%*	*6%*
	2013	*11%*	*7%*
	2014	*12%*	*7,6%*
	2015	*13%*	*7,6%*
	2016	*14%*	*7,6%*
	2017	*15%*	*7,6%*
Âmbito material completo (sem desemprego)	*2011*	*9,7%*	*5,6%*
	2012	*10,7%*	*6,6%*
	2013	*11,7%*	*7,6%*
	2014	*12,7%*	*8,6%*
	2015	*14,7%*	*8,6%*
	2016	*16,7%*	*8,6%*
	2017	*18,7%*	*8,6%*

– *Taxas contributivas anteriores (até Dez 2010) – 12% (8% entidade contribuinte e 4% beneficiário)*

Artigo 128º – Cessação da obrigação de contribuir

As entidades contribuintes previstas na presente secção podem requerer a cessação da obrigação de contribuir relativa aos beneficiários que tendo completado 65 anos de idade tenham uma carreira contributiva igual ou superior a 40 anos.

– *Procedimentos: artº 52º do D Reg 1-A/2011, 03.01.*

[63] O nº 3 revogado pelo artº 10º da L 93/2019, de 4 de Setembro.

SECÇÃO II – Trabalhadores em regime de acumulação

Artigo 129º – Âmbito pessoal [64]

São abrangidos pelo regime geral, com as especificidades previstas na presente secção, os trabalhadores que acumulem trabalho por conta de outrem com actividade independente para a mesma entidade empregadora ou para empresa do mesmo agrupamento empresarial.

– *Em nome da presunção dos" falsos trabalhadores independentes ou dos falsos recibos verdes", permitindo, neste caso bases de incidência mais elevadas melhorando a remuneração de referência das prestações, equipara-se a prestação de serviços a trabalho por conta de outrem. V. no artº 140º e anotação quanto a entidades contratantes.*

– *Agrupamento empresarial nos termos da alínea a) i) do nº 1 do artº 157º – em relação de domínio (artº 486º do CSC) ou de grupo (artº 488º do CSC). De notar que também a alínea b) do nº 3 do artº 208º vem referir empresas coligadas mas de modo mais lato.*

– *Relativamente às entidades empresariais do Estado (EEE) ou empresas públicas regionais e municipais se coligadas observam-se as mesmas regras.*

Artigo 130º – Base de incidência contributiva

A base de incidência contributiva referente à actividade profissional independente corresponde ao montante ilíquido dos honorários devidos pelo seu exercício.

– *Os honorários (constantes de facturas ou recibos – artº 5º CIRS) são declarados conjuntamente com a remuneração de trabalho por conta de outrem com o código H.*

– *Se a entidade empregadora for distinta: declaração de remunerações autónoma – nº 3 do artº 20º do D Reg 1-A/2011, 03.01.*

Artigo 131º – Taxa contributiva

A taxa contributiva relativa aos trabalhadores referidos na presente secção é a mesma que for aplicável ao respectivo contrato de trabalho por conta de outrem.

– *Por equiparação ope legis.*

TÍTULO II – Regime dos trabalhadores independentes

Nos termos do artº 53º da L 4/2007, 16/01. V. anotação respectiva.

Anteriormente:

[64] Redacção do artº 171º da Lei nº 83-C/2013, de 31 de Dezembro.

– DL 328/93, 25/09, na versão do DL 240/96, 14/12, e com redacção dos DL 397/99, 13/10, DL 159/2001, 18/05, e DL 119/2005, 22.07;
– DL 245/2008, 18.12;
– D Reg 17/94, 16/07, na versão do D Reg 6/97, 10.04.

CAPÍTULO I – Âmbito de aplicação

Artigo 132º – Trabalhadores abrangidos

São obrigatoriamente abrangidos pelo regime dos trabalhadores independentes as pessoas singulares que exerçam actividade profissional sem sujeição a contrato de trabalho ou a contrato legalmente equiparado, ou se obriguem a prestar a outrem o resultado da sua actividade, e não se encontrem por essa actividade abrangidos pelo regime geral de segurança social dos trabalhadores por conta de outrem.

– Dito de outro modo: para além dos empresários em nome individual – produtores e comerciantes – deve considerar-se trabalhador independente todo aquele que dotado de experiência e capacidade profissional (habilitado técnica e juridicamente) tem efectiva autonomia de funcionamento (reverso da subordinação) no exercício de uma actividade económica – prestação de serviços – artº 1154º do Código Civil:

"Contrato de prestação de serviço é aquele em que uma das partes se obriga a proporcionar à outra certo resultado do seu trabalho intelectual ou manual, com ou sem retribuição".

– A última parte do artigo reporta-se, designadamente, aos "trabalhadores em regime de acumulação" dos arts 129º a 131º.

– Andou bem o legislador ao abandonar a pretensão de fixar normativamente o conceito de trabalhador independente, tarefa própria da doutrina e da jurisprudência.

Artigo 133º – Categorias de trabalhadores abrangidos [65]

1 – São, designadamente, abrangidos pelo regime dos trabalhadores independentes:

a) As pessoas que exerçam actividade profissional por conta própria geradora de rendimentos a que se reportam os artigos 3º e 4º do Código do Imposto sobre o Rendimento das Pessoas Singulares;

b) Os sócios ou membros das sociedades de profissionais definidas na alínea *a*) do nº 4 do artigo 6º do Código do Imposto sobre o Rendimento das Pessoas Colectivas;

c) Os cônjuges dos trabalhadores referidos na alínea *a*) que com eles exerçam efectiva actividade profissional com carácter de regularidade e de permanência;

[65] Pelo artº 171º da Lei nº 83-C/2013, de 31 de Dezembro, foi aditado o nº 2 e o nº 2 anterior passou a nº 3.

d) Os sócios de sociedades de agricultura de grupo ainda que nelas exerçam actividade integrados nos respectivos órgãos estatutários;

e) Os titulares de direitos sobre explorações agrícolas ou equiparadas, ainda que a actividade nelas exercida se traduza apenas em actos de gestão, desde que tais actos sejam exercidos directamente, de forma reiterada e com carácter de permanência.

2 – As pessoas que vivem em união de facto nas condições previstas na Lei nº 7/2001, de 11 de Maio, alterada pela Lei nº 23/2010, de 30 de Agosto, são abrangidas pelo regime dos trabalhadores independentes nos termos aplicáveis aos cônjuges.

3 – O carácter de permanência afere-se pela adstrição dos titulares de explorações agrícolas ou equiparadas a actos de gestão que exijam uma actividade regular, embora não a tempo completo.

– *Para a alínea a) – rendimentos empresariais e profissionais – categoria B do CIRS.*

– *Alíneas b) a e) independentemente do rendimento.*

– *Para a alínea b) do nº 1 – sociedades em regime de transparência fiscal – mesmo quando exercem funções de membros dos órgãos estatutários respectivos – cf. alínea d) do artº 63º e artº 151º do CIRS.*

Nos termos da alínea a) do nº 4 do artº 6º do CIRC: "sociedade de profissionais é a sociedade constituída para o exercício de uma actividade profissional especificamente prevista na lista de actividades a que alude o artigo 151º do Código do IRS, na qual todos os sócios pessoas singulares sejam profissionais dessa actividade".

– *Procedimentos: arts 56º e 57º do D Reg 1-A/2011, 03.01.*

– *Para a alínea d) do nº 1 incluindo os membros dos órgãos estatutários respectivos – cf. alínea f) do artº 63º deste Código e artº 9º do DL 336/89, 04/10, e D Reg 31/90, 21.09.*

São sociedades de agricultura de grupo (SAG) sociedades civis sob a forma de sociedade por quotas tendo por objecto a exploração agrícola ou agro-pecuária realizada por um número limitado de agricultores, os quais põem em comum a terra, os meios financeiros e os outros factores de produção e asseguram conjuntamente a gestão da empresa e as suas necessidades em trabalho, em condições semelhantes às que se verificam nas explorações de carácter familiar.

– *Para situações de manutenção de enquadramento anterior (advogados, comerciantes e membros de cooperativas) ver artº 275º.*

– *Para as normas citadas nas alíneas a) e b) do nº 1 e outras situações relevantes ver "Legislação complementar – Regimes obrigatórios".*

– *Para o nº 3 a ideia fulcral é a de posto de trabalho.*

Artigo 134º – Categorias de trabalhadores especialmente abrangidos [66]

1 – São obrigatoriamente abrangidos pelo regime dos trabalhadores independentes, com as especificidades previstas no presente título:

a) Os produtores agrícolas que exerçam efectiva actividade profissional na exploração agrícola ou equiparada, bem como os respectivos cônjuges que exerçam efectiva e regularmente actividade profissional na exploração;

b) Os empresários em nome individual com rendimentos decorrentes do exercício de qualquer actividade comercial ou industrial, nos termos da alínea a) do nº 1 do artigo 3º do Código do IRS, e os titulares de Estabelecimento Individual de Responsabilidade Limitada, bem como os respectivos cônjuges que com eles exerçam efectiva actividade profissional com carácter de regularidade e de permanência.

2 – Para efeitos do número anterior:

a) Consideram-se equiparadas a explorações agrícolas as actividades e explorações de silvicultura, pecuária, hortofloricultura, floricultura, avicultura e apicultura, ainda que nelas a terra tenha uma função de mero suporte de instalações;

b) Não se consideram explorações agrícolas as actividades e explorações que se destinem essencialmente à produção de matérias-primas para indústrias transformadoras que constituam, em si mesmas, objectivos dessas actividades.

– Para a alínea a) do nº 1 – cônjuges – arts 56º e 57º do D Reg 1-A/2011, 03.01.

Nas regiões autónomas para rendimentos até 4 IAS ver regime especial da agricultura familiar – L 29/2016, 23/08.

– Para a alínea b) do nº 1 ver nº 2 do artº 54º-A e artº 86º do D Reg 1-A/2011, 03.01.

– Para a alínea a) do nº 2 relativamente a actividades equiparadas a actividades agrícolas ver anotação ao artº 95º.

Onde se refere "hortofloricultura" deve entender-se hortifruticultura, por paralelismo com o nº 2 do artº 95º.

– Os jornalistas podem exercer actividade como independentes – DL 306/86, 22.09.

– Os profissionais de artes do espectáculo e do audiovisual podem exercer actividade como independentes.

– São, ainda, legalmente considerados abrangidos pelo regime dos trabalhadores independentes:

. ajudantes familiares – DL 141/89, 28/04 (artº 16º);

. membros das famílias de acolhimento de idosos – DL 391/91, 10.10 (artº 20º nº 1);

. membros das famílias de acolhimento de crianças.

[66] O nº 1 na redacção do nº 1 do artº 116º da Lei nº 66-B/2012, de 31 de Dezembro. Teve redacção do nº 3 do artº 81º da Lei nº 64-B/2011, de 30 de Dezembro.

Artigo 135º – Direito de opção das cooperativas

1 – As cooperativas de produção e serviços podem optar, nos seus estatutos, pelo enquadramento dos seus membros trabalhadores no regime dos trabalhadores independentes, mesmo durante os períodos em que integrem os respectivos órgãos de gestão e desde que se encontrem sujeitos ao regime fiscal dos trabalhadores por conta própria.

2 – Uma vez manifestado o direito de opção previsto no número anterior, este é inalterável pelo período mínimo de cinco anos.

– Independentemente da natureza jurídica do vínculo entre o cooperador/trabalhador e a cooperativa, se esta opção não for exercida, os cooperadores são enquadrados pelo regime geral dos trabalhadores por conta de outrem e os directores pelo regime dos membros dos órgãos estatutários ver alínea a) do artº 62º ou alínea c) do artº 63º.

– Manutenção de situações anteriores – alínea c) do artº 275º.

– Procedimentos: artº 55º do D Reg 1-A/2011, 03.01.

– Para legislação complementar associada ver anotação ao artº 111º.

Artigo 136º – Trabalhadores intelectuais

1 – Presumem-se trabalhadores independentes os trabalhadores intelectuais, sendo como tais considerados os autores de obras protegidas nos termos do Código do Direito de Autor e dos Direitos Conexos, qualquer que seja o género, a forma de expressão e o modo de divulgação e utilização das respectivas obras.

2 – São trabalhadores intelectuais, para efeitos do disposto no número anterior, os criadores intelectuais no domínio literário, científico e artístico, nomeadamente:

a) Os autores de obras literárias, dramáticas e musicais;

b) Os autores de obras coreográficas, de encenação e pantomimas;

c) Os autores de obras cinematográficas ou produzidas por qualquer processo análogo ao da cinematografia;

d) Os autores de obras plásticas, figurativas ou aplicadas e os fotógrafos;

e) Os tradutores;

f) Os autores de arranjos, instrumentações, dramatizações, cinematizações e outras transformações de qualquer obra.

– Legislação complementar associada

. Regime jurídico-laboral: DL 11/82, 19.01, e D Leg Reg 7/83/M, 21.07;

. Código do Direito de Autor e dos Direitos Conexos – DL 63/85, 14.03 (com alterações).

Artigo 137º – Trabalhadores abrangidos por diferentes regimes

1 – O exercício cumulativo de actividade independente e de outra actividade profissional abrangida por diferente regime obrigatório de protecção social não afasta o enquadramento obrigatório no regime dos trabalhadores independentes, sem prejuízo do reconhecimento do direito à isenção da obrigação de contribuir.

2 – Consideram-se regimes obrigatórios de protecção social, para efeitos do número anterior, o regime geral de segurança social dos trabalhadores por conta de outrem, ainda que com âmbito material reduzido, o regime de protecção social convergente dos trabalhadores que exercem funções públicas e os regimes de protecção social estrangeiros relevantes para efeitos de coordenação com os regimes de segurança social portugueses.

3 – Para efeitos do disposto no nº 1, as situações de pagamento voluntário de quotas no âmbito do regime de protecção social convergente dos trabalhadores que exercem funções públicas e dos regimes de protecção social estrangeiros relevantes para efeitos de coordenação com os regimes de segurança social portugueses são equiparadas a regimes obrigatórios de protecção social.

– *Isenção da obrigação de contribuir (nº 1 in fine) – arts 157º e segs.*
– *Regime de protecção social convergente (RPSC) (nº 2) – L 4/2009, 29.01.*
– *Regime de coordenação (nº 2) – ver anotação ao artº 25º da L 4/2007, 16.01.*
– *"com âmbito material reduzido" (nº 2) deve entender-se regimes incompletos (vg: clero (geral), bancários do regime do ACTV...).*
– *Os regimes de protecção social estrangeiros considerados no nº 3 (uma vez que a lei não distinguiu) podem ser os obrigatórios ou os facultativos.*

Artigo 138º – Trabalhadores a exercer actividade em país estrangeiro

1 – Os trabalhadores independentes que vão exercer a respectiva actividade em país estrangeiro por período determinado podem manter o seu enquadramento neste regime.

2 – Salvo o disposto em instrumento internacional a que Portugal se encontre vinculado, o período a que se refere o número anterior tem o limite de um ano, podendo ser prorrogado por outro ano, a requerimento do interessado, mediante autorização da entidade competente.

3 – Quando se trate de trabalhador independente cujos conhecimentos técnicos ou aptidões especiais o justifiquem, a autorização pode ser dada por período superior ao previsto no número anterior.

– *Situação paralela à dos trabalhadores por conta de outrem destacados (artº 25º a) e com regras semelhantes.*
V. situação inversa na alínea c) do nº 1 do artº 139º onde, com maior precisão, se refere o "carácter temporário" e não "período determinado".

– *Entidade competente para o nº 2: Instituto da Segurança Social (ISS) (continente), Instituto da Segurança Social dos Açores (ISSA) (RA Açores) ou Instituto de Segurança Social da Madeira (ISSM) (RA Madeira).*

– *Quanto à manutenção da base de incidência ver nº 4 do artº 165º.*

– *As regras do nº 2 e 3 estão alteradas para Estados do EEE e Suíça: 24 meses em regra não prorrogáveis – nº 2 do artº 12º do Reg. (CE) nº 883/2004, do Parlamento e do Conselho, de 29 de Abril (JO L 200, de 2/06/2004).*

– *Este regime de "continuação voluntária de pagamento de contribuições", fora do âmbito dos regulamentos comunitários e das convenções bilaterais, relativamente à prova para acesso às prestações imediatas determina a aplicação por analogia do regime do seguro social voluntário.*

– *Para o requerimento ver modelo RV 1024-DGSS – Desp 5130/2011, 17.03 (DR, 2ª, nº 59, 24/03).*

Artigo 139º – Situações excluídas [67]

1 – São excluídos do âmbito pessoal do regime dos trabalhadores independentes:

a) Os advogados e os solicitadores que, em função do exercício da sua actividade profissional, estejam integrados obrigatoriamente no âmbito pessoal da respectiva Caixa de Previdência, mesmo quando a actividade em causa seja exercida na qualidade de sócios ou membros das sociedades referidas na alínea *b*) do artigo 133º;

b) Os titulares de direitos sobre explorações agrícolas ou equiparadas, ainda que nelas desenvolvam alguma actividade, desde que da área, do tipo e da organização da exploração se deva concluir que os produtos se destinam predominantemente ao consumo dos seus titulares e dos respectivos agregados familiares e os rendimentos de actividade não ultrapassem o montante anual de quatro vezes o valor do IAS; [68]

c) Os trabalhadores que exerçam em Portugal, com carácter temporário, actividade por conta própria e que provem o seu enquadramento em regime de protecção social obrigatório de outro país.

d) Os proprietários de embarcações de pesca local e costeira, que integrem o rol de tripulação e exerçam efectiva actividade profissional nestas embarcações;

e) Os apanhadores de espécies marinhas e os pescadores apeados.

f) Os titulares de rendimentos da categoria B resultantes exclusivamente de: [69]

[67] Pelo nº 2 do artº 81º da Lei nº 64-B/2011, de 30 de Dezembro, foram aditadas as alíneas d) e e) ao nº 1 e o nº 3.
Pelo artº 171º da Lei nº 83-C/2013, de 31 de Dezembro, foram aditadas as alíneas f) e g) ao nº 1.

[68] Redacção do artº 171º da Lei nº 83-C/2013, de 31 de Dezembro.

[69] Redacção do DL 2/2018, de 9 de Janeiro.

i) Produção de electricidade para autoconsumo ou através de unidades de pequena produção a partir de energias renováveis, nos termos previstos no regime jurídico próprio;

ii) Contratos de arrendamento e de arrendamento urbano para alojamento local em moradia ou apartamento, nos termos previstos no regime jurídico próprio.

g) Os agricultores que recebam subsídios ou subvenções no âmbito da Política Agrícola Comum (PAC) de montante anual inferior a quatro vezes o valor do IAS e que não tenham quaisquer outros rendimentos susceptíveis de os enquadrar no regime dos trabalhadores independentes.

2 – Para efeitos da exclusão prevista na alínea *c*) do número anterior apenas relevam os regimes de protecção social estrangeiros cujo âmbito material integre, pelo menos, as eventualidades de invalidez, velhice e morte, sendo ainda aplicável, com as devidas adequações, o disposto nos nºs 2 e 3 do artigo anterior.

3 – Os sujeitos previstos nas alíneas d) e e) do nº 1 são excluídos do regime dos trabalhadores independentes atendendo à especificidade de apuramento da base contributiva da sua actividade, estando sujeitos ao regime previsto nos artigos 97º a 99º.[70]

- *Para a alínea a) do nº 1 ver manutenção de inscrições anteriores na alínea a) do artº 275º – Regulamento da Caixa de Previdência dos Advogados e Solicitadores – DL 119/2015, 29.06.*
- *Para a alínea c) do nº 1, por carácter temporário deve entender-se o período de um ano ou 24 meses (EEE), por analogia com o artº 138º e nº 2 do artº 2º do DL 64/93, 05.03. Ver situação inversa no artigo anterior.*
- *Quanto à alínea b) do nº 1 mantém-se a dificuldade quanto à questão da caracterização do autoconsumo.*
- *Quanto à alínea g) do nº 1 nos termos do Desp 2764/2014, 07.02 (DR, 2ª, nº 35, 19/02) é aplicável aos agricultores que declararam o início ou reinício de actividade durante o ano de 2013.*
- *O nº 3 pretende justificar o reposicionamento dos profissionais da pesca referidos, na medida em que, durante o primeiro ano de vigência do CRC (ano de 2011), estiveram enquadrados pelo regime dos trabalhadores independentes. Quanto à dispensa das contribuições correspondentes, ver o artº 9º do DL 213/2012, 25.09.*
- *Para o requerimento ver modelo RV 1025-DGSS – Desp 5130/2011, 17.03 (DR, 2ª, nº 59, 24/03).*

[70] Redacção do DL 2/2018, de 9 de Janeiro.

Artigo 140º – Entidades contratantes [71]

1 – As pessoas colectivas e as pessoas singulares com actividade empresarial, independentemente da sua natureza e das finalidades que prossigam, que no mesmo ano civil beneficiem de mais de 50% do valor total da actividade de trabalhador independente, são abrangidas pelo presente regime na qualidade de entidades contratantes.

2 – A qualidade de entidade contratante é apurada apenas relativamente aos trabalhadores independentes que se encontrem sujeitos ao cumprimento da obrigação de contribuir e tenham um rendimento anual obtido com prestação de serviços igual ou superior a seis vezes o valor do IAS.

3 – Para efeitos do disposto no nº 1, consideram-se como prestados à mesma entidade contratante os serviços prestados a empresas do mesmo agrupamento empresarial.

- *Em nome da "presunção dos falsos trabalhadores independentes ou falsos recibos verdes". Ver situação equiparada a TCO no artº 129º.*
- *A determinação do valor total da actividade resultará da declaração fiscal referida no nº 2 do artº 152º.*
- *Regime das entidades contratantes*
  - *. previsão – alínea b) 2ª parte do nº 1 do artº 10º;*
  - *. obrigações – nº 3 do artº 150º, nº 3 do artº 151º e nº 2 do artº 154º, com afastamento da presunção dos falsos recibos verdes, relativamente a isentos e prestadores de serviços que só nesse regime podem desempenhar a actividade (vg: mediadores de seguros);*
  - *. pagamento de contribuições – nº 3 do artº 155º;*
  - *. base de incidência – artº 167º;*
  - *. taxa contributiva – nº 7 do artº 168º;*
  - *. âmbito material – artº 141º.*
- *Agrupamento empresarial nos termos da alínea a) i) do nº 1 do artº 157º – em relação de domínio (artº 486º do CSC) ou de grupo (artº 488º do CSC). De notar que também a alínea b) do artº 208º vem referir empresas coligadas mas de modo mais lato.*
- *Aplicável a partir dos rendimentos de 2011 (1º ano de vigência) a pagar em 2012 – nº 3 do artº 155º.*
- *Situação aplicável às entidades empresariais do Estado (EEE) e empresas públicas regionais e municipais.*

[71] O nº 1 na redacção do DL 2/2018, de 9 de Janeiro. Teve redacção do nº 2 do artº 69º da Lei nº 55-A/2010, de 31 de Dezembro.
O nº 2 foi aditado pelo artº 171º da Lei nº 83-C/2013, de 31 de Dezembro.
O nº 3 anterior nº 2 com redacção do artº 171º da Lei nº 83-C/2013, de 31 de Dezembro.

Artigo 141º – Âmbito material [72]

1 – A protecção social conferida pelo regime dos trabalhadores independentes integra a protecção nas eventualidades de doença, parentalidade, doenças profissionais, invalidez, velhice e morte.

2 – Os trabalhadores independentes que sejam considerados economicamente dependentes de uma única entidade contratante beneficiam ainda do regime jurídico de protecção social na eventualidade de desemprego, estabelecido no Decreto-Lei nº 65/2012, de 15 de Março.

3 – Os trabalhadores independentes que sejam empresários em nome individual ou titulares de estabelecimento individual de responsabilidade limitada, e respectivos cônjuges referidos na alínea b) do nº 1 do artigo 134º, têm igualmente direito a protecção na eventualidade desemprego, nos termos de legislação própria.

- *Para o nº 3: DL 12/2013, 25/01.*
- *Especificidades:*
  - *. doença – nº 2 do artº 12º; nº 2 do artº 21º e artº 23º do DL 28/2004, 04.02;*
  - *. desemprego – subsídio por cessação de actividade – DL 65/2012, 15/03, e DL 12/2013, 25.01;*
- *Com subsídio de reconversão profissional para os profissionais das artes do espectáculo e do audiovisual – artº 21º-E da L 4/2008, 07/02.*
- *Condição de pagamento de prestações – arts 217º a 220º.*

Artigo 142º – Manutenção do direito na protecção social

1 – Nas situações de cessação ou suspensão do exercício de actividade de trabalho independente, nos termos previstos no presente Código, há lugar à manutenção do direito à protecção nas eventualidades de doença e de parentalidade, nos termos da legislação ao abrigo da qual o mesmo foi reconhecido.

2 – A cessação ou suspensão do exercício de actividade não prejudica o direito à protecção na eventualidade de parentalidade desde que se encontrem satisfeitas as respectivas condições de atribuição.

- *Para o nº 2: condições de atribuição – prazo de garantia (não há índice de profissionalidade).*
- *Atender à condição geral específica de pagamento das prestações – situação contributiva regularizada – arts 217º a 220º.*
- *Ver cessação e suspensão do exercício de actividade nos arts 160º e 161º.*

[72] O nº 2 foi aditado pelo artº 16º da Lei nº 20/2012, de 14 de Maio.
O nº 3 foi aditado pelo nº 1 do artº 116º da Lei nº 66-B/2012, de 31 de Dezembro.

CAPÍTULO II – Relação jurídica de vinculação

Artigo 143º – Comunicação de início de actividade

1 – A administração fiscal comunica oficiosamente, por via electrónica, à instituição de segurança social competente o início de actividade dos trabalhadores independentes, fornecendo-lhe todos os elementos de identificação, incluindo o número de identificação fiscal.

2 – Com base na comunicação efectuada, nos termos do número anterior, a instituição de segurança social competente procede à identificação do trabalhador independente no sistema de segurança social, ou à actualização dos respectivos dados, caso este já se encontre identificado.

– *Para o nº 1 nos termos do artº 99º da L 4/2007, 16/01. Desde Março de 2007 – Port 121/2007, 25.01.*

– *Obrigação fiscal de declaração de início de actividade – arts 112º e segs do CIRS.*

– *Regime da interconexão de dados com a Administração Fiscal – DL 92/2004, 20.04. Ver também, por exemplo, o nº 2 do artº 152º.*

Artigo 144º – Inscrição e enquadramento

1 – A partir dos elementos constantes da comunicação referida no artigo anterior a instituição de segurança social competente procede à inscrição do trabalhador, quando necessário, e ao respectivo enquadramento no regime dos trabalhadores independentes.

2 – Os trabalhadores independentes estão sujeitos a enquadramento no regime mesmo que se encontrem nas condições determinantes do direito à isenção.

3 – O enquadramento dos cônjuges tem lugar mediante comunicação, está sujeito às limitações estabelecidas no presente título e dá lugar a inscrição se esta ainda não existir.

4 – A instituição de segurança social competente notifica o trabalhador independente da inscrição e do enquadramento efectuados, bem como dos respectivos efeitos.

– *Destrinça inscrição / enquadramento – ver anotação ao artº 8º.*

– *Apenas um enquadramento independentemente do número de actividades exercidas – artº 54º do D Reg 1-A/2011, 03.01.*

– *Procedimentos – arts 53º, 54º e 89º do D Reg 1-A/2011, 03.01.*

Artigo 145º – Produção de efeitos [73]

1 – No caso de primeiro enquadramento no regime dos trabalhadores independentes, este só produz efeitos no primeiro dia do 12º mês posterior ao do início de actividade.

2 – *(revogado)*

3 – No caso de reinício de actividade, o enquadramento produz efeitos no 1º dia do mês do reinício.

4 – Em caso de cessação de actividade no decurso dos primeiros 12 meses, a contagem do prazo previsto no nº 1 é suspensa, continuando a partir do 1º dia do mês do reinício da actividade, caso este ocorra nos 12 meses seguintes à cessação.

5 – *(revogado)*

6 – No caso de requerimento apresentado por cônjuge de trabalhador independente, o enquadramento produz efeitos no mês seguinte ao da apresentação do requerimento, sem prejuízo do disposto no número seguinte.

7 – A produção de efeitos do enquadramento previsto no número anterior depende da prévia produção de efeitos do enquadramento do trabalhador independente.

– Para antecipação ver artº 146º.
– Para o nº 2 b) ver nº 5 do artº 163º.
– O IAS previsto no artº 68º da L 4/2007, 16/01

Artigo 146º – Produção de efeitos facultativa

1 – Os trabalhadores independentes podem requerer que o enquadramento neste regime produza efeitos em data anterior à prevista no nº 1 do artigo anterior. [74]

2 – Nas situações previstas no número anterior o enquadramento produz efeitos no 1º dia do mês seguinte ao da apresentação do requerimento.

– Regime de antecipação facultativa.
– Para o nº 1 a) – rendimento relevante – ver base de incidência no nº 3 do artº 164º.
– Para a comunicação ver modelo RV 1000/2011-DGSS – Desp 5130/2011, 17.03 (DR, 2ª, nº 59, 24.03).

[73] O nº 1 na redacção do DL 2/2018, de 9 de Janeiro.
O nº 2 foi revogado pelo DL nº 2/2018, de 9 de Janeiro. A alínea b) do nº 2 teve redacção do artº 16º da Lei nº 20/2012, de 14 de Maio.
O nº 3 na redacção do nº 2 do artº 81º da Lei nº 64-B/2011, de 30 de Dezembro.
Os nºs 4 e 5 aditados pelo artº 16º da Lei nº 20/2012, de 14 de Maio. Sendo então renumerados os anteriores 4 e 5 em 6 e 7.
O nº 5 foi revogado pelo artº 171º da Lei nº 83-C/2013, de 31 de Dezembro.
Os nºs 6 e 7 com redacção do artº 171º da Lei nº 83-C/2013, de 31 de Dezembro.

[74] Redacção do DL 2/2018, de 9 de Janeiro.

Artigo 147º – Cessação do enquadramento

1 – A cessação do exercício da actividade por conta própria determina a cessação do enquadramento no regime dos trabalhadores independentes.

2 – A cessação do enquadramento é efectuada oficiosamente com base na troca de informação com a administração fiscal relativa à participação de cessação do exercício de actividade.

3 *(revogado)* [75]

– Cessação de enquadramento de cônjuges – artº 57º do D Reg 1-A/2011, 03.01.

– A cessação de enquadramento por ter cessado o exercício da actividade determina:

. cessação da obrigação contributiva (artº 161º);

. manutenção do direito à protecção nas eventualidades de doença e de parentalidade nos termos da legislação ao abrigo da qual o mesmo foi reconhecido (nº 1 do artº 142º).

Artigo 148º – Produção de efeitos da cessação do enquadramento

A cessação do enquadramento no regime produz efeitos a partir do 1º dia do mês seguinte àquele em que cesse a actividade.

– Obrigação fiscal – nº 3 do artº 112º do CIRS.

Artigo 149º – Comprovação de elementos

1 – Sempre que os elementos obtidos com base na troca de informação com a administração fiscal suscitem dúvidas, a instituição de segurança social competente deve solicitar aos trabalhadores os elementos necessários à sua comprovação.

2 – O incumprimento da solicitação prevista no número anterior constitui contra-ordenação leve quando seja cumprida nos 10 dias subsequentes ao termo do prazo e constitui contra-ordenação grave nas demais situações.

– Regime dos elementos em falta no prazo geral de 10 dias – artº 4º do D Reg 1-A/2011, 03/01.

[75] Revogado pelo DL 2/2018, de 9 de Janeiro. O nº 3 teve redacção do nº 2 do artº 69º da Lei nº 55-A/2010, de 31 de Dezembro.

CAPÍTULO III – Relação jurídica contributiva

SECÇÃO I – Obrigações dos contribuintes

Artigo 150º – Facto constitutivo da obrigação contributiva [76]

1 – A obrigação contributiva dos trabalhadores independentes constitui-se com o início dos efeitos do enquadramento e efectiva-se com o pagamento de contribuições, nos termos regulados no presente capítulo.

2 – Os trabalhadores independentes são, no que se refere à qualidade de contribuintes, equiparados às entidades empregadoras.

3 – A obrigação contributiva das entidades contratantes constitui-se no momento em que a instituição de segurança social apura oficiosamente o valor dos serviços que lhe foram prestados e efectiva-se com o pagamento da respectiva contribuição.

4 – *(revogado)*

5 – Sempre que se verifique a situação prevista no nº 3, são notificados os serviços de inspecção da Autoridade para as Condições do Trabalho ou os serviços de fiscalização do Instituto da Segurança Social, I. P., com vista à averiguação da legalidade da situação.

– Ver anotação ao artº 57º da L 4/2007, de 16 de Janeiro.

Artigo 151º – Obrigação contributiva [77]

1 – A obrigação contributiva dos trabalhadores independentes compreende o pagamento de contribuições e a declaração dos valores correspondentes à actividade exercida.

2 – *(revogado)*

3 – A obrigação contributiva das entidades contratantes compreende o pagamento das respectivas contribuições.

– Cf. artº 11º.
– Pagamento – artº 155º.

[76] Os nº 3 e 4 na redacção do nº 2 do artº 69º da Lei nº 55-A/2010, de 31 de Dezembro.
O nº 4 foi, entretanto, revogado pelo nº 4 do artº 171º da Lei nº 83-C/2013, de 31 de Dezembro.
O nº 5 foi aditado pelo nº 2 do artº 69º da Lei nº 55-A/2010, de 31 de Dezembro.

[77] O nº 1 na redacção do DL 2/2018, de 9 de Janeiro, teve redacção do artº 171º da Lei nº 83-C/2013, de 31 de Dezembro:
Os nºs 1 e 2 tiveram redacção do nº 2 do artº 69º da Lei nº 55-A/2010, de 31 de Dezembro.
O nº 2 revogado pelo artº 171º da Lei nº 83-C/2013, de 31 de Dezembro.
O nº 3 foi aditado pelo nº 2 do artº 69º da Lei nº 55-A/2010, de 31 de Dezembro.

Artigo 151º-A – Obrigação declarativa [78]

1 – Os trabalhadores independentes, quando sujeitos ao cumprimento da obrigação contributiva, são obrigados a declarar trimestralmente:

a) O valor total dos rendimentos associados à produção e venda de bens;

b) O valor total dos rendimentos associados à prestação de serviços.

2 – Na declaração referida no número anterior são ainda identificados outros rendimentos necessários ao apuramento do rendimento relevante dos trabalhadores independentes, nos termos previstos na legislação regulamentar.

3 – A declaração referida nos números anteriores é efectuada até ao último dia dos meses de Abril, Julho, Outubro e Janeiro, relativamente aos rendimentos obtidos nos três meses imediatamente anteriores.

4 – Com a suspensão ou cessação da actividade, o trabalhador independente deve efectuar a declaração trimestral prevista no nº 1 no momento declarativo imediatamente posterior.

5 – Independentemente da sujeição ao cumprimento de obrigação contributiva, no mês de Janeiro, os trabalhadores independentes devem confirmar ou declarar os valores dos rendimentos previstos nos nºs 1 e 2 relativos ao ano civil anterior.

6 – O disposto no número anterior não se aplica aos trabalhadores independentes que se encontrem nas situações previstas nas alíneas b) e c) do nº 1 do artigo 157º.

7 – O disposto no presente artigo não se aplica aos trabalhadores independentes cujo rendimento relevante seja apurado com base no lucro tributável.

8 – A violação do disposto no presente artigo constitui contra-ordenação leve.

Artigo 152º – Declaração anual da actividade [79]

1 – Os trabalhadores independentes sujeitos ao cumprimento da obrigação contributiva são obrigados a apresentar, através de modelo oficial e por referência ao ano civil anterior:

a) O valor total das vendas realizadas;

b) O valor total da prestação de serviços a pessoas singulares que não tenham actividade empresarial;

[78] Aditado pelo DL 2/2018, de 9 de Janeiro.

[79] O nº 3 foi revogado pelo DL 2/2018, de 9 de Janeiro.
O nº 4 na redacção do DL 2/2018, de 9 de Janeiro.
O nº 2 foi aditado pelo artº 171º da Lei nº 83-C/2013, de 31 de Dezembro; e os nº 2, 3 e 4 anteriores passaram a 3, 4 e 5 respectivamente.
Teve redacção do nº 1 do artº 16º da Lei nº 20/2012, de 14 de Maio, e do nº 2 do artº 69º da Lei nº 55-A/2010, de 31 de Dezembro.

c) O valor total da prestação de serviços por pessoa colectiva e por pessoa singular com actividade empresarial.

2 – É ainda objecto da mesma declaração a identificação dos valores necessários ao apuramento do rendimento relevante dos trabalhadores independentes que não possam ser obtidos por interconexão de dados com a autoridade tributária.

3 – (*revogado*)

4 – Quando esteja em causa o acesso a subsídio por cessação de actividade que ocorra em momento anterior à data da obrigação declarativa prevista no presente artigo, a declaração do valor da actividade é efectuada com o requerimento do subsídio.

5 – A violação do disposto no presente artigo constitui contra-ordenação leve.

– *O valor declarado nos termos da alínea c) será determinante para a verificação da existência de "entidade contratante" para os efeitos previstos no artº 140º.*

Artigo 153º – Declaração de serviços adquiridos (*revogado*) [80]

Artigo 154º – Responsabilidade pelo cumprimento da obrigação contributiva

1 – Os trabalhadores independentes são responsáveis pelo pagamento da contribuição que lhes é cometida nos termos do presente capítulo.

2 – As entidades contratantes são responsáveis pelo pagamento da contribuição que lhes é cometida nos termos do presente capítulo.

– *Para o nº 2 ver anotação ao artº 140º.*

Artigo 155º – Pagamento de contribuições [81]

1 – A contribuição dos trabalhadores independentes é devida a partir da produção de efeitos do enquadramento ou da cessação da isenção da obrigação de contribuir.

2 – O pagamento da contribuição prevista no número anterior é mensal e é efectuado entre o dia 10 e o dia 20 do mês seguinte àquele a que respeita.

3 – As contribuições das entidades contratantes reportam-se ao ano civil anterior e o prazo para o seu pagamento é fixado até ao dia 20 do mês seguinte ao da emissão do documento de cobrança.

4 – A violação do disposto nos números anteriores constitui contra-ordenação leve quando seja cumprida nos 30 dias subsequentes ao termo do prazo e constitui contra-ordenação grave nas demais situações.

[80] Revogado pelo nº 2 do artº 71º da Lei nº 55-A/2010, de 31 de Dezembro.

[81] O nº 2 na redacção do DL 2/2018, de 9 de Janeiro.
O nº 3 na redacção do nº 2 do artº 69º da Lei nº 55-A/2010, de 31 de Dezembro.

– Lugar e meios – arts 75º e 76º do D Reg 1-A/2011, 03/01.

– Cf. regime dos trabalhadores por conta de outrem no artº 43º.

– Cumprimento dos prazos – ver anotação ao artº 40º.

– Para o nº 2 anteriormente:

até Dez 2010: até ao dia 15 do mês seguinte – Desp 92/93 – DR II, de 2/12/93;

até Dez 2018: até ao dia 20 do mês seguinte – anterior redacção do nº 2.

– Para o nº 4 ver regime do montante das coimas no artº 233º.

Artigo 156º – Acumulação de actividade com registo de equivalência à entrada de contribuições

1 – Quando, no decurso do mesmo mês, se verificar, sucessivamente, o exercício de actividade independente e situação determinante do registo de remunerações por equivalência à entrada de contribuições, a obrigação de contribuir reporta-se ao número de dias em que não haja lugar ao registo de remunerações por equivalência.

2 – Para efeitos do número anterior o valor diário das contribuições dos trabalhadores independentes é igual a 1/30 do seu valor mensal resultante do cálculo efectuado nos termos das secções seguintes.

Artigo 157º – Isenção da obrigação de contribuir

1 – Os trabalhadores independentes estão isentos da obrigação de contribuir:

a) Relativamente ao rendimento relevante mensal médio apurado trimestralmente ou anualmente, consoante os casos, de montante inferior a 4 vezes o valor do IAS, quando acumulem actividade independente com actividade profissional por conta de outrem, desde que se verifiquem cumulativamente as seguintes condições: [82]

i) O exercício da actividade independente e a outra actividade sejam prestados a entidades empregadoras distintas e que não tenham entre si uma relação de domínio ou de grupo; [83]

ii) O exercício de actividade por conta de outrem determine o enquadramento obrigatório noutro regime de protecção social que cubra a totalidade das eventualidades abrangidas pelo regime dos trabalhadores independentes;

iii) O valor da remuneração mensal média considerada para o outro regime de protecção social seja igual ou superior a 1 vez o valor do IAS. [84]

[82] Corpo da alínea na redacção do DL 2/2018, de 9 de Janeiro, e da Lei nº 71/2018, de 31 de Dezembro.

[83] Redacção do artº 171º da Lei nº 83-C/2013, de 31 de Dezembro.

[84] Redacção do DL 2/2018, de 9 de Janeiro.

b) Quando seja simultaneamente pensionista de invalidez ou de velhice de regimes de protecção social, nacionais ou estrangeiros, e a actividade profissional seja legalmente cumulável com as respectivas pensões.

c) Quando seja simultaneamente titular de pensão resultante da verificação de risco profissional que sofra de incapacidade para o trabalho igual ou superior a 70%;

d) Quando, em Janeiro do ano seguinte àquele a que corresponde, se tenha verificado a obrigação do pagamento de contribuições durante o ano anterior nos termos do disposto no nº 2 do artigo 163º e enquanto se mantiverem as condições que determinaram a sua aplicação. [85]

2 – O reconhecimento da isenção, prevista no número anterior, é oficioso sempre que as condições que a determinam sejam do conhecimento directo da instituição de segurança social competente, dependendo da apresentação de requerimento do interessado nos demais casos.

3 – *(revogado)* [86]

– Nos termos do nº 1 in fine do artº 137º.

– O nº 1 a) i) – relação de domínio (artº 486º do CSC) ou de grupo (artº 488º do CSC) pode servir de parâmetro para a interpretação das expressões "agrupamento empresarial" ou de "grupo de empresas" que surge, designadamente na alínea j) do artº 48º, e arts 129º e 140º respectivamente.

De notar que também a alínea b) do nº 3 do artº 208º vem referir as empresas coligadas mas de modo mais lato.

– Para a alínea b):

Regime de acumulação de pensões com rendimento de trabalho – arts 58º e segs do DL 187/2007, 10/05.

Nada parece impedir a isenção dos titulares de pensão provisória pois "ubi lex non distinguit nec non debemus distinguere".

– Para o nº 2 ver artº 7º da Port 66/2011, 04/02.

– Para o IAS ver artº 68º da L 4/2007, 16/01.

– Procedimentos – arts 59º a 61º do D Reg 1-A/2011, 03/01.

Artigo 158º – Cessação das condições para a isenção

1 – Os trabalhadores a quem seja reconhecida a isenção da obrigação de contribuir devem declarar à instituição da segurança social competente a cessação das condições de que depende a referida isenção, salvo se as mesmas forem do conhecimento oficioso desta.

85 Aditada pelo artº 171º da Lei nº 83-C/2013, de 31 de Dezembro. Redacção do DL 2/2018, de 9 de Janeiro.

86 Revogado pelo artº 171º da Lei nº 83-C/2013, de 31 de Dezembro.

2 – A cessação das condições para a isenção constitui o trabalhador na obrigação de pagar as contribuições para o regime dos trabalhadores independentes a partir do mês seguinte ao da sua ocorrência, nos termos previstos no presente Código.

– Cessação voluntária – artº 61º do D Reg 1-A/2011, 03/01.

Artigo 159º – Inexistência da obrigação de contribuir

1 – Não existe obrigação contributiva do trabalhador independente quando:

a) Haja reconhecimento do direito à respectiva isenção, nos termos dos artigos 157º e seguintes;

b) Ocorra suspensão do exercício de actividade, devidamente justificada;

c) Se verifique período de comprovada incapacidade ou indisponibilidade para o trabalho por parentalidade, ainda que não haja direito à atribuição ou ao pagamento dos respectivos subsídios;

d) Se verifique situação de incapacidade temporária para o trabalho, independentemente de haver, ou não, direito ao subsídio de doença, nos termos estabelecidos no número seguinte.

2 – A inexistência da obrigação de contribuir a que se reporta a alínea d) do número anterior inicia-se a partir da verificação da incapacidade temporária, se a mesma conferir direito ao subsídio sem exigência do período de espera, e após este período, nas demais situações. [87]

– Para a alínea b) ver nº 1 do artº 160º.

Artigo 160º – Suspensão do exercício da actividade

1 – Para efeitos do disposto na alínea *b*) do nº 1 do artigo anterior, os trabalhadores independentes que suspendam temporariamente, com carácter voluntário ou não, o exercício efectivo da sua actividade por conta própria, podem requerer à instituição de segurança social competente a suspensão da aplicação deste regime, sem prejuízo do disposto em matéria de enquadramento e vinculação, indicando para o efeito as causas da suspensão.

2 – Não se dá como verificada uma situação de suspensão de actividade, relevante para os efeitos do artigo anterior, designadamente quando a actividade do trabalhador independente possa continuar a ser exercida por trabalhador ao seu serviço ou pelo respectivo cônjuge enquadrado, nessa qualidade, por este regime.

– Quanto à manutenção do direito às prestações ver artº 142º.

[87] Redacção do DL 2/2018, de 9 de Janeiro.

Artigo 161º – Cessação da obrigação contributiva

A obrigação contributiva cessa a partir do 1º dia do mês seguinte àquele em que cesse a actividade, sem prejuízo do pagamento de contribuições que resulte de revisão anual. [88]

SECÇÃO II – Bases de incidência contributiva

Artigo 162º – Determinação do rendimento relevante [89]

1 O rendimento relevante do trabalhador independente é determinado com base nos rendimentos obtidos nos três meses imediatamente anteriores ao mês da declaração trimestral, nos seguintes termos:

a) 70 % do valor total de prestação de serviços;

b) 20 % dos rendimentos associados à produção e venda de bens.

2 – A determinação do rendimento relevante dos trabalhadores independentes que prestem serviços no âmbito de actividades hoteleiras e similares, restauração e bebidas, e que o declarem fiscalmente como tal, é feita, relativamente a esses rendimentos, nos termos da alínea *b*) do número anterior.

3 – O rendimento relevante do trabalhador independente abrangido pelo regime de contabilidade organizada, previsto no Código do Imposto sobre o Rendimento das Pessoas Singulares, corresponde ao valor do lucro tributável apurado no ano civil imediatamente anterior.

4 – Os rendimentos não considerados para efeitos de determinação do rendimento relevante são previstos em legislação regulamentar, sem prejuízo de o trabalhador independente poder optar pela sua consideração.

5 – O rendimento referido nos números anteriores é apurado pela instituição de segurança social competente com base nos valores declarados pelo trabalhador independente, bem como nos valores declarados para efeitos fiscais.

6 – Para efeitos do presente artigo, a administração fiscal comunica oficiosamente à instituição de segurança social competente, por via electrónica, os rendimentos dos trabalhadores independentes declarados.

[88] Redacção do DL 2/2018, de 9 de Janeiro.

[89] O nº 1 na redacção do DL 2/2018, de 9 de Janeiro.
Os nºs 3, 4 e 5 na redacção do DL 2/2018, de 9 de Janeiro.
Os nºs 2 e 3 com redacção do artº 171º da Lei nº 83-C/2013, de 31 de Dezembro.
O nº 4 foi aditado pela Lei nº 83-C/2013, de 31 de Dezembro.
O nº 2 fora aditado pelo nº 1 do artº 16º da Lei nº 20/2012, de 14 de Maio, tendo os anteriores nº 2 e 3 da versão de 2010 passado a 3 e 4.
Teve redacção do nº 2 do artº 69º da Lei nº 55-A/2010, de 31 de Dezembro.
O nº 6 foi aditado pelo L 2/2018, de 9 de Janeiro.

– *O nº 1 é válido para determinação do rendimento também no abono de família (artº 2º do DL 245/2008, 18/12) e para os regimes não contributivos (artº 7º DL 70/2010, 16/06 – ambos na redacção do DL 84/2019, 28/09).*

– *Para o nº 3, nos termos dos nºs 1 e 2 do artº 28º do CIRS – regime necessário com rendimentos superiores a € 150 000.*
Base de incidência no limite mínimo – nº 4 do artigo seguinte.

– *O mecanismo do artº 162ºnº 3 ilustra o desrespeito pelo princípio da aderência das contribuições ao rendimento real, isto é, a distância temporal entre o facto tributável e o da fixação do valor da contribuição e efectivo pagamento é muito significativa donde poderão decorrer distorções não desejáveis.*

– *Para os sócios das sociedades de profissionais dadas as regras especiais de apuramento dos rendimentos tributáveis em IRS (nº 8 do artº 28º do CIRS) – imputação da matéria colectável da sociedade, determinada de acordo com as regras do IRC, a cada sócio, na proporção da respectiva participação – integrando estes valores a base de incidência tributária já como rendimento líquido da categoria B, terá de se atender, por analogia, ao mesmo critério do valor fiscalmente determinado. Ver artº 62º nº 2 do D Reg 1-A/2011, 03/01.*

– *Elementos necessários e comunicações – arts 62º e nº 1 do artº 63º do D Reg 1-A/2011, 03/01.*

Artigo 163º – Base de incidência contributiva dos trabalhadores independentes [90]

1 – A base de incidência contributiva mensal corresponde a 1/3 do rendimento relevante apurado em cada período declarativo, produzindo efeitos no próprio mês e nos dois meses seguintes.

2 – Para efeitos do disposto no número anterior, quando se verifique a inexistência de rendimentos ou o valor das contribuições devidas por força do rendimento relevante apurado seja inferior a € 20,00, é fixada a base de incidência que corresponda ao montante de contribuições naquele valor.

3 – Sempre que o rendimento relevante seja apurado nos termos do nº 3 do artigo anterior, a base de incidência mensal corresponde ao duodécimo do lucro

[90] Redacção do DL 2/2018, de 9 de Janeiro, e da Declaração de Rectificação nº 9/2018, de 9 de Março.
Pelo nº 2 do artº 69º da Lei nº 55-A/2010, de 31 de Dezembro, os nºs 4 e 5 da versão original passaram a 5 e 6 e o actual nº 4 foi aditado.
Pelo nº 1 do artº 16º da Lei nº 20/2012, de 14 de Maio, o nº 6 da versão de 2010, passou a actual nº 8 e foram aditados os actuais nºs 6 e 7.
O nº 4 na redacção da Lei nº 71/2018, de 31 de Dezembro.
O nº 4 teve redacção nos termos da Declaração de Rectificação nº 9/2018, de 9 de Março, e teve redacção do artº 171º da Lei nº 83-C/2013, de 31 de Dezembro:
O nº 8 na redacção do artº 271º da Lei nº 42/2016, de 28 de Dezembro.

tributável, com o limite mínimo de 1,5 vezes o valor do IAS, sendo fixada em Outubro para produzir efeitos no ano civil seguinte.

4 – A base de incidência contributiva dos trabalhadores independentes com rendimento relevante mensal médio apurado trimestralmente ou anualmente, consoante os casos, de montante igual ou superior a 4 vezes o valor do IAS, que acumulem actividade com actividade profissional por conta de outrem nos termos da alínea a) do nº 1 do artigo 157º, corresponde ao valor que ultrapasse aquele limite.

5 – A base de incidência contributiva considerada em cada mês tem como limite máximo 12 vezes o valor do IAS.

6 – *(revogado)* [91]

7 *(revogado)* [92]

8 – O valor previsto no nº 2 é actualizado de acordo com a actualização do IAS.

– O nº 8 ajusta a regra do nº 2 do artº 45º.
– Manutenção de situações anteriores – artº 276º.

Artigo 164º – Direito de opção [93]

1 – No momento da declaração trimestral, o trabalhador independente pode optar pela fixação de um rendimento superior ou inferior até 25% àquele que resultar dos valores declarados nos termos do artigo 151º-A, sem prejuízo dos limites previstos no artigo anterior.

2 – A opção a que se refere o número anterior é efectuada em intervalos de 5%.

3 – Notificado da base de incidência contributiva que lhe é aplicável por força do disposto no nº 3 do artigo 162º, o trabalhador independente pode requerer, no prazo que for fixado na respectiva notificação, que lhe seja aplicado o regime de apuramento trimestral do rendimento relevante, ficando sujeito à obrigação declarativa trimestral a partir de Janeiro.

4 – *(revogado)*

Artigo 164º-A – Revisão anual [94]

1 – Os serviços da segurança social procedem, anualmente, à revisão das declarações relativas ao ano anterior com base na comunicação de rendimentos efec-

[91] Revogado pelo artº 171º da Lei nº 83-C/2013, de 31 de Dezembro.
[92] Revogado pelo artº 171º da Lei nº 83-C/2013, de 31 de Dezembro.
[93] Redacção do DL 2/2018, de 9 de Janeiro. Teve redacção do artº 171º da Lei nº 83-C/2013, de 31 de Dezembro,
O nº 3 teve redacção do nº 2 do artº 69º da Lei nº 55-A/2010, de 31 de Dezembro.
[94] Aditado pelo DL 2/2018, de 9 de Janeiro, e nos termos da Declaração de Rectificação nº 9/2018, de 9 de Março.

tuada nos termos do nº 6 do artigo 162º e notificam o trabalhador independente das diferenças apuradas.

2 – O pagamento de contribuições resultante da revisão é considerado, para todos os efeitos, como efectuado fora do prazo.

Artigo 165º – Determinação da base de incidência contributiva em situações especiais [95]

1 – No início da produção de efeitos do enquadramento ou no reinício de actividade e até à primeira declaração trimestral, é fixada, como base de incidência contributiva, o rendimento relevante previsto no nº 2 do artigo 163º.

2 – O disposto no número anterior não é aplicável se já se encontrar fixada base de incidência aplicável ao período.

3 – *(revogado)*

4 – Os trabalhadores independentes que vão exercer a respectiva actividade em país estrangeiro e que optem por manter o seu enquadramento no regime geral dos trabalhadores independentes, nos termos do artigo 138º, mantêm a última base de incidência fixada, nos casos em que os rendimentos de trabalho independente não sejam declarados em Portugal.

5 – *(revogado)*.

– Para os nºs 1, 3 e 4 por requerimento ver artº 8º da Port 66/2011, 04/02.

– Para a referência no nº 4 a "regime geral dos trabalhadores independentes" ver o artº 53º da L 4/2007, 16/01.

Artigo 166º – Base de incidência dos cônjuges [96]

1 – A base de incidência contributiva dos trabalhadores enquadrados exclusivamente por força da sua qualidade de cônjuges de trabalhadores independentes corresponde a 70% do rendimento relevante do trabalhador independente, com os limites mínimos previstos no artigo 163º e sem prejuízo do disposto no número seguinte.

2 – Os cônjuges dos trabalhadores independentes podem requerer que lhes seja fixado um rendimento relevante inferior até 20% daquele que lhes foi aplicado ou superior até ao limite do rendimento relevante dos trabalhadores independentes.

– Procedimentos: artº 64º do D Reg 1-A/2011, 03/01.

[95] Redacção do DL 2/2018, de 9 de Janeiro. O corpo do nº 2 teve redacção do artº 171º da Lei nº 83-C/2013, de 31 de Dezembro.
Teve redacção do nº 1 do artº 16º da Lei nº 20/2012, de 14 de Maio, e do nº 3 do artº 81º da Lei nº 64-B/2011, de 30 de Dezembro.
A alínea b) do nº 2 na redacção do artº 171º da Lei nº 83-C/2013, de 31 de Dezembro.

[96] Redacção do DL 2/2018, de 9 de Janeiro.

Artigo 167º – Determinação da base de incidência contributiva das entidades contratantes [97]

Constitui base de incidência contributiva, para efeitos de determinação do montante de contribuições a cargo da entidade contratante, o valor total dos serviços que lhe foram prestados por trabalhador independente no ano civil a que respeitam.

– *Cf. anotação ao artº 140º.*

SECÇÃO III – Taxas contributivas

Artigo 168º – Taxas contributivas [98]

1 – A taxa contributiva a cargo dos trabalhadores independentes é fixada em 21,4%.

2 – *(revogado)*

3 – *(revogado)*

4 – É fixada em 25,2% a taxa contributiva a cargo dos empresários em nome individual e dos titulares de estabelecimento individual de responsabilidade limitada e respectivos cônjuges.

5 – *(revogado)*

6 – *(revogado)*

7 – A taxa contributiva a cargo das entidades contratantes é fixada nos seguintes termos:

a) 10% nas situações em que a dependência económica é superior a 80%;

b) 7% nas restantes situações.

– *Para o nº 4 quanto a produção de efeitos ver artº 54-B do D Reg 1-A/2011, 03/01.*

– *Para o nº 7 – base de incidência: artº 167º e anotação ao artº 140º.*

– *Para os produtores agrícolas e equiparados das regiões autónomas só com rendimento mensal igual ou superior a 4 IAS; com rendimento inferior são abrangidos pelo regime de agricultura familiar, assim:*

[97] Redacção do nº 2 do artº 69º da Lei nº 55-A/2010, de 31 de Dezembro.

[98] Redacção do DL 2/2018, de 9 de Janeiro.
O nº 1 teve redacção do nº 2 do artº 69º da Lei nº 55-A/2010, de 31 de Dezembro:
Os nºs 2, 5 e 6 revogados pelo nº 2 do artº 71º da Lei nº 55-A/2010, de 31 de Dezembro.
O nº 3 teve redacção do nº 2 do artº 81º da Lei nº 64-B/2011, de 30 de Dezembro, revogado pelo DL 2/2018, de 9 de Janeiro:
O nº 4 teve redacção do nº 1 do artº 116º da Lei nº 66-B/2012, de 31 de Dezembro.
O nº 7, anterior nº 4, na versão anterior ao nº 2 do artº 69º da Lei nº 55-A/2010 passou a nº 7.

Em função do rendimento mensal	*Taxa contributiva e base de incidência*
Até 1,5 IAS	*8% do IAS*
Superior a 1,5 IAS	*15% de 1,5 IAS*
Superior a 2 IAS	*15% de 2 IAS*
Superior a 3 IAS e inferior a 4 IAS	*15% de 3 IAS*

TÍTULO III – Regime de seguro social voluntário

No artº 53º da Lei nº 4/2007, de 16 de Janeiro, e no artº 1º deste CRC é designado de "regime de inscrição facultativa"

Anteriormente: Decreto-Lei nº 40/89, de 1 de Fevereiro (arts 1º a 44º).

CAPÍTULO I – Âmbito de aplicação

Artigo 169º – Âmbito pessoal

1 – Podem enquadrar-se no regime de seguro social voluntário os cidadãos nacionais, maiores, considerados aptos para o trabalho e que não estejam abrangidos por regime obrigatório de protecção social ou que, estando, os mesmos não relevem no âmbito do sistema de segurança social português.

2 – Os cidadãos nacionais que exerçam actividade profissional em território estrangeiro e que não estejam abrangidos por instrumento internacional a que Portugal se encontre vinculado podem igualmente enquadrar-se neste regime.

3 – Podem ainda enquadrar-se neste regime os estrangeiros ou apátridas, residentes em Portugal há mais de um ano, que se encontrem nas restantes condições estabelecidas no nº 1.

- *Regime previsto no nº 2 do artº 51º e artº 53º in fine da L 4/2007, 16/01, e artº 1º in fine deste Código.*
- *Para instrumentos internacionais ver artº 25º e anotação.*
- *O nº 2 prevê o então designado, no âmbito dos arts 124º a 126º do Dec 45266, 23/09/1963, "regime de continuação voluntária do pagamento de contribuições".*
- *Meios de prova – arts 9º a 14º da Port 66/2011, 04/02.*
- *Legislação complementar associada*

  Regime de entrada, permanência, saída e afastamento de estrangeiros do território nacional:

  . para cidadãos comunitários, do EEE e Suíça – L 37/2006, 09/08;

  . para outros – L 23/2007, 04/07, e D Reg. 84/2007, 05/11, e legislação complementar.

Artigo 170º – Situações especiais abrangidas

1 – Podem enquadrar-se no seguro social voluntário os seguintes trabalhadores:

a) Os trabalhadores marítimos e os vigias, nacionais, que se encontrem a exercer actividade profissional em navios de empresas estrangeiras;

b) Os trabalhadores marítimos nacionais que exerçam actividade a bordo de navios de empresas comuns de pesca constituídas ao abrigo dos Decretos-Leis nºs 1/81, de 7 de Janeiro, e 193/84, de 11 de Junho;

c) *(revogada)* [99]

2 – Podem ainda enquadrar-se no seguro social voluntário as pessoas que integrem grupos de actividades específicos que, de acordo com os respectivos estatutos, prevejam a inscrição no regime, designadamente:

a) Os voluntários sociais que de forma organizada exerçam actividade de tipo profissional não remunerada em favor de instituições particulares de solidariedade social e de entidades detentoras de corpos de bombeiros, nomeadamente os bombeiros voluntários;

b) Os bolseiros de investigação que reúnam as condições definidas no Estatuto do Bolseiro de Investigação e não se encontrem enquadradas em regime de protecção social obrigatório;

c) Os agentes da cooperação que, reunindo as condições definidas no respectivo estatuto, se obriguem, mediante contrato, a prestar serviço no quadro das relações do cooperante, de que não resulte o seu enquadramento em regime de protecção social obrigatório de outro país;

d) Os praticantes desportivos de alto rendimento;

e) Os cuidadores informais principais. [100]

3 – A definição dos requisitos específicos de enquadramento relativos a cada grupo de situações especiais é objecto de legislação própria.

– Para o nº 1

. alínea a): Bases XII e seguintes da Portaria de Regulamentação de Trabalho dos Vigias da Marinha Mercante, publicada no Boletim, nº 37, do Ministério do Trabalho e Segurança Social, de 8 de Outubro de 1975;

. alínea b): o DL 1/81, nesta matéria deve considerar-se revogado face ao disposto no artº 13º do DL 193/84, de 11/06;

. alínea c), entretanto revogada – tripulantes que se encontrem a exercer actividade profissional em navios inscritos no Registo Internacional de Navios da Madeira (MAR) – regime actual: artº 25º do DL 96/89, de 28 de Março (redacção da L 23/2015, 17/03).

[99] Revogada pelo artº 5º da Lei nº 23/2015, de 17 de Março.

[100] Aditada pela Lei nº 100/2019, de 6 de Setembro.

Antes: Despacho de 01/08/1978 do Secretário de Estado da Segurança Social (DR, 3ª, nº 195, 25/08/1978).

– Para o nº 2

. alínea a):

arts 6º a 12º do DL 389/99, 30/09 – voluntários sociais;

DL 241/2007, 21/06 (arts 12º a 18ª) – bombeiros voluntários;

. alínea b): L 40/2004, 18/08 (arts 9º a 11º);

. alínea c): L 13/2004, 14/04 (arts 17º e 28º);

. alínea d): DL 272/2009, 01/10 (artº 40º).

. alínea e): L 100/2019, 06/09 (art. 20º do Estatuto do Cuidador Informal)

Artigo 171º – Pessoas excluídas

São excluídos do regime os pensionistas de invalidez e de velhice.

– De notar, porém, as situações de pagamento voluntário de contribuições previstas nos arts 249º a 253º, designadamente os pensionistas de pensão de velhice antecipada.

Artigo 172º – Âmbito material [101]

1 – A protecção social conferida pelo regime do seguro social voluntário integra a protecção nas eventualidades de invalidez, velhice e morte.

2 – O âmbito material de protecção dos beneficiários abrangidos pelas situações especiais a que se refere o nº 1 do artigo 170º integra ainda as eventualidades de doença, doenças profissionais e parentalidade.

3 – O âmbito material de protecção dos beneficiários abrangidos pelas situações especiais a que se refere o n.º 2 do artigo 170.º, com excepção da alínea e), pode ainda integrar, nos termos previstos em legislação própria:

a) As eventualidades de doença, doenças profissionais, parentalidade;

b) Doenças profissionais.

4 – O âmbito material de protecção dos beneficiários abrangidos pela situação especial a que se refere a alínea e) do nº 2 do artigo 170º integra as eventualidades previstas no nº 1.

– Condições de pagamento das prestações correspondentes – pagamento de contribuições (artº 217º).

– Ver taxas contributivas correspondentes no artº 184º.

– A seguir se transcreve a parte útil do DL 40/89, 11/02, ainda em vigor:

CAPÍTULO V – Âmbito material

Artigo 45º – Eventualidades cobertas

1 – (revogado)

[101] O corpo do nº 3 e o nº 4 na redacção da Lei nº 100/2019, de 6 de Setembro.

2 – O esquema material de prestações dos beneficiários abrangidos pelas situações particulares a que se refere o artigo 11º compreende ainda a cobertura das seguintes eventualidades:
a) No caso dos trabalhadores que exercem actividade em barcos de empresas estrangeiras, as eventualidades de doença, doença profissional, encargos familiares e maternidade;
b) No caso dos beneficiários anteriormente abrangidos pelo regime de continuação facultativa do pagamento de contribuições, prevista no artigo 124º do Decreto nº 45 266, de 23 de Setembro de 1963, a eventualidade de encargos familiares;
c) No caso dos voluntários sociais, a eventualidade de doença profissional.
(O nº 1 foi revogado pela alínea f) do artº 5º da L 110/2009, 16/09)

Artigo 46º – Esquema de prestações
1 – A cobertura das eventualidades referidas no nº 1 do artigo anterior realiza-se através da atribuição das seguintes prestações pecuniárias:
a) Pensões de invalidez;
b) Pensões de velhice;
c) Pensões de sobrevivência e subsídio de morte;
d) Subsídio por assistência de terceira pessoa.
2 – As eventualidades referidas no nº 2 do artigo anterior são cobertas pelas prestações que, em função das mesmas, são concedidas pelo regime geral.
(Esquema mínimo de prestações – artº 172º do CRC)
(A prestação referida na alínea d) do nº 1 é o actual complemento por dependência)

Artigo 47º – Prazos de garantia
1 – Os prazos de garantia para atribuição das prestações previstas nas alíneas a), b) e c) do nº 1 do artigo anterior são os seguintes:
a) 72 meses para as pensões de invalidez e pensões de sobrevivência;
b) 144 meses para as pensões de velhice;
c) 36 meses para o subsídio por morte.
2 – Não é aplicável neste regime o disposto na Portaria nº 615-A/87, de 17 de Julho, sendo sempre exigível a verificação de prazo de garantia.
(A Port 615-A/87, 17/07, foi revogada pela L 1/89, 31/01)

Artigo 48º – Período de espera
(Revogado. Ver regime no artº 21º nº 2 do DL 28/2004, 04/02)

Artigo 49º – Certificação da incapacidade permanente
A atribuição da pensão de invalidez depende da certificação da incapacidade permanente do beneficiário para toda e qualquer profissão.

Artigo 50º – Montante das prestações

1 – Para a determinação dos montantes das pensões atribuídas por este regime, os valores das remunerações a considerar para o efeito poderão ser objecto de revalorização, por aplicação de factores adequados, nos termos que venham a ser estabelecidos em diploma próprio.

2 – A aplicação do disposto no número anterior implicará o não estabelecimento de valores mínimos para as prestações atribuídas no âmbito deste regime.

(Para o nº 1 ver portarias que anualmente fixam os coeficientes de revalorização)

Artigo 51º – Coordenação geral de situações contributivas

1 – Para o preenchimento de prazos de garantia e cálculo de prestações a atribuir pelo seguro social voluntário são considerados os períodos anteriores com registo de remunerações verificados nos regimes contributivos obrigatórios de segurança social, desde que incluam a cobertura das eventualidades pelas mesmas prestações, sendo sempre atribuída uma única prestação.

2 – Quando existam períodos com registo de remunerações no seguro social voluntário e as prestações sejam atribuídas por regime obrigatório, por o mesmo abranger o beneficiário à data da respectiva atribuição, são aqueles períodos considerados para os efeitos e nos termos previstos no número anterior.

Artigo 52º – Coordenação especial de situações contributivas

1 – Os voluntários sociais que tenham cumprido o prazo de garantia, no âmbito de regimes obrigatórios, para a atribuição de pensões podem requerer que a determinação da remuneração de referência seja efectuada tendo apenas em conta aqueles períodos de tempo, se o resultado lhes for mais favorável.

2 – Os beneficiários referidos no número anterior têm sempre direito à contagem da globalidade de todos os períodos contributivos ou equivalentes para efeitos da taxa de formação da pensão.

CAPÍTULO II – Relação jurídica de vinculação

Artigo 173º – Inscrição e enquadramento

1 – O enquadramento no regime depende da manifestação de vontade do interessado através da apresentação de requerimento próprio.

2 – Com o primeiro enquadramento procedem os serviços competentes, quando necessário, à inscrição do beneficiário no sistema previdencial.

3 – No caso dos voluntários sociais, o enquadramento depende ainda da manifestação de vontade das entidades que beneficiam da actividade voluntária, cabendo-lhes a apresentação do requerimento do interessado.

4 – O deferimento do requerimento determina o enquadramento no regime de seguro social voluntário reportando-se os seus efeitos ao dia 1 do mês seguinte ao da apresentação do requerimento.

– *Indicação mensal da cessação de actividade de voluntários sociais (nº 3) ver nº 4 do artº 174º.*
– *Requerimento de adesão e prazo para apresentação – arts 66º e 67º do D Reg 1-A/2011, 03/01.*

Artigo 174º – Cessação do enquadramento

1 – O beneficiário pode a todo o tempo requerer a cessação do enquadramento neste regime.

2 – A falta de pagamento atempado de contribuições faz presumir a vontade de fazer cessar o enquadramento, salvo se o mesmo pagamento for retomado antes de decorrido o prazo de um ano.

3 – O enquadramento cessa, ainda, se o beneficiário passar a estar abrangido por regime obrigatório de protecção social.

4 – As entidades a que se refere o nº 3 do artigo anterior devem indicar mensalmente às instituições competentes os voluntários sociais que deixaram de exercer a respectiva actividade de voluntariado.

– *O nº 2 prevê o regime de cessação implícita (não requerida) – ver arts 178º (retoma) e nº 2 do artº 179º (cessação da obrigação contributiva).*

Artigo 175º – Produção de efeitos da cessação do enquadramento

A cessação do enquadramento produz efeitos a partir do mês em que foi apresentado o respectivo requerimento ou, na falta deste, a partir do mês seguinte àquele a que se reporta a última contribuição paga.

– *Obrigação contributiva – artº 179º.*

CAPÍTULO III – Relação jurídica contributiva

SECÇÃO I – Obrigação contributiva

Artigo 176º – Obrigação contributiva

Os beneficiários do regime de seguro social voluntário estão sujeitos ao pagamento de contribuições nos termos regulados no presente título.

– *Cf. artº 11º.*
– *Ver anotação ao artº 57º da Lei nº 4/2007, de 16 de Janeiro.*

Artigo 177º – Responsabilidade pelo cumprimento da obrigação contributiva

1 – Os beneficiários do regime do seguro social voluntário são os responsáveis pelo pagamento da respectiva contribuição.

2 – O pagamento das contribuições é efectuado nos termos definidos para os trabalhadores independentes, até ao dia 20 do mês seguinte àquele a que diga respeito, sem prejuízo do disposto no artigo seguinte.

– *Local e meios – arts 75º e 76º do D Reg. 1-A/2011, 03/01.*

– *Cumprimento de prazos – ver anotação ao artº 40º.*

– *Para o nº 2 prazo anterior: 1 a 30 do mês seguinte – Desp 69/89 – DR II, de 5/6/89.*

– *Acumulação com registo de remunerações – artº 68º do D Reg. nº 1-A/2011, 03/01.*

Artigo 178º – Retoma do pagamento das contribuições

Nas situações de retoma do pagamento de contribuições referidas no nº 2 do artigo 174º do presente Código, há lugar ao pagamento das contribuições devidas, correspondentes ao período em causa acrescidos de juros de mora.

– *Antes de decorrido um ano após o último pagamento (nº 2 do artº 174º), caso contrário (mais de um ano) aplica-se o regime do artº 179º.*

Artigo 179º – Cessação da obrigação contributiva

1 – A obrigação contributiva cessa no mês seguinte àquele em que o beneficiário o tenha requerido.

2 – A falta de pagamento das contribuições, por período igual ou superior a um ano, faz cessar a obrigação contributiva a partir do mês seguinte ao do último pagamento.

– *Para o nº 2 ver nº 2 do artº 174º.*

SECÇÃO II – Bases de incidência contributiva

Artigo 180º – Base de incidência contributiva

1 – Sem prejuízo do disposto nos números seguintes, a base de incidência contributiva corresponde a uma remuneração convencional e é escolhida pelo beneficiário, de acordo com os seguintes escalões, indexados ao valor do IAS:

Escalões	Remunerações convencionais em percentagem do valor do IAS
1º	100
2º	150
3º	200
4º	250
5º	300
6º	400
7º	500
8º	600
9º	700
10º	800

2 – Os beneficiários que sejam enquadrados no seguro social voluntário com idade igual ou superior à referida no mapa do anexo I têm como limite da base de incidência o valor correspondente ao 5º escalão, sem prejuízo do disposto no artigo 183º.

– Determinação do valor diário (quando necessário) – artº 68º do D Reg 1-A/2011, 03/01.

– Para o IAS ver artº 3º da Lei nº 53-B/2006, de 29 de Dezembro.

Artigo 181º – Alteração da base de incidência contributiva

1 – Os beneficiários podem, nos termos dos números seguintes, alterar o valor da base de incidência contributiva.

2 – A alteração do valor da base de incidência contributiva é sempre permitida para escalões inferiores.

3 – A alteração do valor da base de incidência contributiva só é permitida para escalão imediatamente superior desde que se verifiquem cumulativamente as seguintes condições:

a) Terem sido pagas contribuições em função do mesmo escalão durante pelo menos 12 meses consecutivos;

b) O beneficiário ter idade inferior à prevista no mapa do anexo I do presente Código.

Artigo 182º – Base de incidência contributiva após período de cessação de enquadramento

1 – Nos casos em que tenha havido cessação de enquadramento seguido de novo enquadramento, o escalão da base de incidência contributiva mantém-se igual ao que vigorava anteriormente à cessação, salvo se o beneficiário optar por outro, verificados os requisitos exigidos para a alteração do escalão.

2 – O período entre a cessação e o novo enquadramento não é relevante para a contagem do período de 12 meses a que se refere a alínea *a*) do nº 3 do artigo anterior.

Artigo 183º – Base de incidência contributiva em situações especiais

1 – Os beneficiários que, no âmbito do regime geral de segurança dos trabalhadores por conta de outrem, tenham contribuído, por período superior a 12 meses, sobre montantes superiores ao escalão mais elevado da base de incidência para o regime de seguro social voluntário podem optar pelo escalão mais elevado independentemente da idade.

2 – Os beneficiários que após cessação de enquadramento no seguro social voluntário tenham contribuído, por período superior a 12 meses, para um regime obrigatório de segurança social sobre uma base de incidência contributiva de valor superior à anteriormente considerada no seguro social voluntário, podem optar pelo escalão de valor igual ou imediatamente superior ao da base de incidência contributiva daquele regime ao retomarem o enquadramento no seguro social voluntário, independentemente da idade.

SECÇÃO III – Taxas contributivas

Artigo 184º – Taxas contributivas [102]

1 – A taxa contributiva correspondente à cobertura das eventualidades de invalidez, velhice e morte é de 26,9%.

2 – A taxa contributiva correspondente à protecção nas eventualidades doença, doenças profissionais e parentalidade, invalidez, velhice e morte é de 29,6%.

3 – A taxa contributiva correspondente à cobertura das eventualidades de doença profissional, invalidez, velhice e morte é de 27,4%.

4 – A taxa contributiva correspondente à cobertura da eventualidade de doenças profissionais é de 0,5%.

5 – A taxa contributiva correspondente à protecção do cuidador informal principal é de 21,4%.

[102] O nº 5 aditado pela Lei nº 100/2019, de 6 de Setembro.

– *Taxas contributivas em função do âmbito material (esquema de prestações) de cada grupo a considerar nos termos do artº 172º.*

PARTE III – Incumprimento da obrigação contributiva

Anteriormente: Decreto-Lei nº 411/91, de 17 de Outubro

CAPÍTULO I – Disposições gerais

Artigo 185º – Dívida à segurança social

Consideram-se dívidas à segurança social, para efeitos do presente Código, todas as dívidas contraídas perante as instituições do sistema de segurança social pelas pessoas singulares, pelas pessoas colectivas e outras entidades a estas legalmente equiparadas, designadamente as relativas às contribuições, quotizações, taxas, incluindo as adicionais, os juros, as coimas e outras sanções pecuniárias relativas a contra-ordenações, custos e outros encargos legais.

– *Esta definição foi reproduzida com pequenas alterações do artº 2º do DL 42/2001, 09/02.*

– *No âmbito dos regimes, em regra, não há taxas (no sentido de oposição a impostos) muito menos adicionais. Há taxas nesse sentido:*

. *relativamente à intervenção médica no âmbito da verificação da doença nos termos do artº 23º da L 105/2009, 14/09, com valor definido no nº 2º da Port 91/2007, 22/01;*

. *na área institucional, designadamente no regime do licenciamento de estabelecimentos e serviços – DL 64/2007, 14/03 – estão previstas taxas com os valores definidos na Port 348/2008, 02/05.*

Artigo 186º – Regularização da dívida à segurança social [103]

1 – A dívida à segurança social é regularizada através do seu pagamento voluntário, nos termos previsto no presente Código, no âmbito da execução cível ou no âmbito da execução fiscal.

2 – O disposto na presente parte é aplicável à regularização da dívida à segurança social, sem prejuízo das regras aplicáveis no âmbito da execução fiscal.

3 – As dívidas à segurança social de qualquer natureza podem não ser objecto de participação para execução nas secções de processo da segurança social quando o seu valor acumulado não atinja os limites estabelecidos anualmente por despacho do membro do Governo responsável pela área da segurança social.

[103] O nº 3 foi aditado pelo nº 1 do artº 116º da Lei nº 66-B/2012, de 31 de Dezembro.

– Para o nº 3: € 25 ou € 50, conforme se trate de dívidas de contra-ordenações ou de outra natureza – Desp 2704/2013, 11/02 (DR, 2ª, nº 35, 19/02).

– Pagamento insuficiente – artº 79º do D Reg 1-A/2011, 03/01.

– Genericamente, arts 77º e segs do D Reg 1-A/2011, 03/01.

– Procedimentos de execução:

. cível:

– nº 3 do artº 786º do CPC – citação para defesa dos interesses da segurança social;

– artº 788º do CPC – reclamação de créditos resultante de privilégios creditórios e de hipoteca legal;

– artº 80º do D Reg 1-A/2011, 03/01.

. fiscal – DL 42/2001, 09/02, e CPPT.

Artigo 187º – Prescrição da obrigação de pagamento à segurança social

1 – A obrigação do pagamento das contribuições e das quotizações, respectivos juros de mora e outros valores devidos à segurança social, no âmbito da relação jurídico-contributiva, prescreve no prazo de cinco anos a contar da data em que aquela obrigação deveria ter sido cumprida.

2 – O prazo de prescrição interrompe-se pela ocorrência de qualquer diligência administrativa realizada, da qual tenha sido dado conhecimento ao responsável pelo pagamento, conducente à liquidação ou à cobrança da dívida e pela apresentação de requerimento de procedimento extrajudicial de conciliação.

3 – O prazo de prescrição suspende-se nos termos previstos no presente Código e na lei geral.

– Previsão: nºs 3 e 4 do artº 60º da L 4/2007, 16/01.

– Contagem do prazo desde a LGT (Janeiro de 1999): a partir da data da ocorrência do facto tributário por as contribuições para a segurança social serem consideradas tributo de obrigação única (Jorge Lopes de Sousa, "Sobre a Prescrição da Obrigação Tributária", Áreas Editora, pág. 48). V. artº 81º-A do Regulamento.

– Destrinça entre suspensão e interrupção – artº 226º do CC.

– "Liquidação" (nº 2) no sentido de apuramento, cômputo ou contagem dos valores ou quantias em dívida (e não no sentido de pagamento) tal como descrito na segunda anotação ao artº 38º.

– "Procedimento extrajudicial de conciliação" (PEC) (nº 2) como processo excepcional de regularização – alínea b) nº 2 do artº 190º.

– Para o nº 3 ver, por exemplo, durante o período de pagamento em prestações o nº 2 do artº 189º e na "lei geral" – nº 3 do artº 49º da LGT.

– Pagamento de obrigações prescritas – artº 254º.

CAPÍTULO II – Causas de extinção da dívida

Anteriormente: Decreto-Lei nº 411/91, de 17 de Outubro

Artigo 188º – Causas de extinção da dívida

A dívida à segurança social extingue-se nos termos previstos no presente Código, sem prejuízo das regras aplicáveis ao processo de execução fiscal:

a) Pelo respectivo pagamento;

b) Pela dação em pagamento;

c) Por compensação de créditos;

d) Por retenção de valores por entidades públicas;

e) Por conversão em participações sociais;

f) Pela alienação de créditos.

– Para a alínea a) na vertente de pagamento em prestações ver arts 189º a 195º.

– Para a alínea b) a f) ver arts 196º a 200º; e ainda outras causas de extinção da dívida:

. Pagamento por terceiros – arts 201º e 202º;

. Por decisão administrativa – por despacho ministerial autorizado em norma orçamental.

Artigo 189º – Pagamento em prestações

1 – O diferimento do pagamento da dívida à segurança social, incluindo os créditos por juros de mora vencidos e vincendos, assume a forma de pagamento em prestações.

2 – O prazo de prescrição das dívidas suspende-se durante o período de pagamento em prestações.

– Procedimentos – arts 80º e 81º do D Reg 1-A/2011, 03/01.

Artigo 190º – Situações excepcionais para a regularização da dívida [104]

1 – A autorização do pagamento prestacional de dívida à segurança social, a isenção ou redução dos respectivos juros vencidos e vincendos, só é permitida nos termos do presente artigo, sem prejuízo do disposto no artigo seguinte e das regras aplicáveis ao processo de execução fiscal.

2 – As condições excepcionais previstas no número anterior só podem ser autorizadas quando, cumulativamente, sejam requeridas pelo contribuinte, sejam indispensáveis para a viabilidade económica deste e desde que o contribuinte se encontre numa das seguintes situações:

[104] O nº 1 e a alínea a) do nº 2 têm redacção do nº 1 do artº 16º da Lei nº 20/2012, de 14 de Maio. O nº 7 foi aditado pelo mesmo artigo e tem redacção da L 93/2019, de 4 de Setembro.

a) Processo de insolvência, de recuperação ou de revitalização;

b) Procedimento extrajudicial de conciliação;

c) Contratos de consolidação financeira e ou de reestruturação empresarial, conforme se encontram definidos no Decreto-Lei nº 81/98, de 2 de Abril;

d) Contratos de aquisição, total ou parcial, do capital social de uma empresa por parte de quadros técnicos, ou por trabalhadores, que tenham por finalidade a sua revitalização e modernização.

3 – Para efeitos do disposto no número anterior, o incumprimento do pagamento das contribuições mensais desde a data de entrada do requerimento constitui indício da inviabilidade económica do contribuinte.

4 – Pode ainda ser autorizado o pagamento em prestações por pessoas singulares, desde que se verifique que estas, pela sua situação económica, não podem solver a dívida de uma só vez.

5 – As instituições de segurança social competentes podem exigir complementarmente ao contribuinte, e a expensas deste, a realização de auditorias, estudos e avaliações por entidades que considere idóneas, sempre que tal se revele necessário para a análise da proposta de regularização.

6 – Sem prejuízo das competências próprias das instituições de segurança social nas Regiões Autónomas, a autorização a que se refere o nº 1 do presente artigo é concedida por deliberação do conselho directivo do Instituto de Gestão Financeira da Segurança Social, I. P. (IGFSS, I. P.)

7 – Sem prejuízo do previsto no número anterior, o Instituto da Segurança Social, I. P. (ISS, I. P.), no âmbito da sua atribuição de assegurar o cumprimento das obrigações contributivas, pode celebrar acordos de regularização voluntária de dívida, nos termos definidos em decreto-lei, nos seguintes casos:

a) Quando a dívida se reporte a períodos limitados e não se encontre participada para efeitos de execução fiscal;

b) Nas situações de apuramento de contribuição de liquidação anual, quando o contribuinte, pela sua situação económica, não tenha capacidade de efectuar o pagamento de uma só vez.

– *Nos termos da epígrafe do artigo e do nº 1 a enumeração do nº 2 é taxativa.*

– *O procedimento extrajudicial de conciliação (PEC) (nº 2 b)) interrompe a prescrição – nº 2 do artº 187º.*

– *Para o nº 7 ver vg: Programa Revitalizar – RCM 11/2012, 3/02 e DL 213/2012, 25/09.*

– *Legislação complementar associada*

. processo de insolvência ou de recuperação – arts 18º e segs do Código da Insolvência e da Recuperação de Empresa (CIRE) aprovado pelo DL 53/2004, 18/03, na versão do DL 200/2004, 18/08;

. procedimento extrajudicial de conciliação (PEC) – DL 316/98, 20/10 (alterado pelos DL 201/2004, 18/08 e DL 1/99, 04/01);
. aquisição do capital social por parte de quadros técnicos ou por trabalhadores – DL 81/98, 2/04.

Artigo 191º – Condição especial da autorização

As condições de regularização da dívida à segurança social não podem ser menos favoráveis do que o acordado para os restantes credores.

– *... quando a comparação for possível.*

Artigo 192º – Condições de vigência do acordo prestacional

Constituem condições de vigência do acordo prestacional, o cumprimento tempestivo das prestações autorizadas e das contribuições mensais vencidas no seu decurso.

Artigo 193º – Efeitos do incumprimento do acordo prestacional

1 – O incumprimento das condições previstas no artigo anterior determina a resolução do acordo prestacional pela instituição de segurança social competente.

2 – A resolução do acordo prestacional tem efeitos retroactivos e determina a perda do direito de todos os benefícios concedidos ao contribuinte no seu âmbito, nomeadamente quanto à redução ou ao perdão de juros.

3 – Nas situações de resolução do acordo prestacional, o montante pago a título de prestações é imputado à dívida contributiva mais antiga de capital e juros.

– *Resolução (nº 2) nos termos dos arts 432º e segs do CC e com os efeitos do artº 781º do mesmo Código – vencimento das restantes prestações.*
A declaração de resolução é notificada ao empregador nos termos do procedimento administrativo – artº 110º do CPA.

– *A situação do nº 3 nada tem que ver com o pagamento insuficiente, permitida nos termos do artº 13º-A do DL 42/2001, 09 /02, e disciplinada no artº 79º do D Reg 1-A/2011, 03/01. Ver anotação ao artº 43º.*

Artigo 194º – Suspensão de instância

1 – Sem prejuízo do disposto no artigo 885º do Código do Processo Civil, a decisão de autorização do pagamento da dívida em prestações e a decisão de resolução do respectivo acordo determinam, respectivamente, a suspensão e o prosseguimento da instância de processo executivo pendente.

2 – A instituição de segurança social competente comunica oficiosamente ao órgão de execução ou ao tribunal, ou a ambos, consoante o caso, a autorização

do pagamento prestacional da dívida, o seu cumprimento integral bem como a resolução do acordo quando esta ocorra.

– Ver artº 276º do CPC, subsidiariamente aplicável ao regime do CPPT.
– Pagamento em prestações da dívida exequenda – arts 806º do CPC e 196º do CPPT.
– Para o nº 1 trata-se do actual artº 810º do CPC.

Artigo 195º – Comissão de credores

1 – A segurança social só pode ser nomeada para a presidência da comissão de credores quando for junto aos autos deliberação do conselho directivo do IGFSS, I. P., que autorize o exercício da função e indique o representante, sem prejuízo das competências próprias das instituições de segurança social nas Regiões Autónomas.

2 – A segurança social não é responsável por quaisquer encargos com as funções do administrador da insolvência.

– O nº 2 visará pelo menos afastar o regime definido pela DGCI (circular nº 1/2010, de 02/02) segundo o qual os administradores de insolvência na qualidade de responsáveis subsidiários, nas situações de falta o insuficiência de bens do devedor e no caso de o pagamento não ser efectuado dentro do prazo, respondem pelas dívidas fiscais.
– Legislação complementar associada
. Constituição e designação nos termos do artº 66º do Código da Insolvência e da Recuperação de Empresa (CIRE);
. Estatuto do administrador de insolvência – L 32/2004, 22/07;
. Regime de remuneração – artº 19º da mesma lei.

Artigo 196º – Dação em pagamento

1 – A segurança social pode aceitar em pagamento a dação de bens móveis ou imóveis, por parte do contribuinte, para a extinção total ou parcial de dívida vencida.

2 – Os bens móveis ou imóveis, objecto de dação em pagamento, são avaliados pelo IGFSS, I. P., pela instituição competente nas Regiões Autónomas ou por quem estes determinarem, a expensas do contribuinte.

3 – Só podem ser aceites bens avaliados por valor superior ao da dívida no caso de se demonstrar a possibilidade da sua imediata utilização para fins de interesse público, ou no caso de a dação se efectuar no âmbito de uma das situações previstas no nº 2 do artigo 190º.

4 – Em caso de aceitação da dação em pagamento de bens de valor superior à dívida, o despacho que a autoriza constitui, a favor do contribuinte, um crédito no montante desse excesso, a utilizar em futuros pagamentos de contribuições, quotizações ou no pagamento de rendas.

5 – O contribuinte pode renunciar ao crédito que resulte do facto de ao bem dado em dação ter sido atribuído um valor superior ao valor da dívida à segurança social.

6 – Os bens móveis e imóveis adquiridos por dação integram o património do IGFSS, I. P., devendo ser transferidos para a sua titularidade, sem prejuízo das competências próprias das instituições de segurança social nas Regiões Autónomas.

7 – A dação em pagamento carece de autorização do membro do Governo responsável pela área da segurança social.

8 – A competência atribuída nos termos do número anterior é susceptível de delegação por decisão do órgão que a detém, nos termos do Código do Procedimento Administrativo.

– Ver regime da dação em cumprimento nos arts 837º e segs do CC.
– Regime da delegação de poderes – arts 44º e segs do CPA.

Artigo 197º – Compensação de créditos

1 – Sempre que no âmbito do Sistema Previdencial de Segurança Social, sem prejuízo do disposto em legislação específica, um contribuinte seja simultaneamente credor e devedor, este pode requerer à entidade de segurança social competente a compensação de créditos. [105]

2 – A compensação referida no número anterior pode ser efectuada oficiosamente.

– Compensação oficiosa (nº 2) – arts 77º e 79º do D Reg 1-A/2011, 03/01.
– Ver regime da compensação de créditos nos arts 847º e segs do CC.
– Ver outras situações de compensação oficiosa no artº 239º.

Artigo 198º – Retenções

1 – O Estado, as outras pessoas colectivas de direito público e as entidades de capitais exclusiva ou maioritariamente públicos, só podem conceder algum subsídio ou proceder a pagamentos superiores a € 5000, líquido de IVA, a contribuintes da segurança social, mediante a apresentação de declaração comprovativa da situação contributiva destes perante a segurança social.

2 – A declaração prevista no número anterior é dispensada sempre que o contribuinte preste consentimento à entidade pagadora para consultar a sua situação contributiva perante a segurança social, no sítio da segurança social directa, nos termos legalmente estatuídos.

[105] Redacção do artº 175º da Lei nº 82-C/2014, de 31 de Dezembro.

3 – No caso de resultar da declaração ou da consulta, referidas no número anterior, a existência de dívida à segurança social, é retido o montante em débito, nunca podendo a retenção total exceder o limite de 25% do valor do pagamento a efectuar.

4 – O disposto nos nºs 1 e 3 aplica-se igualmente a financiamentos a médio e longo prazos, excepto para aquisição de habitação própria e permanente, superiores a € 50 000, concedidos por instituições públicas, particulares e cooperativas com capacidade de concessão de crédito.

5 – As retenções operadas nos termos do presente artigo exoneram o contribuinte do pagamento das respectivas importâncias.

6 – O incumprimento do disposto no nº 4 por entidades não públicas determina a obrigação de pagar ao IGFSS, I. P., o valor que não foi retido, acrescido dos respectivos juros legais, ficando por esta obrigação solidariamente responsáveis os administradores, gerentes, gestores ou equivalentes da entidade faltosa, sem prejuízo das competências próprias das instituições de segurança social nas Regiões Autónomas.

– Para entidades de capitais exclusiva ou maioritariamente públicos – artº 78º do D Reg 1-A/2011, 03/01.
– Regime do consentimento do contribuinte (nº 2) ver DL 114/2007, 19/04.
– Formalidades – artº 18º da Port 66/2011, 04/02.

Artigo 199º – Participações sociais

1 – A dívida à segurança social pode ser transformada em capital social do contribuinte, quando haja acordo do IGFSS, I. P., e autorização do membro do Governo responsável pela área da segurança social.

2 – A transformação em capital social só pode ser autorizada depois de realizada uma avaliação ou auditoria por uma entidade que seja considerada idónea pelo IGFSS, I. P., sem prejuízo das competências próprias das instituições de segurança social nas Regiões Autónomas.

3 – As participações podem ser alienadas a todo o tempo pela entidade de segurança social competente, mediante prévia autorização do membro do Governo referido no nº 1 do presente artigo.

– Nos termos do CSC participações sociais são acções ou quotas.

Artigo 200º – Alienação de créditos

1 – A segurança social pode, excepcionalmente, alienar os créditos de que seja titular correspondentes a dívidas de contribuições, quotizações e juros.

2 – A alienação pode ser efectuada pelo valor nominal ou pelo valor de mercado dos créditos.

3 – A alienação de créditos pelo valor de mercado segue um dos procedimentos previstos no Código dos Contratos Públicos.

4 – A alienação prevista no presente artigo não pode fazer-se a favor:

a) Do contribuinte devedor;

b) Dos membros dos órgãos sociais do contribuinte devedor, quando respeite ao período de exercício do seu cargo;

c) De entidades com interesse patrimonial equiparável.

– Regime da cessão de créditos – arts 577º e segs do CC.

– Anualmente o orçamento do Estado autoriza tais operações financeiras.

– Procedimentos (nº 3) – arts 16º e segs do Código dos Contratos Públicos (CCP) (DL 18/2008, 29/01, com alterações).

CAPÍTULO III – Transmissão da dívida

Artigo 201º – Assunção da dívida

1 – A assunção por terceiro de dívida à segurança social pode ser autorizada por despacho do membro do Governo responsável pela área da segurança social, podendo ser delegada nos termos do Código do Procedimento Administrativo.

2 – À assunção de dívida à segurança social é aplicável o disposto nos artigos 595º e seguintes do Código Civil.

– A assunção da dívida total regulariza a dívida nos termos da alínea a) do nº 2 do artº 208º.

– Delegação – arts 44º e segs do CPA.

Artigo 202º – Transmissão de dívida e sub-rogação

1 – Nas situações em que a segurança social autorize o pagamento da dívida por terceiro pode sub-rogá-lo nos seus direitos.

2 – A sub-rogação carece de autorização do membro do Governo responsável pela área da segurança social, podendo ser delegada nos termos do Código do Procedimento Administrativo.

– Para a sub-rogação pessoal (substituição de uma pessoa por outra – arts 589º e segs do CC) ver arts 91º e 92º do CPPT.

– Delegação – arts 44º e segs do CPA.

CAPÍTULO IV – Garantias

Anteriormente: Decreto-Lei nº 103/80, 09/05 (arts 10º a 12º) e Decreto-Lei nº 411/91, 17/10.

Artigo 203º – Garantias gerais e especiais

As dívidas à segurança social podem ser garantidas através de qualquer garantia idónea, geral ou especial, nos termos dos artigos 601º e seguintes do Código Civil.

– *Código Civil*

Artigo 601º (Princípio geral)

Pelo cumprimento da obrigação respondem todos os bens do devedor susceptíveis de penhora, sem prejuízo dos regimes especialmente estabelecidos em consequência da separação de patrimónios.

Artigo 204º – Privilégio mobiliário

1 – Os créditos da segurança social por contribuições, quotizações e respectivos juros de mora gozam de privilégio mobiliário geral, graduando-se nos termos referidos na alínea *a*) do nº 1 do artigo 747º do Código Civil.

2 – Este privilégio prevalece sobre qualquer penhor, ainda que de constituição anterior.

– *O nº 1 mantém o regime de equiparação dos créditos da segurança social aos créditos por impostos.*

– *Regime: arts 736º e segs do CC.*

– *O disposto no nº 1 exclui implicitamente os restantes créditos enumerados no artº 185º que já não gozam deste privilégio creditório.*

– *Extinção dos privilégios creditórios com a declaração de insolvência – artº 97º do Código da Insolvência e da Recuperação de Empresa (CIRE).*

– *A graduação será depois dos créditos dos trabalhadores – alínea a) nº 2 do artº 333º do CT.*

– *Código Civil:*

Artigo 733º (Noção)

Privilégio creditório é a faculdade que a lei, em atenção à causa do crédito, concede a certos credores, independentemente do registo, de serem pagos com preferência a outros.

Artigo 735º (Espécies)

1. São de duas espécies os privilégios creditórios: mobiliários e imobiliários.

2. Os privilégios mobiliários são gerais, se abrangem o valor de todos os bens móveis existentes no património do devedor à data da penhora ou de acto equivalente; são especiais, quando compreendem só o valor de determinados bens móveis.

3 – Os privilégios imobiliários estabelecidos neste Código são sempre especiais.

Artigo 736º (Créditos do Estado e das autarquias locais)

1. O Estado e as autarquias locais têm privilégio mobiliário geral para garantia dos créditos por impostos indirectos, e também pelos impostos directos inscritos para cobrança no ano corrente na data da penhora, ou acto equivalente, e nos dois anos anteriores.

2. Este privilégio não compreende a sisa ou o imposto sobre as sucessões e doações, nem quaisquer outros impostos que gozem de privilégio especial.
Artigo 747º (Ordem dos outros privilégios mobiliários)
1. Os créditos com privilégio mobiliário graduam-se pela ordem seguinte:
a) Os créditos por impostos, pagando-se em primeiro lugar o Estado e só depois as autarquias locais;
(...)

Artigo 205º – Privilégio imobiliário

Os créditos da segurança social por contribuições, quotizações e respectivos juros de mora gozam de privilégio imobiliário sobre os bens imóveis existentes no património do contribuinte à data da instauração do processo executivo, graduando-se logo após os créditos referidos no artigo 748º do Código Civil.

– *Ver anotação ao artigo anterior.*
– *Contraria a regra do nº 3 do artº 735º do CC que dispõe sobre que os privilégios imobiliários são sempre especiais. Ver Ac TC 363/2002, 27 Fev (DR, 16/10/2002).*
– *A data da instauração do processo executivo é aquela que for do conhecimento do devedor.*
– *Código Civil:*
Artigo 748º (Ordem dos outros privilégios imobiliários)
1. Os créditos com privilégio imobiliário graduam-se pela ordem seguinte:
a) Os créditos do Estado, pela contribuição predial, pela sisa e pelo imposto sobre as sucessões e doações;
b) Os créditos das autarquias locais, pela contribuição predial.

Artigo 206º – Consignação de rendimentos

O cumprimento das dívidas pode ser garantido mediante consignação de rendimentos feita pelo próprio contribuinte ou por terceiro e aceite por deliberação do conselho directivo do IGFSS, I. P., sem prejuízo das competências próprias das instituições de segurança social nas Regiões Autónomas.

– *Trata-se da afectação (voluntária ou judicial) de certos rendimentos ao cumprimento de uma determinada obrigação.*
– *O regime deixou de estar limitado aos juros e foi alargado a todas as dívidas.*
– *Código Civil*
Artigo 656º (Noção)
1. O cumprimento da obrigação, ainda que condicional ou futura, pode ser garantido mediante a consignação dos rendimentos de certos bens imóveis, ou de certos bens móveis sujeitos a registo.
2. A consignação de rendimentos pode garantir o cumprimento da obrigação e o pagamento dos juros, ou apenas o cumprimento da obrigação, ou só o pagamento dos juros.

Artigo 207º – Hipoteca legal

1 – O pagamento dos créditos da segurança social por contribuições, quotizações e respectivos juros de mora poderá ser garantido por hipoteca legal sobre os bens imóveis ou móveis sujeitos a registo, existentes no património do contribuinte.

2 – Os actos de registo predial no âmbito do registo de hipoteca legal para a garantia de contribuições, quotizações e juros de mora em dívida à segurança social, desde que requeridos pelas instituições de segurança social, são efectuados gratuitamente.

– Código Civil
Artigo 704º (Noção)
As hipotecas legais resultam imediatamente da lei, sem dependência da vontade das partes, e podem constituir-se desde que exista a obrigação a que servem de segurança.
Artigo 705º (Credores com hipoteca legal)
Os credores que têm hipoteca legal são:
a) O Estado e as autarquias locais, sobre os bens cujos rendimentos estão sujeitos à contribuição predial, para garantia do pagamento desta contribuição;
b) O Estado e as demais pessoas colectivas públicas, sobre os bens dos encarregados da gestão de fundos públicos, para garantia do cumprimento das obrigações por que se tornem responsáveis;
– Ver regime do registo no artº 50º do Código do Registo Predial.

CAPÍTULO V – Situação contributiva regularizada

Anteriormente: Decreto-Lei nº 411/91, 17/10; Decreto-Lei nº 8-B/2002, 15/01.

Artigo 208º – Situação contributiva regularizada

1 – Para efeitos do presente Código, considera-se situação contributiva regularizada a inexistência de dívidas de contribuições, quotizações, juros de mora e de outros valores do contribuinte.

2 – Integram, ainda, o conceito de situação contributiva regularizada: [106]

a) As situações de dívida, cujo pagamento em prestações tenha sido autorizado e enquanto estiverem a ser cumpridas as condições desta autorização, designadamente o pagamento da primeira prestação e a constituição de garantias, quando aplicável, ainda que o pagamento prestacional tenha sido autorizado a terceiro ou a responsável subsidiário;

[106] Redacção do artº 175º da Lei nº 82-B/2014, de 31 de Dezembro.

b) As situações em que o contribuinte tenha reclamado, recorrido, deduzido oposição ou impugnado judicialmente a dívida, desde que tenha sido prestada garantia idónea, ou dispensada a sua prestação, nos termos legalmente previstos.

3 – Para efeitos do disposto no presente artigo, considera-se que:

a) Os agrupamentos de interesse económico e os agrupamentos complementares de empresas têm a sua situação contributiva regularizada quando a situação referida nos números anteriores se verifique relativamente aos mesmos, bem como relativamente a cada uma das entidades agrupadas;

b) As sociedades em relação de participação recíproca, em relação de domínio, ou em relação de grupo, têm a sua situação contributiva regularizada quando a situação referida nos números anteriores se verifique relativamente às mesmas bem como quanto a cada uma das sociedades que integram a coligação;

c) As sociedades desportivas, independentemente da sua classificação, e os respectivos clubes desportivos, têm a situação contributiva regularizada quando a situação referida nos números anteriores se verifique em relação a ambos.

– *O nº 3 b) vem referir empresas coligadas (arts 483º e segs do CSC) mas de modo mais lato do que a alínea a) i) do nº 1 do artº 157º onde apenas se referem 2 grupos – relação de domínio (artº 486º do CSC) e de grupo (artº 488º do CSC).*

– *Certificação da situação contributiva regularizada – arts 82º a 85º do D Reg 1-A/2011, 03/01.*

– *Face à regra especial do nº 2 do artº 217º parece que o nº 2 não se deve considerar aplicável aos trabalhadores independentes pelo menos no contexto da atribuição de prestações.*

– *Legislação complementar associada (nº 3):*

. Agrupamentos europeus de interesses económicos
DL 1/91, 05/01, e DL 148/90, 09/05;
REG (CEE) 2137/85 do Conselho de 25 de Julho;
. Agrupamentos complementares de empresas (ACE) – DL 4/73, 04/06;
. Sociedades desportivas (SAD) – DL 10/2013, 25/01.

Artigo 209º – Responsabilidade solidária

1 – No momento da realização do registo de cessão de quota ou de quotas que signifique a alienação a novos sócios da maioria do capital social, o respectivo acto é instruído com declaração comprovativa da situação contributiva da empresa.

2 – Em caso de trespasse, cessão de exploração ou de posição contratual o cessionário responde solidariamente com o cedente pelas dívidas à segurança social existentes à data da celebração do negócio, sendo nula qualquer cláusula negocial em contrário.

– *Para o nº 1 ver arts 20º a 28º da LGT.*
– *A responsabilidade do cessionário e do cedente deverão ser consideradas como subsidiárias relativamente à sociedade, ou seja, só respondem se a sociedade não dispuser de capacidade financeira ou de bens que respondam pelas dívidas.*

Artigo 210º – Relatório da empresa

1 – O relatório de apreciação anual da situação das empresas privadas, públicas ou cooperativas deve indicar o valor da dívida vencida, caso exista.

2 – Os contribuintes a quem tenha sido autorizado o pagamento prestacional da dívida devem incluir no relatório referido no número anterior as condições do mesmo.

– *Legislação complementar associada:*
Sistema de Normalização Contabilística (SNC) – DL 158/2009, 13/07.

CAPÍTULO VI – Efeitos do incumprimento

Anteriormente: Decreto-Lei nº 411/91, de 17 de Outubro

Artigo 211º – Juros de mora [107]

1 – Pelo não pagamento de contribuições e quotizações nos prazos legais, são devidos juros de mora por cada mês de calendário ou fracção.

2 – O disposto no número anterior é aplicável a todas as entidades devedoras, designadamente ao Estado e às outras pessoas colectivas públicas, independentemente da natureza, institucional, associativa ou empresarial, do âmbito territorial, nacional, regional ou municipal, e do grau de independência ou autonomia, incluindo entidades reguladoras, de supervisão ou controlo.

3 – O disposto no número anterior prevalece sobre quaisquer normas que disponham em sentido diverso.

– *"...por cada mês de calendário ou fracção." incluindo, portanto, o mês em que o pagamento deixou de ser feito (pela fracção restante do mês após o dia 20) e o mês em que é retomado o pagamento (pela fracção mesmo de um dia, no caso do pagamento no dia 1 deste mês).*
Porém, "Nas dívidas cobradas em processo de execução fiscal não se contam, no cálculo de juros de mora os dias incluídos no mês de calendário em que efectuar o pagamento" (nº 3 do artº 4º do DL 73/99, 16/03).
– *V. artº 81º-A do Regulamento.*

[107] Os nºs 2 e 3 foram aditados pelo nº 1 do artº 116º da Lei nº 66-B/2012, de 31 de Dezembro.

Artigo 212º – Taxa de juros de mora

A taxa de juros de mora é igual à estabelecida no regime geral dos juros de mora para as dívidas ao Estado e outras entidades públicas e é aplicada nos mesmos termos.

- *Trata-se do DL 73/99, 16/03 (com alterações) – Ac STA de 22/11/2005, refª. 8370/2005 – cujo texto se reproduz:*
  Artigo 3º – Taxa
  1 – A taxa de juros de mora tem vigência anual com início em 1 de Janeiro de cada ano, sendo apurada e publicitada pelo Instituto de Gestão da Tesouraria e do Crédito Público (IGCP, I. P.), através de aviso a publicar no Diário da República, até ao dia 31 de Dezembro do ano anterior, não se contabilizando, no cálculo dos mesmos juros, os dias incluídos no mês de calendário em que se fizer o pagamento.
  2 – Para apuramento da taxa de juros de mora utiliza-se a média das médias mensais das taxas EURIBOR a 12 meses, verificadas nos últimos 12 meses, acrescida de um diferencial de cinco pontos percentuais.
  3 – Sobre o juros de mora não recaem quaisquer adicionais quer para o Estado quer para outras entidades públicas.
  4 – A taxa referida no nº 1 é reduzida a metade para as dívidas cobertas por garantias reais constituídas por iniciativa da entidade credora ou por ela aceites e para as dívidas cobertas por garantia bancária.
  5 – O montante coberto por garantias reais é determinado por diferença entre o valor atribuído ao bem pela entidade credora e o valor das garantias constituídas a favor de terceiros, quando gozem de prioridade.
  6 – A taxa referida no nº 1 pode ser reduzida por despacho do ministro de que dependa a entidade credora, no âmbito de procedimento conducente à celebração de contrato de consolidação financeira e reestruturação empresarial ou de processo especial de recuperação de empresas, desde que, cumulativamente:
  a) Seja apresentado plano de recuperação económica considerado exequível;
  b) As condições de regularização previstas para os créditos detidos pelo Estado ou por outras pessoas colectivas públicas sem forma, natureza ou denominação de empresa pública não sejam menos favoráveis do que o que vier a se acordado para o conjunto dos restantes credores;
  c) Os créditos detidos por sócios ou membros de órgãos de administração do devedor ou por pessoas com interesse patrimonial equiparável não obtenham, para cada pessoa, tratamento mais favorável que o previsto para os créditos detidos pela Estado ou por outras pessoas colectivas públicas sem forma, natureza ou denominação de empresa pública;
  d) As medidas adoptadas fiquem sujeitas à cláusula "salvo regresso de melhor fortuna", segundo formulação que preveja mecanismos de efectivação dessa cláusula.

7 – A faculdade prevista no nº 5 é extensiva, com as devidas adaptações, às situações em que o devedor, pela sua natureza jurídica, não tenha acesso a procedimento conducente à celebração de contrato de consolidação financeira e reestruturação empresarial ou a processo especial de recuperação de empresas.

(Redacção do artº 165º da L 3-B/2010, 28/04)

(O nº 1 tem redacção do artº 150º da L 55-A/2010, 31/12)

– Taxa aplicável:

Ano	*Taxa anual*	*Taxa mês de calendário ou fracção*	*Diploma*
Até Dez 2010	*12%*	*1%*	
2011	*6,351%*	*0,5293%*	*Aviso nº 27 831-F/2010, 30/12 (DR, 2ª, 31/12)*
2012	*7,007%*	*0,5839%*	*Aviso nº 24 866-A/2011, 26/12 (DR, 2ª, 28/12)*
2013	*6,112%*	*0,5093%*	*Aviso nº 17289/2012, 14/12 (DR, 2ª, 28/12)*
2014	*5,535%*	*0,4613%*	*Aviso nº 219/2014, 23/12/2013 (DR, 2ª, nº 4, 07/01/2014)*
2015	*5,476%*	*0,456%*	*Aviso nº 130/2015, 22/12/2014 (DR, 2ª, nº 4, 07/01/2015)*
2016	*5,168%*	*0,431%*	*Aviso nº 87/2016, 23/12/2015 (DR, 2ª nº 3, 06/01/2016)*
2017	*4,966%*	*0,414%*	*Aviso nº 139/2017, 21/12/2016 (DR, 2ª nº 4, 04/01/2017)*
2018	*4,857%*	*0,405%*	*Aviso nº 235/2018, 20/12/2017 (DR, 2ª nº 3, 04/01/2018)*
2019	*4,825%*	*0.402%*	*Aviso nº 212/2019, 17/12/2018 (DR, 2ª, nº 3, 04/01/2019)*

Metade dessa taxa por dívidas cobertas por garantias reais constituídas por iniciativa da entidade credora ou por ela aceite e as dívidas cobertas por garantia bancária, a partir da data da constituição da garantia.

– "Não é aplicável a taxa de juros comerciais da lei geral (§ 3º do artº 102º do Código Comercial, DL 62/2013, 10/05, e Port 277/2013, 26/08, que remete a fixação da taxa para aviso da Direcção-Geral do Tesouro a divulgar no DR) mesmo que nesta matéria se trate de indemnização (vg: decorrente da prática de crime de abuso de confiança) regulada pela lei civil (Ac TRG de 17/06/02).

Não se aplica a limitação do artº 734º do Código Civil, ou seja, na verificação e graduação destes juros devem ser atendidos na sua totalidade sem qualquer limitação temporal independentemente da sua constituição, no âmbito do privilégio creditório de que a segurança social beneficia sem qualquer restrição (Ac. TRP de 04/04/05).

Artigo 213º – Limitações

Além das limitações especialmente previstas noutros diplomas, os contribuintes que não tenham a situação contributiva regularizada não podem:

a) Celebrar contratos, ou renovar o prazo dos já existentes, de fornecimentos, de empreitadas de obras públicas ou de prestação de serviços com o Estado, Regiões Autónomas, institutos públicos, autarquias locais e instituições particulares de solidariedade social comparticipadas pelo orçamento da segurança social;

b) Explorar a concessão de serviços públicos;

c) Fazer cotar em bolsa de valores os títulos representativos do seu capital social;

d) Lançar ofertas públicas de venda do seu capital e, em subscrição pública, títulos de participação, obrigações ou acções;

e) Beneficiar dos apoios dos fundos comunitários ou da concessão de outros subsídios por parte das entidades mencionadas no nº 1 do artigo 198º.

– Legislação complementar associada:

. Fornecimento e empreitadas com o Estado – Código dos Contratos Públicos – DL 18/2008, 29/01 (com alterações);

. Cotação em bolsa de valores e ofertas públicas – Código dos Valores Mobiliários – DL 486/99, 13/11 (com alterações).

Artigo 214º – Divulgação de listas de contribuintes devedores

1 – A segurança social procede à divulgação de listas de contribuintes cuja situação contributiva não se encontre regularizada nos termos dos nºs 2 e 3 do presente artigo.

2 – A publicação é efectuada após o decurso de qualquer dos prazos legalmente previstos para a prestação da garantia ou em caso de dispensa desta.

3 – As listas são hierarquizadas em função do montante em dívida.

4 – A publicação das listas, nos termos dos números anteriores, não contende com o dever de confidencialidade, consagrado na lei.

– Objecto de parecer (nº 16/2006) da Comissão Nacional de Dados e identicamente ao regime fiscal instituído nos nºs 5 e 6 do artº 64º da LGT.

– Deve ser precedida de audiência prévia nos termos do artº 121º e segs do CPA.

Artigo 215º – Anulação oficiosa de juros indevidos

1 – Quando, por motivos imputáveis aos serviços, tenham sido liquidados juros superiores aos devidos, procede-se à sua anulação oficiosa se ainda não tiverem decorrido cinco anos sobre o pagamento e desde que o seu quantitativo seja igual ou superior a € 5.

2 – Verificando-se a anulação de juros nos termos do número anterior, sempre que o devedor os tenha pago, o serviço procede à sua restituição.

– Corresponde ao artº 5º do DL 73/99, 16/04.

Artigo 216º – Arrematação em hasta pública

1 – Os bens adquiridos por arrematação em hasta pública integram o património do IGFSS, I. P., devendo ser transferidos para a sua titularidade, sem prejuízo das competências próprias das instituições de segurança social nas Regiões Autónomas.

2 – A segurança social, quando seja arrematante em hasta pública, não está sujeita à obrigação do depósito do preço nem à obrigação de pagar as despesas da praça.

– Obviamente no âmbito do processo de execução.

Artigo 217º – Condição geral do pagamento das prestações aos trabalhadores independentes e beneficiários do seguro social voluntário

1 – É condição geral do pagamento das prestações aos trabalhadores independentes e aos beneficiários do seguro social voluntário que os mesmos tenham a sua situação contributiva regularizada até ao termo do 3º mês imediatamente anterior ao do evento determinante da atribuição da prestação.

2 *(revogado)* [108]

3 – A não verificação do disposto no nº 1 determina a suspensão do pagamento das prestações a partir da data em que as mesmas sejam devidas.

– Condição de pagamento, não condição de atribuição.

– Ver excepção no artigo seguinte.

– No que respeita aos trabalhadores independentes, é irrelevante para efeitos deste artigo a situação contributiva da prestação de serviços a entidade contratante.

– Quanto ao nº 2, regra especial relativamente à regularização da dívida do artº 208º, não parece fazer sentido a aplicação da regra geral no âmbito do pagamento das prestações a independentes.

Artigo 218º – Excepções à condição geral do pagamento das prestações

A atribuição de prestações por morte não se encontra sujeita à condição geral de pagamento fixada no artigo anterior, sendo o cálculo das pensões de sobrevivência efectuado sem tomar em conta os períodos com contribuições em dívida.

[108] Revogado pelo DL 2/2018, de 9 de Janeiro.

– *Trata-se das designadas prestações derivadas, no caso por morte do beneficiário – pensão de sobrevivência e subsídio por morte.*

– *Esta atribuição não extingue a responsabilidade dos herdeiros quanto ao pagamento de tais contribuições nos termos da lei civil – arts 2025º e 2068º do Código Civil.*

Artigo 219º – Efeitos da regularização da situação contributiva dos trabalhadores independentes e beneficiários do seguro social voluntário

1 – O beneficiário readquire o direito ao pagamento das prestações suspensas desde que regularize a sua situação contributiva nos três meses civis subsequentes ao mês em que tenha ocorrido a suspensão.

2 – Se a situação contributiva não for regularizada no prazo previsto no número anterior, o beneficiário perde o direito ao pagamento das prestações suspensas.

3 – No caso de a regularização da situação contributiva se verificar posteriormente ao decurso do prazo referido no nº 1, o beneficiário retoma o direito às prestações a que houver lugar a partir do dia subsequente àquele em que ocorra a regularização.

– *Trata-se de regras sobre caducidade de prestações.*

Artigo 220º – Regularização da situação contributiva dos trabalhadores independentes e beneficiários do seguro social voluntário por compensação [109]

1 – Nas eventualidades de invalidez e de velhice, se a regularização da situação contributiva não tiver sido realizada directamente pelo beneficiário, é a mesma efectuada através da compensação com o valor das prestações a que haja direito em função daquelas eventualidades, caso se encontrem cumpridas as restantes condições de atribuição das respectivas prestações.

2 – A compensação prevista no número anterior efectua-se até ao limite de um terço do valor das prestações mediatas vincendas devidas, salvo expressa autorização do beneficiário de dedução por valor superior, sem prejuízo do disposto nos números seguintes.

3 – Havendo lugar ao pagamento de prestações vencidas, a compensação efectua-se pela sua totalidade, até ao limite do valor em dívida.

4 – É garantido ao beneficiário o pagamento de um montante mensal igual ao do valor da pensão social, excepto se o beneficiário fizer prova de não ser titular de outros bens ou rendimentos, situação em que lhe é garantido um montante mensal igual ao do valor do IAS.

5 – As prestações de invalidez e velhice de montante inferior ao da pensão social só são compensáveis mediante autorização do beneficiário.

[109] Os nºs 2 a 5 aditados pelo artº 271º da L 42/2016, de 28 de Dezembro. O corpo do artigo passou a nº 1.

PARTE IV – Regime contra-ordenacional

TITULO I – Da contra-ordenação

Anteriormente: Decreto-Lei nº 64/89, de 25 de Fevereiro (arts 1º a 8º, 10º e 12º).

Trata-se de um regime especial admitido pelo artº 17º do DL 433/82, 27/10.

Quanto ao direito subsidiário, em matéria substantiva nos termos da alínea d) do artº 3º aplica-se o Regime Geral das Infracções Tributárias (RGIT) e em matéria adjectiva, nos termos do artº 60º da L 107/2009, 14/09: Regime Geral das Contra-ordenações (RGCO) – DL 433/82, 27/10.

Relativamente aos estabelecimentos de apoio social privados ver arts 39º-A a 39º-K do DL 64/2007, 14/03 (versão do DL 33/2014, 04/03).

Artigo 221º – Definição de contra-ordenação

Constitui contra-ordenação para efeitos do presente Código todo o facto ilícito e censurável, nele previsto e na legislação que o regulamenta, que preencha um tipo legal para o qual se comine uma coima.

– Previsão – artº 80º da L 4/2007, 16/01.
– Corresponde ao artº 1º do Regime Geral das Contra-ordenações (RGCO).
– Elementos (Simas Santos e Jorge Lopes de Sousa):
. facto material – comportamento humano (nullum crimen sine actione);
. que preencha um tipo descrito na lei (nullum crimen sine lege);
. praticado culposamente (nullum crimen sine culpa).

Artigo 222º – Princípio da legalidade

Só é punido como contra-ordenação o facto descrito e declarado passível de coima por lei anterior ao momento da sua prática.

– Abrange o princípio da tipicidade, isto é, o comportamento humano terá de coincidir formalmente com a descrição feita na norma que prevê a infracção.
– V. artº 29º da CRP, nº 1 do artº 1º do CP e artº 2º do RGCO.
– Ver quadro de situações de contra-ordenações na página 246.

Artigo 223º – Aplicação no tempo

1 – A punição da contra-ordenação é determinada pela lei vigente no momento da prática do facto ou do preenchimento dos pressupostos de que depende.

2 – Se a lei vigente ao tempo da prática do facto for posteriormente modificada, aplica-se a lei mais favorável ao arguido, salvo se este já tiver sido condenado por decisão definitiva ou transitada em julgado.

3 – Quando a lei vale para um determinado período de tempo, continua a ser punível como contra-ordenação o facto praticado durante esse período.

– Integra o princípio da não retroactividade – corresponde ao artº 3º do RGCO. V. artº 2º do CP.

Artigo 224º – Aplicação no espaço

Salvo tratado ou convenção internacional em contrário, a presente lei é aplicável aos factos praticados em território português, independentemente da nacionalidade ou sede do agente.

– Corresponde ao artº 4º do CP, artº 4º do RGCO e ao artº 4º do RGIT.

Artigo 225º – Momento da prática do facto

O facto considera-se praticado no momento em que o agente actuou ou, no caso de omissão, deveria ter actuado, independentemente do momento em que o resultado típico se tenha produzido.

– Corresponde ao artº 3º do CP, arts 5º e 6º do RGCO e artº 5º do RGIT.

Artigo 226º – Sujeitos responsáveis pelas contra-ordenações

1 – São responsáveis pelas contra-ordenações e pelo pagamento das coimas o agente que o tipo contra-ordenacional estipular como tal, quer seja pessoa singular ou colectiva ou associação sem personalidade jurídica.

2 – As pessoas colectivas ou entidades equiparadas, nos termos dos números anteriores, são responsáveis pelas contra-ordenações praticadas, em seu nome ou por sua conta, pelos titulares dos seus órgãos sociais, mandatários, representantes ou trabalhadores.

3 – Se os infractores referidos nos números anteriores forem pessoas colectivas ou equiparadas, respondem pelo pagamento da coima, solidariamente com aqueles, os respectivos administradores, gerentes ou directores.

– Corresponde ao artº 7º do RGCO e artº 7º do RGIT.

– "Não é necessária a identificação concreta do agente singular que cometeu a infracção para que a mesma seja imputável à pessoa colectiva" Parecer nº 11/2013 da PGR (DR, 2ª, nº 178, 16/09/13).

– Pessoas colectivas privadas ou equiparadas nos termos dos arts 157º a 201ºA do CC.

– Para o nº 2 ver comentário negativo do Prof. Doutor Germano Marques da Silva, in Revista de Finanças Públicas e Direito Fiscal, nº 4, Ano I, Dez 2009.

– Para o nº 3 regime semelhante ao nº 3 do artº 551º do CT: responsabilidade civil subsidiária por coimas fiscais – artº 8º do RGIT. V. Ac TC 129, 150 e 234/2009.

– Para o nº 2 "nos termos dos números anteriores" está no texto da lei.

Situações de contra-ordenação no CRC:

Artigos Código dos Regimes	*Infracções*	*Classificação das contra-ordenações*		
		Leve	*Grave* ***	*Muito grave*
24º a)	*Falsas declarações ou a utilização de qualquer outro meio de que resulte enquadramento em regime de segurança social sem que se verifiquem as condições legalmente exigidas*			*x*
24º b)	*Falsas declarações ou a utilização de qualquer outro meio de que resulte a isenção indevida da obrigação de contribuir ou a aplicação de um regime contributivo indevido quer quanto à base de incidência quer quanto às taxas contributivas*			*x*
24º c)	*Falsas declarações ou a adopção de procedimentos, por acção ou omissão, tendentes à obtenção indevida de prestações*			*x*
29º, 1 e 2	*Falta ou atraso de comunicação atempada da admissão de trabalhadores (V. artº 242º)* *Falta de comunicação de tipo de contrato de trabalho, bem como dos elementos necessários ao enquadramento do trabalhador*	*x*	*x*	
32º, 4	*Omissão de declaração de cessação, suspensão e alteração da modalidade de contrato de trabalho*	*x*		
36º, 4 e 5	*Falta de apresentação pela entidade empregadora de alteração de elementos relativos à identificação, incluindo os relativos aos estabelecimentos, bem como o início, suspensão ou cessação da actividade quando solicitados pela segurança social*	*x*	*x*	
40º, 1 e 2 (V. artº 229º)	*Omissão na declaração de remunerações em relação a cada trabalhador do valor da remuneração que constitui a base de incidência contributiva, dos tempos de trabalho e da taxa contributiva* *Falta de apresentação da referida declaração de remunerações no prazo estabelecido por lei*	*x*	*x*	
40º, 5 e 6	*Não inclusão de trabalhador na declaração de remunerações **			*x*
42º	*Falta de pagamento das contribuições e das quotizações dos trabalhadores*	*x*	*x*	
149º	*Omissão de comprovação de elementos solicitados pela segurança social aos trabalhadores*	*x*	*x*	
152º, 3	*Falta de declaração pelo trabalhador independente, relativamente ao ano civil anterior dos valores das prestações de serviços realizados para acesso ao subsídio por cessação de actividade*	*x*	*x*	
155º	*Falta ou atraso no pagamento das contribuições, quer dos trabalhadores independentes quer das entidades contratante*	*x*	*x*	
229º	*Omissão de quaisquer outros elementos obrigatórios da declaração de remunerações para além dos do artº 40º*	*x*		
230º	*Acumulação de prestações com o exercício de actividade remunerada que contrarie disposição legal específica*			*x*
231º	*Falta de apresentação de declaração ou de outros documentos legalmente exigidos, não especialmente punida*	*x*		
242º	*Falta de comunicação da admissão de trabalhadores relativa a trabalhadores com subsídios desemprego ou doença ***			*x*

** Se o trabalhador estiver a receber subsídio de desemprego ou de doença há ainda lugar a sanções acessórias do artº 243º.*
*** Há lugar a sanções acessórias do artº 243º.*
**** Quando a obrigação também não seja cumprida nos prazos subsequentes que a lei aponta.*

Artigo 227º – Comparticipação

1 – Se vários agentes comparticipam no facto, qualquer deles incorre em responsabilidade por contra-ordenação mesmo que a ilicitude ou o grau de ilicitude do facto dependa de certas qualidades ou relações especiais do agente e estas só existam num dos comparticipantes.

2 – Cada comparticipante é punido segundo a sua culpa, independentemente da punição ou do grau de culpa dos outros comparticipantes.

3 – É aplicável ao cúmplice a coima fixada para o autor, especialmente atenuada.

– Corresponde ao artº 16º do RGCO.
– Para autoria e cumplicidade ver arts 26º e 27º do CP.

Artigo 228º – Negligência

Nas contra-ordenações previstas no presente Código a negligência é sempre punível.

– Dispõe de modo idêntico o artº 24º do RGIT e de modo diverso do artº 8º do RGCO.
– Para graduação do dolo e da negligência ver arts 14º e 15º do CP.
Sumariamente: o dolo envolve o propósito de praticar o facto e a negligência a falta do cuidado devido.
– A negligência releva não apenas na determinação do montante da coima (artº 233º) como também na situação de dispensa de coima (alínea c) do artº 244º.

Artigo 229º – Declaração de remunerações

Sem prejuízo das contra-ordenações especificadas no presente Código, constitui contra-ordenação leve a omissão de qualquer outro elemento que deva obrigatoriamente constar da declaração de remunerações nos termos previstos na legislação regulamentar.

– Também: nºs 1, 2, 5 e 6 do artº 40º e alínea b) do artº 243º.
– Para falsas declarações ver alínea b) do artº 22º.

Artigo 230º – Acumulação do exercício de actividade com concessão de prestações

Constitui contra-ordenação muito grave a acumulação de prestações com o exercício de actividade remunerada contrariando disposição legal específica.

– Para falsas declarações quanto a prestações ver alínea c) do artº 22º.
– V. Sanções acessórias: alínea a) do artº 243º.
– São disposições legais específicas, nomeadamente:
. Subsídio de doença – artº 26º do DL 28/2004, 04/02;

. Subsídios por parentalidade – artº 42º do DL 91/2009, de 04/04;
. Subsídio de desemprego – arts 60º e 61º do DL 220/2006, 03/11;
. Pensões de invalidez e velhice – arts 54º a 57º do DL 187/2007, 10/05;
. Complemento por dependência – artº 12º do DL 265/99, 14/07.

Artigo 231º – Contra-ordenações relativas à falta de apresentação de documentação

Constitui contra-ordenação leve, a falta de apresentação de declaração ou de outros documentos legalmente exigidos, não especialmente punida.

– Contraria o princípio da legalidade na forma de princípio da tipicidade enunciado no artº 222º.

TITULO II – Das coimas e sanções acessórias em geral

Artigo 232º – Classificação das contra-ordenações

Para determinação da coima aplicável as contra-ordenações classificam-se em leves, graves e muito graves.

– Para doenças profissionais a que se aplica o regime do Código do Trabalho, nos termos do artº 167º da L 98/2009, 04/09, ver artº 172º da mesma lei.
– Identicamente ao artº 553º do CT.

Artigo 233º – Montante das coimas

1 – As contra-ordenações leves são puníveis com coima de € 50 a € 250 se praticadas por negligência e de € 100 a € 500 se praticadas com dolo.

2 – As contra-ordenações graves são puníveis com coima de € 300 a € 1200 se praticadas por negligência e de € 600 a € 2400 se praticadas com dolo.

3 – As contra-ordenações muito graves são puníveis com coima de € 1250 a € 6250 se praticadas por negligência e de € 2500 a € 12 500 se praticadas com dolo.

4 – Os limites mínimos e máximos das coimas previstas nos diferentes tipos legais de contra-ordenação são elevados:

a) Em 50% sempre que sejam aplicados a uma pessoa colectiva, sociedade, ainda que irregularmente constituída, ou outra entidade equiparada com menos de 50 trabalhadores;

b) Em 100% sempre que sejam aplicados a uma pessoa colectiva, sociedade, ainda que irregularmente constituída, ou outra entidade equiparada com 50 ou mais trabalhadores.

– Critério determinante – pessoa singular ou colectiva e nestas o número de trabalhadores – diferente do Direito do Trabalho, cujo critério é o volume de negócios (artº 554º do CT).

– *Montante das coimas aplicáveis:*

Classificação das contra-ordenações	*Graduação*	*Limites mínimos e máximos dos montante das coimas*		
		Pessoas singulares **	*Pessoas colectivas ou equiparadas*	
			c/ menos de 50 trabalhadores	*c/ 50 ou mais trabalhadores*
Leve	*negligência* *	*€ 50 a 250*	*€ 75 a 375*	*€ 100 a 1000*
	dolo	*€ 100 a 500*	*€ 150 a 750*	*€ 200 a 1000*
Grave	*negligência*	*€ 300 a 1200*	*€ 450 a 1800*	*€ 600 a 2400*
	dolo ***	*€ 600 a 2400*	*€ 900 a 3600*	*€ 1200 a 4800*
Muito grave ***	*negligência*	*€ 1250 a 6250*	*€ 1875 a 9375*	*€ 2500 a 12 500*
	dolo	*€ 2500 a 12 500*	*€ 3750 a 18 750*	*€ 5000 a 25 000*

Quando as obrigações das entidades empregadoras são cumpridas dentro dos primeiros 30 dias seguintes ao último dia do prazo, os limites máximos das coimas aplicáveis não podem exceder em mais de 75% o limite mínimo previsto para o tipo de contra-ordenação praticada (nº 1 do artº 241º).

* *Pode haver dispensa de coima (artº 244º).*

** *Os limites mínimos e máximos das coimas aplicáveis às contra-ordenações praticadas por trabalhadores do serviço doméstico ou pelas suas entidades empregadoras são reduzidos a metade (nº 2 do artº 241º).*

*** *Se houver reincidência – elevadas em 1/3 do seu valor (artº 237º) e sanções acessórias de privação de acesso a medidas de estímulo à criação de postos de trabalho e à reinserção profissional de pessoas afastadas do mercado de trabalho (artº 238º).*

– *Os nºs 1, 2 e 3 são aplicáveis a pessoas singulares quer sejam trabalhadores ou empregadores a contrario do nº 4.*

– *Circunstâncias atenuantes e agravantes – arts 241º e 242º.*

Artigo 234º – Determinação da medida da coima

1 – A determinação da medida da coima faz-se em função da gravidade da contra-ordenação, para o que deve atender-se ao tempo de incumprimento da obrigação e ao número de trabalhadores prejudicados com a actuação do agente, da culpa do agente e dos seus antecedentes na prática de infracções ao presente Código.

2 – Na determinação da medida da coima deve ainda ser tida em consideração a situação económica do agente, quando conhecida, e os benefícios obtidos com a prática do facto.

– *O nº 1 prevê outros elementos para além dos do artº 18º do RGCO, designadamente: o tempo de incumprimento da obrigação e o número de trabalhadores prejudicados com a acção do agente.*

– *A determinação da medida da coima é uma operação da responsabilidade do aplicador da coima: autoridade administrativa ou juiz.*

Artigo 235º – Concurso de contra-ordenações

1 – Quem tiver praticado várias contra-ordenações é punido com uma coima cujo limite máximo resulta da soma das coimas concretamente aplicadas às infracções em concurso.

2 – A coima aplicável não pode exceder o dobro do limite máximo mais elevado das contra-ordenações em concurso.

3 – A coima a aplicar não pode ser inferior à mais elevada das coimas concretamente aplicadas às várias contra-ordenações.

– *Regime do cúmulo jurídico das coima, isto é "se traduz em uma conduta que preenche mais do que um tipo de ilícito ou o mesmo tipo mais do que uma vez". Corresponde ao artº 25º do RGIT e artº 19º do RGCO.*

– *Subsidiariamente – artº 30º do CP.*

– *Contra-ordenação continuada é punida com uma coima correspondente à conduta mais grave que integra a continuação – artº 79º do CP (aplicável ex vi da alínea b) do artº 3º do RGIT e do artº 32º do RGCO).*

Artigo 236º – Concurso de infracções

1 – Se o mesmo facto constituir simultaneamente crime e contra-ordenação, o agente é punido a título de crime, sem prejuízo das sanções acessórias previstas para a contra-ordenação e do disposto no número seguinte.

2 – A aplicação da sanção acessória, nos termos do número anterior, cabe ao tribunal competente para o julgamento do crime.

3 – A instauração do processo crime faz suspender o processo de contra-ordenação, prosseguindo este no caso de não ser deduzida acusação no processo crime e extinguindo-se sempre que a acusação seja deduzida.

– *O nº 1 corresponde ao nº 3 do artº 2º do RGIT e artº 20º do RGCO.*

– *Crimes contra a segurança social – arts 106º e 107º do RGIT.*

Artigo 237º – Reincidência

1 – Considera-se reincidente quem pratica uma contra-ordenação grave com dolo ou uma contra-ordenação muito grave, no prazo de dois anos após ter sido condenado por outra contra-ordenação grave praticada com dolo ou contra-ordenação muito grave.

2 – Em caso de reincidência, os limites mínimos e máximos da coima são elevados em um terço do respectivo valor.

– Assim a figura da reincidência não se verifica relativamente a contra-ordenações leves e graves com negligência.

– Ver arts 75º e 76º do CP.

– Ver sanção acessória por reincidência no artigo seguinte.

– A expressão "condenado" (nº 1) deve ser entendida mais amplamente como "punido" também pela autoridade administrativa e não apenas pelo juiz (decisão jurisdicional).

Artigo 238º – Sanções acessórias

1 – No caso de reincidência em contra-ordenações graves ou muito graves podem ser aplicadas ao agente sanções acessórias de privação do acesso a medidas de estímulo à criação de postos de trabalho e à reinserção profissional de pessoas afastadas do mercado de trabalho.

2 – As sanções acessórias têm a duração máxima de 24 meses.

– Corresponde ao artº 21º do RGCO.

– V. conceito de pena acessória em Figueiredo Dias "Direito Penal Português – As consequências do Crime" Coimbra Editora, pág 93.

– Para o nº 1 contra-ordenações graves, obviamente, com dolo, nos termos do artigo anterior.

– Ver sanções acessórias em especial no artº 243º.

Para prestações não substitutivas de rendimento de trabalho – artº 15º do DL 70/2010, 16/06.

– Medidas de estímulo à criação de postos de trabalho e à reinserção profissional:

. isenção de contribuições – arts 100º e segs;

. redução de contribuições – arts 56º e segs.

Artigo 239º – Dedução em benefícios

No caso de ser aplicada uma coima a um infractor que seja simultaneamente titular do direito a prestações de segurança social, pode operar-se a sua compensação desde que este, devidamente notificado para o efeito, não tenha efectuado o pagamento no prazo fixado nem interposto recurso da decisão de aplicação da coima com prestação da respectiva caução.

– Situação de compensação oficiosa como causa de extinção da dívida – nº 2 do artº 197º.

– Regime processual da impugnação judicial da decisão de aplicação da coima – artº 32º da L 107/2009, 14/09.

Artigo 240º – Reversão do produto das coimas

O produto das coimas aplicáveis no âmbito deste Código constitui receita do sistema previdencial.

– Nos termos da alínea f) do nº 1 do artº 14º do DL 367/2007, 02/11.

TÍTULO III – Das coimas e sanções acessórias em especial

Artigo 241º – Situações atenuantes da coima

1 – Sempre que as obrigações previstas nos nºs 1 e 2 do artigo 29º, nº 1 do artigo 32º, nºs 1 e 2 do artigo 36º, nº 1 do artigo 40º, nº 1 do artigo 149º e nº 1 do artigo 153º sejam cumpridas dentro dos primeiros 30 dias seguintes ao último dia do prazo, os limites máximos das coimas aplicáveis não podem exceder em mais de 75% o limite mínimo previsto para o tipo de contra-ordenação praticada.

2 – Os respectivos limites mínimos e máximos das coimas aplicáveis às contra-ordenações praticadas por trabalhadores do serviço doméstico ou pelas suas entidades empregadoras são reduzidos a metade.

– Para o nº 1 trata-se de contra-ordenações leves – só estas susceptíveis de atenuação.
– A atenuação é oficiosa, ou seja, não precisa de ser requerida.
– O artº 153º foi revogado pelo nº 2 do artº 71º da L 55-A/2010, 31/12.
– Regime dos trabalhadores do serviço doméstico – arts 116º e segs.

Artigo 242º – Agravamento da coima

1 – Nos casos em que a falta de comunicação a que se refere o artigo 29º respeite a trabalhadores que se encontrem a beneficiar de prestações de desemprego ou de doença, a contra-ordenação é considerada como muito grave.

2 – Os montantes da coima previstos para a contra-ordenação praticada nos termos do número anterior são reduzidos a metade nas situações em que a entidade empregadora fundamente o desconhecimento da situação através da apresentação de declaração emitida pela instituição de segurança social competente.

– Quanto às declarações que fundamentem o desconhecimento (ou a convicção errada no sentido oposto) da situação de desemprego ou doença parece poder admitir-se outras declarações inequívocas (por exemplo informação escrita do trabalhador).
– Regime do subsídio de desemprego – DL 220/2006, 03/11.
Regime do subsídio de doença – DL 28/2004, 04/02.

Artigo 243º – Sanção acessória necessária

Determina a aplicação de sanção acessória de privação do acesso a medidas de estímulo à criação de postos de trabalho e à reinserção profissional de pessoas afastadas do mercado de trabalho em simultâneo com a respectiva coima:

a) A falta de comunicação a que se refere o artigo 29º relativamente a trabalhadores que se encontram a beneficiar de prestações de desemprego ou de doença;

b) A não inclusão na declaração de remunerações de trabalhadores que se encontram a receber prestações de desemprego ou de doença.

– A aplicação da sanção é automática – não depende de tramitação processual.
– Para sanções acessórias por reincidência ver artº 238º.
– Para as prestações não substitutivas de rendimento de trabalho ver artº 15º do DL 70/2010, 16/06.

Artigo 244º – Dispensa de coima

Nos casos de contra-ordenação leve pode a instituição de segurança social competente dispensar a aplicação de coima, desde que se verifiquem cumulativamente as seguintes circunstâncias:

a) A prática da infracção não ocasione prejuízo efectivo ao sistema de segurança social nem ao trabalhador;

b) Esteja regularizada a falta cometida;

c) A infracção tenha sido praticada por negligência.

– Identicamente ao artº 32º do RGCO.
– Para a alínea a), segundo a melhor doutrina, é irrelevante o eventual ressarcimento do prejuízo provocado pela conduta que constitui contra-ordenação.
– Ver anotação ao artº 228º.

TÍTULO IV – Da prescrição

Artigo 245º – Prescrição do procedimento

Sem prejuízo das causas de suspensão e interrupção da prescrição previstas no regime geral das contra-ordenações, o procedimento por contra-ordenação extingue-se, por efeito da prescrição, logo que sobre a prática da contra-ordenação hajam decorrido cinco anos.

– Prazo idêntico no nº 1 do artº 33º do RGCO.
– No âmbito do RGCO a prescrição do procedimento, suspensão e interrupção ver arts 27º, 27º-A e 28º do RGCO.
– No regime processual – arts 52º a 54º da L 107/2009, 14/09.

Artigo 246º – Prescrição da coima

Sem prejuízo das causas de suspensão e interrupção da prescrição previstas no regime geral das contra-ordenações, as coimas prescrevem no prazo de cinco anos contados a partir do carácter definitivo ou do trânsito em julgado da decisão condenatória.

– Prazo idêntico no nº 1 do artº 34º do RGCO.

– *No âmbito do RGCO a prescrição da coima, suspensão e interrupção ver arts 29º a 30º-A do RGCO.*

– *No regime processual – arts 55º a 58º da L 107/2009, 14/09.*

TÍTULO V – Processo e procedimento

Artigo 247º – Regime aplicável

Em matéria de processo e de procedimento, às contra-ordenações previstas no presente Código aplica-se o disposto em legislação específica, sem prejuízo do disposto no artigo seguinte.

– *Trata-se da L 107/2009, 14/09, e nos termos do seu artº 60º, subsidiariamente, do Regime Geral das Contra-Ordenações (RGCO) – DL 433/82, 27/10 (com alterações).*

Artigo 248º – Competência para o processo e aplicação de coimas

1 – O processo e o procedimento das contra-ordenações previstas no presente Código compete ao Instituto da Segurança Social, I. P. (ISS, I. P.), no território continental e, nas Regiões Autónomas, ao Centro de Segurança Social da Madeira e ao Instituto de Gestão de Regimes de Segurança Social nos Açores, sem prejuízo do disposto no número seguinte.

2 – Sempre que se verifique uma situação de prestação de actividade, por forma aparentemente autónoma, em condições características de contrato de trabalho, que possa causar prejuízo ao trabalhador ou ao Estado ou a falta de comunicação de admissão do trabalhador na segurança social, o processo e o procedimento das contra-ordenações compete ao ISS, I. P., ou à Autoridade para as Condições do Trabalho no território continental e, nas Regiões Autónomas, ao Centro de Segurança Social da Madeira e ao Instituto de Gestão de Regimes de Segurança Social nos Açores.

3 – Tem competência para a decisão do processo e do procedimento previsto nos números anteriores, bem como para a aplicação das respectivas coimas, o órgão máximo da entidade que realizou o processo ou procedimento, podendo a competência ser delegada nos termos do Código do Procedimento Administrativo.

– *Para o nº 1 ver alínea b) do artº 2º da L 107/2009, 14/09.*

– *Para a RA Açores – Instituto da Segurança Social dos Açores (ISSA) – D Reg Reg 2/2014/A, 24.01;*

– *Para a RA Madeira – Instituto de Segurança Social da Madeira (ISSM) – D Leg Reg 34/2012, 16/11.*

– *Quanto à delegação – arts 44º e segs do CPA.*

PARTE V – Disposições complementares, transitórias e finais

TITULO I – Disposições complementares

CAPÍTULO I – Disposições aplicáveis ao pagamento voluntário de contribuições

SECÇÃO I – Pagamento voluntário de contribuições pelo beneficiário por inexistência de entidade empregadora

Anteriormente: DL 329/93, de 25 de Setembro (nº 5 do artº 38º), (redacção do DL 9/99, de 8 de Janeiro) e Decreto-Lei nº 435/99, de 29 de Outubro.

Artigo 249º – Inexistência de entidade empregadora

Para efeito da presente secção, considera-se «inexistência de entidade empregadora» as situações legalmente previstas de pagamento voluntário de contribuições pelo beneficiário nos seguintes casos:

a) Quando, no âmbito do instituto da flexibilização da idade de acesso à pensão, o titular de pensão antecipada que não exerça actividade obrigatoriamente abrangida pelo regime geral queira contribuir, nos termos legais, para efeito de acréscimo;

b) Quando haja bonificação dos períodos contributivos para efeito da taxa de formação de pensão.

– *Para a alínea a) ver nº 6 do artº 36º e arts 37º e 38º do DL 187/2007, 10/05, e em matéria processual, DL 435/99, 29/10.*

Artigo 250º – Âmbito material

1 – O pagamento voluntário de contribuições previsto no artigo anterior confere ao beneficiário a protecção nas eventualidades de invalidez, velhice e morte.

2 – Sempre que o beneficiário, no momento do requerimento, seja titular de pensão por velhice a protecção é conferida nas eventualidades de velhice e morte.

– *Portanto, apenas prestações diferidas.*

Artigo 251º – Base de incidência contributiva

1 – A base de incidência contributiva dos beneficiários previstos na alínea *a*) do artigo 249º é constituída nos seguintes termos:

a) No caso de beneficiários em exercício de actividade à data da passagem à situação de pensionista por velhice, corresponde à última remuneração real ou convencional registada;

b) No caso dos beneficiários que à data da passagem à situação de pensionista por velhice se encontram a receber prestações determinantes do direito à equivalência à entrada de contribuições, corresponde à remuneração de referência que serve de base ao cálculo das referidas prestações.

2 – A base de incidência contributiva dos beneficiários previstos na alínea *b*) do artigo 249º é constituída pela remuneração média dos últimos 12 meses com registo de remunerações, devidamente actualizadas, que precedem o mês de apresentação do requerimento.

Artigo 252º – Taxa contributiva

1 – A taxa contributiva relativa ao pagamento voluntário de contribuições para o âmbito material de protecção previsto no nº 1 do artigo 250º é de 26,9%.

2 – A taxa contributiva relativa ao pagamento voluntário de contribuições para o âmbito material de protecção previsto no nº 2 do artigo 250º é de 22,7%.

Artigo 253º – Obrigação contributiva

1 – Nos casos de pagamento voluntário de contribuições previsto na alínea *b*) do artigo 249º a taxa contributiva incide sobre o produto do número de meses de bonificação pela base de incidência contributiva prevista no artigo 251º.

2 – O pagamento das contribuições previstas no número anterior pode ser feito de uma só vez ou em prestações mensais de igual montante, não podendo exceder as 36.

SECÇÃO II – Pagamento voluntário de contribuições prescritas

Anteriormente: DL 124/84, 18/04 (arts 6º a 10º e 12º) e DN 123/84, 22/06.

Artigo 254º – Pagamento de contribuições prescritas

1 – Excepcionalmente, nas condições previstas na presente secção, pode ser autorizado o pagamento de contribuições com efeitos retroactivos quando a obrigação contributiva se encontre prescrita ou não existiu por, à data da prestação de trabalho, a actividade não se encontrar obrigatoriamente abrangida pelo sistema de segurança social.

2 – Do pagamento referido no número anterior resulta o reconhecimento do período de actividade profissional ao qual a obrigação contributiva diga respeito.

– Prescrição da obrigação contributiva – artº 187º.
– Esta situação não determina qualquer outro efeito para além do previsto no nº 2.
– Requerimento e regime da sua apreciação – artº 87º do D Reg 1-A/2011, 03/01.

Artigo 255º – Inscrição retroactiva

1 – O reconhecimento de períodos de actividade profissional pode determinar a inscrição com efeitos retroactivos nas situações em que ainda não fosse aplicável a obrigação de entrega de declaração de início de exercício da actividade.

2 – O disposto no número anterior só é aplicável aos casos em que as actividades exercidas estivessem, à data, abrangidas pela segurança social.

3 – A inscrição com efeitos retroactivos prevista no nº 1 não se aplica aos trabalhadores abrangidos pelos regimes especiais dos trabalhadores rurais.

– *Para a inscrição ver artº 8º.*

– *Regimes especiais dos trabalhadores rurais – Designadamente: DL 445/70, 23/11; Dl 391/72, 13/10; DL 174-B/75, 01/04, e D Reg 52/81, 11/11.*

Artigo 256º – Meios de prova

1 – O reconhecimento de períodos de actividade profissional é requerido pelas entidades empregadoras faltosas ou pelos trabalhadores interessados e só é autorizado desde que o exercício de actividade profissional seja comprovado por algum dos seguintes meios de prova:

a) Duplicados das declarações para efeitos fiscais, mesmo que de impostos já abolidos, devidamente autenticadas pelos serviços fiscais, ou das respectivas certidões;

b) Cópia autenticada dos mapas de pessoal, desde que tempestivamente apresentados aos serviços oficiais competentes;

c) Certidão de sentença resultante de acção do foro laboral intentada nos prazos legalmente fixados para a impugnação de despedimento, impugnação de justa causa de resolução do contrato de trabalho ou reclamação de créditos laborais;

d) Certidão de sentença resultante de acção do foro laboral intentada contra a entidade empregadora e a instituição gestora da segurança social para reconhecimento da relação de trabalho, respectivo período e remuneração auferida.

2 – A autorização para pagamento de contribuições já prescritas só pode ser concedida desde que seja referida à totalidade do período de actividade efectivamente comprovado.

– *Apreciação do requerimento – artº 87º do D Reg 1-A/2011, 03/01.*

– *Impostos já abolidos, aliás substituídos, por exemplo, imposto profissional, imposto complementar...*

– *Lei laboral*

. *Mapas de pessoal – Port 55/2010, 21/01.*

. *Acção de impugnação do despedimento, nos prazos estabelecidos no nº 1 do artº 337º e artº 387º do CT e nos termos dos arts 51º e segs ou 97º-B do CPT.*

Artigo 257º – Trabalhadores do serviço doméstico

O pagamento voluntário de contribuições com efeitos retroactivos por trabalhadores do serviço doméstico que não tenham efectuado a declaração prevista no artigo 255º, relativamente à actividade prestada em período anterior aos últimos 12 meses que antecedem o mês deste pagamento, só é considerada desde que o seu exercício seja comprovado através dos meios de prova referidos nas alíneas *c*) e *d*) *do* nº 1 do artigo anterior.

– Regime dos trabalhadores do serviço doméstico – arts 116º e segs.

Artigo 258º – Âmbito material

1 – O pagamento voluntário de contribuições previsto na presente secção confere ao beneficiário a protecção nas eventualidades de invalidez, velhice e morte.

2 – Sempre que o beneficiário, no momento do requerimento, seja titular de pensão por velhice a protecção é conferida nas eventualidades de velhice e morte.

– Portanto, apenas prestações diferidas.

Artigo 259º – Base de incidência contributiva [110]

1 – A base de incidência contributiva a considerar para efeitos de pagamento de contribuições prescritas, quando os trabalhadores se encontrem abrangidos pelo sistema de segurança social, corresponde:

a) Ao valor médio das remunerações registadas no sistema previdencial nos últimos 12 meses anteriores ao do requerimento, tomando-se em consideração a remuneração mais elevada em cada mês nas situações de registo de remunerações correspondentes às diversas actividades;

b) Ao valor mensal correspondente a três vezes o valor do IAS nas restantes situações.

2 – Tratando-se de trabalhadores abrangidos por diferente sistema de protecção social à data do requerimento, a base de incidência é calculada nos termos da alínea *b*) do número anterior, salvo se o interessado fizer prova, através de declaração emitida pela entidade gestora do sistema de protecção social que o abrange, de qual o valor das remunerações auferidas nos últimos 12 meses anteriores ao do requerimento, caso em que é a média desta a considerada.

– O IAS previsto no artº 68º da L 4/2007, 16/01

Artigo 260º – Taxa contributiva

1 – A taxa contributiva relativa ao pagamento voluntário de contribuições para o âmbito material de protecção previsto no nº 1 do artigo 258º é de 26,9%.

[110] Redacção do artº 171º da Lei nº 83-C/2013, de 31 de Dezembro.

2 – A taxa contributiva relativa ao pagamento voluntário de contribuições para o âmbito material de protecção previsto no nº 2 do artigo 258º é de 22,7%.

CAPÍTULO II – Disposições aplicáveis ao reembolso de quotizações

Anteriormente: Decreto nº 45 266, de 23 de Setembro de 1963 (artº 127º)

Artigo 261º – Conceito de reembolso de quotizações

Entende-se por reembolso de quotizações a devolução das quantias resultantes de obrigação contributiva regularmente constituída nas situações enunciadas no artigo seguinte.

– *Doutrinariamente também designado resgate.*
– *Não há reembolso de contribuições (stricto sensu) pela sua natureza fiscal – não há reembolso de tributos fiscais.*
– *Para a restituição dos valores indevidos de contribuições ou quotizações ver arts 267º e segs.*

Artigo 262º – Direito ao reembolso

Têm direito ao reembolso de quotizações os beneficiários que:

a) Se invalidem com incapacidade total permanente para o trabalho sem que tenham preenchido o prazo de garantia para a atribuição da pensão;

b) Tenham completado 70 anos de idade e não preencham o prazo de garantia para atribuição da pensão por velhice.

– *Prazos de garantia das pensões: arts 16º (pensão de invalidez) e 19º (pensão de velhice) ambos do DL 187/2007, 10/05.*

Artigo 263º – Montante do reembolso

O montante do reembolso de quotizações corresponde ao custo técnico das eventualidades de invalidez, velhice e morte, na proporção das quotizações pagas pelo beneficiário, sobre as remunerações que constituíram base de incidência contributiva, revalorizadas, nos termos legais, à data de apresentação do requerimento de reembolso.

– *Custo técnico – nº 1 do artº 51º.*
– *Os coeficientes de revalorização são aprovados por portaria anual. V. Disposições comuns.*

Artigo 264º – Registo de remunerações

Nas situações em que se verifique estarem reunidas as condições que confiram direito ao reembolso das quotizações, os correspondentes períodos de registo de remunerações não relevam para a atribuição futura de prestações.

– Efeitos contributivos do resgate das quotizações.

Artigo 265º – Requerimento e prazo [111]

Os beneficiários que se encontrem nas situações estabelecidas no artigo 262º podem requerer o reembolso de quotizações a partir do dia em que completem os 70 anos de idade.

Artigo 266º – Taxa contributiva

1 – Para efeitos de reembolso de quotizações em relação às modalidades em que o mesmo se encontra previsto, é aplicada a taxa de 8,5%.

2 – Sempre que as contribuições do beneficiário tenham sido calculadas por aplicação de uma taxa global inferior à fixada para o regime geral de segurança social essa diferença deve deduzir-se à taxa referida no número anterior.

– Relativamente à epígrafe do artigo, obviamente que não se trata de uma "taxa contributiva" no sentido que o artº 15º lhe pretendeu atribuir.

– Para taxa global (nº 2) ver artº 53º e respectiva anotação.

– De notar a expressão "contribuições do beneficiário", no sentido de quotizações. Ver a este respeito a anotação ao artº 57º da L 4/2007, 16/01.

CAPÍTULO III – Disposições aplicáveis à restituição de contribuições e de quotizações

Anteriormente: Decreto nº 45 266, de 23 de Setembro de 1963 (arts 128º e 129º)

Artigo 267º – Conceito de restituição

1 – Entende-se por restituição a devolução das quantias respeitantes a contribuições e quotizações indevidamente pagas.

2 – Para efeitos do presente Código só se consideram indevidas as contribuições e quotizações cujo pagamento não resulte da lei, designadamente, no âmbito do enquadramento, da base de incidência e da taxa contributiva.

– Ver regime do reembolso nos arts 261º e segs.

[111] Redacção do artº 171º da Lei nº 83-C/2013, de 31 de Dezembro.

Artigo 268º – Direito à restituição [112]

1 – Têm direito à restituição de contribuições e de quotizações as entidades empregadoras e os beneficiários que tenham procedido ao pagamento indevido de contribuições e quotizações nos termos previstos no artigo anterior.

2 – As contribuições e as quotizações indevidamente pagas são restituídas às entidades empregadoras e aos beneficiários:

a) Mediante requerimento dos interessados quer directamente quer por compensação com débitos; ou

b) Por compensação oficiosa de créditos.

3 – Sempre que seja detectada oficiosamente a existência de pagamentos indevidos de contribuições e quotizações deve ser dado conhecimento ao interessado, sem prejuízo do disposto no nº 2 do artigo 197º.

Artigo 269º – Montante da restituição [113]

1 – *(revogado)*

2 – O montante da restituição corresponde à parte proporcional das respectivas obrigações contributivas sobre as remunerações que constituíram base de incidência contributiva, revalorizadas, nos termos legais, à data de apresentação do requerimento de restituição e após a dedução do valor das prestações já concedidas com base nas contribuições pagas.

– Para "remunerações... revalorizadas" (nº 2) ver portarias anuais que fixam os coeficientes de revalorização.

Artigo 270º – Registo de remunerações

Nas situações em que se verifique estarem reunidas as condições que confiram direito à restituição total das contribuições e das quotizações, os correspondentes períodos de registo de remunerações não relevam para a atribuição futura de prestações.

Artigo 271º – Requerimento e prazo

1 – A restituição de contribuições e de quotizações é requerida aos serviços e instituições de segurança social competentes.

2 – *(revogado)* [114]

– Para o requerimento ver modelo RC 3041/2011-DGSS – Desp 5130/2011, 17/03 (DR, 2ª, nº 59, 24/03).

[112] Redacção do artº 16º da Lei nº 20/2012, de 14 de Maio. O nº 1 era o corpo do artigo na versão original.

[113] O nº 1 foi revogado pelo artº 16º da Lei nº 20/2012, de 14 de Maio.

[114] Revogado pela alínea b) do artº 260º da Lei nº 82-B/2014, de 31 de Dezembro.

Artigo 272º – Prescrição

1 – O direito à restituição de valores referentes a contribuições e a quotizações indevidamente pagas à segurança social prescrevem no prazo de cinco anos a contar da data do pagamento.

2 – A prescrição interrompe-se com a apresentação de requerimento de restituição apresentado junto dos serviços da segurança social.

3 – O prazo de prescrição suspende-se nos termos previsto na lei geral.

– Para o nº 3 trata-se dos arts 318º a 322º do CC.

– A expressão "prescrevem" (nº 1) está no texto do DR.

TÍTULO II – Disposições transitórias e finais

CAPÍTULO I – Disposições transitórias

Artigo 273º – Situações especiais

1 – Com a entrada em vigor do presente Código, constituem grupo fechado regulado em legislação própria e nos termos definidos no presente artigo as situações dos trabalhadores a que se aplicam:

a) A taxa contributiva relativa aos docentes dos estabelecimentos de ensino particular e cooperativo abrangidos pelos Decretos-Leis nºs 321/88, de 22 de Setembro, 179/90, de 5 de Junho, 327/85, de 8 de Agosto, e 109/93, de 7 de Abril, contratados até dia 31 de Dezembro de 2005 é de 7,8% a cargo da respectiva entidade empregadora;

b) A taxa contributiva relativa aos docentes não abrangidos pela Caixa Geral de Aposentações, ao abrigo do despacho nº 132/SESS/89, de 19 de Dezembro, contratados até dia 31 de Dezembro de 2005 é de 29%, sendo, respectivamente, de 21% e de 8% para as entidades empregadoras e para os trabalhadores;

c) A taxa contributiva relativa aos docentes de nacionalidade estrangeira que optaram pela não inscrição na Caixa Geral de Aposentações, nos termos do Despacho Normativo nº 61/97, de 1 de Outubro, contratados até dia 31 de Dezembro de 2005 é de 7,8% a cargo da respectiva entidade empregadora;

d) *(revogada)* [115]

e) A taxa contributiva relativa aos trabalhadores agrícolas abrangidos pelo Decreto-Lei nº 464/99, de 5 de Novembro, é a fixada no referido diploma para o ano de 2010 e a taxa contributiva referente aos trabalhadores previstos no Decreto-Lei nº 40/2001, de 9 de Fevereiro, é fixada em 8% ou 15% consoante os

[115] A alínea d) do nº 1 foi revogada pelo artº 19º do DL 140-B/2010, de 30 de Dezembro.

trabalhadores optem pelo 1º ou 2º a 5º escalões de base de incidência contributiva previstos no presente Código para os trabalhadores independentes;

f) O regime contributivo referente aos trabalhadores e aos produtores abrangidos pelo disposto no Decreto Legislativo Regional nº 18/84/A, de 12 de Maio;

g) A taxa contributiva relativa aos trabalhadores em situação de pré-reforma abrangidos pelo Decreto-Lei nº 261/91, de 25 de Julho, com carreira contributiva não inferior a 37 anos é de 10%, sendo, respectivamente, de 7% e de 3% para as entidades empregadoras e para os trabalhadores;

h) A taxa contributiva relativa aos trabalhadores em situação de pré-reforma abrangidos pelo Decreto-Lei nº 261/91, de 25 de Julho, com carreira contributiva inferior a 37 anos é de 21,6%, sendo, respectivamente, de 14,6% e de 7% para as entidades empregadoras e para os trabalhadores;

i) A taxa contributiva relativa aos notários abrangidos pelo regime dos trabalhadores independentes que optaram pela manutenção no regime de protecção social da função pública, nos termos previstos no Decreto-Lei nº 26/2004, de 4 de Fevereiro, é de 2,7%;

j) A taxa contributiva relativa aos oficiais do notariado que optaram pela manutenção no regime de protecção social da função pública, nos termos previstos no Decreto-Lei nº 26/2004, de 4 de Fevereiro, é de 7,8%, sendo, respectivamente, de 6,8% e de 1% da responsabilidade das entidades empregadoras e dos trabalhadores;

l) *(revogada)* [116]

2 – Aos trabalhadores agrícolas diferenciados e indiferenciados que até à entrada em vigor do presente Código se encontrem abrangidos pelo regime previsto no Decreto-Lei nº 401/86, de 2 de Dezembro, e no Decreto Regulamentar nº 75/86, de 30 de Dezembro, mantêm-se a aplicação do referido regime, com as taxas previstas no Decreto-Lei nº 199/99, de 8 de Junho, em situação de grupo fechado.

3 – Aos trabalhadores que até à entrada em vigor do presente Código se encontrem abrangidos pelo regime previsto no Decreto Legislativo Regional nº 12/93/M, de 23 de Julho, alterado pelo Decreto Legislativo Regional nº 22/98/M, de 18 de Setembro, e Portaria nº 780/73, de 9 de Novembro, mantém-se a aplicação do referido regime em situação de grupo fechado.

– *Por regime ou grupo fechado deve entender-se um regime (em regra mais favorável que o regime geral) aplicável a um conjunto determinado de beneficiários que, num determinado momento, legalmente deixa de poder enquadrar mais trabalhadores mantendo-se aplicável apenas aos inscritos até esse momento acautelando os direitos adquiridos.*

[116] Revogada nos termos do nº 5 do artº 81º da Lei nº 64-B/2011, de 30 de Dezembro.

– *Para a alínea e) do nº 1 o artº 5º do D Reg 6/2018, de 2 de Julho, remete para valores convencionais correspondentes aos escalões então existentes, ou seja:*

Escalões	*Remunerações convencionais em percentagem do valor do IAS*
1º	*100*
2º	*150*
3º	*200*
4	*250*
5º	*300*
6º	*400*
7º	*500*
8º	*600*
9º	*800*
10º	*1000*
11º	*1200*

– *Para o nº 2 as taxas são as previstas no artº 33º do DL 199/99, 08/06:*

"Artigo 33º (Trabalhadores agrícolas)

1 – A taxa contributiva relativa aos trabalhadores agrícolas diferenciados é de 32,50%, sendo, respectivamente, de 23,00% e de 9,50% para as entidades empregadoras e para os trabalhadores.

2 – A taxa contributiva relativa aos trabalhadores agrícolas indiferenciados é de 29,00%, sendo, respectivamente, de 21,00% e de 8,00% para as entidades empregadoras e para os trabalhadores."

– *O nº 3 reporta-se ao regime das bordadeiras de casa nas regiões autónomas dos Açores e da Madeira.*

Artigo 274º – Situações especiais transitórias [117]

1 – Até à entrada em vigor da regulamentação prevista no artigo 29º da Lei nº 4/2009, de 29 de Janeiro, e atento o disposto no artigo 31º da mesma lei, mantêm-se em vigor em regime de grupo fechado para os beneficiários enquadrados até 31 de Dezembro de 2005:

a) O regime previsto para os docentes abrangidos pelo Decreto-Lei nº 67/2000, de 26 de Abril, a que se aplica a taxa de 4,9%, da responsabilidade da entidade empregadora;

b) O regime previsto para os militares em regime de voluntariado e contrato abrangidos pelo Decreto-Lei nº 320-A/2000, de 15 de Dezembro, alterado pelos Decretos-Leis nºs 118/2004, de 21 de Maio, e 320/2007, de 27 de Setembro, a que se aplica a taxa de 3%, da responsabilidade da entidade empregadora.

[117] Os nºs 2 e 3, relativos a trabalhadores do sector bancário, foram revogados pelo nº 2 do artº 71º da Lei nº 55-A/2010, de 31 de Dezembro. V. regime no artº 3º da Lei preambular e respectiva anotação. .

2 – *(revogado)*
3 – *(revogado)*

– *Respeitam ao subsídio de desemprego os arts 29º e 31º da L 4/2009, 29/01.*
– *Para a alínea b) do nº 1 trata-se agora dos arts 20º e 21º do DL 76/2018, de 11 de Outubro).*

Artigo 275º – Manutenção de enquadramento no regime dos trabalhadores independentes

Podem manter o enquadramento no regime dos trabalhadores independentes regulado no presente Código:

a) Os advogados e solicitadores que se encontrem, à data da entrada em vigor do presente Código, facultativamente enquadrados naquele regime;

b) Os gerentes de sociedades constituídas exclusivamente por antigos comerciantes em nome individual ou por estes e pelos respectivos cônjuges, parentes ou afins na linha recta ou até ao 2º grau da linha colateral, que à data da entrada em vigor do presente Código, estivessem abrangidos pelo despacho nº 9/82, de 25 de Março, até à data da sua revogação, pelo Decreto-Lei nº 328/93, de 25 de Setembro;

c) Os membros das cooperativas de produção e serviços que, à data da entrada em vigor do presente Código, estejam abrangidos pelo nº 2 do artigo 10º do Decreto-Lei nº 328/93, de 25 de Setembro.

– *Para a alínea a), aliás na sequência do artº 67º do DL 328/93, 25/09, ver alínea b) do nº 1 do artº 139º.*
– *Para a alínea c) ver artº 135º.*
– *Anteriormente:*
Para a alínea a): artº 67º do DL 328/93, de 25 de Setembro;
Para a alínea b): artº 16º do DL 327/93, de 25 de Setembro.

Artigo 276º – Manutenção das bases de incidência contributiva [118]

1 – *(revogado)*
2 – *(revogado)*
3 – *(revogado)*

Artigo 277º – Ajustamento progressivo da base de incidência contributiva

A integração na base de incidência contributiva das prestações referidas nas alíneas *n*), *p*), *q*), *r*), *s*), *t*), *v*), *x*), *z*) e *aa*) do artigo 46º, nos termos aí previstos, faz-se nos seguintes termos:

[118] Os nº 1 e 2 foram revogados pelo nº 4 do artº 171º da Lei nº 83-C/2013, de 31 de Dezembro. O nº 3 foi revogado pelo DL 2/2018, de 9 de Janeiro.

a) 33% do valor no ano de 2010;

b) 66% do valor no ano de 2011;

c) 100% do valor a partir do ano de 2012.

– Ter em conta que as alíneas r), x) e aa) só entram em vigor quando forem regulamentadas – nº 2 do artº 4º e nº 3 do artº 6º da lei preambular.

– Nos termos do nº 2 do artº 6º da Lei preambular na redacção actual, as alíneas a) a c) passaram a ter como primeiro ano de referência, para a entrada em vigor, o ano de 2011, adaptando-se consecutivamente aos anos seguintes.

Artigo 278º – Ajustamento progressivo da base de incidência contributiva dos trabalhadores do serviço doméstico

1 – A base de incidência contributiva dos trabalhadores do serviço doméstico prevista no nº 1 do artigo 120º é fixada em 85% do valor do IAS para o ano de 2010 e no valor de um IAS a partir de 2011.

2 – A convergência referida no número anterior produz efeitos no dia 1 de Janeiro do ano em causa.

– Nos termos do nº 2 do artº 6º da Lei preambular, o nº 1 teve como primeiro ano de referência, para a entrada em vigor, o ano de 2011, adaptando-se consecutivamente aos anos seguintes.

Artigo 279º – Ajustamento progressivo da base de incidência contributiva dos trabalhadores independentes [119]

(revogado)

Artigo 280º – Antecipação da aplicação do primeiro escalão de base de incidência contributiva dos trabalhadores independentes[120]

(revogado)

Artigo 281º – Ajustamento progressivo das taxas contributiva

1 – As taxas contributivas previstas nos artigos 79º, 112º, 127º, nº 4 do 168º e 184º do Código são ajustadas progressivamente da forma seguinte:

a) A taxa contributiva relativa aos praticantes desportivos profissionais é fixada para o ano de:

i) 2010 em 29,5%, cabendo respectivamente 18,5% e 11% à entidade empregadora e ao trabalhador;

[119] Revogado pelo DL 2/2018, de 9 de Janeiro. A alínea a) do nº 1 teve redacção do artº 16º da Lei nº 20/2012, de 14 de Maio.

[120] Revogado pelo nº 2 do artº 71º da Lei nº 55-A/2010, de 31 de Dezembro.

ii) 2011 em 30,5%, cabendo respectivamente 19,5% e 11% à entidade empregadora e ao trabalhador;

iii) 2012 em 31,5% cabendo respectivamente 20,5% e 11% à entidade empregadora e ao trabalhador;

iv) 2013 em 32,5% cabendo respectivamente 21,5% e 11% à entidade empregadora e ao trabalhador;

v) 2014 em 33,3% cabendo respectivamente 22,3% e 11% à entidade empregadora e ao trabalhador;

b) A taxa contributiva relativa aos trabalhadores das instituições particulares de solidariedade social é fixada para o ano de:

i) 2010 em 31% cabendo respectivamente 20% e 11% à entidade empregadora e ao trabalhador;

ii) 2011 em 31,4% cabendo respectivamente 20,4% e 11% à entidade empregadora e ao trabalhador;

iii) 2012 em 31,8% cabendo respectivamente 20,8% e 11% à entidade empregadora e ao trabalhador;

iv) 2013 em 32,2% cabendo respectivamente 21,2% e 11% à entidade empregadora e ao trabalhador;

v) 2014 em 32,6% cabendo respectivamente 21,6% e 11% à entidade empregadora e ao trabalhador;

vi) 2015 em 33% cabendo respectivamente 22% e 11% à entidade empregadora e ao trabalhador;

vii) 2016 em 33,3% cabendo respectivamente 22,3% c 11% à entidade empregadora e ao trabalhador;

c) A taxa contributiva relativa aos trabalhadores das demais entidades sem fins lucrativos é fixada para o ano de:

i) 2010 em 32% cabendo respectivamente 21% e 11% à entidade empregadora e ao trabalhador;

ii) 2011 em 32,4% cabendo respectivamente 21,4% e 11% à entidade empregadora e ao trabalhador;

iii) 2012 em 32,8% cabendo respectivamente 21,8% e 11% à entidade empregadora e ao trabalhador;

iv) 2013 em 33,3% cabendo respectivamente 22,3% e 11% à entidade empregadora e ao trabalhador;

d) A taxa contributiva relativa aos membros das igrejas, associações e confissões religiosas prevista no nº 1 do artigo 127º é fixada para o ano de:

i) 2010 em 14% cabendo respectivamente 9% e 5% à entidade empregadora e ao trabalhador;

ii) 2011 em 16% cabendo respectivamente 10% e 6% à entidade empregadora e ao trabalhador;

iii) 2012 em 18% cabendo respectivamente 11%e 7% à entidade empregadora e ao trabalhador;

iv) 2013 em 19,6% cabendo respectivamente 12% e 7,6% à entidade empregadora e ao trabalhador;

v) 2014 em 20,6% cabendo respectivamente 13% e 7,6% à entidade empregadora e ao trabalhador;

vi) 2015 em 21,6% cabendo respectivamente 14% e 7,6% à entidade empregadora e ao trabalhador;

vii) 2016 em 22,6% cabendo respectivamente 15% e 7,6% à entidade empregadora e ao trabalhador;

viii) 2017 em 23,8% cabendo respectivamente 16,2% e 7,6% à entidade empregadora e ao trabalhador;

e) A taxa contributiva relativa aos membros das igrejas, associações e confissões religiosas prevista no nº 2 do artigo 127º é fixada para o ano de:

i) 2010 em 15,3% cabendo respectivamente 9,7% e 5,6% à entidade empregadora e ao trabalhador;

ii) 2011 em 17,3% cabendo respectivamente 10,7% e 6,6% à entidade empregadora e ao trabalhador;

iii) 2012 em 19,3% cabendo respectivamente 11,7% e 7,7% à entidade empregadora e ao trabalhador;

iv) 2013 em 21,3% cabendo respectivamente 12,7% e 8,6% à entidade empregadora e ao trabalhador;

v) 2014 em 23,3% cabendo respectivamente 14,7% e 8,6% à entidade empregadora e ao trabalhador;

vi) 2015 em 25,3% cabendo respectivamente 16,7% e 8,6% à entidade empregadora e ao trabalhador;

vii) 2016 em 27,3% cabendo respectivamente 18,7% e 8,6% à entidade empregadora e ao trabalhador;

viii) 2017 em 28,3% cabendo respectivamente 19,7% e 8,6% à entidade empregadora e ao trabalhador;

f) *(revogada)*[121]

[121] Revogada pelo nº 2 do artº 71º da Lei nº 55-A/2010, de 31 de Dezembro.

g) A taxa contributiva relativa aos beneficiários do seguro social voluntário prevista no nº 1 do artigo 184º é fixada para o ano de:

i) 2010 em 17,5%;
ii) 2011 em 19%;
iii) 2012 em 20,5%;
iv) 2013 em 22%;
v) 2014 em 23,5%;
vi) 2015 em 25%;
vii) 2016 em 26,9%;

h) A taxa contributiva relativa aos beneficiários do seguro social voluntário prevista no nº 2 do artigo 184º é fixada para o ano de:

i) 2010 em 24,5%;
ii) 2011 em 26%;
iii) 2012 em 27,5%;
iv) 2013 em 29%;
v) 2014 em 29,6%;

i) Sem prejuízo do disposto na alínea seguinte, a taxa contributiva relativa aos beneficiários do seguro social voluntário prevista no nº 3 do artigo 184º é fixada para o ano de:

i) 2010 em 17,5%;
ii) 2011 em 19%;
iii) 2012 em 20,5%;
iv) 2013 em 22%;
v) 2014 em 23,5%;
vi) 2015 em 25%;
vii) 2016 em 26,5%;
viii) 2017 em 27,4%;

j) A taxa contributiva relativa aos beneficiários do seguro social voluntário prevista no nº 3 do artigo 184º que sejam bombeiros voluntários é fixada para o ano de:

i) 2010 em 21,5%;
ii) 2011 em 23%;
iii) 2012 em 24,5%;
iv) 2013 em 26%;
v) 2014 em 27,4%.

2 – A convergência das taxas contributivas nos termos previstos no número anterior produz efeitos no dia 1 de Janeiro do ano em causa.

– *Para o nº 1: a progressão da taxa contributiva prevista no nº 4 do artº 168º (alínea f) do nº 1) foi entretanto revogada.*
– *A alínea c) do nº 1: as "demais entidades sem fins lucrativos" mas apenas as contidas nos artigos elencados no corpo do nº 1.*
– *A situação dos trabalhadores em funções públicas embora sem fins lucrativos não beneficia de ajustamento progressivo pois o artº 115º não figura no elenco do corpo do nº 1.*
– *Nos termos do nº 2 do artº 6º da Lei preambular, as várias alíneas passam a ter como primeiro ano de referência, para a entrada em vigor, o ano de 2011, adaptando-se consecutivamente aos anos seguintes.*
– *Os profissionais de artes de espectáculo e de audiovisual também tiveram taxas transitoriamente progressivas, nos termos do artº 4º da L 28/2011, 16/06.*

CAPÍTULO II – Disposições finais

Artigo 282º – Instituições competentes

1 – A inscrição e o enquadramento dos trabalhadores por conta de outrem compete aos serviços do ISS, I. P., ou aos serviços da segurança social das Regiões Autónomas em cujo âmbito territorial se situe a sede ou o estabelecimento da entidade empregadora, sem prejuízo do estabelecido quanto ao âmbito pessoal de caixas de previdência social.

2 – A inscrição e o enquadramento dos trabalhadores independentes e dos beneficiários do seguro social voluntário compete aos serviços do ISS, I. P., ou aos serviços da segurança social das Regiões Autónomas em cujo âmbito territorial se situe a residência do trabalhador, sem prejuízo do estabelecido quanto ao âmbito pessoal de caixas de previdência social.

– *Competência para entidades empregadoras (critério: local de trabalho) e trabalhadores não residentes em Portugal – arts 12º do D Reg 1-A/2011, 03/01.*
– *O artº 88º do D Reg 1-A/2011, 03/01, salvaguarda a competência própria das instituições e serviços das regiões autónomas.*
– *Competência para arrecadação e cobrança – artº 20º.*

Artigo 283º – Contribuições da responsabilidade das entidades contratantes [122]

1 – As contribuições das entidades contratantes sobre serviços prestados por trabalhadores independentes destinam-se à protecção destes trabalhadores nas eventualidades imediatas.

[122] O nº 1 na redacção do nº 1 do artº 16º da Lei nº 20/2012, de 14 de Maio. Teve redacção do nº 2 do artº 69º da Lei nº 55-A/2010, de 31 de Dezembro.
Os nºs 2 e 3 revogados pelo nº 2 do artº 16º da Lei nº 20/2012, de 14 de Maio.

2 – *(revogado)*
3 – *(revogado)*

– *V. nº 2 do artº 69º do D Reg 1-A/2011, 03/01.*

Artigo 283º-A – Efeitos específicos no registo de remunerações [123]

As remunerações registadas nas situações dos trabalhadores independentes com rendimento relevante mensal médio apurado trimestralmente de montante igual ou superior a 4 vezes o valor do IAS, que acumulem actividade com actividade profissional por conta de outrem nos termos da alínea a) do artigo 157º, apenas relevam para determinação da remuneração de referência nas eventualidades de invalidez, velhice e morte.

Artigo 284º – Beneficiários de programas de estágios

A protecção social e o correspondente regime contributivo referente aos beneficiários de programas de estágios são fixados em diploma próprio.

ANEXO I

Ano	Idade	Ano	Idade	Ano	Idade
2010	56	2016	59	2022	62
2011	56,5	2017	59,5	2023	62,5
2012	57	2018	60	2024	63
2013	57,5	2019	60,5	2025	63,5
2014	58	2020	61	2026	64
2015	58,5	2021	61,5	2027	64,5
				2028	65

– *Tabela usada para efeitos de limite ou de alteração da base de incidência contributiva, nos termos do nº 5 do artº 120º, nº 2 do artº 180º e alínea b) do nº 3 do artº 181º.*
– *Dado o silêncio da lei, só por analogia com o disposto no nº 2 do artº 6º da Lei preambular se poderia entender que passaria a ter como primeiro ano de referência, para a entrada em vigor, o ano de 2011, adaptando-se consecutivamente aos anos seguintes.*

[123] Aditado pelo DL 2/2108, de 9 de Janeiro.

Decreto Regulamentar nº 1-A/2011, de 3 de Janeiro

Com redacção dos seguintes diplomas:
– Lei nº 64-B/2011, de 30 de Dezembro (artº 83º);
– Decreto Regulamentar nº 50/2012, de 25 de Setembro;
– Decreto Regulamentar nº 6/2013, de 15 de Outubro;
– Decreto Regulamentar nº 2/2017, de 22 de Março;
– Decreto-Lei nº 93/2017, de 1 de Agosto (artº 20º);
– Decreto-Lei nº 33/2018, de 15 de Maio (artº 173º);
– Decreto Regulamentar nº 6/2018, de 2 de Julho (versão consolidada);
– Decreto-Lei nº 84/2019, de 28 de Junho (artº 193º).

O Código dos Regimes Contributivos do Sistema Previdencial de Segurança Social, aprovado pela Lei nº 110/2009, de 16 de Setembro, vem definir um novo equilíbrio entre direitos, deveres e responsabilidades, enquadrado num novo paradigma de justiça intergeracional, social e contributiva que assenta em quatro objectivos: dar resposta ao eminente envelhecimento demográfico, tornar o sistema de segurança social mais favorável ao emprego, combater a exclusão social e a pobreza e conciliar melhor e mais protecção social com uma política de rigor e eficiência.

Em primeiro lugar, o Código veio possibilitar a compilação, sistematização e clarificação da legislação de segurança social, a harmonização dos princípios que determinam os direitos e as obrigações dos contribuintes e dos beneficiários do sistema previdencial de segurança social, bem como uma forte simplificação e modernização administrativas. Na verdade, só uma legislação clara permite aos cidadãos e empresas conhecerem, de forma fácil, os seus direitos e as suas obrigações, podendo facilmente exercer aqueles e cumprir estas.

Em segundo lugar, foram adoptadas medidas inovadoras pelo Código dos Regimes Contributivos do Sistema Previdencial de Segurança Social, que resultaram do acordo celebrado com os parceiros sociais no âmbito das relações laborais, e que visam dar um importante contributo no combate à precariedade e à segmentação no mercado de trabalho.

Em terceiro lugar, introduziu-se pela primeira vez a obrigação de partilha dos encargos entre trabalhadores e empresas com a protecção social dos trabalhadores independentes cuja actividade seja de prestação de serviços.

Em quarto lugar, assegurou-se aos trabalhadores que as prestações substitutivas do rendimento do trabalho são calculadas a partir daquele que é efectivamente o rendimento do seu trabalho, garantindo-se-lhes mais protecção social, procedendo-se, conforme acordado com os parceiros sociais, ao alargamento faseado da base de incidência contributiva a novas componentes de remuneração, respeitando-se os limites definidos no Código do Imposto sobre o Rendimento das Pessoas Singulares (CIRS).

Em quinto lugar, consagrou-se pela primeira vez a igualdade de tratamento, para efeitos de segurança social, do trabalho dependente e do trabalho independente, quando este seja prestado pelo mesmo trabalhador à mesma empresa ou para empresas do mesmo agrupamento empresarial. Esta consagração é mais um passo decisivo na promoção e garantia de níveis de protecção adequados aos trabalhadores, na medida em que permite aproximar a base de incidência contributiva às remunerações efectivamente auferidas, desincentivando o recurso a esquemas retributivos que resultam na desprotecção dos trabalhadores.

Em sexto lugar, no que respeita à fixação da taxa contributiva deu-se cumprimento ao disposto nas bases da segurança social, aprovadas pela Lei nº 4/2007, de 16 de Janeiro, fixando-se a taxa contributiva global em função do custo da protecção das eventualidades protegidas.

No caso dos trabalhadores independentes, procedeu-se à integração da eventualidade doença no âmbito material de todos os trabalhadores, à adequação da taxa ao custo técnico das eventualidades protegidas, passando a mesma de 32% para 29,6% no Código e, relativamente ao montante da base de incidência contributiva mínima, à sua redução de 1,5 para um indexante de apoios sociais (IAS).

Em sétimo lugar, na promoção do envelhecimento activo é mantida a possibilidade dos pensionistas em actividade continuarem a contribuir para um regime com especificidades, designadamente quanto ao âmbito material de protecção e à taxa aplicável.

No âmbito do regime contra-ordenacional salienta-se a actualização do montante das coimas, para que estas desempenhem verdadeiramente um dos objectivos fundamentais das penas, que é o de dissuadir o potencial infractor de cometer a infracção.

O presente decreto regulamentar vem, na sequência da entrada em vigor do Código, que adoptou estas medidas, definir as regras de execução que permitam a sua aplicação no âmbito dos regimes de segurança social. Assim, define-se um conjunto de disposições regulamentares que abrem caminho a uma maior simplificação do processo de relacionamento dos cidadãos com o sistema de segurança social.

Consagrando-se, designadamente o privilégio da comunicação electrónica com as instituições de segurança social e no acesso à informação fornecida directamente pelos serviços públicos envolvidos.

Foram ouvidas as confederações sindicais e patronais com assento no Conselho Permanente de Concertação Social e os órgãos de governo próprio das Regiões Autónomas.

Foi promovida a audição da Comissão Nacional de Protecção de Dados.

Assim:

Nos termos da alínea c) do artigo 199º da Constituição e do artigo 4º da Lei nº 110/2009, de 16 de Setembro, o Governo decreta o seguinte:

CAPÍTULO I – Disposições gerais

Artigo 1º – Objecto

O presente decreto regulamentar procede à regulamentação do Código dos Regimes Contributivos do Sistema Previdencial de Segurança Social, adiante designado Código, aprovado pela Lei nº 110/2009, de 16 de Setembro, alterada pela Lei nº 119/2009, de 30 de Dezembro, e pela Lei nº 55-A/2010, de 31 de Dezembro, que aprova o Orçamento de Estado para 2011.

Artigo 2º – Administração electrónica [124]

1 – Com excepção dos casos expressamente previstos no Código e no presente regulamento, as entidades empregadoras, as entidades contratantes, os trabalhadores e as instituições de segurança social devem utilizar a Internet para as comunicações, apresentação de requerimentos e cumprimento das respectivas obrigações declarativas.

2 –*(revogado)*

3 –*(revogado)*

4 – É aplicável às notificações electrónicas da segurança social, com as necessárias adaptações, o disposto nos nºs 2, 3, 4 e 6 do artigo 5º do Decreto-Lei nº 93/2017, de 1 de Agosto.

– *Para notificações electrónicas ver também artº 23º-A do CRC, artº 6º-A do DL 42/2001, 09/02 e arts 14º e 61º e segs do CPA.*

Artigo 3º – Requerimentos e declarações

1 – Sem prejuízo do disposto no Código e no presente decreto regulamentar, os requerimentos, as comunicações e as declarações são apresentados em modelos próprios, sendo os elementos necessários e respectivos meios de prova aprovados por portaria do membro do Governo responsável pela área da segurança social.

2 – Os modelos de formulários de requerimentos, comunicações e declarações necessários à aplicação do Código e respectiva regulamentação são aprovados por despacho do membro do Governo responsável pela área da segurança social.

3 – A identificação dos elementos e os respectivos meios de prova necessários à inscrição e ao enquadramento dos trabalhadores por conta de outrem, das entidades empregadoras, dos trabalhadores independentes e dos beneficiários do seguro social voluntário constam de portaria do membro do Governo responsável pela área da segurança social.

4 – São igualmente fixados por portaria os procedimentos relacionados com a regularização do cumprimento de obrigação contributiva.

– *Ver suportes de informação no Desp 5130/2011, 17/03 (DR, 2ª, 24/03).*

– *Para os nºs 3 e 4 ver Port 66/2011, 04/02)*

[124] O nº 1 na redacção do D Reg 6/2018, de 2 de Julho.
Os nºs 2 e 3 aditados pelo D Reg 50/2012, 25/09, e entretanto revogados pela alínea c) do artº 20º do DL 93/2017, 01/08.
O nº 4 aditado pelo D Reg 6/2018, de 2 de Julho.

Artigo 4º – Elementos em falta

As entidades empregadoras e os trabalhadores devem prestar os esclarecimentos solicitados pelas instituições de segurança social competentes no prazo de 10 dias quando seja verificada a falta de elementos ou se suscitem dúvidas quanto aos elementos obtidos por interconexão de dados ou por outra via oficiosa.

– Prazo adjectivo geral de 10 dias que se suspende nos sábados, domingos e feriados, nos termos dos arts 86º e 87º do CPA.

CAPÍTULO II – Regime geral dos trabalhadores por conta de outrem

SECÇÃO I – Relação jurídica de vinculação

Artigo 5º – Comunicação da admissão de trabalhadores

1 – Para efeitos da comunicação da admissão de trabalhador prevista no artigo 29º do Código, a entidade empregadora solicita ao trabalhador e comunica à instituição de segurança social competente os elementos necessários à sua inscrição e enquadramento.

2 – A declaração deve ainda conter os elementos de identificação da entidade empregadora.

3 – Na admissão de trabalhador estrangeiro a entidade empregadora, para além dos elementos referidos no nº 1, exige os documentos considerados necessários de acordo com a legislação que regula a entrada, permanência, saída e afastamento de estrangeiros do território nacional.

4 – Caso o trabalhador não se encontre identificado no sistema de segurança social, é-lhe oficiosamente atribuído o número de identificação da segurança social (NISS) com base nos elementos referidos no nº 1 constantes dos documentos de identificação.

– Para o nº 3 ver:

. para cidadãos comunitários, do EEE e Suíça – L 37/2006, 09/08;

. para outros – L 23/2007, de 4 de Julho, e D Reg. 84/2007, 05/11, e legislação complementar.

– Outros elementos necessários – nº 3 da Port 66/2011, 04/02.

– Para comunicação ver modelo RV 1009/2011-DGSS – Desp 5130/2011, 17/03 (DR, 2ª, nº 59, 24/03).

Artigo 6º – Prova de admissão de trabalhadores

1 – As entidades empregadoras são obrigadas a entregar aos trabalhadores admitidos uma declaração contendo o respectivo NISS e número de identificação

fiscal (NIF), bem como a data da admissão do trabalhador, ou cópia da comunicação de declaração de admissão.

2 – Nos casos em que a admissão seja efectuada no local onde os trabalhadores vão exercer a sua actividade e o mesmo não corresponda a estabelecimento da entidade empregadora, é aceite, como prova da data da admissão, cópia da declaração a que se refere o número anterior.

Artigo 7º – Enquadramento supletivo

1 – Em caso de incumprimento, pela entidade empregadora e pelo trabalhador, do disposto, respectivamente, nos artigos 29º e 33º do Código, o enquadramento pode ser promovido pela instituição competente, por sua iniciativa ou a solicitação de qualquer familiar interessado na concessão de prestações, nos termos dos números seguintes.

2 – A promoção do enquadramento por familiar do trabalhador só é admissível em caso de impedimento do trabalhador.

3 – A comunicação por familiar do trabalhador é acompanhada de documento comprovativo do impedimento do trabalhador e de cópia do contrato de trabalho, de recibo de vencimento ou de qualquer outro documento idóneo que comprove a relação laboral.

4 – O suprimento oficioso do enquadramento pela instituição de segurança social deve resultar do recurso a dados de que disponha no seu sistema de informação, nos sistemas de informação fiscal ou da justiça ou decorrente de acção de fiscalização.

5 – O disposto no presente artigo não se aplica nos casos em que a obrigação contributiva se encontre extinta por prescrição.

Artigo 8º – Comunicação da cessação, suspensão e alteração da modalidade do contrato de trabalho [125]

1 – As declarações da entidade empregadora relativas à cessação, suspensão e alteração da modalidade de contrato dos trabalhadores previstas no nº 1 do artigo 32º do Código são efectuadas até ao dia 10 do mês seguinte ao da sua ocorrência, no sítio da Internet da segurança social, sem prejuízo do disposto no nº 2 do mesmo artigo.

2 – Nos casos de entidades empregadoras de trabalhadores do serviço doméstico, as comunicações referidas no número anterior podem ser efectuadas através de formulário próprio, em suporte de papel, a remeter à instituição de segurança social que abrange o local de trabalho.

– Formulário – Mod. RV 1009/2009-DGSS.

[125] O nº 2 na redacção do D Reg 6/2018, de 2 de Julho.

Artigo 9º – Declaração do trabalhador

1 – A declaração do trabalhador a que se refere o artigo 33º do Código é apresentada entre a data de celebração do contrato e o final do 2º dia de prestação de trabalho, podendo ser apresentada em conjunto com a declaração da entidade empregadora.

2 – Para efeitos do disposto no nº 2 do mesmo artigo, os períodos de actividade relevam a partir do dia seguinte ao da apresentação da declaração pelo trabalhador, quando esta seja apresentada fora do prazo previsto no número anterior.

– V. artº 4º da Port 66/2011, 04/02.

Artigo 10º – Efectivação de inscrição das entidades empregadoras

1 – Para efeitos do disposto no artigo 34º do Código, consideram-se oficiosamente inscritas na segurança social as entidades empregadoras cuja inscrição no registo comercial ou, tratando-se de entidade não sujeita a registo comercial obrigatório, no ficheiro central de pessoas colectivas, seja comunicada pelos serviços de registo.

2 – É ainda efectuada oficiosamente, com base em acções de inspecção ou de fiscalização, a inscrição de entidades irregularmente constituídas que tenham trabalhadores ao seu serviço.

– Para o nº 1 – quanto às comunicações obrigatórias das conservatórias de registo ver artº 72º-A do Código do Registo Comercial e artº 11º-A do Regime do Registo Nacional de Pessoas Colectivas ambos aditados pelos arts 13º e 14º do DL 122/2009, 21/05.

Artigo 11º – Inscrição da entidade empregadora

A inscrição da entidade empregadora no sistema previdencial é efectuada com base no respectivo NISS.

Artigo 12º – Competência para proceder à inscrição e enquadramento [126]

1 – A entidade de segurança social competente para proceder à inscrição das entidades empregadora é, salvo competência especial das caixas sindicais de previdência:

a) O Instituto da Segurança Social, I. P., se o local de trabalho for no território continental;

b) O Instituto de Segurança Social da Madeira, I. P.-RAM, se o local de trabalho for na Região Autónoma da Madeira;

c) O Instituto da Segurança Social dos Açores, I. P.-RA, se o local de trabalho for na Região Autónoma dos Açores.

[126] As alíneas b) e c) do nº 1 na redacção do D Reg 6/2018, de 2 de Julho.

2 – Para efeitos de aplicação do artigo 282º do Código, compete ao Instituto da Segurança Social, I. P., proceder à inscrição e enquadramento dos trabalhadores não residentes em Portugal.

– Para inscrição de trabalhadores por conta de outrem, trabalhadores independentes e regime do seguro social voluntário – artº 282º do CRC)

SECÇÃO II – Relação jurídica contributiva

SUBSECÇÃO I – Declaração de remunerações

Anteriormente: Decreto Regulamentar nº 26/99, de 27 de Outubro

Artigo 13º – Suporte da declaração de remunerações

Para efeitos do disposto no artigo 41º do Código, a declaração de remunerações obedece a modelo próprio e é preenchida de acordo com os requisitos técnicos e procedimentos constantes no sítio da Internet da segurança social, aprovados por despacho do membro do Governo responsável pela área da segurança social.

– Trata-se do modelo RC 3008/2011– DGSS – Desp 5130/2011, 17/03, in DR, 2ª, nº 59, 24/03.

Artigo 14º – Identificação dos trabalhadores

A declaração de remunerações inclui a identificação dos trabalhadores ao serviço da entidade contribuinte a quem seja devida remuneração no mês de referência, de acordo com os procedimentos previstos no artigo anterior.

Artigo 15º – Remunerações a declarar

O valor das remunerações a declarar é discriminado de acordo com os requisitos definidos no despacho previsto no artigo 13º.

Artigo 16º – Declaração de tempos de trabalho [127]

1 – Os tempos de trabalho são declarados em dias, independentemente de a actividade ser prestada a tempo completo ou a tempo parcial.

2 – Nos casos em que a actividade corresponda a um mínimo de seis horas de trabalho diário e se reporte a todos os dias do mês, o tempo declarado corresponde a 30 dias.

[127] O nº 4 na redacção do DL 84/2019, de 28 de Junho.
O nº 6 aditado pelo D Reg nº 6/2018, de 2 de Julho, na redacção do DL 84/2019, de 28 de Junho.

3 – Nas situações de início, interrupção, suspensão ou cessação de contrato de trabalho a tempo completo é declarado o número efectivo de dias de trabalho prestado a que correspondeu remuneração.

4 – Nas situações de prestação de trabalho que não corresponda a tempo completo, nos termos do nº 2, designadamente de trabalho a tempo parcial, de contrato de muito curta duração e de contrato intermitente com prestação horária de trabalho, é declarado um dia de trabalho por cada conjunto de seis horas.

5 – Nos casos em que o número de horas de trabalho, excedente de múltiplos de seis, for igual a três ou inferior, é declarado meio dia de trabalho e, nos restantes casos, mais um dia, com o limite máximo de 30 dias em cada mês.

6 – Sem prejuízo do disposto nos números anteriores, nas situações em que o período normal de trabalho a tempo completo do sector de actividade seja de 35 horas semanais ou inferior, os tempos de trabalho são declarados nos seguintes termos:

a) 30 dias de trabalho, nos casos em que a actividade corresponda a um mínimo de cinco horas de trabalho diário e se reporte a todos os dias do mês;

b) Um dia de trabalho por cada conjunto de cinco horas, nos casos em que a actividade não seja prestada a tempo completo, designadamente de trabalho a tempo parcial, de contrato de muito curta duração e de contrato intermitente com prestação horária de trabalho;

c) Meio-dia de trabalho, nos casos previstos na alínea anterior em que o número de horas de trabalho, excedente de múltiplos de cinco, for igual a dois e meio ou inferior e, nos restantes casos, mais um dia, com o limite máximo de 30 dias em cada mês.

Artigo 17º – Declaração de remunerações dos trabalhadores da pesca local

1 – A declaração de remunerações relativa aos trabalhadores da pesca local e costeira, cujas remunerações são calculadas com base no valor do produto bruto do pescado vendido em lota, é preenchida e entregue, pelos proprietários das embarcações, nas entidades que asseguram os serviços de vendagem em lota.

2 – As entidades de segurança social competentes e as entidades que asseguram os serviços de vendagem em lota celebram, no prazo máximo de três meses, protocolo que garanta o apoio necessário aos proprietários das embarcações no preenchimento das declarações de remunerações.

Artigo 18º – Declaração de remunerações do serviço doméstico

A declaração de remunerações relativa aos trabalhadores do serviço doméstico é efectuada com o pagamento das contribuições e quotizações devidas.

Artigo 19º – Tempo de trabalho no domicílio

Quando se tratar de contrato de trabalho no domicílio, nos termos da legislação laboral, o número de dias a declarar em cada mês é o seguinte:

a) 30 dias, quando a remuneração declarada for igual ou superior ao valor da remuneração mínima mensal garantida;

b) O número de dias correspondentes ao valor da remuneração dividido pelo valor diário da remuneração mínima mensal garantida, nos restantes casos.

Artigo 20º – Declarações de remunerações autónomas

1 – A entidade empregadora deve apresentar declarações de remunerações autónomas por mês de referência das remunerações declaradas, estabelecimento e taxa contributiva aplicável aos trabalhadores que integram cada estabelecimento, sem prejuízo do disposto no artigo 26º.

2 – As actualizações e os acertos de remunerações, bem como os montantes das comissões, gratificações, prémios e bónus que se reportem a mais do que um mês são declarados no mês em que forem pagos e reportam-se aos meses de referência a que respeitam.

3 – É ainda apresentada declaração de remunerações autónoma referente aos honorários previstos no artigo 130º do Código pela entidade a quem foram prestados os correspondentes serviços, sempre que esta seja distinta da entidade empregadora.

Artigo 21º – Entrega da declaração de remunerações

1 – A declaração de remunerações efectuada por transmissão electrónica de dados considera-se entregue na data em que é considerada válida pelo sistema de informação da segurança social.

2 – A declaração de remunerações em suporte de papel é entregue nas instituições de segurança social da área do local de trabalho, podendo ainda ser-lhes remetida por correio.

3 – A declaração de remunerações em suporte de papel considera-se entregue na data em que é apresentada, ou na data do carimbo dos serviços dos correios quando remetida por esta via, desde que seja validada pelo sistema de informação da segurança social.

4 – Quando o prazo para entrega da declaração de remunerações termine ao sábado, domingo ou dia feriado transfere-se o seu termo para o 1º dia útil seguinte.

– Para o cumprimento dos prazos (nº 4) ver anotação ao artº 40º do CRC.

Artigo 22º – Verificação da declaração de remunerações

1 – As instituições de segurança social, por recurso ao sistema de informação da segurança social, procedem à verificação dos elementos constantes da declaração de remunerações e do cálculo do montante da totalidade das contribuições que lhes correspondam, tendo em vista a respectiva validação e aceitação.

2 – É rejeitada, considerando-se como não entregue, a declaração de remunerações que não obedeça aos requisitos e procedimentos a que se refere o artigo 13º, sendo o facto comunicado à entidade empregadora para efeitos da respectiva correcção, no prazo de cinco dias a contar da data da recepção da comunicação.

3 – Para efeitos do disposto no número anterior, é considerada comunicação a mensagem disponibilizada através do sistema de informação da segurança social à entidade empregadora sobre a rejeição verificada quando se trate de declaração por transmissão electrónica de dados.

4 – A declaração de remunerações efectuada por transmissão electrónica de dados considera-se entregue na data da rejeição pelo sistema de informação da segurança social, e a efectuada em papel nas datas referidas no artigo anterior, se for corrigida no prazo de cinco dias a contar da data da recepção da comunicação.

5 – Findo o prazo definido no número anterior sem que os erros se mostrem corrigidos, a declaração é considerada como não entregue, sem prejuízo do disposto no nº 3 do artigo 40º do Código e das sanções estabelecidas para a falta da sua apresentação.

Artigo 23º – Validade e eficácia da declaração de remunerações por transmissão electrónica de dados

1 – À validade, eficácia e valor probatório da declaração de remunerações por transmissão electrónica de dados é aplicável o regime jurídico dos documentos electrónicos.

2 – À transmissão electrónica de dados não se aplica a possibilidade de deduzir impugnação ao abrigo do disposto na parte final do artigo 368º do Código Civil.

– Para o nº 1 trata-se do DL 290-D/99, 02/08.

– Para o nº 2 equivale a dizer que a transmissão electrónica de dados não é susceptível de impugnação quanto à sua exactidão)

Artigo 24º – Confirmação dos elementos da declaração de remunerações

1 – As instituições de segurança social podem exigir a confirmação dos elementos constantes das declarações de remunerações que lhes suscitem dúvidas, solicitando, para o efeito, provas adicionais das declarações prestadas.

2 – O disposto no número anterior aplica-se, em especial, nos casos em que, por referência a qualquer trabalhador, se verifiquem variações não justificadas no montante das remunerações declaradas.

3 – A confirmação das remunerações pode efectuar-se, designadamente, através da apresentação de declarações fiscais ou da concessão de autorização à instituição de segurança social competente para consulta das bases de dados fiscais.

Artigo 25º – Certificação da entrega da declaração de remunerações

1 – A entrega das declarações de remunerações é certificada pelas entidades competentes para a respectiva recepção.

2 – A certificação da entrega da declaração de remunerações por transmissão electrónica de dados é feita através da disponibilização do comprovativo de entrega.

3 – A certificação da entrega da declaração de remunerações em papel é feita mediante aposição de carimbo de recepção no duplicado da declaração de remunerações entregue.

Artigo 26º – Correcção dos elementos declarados [128]

1 – Os elementos constantes da declaração de remunerações podem ser corrigidos na declaração de remunerações do mês de referência seguinte àquele a que os mesmos respeitam.

2 – Findo o prazo previsto no número anterior as correcções só podem ser efectuadas através da entrega de declaração de remunerações autónoma, sendo a mesma considerada, para todos os efeitos, como entregue fora de prazo.

3 – A anulação ou correcção integral de declaração de remunerações é requerida ao serviço de segurança social competente, mediante apresentação de prova que fundamente o pedido.

4 – A declaração de remunerações relativa a períodos anteriores à data do início de actividade comunicada na admissão do trabalhador, quando não se encontre prescrita a obrigação contributiva correspondente, é requerida ao serviço de segurança social competente mediante apresentação de prova da prévia existência da relação de trabalho.

Artigo 27º – Suprimento oficioso da declaração de remunerações

O suprimento oficioso da declaração de remunerações previsto no artigo 40º do Código ocorre, designadamente, quando:

a) A entidade empregadora não apresente declaração de remunerações;

[128] O nº 4 aditado pelo D Reg 6/2018, de 2 de Julho.

b) A entidade empregadora omita trabalhador ou valores na declaração de remunerações;

c) Tenha sido rejeitada a declaração de remunerações e considerada como não entregue nos termos do nº 5 do artigo 22º;

d) O trabalhador o solicite ou, encontrando-se este impedido, tal solicitação seja efectuada por familiar que prove ter interesse no cumprimento daquela obrigação, mediante apresentação de prova documental.

Artigo 28º – Notificação do suprimento oficioso

Nas situações previstas no artigo anterior, a instituição de segurança social notifica a entidade empregadora da falta detectada, convidando-a a suprir ou a justificar a mesma, no prazo de 10 dias, findo o qual é elaborada declaração oficiosa de remunerações.

– Nos termos do artº 110º do CPA com audiência prévia – artº 121º do mesmo CPA.

Artigo 29º – Elaboração oficiosa da declaração de remunerações

1 – O cumprimento das obrigações referidas no artigo 40º do Código é aferido mensalmente e o seu incumprimento determina a elaboração oficiosa da declaração de remunerações e do respectivo registo.

2 – A declaração oficiosa de remunerações é efectuada considerando a remuneração base dos trabalhadores constante da última declaração de remunerações com 30 dias de trabalho.

3 – Na falta de elementos relativos à remuneração base dos trabalhadores, o valor das remunerações a considerar corresponde ao da retribuição mínima mensal garantida, reportada a 30 dias de trabalho.

– Liquidação oficiosa do nº 3 do artº 40º do CRC , Cf nº 7 do artº 59º do CPPT.

Artigo 30º – Comunicação do registo da declaração oficiosa

1 – Findo o prazo para a justificação ou suprimento da falta, a declaração de remunerações é elaborada e registada oficiosamente, sendo remetido à entidade empregadora o respectivo comprovativo para efeitos de pagamento voluntário das contribuições e quotizações devidas.

2 – A falta de cumprimento da obrigação contributiva determina a sua cobrança coerciva.

– Em complemento do nº 4 do artº 40º do CRC e nos termos do CPA.

SUBSECÇÃO II – Base de incidência

Artigo 31º – Equivalência pecuniária das remunerações em espécie

A equivalência pecuniária das remunerações em espécie para efeitos de determinação da sua incidência contributiva faz-se nos termos previstos no Código do Imposto Sobre o Rendimento das Pessoas Singulares (CIRS).

– Para efeitos dos nºs 1 e 2 do artº 46º do CRC e nos termos das regras de aplicação sucessiva do artº 24º do CIRS:

. pelo preço tabelado oficialmente;

. pela cotação oficial de compra;

. tratando-se de géneros, pela cotação de compra da bolsa de mercadorias de Lisboa ou, não existindo essa cotação, pelo preço médio do respectivo ano ou do último determinado e que constem da estiva camarária;

. pelos preços de bens ou serviços homólogos publicados pelo Instituto Nacional de Estatística;

. pelo valor de mercado, em condições de concorrência.

– Por se tratar de matéria tributária – fixação de base de incidência – este dispositivo devia conter-se no texto normativo do próprio CRC por respeito ao princípio da legalidade.

Artigo 32º – Aplicação geral de instrumento de regulamentação colectiva

Para efeitos do disposto no nº 4 do artigo 46º do Código, considera-se que um instrumento de regulamentação colectiva de trabalho é aplicado de forma geral sempre que a entidade empregadora obedeça a um mesmo critério de aplicação relativamente a todos os trabalhadores por ele abrangidos.

Artigo 33º – Efeitos específicos das prestações remuneratórias na remuneração de referência

Os valores sujeitos a incidência contributiva nos termos do disposto na alínea v) do nº 2 do artigo 46º do Código relevam para efeitos de registo de remunerações do trabalhador nos seguintes termos:

a) No último mês de vigência do contrato de trabalho que cessou;

b) No 1º mês de vigência do contrato de trabalho que inicia, sempre que o trabalhador celebre novo contrato de trabalho com a mesma entidade empregadora que determine a tributação de toda a importância recebida para efeitos de imposto sobre o rendimento das pessoas singulares.

Artigo 34º – Base de incidência dos trabalhadores da pesca local e costeira
(revogado) [129]

SUBSECÇÃO III – Mandatários

Artigo 35º – Mandatários das entidades contribuintes
1 – Para efeitos de aplicação do Código, as entidades contribuintes podem conferir mandato sob a forma prevista na lei.
2 – A nomeação do mandatário é comunicada à instituição de segurança social competente pela entidade contribuinte através do sítio da Internet da segurança social antes de ser iniciado o exercício do mandato, sob pena de serem considerados como não efectuados os actos entretanto praticados pelo mandatário.
3 – A comunicação referida no número anterior é feita mediante a apresentação de documento próprio, se os actos a praticar não puderem ser efectuados por via electrónica.
4 – A revogação do mandato só produz efeitos perante as instituições de segurança social após a sua devida notificação.
5 – As normas procedimentais aplicam-se, com as devidas adaptações, aos mandatários das entidades contribuintes.

– *V. Regime do contrato de mandato na lei civil – arts 1157º e segs do Código Civil.*
V. Regime da gestão de negócios nos arts 464º e segs do Código Civil e no artº 17º da LGT.

SUBSECÇÃO IV – Isenção ou redução de taxa contributiva

Artigo 36º – Dívida à segurança social
1 – Para efeitos do disposto no artigo 59º do Código, sempre que a entidade beneficiária de isenção ou redução de taxa contributiva contraia dívida à segurança social ou à administração fiscal, o benefício cessa a partir do mês seguinte àquele em que é contraída a dívida.
2 – A isenção ou redução da taxa contributiva pode ser retomada a partir do mês seguinte àquele em que tiver lugar a regularização da situação contributiva perante a segurança social e a administração fiscal.

[129] Revogado pelo nº 2 do artº 83º da Lei nº 64-B/2011, de 30 de Dezembro.

SECÇÃO III – Trabalhadores integrados em categorias ou situações específicas e situações equiparadas a trabalho por conta de outrem

Artigo 37º – Enquadramento dos membros dos órgãos estatutários

1 – A instituição de segurança social competente, após receber a comunicação oficiosa de início de actividade de membro de órgão estatutário, procede à inscrição do trabalhador, quando este não se encontre inscrito, ou à actualização dos respectivos dados.

2 – A instituição de segurança social competente notifica a entidade empregadora para, no prazo de 10 dias, fornecer os elementos necessários ao enquadramento ou à exclusão do trabalhador.

3 – Em caso de incumprimento do disposto no número anterior, a instituição de segurança social procede ao enquadramento oficioso do trabalhador e fixa a base de incidência contributiva pelo valor correspondente ao limite mínimo definido no nº 1 do artigo 66º do Código.

– *Os membros dos órgãos estatutários não são trabalhadores por conta de outrem pois estão vinculados à sociedade por contrato de mandato (administração ou de gestão) e não por contrato de trabalho.*
Ver última anotação ao artº 5º do CRC.

Artigo 38º – Elementos de prova para a exclusão do regime aplicável aos membros dos órgãos estatutários

1 – Para efeitos do disposto nas alíneas a) e b) do artigo 63º e do nº 1 do artigo 64º do Código, a entidade empregadora deve apresentar à instituição de segurança social competente cópia do pacto social ou da acta da assembleia geral em que constem os elementos necessários à comprovação da exclusão.

2 – Para efeitos do disposto do nº 1 do artigo 64º do Código, tratando-se de enquadramento em regime obrigatório de protecção social ou de situação de pensionista de que a instituição de segurança social não possa ter conhecimento directo, a certificação é efectuada mediante documento comprovativo emitido pela entidade competente.

– *Para o nº 1 quanto ao livro de actas quando constituídas por folhas soltas ver DL 76-A/2008, 29/03 – regime de simplificação.*

Artigo 39º – Cessação da actividade dos membros dos órgãos estatutários

1 – A instituição de segurança social competente procede ao registo da cessação de actividade dos membros dos órgãos estatutários com base nos elementos que recebe oficiosamente nos termos da legislação em vigor ou mediante prova inequívoca da cessação da actividade apresentada pelo interessado.

2 – Para efeitos do disposto no nº 2 do artigo 70º do Código, o membro de órgão estatutário apresenta requerimento em formulário de modelo próprio.

Artigo 40º – Base de incidência facultativa dos praticantes desportivos profissionais

Para efeitos de exercício do direito de opção previsto no artigo 78º do Código as entidades empregadoras dos praticantes desportivos profissionais devem, conjuntamente com os elementos referidos no nº 1 do artigo 5º, remeter à instituição de segurança social competente cópia do acordo para o efeito celebrado.

Artigo 41º – Comunicação de admissão de trabalhadores nos contratos de trabalho de muito curta duração

A comunicação de admissão de trabalhador em regime de contrato de trabalho de muito curta duração é efectuada no sítio da Internet da segurança social através de formulário próprio, contendo os seguintes elementos:

a) Identificação, domicílio ou sede das partes;
b) Actividade do trabalhador e correspondente retribuição;
c) Data de início dos efeitos do contrato de trabalho;
d) Local de trabalho;
e) Duração do contrato de trabalho.

Artigo 42º – Conversão do contrato de trabalho de muito curta duração em contrato de trabalho a termo

Sempre que o contrato de trabalho de muito curta duração se converta em contrato a termo de acordo com a legislação laboral, aplica-se a taxa contributiva correspondente com efeitos ao mês da conversão.

Artigo 42º-A – Jovens contratados no período de férias escolares [130]

1 – O enquadramento de jovens ao abrigo do artigo 83º-A do Código não pode exceder o período de férias escolares estabelecido para o respectivo nível de ensino.

2 – A comunicação de admissão de jovens no período de férias escolares é efectuada no sítio da internet da segurança social através de formulário próprio, contendo os seguintes elementos:

a) Identificação, domicílio ou sede das partes;
b) Identificação do estabelecimento de ensino;
c) Ano de escolaridade e nível de ensino que o trabalhador frequenta;
d) Data de início dos efeitos do contrato de trabalho;

[130] Aditado pelo Decreto-Lei nº 33/2018, de 15 de Maio.

e) Local de trabalho;

f) Duração do contrato de trabalho e data da respectiva cessação.

3 – O enquadramento de jovens ao abrigo do artigo 83º-A do Código cessa no último dia do período de férias escolares.

4 – Os serviços de segurança social procedem à verificação do cumprimento do disposto no nº 1 para efeitos de aplicação do disposto no número anterior.

5 – As instituições de segurança social podem exigir a confirmação dos elementos constantes da comunicação prevista no nº 1 que lhes suscitem dúvidas, solicitando, para o efeito, provas adicionais.

Artigo 43º – Prova da situação de trabalhador em situação de pré-reforma[131]

1 – A entidade empregadora deve remeter o acordo de pré-reforma à instituição de segurança social competente no prazo de cinco dias após a sua entrada em vigor.

2 – Recebido o acordo referido no número anterior, a instituição de segurança social competente procede às devidas alterações de enquadramento.

3 – Nos casos em que o acordo de pré-reforma seja apresentado em data posterior à referida no nº 1, a alteração do enquadramento produz efeitos a partir do mês seguinte ao da sua apresentação.

Artigo 44º – Prova da situação de pensionista

Para efeitos do disposto no artigo 89º do Código, a instituição de segurança social procede ao enquadramento com efeitos no mês seguinte ao da verificação da situação, nos seguintes termos:

a) Tratando-se de pensionistas de invalidez ou velhice do sistema previdencial, de forma oficiosa;

b) Tratando-se de pensionistas de invalidez e velhice de regime de protecção social de que a entidade de segurança social competente não tenha conhecimento directo, mediante recepção de cópia do documento emitido pela entidade que atribuiu a respectiva pensão ou do cartão de pensionista, do qual conste a natureza da pensão, remetido pela entidade empregadora.

Artigo 44º-A – Pensionistas em funções públicas [132]

A protecção na eventualidade de doença prevista no nº 3 do artigo 90º do Código não é aplicável nas situações em que o pensionista mantenha o recebimento da pensão.

[131] O nº 3 na redacção do D Reg 6/2018, de 2 de Julho.

[132] Aditado pelo Decreto-Lei nº 33/2018, de 15 de Maio.

Artigo 45º – Prova de contrato intermitente

1 – A entidade empregadora deve remeter cópia do contrato de trabalho intermitente ou em exercício intermitente da prestação de trabalho com os requisitos exigidos pela legislação laboral à instituição de segurança social competente.

2 – O documento referido no número anterior é entregue no prazo de cinco dias a partir da comunicação da admissão do trabalhador ou da conversão do respectivo contrato de trabalho, ou juntamente com aquela.

Artigo 46º – Trabalhadores em regime de contrato intermitente

Para efeitos do disposto no artigo 94º do Código, o registo de remunerações por equivalência tem a duração máxima de 6 meses em cada período de 12 meses de vigência do contrato, quando verificadas as condições previstas no Código do Trabalho.

Artigo 47º – Condições de acesso aos incentivos à permanência no mercado de trabalho

1 – Para efeitos de aplicação do disposto nos artigos 105º a 107º do Código, a instituição de segurança social procede à alteração de enquadramento, produzindo efeitos a partir do mês seguinte ao da verificação das seguintes situações:

a) Sempre que tenha conhecimento directo de pelo menos 40 anos de carreira contributiva do trabalhador, verificadas as demais condições legais, de forma oficiosa;

b) Sempre que não tenha conhecimento directo de toda ou parte da carreira contributiva do trabalhador, mediante requerimento apresentado pela entidade empregadora acompanhado de documentos que provem a existência dos períodos em falta.

2 – Para efeitos do disposto na alínea b) do número anterior o trabalhador deve informar a entidade empregadora de que reúne as condições previstas no número anterior, bem como entregar-lhe os documentos comprovativos.

Artigo 48º – Condições de acesso aos incentivos à contratação de trabalhadores com deficiência

Para efeitos de aplicação do disposto nos artigos 108º e 109º do Código, a entidade empregadora deve apresentar requerimento através de formulário próprio, acompanhado de atestado médico de incapacidade multiusos emitido pelos serviços de saúde ou pelos serviços do Instituto do Emprego e Formação Profissional que ateste a situação de deficiência e respectivo grau.

Artigo 49º – Base de incidência facultativa dos trabalhadores de serviço doméstico

1 – Para efeitos de exercício do direito de opção previsto no nº 2 do artigo 120º do Código a entidade empregadora de trabalhador de serviço doméstico deve remeter à instituição de segurança social competente cópia do acordo para o efeito celebrado e do atestado de capacidade para o exercício da actividade previsto no nº 5 do mesmo artigo.

2 – A remuneração efectivamente auferida pelo trabalhador do serviço doméstico é considerada base de incidência contributiva a partir do mês seguinte ao da apresentação dos documentos a que se refere o número anterior.

3 – A actualização da remuneração do trabalhador é comunicada pela entidade empregadora à instituição de segurança social competente no prazo de cinco dias.

Artigo 50º – Regime facultativo dos membros das igrejas, associações e confissões religiosas

1 – Para efeitos de opção pelo âmbito material de protecção previsto no nº 2 do artigo 125º do Código, a entidade contribuinte deve remeter à instituição de segurança social competente o acordo escrito celebrado para esse efeito.

2 – A opção pelo âmbito material previsto no nº 2 do artigo 125º do Código produz efeitos a partir do mês seguinte ao da apresentação do documento a que se refere o número anterior.

Artigo 51º – Base de incidência facultativa dos membros das igrejas, associações e confissões religiosas

1 – A opção por base de incidência contributiva superior ao valor de uma vez o indexante dos apoios sociais pelos beneficiários referidos no artigo 122º do Código é requerida à instituição de segurança social competente através de formulário próprio.

2 – O requerimento previsto no número anterior é acompanhado do acordo escrito celebrado com a entidade contribuinte, no qual consta obrigatoriamente o escalão a fixar como base de incidência contributiva.

3 – O deferimento produz efeitos a partir do mês seguinte ao da apresentação do requerimento a que se refere o nº 1.

Artigo 52º Cessação da obrigação de contribuir dos membros das igrejas, associações e confissões religiosas

1 – Para efeitos do disposto no artigo 128º do Código, sempre que a instituição de segurança social competente tenha conhecimento directo de que o trabalhador tem pelo menos 40 anos de carreira contributiva, verificadas as demais

condições legais, a sua não inclusão na declaração de remunerações é considerada como requerimento de cessação da obrigação de contribuir.

2 – Para efeitos do disposto no artigo 128º do Código, sempre que a instituição de segurança social competente não tenha conhecimento directo de toda ou parte da carreira contributiva do trabalhador, a entidade empregadora deve apresentar requerimento acompanhado de documentos que provem a existência dos períodos em falta.

3 – Sem prejuízo do disposto no número seguinte, na situação prevista no número anterior a obrigação contributiva suspende-se a partir do mês seguinte ao da apresentação do requerimento.

4 – Sendo o requerimento indeferido há lugar à correcção oficiosa das declarações de remuneração apresentadas, dando origem à correspondente obrigação de pagamento de contribuições e quotizações.

5 – Sendo o requerimento deferido a obrigação contributiva cessa no mês seguinte ao da apresentação do requerimento.

CAPÍTULO III – Regime dos trabalhadores independentes

Artigo 53º – Identificação e inscrição

1 – A inscrição dos trabalhadores independentes é efectuada com base no respectivo NISS.

2 – A atribuição de NISS, quando necessário, é efectuada oficiosamente com base na identificação civil e fiscal.

Artigo 54º – Enquadramento

Independentemente do número de actividades autónomas prosseguidas simultaneamente pelo trabalhador é efectuado um único enquadramento no regime dos trabalhadores independentes.

Artigo 54º-A – Actualização de dados dos trabalhadores independentes [133]

1 – A declaração dos elementos complementares necessários ao enquadramento, bem como à fixação da base de incidência contributiva dos trabalhadores independentes que não possam ser obtidos através da troca de informação com a administração tributária, é efectuada:

a) Trimestralmente, nos períodos declarativos previstos no nº 3 do artigo 151º-A do Código;

[133] Aditado pelo D Reg 50/2012, de 25 de Setembro.
O nº 1 na redacção do D Reg 6/2018, de 2 de Julho.

b) Anualmente, no prazo legal para a entrega da declaração fiscal, através do anexo SS ao modelo 3 da declaração de imposto sobre o rendimento das pessoas singulares, o qual é remetido aos serviços da segurança social pela entidade tributária competente, sem prejuízo do disposto no número seguinte.

2 – Para efeitos do disposto na alínea *b)* do nº 1 do artigo 134º do Código, os empresários em nome individual e os titulares de estabelecimento individual de responsabilidade limitada que exerçam exclusivamente actividade industrial ou comercial, devem declarar no sítio da Internet da segurança social, no mês em que se verifique, o início ou a cessação dessa forma de exercício de actividade.

– Para a alínea b) do nº 1 ver anexo SS aprovado pela Port. 93/2016, 18/04.

Artigo 54º-B – Produção de efeitos da aplicação da taxa contributiva [134]

A aplicação da taxa contributiva prevista no nº 4 do artigo 168º do Código, por força do disposto no nº 2 do artigo anterior, produz efeitos a partir do mês em que é feita a declaração e deixa de ser aplicável a partir do mês seguinte ao da declaração de mudança da forma do exercício de actividade.

– Desde 01/01/2013. Período de 1 Jan a 15 Out de 2013 foi objecto de declaração autónoma.

Artigo 54º-C – Exclusão do regime [135]

1 – Para efeitos de aplicação do artigo 139º do Código, sempre que os elementos que determinam a exclusão do regime dos trabalhadores independentes não sejam do conhecimento da instituição de segurança social, os trabalhadores independentes devem requerer a sua exclusão.

2 – O trabalhador independente é responsável pela comunicação das situações determinantes da cessação de exclusão até ao final do mês em que as mesmas ocorrerem, sem prejuízo da sua verificação oficiosa pelos serviços da segurança social competentes, designadamente por troca de informação com as entidades que disponibilizam os rendimentos determinantes da verificação da exclusão.

Artigo 55º – Opção das cooperativas pelo regime dos trabalhadores independentes

1 – As cooperativas de produção e serviços que, nos termos do disposto no artigo 135º do Código, optem pelo enquadramento dos seus membros trabalhadores no regime dos trabalhadores independentes devem comunicar esta opção

[134] Aditado pelo artº 3º do D Reg 6/2013, de 15 de Outubro.
[135] Aditado pelo D Reg 6/2018, de 2 de Julho.

à instituição de segurança social competente através de formulário de modelo próprio.

2 – O enquadramento dos trabalhadores referidos no número anterior produz efeitos a partir do mês seguinte ao da comunicação da opção.

Artigo 56º – Comunicação do início de actividade dos cônjuges dos trabalhadores independentes [136]

1 – O início de actividade dos cônjuges dos trabalhadores independentes e dos unidos de facto identificados na alínea c) do nº 1, no nº 2 do artigo 133º e na alínea a) do nº 1 do artigo 134º do Código é por estes obrigatoriamente comunicado no mês de início de actividade.

2 – A comunicação referida no número anterior é efectuada através de formulário próprio à instituição de segurança social competente para proceder à inscrição.

3 – A prova da união de facto é efectuada nos termos da Lei nº 7/2001, de 11 de Maio.

– Para o nº 2, comunicação modelo RV 1000/2011-DGSS – Despacho nº 5130/2011, de 17 de Março, in DR, 2ª, nº 59, 24/03).

Artigo 57º – Cessação de enquadramento dos cônjuges dos trabalhadores independentes [137]

1 – O enquadramento dos cônjuges dos trabalhadores independentes cessa quando se verifique qualquer das seguintes situações:

a) Cessar a actividade do trabalhador independente;
b) Cessar a sua actividade;
c) Quando se verifique o início de actividade independente própria.

2 – O enquadramento cessa ainda pela:

a) Dissolução do casamento;
b) Declaração de nulidade do casamento;
c) Anulação do casamento;
d) Separação judicial de pessoas e bens;
e) Dissolução da união de facto.

3 – A comunicação dos factos determinantes da cessação de enquadramento previstos na alínea c) do nº 1 e no nº 2 é obrigatoriamente efectuada pelo cônjuge até ao final do mês em que os factos se verifiquem.

[136] O nº 1 na redacção do D Reg 2/2018, de 9 de Julho. O nº 3 aditado pelo D Reg 2/2018, de 9 de Julho.

[137] A alínea e) do nº 2 aditada pelo D Reg 6/2018, de 2 de Julho.

Artigo 57º-A – Produção de efeitos facultativa [138]

O requerimento previsto no artigo 146º do Código é efectuado nos momentos previstos para a declaração trimestral de rendimentos dos trabalhadores independentes.

Artigo 57º-B – Obrigação declarativa [139]

1 – As declarações previstas nos nºs 1 e 5 do artigo 151º-A do Código são efectuadas electronicamente no sítio da Internet da segurança social e consideram-se entregues na data em que são submetidas com sucesso no sistema de informação da segurança social.

2 – Os dados da declaração prevista no nº 1 do artigo 151º-A do Código podem ser substituídos durante o próprio mês da declaração, sendo considerada a última declaração efectuada.

3 – Sem prejuízo do disposto no número anterior, os elementos constantes da declaração trimestral podem ser substituídos até ao 15º dia posterior ao termo do prazo previsto no nº 3 do artigo 151º-A do Código.

4 – Apenas estão sujeitos ao cumprimento do disposto no nº 5 do artigo 151º-A os trabalhadores independentes que tenham estado obrigados a proceder à entrega de pelo menos uma declaração trimestral relativa a rendimentos obtidos no ano civil anterior.

5 – Quando o prazo para entrega das declarações termine ao sábado, domingo ou dia feriado, transfere-se o seu termo para o 1º dia útil seguinte.

6 – As instituições de segurança social podem exigir a confirmação dos elementos constantes da declaração que lhes suscitem dúvidas, solicitando, para o efeito, provas adicionais das declarações prestadas.

Artigo 57º-C – Opção pelo regime de apuramento trimestral [140]

Exercida a opção nos termos do nº 3 do artigo 164º do Código, o trabalhador deve efectuar a primeira declaração trimestral em Janeiro, relativa aos rendimentos obtidos no último trimestre do ano civil anterior, para efeitos de determinação do rendimento relevante a considerar no primeiro trimestre.

Artigo 57º-D – Contabilidade organizada [141]

1 – Nas situações de início ou reinício de actividade, a determinação do rendimento relevante nos termos do nº 3 do artigo 162º do Código é aplicável apenas após o conhecimento, pelos serviços competentes da segurança social, da cor-

[138] Aditado pelo D Reg 6/2018, de 2 de Julho.
[139] Aditado pelo D Reg 6/2018, de 2 de Julho.
[140] Aditado pelo D Reg 6/2018, de 2 de Julho.
[141] Aditado pelo D Reg 6/2018, de 2 de Julho.

respondente declaração de imposto sobre o rendimento das pessoas singulares, comunicada pela entidade tributária competente.

2 – Até ao momento do conhecimento previsto no número anterior, o rendimento relevante é apurado nos termos do nº 1 do artigo 162º do Código.

Artigo 58º – Declaração anual da actividade [142]

1 – A declaração prevista no artigo 152º do Código deve conter, para efeitos da alínea c) do nº 1 do mesmo artigo, relativamente a cada entidade a quem foram prestados serviços:

a) O NISS;

b) O NIF;

c) O valor total dos serviços prestados no ano civil anterior.

2 – São igualmente declarados os montantes dos rendimentos que devam ser considerados ou excluídos para efeitos de apuramento do rendimento relevante que não possam ser obtidos oficiosamente.

3 – A declaração é feita por preenchimento do anexo SS ao modelo 3 da declaração de imposto sobre o rendimento das pessoas singulares, efectuada no prazo legal para a entrega da declaração fiscal, o qual é remetido aos serviços da segurança social pela entidade tributária competente.

– A declaração genericamente prevista no artº 152º do CRC é o anexo SS, declaração fiscal do IRS. Ver anotação ao artº 54º-A.

Artigo 59º – Isenção da obrigação de contribuir por acumulação com trabalho por conta de outrem [143]

1 – Quando o rendimento relevante de trabalho independente ultrapasse o limite previsto na alínea a) do nº 1 do artigo 157º do Código, o trabalhador deve declarar a totalidade dos rendimentos obtidos na declaração trimestral imediatamente posterior à data em que deixaram de se verificar as condições para a isenção.

2 – Para efeitos do disposto na subalínea iii) da alínea a) do nº 1 do artigo 157º do Código, considera-se reunida a condição para a isenção quando o valor médio da remuneração mensal no trimestre que antecede a verificação das condições for igual ou superior ao valor do IAS, sendo a informação obtida da seguinte forma:

a) Nos casos de enquadramento no regime geral, oficiosamente por recurso às remunerações registadas no sistema;

[142] Redacção do D Reg 6/2018, de 2 de Julho.
O nº1 tem redacção do D Reg 50/2012, de 25 de Setembro.
Os nºs 2 e 3 foram aditados pelo D Reg 6/2018, de 2 de Julho.

[143] Redacção do D Reg 6/2018, de 2 de Julho..

b) Nos casos de enquadramento noutro sistema de protecção social, mediante comprovativo da remuneração mensal que deve acompanhar o requerimento referido no nº 2 do mesmo artigo.

3 – Na impossibilidade de obtenção dos elementos para determinação da remuneração do trabalhador nos termos do número anterior, a instituição de segurança social notifica-o para, no prazo de 10 dias, prorrogáveis mediante pedido fundamentado do trabalhador, apresentar os documentos necessários à referida prova, sob pena de, não o fazendo, não lhe ser reconhecido o direito à isenção.

4 – O apuramento do rendimento relevante pelo remanescente de rendimentos, nas situações previstas no nº 1, obedece ao disposto no artigo 162º do Código.

5 – Não releva para efeitos de base de incidência contributiva o valor de rendimento relevante que determine uma contribuição de valor inferior ao que for fixado em despacho do membro do Governo responsável pela área da segurança social.

– Para o nº 5 trata-se do Despacho nº 599/2019 – € 5.

Artigo 60º – Produção de efeitos da isenção da obrigação de contribuir [144]

1 – O reconhecimento oficioso da isenção da obrigação de contribuir produz efeitos no mês seguinte ao da ocorrência dos factos que a determinem.

2 – Nas situações que dependam de requerimento, a isenção produz efeitos no mês seguinte ao da sua apresentação.

3 – Quando se trate de pensionistas a isenção contributiva tem lugar a partir da data da atribuição da pensão.

4 – É aplicável às situações previstas no número anterior, com as necessárias adaptações, o disposto no artigo 156º do Código.

Artigo 61º – Cessação voluntária da isenção da obrigação de contribuir [145]

1 – O trabalhador independente pode fazer cessar a isenção do pagamento de contribuições mediante comunicação à instituição de segurança social competente.

2 – A opção de cessação prevista no número anterior pode ser exercida na forma e nos momentos temporais previstos para a declaração trimestral de rendimentos e produz efeitos no mês do requerimento.

3 – O disposto no nº 1 não é aplicável nos casos previstos na alínea d) do nº 1 do artigo 157º do Código.

[144] O nº 4 na redacção do D Reg 6/2018, de 2 de Julho.

[145] Redacção do D Reg 6/2018, de 2 de Julho.
Os nºs 2 e 3 foram aditados pelo D Reg 6/2018, de 2 de Julho.

Artigo 62º – Elementos necessários para a determinação do rendimento relevante [146]

1 – Para efeitos do apuramento do rendimento relevante nos termos do artigo 162º do Código, são considerados ou excluídos os rendimentos identificados nos termos dos números seguintes, sem prejuízo do disposto na parte final do nº 5 do mesmo artigo.

2 – A matéria colectável imputada pelas sociedades de profissionais aos seus membros ou sócios identificados na alínea b) do nº 1 do artigo 133º do Código, bem como os recebimentos e adiantamentos por conta, constituem valor de prestação de serviços.

3 – Não são considerados no apuramento do rendimento relevante dos trabalhadores independentes os seguintes rendimentos:

a) Obtidos com a produção de electricidade para autoconsumo ou através de unidades de pequena produção a partir de energias renováveis;

b) Obtidos em resultado da celebração de contratos de arrendamento e de arrendamento urbano para alojamento local em moradia ou apartamento;

c) Subvenções ou subsídios ao investimento;

d) Provenientes de mais-valias;

e) Rendimentos provenientes de propriedade intelectual ou industrial.

4 – O trabalhador independente pode optar pela consideração dos rendimentos excluídos nos termos das alíneas c), d) e e) do número anterior.

5 – Quando sejam relevados, os rendimentos previstos no número anterior são considerados como rendimentos da actividade que lhes deu origem.

Artigo 62º-A – Revisão anual da base de incidência [147]

1 – O valor da diferença decorrente da revisão anual da base de incidência contributiva efectuada nos termos do artigo 164º-A do Código determina o apuramento de obrigação contributiva no mês de Janeiro do ano seguinte àquele a que os rendimentos dizem respeito e é considerado proporcionalmente na carreira contributiva do trabalhador relativamente à totalidade do ano a que respeitam.

2 – Para efeitos de aplicação do número anterior, apenas releva para efeitos de base de incidência contributiva o montante que exceda o valor mínimo

[146] Redacção do D Reg 6/2018, de 9 de Julho.
Teve redacção do D Reg 50/2012, de 25 de Setembro. O actual nº 2 fora aditado. O anterior nº 2 passou a nº 3 com alterações e o actual nº 4 era o nº 3 anterior.
O nº 5 fora aditado pelo D Reg 2/2017, de 22 de Março, e aplicável retroactivamente ao apuramento de Outubro de 2016 (nº 2 do mesmo diploma).

[147] Redacção do D Reg 6/2018, de 2 de Julho.
Fora aditado pelo D Reg 50/2012, de 25 de Setembro.

a fixar anualmente por despacho do membro do Governo responsável pela área da segurança social.

3 – O trabalhador independente é notificado do valor de rendimento relevante resultante da revisão anual, designadamente para efeitos de audiência dos interessados, nos termos do Código do Procedimento Administrativo.

4 – O exercício de resposta à audiência de interessados prevista no número anterior é efectuado preferencialmente através do sítio da Internet da segurança social.

– Para o nº 2 trata-se do Despacho nº 599/2019 – € 20.

Artigo 62º-B – Verificação das condições determinantes da reavaliação *(revogado)* [148]

Artigo 63º – Comunicação da obrigação contributiva [149]

1 – Para efeitos do cumprimento da obrigação contributiva, são mensalmente disponibilizados no sítio da Internet da segurança social os elementos necessários ao pagamento das contribuições devidas.

2 – (*revogado*)

Artigo 64º – Elementos da obrigação contributiva dos cônjuges [150]

1 – A opção prevista no nº 2 do artigo 166º do Código é exercida trimestralmente, nos momentos declarativos previstos no nº 3 do artigo 151º-A do Código, e anualmente nas situações de enquadramento no regime de contabilidade organizada.

2 – Não se verificando a opção prevista no número anterior, mantém-se a base de incidência contributiva prevista no nº 1 do artigo 166º do Código.

3 – Nos casos em que ao trabalhador independente seja reconhecido o direito à isenção do cumprimento da obrigação contributiva, mantém-se para o respectivo cônjuge ou unido de facto a consideração do último rendimento relevante apurado para o trabalhador independente.

4 – Nas situações de inexistência de rendimento relevante apurado para o trabalhador independente nos últimos 12 meses, é considerado como rendimento relevante do cônjuge ou unido de facto o valor de 1,5 IAS.

5 – O disposto nos nºs 3 e 4 não prejudica o direito de opção previsto no nº 2 do artigo 166º do Código, com os limites mínimos previstos no artigo 163º do Código.

148 Aditado pelo D Reg 50/2012, de 25 de Setembro, e revogado pelo D Reg 6/2018. 2 de Julho.

149 Redacção do D Reg 6/2018, de 2 de Julho.

150 Redacção do D Reg 6/2018, de 2 de Julho.

6 – A taxa contributiva aplicável aos cônjuges dos trabalhadores independentes corresponde à do trabalhador independente.

Artigo 65º – Taxa contributiva mais favorável *(revogado)* [151]

CAPÍTULO IV – Regime de seguro social voluntário

Artigo 66º – Requerimento de adesão ao seguro social voluntário

1 – Para efeitos de adesão ao seguro social voluntário o interessado apresenta requerimento em formulário de modelo próprio junto da instituição de segurança social competente ou no sítio da Internet da segurança social.

2 – No caso de voluntários sociais o requerimento previsto no número anterior é efectuado em conjunto com a entidade que beneficia da actividade, sendo por esta apresentado.

3 – O requerimento deve conter os elementos necessários à inscrição e enquadramento.

4 – Os cidadãos nacionais residentes em território estrangeiro podem escolher, no momento do requerimento, a instituição de segurança social pela qual pretendem ficar abrangidos.

5 – Caso o requerente não se encontre identificado no sistema de segurança social, é-lhe oficiosamente atribuído um NISS com base nos elementos referidos no nº 3, constantes dos documentos de identificação.

– *V. artº 173º do CRC.*
Requerimento modelo RV 1007/2011-DGSS – Desp 5130/2011, 17/03 – DR, 2ª, nº 59, 24/03.

Artigo 67º – Prazo para apreciação do requerimento

1 – No prazo de 30 dias a contar da apresentação do requerimento devidamente instruído, a instituição de segurança social deve proceder à sua apreciação.

2 – A decisão que recair sobre o requerimento é comunicado ao interessado e, quando este for voluntário social, também à instituição que beneficia da actividade.

Artigo 68º – Acumulação de actividade com registo de equivalência à entrada de contribuições

1 – Quando, no decurso do mesmo mês, se verificar, sucessivamente, o exercício de actividade e situação determinante do registo de remunerações por equiva-

151 Revogado pelo D Reg 6/2018, de 2 de Julho.

lência à entrada de contribuições, a obrigação de contribuir reporta-se ao número de dias em que não haja lugar ao registo de remunerações por equivalência.

2 – Para efeitos do número anterior, o valor diário das contribuições é igual a 1/30 do valor mensal da base de incidência contributiva do beneficiário.

CAPÍTULO V – Registo de remunerações e registo de remunerações por equivalência à entrada de contribuições

SECÇÃO I – Registo de remunerações

Artigo 69º – Registo das remunerações [152]

1 – As instituições de segurança social procedem, por referência a cada mês, ao registo na carreira contributiva de cada beneficiário do valor das remunerações, reais ou convencionais, e respectivos tempos de trabalho declarados.

2 – *(revogado)*

3 – O registo de remunerações e dos tempos de trabalho dos trabalhadores independentes é correspondente ao montante das contribuições pagas.

4 – O registo de remunerações dos trabalhadores independentes correspondente a correcções ou comunicações de rendimentos efectuadas em data posterior ao período a que respeitam é efectuado por referência ao ano e mês a que se reportam.

5 – O registo de remunerações resultante da revisão anual é efectuado por referência ao ano a que respeitam.

– V. artº 16º do Código dos Regimes Contributivos.

Artigo 70º – Registo de tempos de trabalho

1 – O registo de remunerações a que se reporta o nº 1 do artigo anterior é feito com referência ao número de dias de trabalho declarado em cada mês.

2 – Nas situações de base de incidência convencional referente à actividade mensal é efectuado o registo de 30 dias, salvo nos casos em que haja lugar ao registo de remunerações por equivalência à entrada de contribuições.

3 – Nas situações de trabalho do serviço doméstico prestado à hora é registado um dia de trabalho por cada conjunto de seis horas, com o limite máximo de 30 dias em cada mês.

4 – Nos casos em que o número de horas de trabalho, excedente de múltiplos de seis, for igual a três ou inferior, é registado meio dia de trabalho e, nos restantes casos, mais um dia.

[152] O nº 2 revogado pelo artº 4º do D Reg 50/2012, de 25 de Setembro.
Os nºs 3 a 5 aditados pelo D Reg 6/2018, de 2 de Julho.

SECÇÃO II – Registo de remunerações por equivalência à entrada de contribuições

Artigo 71º – Registo de remunerações por equivalência

Para efeitos do disposto no artigo 17º do Código, nas situações em que a lei reconhece o direito à equivalência à entrada de contribuições, as instituições de segurança social registam, em nome dos beneficiários, os valores equivalentes à remuneração, determinados de acordo com o disposto no presente capítulo.

Artigo 72º – Situações relevantes para a equivalência

1 – Sem prejuízo do estabelecido em legislação própria, designadamente nos diplomas que regulam os regimes jurídicos de protecção nas eventualidades, consideram-se equivalentes à entrada de contribuições, durante os períodos em que se verifiquem, as seguintes situações:

a) Incapacidade temporária para o trabalho que dê direito à atribuição de subsídio de doença ou à concessão provisória do mesmo subsídio;

b) Incapacidade temporária ou indisponibilidade para o trabalho que dê direito à atribuição dos subsídios previstos no regime jurídico de protecção na parentalidade;

c) Incapacidade temporária para o trabalho que dê direito à atribuição do subsídio de gravidez a artistas, intérpretes e executantes;

d) Incapacidade temporária absoluta para o trabalho por doença profissional ou por acidente de trabalho que dê direito à atribuição de indemnização;

e) Incapacidade temporária parcial para o trabalho por doença profissional ou acidente de trabalho que dê direito à atribuição de indemnização;

f) Desemprego que dê direito à atribuição dos respectivos subsídios, salvo se o seu montante for pago de uma só vez;

g) Cumprimento de serviço militar efectivo decorrente de convocação ou de mobilização e, ainda, de serviço cívico, desde que tenha existido prévio registo de remunerações;

h) Cumprimento de serviço de jurado;

i) Redução de actividade ou suspensão do contrato de trabalho em situação de crise empresarial nos termos do disposto no Código do Trabalho.

2 – Para efeitos do disposto na alínea a) do número anterior são igualmente relevantes os períodos de espera estabelecidos na lei, salvo nas situações respeitantes a trabalhadores independentes.

3 – Há lugar ao registo de remunerações por equivalência à entrada de contribuições sempre que os trabalhadores independentes se encontrem em situação de incapacidade temporária absoluta, com direito a indemnização por acidente de trabalho ou doença profissional.

– *A alínea c) do nº1 caducou pois deixa de se verificar com a supressão do subsídio de gravidez do elenco das prestações dos profissionais do espectáculo e do audiovisual – L 4/2008, 07/02, na versão da L 28/2011, 16/06.*
– *A alínea i) prevê o regime do lay off – arts 298º a 308º do CT.*
– *Para o nº 2 ver artº 22º do DL 28/2004, 04/02.*
– *Situação de trabalho intermitente – artº 94º do CRC.*

Artigo 73º – Valores equivalentes a remuneração [153]

Sem prejuízo do disposto em regime jurídico próprio, os valores equivalentes a remunerações, nas situações referidas no nº 1 do artigo anterior, são determinados nos termos seguintes:

a) A remuneração de referência considerada para o cálculo das prestações referidas nas alíneas a), b) e c);

b) A remuneração de referência considerada para o cálculo da indemnização nas situações a que se refere a alínea d);

c) O valor da diferença entre a remuneração efectiva do trabalhador declarada pela entidade contribuinte e o valor que seria considerado para registo caso a incapacidade fosse absoluta nas situações a que se refere a alínea e);

d) A remuneração de referência considerada para o cálculo dos subsídios a que se refere a alínea f), com excepção das situações expressamente previstas no regime jurídico das prestações de desemprego e de cessação de actividade;

e) A remuneração média dos últimos três meses com registo de remunerações, no caso da alínea g);

f) A última remuneração registada nos casos da alínea h);

g) O valor correspondente à diferença entre a remuneração normal do trabalhador e a efectivamente paga, a qual engloba a compensação retributiva e a retribuição por trabalho prestado quando a este houver lugar, nas situações previstas na alínea i).

Artigo 74º – Situação similar a período com registo de remunerações

Para preenchimento do prazo de garantia, índice de profissionalidade ou para cálculo das prestações pode ainda ser atribuída em legislação própria relevância a períodos em que não houve efectivo exercício de actividade pelo trabalhador e que não consubstanciem o instituto da equivalência à entrada de contribuições.

[153] A alínea d) na redacção do D Reg 6/2018, de 2 de Julho.

CAPÍTULO VI – Locais e meios de pagamento

Artigo 75º – Local de pagamento

O pagamento, pelos contribuintes, dos valores devidos a título de contribuições, quotizações ou juros de mora, bem como de valores constantes de documentos previamente emitidos para esse efeito, é efectuado, designadamente:

a) Nas instituições de crédito ou outros prestadores de serviços financeiros que, para o efeito, celebrem acordo com o Instituto de Gestão Financeira da Segurança Social, I. P.;

b) Nas tesourarias das instituições de segurança social de acordo com as condições fixadas, periodicamente, por despacho do membro do Governo responsável pela área da segurança social;

c) Por remessa de meio de pagamento pelo correio, sob registo postal, à ordem do Instituto de Gestão Financeira da Segurança Social, I. P., nos termos a fixar no despacho referido na alínea anterior.

– Ver no nº 2 do artº 20º do CRC a previsão de acordos com a banca.

– Obrigações das instituições de crédito – créditos e disponibilização – artº 3º do DL 236/91, 28/06;

– Obrigações das instituições de segurança social:

. depósito de valores – artº 7º do DL 236/91, 28/06;

. conservação de documentos – artº 10º do DL 236/91, 28/06.

Para as alíneas b) e c) ver Desp 15283/2013, 11/11, in DR, 2ª, nº 227, 22/11.

Artigo 76º – Meios de pagamento [154]

1 – O pagamento nas instituições de crédito é efectuado por transferência, numerário, cheque do próprio banco ou através de débito em conta no respectivo banco.

2 – O pagamento nas tesourarias das instituições de segurança social é efectuado em numerário, em cheque sobre instituições de crédito a operar em território nacional ou por outras formas de pagamento disponibilizadas.

3 – São definidos por despacho do membro do Governo responsável pela área da segurança social os limites máximos de pagamento em numerário de valores devidos à Segurança Social.

– Pagamento por cheque – arts 16º e 17º da Port 66/2011, 04/02, e nº 2 do Desp 15283/2013, 11/11 – DR; 2ª, nº 227, 22/11.

– Cheques visados – artº 4º do DL 236/91, 28/06, e nº 3 do Desp 15283/2013, 11/11 – DR; 2ª, nº 227, de 22/11.

[154] O nº 3 foi aditado pelo D Reg 6/2018, de 2 de Julho.

CAPÍTULO VII – Regularização da dívida à segurança social e situação contributiva

SECÇÃO I – Regularização da dívida à segurança social

Artigo 77º – Compensação oficiosa de créditos

1 – Para efeitos do disposto no nº 2 do artigo 197º do Código a instituição de segurança social competente deve proceder à compensação oficiosa de créditos sempre que detecte a sua existência.

2 – Da compensação efectuada nos termos do número anterior é dado conhecimento ao contribuinte.

Artigo 78º – Entidades de capitais exclusiva ou maioritariamente públicos

No caso de entidades de capitais exclusiva ou maioritariamente públicos, para efeitos do disposto no artigo 198º do Código, não são consideradas as importâncias respeitantes ao pagamento de indemnizações no âmbito de contratos de seguro, reembolso de despesas de saúde ou resgate ou vencimento de produtos financeiros.

Artigo 79º – Imputação dos montantes pagos

Salvo pedido em contrário da entidade devedora, quando o pagamento for insuficiente para extinguir todas as dívidas, o respectivo montante é imputado à dívida mais antiga e respectivos juros, pela seguinte ordem:

a) Dívida de quotizações;
b) Dívida de contribuições;
c) Juros de mora;
d) Outros valores devidos nos termos do artigo 185º do Código.

– V. nº 3 do artº 18º da Port 66/2011, 04/02.

Artigo 80º – Regularização da dívida à segurança social no âmbito da execução cível [155]

1 – Para efeitos do disposto nos artigos 188º e 189º do Código, quando, por força da renovação da execução extinta, prevista no artigo 850º do Código de Processo Civil, as instituições de segurança social passem a assumir a posição de exequente, o Instituto de Gestão Financeira da Segurança Social, I. P., pode

[155] Redacção do D Reg 6/2018, de 2 de Julho.
Os nºs 2, 3 e 4 tiveram redacção do artº 83º da Lei nº 64-B/2011, de 30 de Dezembro. O nº 5 fora aditado pelo mesmo artigo.

autorizar a regularização da dívida através de acordo prestacional, para efeitos do disposto nos artigos 806º e seguintes do Código de Processo Civil.

2 – O acordo prestacional previsto no número anterior é autorizado nos mesmos termos em que são autorizados os acordos prestacionais no âmbito das execuções fiscais que correm termos pelas secções de processo executivo do sistema de solidariedade e segurança social.

3 – (*revogado*)

4 – (*revogado*)

5 – (*revogado*)

Artigo 81º – Pagamento em prestações

1 – O diferimento do pagamento da dívida à segurança social, incluindo os créditos por juros de mora vencidos e vincendos, assume a forma de pagamento em prestações mensais, iguais e sucessivas, com o limite máximo de 150.

2 – O número de prestações autorizado para o pagamento depende:

a) Da capacidade financeira do contribuinte;

b) Do risco financeiro envolvido;

c) Das circunstâncias determinantes da origem das dívidas;

d) Do grau de liquidez da garantia.

3 – A taxa de juros vincendos a aplicar no âmbito de pagamentos prestacionais autorizados pode ser reduzida em função da idoneidade da garantia.

4 – Excepcionalmente, quando tal se mostre indispensável à recuperação económica do contribuinte, pode ser autorizada a progressividade do valor das prestações.

5 – O pagamento de cada prestação é efectuado até ao final do mês a que diz respeito.

Artigo 81º-A – Juros de mora [156]

Para efeitos do disposto nos artigos 187º e 211º do Código, o cálculo de juros de mora tem lugar desde a data em que deveria ter sido cumprida a obrigação contributiva até à data do pagamento da dívida, e interrompe-se ou suspende-se nos mesmos termos.

– *V. anotação ao artº 187º.*

[156] Aditado pelo D Reg 6/2018, de 2 de Julho.

SECÇÃO II – Situação contributiva

Artigo 82º – Certificação da situação contributiva

1 – A situação contributiva é certificada com base nos elementos existentes nos serviços, não dependendo de apresentação de meios de prova pelo requerente, salvo o disposto no número seguinte.

2 – Quando estiver em causa a emissão de declaração de situação contributiva não regularizada o requerente pode provar a sua regularização mediante apresentação de prova documental, designadamente por documentos comprovativos do pagamento da dívida exigível à data de emissão da declaração.

3 – A declaração não constitui instrumento de quitação e não prejudica ulteriores apuramentos.

– Conteúdo da declaração – artº 19º da Port 66/2011, 04/02.

– Competência para emissão: nº 3 do artº 7º do DL 112/2004, 13/05; e artº 20º da Port 66/2011, 04/02.

Artigo 83º – Entidades requerentes

1 – A declaração de situação contributiva pode ser requerida:

a) Pelo contribuinte ou seu representante legal;

b) Por iniciativa de qualquer credor ou do Ministério Público, nos termos do artigo 20º do Código da Insolvência e da Recuperação de Empresas.

2 – A declaração a emitir para os efeitos da alínea b) do número anterior, quando requerida por credor, contém apenas a referência à existência ou não de dívida.

3 – A declaração é emitida no prazo máximo de 10 dias, a contar da data do respectivo requerimento ou notificação judicial.

– O artº 20º do Código da Insolvência e da Recuperação de Empresas – DL 53/2004, 18/03, na redacção actual dispõe:

1 – A declaração de insolvência de um devedor pode ser requerida por quem for legalmente responsável pelas suas dívidas, por qualquer credor, ainda que condicional e qualquer que seja a natureza do seu crédito, ou ainda pelo Ministério Público, em representação das entidades cujos interesses lhe estão legalmente confiados, verificando-se algum dos seguintes factos:

a) Suspensão generalizada do pagamento das obrigações vencidas;

b) Falta de cumprimento de uma ou mais obrigações que, pelo seu montante ou pelas circunstâncias do incumprimento, revele a impossibilidade de o devedor satisfazer pontualmente a generalidade das suas obrigações;

c) Fuga do titular da empresa ou dos administradores do devedor ou abandono do local em que a empresa tem a sede ou exerce a sua principal actividade, relacionados com a falta de solvabilidade do devedor e sem designação de substituto idóneo;

d) Dissipação, abandono, liquidação apressada ou ruinosa de bens e constituição fictícia de créditos;
e) Insuficiência de bens penhoráveis para pagamento do crédito do exequente verificada em processo executivo movido contra o devedor;
f) Incumprimento de obrigações previstas em plano de insolvência ou em plano de pagamentos, nas condições previstas na alínea a) do nº 1 e no nº 2 do artigo 218º;
g) Incumprimento generalizado, nos últimos seis meses, de dívidas de algum dos seguintes tipos:
i) Tributárias;
ii) De contribuições e quotizações para a segurança social;
iii) Dívidas emergentes de contrato de trabalho, ou da violação ou cessação deste contrato;
iv) Rendas de qualquer tipo de locação, incluindo financeira, prestações do preço da compra ou de empréstimo garantido pela respectiva hipoteca, relativamente a local em que o devedor realize a sua actividade ou tenha a sua sede ou residência;
h) Sendo o devedor uma das entidades referidas no nº 2 do artigo 3º, manifesta superioridade do passivo sobre o activo segundo o último balanço aprovado, ou atraso superior a nove meses na aprovação e depósito das contas, se a tanto estiver legalmente obrigado.
2 – O disposto no número anterior não prejudica a possibilidade de representação das entidades públicas nos termos do artigo 13º.

Artigo 84º – Prazo de validade da declaração

O prazo de validade da declaração é de quatro meses.

Artigo 85º – Local de apresentação

Sem prejuízo do disposto no artigo anterior, o pedido das declarações nele referidas pode ser apresentado através do sítio da Internet da segurança social ou em qualquer serviço do sistema de segurança social, através de formulário próprio.

CAPÍTULO VIII – Disposições transitórias e finais

Artigo 86º – Proprietários de embarcações de pesca local e costeira [157]

1 – A alteração do enquadramento dos proprietários de embarcações que integrem o rol de tripulação, dos apanhadores de espécies marinhas e dos pescadores apeados para o regime geral dos trabalhadores por conta de outrem produz efeitos a partir de 1 de Janeiro de 2012.

[157] Com redacção do artº 83º da Lei nº 64-B/2011, de 30 de Dezembro.

2 – Os trabalhadores referidos no número anterior mantêm o direito à protecção nas eventualidades de doença e parentalidade, nos termos aplicáveis aos trabalhadores enquadrados no regime geral dos trabalhadores por conta de outrem.

Artigo 87º – Pedidos de pagamento retroactivo de contribuições

Os requerimentos de pagamento retroactivo de contribuições são apreciados de acordo com a lei em vigor no momento da sua apresentação.

– Nos termos do artº 254º do Código dos Regimes Contributivos.

Artigo 88º – Competência

A competência atribuída ao Instituto de Gestão Financeira da Segurança Social, I. P., ou ao Instituto da Segurança Social, I. P., é feita sem prejuízo das competências próprias das instituições e serviços de segurança social das Regiões Autónomas, bem como das que resultam do âmbito pessoal das caixas de previdência social.

Artigo 89º – Número de identificação fiscal dos trabalhadores independente

1 – Para aplicação das disposições do Código e do presente regulamento, as instituições de segurança social solicitam aos trabalhadores independentes o respectivo NIF, ficando estes obrigados a fornecer a informação solicitada no prazo de 15 dias.

2 – Sempre que o trabalhador independente não apresente declaração de rendimentos ao sistema fiscal ou, na impossibilidade de apuramento desse rendimento por parte das instituições de segurança social, aquele tem a obrigação de prestar a estas informação que lhes permita o conhecimento dos seus rendimentos.

3 – Até à disponibilização da informação a que se referem os números anteriores, é mantida a base de incidência contributiva sobre a qual o trabalhador independente se encontra a contribuir na data da entrada em vigor do Código.

4 – Decorridos três anos sem que seja prestada a informação referida nos nºs 1 e 2 a instituição de segurança social competente faz cessar oficiosamente, a partir dessa data, o respectivo enquadramento.

5 – Sem prejuízo do disposto no número anterior, a regularização da situação prevista nos nºs 1 e 2 determina a correcção que se mostre adequada, com efeitos à data em que foi fixada a base de incidência contributiva prevista no nº 4 do artigo 163º do Código.

Artigo 90º – Ensino português no estrangeiro

Para efeitos do disposto no nº 4 do artigo 36º-A do Decreto-Lei nº 165/2006, de 11 de Agosto, alterado pelo Decreto-Lei nº 165-C/2009, de 28 de Julho, a taxa contributiva aplicável, resultante do disposto nos artigos 51º e 110º do Código, é de 5% a cargo do Instituto Camões, I. P.

– *Por se tratar de matéria tributária – fixação de taxa contributiva – este dispositivo devia conter-se no texto normativo do próprio CRC por respeito ao princípio da legalidade.*

Artigo 91º – Aplicação no tempo
O presente decreto regulamentar produz efeitos a 1 de Janeiro de 2011.

Artigo 92º – Entrada em vigor
O presente decreto regulamentar entra em vigor no dia seguinte à sua publicação.

Visto e aprovado em Conselho de Ministros de 9 de Dezembro de 2010. – *José Sócrates Carvalho Pinto de Sousa – Luís Filipe Marques Amado – Emanuel Augusto dos Santos – António Manuel Soares Serrano – Valter Victorino Lemos.* Promulgado em 29 de Dezembro de 2010. Publique-se. O Presidente da República, ANÍBAL CAVACO SILVA. Referendado em 30 de Dezembro de 2010. Pelo Primeiro-Ministro, *Manuel Pedro Cunha da Silva Pereira*, Ministro da Presidência.

Portaria nº 66/2011, de 4 de Fevereiro

Pelo Decreto Regulamentar nº 1-A/2011, de 3 de Janeiro, foi regulamentada a aplicação do Código dos Regimes Contributivos do Sistema Previdencial de Segurança Social, aprovado pela Lei nº 110/2009, de 16 de Setembro, alterada pela Lei nº 119/2009, de 30 de Dezembro, pelo Decreto-Lei nº 140-B/2010, de 30 de Dezembro, e pela Lei nº 55-A/2010, de 31 de Dezembro.

Torna-se necessária a aprovação das normas que, complementarmente, definam procedimentos e delimitem os elementos e meios de prova que permitirão a concretização daquela aplicação.

Assim:

Ao abrigo do artigo 3º do Decreto Regulamentar nº 1-A/2011, de 3 de Janeiro, manda o Governo, pela Ministra do Trabalho e da Solidariedade Social, o seguinte:

SECÇÃO I – Objecto

Artigo 1º – Objecto
A presente portaria define os procedimentos, os elementos e os meios de prova necessários à inscrição, ao enquadramento e ao cumprimento da obriga-

ção contributiva previstos no Decreto Regulamentar nº 1-A/2011, de 3 de Janeiro, que aprova a regulamentação do Código dos Regimes Contributivos do Sistema Previdencial de Segurança Social, adiante designado por regulamento.

SECÇÃO II – Inscrição

Artigo 2º – Elementos e meios de prova necessários à inscrição no sistema previdencial

1 – Os elementos necessários à inscrição dos trabalhadores por conta de outrem, dos trabalhadores independentes e dos beneficiários do seguro social voluntário são, designadamente, os seguintes:

a) Nome completo;

b) Data de nascimento;

c) Naturalidade;

d) Nacionalidade;

e) Sexo;

f) Estado civil;

g) Residência;

h) Número de identificação de segurança social (NISS), se já estiver identificado no sistema de segurança social;

i) Número dos documentos de identificação civil e fiscal.

2 – Para efeitos de instrução do processo de inscrição deve ser remetida cópia dos documentos de identificação civil e fiscal.

SECÇÃO III – Regime geral dos trabalhadores por conta de outrem

Artigo 3º – Elementos necessários ao enquadramento dos trabalhadores

1 – Para efeitos do disposto no artigo 5º do regulamento são ainda necessários ao enquadramento dos trabalhadores os seguintes elementos:

a) Data da produção de efeitos do contrato de trabalho;

b) Modalidade de contrato;

c) Duração dos contratos a termo certo e de muito curta duração;

d) Remuneração base;

e) Local do exercício da actividade.

2 – Na comunicação de admissão de trabalhadores devem ainda ser incluídos os seguintes elementos referentes à entidade empregadora:

a) Nome e residência ou firma e sede, consoante os casos;

b) NISS;

c) Número de identificação fiscal (NIF).

Artigo 4º – Declaração do trabalhador

1 – A declaração do trabalhador prevista no artigo 9º do regulamento deve conter ainda os seguintes elementos:

a) Data de nascimento, naturalidade e residência;

b) NIF;

c) Modalidade de contrato;

d) Local do exercício da actividade.

2 – A declaração deve ainda conter os seguintes elementos referentes à entidade empregadora:

a) Nome e residência ou firma e sede, consoante os casos;

b) NIF.

Artigo 5º – Elementos necessários à inscrição da entidade empregadora

1 – Para efeitos do disposto no artigo 34º do Código, os elementos necessários à inscrição das entidades empregadoras são, designadamente, os seguintes:

a) Nome, firma e natureza jurídica;

b) NIF;

c) Sede, direcção efectiva, domicílio profissional ou residência, denominação e localização dos estabelecimentos, classificação da actividade da sede e dos estabelecimentos e endereço para correspondência;

d) Identificação dos responsáveis pela administração ou gerência.

2 – No caso de a entidade empregadora ser uma pessoa singular, são ainda necessários os seguintes elementos:

a) Data de nascimento;

b) Naturalidade;

c) Nacionalidade;

d) Sexo;

e) Estado civil;

f) Número do documento de identificação civil.

Artigo 6º – Elementos adicionais ao enquadramento do trabalhador do serviço doméstico

Para efeitos do disposto nos artigos 116º e 117º do Código, a entidade empregadora de trabalhador de serviço doméstico deve declarar junto da instituição de segurança social competente, em formulário de modelo próprio:

a) Que o trabalhador exerce, com carácter de regularidade e sob a sua direcção e autoridade, mediante retribuição, a profissão de serviço doméstico;

b) A inexistência das situações determinantes de exclusão de enquadramento do trabalhador.

SECÇÃO IV – Regime dos trabalhadores independentes

Artigo 7º – Prova da situação de isenção da obrigação de contribuir

O requerimento previsto na parte final do nº 2 do artigo 157º do Código é apresentado em formulário de modelo próprio e deve ser instruído com os seguintes elementos de prova:

a) Para efeitos do disposto na subalínea *i*) da alínea *a*), identificação da entidade empregadora e declaração sob compromisso de honra do próprio;

b) Para efeitos do disposto na subalínea *ii*) da alínea *a*), documento comprovativo do respectivo enquadramento;

c) Para efeitos do disposto na subalínea *iii*) da alínea *a*), declaração da entidade empregadora;

d) Para efeitos do disposto na alínea *b*), documento comprovativo da situação de pensionista e declaração sob compromisso de honra de que cumpre o disposto na parte final da referida alínea;

e) Para efeitos do disposto na alínea *c*), documento comprovativo da incapacidade aí prevista.

– *Requerimento modelo RC 3001/2011-DGSS – Desp 5130/2011, 17/03 – DR, 2ª, nº 59, 24/03.*

Artigo 8º – Comunicação da fixação da base de incidência contributiva em situações especiais

Para efeitos do disposto nos nºs 1, 3 e 4 do artigo 165º do Código, o trabalhador independente deve apresentar requerimento junto da instituição de segurança social competente.

– *O nº 3 do artº 165º do CRC foi entretanto revogado.*

SECÇÃO V – Regime de seguro social voluntário

Artigo 9º – Meios de prova

1 – O requerimento de adesão ao seguro social voluntário deve ser ainda instruído com os seguintes documentos:

a) Declaração, sob compromisso de honra, de que o requerente não se encontra abrangido por regime obrigatório de protecção social ou de que, encontrando-se, não seja o mesmo relevante;

b) Certificação médica comprovativa de que o interessado se encontra apto para o trabalho.

2 – A verificação do tempo de residência previsto no nº 3 do artigo 169º do Código é feita por troca de informação com o Serviço de Estrangeiros e Fronteiras.

Artigo 10º – Declaração de cidadãos nacionais residentes no estrangeiro

1 – Os cidadãos nacionais residentes no estrangeiro devem ainda apresentar, com o requerimento, declaração relativa a uma das seguintes situações:

a) Não exercício de actividade profissional;

b) Exercício de actividade profissional no território do Estado de residência relativamente ao qual não vigore instrumento internacional que vincule o Estado Português;

c) Exercício de actividade profissional no território do Estado de residência relativamente ao qual vigore instrumento internacional que vincule o Estado Português, mas que não abranja a actividade em causa.

2 – A declaração referida no número anterior deve ser autenticada pela rede consular portuguesa que abranja o interessado ou, não existindo serviços consulares, pela embaixada respectiva.

Artigo 11º – Certificação da aptidão para o trabalho

1 – A certificação da aptidão para o trabalho dos requerentes é realizada por médicos dos serviços competentes do Serviço Nacional de Saúde.

2 – Para efeitos do disposto no número anterior, são considerados serviços competentes os centros de saúde e os hospitais, com excepção dos serviços de urgência.

3 – A certificação da aptidão para o trabalho dos cidadãos nacionais que residam em território estrangeiro é efectuada por declaração do médico assistente do interessado, autenticada pela rede consular portuguesa ou, não existindo serviços consulares, por instituição pública de saúde do país de residência.

4 – Sempre que se suscitem dúvidas sobre a aptidão para o trabalho do requerente, deve a instituição de segurança social competente determinar a realização de exame no âmbito do sistema de verificação de incapacidades.

Artigo 12º – Conteúdo do relatório clínico

1 – A certificação consta de relatório devidamente fundamentado e deve expressar, em termos inequívocos, a aptidão ou não aptidão do requerente para o trabalho.

2 – Nos casos em que o requerente apresente situação clínica incapacitante, mas que não determine inaptidão para o trabalho, deve a mesma constar especificamente da certificação do médico assistente.

Artigo 13º – Encargos com a certificação da aptidão

As despesas decorrentes da certificação da aptidão para o trabalho são da responsabilidade do interessado.

Artigo 14º – Prova de actividade

1 – A prova do exercício da actividade dos trabalhadores em navios de empresas estrangeiras é feita mediante a apresentação de cópia do contrato de trabalho celebrado com o armador estrangeiro devidamente autenticada.

2 – Para efeitos do disposto na alínea *b*) do artigo 9º é conferido idêntico valor à declaração emitida no âmbito da inspecção médica pelas capitanias dos portos como condição de autorização para embarque dos trabalhadores ao serviço de navios estrangeiros.

3 – A prova da actividade dos voluntários é feita por declaração das entidades que beneficiam da mesma.

4 – A prova da actividade dos bolseiros de investigação é feita por declaração comprovativa do estatuto de bolseiro emitido pela Fundação para a Ciência e Tecnologia.

5 – A prova da actividade dos praticantes desportivos de alto rendimento é feita por declaração comprovativa do Instituto do Desporto.

SECÇÃO VI – Cumprimento da obrigação contributiva

Artigo 15º – Requisitos do pagamento

1 – No acto de pagamento de valores devidos à segurança social, com excepção dos que resultem de documentos previamente emitidos, os contribuintes devem indicar os seguintes elementos:

a) NISS;

b) NIF;

c) Ano e mês a que se refere o pagamento;

d) Valor a pagar.

2 – O comprovativo do pagamento a entregar ao contribuinte deve mencionar expressamente os elementos referidos no número anterior.

Artigo 16º – Pagamento por cheque

Os cheques são emitidos à ordem do Instituto de Gestão Financeira da Segurança Social, I. P., e devem conter no verso os elementos constantes das alíneas *a*) a *c*) do nº 1 do artigo anterior.

– V. artº 76º do CRC e nº 2 do Desp 15283/2013, 11/11 – DR, 2ª, nº 227, de 22/11.

Artigo 17º – Data de emissão dos cheques

Não são aceites cheques com data de emissão anterior em mais de um dia à data da sua entrega.

– O Desp 15283/2013, 11/11 – DR; 2ª, nº 227, de 22/11 – alarga para 2 dias úteis imediatamente anteriores.

SECÇÃO VII – Regularização da dívida à segurança social e situação contributiva

Artigo 18º – Retenções

1 – As entidades que procederem à retenção de valores ao abrigo do artigo 198º do Código devem comunicar a referida retenção através de formulário próprio, no sítio da Internet da segurança social.

2 – A entrega dos valores retidos deve ser efectuada no prazo de cinco dias após a retenção, por depósito em conta do Instituto de Gestão Financeira da Segurança Social, I. P., ou nas tesourarias do sistema de segurança social, indicando o código de referência de pagamento que, para o efeito, for fornecido pelo sistema de segurança social na sequência da comunicação referida no número anterior.

3 – A imputação ao montante da dívida dos valores retidos é efectuada, pelo Instituto da Segurança Social, I. P., nos termos do artigo 79º do regulamento.

– Declaração modelo RC 3045/2011-DGSS – Desp 5130/2011, 17/03 – DR, 2ª, nº 59, 24/03.

Artigo 19º – Requisitos da declaração de situação contributiva

A declaração de situação contributiva inclui obrigatoriamente:

a) No caso de existência de dívida de contribuições e quotizações, que ao valor da mesma acrescem juros de mora;

b) A identificação da legislação ao abrigo da qual é emitida.

– Pedido de declaração modelo RC 3042/2011-DGSS – Desp 5130/2011, 17/03 – DR, 2ª, nº 59, 24/03.

Artigo 20º – Competência para emissão de declarações

1 – É competente para a emissão de declaração de inscrição do contribuinte:

a) Tratando-se de pessoa colectiva, a instituição de segurança social em cujo âmbito territorial se situe a sede ou o estabelecimento;

b) Tratando-se de pessoa singular, a instituição de segurança social em cujo âmbito territorial se situe a residência.

2 – Compete ao Instituto da Segurança Social, I. P., a emissão da declaração de situação contributiva dos contribuintes não residentes e sem estabelecimento estável em Portugal.

– A competência para emissão da declaração contributiva cabe:

. no continente ao ISS, IP – nº 3 do artº 7º do DL 112/2004, 13/05;

. nas regiões autónomas às instituições regionais competentes. Ver anotação ao artº 108º da L 4/2007, 16/01.

Artigo 21º – Depósito de importâncias pagas

1 – As importâncias devidas à segurança social, pagas pelos executados em processo de execução em curso nos serviços de finanças, são depositadas à ordem do Instituto de Gestão Financeira da Segurança Social, I. P.

2 – As importâncias do produto da venda judicial de bens que cabem à segurança social na qualidade de credor preferente são depositadas à ordem do Instituto de Gestão Financeira da Segurança Social, I. P.

– *Cf. DL 42/2001, 09/02.*

SECÇÃO VIII – Disposições finais

Artigo 22º – Competência

As competências atribuídas ao Instituto de Gestão Financeira da Segurança Social, I. P., ou ao Instituto da Segurança Social, I. P., é feita sem prejuízo das competências próprias das instituições de segurança social das regiões autónomas, bem como das que resultam do âmbito pessoal das caixas de previdência social.

Artigo 23º – Entrada em vigor e produção de efeitos

A presente portaria entra em vigor no dia seguinte ao da sua publicação e produz efeitos na data de produção de efeitos do regulamento.

Pela Ministra do Trabalho e da Solidariedade Social, *Pedro Manuel Dias de Jesus Marques,* Secretário de Estado da Segurança Social, em 2 de Fevereiro de 2011.

PARTE III
Prestações do Sistema Previdencial
(Prestações substitutivas do rendimento de trabalho)

1 – Disposições comuns

- Decreto-Lei nº 360/97, de 17 de Dezembro – Verificação de incapacidades
- Portaria nº 25/2019, de 17 de Janeiro – Actualização de prestações

---

Decreto-Lei nº 360/97, de 17 de Dezembro

Com a redacção dos seguintes diplomas:
– DL 165/99, de 13 de Maio;
– DL 377/2007, de 9 de Novembro;
– DL 126-A/2017, de 6 de Outubro (artº 53º d).

O sistema de verificação de incapacidades, no âmbito da segurança social, encontrava-se regulado em diplomas autónomos.

Reconhecidos os inconvenientes decorrentes deste quadro normativo e tendo em conta a garantia da unidade do sistema, integrou-se num único diploma toda a intervenção relativa à certificação da incapacidade.

A experiência adquirida durante o período de vigência dos diplomas ora revogados determinou a introdução de aperfeiçoamentos considerados adequados aos objectivos visados pelo sistema.

Assim, numa linha de compatibilização com o regime de protecção na doença e visando garantir eficácia na cobertura da eventualidade, foram estabelecidos indicadores de intervenção do sistema de verificação de incapacidades mais compatíveis com a realidade social.

Procurou-se ainda garantir a tutela de situações em que se considerou relevante uma participação mais activa do próprio beneficiário, no sentido da sua co-responsabilização.

Procedeu-se igualmente à harmonização das normas internas com as comunitárias relativamente ao processo de intervenção de incapacidades permanentes quanto a beneficiários residentes no estrangeiro.

Assim:

Nos termos da alínea a) do nº 1 do artigo 198º da Constituição, o Governo decreta o seguinte:

CAPÍTULO I – Disposições gerais

SECÇÃO I – Objecto e conteúdo da verificação de incapacidades

Artigo 1º – Objecto

1 – O presente diploma define, no âmbito da segurança social, o sistema de verificação de incapacidades, o qual tem por objecto:

a) A confirmação da subsistência das condições de incapacidade temporária determinante do direito ao subsídio de doença;

b) A verificação e revisão de situações de incapacidade permanente determinantes do direito a pensões de invalidez e sobrevivência dos regimes de segurança social;

c) A verificação das situações de dependência determinantes do direito ao subsídio por assistência de terceira pessoa;

d) (revogada) [158]

e) A verificação da aptidão para o trabalho exigida para o enquadramento no regime de seguro social voluntário;

f) A confirmação das situações de incapacidade temporária dos beneficiários a receber prestações de desemprego, nos termos previstos na lei.

2 – Podem constituir objecto do sistema regulado neste diploma a verificação de outras situações de incapacidade ou deficiência de pessoas abrangidas pelos regimes de segurança social, quando tal for especialmente previsto em diploma próprio.

[158] Revogado pelo artº 53º d) do DL 126-A/2017, de 6 de Outubro. Tinha a seguinte redacção: *d) A verificação das situações de deficiência determinantes do direito ao subsídio mensal vitalício;*

3 – O disposto no nº 1 não prejudica a competência atribuída, em termos gerais, aos serviços de saúde, pelo regime jurídico de protecção na doença, para a comprovação da situação de incapacidade temporária para o trabalho dos beneficiários do regime geral de segurança social, nem a atribuída aos serviços e entidades competentes para a verificação das situações causadas por riscos profissionais.

(Atentar à actual organização administrativa da segurança social)
(Para pessoas com deficiência – DL 202/96 23/10, versão do DL 291/2009, 12/10)

Artigo 2º – Conteúdo da verificação

1 – A verificação das situações de incapacidade temporária consubstancia-se na avaliação da subsistência da incapacidade.

2 – A verificação das situações de incapacidade permanente ou de dependência integra tanto a análise dos dados relativos às condições físicas, motoras, orgânicas sensoriais e intelectuais dos beneficiários como as referentes às suas repercussões sócio-profissionais.

SECÇÃO II – Natureza e constituição do sistema de verificação de Incapacidades

Artigo 3º – Natureza

1 – O sistema de verificação de incapacidades é um instrumento especializado de peritagem, constituído por meios técnicos de verificação de incapacidades e meios técnicos de assessoria à respectiva coordenação.

2 – Como conjunto de meios humanos e materiais afectos à verificação de incapacidades, integra-se nos centros regionais de segurança social, adiante designados por centros regionais, sem constituir uma estrutura orgânica autónoma.

3 – As referências às competências e estruturas dos centros regionais reportam-se aos órgãos e serviços destas instituições, nos termos estabelecidos ou decorrentes da respectiva lei orgânica.

Artigo 4º – Meios técnicos de verificação

1 – A verificação técnica da subsistência de incapacidade temporária é assegurada pelas comissões de verificação e de reavaliação, cujo conjunto é designado, no presente diploma, por sistema de verificação de incapacidade temporária.

2 – A verificação técnica das condições de incapacidade permanente e de dependência é assegurada pelo médico relator e pelas comissões de verificação e de recurso, cujo conjunto é designado, no presente diploma, por sistema de verificação de incapacidade permanente.

Artigo 5º – Meios técnicos de assessoria à coordenação

Asseguram a assessoria técnica à coordenação:

a) Ao nível regional e sub-regional, os assessores técnicos de coordenação;

b) Ao nível nacional, o conselho médico nacional.

Artigo 6º – Recrutamento

Os médicos relatores e os membros das comissões de verificação, de reavaliação e de recurso, bem como os assessores técnicos de coordenação, são recrutados pelo centro regional de entre médicos de clínica geral de reputada experiência e idoneidade no âmbito da peritagem médico-social e ainda especialistas, nos casos em que se mostre conveniente a participação de médicos de determinada especialidade.

Artigo 7º – Independência técnica

1 – Os médicos relatores, os peritos que integram as comissões de verificação, de reavaliação e de recurso, bem como os assessores técnicos de coordenação, actuam com a independência técnica exigida pela sua própria função, sem prejuízo do dever de cumprimento das disposições estabelecidas no presente diploma e demais normas em vigor.

2 – São definidos pelos centros regionais os critérios de afectação dos processos dos beneficiários, tendo em vista a independência técnica e a garantia da equidade na avaliação das situações.

SECÇÃO III – Âmbito da verificação de incapacidades

Artigo 8º – Âmbito pessoal

1 – O campo de aplicação pessoal do sistema de verificação de incapacidade temporária é definido em função dos beneficiários abrangidos pelos centros regionais e, no âmbito destes, pelos serviços sub-regionais, sendo extensivo aos beneficiários das caixas de previdência e de outros centros regionais, desde que tenham a sua residência na respectiva área territorial de acção, mediante articulação entre as instituições interessadas.

2 – O campo de aplicação pessoal do sistema de verificação de incapacidade permanente é definido em função dos beneficiários residentes na área territorial dos serviços sub-regionais, incluindo os abrangidos pelas caixas de previdência ainda existentes.

3 – Quando o beneficiário residir fora do território nacional, compete aos médicos relatores e às comissões de verificação e de recurso do serviço sub-regional de Lisboa apreciar a sua incapacidade, salvo quando se tratar de trabalhador

fronteiriço, em relação ao qual será competente o serviço sub-regional do centro regional que o abranja.

4 – Para efeitos deste diploma, designam-se por beneficiários as pessoas que se insiram no âmbito pessoal do sistema de verificação de incapacidades.

Artigo 9º – Âmbito territorial

1 – Os médicos relatores, as comissões de verificação, de reavaliação e de recurso e os assessores técnicos de coordenação exercem a sua acção no âmbito territorial do serviço sub-regional em que se integram, sem prejuízo do disposto no número seguinte.

2 – Em casos devidamente justificados, podem os serviços competentes acordar que a verificação da incapacidade ou dependência dos beneficiários seja apreciada por médico relator ou comissão de verificação, de recurso ou de reavaliação que não sejam os do serviço sub-regional ou da instituição de residência do beneficiário.

Artigo 10º – Local de funcionamento

1 – Os médicos relatores e as comissões de verificação, de reavaliação e de recurso funcionam nas instalações dos serviços sub-regionais, salvo em situações especialmente previstas neste diploma.

2 – Podem ser utilizadas instalações e equipamentos dos serviços de saúde e do emprego sempre que tal se torne necessário ao exercício das suas atribuições, mediante protocolo a estabelecer entre os centros regionais e as competentes entidades gestoras daqueles serviços.

3 – Os protocolos são celebrados de acordo com regras aprovadas por despacho conjunto dos ministros competentes.

Artigo 10º-A – Exame médico domiciliário [159]

1 – Sempre que razões de adequada cobertura e aproximação aos beneficiários o aconselhem, os centros regionais de segurança social podem determinar o funcionamento do sistema de verificação de incapacidades em locais diferentes dos indicados no artigo anterior, bem como determinar a realização de exames médicos domiciliários a efectuar pelo pessoal afecto ao referido sistema, nomeadamente para confirmação da subsistência de incapacidade temporária para o trabalho.

2 – Sempre que do exame médico domiciliário resultarem elementos suficientes para a respectiva comissão deliberar, esta tomará a correspondente deliberação e dela dará, de imediato, conhecimento ao beneficiário mediante entrega de documento que a declare.

[159] Aditado pelo DL 165/99, 13/05

CAPÍTULO II – Meios técnicos de verificação e de assessoria à coordenação e apoio administrativo

SECÇÃO I – Sistema de verificação de incapacidade temporária

SUBSECÇÃO I – Comissões de verificação

Artigo 11º – Composição e designação

1 – As comissões de verificação de incapacidade temporária são constituídas por dois peritos médicos.

2 – Os peritos médicos das comissões de verificação são designados pelo centro regional.

3 – O centro regional designa, de entre os dois peritos médicos, o que preside à comissão, o qual terá voto de qualidade, em caso de empate.

Artigo 12º – Competências

Compete às comissões de verificação de incapacidade temporária, face à situação clínica do beneficiário:

a) Deliberar sobre a subsistência da incapacidade temporária;

b) Emitir os pareceres médicos que lhes forem solicitados pelos centros regionais.

SUBSECÇÃO II – Comissões de reavaliação

Artigo 13º – Composição e designação

1 – As comissões de reavaliação de incapacidade temporária são constituídas por três peritos médicos, sendo dois designados pelo centro regional e o terceiro indicado pelo beneficiário.

2 – Dos dois peritos designados pelo centro regional, um preside à comissão de reavaliação e o outro deve ter feito parte da comissão de verificação que observou o beneficiário.

3 – No caso de o beneficiário não indicar o médico no prazo que lhe for fixado pelo centro regional, ou, indicando-o, o mesmo falte, a comissão de reavaliação delibera com a presença dos dois médicos referidos no número anterior, tendo o presidente voto de qualidade, em caso de empate.

Artigo 14º – Competências

Compete às comissões de reavaliação de incapacidade temporária pronunciar-se sobre a subsistência de incapacidade temporária dos beneficiários, quando se verifique uma das seguintes situações:

a) Certificação, devidamente fundamentada pelos serviços de saúde, de uma nova situação de incapacidade do beneficiário no período de 90 dias subsequente à data da deliberação da comissão de verificação que considerou a não subsistência de incapacidade temporária para o trabalho;

b) Manutenção pelos serviços de saúde da situação de incapacidade temporária, após deliberação da comissão de verificação que considerou a não subsistência de incapacidade para o trabalho.

SECÇÃO II – Sistema de verificação de incapacidade permanente

SUBSECÇÃO I – Competências genéricas

Artigo 15º – Disposição geral

Compete, em geral, aos médicos relatores e às comissões de verificação:

a) Verificar os danos físicos, orgânicos, anátomo-funcionais, psíquicos e psicológicos dos requerentes ou titulares de prestações pecuniárias dos regimes de segurança social, determinando, com base em todos os elementos de diagnóstico que forem necessários, a origem, a natureza e a extensão da redução física motora, orgânica, sensorial ou intelectual provocada pela incapacidade;

b) Considerar as capacidades remanescentes do interessado e avaliar as repercussões sócio-profissionais da incapacidade face às perspectivas concretas e actuais da sua reabilitação profissional e inserção no mercado normal de emprego;

c) Estudar e propor os métodos mais adequados a uma eficaz, objectiva e justa avaliação da incapacidade com base na ponderação das necessidades específicas decorrentes das limitações funcionais detectadas, bem como proceder à definição dos meios necessários à recuperação, com vista ao aproveitamento das capacidades remanescentes.

SUBSECÇÃO II – Médico relator

Artigo 16º – Designação e competência do médico relator

O médico relator é designado pelo centro regional, incumbindo-lhe preparar os processos de verificação de incapacidade permanente ou de dependência e elaborar os relatórios clínicos que sirvam de base à deliberação das comissões de verificação e à aplicação de instrumentos internacionais de segurança social, bem como, em caso de doença profissional, promover a apreciação do beneficiário pelos serviços clínicos competentes.

Artigo 17º – Funções

1 – São funções do médico relator, designadamente:

a) Verificar se a informação médica enviada ao centro regional está completa e, caso contrário, dar conhecimento do facto ao beneficiário;

b) Realizar o exame clínico dos requerentes das prestações, bem como dos beneficiários sujeitos aos processos de verificação oficiosa de eventual incapacidade permanente ou de revisão da situação de incapacidade que abriram direito a prestações;

c) Promover a obtenção dos meios auxiliares de diagnóstico, bem como dos exames e pareceres especializados que considerar necessários, especialmente nos casos de verificação oficiosa;

d) Articular-se directamente com os serviços e estabelecimentos de saúde ou médicos que tenham intervindo na situação clínica do requerente, ou do beneficiário, objecto de verificação de incapacidade permanente, de forma a obter os elementos necessários ao estudo da situação;

e) Participar aos serviços competentes as situações passíveis de serem consideradas como doenças profissionais;

f) Elaborar um relatório circunstanciado do exame feito com base nos elementos reunidos, organizar o processo clínico do requerente e submetê-lo à comissão de verificação de incapacidade permanente;

g) Propor que da comissão de verificação de incapacidade permanente faça parte perito de determinada especialidade, sempre que tal se mostre indispensável;

h) Analisar e dar parecer sobre o fundamento invocado pelo beneficiário nos requerimentos por agravamento do estado de saúde.

2 – A participação prevista na alínea e) do nº 1 implica a suspensão do processo até à recepção do parecer dos serviços médicos competentes para avaliação da incapacidade por doença profissional.

SUBSECÇÃO III – Comissões de verificação

Artigo 18º – Composição [160]

1 – As comissões de verificação de incapacidade permanente são constituídas por três peritos médicos.

2 – *(revogado)*

Artigo 19º – Designação dos membros das comissões [161]

1 – Os peritos médicos das comissões de verificação de incapacidade permanente são designados pelo Instituto da Segurança Social, I. P.

2 – *(revogado)*

160 Redacção do DL 377/2007, 09/11.
161 Redacção do DL 377/2007, 09/11.

Artigo 20º – Competências

Compete às comissões de verificação:

a) Apreciar os processos clínicos dos requerentes das prestações ou dos beneficiários sujeitos a processo oficioso de verificação de incapacidade com base nos dados coligidos pelo médico relator e nos demais elementos de diagnóstico constantes do respectivo processo;

b) Verificar a origem, a natureza, a extensão e a presumível duração de incapacidade detectada, não susceptível de superação através de acções de recuperação funcional ou de adequados e viáveis meios de compensação;

c) Determinar, com base nas capacidades remanescentes e nas efectivas possibilidades de reabilitação profissional e inserção no mercado normal de emprego, a redução da capacidade profissional do beneficiário;

d) Concluir sobre o enquadramento das situações verificadas nos critérios legais de atribuição das prestações em causa, especificando as datas a que se reporta a verificação de incapacidade ou de dependência;

e) Proceder à revisão das situações de incapacidade permanente que abriram direito às prestações, tendo em vista pronunciar-se sobre a evolução das mesmas.

SUBSECÇÃO IV – Comissões de recurso

Artigo 21º – Composição e designação [162]

1 – As comissões de recurso são compostas por dois peritos médicos designados pelo Instituto da Segurança Social, I. P., um dos quais preside, e por um médico indicado pelo respectivo requerente.

2 – Os membros da comissão de verificação que tenham deliberado sobre a situação do requerente ou beneficiário não podem fazer parte da comissão de recurso.

3 – No caso da existência de uma única comissão de verificação, é designado perito médico proveniente de outro serviço sub-regional ainda que de outro centro regional.

4 – No caso de o requerente residir fora do território nacional e não indicar um médico no prazo referido no nº 2 do artigo 61º, as comissões de recurso são compostas por dois peritos médicos designados pelo Instituto da Segurança Social, I. P., e por um médico designado pela Administração Regional de Saúde de Lisboa e Vale do Tejo, encarregue da representação oficiosa e de acompanhamento dos processos de recurso das deliberações das comissões de verificação relativos a requerentes não residentes em território nacional.

[162] Os nºs 1 e 4 têm redacção do DL 377/2007, 09/11.

Artigo 22º – Competências

Compete às comissões de recurso apreciar as deliberações das comissões de verificação relativas à situação dos requerentes, não só em relação às condições de saúde, mas também às repercussões sócio-profissionais da incapacidade.

Artigo 23º – Insuficiência económica do requerente [163]

1 – Sempre que os requerentes de comissões de recurso invoquem e provem insuficiência económica impeditiva da indicação de médico que os represente nas mesmas, a deliberação é tomada por dois peritos médicos designados pelo Instituto da Segurança Social, I. P., sem prejuízo do disposto no nº 6.

2 – Para efeitos do disposto no número anterior, consideram-se em situação de insuficiência económica os requerentes cujo agregado familiar detenha rendimentos ilíquidos mensais inferiores ao dobro da remuneração mínima garantida à generalidade dos trabalhadores, ou a esta remuneração, tratando-se de requerentes isolados.

3 – O agregado familiar é constituído, para além do requerente e do cônjuge, pelos descendentes ou equiparados que, compartilhando com o mesmo uma vida em comum, aufiram rendimentos inferiores ao valor mensal da pensão social, ou ao dobro desta, se forem casados.

4 – Integram o conceito de equiparados a descendentes dos beneficiários requerentes os enteados, os tutelados ou adoptados restritamente pelo próprio ou pelo cônjuge e os menores que lhes estejam confiados, por decisão dos tribunais ou dos serviços tutelares de menores, em vias de adopção, desde que o respectivo processo legal tenha sido iniciado.

5 – Para a consideração da insuficiência económica, constituem meios de prova:

a) Declaração do beneficiário da composição do agregado familiar;

b) Documento comprovativo dos rendimentos próprios e do agregado familiar, designadamente, e com prioridade, os documentos fiscais, ou, no caso de impossibilidade de prova, declaração do beneficiário.

6 – Sempre que os requerentes residentes fora do território nacional invoquem e provem insuficiência económica nos termos dos números anteriores, as despesas com o médico encarregue da sua representação oficiosa, a que se refere o nº 4 do artigo 21º, ficam a cargo da segurança social.

– V. regime do DL 70/2010, 16/06.

[163] O nº 1 tem redacção do DL 377/2007, 09/11.

SECÇÃO III – Assessoria técnica à coordenação

SUBSECÇÃO I – Assessores técnicos de coordenação

Artigo 24º – Competências [164]

1 – Compete, em geral, aos assessores técnicos de coordenação garantir assessoria tendo em vista o bom funcionamento do sistema de verificação de incapacidades, propondo as medidas consideradas mais adequadas a uma eficaz, justa e objectiva avaliação da incapacidade para o trabalho e das situações de dependência.

2 – Compete, em especial, aos assessores de coordenação técnica:

a) Contribuir para a definição de indicadores e para o estabelecimento de critérios determinantes da selecção das situações que devam ser objecto da intervenção do sistema de verificação de incapacidades;

b) Dar parecer quanto aos pedidos de meios auxiliares de diagnóstico, exames e pareceres de médicos especialistas, bem como quanto à conveniência da realização de exames domiciliários, atenta, designadamente, a informação do médico assistente;

c) Apreciar os pedidos de prorrogação de prazos para conclusão de relatórios pelos médicos relatores ou das comissões de verificação e o arquivamento do processo clínico;

d) Apoiar tecnicamente os médicos relatores, bem como os peritos médicos das comissões técnicas, na resolução dos problemas que se suscitem no exercício das suas funções;

e) Assegurar, quando necessário, as necessárias ligações com os serviços de saúde em tudo o que interesse às peritagens médicas a realizar no âmbito do sistema de verificação de incapacidades;

f) Analisar e dar parecer sobre reclamações e exposições ou outras questões relacionadas com a peritagem médica, por solicitação do conselho directivo do centro regional, a fim de que este possa fundamentar a respectiva decisão;

g) Dar parecer sobre a justificação da falta do beneficiário a exame médico, quando a mesma estiver ligada ao foro médico;

h) Promover a realização de reuniões periódicas, tendo em vista a troca de experiências de carácter técnico-científico e a avaliação do trabalho desenvolvido no âmbito do sistema de verificação de incapacidades;

i) Dar parecer, quando solicitado, relativamente ao recrutamento do pessoal médico referido no artigo 6º e à sua designação para fazer parte das comissões de verificação, de reavaliação e de recurso previstas no artigo 4º;

[164] A alínea j) foi aditada pelo DL 377/2007, 09/11.

j) Dar parecer prévio, devidamente fundamentado, no âmbito da decisão de revisão da incapacidade prevista no artigo 66º do Decreto-Lei nº 187/2007, de 10 de Maio.

Artigo 25º – Organização da assessoria técnica à coordenação

1 – Os centros regionais devem estabelecer, em regulamento interno, as normas de organização da assessoria técnica à coordenação que considerem convenientes, atentas as condições concretas do funcionamento do sistema de verificação de incapacidades no respectivo centro e, bem assim, os termos de afectação dos assessores aos respectivos serviços sub-regionais.

2 – Os regulamentos a que se refere o nº 1 estão sujeitos à aprovação do ministro da tutela, devendo os mesmos ser-lhe apresentados nos seis meses subsequentes à publicação do presente diploma.

SUBSECÇÃO II – Conselho médico nacional

Artigo 26º – Composição

1 – O conselho médico nacional é composto pelos assessores técnicos de coordenação dos centros regionais e integra dois representantes da Direcção-Geral dos Regimes de Segurança Social.

2 – O conselho médico nacional reúne pelo menos uma vez no ano, sendo os trabalhos coordenados por um representante da Direcção-Geral dos Regimes de Segurança Social nomeado para o efeito, e funciona nos termos do regulamento interno a aprovar pelo ministro da tutela.

3 – Sempre que se mostre conveniente para a análise das questões tratadas nas reuniões, podem ser convidadas a participar outras instituições ou entidades.

Artigo 27º – Competências

Compete ao conselho médico nacional o estudo e avaliação das questões de natureza médico-funcional suscitadas pela aplicação da legislação reguladora do sistema de verificação de incapacidades, nomeadamente:

a) O estudo e a avaliação das questões de natureza médico-pericial que forem submetidas à sua análise no âmbito do funcionamento do sistema de verificação de incapacidades;

b) O acompanhamento técnico da acção médico-pericial dos meios técnicos do sistema de verificação de incapacidades através da elaboração de pareceres e de recomendações sobre as questões que forem objecto de análise;

c) A recomendação à Direcção-Geral dos Regimes de Segurança Social da adopção das medidas consideradas convenientes à garantia de uma melhor eficiência do sistema de verificação de incapacidades;

d) A promoção ou a colaboração na realização de reuniões a nível nacional, de natureza especializada ou interdisciplinar, em que sejam debatidas questões de natureza técnica e se proceda ao balanço das actividades desenvolvidas no âmbito do sistema de verificação de incapacidades.

SECÇÃO IV – Apoio administrativo

Artigo 28º – Funções [165]

Para a realização das tarefas administrativas inerentes ao sistema de verificação das incapacidades, são funções do apoio administrativo:

a) Receber, registar e verificar o correcto preenchimento dos requerimentos e dar-lhes o devido andamento;

b) Organizar e manter em ordem os processos e expediente referentes ao sistema de verificação das incapacidades;

c) Organizar e manter actualizados os ficheiros e registos que se mostrem necessários ao controlo da movimentação dos processos;

d) Assegurar a convocação dos peritos médicos e dos requerentes das prestações ou dos beneficiários sujeitos a processo de verificação oficiosa de incapacidade permanente;

e) Promover e realizar uma correcta articulação com as instituições e serviços intervenientes nos processos de verificação de incapacidade e na atribuição das prestações, incluindo as referentes a doença profissional;

f) Proceder ao registo de dados estatísticos de acordo com as normas estabelecidas;

g) Dar conhecimento aos centros de saúde e, quando for caso disso, aos centros de emprego das deliberações definitivas tomadas na sequência do sistema de verificação de incapacidades;

h) Assegurar o apoio administrativo aos peritos médicos de verificação e aos assessores técnicos de coordenação.

Artigo 29º – Garantia de sigilo

Os funcionários que, a qualquer título ou por qualquer forma, intervenham nas actividades de apoio administrativo ficam vinculados, para todos os efeitos, ao sigilo profissional em relação aos processos de verificação de incapacidade.

[165] O corpo do artigo e a alínea d) têm redacção do DL 377/2007, 09/11.

CAPÍTULO III – Processo de verificação de incapacidades

SECÇÃO I – Verificação da incapacidade temporária

(Por iniciativa do empregador ver arts 17º a 24º da L 105/2009, 14/09)

SUBSECÇÃO I – Disposições comuns

Artigo 30º – Âmbito material

1 – A verificação da subsistência de incapacidades temporárias tem lugar nas situações legalmente previstas e naquelas em que se presuma a não existência ou cessação de incapacidades, tendo em conta as de duração superior a 30 dias ininterruptos, designadamente:

a) Situações susceptíveis de contribuir para a formação de prazos de garantia de acesso a pensões ou a outras prestações;

b) Situações em que o início de incapacidade temporária coincide com a cessação do contrato de trabalho;

c) Situações de prorrogação pelos serviços de saúde dos períodos de incapacidade temporária que ultrapassem o período máximo previsto pela comissão de reavaliação;

d) Situações reiteradas de incapacidades por doença;

e) Situações identificadas e devidamente fundamentadas em informações dos serviços inspectivos e de fiscalização, das entidades empregadoras ou de outras entidades idóneas;

f) Situações correspondentes a actividades ou zonas geográficas com maior incidência de incapacidades por doença;

g) Situações de incapacidade por doença determinantes da recusa de emprego conveniente, trabalho necessário ou formação profissional durante o período de concessão das prestações de desemprego.

2 – Nas situações previstas na alínea e) do número anterior, revestem natureza prioritária as identificadas pelas entidades empregadoras ou pela Inspecção-Geral do Trabalho.

Artigo 31º – Princípios de actuação

A selecção das situações de incapacidade temporária objecto de intervenção do sistema de verificação de incapacidades é da competência dos centros regionais que abrangem os beneficiários.

Artigo 32º – Convocatória para o exame médico

1 – Nas situações em que o exame médico tenha lugar em instalações indicadas pelo centro regional, o beneficiário é convocado para o efeito, pessoalmente ou mediante carta registada.

2 – No acto da convocação, o beneficiário deve ser informado dos efeitos decorrentes da sua não comparência e de que deve apresentar, quando da sua observação, informação clínica e elementos auxiliares de diagnóstico comprovativos da sua incapacidade, sem prejuízo do disposto no número seguinte.

3 – No caso de o beneficiário não apresentar, quando da sua observação, os elementos referidos no número anterior, a comissão de verificação, antes de proferir a sua deliberação, pode permitir que o beneficiário proceda à sua posterior junção, no prazo que lhe for indicado.

4 – A informação clínica que alude o nº 2 não é obrigatória para a realização do exame nem exige suporte específico.

SUBSECÇÃO II – Comissões de verificação

Artigo 33º – Efeitos das deliberações de não subsistência de incapacidade

As deliberações das comissões de verificação que se pronunciem pela não subsistência da situação de incapacidade temporária para o trabalho determinam os efeitos previstos no regime jurídico de protecção na doença.

Artigo 34º – Comunicação das deliberações sobre a incapacidade

1 – Da deliberação da comissão de verificação será dado imediato conhecimento ao beneficiário, mediante entrega de documento que a declare.

2 – Cópia do documento a que se refere a parte final do número anterior é enviada, se for caso disso, dentro das quarenta e oito horas subsequentes, à instituição de segurança social que abrange o beneficiário, para os efeitos previstos na lei, nomeadamente a cessação das prestações, quando à mesma houver lugar.

3 – A instituição de segurança social que abrange o beneficiário comunica, de imediato, ao centro de saúde competente a deliberação da comissão de verificação relativa à não subsistência da incapacidade, para conhecimento do médico assistente do beneficiário.

Artigo 35º – Articulação entre as instituições

1 – Quando a instituição que abrange o beneficiário não for a da área da sua residência, compete a esta o desenvolvimento de todo o processo de verificação da incapacidade temporária, uma vez recebido o respectivo pedido da instituição que abrange o beneficiário.

2 – O pedido de verificação da incapacidade temporária à instituição da área de residência do beneficiário deve ser sempre acompanhado de cópia do boletim dos serviços de saúde certificativo da incapacidade temporária.

Artigo 36º – Articulação com entidades empregadoras centralizadoras

Sempre que a deliberação da comissão de verificação considerar a não subsistência da incapacidade para o trabalho e a respectiva entidade empregadora for centralizadora do pagamento do subsídio de doença, devem as instituições de segurança social comunicar a esta, de imediato, a cessação do subsídio.

SUBSECÇÃO III – Comissões de reavaliação

Artigo 37º – Intervenção das comissões de reavaliação

1 – A selecção das novas situações de incapacidade a ser objecto, nos termos da alínea a) do artigo 14º, do exame médico de reavaliação é feita por decisão dos centros regionais em todas as situações em que se manifeste conveniente uma peritagem médica complementar, designadamente nos casos de maior proximidade temporal entre a deliberação da comissão de verificação e o início da nova incapacidade.

2 – Nas situações previstas na alínea b) do artigo 14º, a intervenção das comissões de reavaliação tem lugar quando requerida pelo beneficiário no prazo de 10 dias a contar da data do conhecimento da deliberação da comissão de verificação, desde que junte ao requerimento fundamentação médica atendível da manutenção da incapacidade pelos serviços de saúde.

3 – Os centros regionais podem fazer depender o deferimento do requerimento do beneficiário previsto no número anterior de parecer favorável do assessor técnico de coordenação sobre a fundamentação apresentada.

Artigo 38º – Efeitos da intervenção das comissões de reavaliação

1 – Nas situações em que haja lugar à intervenção das comissões de reavaliação nos termos da alínea a) do artigo 14º, a concessão do subsídio de doença fica suspensa enquanto não for proferida a deliberação.

2 – Nos casos previstos na alínea b) do artigo 14º, a concessão do subsídio fica dependente da deliberação da comissão de reavaliação, quando a esta houver lugar.

Artigo 39º – Accionamento da intervenção das comissões de reavaliação e sua comunicação ao beneficiário

Quando haja lugar à intervenção das comissões de reavaliação, devem os centros regionais accionar os meios necessários para essa intervenção, designadamente a comunicação ao beneficiário do regime previsto no artigo 38º da possibilidade de indicar um médico para integrar a comissão de reavaliação, do prazo em que o deve fazer e dos efeitos que decorrem da sua não indicação.

Artigo 40º – Intervenção das comissões de reavaliação

A intervenção das comissões de reavaliação deve ocorrer no prazo de 30 dias após a entrada no centro regional da certificação da nova incapacidade ou do requerimento do beneficiário, consoante a intervenção tenha lugar a coberto, respectivamente, da alínea a) ou da alínea b) do artigo 14º.

Artigo 41º – Efeitos e comunicação das deliberações das comissões de reavaliação

1 – Sempre que seja reconhecida, por deliberação da comissão de reavaliação, a subsistência da incapacidade temporária para o trabalho do beneficiário, cabe à comissão indicar o período em que haverá lugar ao pagamento do subsídio de doença, informando-se o beneficiário.

2 – O período de pagamento do subsídio de doença não pode exceder a data limite mencionada no boletim dos serviços de saúde certificativo da incapacidade temporária ou de eventuais prorrogações que estes venham a dar e que estejam compreendidas no período máximo de duração do subsídio de doença que tiver sido previsto pela comissão de reavaliação.

3 – À comunicação das deliberações aplica-se, com as necessárias adaptações, o disposto no artigo 34º.

SECÇÃO II – Verificação de incapacidade permanente

SUBSECÇÃO I – Disposições comuns

Artigo 42º – Iniciativa da verificação

1 – A verificação e a revisão das situações de incapacidade permanente e de dependência têm lugar a requerimento dos interessados ou oficiosamente e a solicitação do Centro Nacional de Pensões ou de outras instituições de segurança social.

2 – A verificação da eventual situação de incapacidade permanente pode ainda ter lugar nas situações de incapacidade temporária que atinjam 365 dias.

Artigo 43º – Instrução dos requerimentos para atribuição das prestações

1 – Os requerimentos para atribuição das prestações, nomeadamente dos subsídios por assistência de terceira pessoa, são acompanhados de informação médica, a qual deve estar devidamente fundamentada e instruída.

2 – Tratando-se de pensão por incapacidade permanente para o trabalho, o requerimento deve ainda ser acompanhado de declaração da entidade empregadora ou do próprio, se aquela não existir, relativamente ao trabalho desempenhado nos últimos três anos no exercício da profissão a considerar para efeito da declaração de incapacidade.

3 – A informação médica insere-se em formulários aprovados para o efeito por despacho conjunto dos ministros da tutela.

Artigo 44º – Informação médica no caso de residência no estrangeiro

1 – No caso de requerentes de prestações residentes no estrangeiro que tenham contribuições para a segurança social portuguesa, os requerimentos devem ser acompanhados de relatório médico e dos dados clínicos e outros elementos auxiliares de diagnóstico reunidos pelos serviços de saúde do país da sua residência ou, quando tal não for possível, por médico da escolha do interessado, caso em que a qualidade profissional desse médico deve ser certificada pelos serviços oficiais de saúde ou segurança social desse país ou pelos serviços consulares portugueses ou dos que representem os interesses de Portugal nesse mesmo país, sem prejuízo do disposto em instrumento internacional a que Portugal se encontre vinculado.

2 – A instituição competente deve solicitar a verificação de incapacidade permanente e remeter o requerimento, acompanhado do relatório e dos outros elementos previstos no número anterior, ao centro regional competente no prazo de 10 dias a contar da data da respectiva entrada.

3 – Se, eventualmente, o requerimento não vier acompanhado do relatório médico e dos outros elementos previstos no nº 1, pode ser aceite pela instituição competente, sob reserva da sua apresentação no prazo de 45 dias.

Artigo 45º – Informação médica

1 – É inerente à qualidade de beneficiário da segurança social, ou de requerente das respectivas prestações, o direito à informação médica, prestada nos termos regulados no presente diploma, por parte dos médicos dos serviços de cuidados de saúde primários que o assistam, ou de outros que, integrados no Serviço Nacional de Saúde, lhe prestem assistência.

2 – A informação médica prestada nos termos do número anterior deve ser elaborada aquando da realização de consulta solicitada para o efeito pelo requerente, salvo se houver necessidade de requisitar elementos auxiliares de diagnóstico ou relatórios de especialistas, situação em que a elaboração de informação médica terá lugar na consulta subsequente à respectiva recepção.

3 – A informação médica pode, contudo, ser elaborada por qualquer médico escolhido pelo beneficiário.

4 – A informação médica será consubstanciada no modelo do formulário da situação clínica do beneficiário.

Artigo 46º – Requisitos da informação médica

1 – A informação médica deve identificar, de forma legível, o médico que a elaborou e estar actualizada e devidamente instruída com os relatórios de especialistas e elementos auxiliares de diagnóstico que fundamentam o respectivo parecer.

2 – Se o médico assistente não possuir os elementos auxiliares de diagnóstico, por estes se encontrarem em outros serviços ou hospitais, deve proceder à respectiva solicitação ou indicar na informação médica qual a entidade que os detém.

3 – Sempre que a situação do beneficiário exija que o respectivo exame médico seja feito no domicílio, deverá mencionar tal circunstância na informação médica.

Artigo 47º – Informação médica em verificação oficiosa

1 – Nas situações de verificação de incapacidade promovida oficiosamente, o beneficiário é informado de que deve comparecer acompanhado da necessária informação médica, bem como dos elementos auxiliares de diagnóstico ou relatórios de especialistas que a fundamentem, aquando da convocatória para o exame médico a realizar pelo médico relator.

2 – Se, nas situações oficiosas, os beneficiários não apresentarem informação médica nos prazos estabelecidos pelos centros regionais ou esta se revelar insuficiente, podem os médicos relatores requerer os exames e meios auxiliares de diagnóstico que considerarem indispensáveis ou solicitar ao médico que elaborou a informação médica o seu aperfeiçoamento no prazo de 10 dias.

3 – O processo prossegue se, no prazo fixado no número anterior, o médico que elaborou a informação médica não proceder ao seu aperfeiçoamento.

Artigo 48º – Requisição de meios de prova da situação clínica

1 – Se os médicos relatores e os peritos médicos das comissões de verificação e de recurso concluírem pela necessidade de complementar a informação médica com pareceres de médicos especialistas ou de outros meios auxiliares de diagnóstico que se afigurem indispensáveis à peritagem médica, podem solicitá-los, indicando nos pedidos o carácter de urgência que o caso revestir e a respectiva fundamentação.

2 – Estes exames devem ser requisitados, com prévio sancionamento do assessor técnico de coordenação, em impresso apropriado para o efeito, aos estabelecimentos e serviços de saúde ou às entidades privadas com os quais os centros regionais tenham celebrado acordo para fornecimento de elementos auxiliares de diagnóstico.

3 – Os pareceres dos médicos especialistas devem mencionar com precisão a identidade do requerente e a sua situação clínica, concluindo com clareza sobre a incapacidade, no âmbito da respectiva especialidade médica.

4 – No caso de o beneficiário residir fora do território nacional, os novos elementos que sejam considerados necessários poderão ser requisitados directamente pelos centros regionais ou através do Centro Nacional de Pensões, sem prejuízo do disposto em instrumento internacional a que Portugal se encontre vinculado.

Artigo 49º – Distribuição do processo

1 – O pessoal encarregado do apoio administrativo deve, no âmbito do processo do sistema de verificação de incapacidade permanente e no prazo de 10 dias úteis a contar da data da entrada dos requerimentos ou do conhecimento do despacho para proceder à verificação oficiosa da incapacidade:

a) Verificar se o requerente da prestação cumpriu o prazo de garantia, ou promover a verificação deste, no caso de não ter possibilidade directa de o fazer;

b) Promover a verificação de outras condições administrativas determinantes da atribuição da prestação;

c) Distribuir os processos pelos médicos relatores de acordo com as regras estabelecidas para o efeito;

d) Verificar ou promover a verificação, de acordo com a organização dos serviços do centro regional, da insuficiência económica do requerente, para os efeitos previstos no artigo 23º.

2 – As instituições às quais tenha sido solicitada informação nos termos do nº 1 procedem de imediato à verificação e confirmação das condições administrativas de atribuição das prestações requeridas e à sua comunicação à instituição competente.

3 – Compete ainda ao apoio administrativo remeter aos serviços competentes do centro regional de segurança social ou do Centro Nacional de Pensões os requerimentos das prestações a atribuir pelos mesmos, acompanhados da deliberação do sistema de verificação de incapacidade permanente ou, se for o caso, de informação relativa à falta de requisito de atribuição que lhe caiba averiguar.

4 – A inexistência de algumas das condições de atribuição das prestações determina que seja sustado o processo de peritagem.

Artigo 50º – Funcionamento das comissões

1 – As deliberações das comissões são tomadas por maioria dos votos conformes dos médicos que as compõem, devendo as respectivas declarações ser devidamente expressas.

2 – A deliberação deve ser escrita em formulário próprio, de forma legível, nela se mencionando expressamente a natureza da incapacidade em que o requerente se encontra e a data a partir da qual a situação de incapacidade é reconhecida.

3 – Nas situações em que se verifique empate na votação da comissão de recurso, por a mesma ser constituída apenas por dois elementos, é conferido ao presidente voto de qualidade.

Artigo 51º – Morte do requerente

1 – A morte do requerente no decurso do processo de verificação de incapacidade permanente determina o respectivo arquivamento, se não existirem ou não for possível recolher os elementos clínicos considerados necessários à deliberação.

2 – Os familiares do requerente podem juntar ao processo os elementos clínicos julgados convenientes para a deliberação.

3 – A deliberação sobre o processo é comunicada à instituição que atribui as prestações, para que, se for caso disso, proceda à sua concessão e ao pagamento dos quantitativos devidos e não pagos.

4 – Da deliberação da comissão de verificação podem os herdeiros habilitados requerer comissão de recurso.

SUBSECÇÃO II – Exame do médico relator

Artigo 52º – Análise da informação médica

1 – Quando a informação médica se revelar insuficiente, designadamente quanto à caracterização objectiva das patologias referenciadas como causa de incapacidade ou não juntar os meios auxiliares de diagnóstico realizados, o médico relator deve solicitar junto do médico que a elaborou o seu aperfeiçoamento.

2 – No caso de não ser satisfeita a solicitação do médico relator nem o requerente juntar os elementos considerados necessários, o processo clínico pode continuar, se o beneficiário se manifestar nesse sentido, sendo apenas considerados os dados constantes do processo.

Artigo 53º – Convocatória para o exame médico

1 – Obtidos os elementos que permitam o andamento do processo, os médicos relatores promovem a convocatória dos interessados para exame médico, o qual deve ter lugar de imediato.

2 – O exame médico deve ser convocado, por carta registada, com a antecedência mínima de 10 dias e a indicação expressa do dia, da hora e do local da realização do exame, bem como das consequências da falta de comparência.

3 – Se for possível a convocação pessoal, a mesma deve ser feita por termo no correspondente processo, com observância do disposto no número anterior.

4 – A marcação da data e do local do exame é feita tendo em conta, tanto quanto possível, a residência do interessado e os meios de transporte disponíveis para se deslocar às instalações onde decorrerá o exame.

5 – Se o requerente residir fora do território nacional, apenas há lugar à sua convocação para o exame médico, a levar a efeito pelo médico relator, se aquele o solicitar expressamente aquando da apresentação do requerimento da prestação.

Artigo 54º – Relatório

O relatório, elaborado pelo médico relator em formulário aprovado por despacho ministerial, deve expressar o estudo exaustivo da situação clínica do beneficiário em face dos seus antecedentes clínicos, designadamente a informação do médico assistente, a documentação subsidiária e os pareceres de médicos especialistas, e concluir, de forma inequívoca, quanto à origem e natureza da situação verificada, referindo, com o maior desenvolvimento possível, a sintomatologia e a observação do aparelho ou órgãos afectados que deram origem à incapacidade ou dependência.

Artigo 55º – Prazo para apresentação do relatório

1 – O médico relator deve concluir o relatório no prazo de 30 dias contado a partir da data do exame do interessado.

2 – O relatório é remetido ao apoio administrativo, que, por sua vez, o envia, com toda a documentação anexa, à comissão de verificação, mediante protocolo para registo da recepção pelo respectivo presidente.

3 – Nas situações em que a comissão de verificação constate que a conclusão do relatório se não encontra fundamentada, devolve-o de imediato e com a fundamentação do facto ao médico relator, que, no prazo de 10 dias, deve proceder ao seu aperfeiçoamento.

4 – Quando o relatório não puder ser concluído nos prazos previstos nos nºs 1 e 3, o médico relator justifica o impedimento, solicitando a respectiva prorrogação.

Artigo 56º – Junção de novos elementos ao processo

1 – O médico relator deve juntar ao processo clínico quaisquer elementos de diagnóstico ou pareceres de especialistas, desde que os interessados os apresentem até à remessa do relatório à comissão de verificação.

2 – Tais elementos não têm força conclusiva prevalecente sobre os demais elementos coligidos directamente pelo médico relator ou pelos peritos médicos da comissão de verificação ou de recurso.

SUBSECÇÃO III – Comissões de verificação

Artigo 57º – Actuação das comissões de verificação

1 – As comissões de verificação procedem à análise e ao estudo do relatório elaborado pelo médico relator ou pelos serviços de saúde do país estrangeiro onde o requerente resida e demais documentação clínica, tendo em vista a correcta qualificação legal da situação.

2 – As comissões podem promover o exame médico directo dos requerentes ou a recolha de novos elementos auxiliares de diagnóstico, sempre que tal exame ou aqueles elementos se revelem necessários ao completo esclarecimento da situação clínica.

3 – No caso previsto no número antecedente, as comissões de verificação devem estabelecer contacto com o médico relator responsável pela apreciação da situação em exame, dando-lhe conhecimento das dúvidas suscitadas ou dos elementos de diagnóstico tidos por necessários.

4 – Quando se mostre conveniente a um mais seguro diagnóstico profissional do interessado, pode o assessor técnico de emprego submetê-lo a testes adequados nos aspectos específicos da sua área de intervenção.

5 – Tratando-se de requerentes residentes no estrangeiro, aplica-se ao exame médico do requerente o disposto no nº 5 do artigo 53º.

Artigo 58º – Prazo do parecer das comissões

1 – As comissões de verificação devem proceder à apreciação dos relatórios clínicos e concluir os respectivos processos no prazo máximo de 10 dias a contar do recebimento, salvo havendo necessidade de proceder a novos exames ou de obter outros elementos auxiliares de diagnóstico.

2 – Verificando-se a situação prevista na parte final do número antecedente, o presidente da comissão informa das razões que impedem o cumprimento do prazo e solicita a sua prorrogação pelo período que julgue adequado, começando o mesmo a ser contado a partir da data da solicitação.

Artigo 59º – Comunicação das deliberações das comissões de verificação

1 – A deliberação da comissão de verificação é enviada, no prazo máximo de oito dias, à instituição responsável pela atribuição da prestação, devendo esta emitir a correspondente decisão.

2 – No caso de a prestação não ser atribuída, a instituição competente dá conhecimento do facto ao requerente, através de carta registada, esclarecendo-o sobre o direito que lhe assiste de solicitar a sua apresentação à comissão de recurso.

SUBSECÇÃO IV – Comissões de recurso

Artigo 60º – Apresentação de recurso

1 – Nas situações em que a deliberação da comissão for desfavorável ao interessado, pode este requerer a realização de comissão de recurso.

2 – O requerimento deve ser apresentado no prazo de 10 dias a partir da data em que o requerente tomou conhecimento, por comunicação oficial, da deliberação da comissão de verificação, ou no prazo de 45 dias, se o requerente residir no estrangeiro.

3 – Em caso de agravamento da situação clínica do requerente, só podem ser considerados novos elementos auxiliares de diagnóstico justificativos de tal situação se os mesmos derem entrada até ao 5º dia anterior ao da data marcada pelo centro regional para a realização da comissão de recurso.

Artigo 61º – Designação do médico do requerente

1 – O requerente deve indicar no seu pedido de realização de comissão de recurso, sempre que possível, o nome e a residência do médico que designar para fazer parte da respectiva comissão.

2 – Quando o requerente não indique, desde logo, o seu médico, ser-lhe-á dado o prazo de 10 dias, prorrogável por uma só vez, para o designar, findo o qual, se não o fizer, o pedido de comissão de recurso é considerado deserto e o processo arquivado.

3 – Se o requerente residir fora do território nacional pode optar entre designar um médico que o represente na comissão de recurso ou ser representado pelo médico a que se refere o nº 4 do artigo 21º, podendo sempre remeter as informações e dados clínicos úteis à deliberação, atento o disposto no nº 1 do artigo 44º.

Artigo 62º – Funcionamento das comissões de recurso

1 – Compete ao perito médico que preside à comissão de recurso convocar os restantes membros e o requerente, que deve ser sempre sujeito a exame, excepto se este residir fora do território nacional e não tiver manifestado, aquando da entrega do requerimento, vontade expressa de comparecer ao exame clínico.

2 – Apenas é permitido um adiamento com o fundamento na falta ou impossibilidade de comparência justificada por parte do médico representante do interessado, podendo este designar médico substituto.

Artigo 63º – Comunicação das deliberações das comissões de recurso

À comunicação das deliberações das comissões de recurso aplica-se o disposto no nº 1 do artigo 59º.

SUBSECÇÃO V – Renovação de requerimentos

Artigo 64º – Prazos de apresentação

1 – Sempre que as comissões de verificação ou de recurso entendam que o beneficiário não reúne as condições de incapacidade determinantes da atribuição da prestação requerida, este só pode apresentar novo requerimento para o efeito decorrido um ano após a data da respectiva deliberação.

2 – O disposto no número anterior aplica-se também às situações de não comparência do interessado e do médico que o representa, circunstâncias que determinam o arquivamento do processo clínico nos termos previstos no presente diploma, devendo o respectivo prazo iniciar-se na data da falta ao exame.

3 – O prazo referido no nº 1 não é aplicável aos casos em que se tenha verificado especial agravamento do estado de saúde do beneficiário e tal facto, devidamente fundamentado, seja objecto da informação médica a que se referem os nºs 1 do artigo 45º e do artigo 46º.

Artigo 65º – Verificação do agravamento

1 – O requerimento apresentado nos termos do nº 3 do artigo anterior obedece aos requisitos estabelecidos neste diploma, devendo ser acompanhado dos formulários devidamente preenchidos e da informação médica correspondente.

2 – Se o médico relator verificar que a informação médica não comprova a existência de agravamento do estado de saúde do beneficiário, deve, no prazo de 10 dias, pronunciar-se sobre o fundamento invocado para agravamento, observando, se for caso disso, o disposto no nº 1 do artigo 52º.

CAPÍTULO IV – Faltas do interessado e arquivamento do processo

SECÇÃO I – Faltas do interessado

Artigo 66º – Justificação de faltas

1 – Se o interessado, devidamente convocado, não se apresentar ao exame clínico no dia, hora e local indicados nem justificar, no prazo dos 10 dias subsequentes, o motivo da não comparência, ou, justificando-o, não for atendível, é considerada falta injustificada.

2 – Considera-se justificada a falta de comparência nos seguintes casos:

a) Incapacidade física de se deslocar;

b) Internamento em estabelecimento hospitalar ou detenção em estabelecimento prisional com efectiva impossibilidade física ou legal de se deslocar ao exterior;

c) Qualquer outro justo impedimento devidamente comprovado.

3 – As situações previstas na alínea a) do número anterior devem ser comprovadas por declaração autenticada pelo médico que assistiu o interessado, onde se refira concretamente o motivo que impediu a deslocação e a data previsível da cessação dessa impossibilidade.

4 – As situações previstas na alínea b) do nº 2 devem ser certificadas por declaração autenticada dos estabelecimentos respectivos.

5 – Comprovado o impedimento, o exame médico pode ser efectuado na residência do interessado ou, no caso de verificação de incapacidade permanente, no estabelecimento onde o mesmo se encontre internado, devendo, nesta situação, os estabelecimentos de saúde proporcionar os meios necessários à realização do referido exame.

6 – O interessado deve avisar o centro regional da impossibilidade da sua comparência logo que, estando impedido nas circunstâncias referidas no nº 2, haja sido convocado para o exame.

7 – Apenas são permitidos aos beneficiários dois adiamentos justificados.

Artigo 67º – Avaliação da justificação da falta de comparência

1 – A avaliação da justificação da falta do beneficiário ao exame médico é da competência do centro regional que o tenha convocado, precedendo parecer do assessor técnico de coordenação, quando a justificação apresentada estiver ligada ao foro médico.

2 – Na avaliação das causas determinantes das faltas do beneficiário, a prevalência da convocatória só poderá ser posta em causa a título excepcional, designadamente quando as mesmas se apresentarem de forma imperativa ou suscitarem adiamentos de intervenções médicas ou paramédicas geradoras de agravamento do estado de saúde ou de inequívoco atraso da respectiva melhoria.

SECÇÃO II – Arquivamento do processo

Artigo 68º – Arquivamento do processo de verificação

O processo pericial de verificação é arquivado, com os efeitos previstos nos regimes jurídicos das correspondentes prestações:

a) Em caso de falta injustificada do beneficiário aos exames médicos;

b) Na sequência do disposto no nº 2 do artigo 62º, quando o médico representante do interessado não compareça à segunda convocatória para a constituição de comissão de recurso;

c) Quando tiver ocorrido impossibilidade de deliberação clínica por falta de apresentação de informação médica pedida nas situações previstas neste diploma, sem prejuízo do disposto no nº 2 do artigo 52º;

d) Quando for diagnosticada doença de causa profissional como fundamento exclusivo da incapacidade;

e) Na sequência do disposto no nº 7 do artigo 66º, quando não haja lugar à realização do exame;

f) Após deliberação definitiva dos meios técnicos de verificação;

g) Quando o médico relator seja de parecer que não existe fundamento para considerar agravamento do estado de saúde.

Artigo 69º – Comunicação do arquivamento do processo de verificação

1 – O centro regional competente, tendo em vista a conclusão do processo, comunica, sendo caso disso, à instituição responsável pela atribuição da prestação o arquivamento do processo de verificação, bem como o seu fundamento, no prazo de 10 dias.

2 – Quando o beneficiário for convocado para exame médico por instituição que o não abranja, a falta ao exame é igualmente comunicada, nas quarenta e oito horas subsequentes ao termo do prazo fixado no nº 1 do artigo 66º, à instituição competente.

Artigo 70º – Devolução dos elementos auxiliares de diagnóstico

1 – Os centros regionais apenas são obrigados a devolver aos beneficiários os elementos auxiliares de diagnóstico que lhes sejam solicitados no prazo de 60 dias após a comunicação da decisão que o processo merecer.

2 – O levantamento dos elementos referidos no número anterior é feito no apoio administrativo ou no serviço que o centro regional indique.

CAPÍTULO V – Regime financeiro

Artigo 71º – Encargos dos centros regionais

1 – Compete aos centros regionais suportar os encargos resultantes de:

a) Funcionamento das comissões;

b) Actuação dos médicos relatores;

c) Actuação dos assessores técnicos de coordenação;

d) Despesas com o funcionamento do conselho médico nacional;

e) No âmbito da verificação das incapacidades permanentes, exames médicos especializados e outros elementos auxiliares de diagnóstico que não constituam encargos dos serviços de saúde;

f) Transporte em ambulância para efeitos, no âmbito da verificação de incapacidades, da realização de exames médicos e obtenção de elementos auxiliares de diagnóstico cujo encargo não seja da responsabilidade de outros organismos ou entidades;

g) Transporte em ambulância para efeitos, no âmbito de verificação de subsistência ou confirmação de incapacidades temporárias, de comparência do beneficiário a exame médico, desde que os peritos médicos venham a reconhecer expressamente a necessidade do recurso a este meio de transporte;

h) Despesas com honorários do médico que representa o beneficiário nas comissões de reavaliação ou de recurso, quando a deliberação lhe seja favorável, nos termos da tabela legalmente estabelecida.

2 – Os encargos previstos nas alíneas a) e b) do nº 1 compreendem as despesas com transportes nas situações previstas no nº 5 do artigo 66º, desde que não imputáveis ao interessado nos termos legalmente previstos.

Artigo 72º – Encargos dos serviços de saúde

Compete aos serviços de saúde, designadamente aos serviços de cuidados primários, suportar os encargos relativos à informação médica referida no nº 1 do artigo 45º, incluindo os respeitantes aos meios auxiliares de diagnóstico que os fundamentem.

Artigo 73º – Encargos do beneficiário

1 – Compete ao beneficiário suportar:

a) As despesas com as comissões de reavaliação ou de recurso por si requeridas cuja deliberação lhe for desfavorável;

b) Os honorários e eventuais despesas de transporte do médico por si designado para as comissões de reavaliação ou de recurso, caso não seja confirmada a incapacidade;

c) As despesas resultantes de faltas injustificadas do próprio beneficiário ou do médico que o representa, desde que devidamente convocados;

d) As despesas de informação médica referidas no nº 3 do artigo 45º.

2 – As despesas com os transportes não abrangidas pelas alíneas f) e g) do nº 1 do artigo 71º constituem encargo do beneficiário e são calculadas em conformidade com as normas regulamentares em vigor.

3 – Se o beneficiário não satisfizer o pagamento previsto no nº 1, o centro regional toma as medidas necessárias com vista a cobrança coerciva da dívida.

4 – Se o beneficiário se encontrar abrangido por instituição de segurança social diferente daquela que promover a verificação das incapacidades, deve a mesma dar conhecimento da dívida à instituição que o abrange, que actuará de harmonia com o disposto no número anterior.

5 – Não são exigíveis aos beneficiários as despesas previstas nos números anteriores quando integradas em processos de revisão da incapacidade permanente solicitada pelas instituições.

(V. artº 23º da L 105/2009, 14/09)

CAPÍTULO VI – Regime de trabalho

Artigo 74º – Peritos médicos *(revogado)* [166]

Artigo 75º – Condições de trabalho

1 – As condições inerentes ao exercício das funções dos membros das comissões de verificação, de reavaliação e de recurso dos médicos relatores e dos assessores técnicos de coordenação bem como os respectivos critérios de contratação, são objecto de despacho ministerial.

2 – Os contratos de avença regem-se pelo disposto no artigo 17º do Decreto--Lei nº 41/84, de 3 de Fevereiro, na redacção que lhe foi dada pelo Decreto-Lei nº 299/85, de 29 de Julho, conjugada com o Decreto-Lei nº 55/95, de 29 de Março, e são obrigatoriamente reduzidos a escrito.

3 – As remunerações dos membros das comissões de verificação, de reavaliação e de recurso, bem como dos médicos relatores e dos assessores técnicos de coordenação, são fixadas em tabela aprovada por despacho ministerial e determinadas em função, respectivamente, do número de apreciações finais de verificação de incapacidade realizadas e dos relatórios concluídos e, no caso dos assessores técnicos de coordenação, da percentagem média de ocupação de horas de trabalho semanal.

(Para o nº 1 trata-se do Desp 16 959/2013, 17/12 – DR 2ª, nº 253, 31/12.
Para o nº 2 ver regime de avença no artº 32º da Lei nº 35/2014, de 20 de Junho.
Para o nº 3 ver Desp 1023/2017, de 18/01/2017 – DR, 2ª, nº 19, de 26 de Janeiro)

Artigo 76º – Acumulação e incompatibilidades

1 – O exercício da actividade pericial no âmbito do sistema de verificação de incapacidades em acumulação com o exercício de funções em estabelecimentos ou serviços de saúde obedece ao regime geral em vigor sobre incompatibilidades e acumulações, sem prejuízo do disposto nos números seguintes.

2 – As funções exercidas pelos médicos do sistema de verificação de incapacidades não são compatíveis com o exercício de funções em estabelecimentos ou serviços de saúde integrados no Serviço Nacional de Saúde.

3 – A acumulação das funções referidas no número anterior é, contudo, permitida desde que, cumulativamente, se verifiquem as seguintes condições:

a) O médico não esteja sujeito ao regime de dedicação exclusiva;

b) O respectivo regime de duração semanal de trabalho não exceda o período de trinta e cinco horas;

c) Os horários a praticar não sejam total ou parcialmente coincidentes.

[166] Revogado pelo DL 377/2007, 09/11.

Artigo 77º – Impedimentos

1 – Os peritos médicos vinculados ao sistema de verificação de incapacidades previsto neste diploma não podem intervir nos processos de verificação de beneficiários de que sejam médicos assistentes ou naqueles para os quais tenham contribuído com elementos de avaliação fora do âmbito das inerentes funções periciais.

2 – Nos casos referidos no número anterior, os peritos médicos devem declarar o respectivo impedimento logo que recebida a comunicação da instituição para integrarem as comissões técnicas, acompanhada de listagem dos beneficiários convocados.

Artigo 78º– Faltas de comparência do perito médico

1 – Nas suas faltas e impedimentos, os médicos do sistema de verificação de incapacidades são obrigados a fazer-se substituir, correndo por sua conta as correspondentes despesas.

2 – Sempre que a natureza ou a duração do impedimento o justifique, nomeadamente quando este seja prolongado, pode a instituição outorgante suprir a falta do médico impedido através dos mecanismos previstos na lei para a prestação de trabalho não subordinado.

CAPÍTULO VII – Sanções

Artigo 79º – Contra-ordenação

Sem prejuízo da responsabilidade criminal que couber, as falsas declarações dos beneficiários relativas ao estado de insuficiência económica referido no artigo 23º ou às causas que determinaram a iniciativa da verificação prevista no artigo 42º constituem contra-ordenações, puníveis com coima de 50 000$ a 100 000$.

(V. regime das falsas declarações no artº 22º c) do CRC e no artº 15º do DL 70/2010, 16/06)

CAPÍTULO VIII – Disposições finais

Artigo 80º – Articulação entre a saúde e a segurança social

O acompanhamento da intervenção dos sectores da saúde e da segurança social é desenvolvido por uma comissão conjunta integrando elementos das áreas intervenientes, a designar por despacho conjunto dos respectivos ministros no prazo de três meses a contar da publicação do presente diploma.

(Ver Desp 349/98, 12/05 – DR II, de 25/5/98)

Artigo 81º – Residentes em Macau

As referências feitas no presente diploma a residentes no estrangeiro devem considerar-se como abrangendo também o território de Macau.

Artigo 82º – Normas de execução

Os procedimentos administrativos, bem como os suportes de informação previstos nos artigos 10º, 21º, 25º, 26º, 43º, 54º, 74º, 75º e 80º, considerados necessários à aplicação deste diploma, são aprovados pelo Ministro da Solidariedade e Segurança Social, salvo se tiverem matéria da tutela dos Ministros da Saúde ou para a Qualificação e o Emprego, caso em que a aprovação será conjunta.

Artigo 83º – Remissões

As remissões feitas na legislação vigente para os diplomas revogados devem considerar-se feitas para o presente diploma.

Artigo 84º – Revogação

1 – O presente diploma revoga a seguinte legislação:

Decreto-Lei nº 144/82, de 27 de Abril;
Decreto-Lei nº 236/92, de 27 de Outubro;
Decreto Regulamentar nº 8/91, de 14 de Março;
Despacho nº 133/SESS/89, de 24 de Janeiro de 1990;
Despacho nº 57/SESS/91, de 1 de Julho;
Despacho nº 106/SESS/92, de 21 de Novembro;
Despacho nº 108/SESS/92, de 23 de Novembro;
Despacho nº 3/SESS/93, de 20 de Janeiro;
Despacho nº 34/SESS/93, de 13 de Maio;
Despacho nº 43/SESS/93, de 14 de Junho;
Despacho nº 59/SESS/93, de 9 de Agosto;
Despacho nº 62/SESS/96, de 23 de Dezembro.

2 – Mantêm-se em vigor, até à respectiva revisão, os formulários de informação médica previstos no presente diploma, aprovados por despacho conjunto dos ministros competentes.

Artigo 85º – Início de vigência

O presente diploma entra em vigor no 1º dia do 3º mês seguinte ao da sua publicação.

Visto e aprovado em Conselho de Ministros de 3 de Outubro de 1997. – *António Manuel de Oliveira Guterres – Maria de Belém Roseira Martins Coelho Henriques de Pina – Maria João Fernandes Rodrigues – Eduardo Luís Barreto Ferro Rodrigues.*

Promulgado em 21 de Novembro de 1997. Publique-se. O Presidente da República, JORGE SAMPAIO. Referendado em 28 de Novembro de 1997. O Primeiro-Ministro, *António Manuel de Oliveira Guterres.*

Portaria nº 25/2019, de 17 de Janeiro

Cumprindo o objectivo de aumento do rendimento dos pensionistas, mantendo a estabilidade na evolução dos rendimentos dos pensionistas, o XXI Governo Constitucional procede à actualização anual das pensões e de outras prestações sociais atribuídas pelo sistema de segurança social e das pensões de aposentação, reforma e invalidez atribuídas pela Caixa Geral de Aposentações, I. P. (CGA), nos termos do artigo 4º da Lei nº 53-B/2006, de 29 de Dezembro, e do artigo 6º da Lei nº 52/2007, de 31 de Agosto.

A actualização anual das pensões para o ano de 2019 tem como indicadores de referência o crescimento real do produto interno bruto (PIB), correspondente à média da taxa do crescimento médio anual dos últimos dois anos, terminados no 3º trimestre do ano anterior àquele a que se reporta a actualização e a variação média dos últimos 12 meses do índice de preços ao consumidor (IPC), sem habitação, disponível em Dezembro do ano anterior a que se reporta a actualização.

Considerando que a média da taxa de crescimento médio anual do PIB nos últimos dois anos terminados no 3º trimestre de 2018, apurada a partir das contas nacionais trimestrais do Instituto Nacional de Estatística (INE), foi de 2,58 %, e que a variação média do IPC nos últimos 12 meses, sem habitação, disponível em Dezembro de 2018, foi de 1,03 %, as pensões e outras prestações atribuídas pelo sistema de segurança social e as pensões de aposentação, reforma e invalidez atribuídas pela CGA de montante igual ou inferior a 2 vezes o valor do indexante dos apoios sociais (IAS), são actualizadas em 2019, em 1,60 %, as de valor compreendido entre 2 vezes e 6 vezes o valor do IAS são actualizadas em 1,03 %, e as de valor superior a 6 vezes o valor do IAS, são actualizadas em 0,78 %.

Assim:

Nos termos dos artigos 68º da Lei nº 4/2007, de 16 de Janeiro, 4º a 7º-A e 10º da Lei nº 53-B/2006, de 29 de Dezembro, 42º do Decreto-Lei nº 187/2007, de 10 de Maio, 59º do Estatuto da Aposentação, 6º da Lei nº 52/2007, de 31 de Agosto, e 124º da Lei nº 98/2009, de 4 de Setembro,

Manda o Governo, pelos Ministros das Finanças e do Trabalho, Solidariedade e Segurança Social, o seguinte:

CAPÍTULO I – Disposições gerais

Artigo 1º – Objecto

1 – A presente portaria procede à actualização anual das pensões e de outras prestações sociais atribuídas pelo sistema de segurança social, das pensões do

regime de protecção social convergente atribuídas pela CGA e das pensões por incapacidade permanente para o trabalho e por morte decorrentes de doença profissional, para o ano de 2019.

2 – Excluem-se do âmbito da actualização prevista no número anterior os seguintes grupos de beneficiários:

a) Os beneficiários da Caixa de Previdência dos Empregados do Banco de Angola, extinta pelo Decreto-Lei nº 288/95, de 30 de Outubro, com direito aos benefícios constantes de instrumento de regulamentação colectiva de trabalho do sector bancário, excepto no que respeita a eventual parcela de pensão correspondente a carreira contributiva do regime geral de segurança social e ao complemento de pensão por cônjuge a cargo;

b) Os beneficiários abrangidos pelos regulamentos especiais de segurança social dos trabalhadores ferroviários e do pessoal do Serviço de Transportes Colectivos do Porto, excepto no que respeita à garantia dos valores mínimos de pensão e do complemento por dependência;

c) Outros grupos de beneficiários não abrangidos pelo Centro Nacional de Pensões e pela Caixa Geral de Aposentações, I. P.

3 – A presente portaria procede, igualmente, à actualização da parcela correspondente à actualização extraordinária das pensões atribuídas pelo sistema de segurança social e das pensões do regime de protecção social convergente atribuídas pela CGA.

CAPÍTULO II – Actualização das pensões do regime geral de segurança social e do regime de protecção social convergente

Artigo 2º – Actualização das pensões

1 – As pensões estatutárias e regulamentares de invalidez e de velhice do regime geral de segurança social e as pensões de aposentação, reforma e invalidez do regime de protecção social convergente, atribuídas anteriormente a 1 de Janeiro de 2018, são actualizadas pela aplicação das percentagens seguintes, sem prejuízo do disposto nos artigos 3º e 4º:

a) 1,60 %, para as pensões de montante igual ou inferior a (euro) 871,52;

b) 1,03 %, para as pensões de montante superior a (euro) 871,52 e igual ou inferior a (euro) 2614,56;

c) 0,78 %, para as pensões de montante superior a (euro) 2614,56, sem prejuízo do disposto no número seguinte.

2 – As pensões de montante superior a (euro) 5229,12 não são objecto de actualização, salvo nas situações previstas no artigo 102º do Decreto-Lei nº 187/2007, de 10 de Maio, e no nº 2 do artigo 7º da Lei nº 52/2007, de 31 de Agosto.

3 – A parcela das pensões de invalidez, velhice e sobrevivência do sistema de segurança social, e das pensões de aposentação, reforma, invalidez e sobrevivência do regime de protecção social convergente, correspondente à actualização extraordinária prevista no artigo 103º da Lei nº 42/2016, de 28 de Dezembro, regulamentada pelo Decreto Regulamentar nº 6-A/2017, de 31 de Julho, e no artigo 110º da Lei nº 114/2017, de 29 de Dezembro, regulamentada pelo Decreto Regulamentar nº 5/2018, de 26 de Junho, é actualizada pela aplicação da percentagem de 1,60 %.

Artigo 3º – Limites mínimos de actualização

1 – O valor da actualização das pensões referidas na alínea a) do nº 1 do artigo anterior, cujo montante seja igual ou superior (euro) 269,08 e inferior ou igual a (euro) 871,52 não pode ser inferior a (euro) 4,31.

2 – O valor da actualização das pensões referidas na alínea b) do nº 1 do artigo anterior não pode ser inferior a (euro) 13,94.

3 – O valor da actualização das pensões referidas na alínea c) do nº 1 do artigo anterior não pode ser inferior a (euro) 26,93.

4 – O disposto nos números anteriores não é aplicável aos beneficiários referidos na alínea a) do nº 2 do artigo 1º, cuja actualização das pensões observe o disposto nesta portaria.

Artigo 4º – Valores mínimos de pensão de invalidez e de velhice

1 – Aos pensionistas de invalidez e de velhice do regime geral com carreira contributiva relevante para a taxa de formação da pensão inferior a 15 anos é garantido um valor mínimo de pensão de (euro) 273,39.

2 – Aos pensionistas de invalidez e de velhice do regime geral com carreira contributiva relevante para a taxa de formação da pensão igual ou superior a 15 anos são garantidos os valores mínimos de pensão constantes da tabela seguinte:

Escalões por anos de carreira contributiva	Valor mínimo da pensão (euros)
15 a 20	286,78
21 a 30	316,45
31 e mais	395,57

3 – Os valores mínimos fixados nos nºs 1 e 2 deste artigo:

a) Não relevam para efeitos da parcela de pensão a que se refere a última parte da alínea a) do nº 2 do artigo 1º;

b) Não são aplicáveis às pensões antecipadas atribuídas ao abrigo do regime de flexibilização da idade de pensão por velhice, previsto na alínea a) do nº 2 do artigo 22º do Decreto-Lei nº 329/93, de 25 de Setembro, na redacção dada pelo

Decreto-Lei nº 9/99, de 8 de Janeiro, nem às pensões antecipadas atribuídas ao abrigo do regime de flexibilização previsto nas alíneas a) e b) do nº 1 do artigo 20º do Decreto-Lei nº 187/2007, de 10 de Maio;

c) São aplicáveis aos beneficiários abrangidos pelos regulamentos especiais de segurança social referidos na alínea b) do nº 2 do artigo 1º.

Artigo 5º – Valor mínimo das pensões de aposentação, reforma e invalidez

Os valores mínimos garantidos às pensões de aposentação, reforma e invalidez pagas pela CGA, em função do tempo de serviço considerado no respectivo cálculo, são os constantes da tabela seguinte:

Tempo de serviço	Valor mínimo da pensão (euros)
De 5 a 12 anos	255,49
Mais de 12 e até 18 anos.......	266,30
Mais de 18 e até 24 anos	284,67
Mais de 24 e até 30 anos	318,56
.Mais de 30 anos	422,09

Artigo 6º – Actualização das pensões de sobrevivência

1 – As pensões de sobrevivência do regime geral iniciadas anteriormente a 1 de Janeiro de 2018 são actualizadas por aplicação das respectivas percentagens de cálculo aos montantes das pensões de invalidez e de velhice que lhes servem de base, bem como do complemento social, sendo caso disso, segundo o valor que para ambos resulta da aplicação das regras de actualização previstas neste diploma.

2 – A regra de actualização definida no nº 1 é igualmente aplicável:

a) Às pensões de sobrevivência iniciadas a partir de 1 de Janeiro de 2018, desde que o óbito que lhes deu origem se tenha verificado em data anterior;

b) Às pensões de sobrevivência resultantes de óbitos verificados em data anterior à do início de vigência da presente portaria e correspondentes a pensões de invalidez ou de velhice iniciadas até 31 de Dezembro de 2017.

Artigo 7º – Actualização das pensões de sobrevivência, preço de sangue e outras

As pensões de sobrevivência, de preço de sangue e outras, atribuídas pela CGA, são actualizadas pela aplicação das percentagens seguintes:

a) 1,60 %, para as pensões de valor global igual ou inferior a (euro) 435,76;

b) 1,03 %, para as pensões de valor global superior a (euro) 435,76 e igual ou inferior a (euro) 1307,28;

c) 0,78 %, para as pensões de valor global superior a (euro) 1307,28, sem prejuízo do disposto no artigo seguinte.

Artigo 8º – Limites mínimos de actualização das pensões de sobrevivência, preço de sangue e outras

1 – O montante da actualização do valor global das pensões referidas na alínea b) do artigo anterior não pode ser inferior a (euro) 6,97.

2 – O montante da actualização do valor global das pensões referidas na alínea c) do artigo anterior não pode ser inferior a (euro) 13,46.

Artigo 9º – Valor mínimo das pensões de sobrevivência, preço de sangue e outras

Os valores mínimos garantidos às pensões de sobrevivência pagas pela CGA, em função do tempo de serviço considerado no respectivo cálculo, são os constantes da seguinte tabela:

Tempo de serviço	Valor mínimo da pensão (euros)
De 5 a 12 anos....................	127,74
Mais de 12 e até 18 anos	133,16
Mais de 18 e até aos 24 anos	142,34
Mais de 24 e até aos 30 anos	159,28
Mais de 30 anos	211,04

Artigo 10º – Actualização das pensões limitadas

As pensões do regime geral limitadas por aplicação das normas reguladoras da acumulação de pensões de diferentes regimes de enquadramento obrigatório de protecção social, iniciadas anteriormente a 1 de Janeiro de 2018, são actualizadas nos termos do artigo 2º.

Artigo 11º – Actualização das pensões reduzidas e proporcionais

1 – As pensões do regime geral, iniciadas anteriormente a 1 de Janeiro de 2018, reduzidas ou proporcionais em consequência do recurso a períodos contributivos de outros regimes, quer por força da aplicação de normas inscritas em legislação nacional, quer por aplicação de instrumentos internacionais, são actualizadas nos termos do artigo 2º.

2 – Na aplicação do disposto no nº 1 às pensões não acumuladas com outras, são salvaguardados, nos termos do nº 1 do artigo 104º do Decreto-Lei nº 187/2007, de 10 de Maio:

a) Para as pensões reduzidas, o valor fixado no nº 1 do artigo 4º;

b) Para as pensões proporcionais atribuídas ao abrigo do artigo 39º do Decreto-Lei nº 329/93, de 25 de Setembro, o valor da pensão social, nos termos do nº 2 do artigo 44º do mesmo decreto-lei, na redacção dada pelo Decreto-Lei nº 437/99, de 29 de Outubro;

c) Para as pensões proporcionais atribuídas ao abrigo do disposto no artigo 39º do Decreto-Lei nº 187/2007, de 10 de Maio, a percentagem do valor mínimo estabelecido no artigo 4º correspondente à fracção do período cumprido no âmbito do regime geral, nos termos do nº 2 do artigo 44º do mesmo decreto-lei.

Artigo 12º – Actualização das pensões bonificadas

1 – As pensões de invalidez e de velhice, calculadas ao abrigo do artigo 27º do Decreto Regulamentar nº 75/86, de 30 de Dezembro, que atinjam montante igual ao valor mínimo garantido aos pensionistas de invalidez e de velhice do regime geral são actualizadas para o valor estabelecido no nº 1 do artigo 4º.

2 – As pensões de invalidez e velhice, calculadas no âmbito do artigo 27º do Decreto Regulamentar nº 75/86, de 30 de Dezembro, que não atinjam montante igual ao valor mínimo garantido aos pensionistas de invalidez e de velhice do regime geral são actualizadas por aplicação do montante fixado no nº 1, do artigo 14º, na parte respeitante à pensão do regime especial e em 1,60 % relativamente à bonificação e a eventuais acréscimos.

Artigo 13º – Actualização da pensão provisória de invalidez

O valor das pensões provisórias de invalidez que esteja a ser concedido à data da entrada em vigor da presente portaria é fixado em (euro) 210,32.

CAPÍTULO III – Actualização das pensões de outros regimes de segurança social

Artigo 14º – Actualização das pensões do regime especial das actividades agrícolas

1 – O quantitativo mensal das pensões de invalidez e de velhice do regime especial das actividades agrícolas é fixado em € 252,36.

2 – Os valores das pensões de sobrevivência são actualizados por aplicação das respectivas percentagens de cálculo em vigor no regime geral ao quantitativo das pensões referido no nº 1.

Artigo 15º – Actualização das pensões limitadas, reduzidas e proporcionais do regime especial das actividades agrícolas

As pensões do regime especial das actividades agrícolas limitadas por aplicação das normas reguladoras de acumulação de pensões de diferentes regimes de enquadramento obrigatório de protecção social, bem como as reduzidas e proporcionais nos termos do artigo 11º, iniciadas anteriormente a 1 de Janeiro de 2018, são actualizadas nos termos do artigo 2º.

Artigo 16º – Actualização das pensões dos regimes transitórios dos trabalhadores agrícolas

1 – O valor mensal das pensões de velhice dos regimes transitórios dos trabalhadores agrícolas referidos no artigo 90º do Decreto-Lei nº 445/70, de 23 de Setembro, no Decreto-Lei nº 391/72, de 13 de Outubro, e demais legislação aplicável, é fixado em (euro) 210,32.

2 – As pensões de sobrevivência dos regimes transitórios dos trabalhadores agrícolas atribuídas nos termos do nº 5 do artigo 4º do Decreto-Lei nº 174-B/75, de 1 de Abril, aos cônjuges sobrevivos dos respectivos pensionistas são actualizadas por aplicação da respectiva percentagem de cálculo em vigor no regime geral ao montante fixado no nº 1.

Artigo 17º – Actualização das pensões dos antigos fundos de reforma dos pescadores

As pensões dos antigos fundos de reforma dos pescadores são actualizadas de acordo com o disposto no artigo 2º.

Artigo 18º – Actualização das pensões do regime não contributivo

1 – O quantitativo mensal das pensões de velhice do regime não contributivo é fixado em (euro) 210,32.

2 – As pensões de viuvez e de orfandade do regime não contributivo são actualizadas para o valor que resulta da aplicação das respectivas percentagens de cálculo em vigor no regime geral ao montante fixado no nº 1.

Artigo 19º – Actualização das pensões de regimes equiparados ao regime não contributivo

O quantitativo mensal das pensões e prestações equivalentes, de nula ou reduzida base contributiva, a cargo do Centro Nacional de Pensões, designadamente as respeitantes à extinta Caixa de Previdência do Pessoal da Casa Agrícola Santos Jorge, à Associação de Socorros Mútuos na Inabilidade, à extinta Caixa de Previdência da Marinha Mercante Nacional (antigas associações), ao extinto Grémio dos Industriais de Fósforos, à extinta Caixa de Previdência da Câmara dos Despachantes Oficiais, não abrangidos pelo Despacho nº 40/SESS/91, de 24 de Abril, bem como às pensões atribuídas por aplicação dos regulamentos especiais da Caixa de Previdência dos Profissionais de Espectáculos, é fixado em (euro) 210,32, sem prejuízo de valores superiores em curso.

Artigo 20º – Actualização dos subsídios complementares

Os subsídios complementares atribuídos ao abrigo do disposto no artigo 3º do Decreto-Lei nº 44 506, de 10 de Agosto de 1962 (ex-Fundo de Desenvolvimento da Mão-de-Obra), são actualizados para o valor resultante da aplicação de 1,60 % ao respectivo quantitativo mensal.

CAPÍTULO IV – Actualização da parcela contributiva, dos montantes adicionais e das prestações complementares

Artigo 21º – Actualização da parcela contributiva das pensões para efeito de cúmulo

A parcela contributiva a que se refere a alínea d) do artigo 2º do Decreto-Lei nº 141/91, de 10 de Abril, é actualizada nos termos da tabela de coeficientes que consta do anexo I da presente portaria, que desta faz parte integrante.

Artigo 22º – Montantes adicionais das pensões

Os montantes adicionais das pensões do sistema de segurança social atribuídos nos meses de Julho e de Dezembro são de valor igual ao que resultar, para as respectivas prestações, da actualização estabelecida na presente portaria.

Artigo 23º – 14º mês

1 – Os aposentados, reformados, e demais pensionistas da CGA, bem como os funcionários que se encontrem na situação de reserva e desligados do serviço, aguardando aposentação ou reforma, com excepção do pessoal que no ano de passagem a qualquer das referidas situações receba subsídio de férias, tem direito a receber um 14º mês, pagável em Julho, de montante igual à pensão que perceberem nesse mês, sem prejuízo de disposição legal em contrário.

2 – O 14º mês é pago pela CGA ou pela entidade de que dependa o interessado, consoante se encontre, respectivamente, na situação de pensionista ou na situação de reserva e a aguardar aposentação ou reforma, sem prejuízo de, nos termos legais, o respectivo encargo ser suportado pelas entidades responsáveis pela aposentação do seu pessoal.

Artigo 24º – Complemento por dependência

1 – O quantitativo mensal do complemento por dependência dos pensionistas de invalidez, de velhice e de sobrevivência do regime geral de segurança social é fixado em € 105,16 nas situações de 1º grau e em € 189,29 nas situações de 2º grau.

2 – O quantitativo mensal do complemento por dependência dos pensionistas de invalidez, de velhice e de sobrevivência do regime especial das actividades agrícolas, do regime não contributivo e dos regimes a este equiparados, é fixado em (euro) 94,64 nas situações de 1º grau e em € 178,77 nas situações de 2º grau.

Artigo 25º – Complemento de pensão por cônjuge a cargo

O valor mensal do complemento de pensão por cônjuge a cargo é fixado em (euro) 38,40, sem prejuízo de valores superiores que estejam a ser atribuídos.

Artigo 26º – Complemento extraordinário de solidariedade

O valor do complemento extraordinário de solidariedade atribuído ao abrigo do Decreto-Lei nº 208/2001, de 27 de Julho, é de (euro) 18,31 para os titulares de prestações com menos de 70 anos e de (euro) 36,60 para os que tenham ou venham a completar 70 anos.

CAPÍTULO V – Pensões resultantes de doença profissional

Artigo 27º – Actualização das pensões resultantes de doença profissional

As pensões por incapacidade permanente para o trabalho e as pensões por morte resultantes de doença profissional, atribuídas pelo regime geral de segurança social anteriormente a 1 de Janeiro de 2019, bem como as pensões por incapacidade permanente para o trabalho e as pensões por morte resultantes de doença profissional atribuídas pela CGA anteriormente a 1 de Janeiro de 2019, quer ao abrigo das Leis nºs 1942, de 27 de Julho de 1936, e 2127, de 3 de Agosto de 1965, quer do Decreto-Lei nº 503/99, de 20 de Novembro, são actualizadas de acordo com a percentagem prevista na alínea a) do nº 1 do artigo 2º.

Artigo 28º – Pensões unificadas

As pensões unificadas atribuídas ao abrigo da Portaria nº 642/83, de 1 de Junho, são actualizadas nos termos do artigo anterior.

CAPÍTULO VI – Disposições finais

Artigo 29º – Norma revogatória

É revogada a Portaria nº 23/2018, de 18 de Janeiro.

Artigo 30º – Produção de efeitos

A presente portaria produz efeitos a partir de 1 de Janeiro de 2019.

O Ministro das Finanças, *Mário José Gomes de Freitas Centeno*, em 10 de Janeiro de 2019. – O Ministro do Trabalho, Solidariedade e Segurança Social, *José António Fonseca Vieira da Silva*, em 19 de Dezembro de 2018.

ANEXO I

Coeficientes de actualização de pensões para efeitos de cúmulo a que se refere o artigo 21º.

Anos	Coeficientes
2016	1,000 0
2015	1,000 0
2014	1,004 0
2013	1,004 0
2012	1,004 0
2011	1,004 0
2010	1,004 0
2009	1,004 0
2008	1,016 6
2007	1,046 1
2006	1,074 7
2005	1,108 0
2004	1,133 5
2003	1,159 5
2002	1,188 5
2001	1,212 3
2000	1,254 8
1999	1,298 7
1998	1,341 5
1997	1,385 8
1996	1,431 5
1995	1,478 8
1994	1,544 7
1993	1,614 7
1992	1,703 5
1991	1,823 8
1990	2,041 3
1989	2,346 2
1988	2,675 6
1987	2,941 8
1986	3,245 2
1985	3,654 7
1984	4,530 8
1983	5,349 6
1982	6,371 7
1981	7,575 7
1980	8,838 2
1979	10,699 2
1978	12,188 1
1977	14,882 2
1976	16,516 9
1975	16,516 9
1974	16,516 9
1973	18,987 7
1972	21,090 6
1971	23,193 6
1970	25,521 3
1969	26,786 7
1968	28,133 8
1967	29,523 8
1966	31,012 6
Até 1965	33,177 1

2. Por riscos físicos não profissionais

a. Prestações imediatas

• Subsídios de doença e de tuberculose

- Decreto-Lei nº 28/2004, de 4 de Fevereiro – Regime
- Portaria nº 337/2004, de 31 de Março – Procedimentos na doença

---

Decreto-Lei nº 28/2004, de 4 de Fevereiro

Com a redacção dos seguintes diplomas:
– Declaração de Rectificação nº 29/2004, de 23 de Março;
– DL 146/2005, de 26 de Agosto;
– DL 302/2009, de 22 de Outubro;
– L 28/2011, de 16 de Junho (artº 5º);
– DL 133/2012, de 17 de Junho (artº 9º);
– DL 53/2018, de 2 de Julho (artº 2º).

A Lei nº 32/2002, de 20 de Dezembro, que aprovou as bases da segurança social, visa erigir um sistema de segurança social moderno e adequado, assente numa cultura de partilha de riscos sociais e de co-responsabilização. Nesse sentido, constata-se que o regime jurídico de protecção social na eventualidade doença, consubstanciado no Decreto-Lei nº 132/88, de 20 de Abril, com a redacção que lhe foi dada pelos Decretos-Leis nºs 287/90, de 19 de Setembro, e 165/99, de 13 de Maio, encontra-se desfasado desse novo contexto, não obstante as alterações pontuais que tem vindo a sofrer ao longo da sua vigência.

A natureza avulsa das medidas introduzidas no referido regime, bem como as alterações legislativas subsequentes, não se revelou suficientemente adequada ao acompanhamento desejável da evolução social, antes pelo contrário, originou uma certa opacidade e incoerência no sistema, gerando iniquidades no seio do mesmo, que urge presentemente corrigir.

Impõe-se, assim, a revisão do regime jurídico de protecção social na eventualidade doença, adaptando-o à nova realidade social, no quadro dos princípios da lei de bases da segurança social, clarificando normas e conceitos, inibindo a verificação de situações indevidas, pugnando por um aperfeiçoamento formal e material do conteúdo da prestação, bem como pelo incremento da articulação entre as diversas áreas envolvidas.

Num outro plano, as normas ora criadas visam prevenir e reforçar os mecanismos efectivos de combate à fraude na obtenção do subsídio de doença, tendo em conta os reflexos significativos de tais práticas na sustentabilidade financeira do sistema público de segurança social.

Na realidade, os montantes envolvidos na efectivação da protecção social na doença pelo subsistema previdencial provêm das contribuições sobre os salários ou sobre os rendimentos de trabalho, quer da responsabilidade dos empregadores quer dos próprios trabalhadores, pelo que se impõe um rigor acrescido no acesso à protecção desta eventualidade que garanta sempre os direitos legalmente reconhecidos ao mesmo tempo que previne as práticas abusivas, socialmente censuráveis e que jamais beneficiam os legítimos titulares.

O presente diploma procede ainda à integração global das normas de protecção na eventualidade doença dos beneficiários do regime geral dos trabalhadores por conta de outrem, dos trabalhadores independentes e do regime de inscrição facultativa, superando os inconvenientes da actual dispersão legislativa. Desta forma o Governo reforça a justiça social, assegura a coerência do sistema e preserva a unidade jurídica do ordenamento, concretizando uma uniformização das normas aplicáveis aos beneficiários do regime dos independentes e do seguro social voluntário no domínio da escolha e do registo das remunerações convencionais.

No âmbito do índice de profissionalidade, o presente diploma procede à flexibilização para 60 dias, em vez dos actuais 30, do período que medeia entre a ocorrência de incapacidades por doença, com recurso ao registo de remunerações por equivalência, dado que irão ser beneficiadas as situações de doenças crónicas e prolongadas.

A prestação concretizada no âmbito da protecção social na eventualidade doença visa compensar a perda de remuneração de trabalho do beneficiário e pressupõe a conexão deste com o sistema de segurança social e uma ligação mínima ao subsistema previdencial, cuja natureza contributiva que lhe é inerente não pode ser descurada, e por isso determinou a fixação de um novo período de 20 dias de trabalho efectivo.

É propósito expresso e assumido do XV Governo Constitucional proceder a uma diferenciação do regime do subsídio de doença, privilegiando a protecção social das doenças graves e longas e moralizando a atribuição de baixas de curta duração. Nesse sentido, foram fixadas novas percentagens de cálculo da prestação em obediência a critérios de duração da incapacidade temporária por doença, introduzindo melhorias significativas no nível de protecção das doenças de longa duração.

Tendo presente que a prestação conferida traduz uma compensação da perda de remuneração de trabalho, o regime instituído pelo presente diploma visa não só compensar essa perda mas também atenuar as consequências dessa adversidade, promovendo a adequação da protecção social na eventualidade doença em função da presumida gravidade e duração da doença do beneficiário, bem como da composição da respectiva família.

O regime de certificação havia sido objecto de aperfeiçoamento durante os últimos anos e por isso mantém-se, não obstante a coerência e compatibilidade que é necessário desenvolver numa perspectiva integradora e global deste aspecto concreto do regime, assim como também é um imperativo de modernidade fomentar o recurso a mecanismos de transferência electrónica de dados entre as áreas da saúde e da segurança social, a fim de agilizar o processo de atribuição do subsídio de doença.

A articulação entre os empregadores e os serviços do sistema de segurança social constitui um avanço relevante no fomento da cultura de co-responsabilização que caracteriza o actual sistema de segurança social e consubstancia um contributo decisivo para a prevenção e para o controlo das situações abusivas, concorrendo para uma melhor protecção aos trabalhadores com efectiva incapacidade por doença.

Considerando as alterações introduzidas pelo presente diploma, bem como as inovações operacionais que as mesmas comportam, e tendo em conta a natureza substitutiva, compensatória, e por isso essencial, desta prestação para os beneficiários e para as suas famílias, é criada uma comissão de acompanhamento da aplicação do regime de protecção na doença, no sentido de promover a melhoria da eficácia das respostas sociais.

O presente diploma foi objecto de discussão pública mediante publicação no Boletim de Trabalho e do Emprego, nos termos das Leis nºs 16/99 e 36/99, de 26 de Maio, e foram ouvidos os parceiros sociais no âmbito da Comissão Permanente de Concertação Social, do Conselho Económico e Social.

Assim:

No desenvolvimento da Lei nº 32/2002, de 20 de Dezembro, e nos termos da alínea c) do nº 1 do artigo 198º da Constituição, o Governo decreta, para valer como lei geral da República, o seguinte:

CAPÍTULO I – Natureza, objectivo e âmbito

Artigo 1º – Natureza e objectivo

1 – O presente diploma define o regime jurídico de protecção social na eventualidade doença no âmbito do subsistema previdencial.

2 – A protecção na eventualidade doença realiza-se mediante a atribuição de prestações destinadas a compensar a perda de remuneração presumida, em consequência de incapacidade temporária para o trabalho.

Artigo 2º – Caracterização da eventualidade

Para efeitos deste diploma é considerada doença toda a situação mórbida, evolutiva, não decorrente de causa profissional ou de acto da responsabilidade de terceiro pelo qual seja devida indemnização, que determine incapacidade temporária para o trabalho.

Artigo 3º – Âmbito pessoal

1 – A protecção social regulada no presente diploma abrange os beneficiários do subsistema previdencial integrados no regime geral de segurança social dos trabalhadores por conta de outrem e dos trabalhadores independentes, desde que o respectivo esquema de protecção integre a eventualidade doença.

2 – A protecção social na doença abrange ainda os trabalhadores marítimos e os vigias nacionais que exercem actividade em barcos de empresas estrangeiras e se encontrem enquadrados no regime do seguro social voluntário.

– Para trabalhadores do BPN – artº 3º do DL 88/2012, de 11 de Abril.
– Para trabalhadores do IFADAP – artº 3º do DL 30/2013, de 12 de Fevereiro.

Artigo 4º – Âmbito material

1 – A protecção na eventualidade doença é efectivada mediante a atribuição de subsídio de doença.

2 – A protecção na doença integra, também, a atribuição de prestações pecuniárias compensatórias de subsídios de férias, de Natal ou outros de natureza análoga.

3 – As prestações referidas no número anterior não integram o âmbito da protecção na doença dos trabalhadores independentes.

Artigo 5º – Titularidade do direito

O direito às prestações é reconhecido aos beneficiários que, à data do início da incapacidade temporária para o trabalho, reúnam as respectivas condições de atribuição.

Artigo 6º – Exclusão do direito ao subsídio

Não há lugar à atribuição de subsídio de doença aos beneficiários que se encontrem nas seguintes situações:

a) A receber quantias pagas periodicamente pelos empregadores sem contraprestação de trabalho, designadamente pré-reforma;

b) A receber prestações de desemprego;

c) A receber pensões de invalidez e velhice de quaisquer regimes de protecção social, salvo o disposto no nº 2 do artigo 27º;

d) Reclusos em estabelecimento prisional, sem prejuízo da manutenção do subsídio em curso à data da detenção.

– Para a alínea a) cf. regime aplicável nos nºs 2 a 4 do artº 86º do CRC);
Considerar igualmente a situação de lay-off com compensação retributiva (nº 7 do artº 305º do CT).
– Para a alínea c) há a considerar a hipótese do regime de protecção social convergente dever ser considerado como regime de protecção social).
– Para a alínea d) ou prisão domiciliária – artº 20º-A da L 33/2010, 02/09 (versão da L 94/2013, 23/08).

Artigo 7º – Concessão provisória do subsídio

1 – Nas situações de incapacidade temporária para o trabalho decorrentes de acidente de trabalho ou de acto da responsabilidade de terceiro, pelo qual seja devida indemnização, há lugar à concessão provisória de subsídio de doença enquanto não se encontrar reconhecida a responsabilidade de quem deva pagar aquelas indemnizações.

2 – A concessão provisória do subsídio de doença cessa logo que se verifique o reconhecimento judicial da obrigação de indemnizar ou o pagamento voluntário da indemnização, sem prejuízo do disposto no artigo 31º.

3 – Sempre que seja judicialmente reconhecida a obrigação de indemnizar, as instituições de segurança social têm direito ao reembolso dos valores correspondentes à concessão provisória do subsídio de doença até ao limite do valor da indemnização.

4 – Nas situações de incapacidade temporária para o trabalho dos trabalhadores independentes decorrentes de acidente de trabalho, a concessão provisória do subsídio de doença depende da existência de seguro válido de acidentes de trabalho.

CAPÍTULO II – Condições de atribuição das prestações

SECÇÃO I – Subsídio de doença

Artigo 8º – Disposição geral

A atribuição do subsídio de doença depende da verificação do prazo de garantia, do índice de profissionalidade e da certificação da incapacidade temporária para o trabalho, nos termos previstos no presente diploma.

Artigo 9º – Prazo de garantia [167]

1. – A atribuição do subsídio de doença depende de os beneficiários, à data do início da incapacidade temporária para o trabalho, terem cumprido um prazo de garantia de seis meses civis, seguidos ou interpolados, com registo de remunerações.

2 – Para efeitos do número anterior releva, se necessário, o mês em que ocorre o evento desde que no mesmo se verifique registo de remunerações.

[167] Redacção do artº 9º do DL 133/2012, de 27 de Junho. Nos termos do nº 8 do artº 16º do mesmo diploma o nº 2 só aplicável às situações de doença inicial ocorridas após 1 de Julho de 2012.

Artigo 10º – Contagem do prazo de garantia

Nos casos de ausência de registo de remunerações durante seis meses consecutivos ou nas situações em que tenham sido esgotados os períodos máximos de concessão do subsídio de doença, a contagem do prazo de garantia tem início a partir da data em que ocorra um novo registo de remunerações.

Artigo 11º – Totalização de períodos contributivos

Para efeitos de cumprimento do prazo de garantia para atribuição do subsídio de doença são considerados, desde que não se sobreponham, os períodos de registo de remunerações em quaisquer regimes obrigatórios de protecção social que assegurem prestações pecuniárias de protecção na eventualidade, incluindo o da função pública.

Artigo 12º – Índice de profissionalidade

1 – A atribuição do subsídio de doença depende de os beneficiários terem cumprido um índice de profissionalidade de 12 dias com registo de remunerações por trabalho efectivamente prestado no decurso dos quatro meses imediatamente anteriores ao mês que antecede o da data do início da incapacidade temporária para o trabalho. [168]

2 – A atribuição do subsídio de doença aos trabalhadores independentes e aos trabalhadores marítimos não depende do cumprimento de índice de profissionalidade.

Artigo 13º – Relevância do registo de remunerações por equivalência

1 – Para efeitos de cumprimento do índice de profissionalidade são equiparados ao registo de remunerações por trabalho efectivamente prestado os registos de remunerações por equivalência verificados no período relevante para a sua formação, nas seguintes situações:

a) Sempre que ocorrer uma nova situação de incapacidade temporária nos 60 dias imediatos ao da cessação da anterior incapacidade;

b) Por prestação de serviço militar obrigatório ou de serviço cívico substitutivo;

c) Por atribuição de subsídios no âmbito da protecção na maternidade.

2 – Para efeitos de aplicação do disposto na alínea a) do número anterior, consideram-se também as situações em que a incapacidade decorra de acto da responsabilidade de terceiro, de acidente de trabalho e de doença profissional.

[168] O nº 1 na redacção do Decreto-Lei nº 146/2005, de 26 de Agosto.

Artigo 14º – Certificação da incapacidade temporária para o trabalho

1 – A certificação da incapacidade temporária para o trabalho é efectuada pelos serviços competentes do Serviço Nacional de Saúde, através de documento emitido pelos respectivos médicos.

2 – Para efeitos do disposto no número anterior, são considerados serviços competentes as entidades prestadoras de cuidados de saúde, designadamente centros de saúde, serviços de prevenção e tratamento da toxicodependência e hospitais, com excepção dos serviços de urgência.

3 – Nas situações de internamento, a certificação da incapacidade temporária para o trabalho pode, igualmente, ser efectuada por estabelecimento particular com autorização legal de funcionamento, concedida pelo Ministério da Saúde.

– *V. nºs 2 a 4 da Port 337/2004, 21/03.*
– *Para trabalhadores da EDP certificação por médicos da SÃ VIDA, nos termos do Despacho nº 8760/2011, 16/06 (in DR 2ª, 30/06/2011.*

SECÇÃO II – Prestações compensatórias

Artigo 15º – Prestação compensatória de subsídios de férias e de Natal

A atribuição da prestação compensatória dos subsídios de férias, de Natal ou de outros de natureza análoga depende, cumulativamente, de:

a) Os beneficiários não terem direito, em consequência de doença subsidiada, ao pagamento daqueles subsídios, no todo ou em parte, pelo respectivo empregador, por força do disposto em instrumento de regulamentação colectiva de trabalho ou noutra fonte de direito laboral; [169]

b) O respectivo empregador não ter pago os subsídios, por força do disposto em instrumento de regulamentação colectiva de trabalho ou noutra fonte de direito laboral.

(V. nº 8 da Port 337/2004, 21/03)

CAPÍTULO III – Montantes das prestações

Artigo 16º – Montante do subsídio de doença

1 – O montante diário do subsídio de doença é calculado pela aplicação à remuneração de referência de uma percentagem variável em função da duração do período de incapacidade para o trabalho ou da natureza da doença.

[169] Redacção do artº 9º do DL 133/2012, de 27 de Junho. Nos termos do nº 8 do artº 16º do mesmo diploma só aplicável às situações de doença inicial ocorridas após 1 de Julho de 2012.

2 – As percentagens a que se refere o número anterior são as seguintes: [170]

a) 55% para o cálculo do subsídio referente a período de incapacidade temporária de duração inferior ou igual a 30 dias;

b) 60% para o cálculo do subsídio referente a período de incapacidade temporária de duração superior a 30 e inferior ou igual a 90 dias;

c) 70% para o cálculo do subsídio referente a período de incapacidade temporária de duração superior a 90 e inferior ou igual a 365 dias;

d) 75% para o cálculo do subsídio referente a período de incapacidade temporária superior a 365 dias.

3 – O montante diário do subsídio de doença nas situações de incapacidade para o trabalho decorrente de tuberculose é calculado pela aplicação das percentagens de 80% ou 100%, consoante o agregado familiar do beneficiário integre até dois ou mais familiares a seu cargo.

(Para o nº 3 ver nº 5 da Port 337/2004, 31/03.
Redução de 5% em 2013 nos termos do artº 10º da L 51/2013, 24/06 (porque o artº 116º da L 66-B/2012, 31/12, foi considerado inconstitucional).
A redução de 5% prevista para o ano de 2014 no artº 115º da L 83-C/2013, 31/12 foi considerada inconstitucional – Ac TC 413/2014)

Artigo 17º – Majoração do subsídio de doença [171]

1 – Para efeitos de cálculo do subsídio de doença, as percentagens fixadas nas alíneas a) e b) do nº 2 do artigo anterior são acrescidas de 5% relativamente aos beneficiários em que se verifique uma das seguintes situações:

a) A remuneração de referência seja igual ou inferior a € 500;

b) O agregado familiar integre três ou mais descendentes com idades até 16 anos, ou até 24 anos se receberem abono de família para crianças e jovens;

c) O agregado familiar integre descendentes que beneficiem da bonificação por deficiência do abono de família para crianças e jovens, nos termos do Decreto-Lei nº 133-B/97, de 30 de Maio.

2 – O montante diário do subsídio de doença calculado sobre uma remuneração de referência superior a € 500, em aplicação do disposto nas alíneas a) e b) do nº 2 do artigo 16º, não pode ser inferior ao valor do subsídio de doença resultante da aplicação da majoração prevista no número anterior a uma remuneração de referência de € 500.

[170] Redacção do artº 9º do DL 133/2012, de 27 de Junho. Nos termos do nº 8 do artº 16º do mesmo diploma só aplicável às situações de doença inicial ocorridas após 1 de Julho de 2012. Teve redacção do Decreto-Lei nº 146/2005, de 26 de Agosto:

[171] Redacção do artº 9º do DL 133/2012, de 27 de Junho. Nos termos do nº 8 do artº 16º do mesmo diploma só aplicável às situações de doença inicial ocorridas após 1 de Julho de 2012. Este artigo fora revogado pelo artº 2º do Decreto-Lei nº 146/2005, de 26 de Agosto.

3 – Para efeitos do presente diploma, as majorações previstas no nº 1 não são cumuláveis.

4 – O valor monetário referido na alínea a) do nº 1 e no nº 2 será actualizado anualmente em função da actualização do indexante dos apoios sociais.

Artigo 18º – Remuneração de referência [172]

1 – A remuneração de referência a considerar é definida por R/180, em que R representa o total das remunerações registadas nos primeiros seis meses civis que precedem o 2º mês anterior ao mês em que teve início a incapacidade temporária para o trabalho.

2 – Em caso de totalização de períodos contributivos, se os beneficiários, no período de referência indicado no número anterior, não apresentarem seis meses com registo de remunerações, a remuneração de referência é definida por R/(30 × n), em que R representa o total das remunerações registadas desde o início do período de referência até ao dia que antecede a incapacidade temporária para o trabalho e n o número de meses a que as mesmas se reportam.

3 – *(revogado)*

4 – *(revogado)*

5 – Na determinação do total de remunerações registadas não são consideradas as importâncias relativas aos subsídios de férias, de Natal ou outros de natureza análoga.

Artigo 19º – Limites ao montante do subsídio

1 – O montante diário do subsídio de doença não pode ser inferior a 30% do valor diário da retribuição mínima mensal estabelecida para o sector de actividade do beneficiário, sem prejuízo do disposto no nº 3.

2 – Nos casos em que a remuneração de referência do beneficiário seja inferior ao valor mínimo estabelecido no número anterior o montante diário do subsídio de doença é igual ao montante diário daquela remuneração, sem prejuízo do disposto no número seguinte.

3 – O montante diário do subsídio de doença não pode ser superior ao valor líquido da remuneração de referência que lhe serviu de base de cálculo.

4 – O valor líquido da remuneração de referência referido no número anterior obtém-se pela dedução, ao valor ilíquido da remuneração, da taxa contribu-

[172] O nº 2 com redacção do artº 9º do DL 133/2012, de 27 de Junho. Nos termos do nº 8 do artº 16º do mesmo diploma só aplicável às situações de doença inicial ocorridas após 1 de Julho de 2012. Redacção anterior (com texto da Declaração de Rectificação nº 29/2004, de 23 de Março):
Os números 3 e 4 – profissionais de espectáculos – foram revogados pelo artº 5º da Lei nº 28/2011, de 16 de Junho.

tiva que seria imputável ao beneficiário e da taxa de retenção do imposto sobre rendimento das pessoas singulares (IRS).

5 – Nas situações de acumulação previstas no nº 1 do artigo 27º, o montante do subsídio de doença é igual à diferença entre o valor que lhe corresponde e o valor das indemnizações por acidente de trabalho ou doença profissional.

– Para os serviços o valor de referência dos nºs 1 e 2 é o IAS.

Artigo 20º – Montante da prestação compensatória

O montante da prestação compensatória a conceder ao abrigo do artigo 15º do presente diploma corresponde a 60% da importância que o beneficiário deixa de receber do respectivo empregador.

CAPÍTULO IV – Duração, acumulação e coordenação das prestações

SECÇÃO I – Início e duração

Artigo 21º – Início do pagamento [173]

1 – O início do pagamento do subsídio de doença dos trabalhadores por conta de outrem está sujeito a um período de espera de três dias, sendo devido a partir do 4º dia de incapacidade temporária para o trabalho.

2 – Relativamente aos beneficiários do regime de inscrição facultativa, o início do pagamento do subsídio de doença está sujeito a um período de espera de 30 dias, sendo devido a partir do 31º dia de incapacidade temporária para o trabalho.

3 – O início do pagamento do subsídio de doença dos trabalhadores independentes está sujeito a um período de espera de 10 dias, sendo devido a partir do 11º dia de incapacidade temporária para o trabalho.

4 – Para efeitos do disposto no nº 1 não é considerado o dia do início da incapacidade, se o mesmo tiver sido remunerado.

5 – Nas situações em que o certificado de incapacidade temporária não seja remetido às instituições gestoras no prazo previsto no nº 1 do artigo 34º, o subsídio de doença é devido a partir da data em que seja remetido aquele certificado, sem prejuízo da aplicação dos períodos de espera previstos neste artigo.

6 – Não existe período de espera nas situações de incapacidade temporária para o trabalho decorrentes de:

[173] O nº 2 na redacção do Decreto-Lei nº 53/2018, de 2 de Julho.
O nº 3 foi aditado pelo Decreto-Lei nº 53/2018, de 2 de Julho.
O nº 4, anterior nº 3, no texto da Declaração de Rectificação nº 29/2004, de 23 de Março.
O nº 5, anterior nº 4, na redacção do Decreto-Lei nº 146/2005, de 26 de Agosto.
O nº 6, anterior nº 5, na redacção do Decreto-Lei nº 302/2009, de 22 de Outubro.

a) Internamento hospitalar ou de cirurgia de ambulatório, verificados em estabelecimentos hospitalares do Serviço Nacional de Saúde ou particulares com autorização legal de funcionamento pelo Ministério da Saúde;

b) Tuberculose;

c) Doença com início no decurso do período de atribuição do subsídio parental que ultrapasse o termo deste período.

Artigo 22º – Registo de equivalências

1 – Os períodos de concessão do subsídio de doença e de concessão provisória deste subsídio nos termos do artigo 7º do presente diploma dão lugar ao registo de remunerações por equivalência à entrada de contribuições.

2 – Os períodos de espera estabelecidos no artigo anterior dão lugar ao registo de remunerações por equivalência, salvo nas situações respeitantes aos trabalhadores independentes.

(V. nº 1 a) e nº 2 do artº 72º e artº 73º do D Reg 1-A/2011, 03/01.
Situação especial do regime substitutivo do ACTV dos bancários no artº 5º do DL 1-A/2011, 3/01:
Artigo 5º (Equivalência à entrada de contribuições)
1 – Os períodos de doença que determinem o pagamento de prestações ou de compensações remuneratórias, no âmbito de regime de segurança social substitutivo constantes de IRCT vigente no sector, dão lugar ao registo de remunerações no regime geral.
2 – O registo de remunerações a que se refere o número anterior efectua-se por equivalência à entrada de contribuições e de quotizações, pelo valor da remuneração de referência que serviria de base ao cálculo do subsídio de doença no âmbito do regime geral.

Artigo 23º – Período de concessão

1 – O subsídio de doença é concedido pelos períodos máximos de 1095 dias e de 365 dias, consoante se trate, respectivamente, de trabalhadores por conta de outrem ou de trabalhadores independentes.

2 – Para efeitos de contagem do período máximo de concessão do subsídio, consideram-se as situações de incapacidade que ocorram nos 60 dias imediatos à data da cessação da incapacidade anterior.

3 – A atribuição dos subsídios de maternidade, paternidade e por adopção não interrompe, mas suspende, a contagem dos períodos máximos previstos no nº 1.

4 – A concessão do subsídio de doença por incapacidade decorrente de tuberculose não se encontra sujeita aos limites temporais estabelecidos no nº 1, mantendo-se a concessão do subsídio enquanto se verificar a incapacidade.

Artigo 24º – Cessação [174]

1 – O direito ao subsídio de doença cessa quando for atingido o termo do período constante do certificado de incapacidade temporária para o trabalho ou, durante o referido período, desde que:

a) Tenha sido declarada pelos serviços competentes do Ministério da Saúde a não subsistência da incapacidade temporária para o trabalho;

b) O beneficiário tenha retomado o exercício de actividade profissional por se considerar apto;

c) O beneficiário tenha exercido actividade profissional, independentemente da prova de não existência de remuneração.

2 – O direito ao subsídio de doença cessa ainda quando:

a) O beneficiário não tiver apresentado justificação atendível da ausência da residência, sem autorização médica expressa;

b) O beneficiário não tiver apresentado justificação atendível para a falta a exame médico para que tenha sido convocado;

c) Tiver sido declarada a não subsistência da incapacidade temporária para o trabalho pela comissão de reavaliação;

d) Não tiver sido requerida a intervenção da comissão de reavaliação ou a mesma não tiver sido admitida nos termos do artigo 37º do Decreto-Lei nº 360/97, de 17 de Dezembro.

3 – O prazo para apresentação da justificação previsto nas alíneas a) e b) do número anterior é de cinco dias úteis, após a data de recepção da comunicação de suspensão do pagamento do subsídio ou da data marcada para o exame médico, respectivamente.

SECÇÃO II – Coordenação entre a protecção na doença e na invalidez

Artigo 25º – Atribuição de pensão provisória de invalidez

A manutenção da situação de incapacidade para o trabalho confere direito à atribuição de uma pensão provisória de invalidez ainda que não tenha sido cumprido o prazo de garantia legalmente estabelecido para o efeito, nos termos definidos em diploma próprio.

(Trata-se dos arts 67º a 74º do DL 187/2007, 10/05)

[174] A alínea a) do nº 1 e a alínea d) do nº 2 no texto da Declaração de Rectificação nº 29/2004, de 23 de Março.

SECÇÃO III – Acumulação de prestações

Artigo 26º – Disposição geral

1 – O subsídio de doença não é acumulável com outras prestações compensatórias da perda da remuneração de trabalho, concedidas no âmbito do subsistema previdencial ou de outros regimes de protecção social, sem prejuízo do disposto no artigo seguinte.

2 – O subsídio de doença não é acumulável com prestações concedidas no âmbito do subsistema de solidariedade, excepto com o rendimento social de inserção, em que se observa o disposto no regime jurídico que regulamenta esta prestação.

Artigo 27º – Acumulação com prestações de natureza indemnizatória

1 – O subsídio de doença é acumulável com indemnizações por incapacidade temporária resultantes de doença profissional e de acidente de trabalho, desde que o valor destas indemnizações seja inferior ao montante do subsídio, nos termos previstos no nº 5 do artigo 19º.

2 – O subsídio de doença é acumulável com pensões concedidas no âmbito da protecção por acidente de trabalho e doença profissional e com outras pensões a que seja reconhecida natureza indemnizatória.

(Para a compensação salarial ou retributiva ver nº 7 do artº 305º do CT)

CAPÍTULO V – Deveres

Artigo 28º – Deveres dos beneficiários

1 – Constituem deveres dos beneficiários abrangidos pelo regime de protecção na doença:

a) Comparecer aos exames médicos para que forem convocados nos termos deste diploma e no âmbito da legislação que regula o sistema de verificação de incapacidades;

b) Não se ausentar do seu domicílio durante o período de incapacidade fixado, salvo em caso de tratamento ou em caso de autorização médica expressa no documento de certificação de incapacidade temporária para o trabalho nos períodos entre as 11 e as 15 e entre as 18 e as 21 horas.

2 – Os beneficiários devem, ainda, comunicar à instituição de segurança social:

a) O recebimento de quantias pagas, periodicamente, sem contraprestação de trabalho, designadamente pré-reforma;

b) A titularidade de pensões ou de outras prestações compensatórias da perda de remuneração de trabalho, respectivos montantes, bem como o regime de protecção social pelo qual lhe são atribuídas;

c) A identificação de eventuais responsáveis e o montante da indemnização recebida, em caso de haver acordo, sempre que a incapacidade resulte de acidente de trabalho ou de acto de terceiro pelo qual seja devida indemnização;

d) O exercício de actividade profissional, independentemente de prova da inexistência de remuneração;

e) A mudança de residência;

f) A reclusão em estabelecimento prisional;

g) Qualquer outra situação susceptível de impossibilitar o reconhecimento do direito às prestações ou determinar a sua cessação.

Artigo 29º – Prazo de comunicação

A comunicação dos factos a que se refere o artigo anterior deve ser feita, por declaração do próprio ou de quem o represente, no prazo de cinco dias úteis a contar da data do início da situação de incapacidade temporária ou da ocorrência do facto, no caso de este se verificar subsequentemente.

Artigo 30º – Incumprimento de deveres

O incumprimento dos deveres dos beneficiários determina os efeitos previstos no presente diploma, sem prejuízo das sanções contra-ordenacionais fixadas em lei especial.

(V. nomeadamente: arts 22º c), 230º, 242º e 243º do CRC)

Artigo 31º – Celebração de acordos

1 – Nos casos em que o pedido de reembolso do valor dos subsídios de doença, concedidos provisoriamente ao abrigo do artigo 7º do presente diploma, não tiver sido judicialmente formulado pela instituição de segurança social, nenhuma transacção pode ser celebrada com o beneficiário titular do direito à indemnização, nem lhe pode ser efectuado qualquer pagamento com a mesma finalidade, sem que se encontre certificado, pela mesma instituição, se houve concessão provisória de subsídio de doença e qual o respectivo montante.

2 – Nas situações em que tenha sido celebrado acordo, o responsável pela indemnização deve:

a) Comunicar à instituição da segurança social o valor total da indemnização devida;

b) Reter e entregar directamente à instituição o valor correspondente aos subsídios de doença pagos, até ao limite do montante da indemnização devida.

3 – Em caso de incumprimento do disposto nos números anteriores, o terceiro responsável pela indemnização responde solidariamente com o beneficiário pelo reembolso do valor dos subsídios de doença provisoriamente concedidos.

CAPÍTULO VI – Gestão, administração e certificação da incapacidade

SECÇÃO I – Gestão e organização dos processos

Artigo 32º – Entidades competentes

A gestão das prestações reguladas neste diploma compete ao Instituto de Solidariedade e Segurança Social, através dos centros distritais de solidariedade e segurança social, às caixas de actividade ou de empresa subsistentes e às entidades competentes das administrações regionais autónomas, no âmbito das respectivas competências.

Artigo 33º – Requerimento [175]

1 – A atribuição de subsídio de doença não depende da apresentação de requerimento pelo beneficiário.

2 – A atribuição da prestação compensatória do não pagamento de subsídios de férias, de Natal ou outros de natureza análoga, prevista no nº 2 do artigo 4º do presente diploma, depende de requerimento.

3 – O requerimento referido no número anterior deve ser apresentado nas instituições gestoras das prestações no prazo de seis meses contados a partir de 1 de Janeiro do ano subsequente àquele em que os subsídios eram devidos, salvo no caso de cessação do contrato de trabalho, situação em que o prazo se inicia a contar da data dessa cessação.

4 – O requerimento deve ser instruído com uma declaração da entidade empregadora, na qual conste a indicação dos quantitativos não pagos e a referência à norma contratual justificativa do não pagamento.

5 – Nas situações de falecimento do beneficiário que, reunindo as condições legais substantivas para a atribuição da prestação compensatória, não a requereu em vida, os familiares com direito ao subsídio por morte podem requerê-la no prazo estabelecido para a apresentação do respectivo requerimento.

Artigo 34º – Remessa do certificado de incapacidade temporária

1 – Os documentos médicos de certificação da incapacidade temporária para o trabalho por doença referidos no artigo 14º são remetidos, pelos beneficiários, às instituições gestoras das prestações, no prazo de cinco dias úteis a contar da

[175] O nº 1 na redacção do Decreto-Lei nº 146/2005, de 26 de Agosto.

data da respectiva emissão, enquanto não for concretizada a transmissão electrónica de dados respeitantes àquela certificação.

2 – Nas situações em que o certificado de incapacidade temporária não seja recebido nas instituições gestoras no prazo referido no número anterior, aplica-se o disposto no nº 5 do artigo 21º, salvo justificação atendível devidamente fundamentada.[176]

(Nos termos do artº 2º da Port 220/2013, 04/07 – transmissão electrónica do CIT, desde Set 2013)

Artigo 35º – Prova da incapacidade temporária em situações especiais

1 – Nas situações em que a doença ocorra a bordo de embarcações, a certificação da incapacidade é sempre feita com intervenção médica, ainda que não presencial, cabendo ao empregador a responsabilidade pela remessa do documento médico às instituições gestoras.

2 – Fora do território nacional, os documentos que certifiquem as situações de incapacidade temporária para o trabalho são emitidos pelos médicos dos beneficiários no Estado respectivo e autenticados pelos serviços consulares portugueses, sem prejuízo do disposto em instrumento internacional a que Portugal se encontre vinculado.

Artigo 36º – Confirmação da subsistência da incapacidade[177]

1 – A incapacidade temporária para o trabalho determinante do direito ao subsídio de doença pode ser objecto de confirmação oficiosa da sua subsistência, através da intervenção do sistema de verificação de incapacidades, nos termos constantes de diploma próprio.

2 – A reavaliação das situações objecto das deliberações das comissões de verificação de incapacidades que determinaram a não subsistência da incapacidade temporária para o trabalho é regulada nos termos do presente decreto-lei e do diploma que define o sistema de verificação de incapacidades.

3 – Sem prejuízo do disposto no nº 1, serão, no mínimo, verificadas as situações de incapacidade temporária que se prolonguem por mais de 30 dias, nos seguintes termos:

a) 50% das situações no ano de 2006;

b) 75% das situações no ano de 2007;

c) A totalidade das situações a partir de 2008.

176 Redacção do Decreto-Lei nº 53/2018, de 2 de Julho.

177 O nº 3 tem redacção do Decreto-Lei nº 146/2005, de 26 de Agosto.
O nº 4 foi aditado pelo Decreto-Lei nº 53/2018, de 2 de Julho.

4 – No âmbito do regime dos trabalhadores independentes, são verificadas as situações de incapacidade temporária que se prolonguem por mais de 20 dias.

Artigo 37º – Verificação da incapacidade permanente

Nas situações de incapacidade temporária que atinjam 365 dias, as instituições podem promover, oficiosamente, a verificação da eventual incapacidade permanente do beneficiário, desde que à data se encontre preenchido o prazo de garantia legalmente estabelecido para a atribuição da pensão de invalidez.

Artigo 38º – Verificação da incapacidade por iniciativa dos empregadores

As iniciativas dos empregadores para requererem a verificação das incapacidades temporária e permanente dos respectivos trabalhadores são objecto de regulamentação específica.

(Para incapacidades temporárias ver arts 17º a 24º da L 105/2009, 14/09)

SECÇÃO II – Pagamento das prestações

Artigo 39º – Disposição geral

As prestações por doença previstas neste diploma são pagas aos beneficiários ou aos seus representantes legais.

Artigo 40º – Condição especial de pagamento [178]

1 – O pagamento das prestações aos trabalhadores independentes e aos beneficiários do regime de inscrição facultativa depende de se encontrar regularizada a respectiva situação contributiva nas condições previstas nos artigos 217º e 219º do Código dos Regimes Contributivos do Sistema Previdencial de Segurança Social, aprovado pela Lei nº 110/2009, de 16 de Setembro, na sua redacção actual.

2 – *(revogado)*

3 – *(revogado)*

4 – *(revogado)*

5 – *(revogado)*

Artigo 41º – Suspensão do pagamento

O pagamento do subsídio de doença é suspenso nas seguintes situações:

a) Durante o período de concessão dos subsídios de maternidade, de paternidade e por adopção;

[178] O nº 1 da redacção do Decreto-Lei nº 53/2018, de 2 de Julho.
Os nºs 2, 3, 4 e 5 revogados pelo Decreto-Lei nº 53/2018, de 2 de Julho.

b) Nos casos em que, sem autorização médica expressa, o beneficiário se ausente da sua residência, sem prejuízo da observância do período obrigatório de permanência na mesma;

c) Em caso de falta a exame médico para que o beneficiário tenha sido convocado, nos termos da lei;

d) Quando for declarada a não subsistência da incapacidade temporária para o trabalho pela comissão de verificação de incapacidades.

Artigo 42º – Comunicação da atribuição das prestações

As instituições gestoras devem comunicar as decisões sobre a atribuição das prestações de acordo com o disposto no Código do Procedimento Administrativo.

Artigo 43º – Prescrição

O direito ao subsídio de doença prescreve a favor das instituições gestoras devedoras no prazo de cinco anos após a data em que a prestação é posta a pagamento com conhecimento do credor.

CAPÍTULO VII – Disposições finais

Artigo 44º – Cooperação interministerial

Os Ministérios da Saúde e da Segurança Social e do Trabalho devem conceber e desenvolver formas de colaboração, tendo em vista o controlo das situações de incapacidade temporária para o trabalho, bem como a eficiência dos serviços a prestar aos beneficiários.

Artigo 45º – Comissão de acompanhamento

1 – É criada uma comissão de acompanhamento, de âmbito nacional, com a participação de representantes dos organismos das áreas da saúde e da segurança social, à qual compete acompanhar e avaliar a execução dos procedimentos adoptados pelas instituições intervenientes no processo de certificação das incapacidades temporárias para o trabalho e apresentar propostas de aperfeiçoamento da legislação aplicável.

2 – A composição da comissão de acompanhamento e as respectivas condições de funcionamento são definidas por despacho conjunto dos Ministros da Saúde e da Segurança Social e do Trabalho.

Artigo 46º – Cooperação e acções de prevenção

As instituições de segurança social colaboram ainda com outros serviços oficiais, designadamente nas áreas do trabalho e da educação, tendo em vista a adopção de medidas adequadas à prevenção das doenças e à criação de condições que permitam uma reparação eficaz e em tempo útil dos danos decorrentes desta eventualidade.

Artigo 47º – Doenças crónicas

A regulamentação das doenças crónicas ou de outras cuja natureza determine especificidades no âmbito da protecção da eventualidade doença constará de portaria conjunta dos Ministros da Saúde e da Segurança Social e do Trabalho, a aprovar no prazo máximo de 180 dias.

Artigo 48º – Disposições especiais

Mantêm-se em vigor as disposições especiais de protecção na incapacidade temporária para o trabalho por doença para determinados grupos sócio-profissionais, constantes de diplomas próprios.

Artigo 49º – Regulamentação

Os procedimentos considerados necessários à execução do disposto no presente diploma são aprovados por portaria conjunta dos Ministros da Saúde e da Segurança Social e do Trabalho.

(Trata-se da Port 337/2004, 31/03)

Artigo 50º – Remissão

Todas as referências legais às normas do Decreto-Lei nº 132/88, de 20 de Abril, nas redacções dadas pelos Decretos-Leis nºs 287/90, de 19 de Setembro, e 165/99, de 13 de Maio, consideram-se feitas às normas correspondentes do presente diploma.

Artigo 51º – Norma revogatória

1 – É revogado o Decreto-Lei nº 132/88, de 20 de Abril, nas redacções dadas pelos Decretos-Leis nºs 287/90, de 19 de Setembro, e 165/99, de 13 de Maio, bem como toda a legislação complementar que contrarie o presente diploma.

2 – São derrogadas as disposições dos Decretos-Leis nºs 328/93, de 25 de Setembro, e 40/89, de 1 de Fevereiro, relativamente às normas que disponham sobre a mesma matéria no âmbito do presente diploma.

Artigo 52º – Entrada em vigor

1 – O presente diploma entra em vigor no dia 1 de Abril de 2004 e é aplicável às situações de incapacidade temporária para o trabalho iniciadas a partir da data de início da sua vigência.

2 – O disposto nos nºs 3 e 4 do artigo 19º entra em vigor em 1 de Janeiro de 2005.

Visto e aprovado em Conselho de Ministros de 27 de Novembro de 2003. – *José Manuel Durão Barroso – Maria Manuela Dias Ferreira Leite – Luís Filipe Pereira – António José de Castro Bagão Félix*. Promulgado em 23 de Janeiro de 2004. Publique-se. O Presidente da República, JORGE SAMPAIO. Referendado em 27 de Janeiro de 2004. O Primeiro-Ministro, *José Manuel Durão Barroso*.

Portaria nº 337/2004, de 31 de Março

Com redacção dos seguintes diplomas:
– Declaração de Rectificação nº 36/2004, de 24 de Abril;
– Port 220/2013, de 4 de Julho.

O regime jurídico de protecção social na eventualidade doença, aprovado pelo Decreto--Lei nº 28/2004, de 4 de Fevereiro, introduziu medidas e consagrou mecanismos de protecção assentes numa cultura de co-responsabilização e que visam contribuir para uma protecção social mais eficaz e equitativa. Por essa razão, procedeu-se também à adequação de regras e de procedimentos já instituídos e inseridos em legislação avulsa, concretizando uma revisão global do regime jurídico de protecção social na eventualidade doença, consentâneo com a realidade social e no quadro dos princípios definidos pela Lei nº 32/2002, de 17 de Dezembro.

A articulação entre as entidades competentes na área da saúde e na área da segurança social é essencial para a eficácia e para a adequação do regime instituído, constituindo a transferência electrónica de dados referentes à certificação um instrumento decisivo na prossecução daquele objectivo e que importa, pois, concretizar com celeridade. Os mesmos propósitos de eficácia e de adequação impõem que, neste momento, pela presente portaria sejam reguladas as formas e os termos de articulação entre aquelas entidades, assim como também sejam definidos as regras e os procedimentos que devem ser adoptados para a cabal execução do regime instituído, enquanto não se encontra concluído o processo de transferência electrónica de dados respeitantes à certificação.

Assim:

Ao abrigo do artigo 49º do Decreto-Lei nº 28/2004, de 4 de Fevereiro, manda o Governo, pelos Ministros da Saúde e da Segurança Social e do Trabalho, o seguinte:

1º – Objecto

A presente portaria visa regular os procedimentos necessários à aplicação do regime jurídico de protecção social na eventualidade doença no âmbito do subsistema previdencial, aprovado pelo Decreto-Lei nº 28/2004, de 4 de Fevereiro.

2º – Meios de certificação [179]

1 – O reconhecimento e a duração da incapacidade temporária são fundamentados em exame clínico do beneficiário, sendo os respectivos elementos de informação anotados e arquivados no respectivo processo clínico.

2 – A certificação da incapacidade temporária é efectuada através de atestado médico designado por certificado de incapacidade temporária para o trabalho (CIT), o qual é autenticado pela aposição das vinhetas do médico e do estabelecimento de saúde e comunicado por via electrónica aos serviços de segurança social pelos serviços competentes do Serviço Nacional de Saúde.

3 – O modelo do CIT consta do anexo à presente portaria e dela faz parte integrante.

(Não se reproduz o modelo do CIT)
(Para a RA Açores – Port Regional nº 45/2011, 17/06 – redacção da Port Regional nº 54/2014, 08/08)

3º – Períodos de certificação da incapacidade temporária [180]

1 – A certificação da incapacidade temporária está subordinada a limites temporais de 12 e de 30 dias, consoante se trate de período inicial ou de prorrogação, salvo o disposto em legislação especial.

2 – O disposto no número anterior não se aplica às situações de risco clínico durante a gravidez.

3 – Os períodos de incapacidade temporária que se encontrem certificados não são interrompidos ainda que, durante esses períodos, não seja reconhecido o direito ao subsídio de doença.

4º – Articulação entre as entidades competentes da área da saúde e da área da segurança social [181]

As entidades competentes da área da saúde e da área da segurança social devem articular as respectivas intervenções sempre que seja necessário, nomeadamente nas seguintes situações:

a) Se se verificar alguma irregularidade no preenchimento do CIT;

b) Se o médico constatar que a evolução clínica do beneficiário determina a não subsistência da incapacidade temporária antes do termo do período fixado no certificado, para efeitos de aplicação da alínea a) do nº 1 do artigo 24º do Decreto-Lei nº 28/2004, de 4 de Fevereiro.

[179] Os nºs 2 e 3 na redacção da Port 220/2013, 04/07.
[180] Redacção da Port 220/2013, 04/07.
[181] A alínea a) na redacção da Port 220/2013, 04/07.

5º – Familiares a cargo

1 – Para efeitos do disposto nº 3 do artigo 16º do Decreto-Lei nº 28/2004, de 4 de Fevereiro, consideram-se familiares a cargo o cônjuge que não exerça actividade profissional e os descendentes que se encontrem nas condições previstas nas alíneas b) e c) do nº 1 do artigo 17º do mesmo diploma legal.

2 – A composição do agregado familiar é verificada nos termos do nº 6º da presente portaria.

6º – Majoração do subsídio de doença

1 – A entidade competente da segurança social verifica, oficiosamente, os factos constitutivos do direito à majoração prevista no artigo 17º do Decreto-Lei nº 28/2004, de 4 de Fevereiro, designadamente:

a) O valor limite da remuneração de referência;

b) A composição do agregado familiar, sempre que estejam a efectuar o pagamento ao beneficiário de abono de família ou de bonificação por deficiência.

2 – Nas situações previstas no número anterior não há lugar à apresentação do requerimento a que se refere o artigo 33º do Decreto-Lei nº 28/2004, de 4 de Fevereiro.

3 – Nas situações em que a composição do agregado familiar não possa ser verificada nos termos da alínea b) do nº 1, a entidade competente da segurança social notifica o beneficiário para remeter uma declaração relativa à composição do respectivo agregado familiar, acompanhada de documento comprovativo, no prazo de 10 dias úteis a contar da recepção da notificação.

4 – Nos casos de incumprimento do prazo previsto no número anterior a majoração é devida a partir do dia seguinte ao da apresentação dos documentos, salvo justificação atendível.

5 – O valor limite da remuneração de referência de € 500 a que se refere o artigo 17º do Decreto-Lei nº 28/2004, de 4 de Fevereiro, corresponde ao valor da remuneração de referência diária do beneficiário multiplicada por 30 dias.

(O artº 17º do DL 28/2004, 04/02, na versão inicial que este número regulamentava fora revogado pelo artº 2º do DL 146/2005, 26/08)

7º – Dever de comunicação

As situações susceptíveis de determinarem a perda do direito à majoração são equiparadas às situações previstas na alínea *g*) do nº 2 do artigo 28º do Decreto-Lei nº 28/2004, de 4 de Fevereiro.

(O artº 17º do DL 28/2004, 04/02, na versão inicial fora revogado pelo artº 2º do DL 146/2005, 26/08)

8º – Atribuição da prestação compensatória

A passagem do beneficiário à situação de pensionista, incluindo nos casos em que se verifique a atribuição de pensão provisória, não prejudica o reconhecimento do direito previsto no artigo 15º do Decreto-Lei nº 28/2004, de 4 de Fevereiro, em função dos direitos adquiridos na vigência do respectivo contrato de trabalho.

9º – Norma transitória [182]

Sem prejuízo do disposto no nº 3 do nº 2º da presente portaria, o modelo de certificado de incapacidade temporária aprovado pelo despacho conjunto nº 381/99, publicado no Diário da República, 2ª série, nº 103, de 4 de Maio de 1999, mantém-se em vigor durante o prazo de 180 dias a contar da publicação do presente diploma.

10º – Norma revogatória

São revogados o despacho nº 94/SESS/90, publicado no Diário da República, 2ª série, nº 279, de 4 de Dezembro de 1990, o despacho nº 46/SESS/91, publicado no Diário da República, 2ª série, nº 113, de 17 de Maio de 1991, o despacho nº 1961/98, publicado no Diário da República, 2ª série, nº 27, de 2 de Fevereiro de 1998, o despacho conjunto nº 381/99, e o despacho nº 8834/99, ambos publicados no Diário da República, 2ª série, nº 103, de 4 de Maio de 1999.

11º – Entrada em vigor

A presente portaria entra em vigor no dia 1 de Abril de 2004.

Em 11 de Março de 2004. O Ministro da Saúde, *Luís Filipe Pereira*. – O Ministro da Segurança Social e do Trabalho, *António José de Castro Bagão Félix*.

[182] Conforme Declaração de Rectificação nº 36/2004, 24/04.

• Subsídios de parentalidade (subsídios por adopção, para deslocação para realização do parto (RA), para assistência a filho, para assistência a filho com deficiência, doença crónica ou oncológica, para assistência a neto, por interrupção da gravidez, parental, parental alargado, por risco clínico durante a gravidez, por riscos específicos, por hospitalização de recém-nascido)

– *Decreto-Lei nº 91/2009, de 9 de Abril – Prestações*

Decreto-Lei nº 91/2009, de 9 de Abril

Com a redacção dos seguintes diplomas:
– DL 70/2010, de 16 de Junho;
– DL 133/2012, de 27 de Junho;
– L 120/2015, de 1 de Setembro (artº 3º);
– DL 53/2018, de 2 Julho (artº 4º);
– Lei nº 90/2019, de 4 de Setembro (artºs 6º, 7º e 9º).

O XVII Governo Constitucional reconhece, no seu Programa, o contributo imprescindível das famílias para a coesão, equilíbrio social e o desenvolvimento sustentável do País.

Reconhecendo a importância e a necessidade de criar medidas que contribuam para a criação de condições favoráveis ao aumento da natalidade, por um lado, mas também à melhoria da conciliação da vida familiar e profissional e aos cuidados da primeira infância, o Governo elaborou um conjunto de medidas de alteração do regime de protecção na parentalidade, primeiro no âmbito do Acordo Tripartido para um Novo Sistema de Regulação das Relações Laborais, das Políticas de Emprego e da Protecção Social em Portugal e mais recentemente plasmadas no Código do Trabalho.

Também no III Plano Nacional para a Igualdade – Cidadania e Género (2007-2010) está prevista a adopção de medidas e acções destinadas a combater as desigualdades de género, promover a igualdade entre mulheres e homens bem como a conciliação entre a vida profissional, familiar e pessoal, elegendo-se como prioridade, nomeadamente, a criação de condições de paridade na harmonização das responsabilidades profissionais e familiares.

No âmbito da protecção à parentalidade, que constitui um direito constitucionalmente reconhecido, a segurança social intervém através da atribuição de subsídios de natureza pecuniária que visam a substituição dos rendimentos perdidos por força da situação de incapacidade ou indisponibilidade para o trabalho por motivo de maternidade, paternidade e adopção.

O novo regime de protecção social elege como prioridades o incentivo à natalidade e a igualdade de género através do reforço dos direitos do pai e do incentivo à partilha da licença, ao mesmo tempo que promove a conciliação entre a vida profissional e familiar e melhora os cuidados às crianças na primeira infância através da atribuição de prestações pecuniárias na situação de impedimento para o exercício de actividade profissional.

O presente decreto-lei alarga o esquema de protecção social na parentalidade dos trabalhadores independentes, que passam a beneficiar do subsídio parental exclusivo do pai e do subsídio para assistência a filho com deficiência ou doença crónica.

Por outro lado, por força das sucessivas alterações à lei da maternidade, o regime por adopção tem hoje uma protecção menor do que a prevista para a maternidade, pelo que se impõe, por uma questão de justiça social, o reconhecimento ao instituto da adopção do estatuto que lhe é devido através da equiparação deste regime ao regime de protecção na parentalidade, corrigindo-se assim uma injustiça que se vinha verificando desde há alguns anos a esta parte.

São reforçados os direitos do pai por nascimento de filho, quer no que se refere aos direitos de gozo obrigatório quer no que se refere aos direitos de gozo facultativo, e aumenta-se o período de licença parental no caso de partilha da licença parental por ambos os progenitores, garantindo-se um maior período de acompanhamento da criança nos primeiros tempos de vida e possibilitando-se uma maior partilha e flexibilização dos progenitores na conciliação da vida familiar com a gestão da sua carreira profissional.

Ademais, cria-se a possibilidade de prolongamento da licença parental inicial por mais seis meses adicionais subsidiados pela segurança social. O subsídio parental alargado com a duração de três meses é concedido a um ou a ambos os cônjuges alternadamente, desde que a respectiva licença seja gozada no período imediatamente subsequente à licença parental inicial ou à licença complementar, na modalidade de alargada, pelo outro cônjuge.

Com o objectivo de incentivar a natalidade e melhorar os cuidados às crianças na primeira infância o trabalho a tempo parcial para acompanhamento de filho durante os 12 primeiros anos de vida é contado em dobro para efeitos de atribuições de prestações de segurança social, com o limite da remuneração correspondente ao tempo completo.

No âmbito da assistência a filhos, em caso de doença ou acidente, procede-se ao alargamento das situações passíveis de protecção através da atribuição de subsídio durante o correspondente período de faltas e reforça-se a protecção conferida em caso de filho com deficiência ou doença crónica.

Assim, as faltas para assistência a menor de 12 anos ou, independentemente da idade, no caso de filho com deficiência ou doença crónica, são subsidiadas durante o período máximo de 30 dias por ano civil ou durante todo o período de eventual hospitalização, sendo as faltas para assistência a maiores de 12 anos subsidiadas durante o período máximo de 15 dias também por ano civil, acrescidos de um dia por cada filho além do primeiro.

Reforçam-se os direitos dos avós e promove-se a possibilidade de uma melhor flexibilização da gestão e organização da vida familiar através da criação de um subsídio para as faltas dos avós que, em substituição dos pais, prestam assistência aos netos menores doentes ou, independentemente da idade, com deficiência ou doença crónica.

Aumenta-se em dobro o limite máximo do subsídio para assistência a filho com deficiência ou doença crónica discriminando positivamente as situações em que se verificam necessidades especiais na assistência à família.

São ainda simplificados os meios de prova no sentido de permitir uma maior facilidade ao cidadão em requerer as respectivas prestações, prevendo-se a possibilidade de dispensa de requerimento quando as situações são certificadas através do Certificado de Incapacidade Temporária para o Trabalho, sem prejuízo de se manter a possibilidade de requerimento em papel e online *através da segurança social directa. Deixa de ser exigível a comprovação do período de impedimento pelas respectivas entidades empregadoras, excepto na situação de risco específico.*

Neste contexto, o presente decreto-lei estabelece o regime de protecção social na parentalidade em adequação à recente alteração do quadro jurídico-laboral, constante do Código do Trabalho, e promove a consolidação jurídica, num único texto normativo, do regime de protecção social do sistema previdencial e do subsistema de solidariedade tendo em vista assegurar uma maior equidade, clareza e facilidade no acesso aos direitos que assistem aos seus destinatários.

Foram ouvidos os órgãos de governo próprio das Regiões Autónomas.

Foram ouvidos, a título facultativo, os parceiros sociais com assento na Comissão Permanente de Concertação Social.

Assim:

No desenvolvimento do regime jurídico estabelecido na Lei nº 4/2007, de 16 de Janeiro, e nos termos das alíneas a) e c) do nº 1 do artigo 198º da Constituição, o Governo decreta o seguinte:

CAPÍTULO I – Disposições gerais

Artigo 1º – Objecto e âmbito

O presente decreto-lei define e regulamenta a protecção na parentalidade no âmbito da eventualidade maternidade, paternidade e adopção do sistema previdencial e do subsistema de solidariedade.

Artigo 2º – Protecção na parentalidade no âmbito do sistema previdencial

1 – A protecção prevista no âmbito do sistema previdencial concretiza-se na atribuição de prestações pecuniárias destinadas a compensar a perda de rendimentos de trabalho em consequência da ocorrência da eventualidade.

2 – A protecção estabelecida no âmbito do sistema previdencial abrange as situações de risco clínico durante a gravidez, de interrupção da gravidez, de parentalidade, de adopção, de risco específico, de assistência a filho, em caso de

doença ou acidente, de assistência a filho com deficiência ou doença crónica e de assistência a neto determinantes de impedimento temporário para o trabalho.

Artigo 3º – Protecção na parentalidade no âmbito do subsistema de solidariedade

1 – A protecção prevista no âmbito do subsistema de solidariedade concretiza-se na atribuição de prestações pecuniárias destinadas a garantir rendimentos substitutivos da ausência ou da perda de rendimentos de trabalho, em situações de carência económica, determinadas pela inexistência ou insuficiência de carreira contributiva em regime de protecção social de enquadramento obrigatório ou no seguro social voluntário que garanta protecção na eventualidade, ou pela exclusão da atribuição dos correspondentes subsídios no âmbito do sistema previdencial.

2 – A protecção estabelecida no âmbito do subsistema de solidariedade abrange as situações de risco clínico durante a gravidez, de interrupção da gravidez, de parentalidade, de adopção e de riscos específicos.

CAPÍTULO II – Protecção no âmbito do sistema previdencial

SECÇÃO I – Âmbito, caracterização dos subsídios e registo de remunerações por equivalência

SUBSECÇÃO I – Âmbito pessoal e material

Artigo 4º – Âmbito pessoal

1 – A protecção regulada no presente capítulo abrange os beneficiários do sistema previdencial integrados no regime dos trabalhadores por conta de outrem e no regime dos trabalhadores independentes.

2 – Estão igualmente abrangidos pelo disposto no presente capítulo os beneficiários enquadrados no regime do seguro social voluntário desde que o respectivo esquema de protecção social integre a eventualidade.

Artigo 5º – Extensão dos direitos atribuídos aos progenitores

1 – A protecção conferida aos progenitores através dos subsídios previstos no presente capítulo é extensiva aos beneficiários do regime geral dos trabalhadores por conta de outrem, adoptantes, tutores, pessoas a quem for deferida a confiança judicial ou administrativa do menor, bem como cônjuges ou pessoas em união de facto com qualquer daqueles ou com o progenitor desde que vivam em comunhão de mesa e habitação com o menor, sempre que, nos termos do Código de Trabalho, lhes seja reconhecido direito às correspondentes faltas, licenças e dispensas.

2 – O previsto no número anterior aplica-se, em igualdade de circunstâncias, aos beneficiários do regime de segurança social dos trabalhadores independentes e do seguro social voluntário.

Artigo 6º – Beneficiários em situação de pré-reforma

Os titulares de prestações de pré-reforma têm direito aos subsídios previstos no presente capítulo, desde que exerçam actividade enquadrada em qualquer dos regimes a que se refere o artigo 4º, sendo os respectivos subsídios calculados com base na remuneração do trabalho efectivamente auferida.

(V. artº 86º do CRC)

Artigo 7º – Âmbito material [183]

1 – A protecção regulada no presente capítulo concretiza-se na atribuição dos seguintes subsídios:

a) Subsídio por risco clínico durante a gravidez;

b) Subsídio por necessidade de deslocação a unidade hospitalar localizada fora da ilha de residência da grávida, para realização de parto;

c) Subsídio por interrupção da gravidez;

d) Subsídio parental;

e) Subsídio parental alargado;

f) Subsídio por adopção;

g) Subsídio por riscos específicos;

h) Subsídio para assistência a filho;

i) Subsídio para assistência a filho com deficiência, doença crónica ou doença oncológica;

j) Subsídio para assistência a neto.

k) Subsídio específico por internamento hospitalar do recém-nascido.

2 – A protecção regulada no presente capítulo integra, também, a atribuição de prestações pecuniárias compensatórias de subsídios de férias, de Natal ou outros de natureza análoga.

3 – O direito aos subsídios previstos nas alíneas c) a h) do nº 1 apenas é reconhecido, após o nascimento do filho, aos beneficiários que não estejam impedidos ou inibidos totalmente do exercício do poder paternal, com excepção do direito

[183] O nº 1 na redacção da L 90/2019, de 4 de Setembro.
Os nºs 2, 3 na redacção do artº 11º do DL 133/2012, de 27 de Junho. Nos termos do nº 9 do artº 16º do mesmo diploma só aplicável às situações de maternidade, paternidade e adopção ocorridas após 1 de Julho de 2012 ou que em Junho de 2012 estivessem dependentes de decisão.
O nº 4 aditado pelo artº 11º do DL 133/2012, de 27 de Junho, na redacção do DL 53/2018, de 2 de Julho.

da mãe ao subsídio parental inicial de 14 semanas e do subsídio por riscos específicos durante a amamentação.

4 – A protecção conferida aos trabalhadores independentes não integra as prestações previstas no nº 2.

Artigo 8º – Articulação com o regime de protecção social no desemprego

1 – A protecção dos beneficiários que estejam a receber prestações de desemprego concretiza-se na atribuição dos seguintes subsídios:

a) Subsídio por risco clínico durante a gravidez;

b) Subsídio por interrupção da gravidez;

c) Subsídio parental;

d) Subsídio por adopção.

2 – A atribuição dos subsídios referidos no número anterior determina a suspensão do pagamento das prestações de desemprego, durante o período de concessão daqueles subsídios, nos termos regulados no respectivo regime jurídico.

(Ver alínea c) do artº 40º.
Cf. artº 51º do DL 220/2006, de 3 de Novembro)

SUBSECÇÃO II – Caracterização dos subsídios

Artigo 9º – Subsídio por risco clínico durante a gravidez

O subsídio por risco clínico durante a gravidez é concedido nas situações em que se verifique a existência de risco clínico, para a grávida ou para o nascituro, medicamente certificado, impeditivo do exercício de actividade laboral, durante o período de tempo considerado necessário para prevenir o risco.

Artigo 9º-A – Subsídio por necessidade de deslocação a unidade hospitalar localizada fora da ilha de residência da grávida para realização de parto [184]

O subsídio por necessidade de deslocação a unidade hospitalar localizada fora da ilha de residência da grávida para realização de parto é atribuído nas situações em que a grávida necessite fazer essa deslocação por indisponibilidade ou inexistência de recursos técnicos e humanos na sua ilha de residência, durante o período de tempo que for considerado necessário e adequado para esse fim, o que deve constar expressamente de prescrição médica.

[184] Aditado pela Lei nº 90/2019, de 4 de Setembro. Entra em vigor com o orçamento de 2020.

Artigo 10º – Subsídio por interrupção da gravidez

O subsídio por interrupção da gravidez é concedido nas situações de interrupção de gravidez impeditivas do exercício de actividade laboral, medicamente certificadas, durante um período variável entre 14 e 30 dias.

Artigo 11º – Subsídio parental

O subsídio parental é concedido durante o período de impedimento para o exercício da actividade laboral e compreende as seguintes modalidades:

a) Subsídio parental inicial;

b) Subsídio parental inicial exclusivo da mãe;

c) Subsídio parental inicial de um progenitor em caso de impossibilidade do outro;

d) Subsídio parental inicial exclusivo do pai.

Artigo 12º – Subsídio parental inicial [185]

1 – O subsídio parental inicial é concedido pelo período até 120 ou 150 dias consecutivos, consoante opção dos progenitores, cujo gozo podem partilhar após o parto, sem prejuízo dos direitos da mãe a que se refere o artigo seguinte.

2 – Os períodos referidos no número anterior são acrescidos de 30 dias consecutivos nas situações de partilha da licença, no caso de cada um dos progenitores gozar, em exclusivo, um período de 30 dias consecutivo, ou dois períodos de 15 dias consecutivos, após o período de gozo de licença parental inicial exclusiva da mãe, correspondente a seis semanas após o parto.

3 – No caso de nascimentos múltiplos, aos períodos previstos nos números anteriores acrescem 30 dias por cada gémeo além do primeiro.

4 – No caso de internamento hospitalar da criança imediatamente após o período recomendado de internamento pós-parto, devido a necessidade de cuidados médicos especiais para a criança, aos períodos previstos nos números anteriores acresce o período de internamento, com o limite máximo de 30 dias.

5 – Nas situações em que o parto ocorra até às 33 semanas inclusive, aos períodos previstos nos nºs 1, 2 e 3 acresce todo o período de internamento da criança, bem como 30 dias após a alta hospitalar.

6 – A concessão do subsídio parental inicial depende de declaração dos beneficiários dos períodos a gozar ou gozados pelos progenitores, de modo exclusivo ou partilhado.

7 – Caso a licença parental inicial não seja partilhada pela mãe e pelo pai, e sem prejuízo dos direitos da mãe a que se refere o artigo seguinte, há lugar à concessão do subsídio parental inicial ao progenitor que o requeira nas situações

[185] Redacção da Lei nº 90/2019, de 4 de Setembro.

em que o outro progenitor exerça actividade profissional e não tenha requerido o correspondente subsídio.

8 – Caso não seja apresentada a declaração de partilha, o direito ao subsídio parental inicial é reconhecido à mãe.

(Para os nºs 1, 2 e 3 só nados-vivos – artº 24º nº 3)

Artigo 13º – Subsídio parental inicial exclusivo da mãe

O subsídio parental inicial exclusivo da mãe é concedido por um período facultativo até 30 dias antes do parto e seis semanas obrigatórias após o parto, os quais se integram no período de concessão correspondente ao subsídio parental inicial.

Artigo 14º – Subsídio parental inicial de um progenitor em caso de impossibilidade do outro

1 – O subsídio parental inicial de um progenitor em caso de impossibilidade do outro é concedido até ao limite do período remanescente que corresponda à licença parental inicial não gozada, em caso de:

a) Incapacidade física ou psíquica, medicamente certificada, enquanto se mantiver;

b) Morte.

2 – Apenas há lugar ao período total de concessão previsto no nº 2 do artigo 12º caso se verifiquem as condições aí previstas, à data dos factos referidos no número anterior.

3 – Em caso de morte ou incapacidade física ou psíquica de mãe o subsídio parental inicial a gozar pelo pai tem a duração mínima de 30 dias.

4 – Em caso de morte ou incapacidade física ou psíquica de mãe não trabalhadora nos 120 dias a seguir ao parto o pai tem direito ao remanescente do subsídio parental inicial nos termos do nº 1, com as devidas adaptações, ou do número anterior.

(Só nados-vivos – artº 24º nº 3)

Artigo 15º – Subsídio parental inicial exclusivo do pai [186]

1 – O subsídio parental inicial exclusivo do pai é concedido pelos períodos seguintes:

a) 20 dias úteis de gozo obrigatório, seguidos ou interpolados, dos quais cinco gozados de modo consecutivo imediatamente após o nascimento e os restantes 15 nas seis semanas seguintes a este;

[186] O nº 1 na redacção da Lei nº 90/2019, de 4 de Setembro.

b) Cinco dias úteis de gozo facultativo, seguidos ou interpolados, desde que gozados após o período referido na alínea anterior e em simultâneo com a licença parental inicial por parte da mãe.

2 – No caso de nascimentos múltiplos, aos períodos previstos no número anterior acrescem dois dias por cada gémeo além do primeiro, a gozar imediatamente após os referidos períodos.

3 – A atribuição do subsídio parental inicial exclusivo do pai depende de declaração dos períodos a gozar ou gozados pelo mesmo.

(Para a alínea b) do nº 1 e nº 2 só nados-vivos – nº 3 do artº 24º)

Artigo 16º – Subsídio parental alargado

O subsídio parental alargado é concedido por um período até três meses a qualquer um ou a ambos os progenitores alternadamente, nas situações de exercício de licença parental alargada para assistência a filho integrado no agregado familiar, impeditivas do exercício de actividade laboral, desde que gozado imediatamente após o período de concessão do subsídio parental inicial ou subsídio parental alargado do outro progenitor.

(Só nados-vivos – nº 3 do artº 24º)

Artigo 17º – Subsídio por adopção

1 – O subsídio por adopção é concedido aos candidatos a adoptantes nas situações de adopção de menor de 15 anos, impeditivas do exercício de actividade laboral, excepto se se tratar de adopção de filho do cônjuge do beneficiário ou da pessoa com quem o beneficiário viva em união de facto e corresponde, com as devidas adaptações, ao subsídio parental inicial e ao subsídio parental alargado.

2 – Em caso de incapacidade física ou psíquica, medicamente comprovada, ou de morte do beneficiário candidato a adoptante sem que este tenha esgotado o direito ao subsídio, o cônjuge que seja beneficiário tem direito ao subsídio pelo período remanescente ou a um mínimo de 14 dias, ainda que não seja candidato a adoptante, desde que viva em comunhão de mesa e habitação com o adoptado.

3 – No caso de adopções múltiplas, aos períodos previstos nos números anteriores acrescem 30 dias por cada adopção além da primeira.

Artigo 18º – Subsídio por riscos específicos

1 – O subsídio por riscos específicos é concedido nas situações de impedimento para o exercício de actividade laboral determinadas pela existência de risco específico para a beneficiária grávida, puérpera e lactante que desempenhe trabalho nocturno ou esteja exposta a agentes, processos ou condições de trabalho, que constituam risco para a sua segurança e saúde nos termos definidos na

lei, durante o período necessário para prevenir o risco e na impossibilidade de o empregador lhe conferir outras tarefas.

2 – No caso de trabalhadoras independentes ou abrangidas pelo seguro social voluntário, a comprovação do risco de desempenho de trabalho nocturno ou de exposição a agente ou processos ou condições de trabalho é efectuada por médico do trabalho ou por instituição ou serviço integrado no Serviço Nacional de Saúde.

Artigo 19º – Subsídio para assistência a filho

1 – O subsídio para assistência a filho é concedido, nas situações de impedimento para o exercício de actividade laboral determinadas pela necessidade de prestar assistência inadiável e imprescindível a filhos, em caso de doença ou acidente, medicamente certificadas, nos seguintes termos:

a) Menor de 12 anos ou, independentemente da idade, no caso de filho com deficiência ou doença crónica, um período máximo de 30 dias, seguidos ou interpolados, em cada ano civil ou durante todo o período de eventual hospitalização;

b) Maior de 12 anos, um período máximo de 15 dias, seguidos ou interpolados, em cada ano civil.

2 – Aos períodos referidos no número anterior acresce um dia por cada filho além do primeiro.

3 – A concessão do subsídio para assistência a filho depende de o outro progenitor ter actividade profissional, não exercer o direito ao respectivo subsídio pelo mesmo motivo ou estar impossibilitado de prestar a assistência e, ainda, no caso de filho maior, este se integrar no agregado familiar do beneficiário.

4 – Relevam para o cômputo dos períodos máximos de concessão do subsídio para assistência a filho os períodos de concessão do subsídio para assistência a netos, nos termos da alínea *b*) do nº 1 do artigo 21º.

Artigo 20º – Subsídio para assistência a filho com deficiência, doença crónica ou doença oncológica [187]

1 – O subsídio para assistência a filho com deficiência, doença crónica ou doença oncológica, abrangida pelo regime especial de protecção de crianças e jovens com doença oncológica, criado pela Lei nº 71/2009, de 6 de agosto, é concedido nas situações de impedimento para o exercício de actividade laboral determinadas pela necessidade de lhe prestar assistência, por período até seis meses, prorrogável até ao limite de quatro anos.

2 – Nas situações de necessidade de prolongamento da assistência, confirmada por declaração de médico especialista, comprovativa dessa necessidade, a prorrogação prevista no nº 1 tem o limite de seis anos.

[187] Redacção da Lei nº 90/2019, de 4 de Setembro.

3 – A concessão do subsídio para assistência a filho com deficiência, doença crónica ou doença oncológica depende de:

a) O filho viver em comunhão de mesa e habitação com o beneficiário;

b) O outro progenitor ter actividade profissional e não exercer o direito ao respectivo subsídio pelo mesmo motivo ou estar impossibilitado de prestar a assistência.

Artigo 21º – Subsídio para assistência a neto

1 – O subsídio para assistência a neto concretiza-se nas seguintes modalidades de prestações garantidas durante o período de impedimento para o exercício de actividade laboral:

a) Subsídio para assistência em caso de nascimento de neto, correspondente a um período até 30 dias consecutivos após o nascimento de neto que resida com o beneficiário em comunhão de mesa e habitação e seja filho de adolescente menor de 16 anos;

b) Subsídio para assistência a neto menor ou, independentemente da idade, com deficiência ou doença crónica, pelo período correspondente aos dias de faltas remanescentes não gozados pelos progenitores, nos termos previstos no artigo 19º, com as devidas adaptações.

2 – A concessão do subsídio para assistência em caso de nascimento de neto depende de declaração dos beneficiários dos períodos a gozar ou gozados pelos avós, de modo exclusivo ou partilhado.

3 – O subsídio para assistência em caso de nascimento de neto, nas situações em que não é partilhado pelos avós, é concedido desde que o outro avô exerça actividade profissional, esteja impossibilitado de prestar assistência e não tenha requerido o correspondente subsídio.

4 – O subsídio para assistência a neto é concedido desde que os progenitores exerçam actividade profissional, estejam impossibilitados de prestar a assistência e não exerçam o direito ao respectivo subsídio pelo mesmo motivo, e, ainda, que nenhum outro familiar do mesmo grau falte pelo mesmo motivo.

Artigo 21º-A – Prestação compensatória dos subsídios de férias e de Natal[188]

A atribuição da prestação compensatória dos subsídios de férias, de Natal ou outros de natureza análoga depende de os beneficiários não terem direito ao pagamento daqueles subsídios, no todo ou em parte, pelo respectivo emprega-

[188] Aditado pelo artº 12º do DL 133/2012, de 27 de Junho.
Nos termos do nº 9 do artº 16º do mesmo diploma só aplicável às situações de maternidade, paternidade e adopção ocorridas após 1 de Julho de 2012 ou que em Junho de 2012 estivessem dependentes de decisão.

dor, desde que o impedimento para o trabalho tenha duração igual ou superior a 30 dias consecutivos.

SUBSECÇÃO III – Registo de remunerações por equivalência

Artigo 22º – Registo de remunerações por equivalência à entrada de contribuições

1 – O reconhecimento do direito aos subsídios previstos neste capítulo dá lugar ao registo de remunerações por equivalência à entrada de contribuições durante o respectivo período de concessão, sendo considerado como trabalho efectivamente prestado.

2 – Durante os períodos de trabalho a tempo parcial de trabalhador com responsabilidades familiares, nos termos previstos no artigo 55º do Código do Trabalho, há lugar a registo adicional de remunerações por equivalência à entrada de contribuições por valor igual ao das remunerações registadas a título de trabalho a tempo parcial efectivamente prestado, com o limite do valor da remuneração média registada a título de trabalho a tempo completo, mediante comunicação do facto, por parte do trabalhador, à instituição de segurança social que o abranja, nos termos a regulamentar em legislação própria.

3 – Os períodos de licença para assistência a filho, previstos no artigo 52º do Código do Trabalho, são tomados em consideração para a taxa de formação no cálculo das pensões de invalidez e velhice do regime geral de segurança social, mediante comunicação do facto, por parte do trabalhador, à instituição de segurança social que o abranja.

(Cf. arts 72º nº 1 b) e 73º a) do D Reg 1-A/2011, 03/01)

SECÇÃO II – Condições de atribuição

Artigo 23º – Disposição geral [189]

1 – O reconhecimento do direito aos subsídios previstos no presente capítulo depende do cumprimento das condições de atribuição à data do facto determinante da protecção, sem prejuízo do disposto no nº 3.

2 – Considera-se como data do facto determinante da protecção o 1º dia de impedimento para o trabalho.

[189] Os nº 1 tem redacção do artº 11º do DL 133/2012, de 27 de Junho, e o nº 3 foi aditado pelo mesmo diploma.
Nos termos do nº 9 do artº 16º do mesmo diploma só aplicável às situações de maternidade, paternidade e adopção ocorridas após 1 de Julho de 2012 ou que em Junho de 2012 estivessem dependentes de decisão.

3 – A cessação ou suspensão do contrato de trabalho não prejudica o direito à protecção na eventualidade de maternidade, paternidade e adopção desde que se encontrem satisfeitas as condições de atribuição das prestações.

(Conceito de facto determinante: artº 50º nº 2)

Artigo 24º – Condições comuns

1 – Constituem condições comuns do reconhecimento do direito:

a) O gozo das respectivas licenças, faltas e dispensas não retribuídas nos termos do Código do Trabalho ou de períodos equivalentes;

b) O cumprimento do prazo de garantia.

2 – Para efeitos do disposto na alínea *a*) do número anterior consideram-se equivalentes os períodos em que não se verifique o gozo das licenças, faltas ou dispensas atentas as características específicas do exercício de actividade profissional, designadamente no caso de actividade independente, ou pela sua inexistência, nas situações de desemprego subsidiado.

3 – A opção pelo subsídio parental inicial por 150 dias prevista no nº 1 do artigo 12º bem como o disposto nas disposições constantes nos nºs 2 e 3 do mesmo artigo, no artigo 14º, na alínea *b*) do nº 1 e no nº 2 do artigo 15º e no artigo 16º apenas são aplicáveis em situação de nado vivo.

(Para o nº 2 ver alínea b) do artº 40º)

Artigo 25º – Prazo de garantia [190]

1 – O prazo de garantia para atribuição dos subsídios previstos no presente capítulo é de seis meses civis, seguidos ou interpolados, com registo de remunerações, à data do facto determinante da protecção, com excepção do disposto no nº 4.

2 – A atribuição do subsídio parental inicial exclusivo da mãe após o parto, previsto no artigo 13º, e do subsídio parental inicial exclusivo do pai, previsto na alínea a) do nº 1 do artigo 15º, depende de os beneficiários terem registo de remunerações em pelo menos um dos seis meses imediatamente anteriores ao facto determinante da protecção.

3 – Para efeitos dos números anteriores releva, se necessário, o mês em que ocorre o evento desde que no mesmo se verifique registo de remunerações.

4 – Para efeitos do nº 1, na ausência de registo de remunerações durante seis meses consecutivos, a contagem do prazo de garantia tem início a partir da data em que ocorra um novo registo de remunerações.

[190] Redacção da Lei nº 90/2019, de 4 de Setembro.

Artigo 26º – Totalização de períodos contributivos

Para efeitos de cumprimento do prazo de garantia para atribuição dos subsídios previstos no presente capítulo são considerados, desde que não se sobreponham, os períodos de registo de remunerações em quaisquer regimes obrigatórios de protecção social, nacionais ou estrangeiros, que assegurem prestações pecuniárias de protecção na eventualidade, incluindo o da função pública.

SECÇÃO III – Montantes dos subsídios

Artigo 27º – Determinação dos montantes dos subsídios

O montante diário dos subsídios previstos no presente capítulo é calculado pela aplicação de uma percentagem ao valor da remuneração de referência do beneficiário.

Artigo 28º – Remuneração de referência [191]

1 – A remuneração de referência a considerar é definida por *R*/180, em que *R* representa o total das remunerações registadas nos primeiros seis meses civis que precedem o segundo mês anterior ao da data do facto determinante da protecção.

2 – Nas situações em que se verifique a totalização de períodos contributivos, se os beneficiários não apresentarem no período de referência previsto no número anterior seis meses com registo de remunerações, a remuneração de referência é definida por R/(30 × n), em que R representa o total das remunerações registadas desde o início do período de referência até ao dia que antecede o facto determinante da protecção e n o número de meses a que as mesmas se reportam.

3 – A fórmula referida no nº 2 é aplicável nas situações previstas no nº 2 do artigo 25º, se os beneficiários não apresentarem no período de referência previsto qualquer registo de remunerações.

4 – Na determinação do total de remunerações registadas não são consideradas as importâncias relativas aos subsídios de férias, de Natal ou outros de natureza análoga.

[191] Redacção da Lei nº 90/2019, de 4 de Setembro.
Os nºs 2 e 3 tinham redacção do artº 11º do DL 133/2012, de 27 de Junho. Nos termos do nº 9 do artº 16º do mesmo diploma só aplicável às situações de maternidade, paternidade e adopção ocorridas após 1 de Julho de 2012 ou que em Junho de 2012 estivessem dependentes de decisão.

Artigo 29º – Montante dos subsídios por risco clínico durante a gravidez, por deslocação a unidade hospitalar fora da ilha de residência da grávida e por interrupção da gravidez [192]

O montante diário dos subsídios por risco clínico durante a gravidez, por necessidade de deslocação a unidade hospitalar fora da ilha de residência da grávida e por interrupção da gravidez é igual a 100 % da remuneração de referência da beneficiária.

Artigo 30º – Montante do subsídio parental inicial

O montante diário do subsídio parental inicial é o seguinte:

a) No período correspondente à licença de 120 dias, o montante diário é igual a 100% da remuneração de referência do beneficiário;

b) No caso de opção pelo período de licença de 150 dias, o montante diário é igual a 80% da remuneração de referência do beneficiário;

c) No caso de opção pelo período de licença de 150 dias nas situações em que cada um dos progenitores goze pelo menos 30 dias consecutivos, ou dois períodos de 15 dias igualmente consecutivos, o montante diário é igual a 100% da remuneração de referência do beneficiário;

d) No caso de opção pelo período de licença de 180 dias, nas situações em que cada um dos progenitores goze pelo menos 30 dias consecutivos, ou dois períodos de 15 dias igualmente consecutivos, o montante diário é igual a 83% da remuneração de referência do beneficiário.

Artigo 31º – Montante do subsídio parental exclusivo do pai

O montante diário do subsídio parental exclusivo do pai é igual a 100% da remuneração de referência do beneficiário.

Artigo 32º – Montante do acréscimo ao valor dos subsídios por nascimentos múltiplos, internamento hospitalar e prematuridade até às 33 semanas [193]

O montante diário dos subsídios devidos nos períodos de acréscimo à licença parental inicial pelo nascimento de gémeos, por internamento hospitalar e por prematuridade até às 33 semanas, previstos nos nºs 3, 4 e 5 do artigo 12º, é igual a 100 % da remuneração de referência do beneficiário.

Artigo 33º – Montante do subsídio parental alargado

O montante diário do subsídio parental alargado é igual a 25% da remuneração de referência do beneficiário.

[192] Redacção da Lei nº 90/2019, de 4 de Setembro.
[193] Redacção da Lei nº 90/2019, de 4 de Setembro.

Artigo 34º – Montante do subsídio por adopção

O montante diário do subsídio por adopção é igual ao previsto em cada uma das alíneas do artigo 30º, consoante a modalidade a que corresponda, e no artigo 32º em caso de adopções múltiplas.

Artigo 35º – Montante dos subsídios por riscos específicos e para assistência a filho [194]

O montante diário dos subsídios por riscos específicos e para assistência a filho é igual a 100 % da remuneração de referência do beneficiário.

Artigo 36º – Montante do subsídio para assistência a filho com deficiência, doença crónica ou doença oncológica [195]

O montante diário do subsídio para assistência a filho com deficiência, doença crónica ou doença oncológica é igual a 65 % da remuneração de referência do beneficiário, tendo como limite máximo mensal o valor correspondente a duas vezes o indexante dos apoios sociais (IAS).

Artigo 37º – Montante do subsídio para assistência a neto

O montante diário do subsídio para assistência a neto é, consoante a modalidade, o seguinte:

a) No caso de subsídio para assistência em caso de nascimento de neto, igual a 100% da remuneração de referência do beneficiário;

b) No caso de subsídio para assistência a neto, igual a 65% da remuneração de referência do beneficiário.

Artigo 37º-A – Montante da prestação compensatória [196]

O montante da prestação compensatória a conceder ao abrigo do artigo 21º-A corresponde a 80% da importância que o beneficiário deixa de receber do respectivo empregador, não podendo, no caso de licença para assistência a filho com deficiência ou doença crónica, ultrapassar duas vezes o valor do IAS.

Artigo 38º – Montante mínimo

1 – O montante diário mínimo dos subsídios previstos no presente capítulo não pode ser inferior a 80% de um 30 avos do valor do IAS, sem prejuízo do disposto no número seguinte.

194 Redacção da Lei nº 90/2019, de 4 de Setembro.

195 Redacção da Lei nº 90/2019, de 4 de Setembro.

196 Aditado pelo artº 12º do DL 133/2012, de 27 de Junho. Nos termos do nº 9 do artº 16º do mesmo diploma só aplicável às situações de maternidade, paternidade e adopção ocorridas após 1 de Julho de 2012 ou que em Junho de 2012 estivessem dependentes de decisão.

2 – O montante diário mínimo do subsídio parental alargado não pode ser inferior a 40% de um 30 avos do valor do IAS.

SECÇÃO IV – Duração e acumulação dos subsídios

SUBSECÇÃO I – Início e duração dos subsídios

Artigo 39º – Início dos subsídios

Os subsídios previstos no presente capítulo têm início no 1º dia de impedimento para o trabalho a que não corresponda retribuição.

Artigo 40º – Período de concessão

Os subsídios previstos no presente capítulo são concedidos:

a) Durante os períodos de duração das faltas, licenças ou dispensas previstas no Código do Trabalho;

b) Durante o período de impedimento para o trabalho no caso de exercício de actividade independente ou de enquadramento no regime do seguro social voluntário;

c) Durante o período de concessão das prestações de desemprego, nos termos do artigo 8º.

(Para a alínea a) ver arts 33º a 65º do Código do Trabalho)
(Para a alínea b) ver artº 24º nº 2)

Artigo 41º – Suspensão do período de concessão dos subsídios [197]

1 – Em caso de doença de beneficiário que esteja a receber subsídios parental, parental alargado, por adopção, para assistência a filho com deficiência ou doença crónica, a prestação é suspensa, mediante comunicação do interessado à instituição de segurança social competente e apresentação de certificação médica.

2 – Em caso de internamento hospitalar do progenitor ou da criança, a concessão do subsídio parental inicial é suspensa, mediante comunicação do interessado e certificação do hospital.

3 – A suspensão da concessão do subsídio parental inicial por internamento da criança, prevista no nº 2, não abrange as situações previstas nos nºs 4 e 5 do artigo 12º.

[197] O nº 3 foi aditado pela Lei nº 90/2019, de 4 de Setembro.

SUBSECÇÃO II – Acumulação dos subsídios

Artigo 42º – Inacumulabilidade com rendimentos de trabalho

Os subsídios previstos no presente capítulo não são acumuláveis com rendimentos de trabalho.

Artigo 43º – Inacumulabilidade com prestações

1 – Os subsídios previstos no presente capítulo não são acumuláveis com prestações emergentes do mesmo facto desde que respeitantes ao mesmo interesse protegido, ainda que atribuídas por outros regimes de protecção social.

2 – Os subsídios previstos no presente capítulo não são acumuláveis com outras prestações compensatórias da perda de retribuição, excepto com pensões de invalidez, velhice e sobrevivência concedidas no âmbito do sistema previdencial ou de outros regimes obrigatórios de protecção social.

3 – Os subsídios previstos no presente capítulo não são acumuláveis com prestações concedidas no âmbito do subsistema de solidariedade, excepto com o rendimento social de inserção e com o complemento solidário para idosos.

4 – Para efeitos do disposto nos números anteriores são tomadas em consideração prestações concedidas por sistemas de segurança social estrangeiros, sem prejuízo do disposto em instrumentos internacionais aplicáveis.

Artigo 44º – Acumulação com indemnizações e pensões por riscos profissionais

Os subsídios previstos no presente capítulo são acumuláveis com indemnizações e pensões por doença profissional ou por acidente de trabalho.

CAPÍTULO III – Protecção no âmbito do subsistema de solidariedade

SECÇÃO I – Âmbito e caracterização dos subsídios sociais

SUBSECÇÃO I – Âmbito pessoal e material

Artigo 45º – Âmbito pessoal

1 – A protecção regulada no presente capítulo abrange os cidadãos nacionais e os cidadãos estrangeiros, refugiados e apátridas não abrangidos por qualquer regime de protecção social de enquadramento obrigatório.

2 – A protecção regulada no presente capítulo abrange, ainda, as pessoas referidas no número anterior abrangidas por regime de protecção social de enquadramento obrigatório ou pelo seguro social voluntário cujo esquema de protecção integre a eventualidade, sem direito às correspondentes prestações.

(V. restrições do artº 55º)

Artigo 46º – Âmbito material

A protecção regulada no presente capítulo concretiza-se na concessão dos seguintes subsídios:

a) Subsídio social por risco clínico durante a gravidez;

b) Subsídio social por interrupção da gravidez;

c) Subsídio social parental;

d) Subsídio social por adopção;

e) Subsídio social por riscos específicos.

(Nos termos do artº 55º as alíneas a), b) e c) apenas para beneficiários)

Artigo 47º – Articulação com o regime de protecção social no desemprego

1 – A protecção dos beneficiários que estejam a receber prestações de desemprego concretiza-se na concessão dos seguintes subsídios:

a) Subsídio social parental;

b) Subsídio social por adopção.

2 – À protecção referida no número anterior é aplicável o disposto no nº 2 do artigo 8º.

Artigo 48º – Subsídio social parental

O subsídio social parental compreende as seguintes modalidades:

a) Subsídio social parental inicial;

b) Subsídio social parental inicial exclusivo da mãe;

c) Subsídio social parental inicial a gozar por um progenitor em caso de impossibilidade do outro;

d) Subsídio social parental inicial exclusivo do pai.

SUBSECÇÃO II – Caracterização dos subsídios sociais

Artigo 49º – Caracterização dos subsídios sociais

Os subsídios sociais previstos no presente capítulo estão subordinados à caracterização dos correspondentes subsídios atribuídos no âmbito do sistema previdencial, com as devidas adaptações.

SECÇÃO II – Condições de atribuição

Artigo 50º – Disposição geral

1 – O reconhecimento do direito aos subsídios sociais previstos no presente capítulo depende do cumprimento das condições de atribuição à data do facto determinante da protecção.

2 – Entendem-se por factos determinantes da protecção o parto, a ocorrência de risco clínico durante a gravidez, a interrupção da gravidez, o risco específico e a confiança judicial ou administrativa com vista à adopção nos termos da legislação aplicável.

Artigo 51º – Condições comuns

Constituem condições comuns de atribuição dos subsídios sociais previstos no presente capítulo:

a) A residência em território nacional;

b) O preenchimento de condição de recursos.

Artigo 52º – Condição de residência em território nacional

1 – Para efeito de verificação da condição prevista na alínea *a*) do artigo anterior e sem prejuízo do estabelecido em instrumento internacional a que Portugal se encontre vinculado ou de legislação especial aplicável, é considerado residente o cidadão nacional que possua domicílio habitual em território nacional, bem como o cidadão estrangeiro, refugiado ou apátrida habilitado com título válido de autorização de residência em território nacional ou em situação equiparada nos termos do número seguinte.

2 – Consideram-se equiparados a residentes os refugiados e apátridas portadores de títulos de protecção temporária válidos, bem como os estrangeiros portadores de títulos válidos de autorização de residência ou de prorrogação de permanência, nos termos e condições a definir em portaria conjunta dos ministros responsáveis pelas áreas da administração interna e do trabalho e da solidariedade social.

Artigo 53º – Condição de recursos [198]

1 – A condição de recursos prevista na alínea b) do artigo 51º é definida em função dos rendimentos mensais do agregado familiar do requerente que não podem ultrapassar 80% do IAS, cuja capitação do rendimento é ponderada segundo a escala de equivalência prevista no Decreto-Lei nº 70/2010, de 16 de Junho.

2 – (*revogado*)

3 – O valor das prestações de desemprego, a suspender nas situações de reconhecimento de direito aos subsídios sociais, não releva para efeitos de apuramento da condição de recursos.

[198] O nº 1 tem redacção do artº 21º do Decreto-Lei nº 70/2010, de 16 de Junho. O nº 2 foi revogado pela alínea d) do artº 24º do mesmo diploma.

Artigo 54º – Agregado familiar [199] *(revogado)*

Artigo 55º – Condição específica dos subsídios sociais por risco clínico em caso de gravidez, por interrupção da gravidez e por riscos específicos

A concessão dos subsídios sociais por risco clínico em caso de gravidez, por interrupção da gravidez e por riscos específicos depende, ainda, do exercício de actividade profissional determinante de enquadramento obrigatório em regime de segurança social ou no seguro social voluntário.

SECÇÃO III – Montantes dos subsídios sociais

Artigo 56º – Montante dos subsídios sociais por risco clínico em caso de gravidez, por deslocação a unidade hospitalar fora da ilha de residência da grávida, por interrupção da gravidez e por riscos específicos [200]

O montante diário dos subsídios sociais por risco clínico em caso de gravidez, por necessidade de deslocação a unidade hospitalar fora da ilha de residência da grávida, por interrupção da gravidez e por riscos específicos é igual a 80 % de um 30 avos do valor do IAS.

Artigo 57º – Montante do subsídio social parental inicial

O montante diário do subsídio social parental inicial é o seguinte:

a) No período de 120 dias, o montante diário é igual a 80% de um 30 avos do valor do IAS;

b) No caso de opção pelo período de 150 dias, o montante diário é igual a 64% de um 30 avos do valor do IAS;

c) No caso de opção pelo período de 150 dias nas situações em que cada um dos progenitores goze pelo menos 30 dias consecutivos, ou dois períodos de 15 dias igualmente consecutivos, o montante diário é igual a 80% de um 30 avos do valor IAS;

d) No caso de opção pelo período de 180 dias, nas situações em que cada um dos progenitores goze pelo menos 30 dias consecutivos, ou dois períodos de 15 dias igualmente consecutivos, o montante diário é igual a 66% de um 30 avos do valor do IAS.

Artigo 58º – Montante do subsídio social parental inicial exclusivo do pai

O montante diário do subsídio parental inicial exclusivo do pai é igual a 80% de um 30 avos do valor do IAS.

199 Revogado pela alínea d) do artº 24º do Decreto-Lei nº 70/2010, de 16 de Junho.
200 Redacção da Lei nº 90/2019, de 4 de Setembro.

Artigo 59º – Montante do acréscimo ao valor dos subsídios por nascimentos múltiplos, internamento hospitalar e prematuridade até às 33 semanas [201]

O montante diário dos subsídios devidos nos períodos de acréscimo à licença parental inicial pelo nascimento de gémeos, por internamento hospitalar e por prematuridade até às 33 semanas, previstos nos nºs 3, 4 e 5 do artigo 12º, é igual a 80 % de um 30 avos do valor do IAS.

Artigo 60º – Montante do subsídio social por adopção

O montante diário do subsídio social por adopção é igual ao que resulta do fixado em cada uma das alíneas do artigo 57º, consoante a modalidade a que corresponda, e ao valor fixado no artigo anterior no caso de adopções múltiplas.

SECÇÃO IV – Duração e acumulação dos subsídios sociais

SUBSECÇÃO I – Início e duração dos subsídios sociais

Artigo 61º – Período de concessão

1 – O período de concessão dos subsídios sociais é igual ao fixado para os correspondentes subsídios no âmbito do sistema previdencial.

2 – Os subsídios sociais são devidos a partir do dia em que ocorre o facto determinante da protecção definido no nº 2 do artigo 50º.

SUBSECÇÃO II – Acumulação dos subsídios sociais

Artigo 62º – Inacumulabilidade com prestações

1 – Os subsídios sociais não são acumuláveis com prestações compensatórias de perda de retribuição de trabalho, excepto com pensões de sobrevivência, auferidas pelo titular no âmbito do sistema previdencial ou de outros regimes obrigatórios de protecção social.

2 – Os subsídios sociais não são acumuláveis com outras prestações concedidas no âmbito do subsistema de solidariedade, excepto com o rendimento social de inserção e com o complemento solidário para idosos.

CAPÍTULO IV – Deveres dos beneficiários

Artigo 63º – Deveres dos titulares do direito aos subsídios

1 – Constitui dever dos beneficiários a comunicação, às instituições gestoras, dos factos determinantes da cessação do direito aos subsídios, relativamente às situações

[201] Redacção da Lei nº 90/2019, de 4 de Setembro.

previstas na alínea *a*) do nº 1 do artigo 24º, no artigo 51º e nas alíneas *a*) e *b*) do nº 1 do artigo 78º, no prazo de cinco dias úteis subsequentes à data da verificação dos mesmos.

2 – O incumprimento dos deveres previstos no número anterior, por acção ou omissão, bem como a utilização de qualquer meio fraudulento de que resulte a concessão indevida dos subsídios, determinam a sua restituição nos termos da legislação aplicável.

CAPÍTULO V – Disposições complementares

SECÇÃO I – Regime sancionatório

Artigo 64º – Regime sancionatório

1 – Constitui contra-ordenação punível com coima de € 100 a € 700 o incumprimento, por acção ou omissão, do dever de comunicação às instituições gestoras dos factos determinantes da cessação do direito aos subsídios, relativamente às situações previstas na alínea *a*) do nº 1 do artigo 24º, no artigo 51º e nas alíneas *a*) e *b*) do nº 1 do artigo 78º, no prazo de cinco dias úteis subsequentes à data da verificação dos mesmos, bem como a utilização de qualquer meio fraudulento de que resulte a concessão indevida dos subsídios.

2 – Em tudo o que não esteja especialmente previsto no presente decreto-lei é aplicável o disposto no Decreto-Lei nº 64/89, de 25 de Fevereiro.

(V. Regime das contra-ordenações:
– dos subsídios – arts 22º c) e 221º a 246º do CRC;
– dos subsídios sociais – artº 15º do DL 70/2010, 16/06)

SECÇÃO II – Gestão e organização dos processos

Artigo 65º – Entidades competentes

A gestão dos subsídios previstos no presente decreto-lei compete, no âmbito das respectivas atribuições:

a) Ao Instituto da Segurança Social, I. P., através dos centros distritais da área de residência dos beneficiários;

b) Às caixas de actividade ou de empresa subsistentes;

c) Aos órgãos competentes das administrações das Regiões Autónomas.

Artigo 66º – Requerimento e prazo [202]

1 – A atribuição dos subsídios previstos neste decreto-lei depende da apresentação de requerimento, em formulário de modelo próprio, junto das entidades

[202] Os nºs 5 a 8 foram aditados pelo artº 12º do DL 133/2012, de 27 de Junho, e o nº 9 era o nº 5. Nos termos do nº 8 do artº 16º do mesmo diploma só aplicável às situações de maternidade,

competentes ou *online*, no sítio da Internet da segurança social, através do serviço segurança social directa, caso a entidade competente seja o Instituto da Segurança Social, I. P., ou os órgãos competentes das administrações das Regiões Autónomas.

2 – O requerimento deve ser apresentado no prazo de seis meses a contar da data da ocorrência do facto determinante da protecção.

3 – A entrega do requerimento fora do prazo previsto no número anterior nos casos em que a mesma seja efectuada durante o período legal de concessão dos subsídios determina a redução no período de concessão pelo período de tempo respeitante ao atraso verificado.

4 – O requerimento é subscrito pelos titulares do direito, ou, em seu nome, pelos respectivos representantes legais.

5 – A atribuição da prestação compensatória do não pagamento de subsídios de férias, de Natal ou outros de natureza análoga, prevista no nº 2 do artigo 7º, depende de requerimento.

6 – O requerimento referido no número anterior deve ser apresentado nas instituições gestoras das prestações no prazo de seis meses contados a partir de 1 de Janeiro do ano subsequente àquele em que os subsídios eram devidos, salvo no caso de cessação do contrato de trabalho, situação em que o prazo se inicia a contar da data dessa cessação.

7 – O requerimento deve ser instruído com uma declaração da entidade empregadora, na qual constem a indicação dos quantitativos não pagos e a referência à norma legal ou contratual justificativa do não pagamento.

8 – Nas situações de falecimento do beneficiário que, reunindo as condições legais substantivas para a atribuição da prestação compensatória, não a requereu em vida, os familiares com direito ao subsídio por morte podem requerê-la no prazo estabelecido para a apresentação do respectivo requerimento.

9 – Consideram-se válidos para a atribuição dos subsídios sociais previstos no capítulo III os requerimentos dos correspondentes subsídios previstos no capítulo II que tenham sido indeferidos.

(Para o nº 1 ver Port 458/2009, 30/04)

Artigo 67º – Dispensa de requerimento

1 – A apresentação do requerimento é dispensada nas situações em que a certificação médica seja emitida pelos estabelecimentos ou serviços de saúde competentes do Serviço Nacional de Saúde através de formulário próprio para efeitos de atribuição dos seguintes subsídios:

a) Subsídio por risco clínico durante a gravidez;

paternidade e adopção ocorridas após 1 de Julho de 2012 ou que em Junho de 2012 estivessem dependentes de decisão.

b) Subsídio por interrupção da gravidez;

c) Subsídio para assistência a filho;

d) Subsídio para assistência a neto, na modalidade prevista na alínea *b*) do artigo 21º.

2 – O disposto no número anterior é aplicável aos correspondentes subsídios sociais concedidos no âmbito do subsistema de solidariedade.

3 – Para efeitos do nº 1, consideram-se serviços competentes as entidades prestadoras de cuidados de saúde, designadamente centros de saúde e hospitais, com excepção dos serviços de urgência.

SECÇÃO III – Instrução do processo

Artigo 68º – Meios de prova

1 – Os factos determinantes da atribuição dos subsídios, bem como os períodos de impedimento para o trabalho, são declarados no requerimento, o qual, consoante os casos, é acompanhado dos documentos de identificação civil e ou da certificação médica, nas situações em que esta não seja emitida pelos estabelecimentos ou serviços de saúde competentes nos termos dos nºs 1 e 3 do artigo anterior e, ainda, de outros documentos comprovativos previstos no presente decreto-lei.

2 – Nas situações em que o requerimento seja apresentado *online*, os meios de prova que o instruem podem ser apresentados pela mesma via desde que correctamente digitalizados e integralmente apreensíveis.

3 – Os beneficiários têm o dever de conservar os originais dos meios de prova, pelo prazo de cinco anos, bem como o dever de os apresentar sempre que solicitados pelos serviços competentes.

Artigo 69º – Dispensa de apresentação de meios de prova

1 – É dispensada a apresentação dos meios de prova que instruem o requerimento sempre que as entidades gestoras possam, com base nos elementos constantes do requerimento e da certificação médica ou hospitalar, comprovar oficiosamente os requisitos de atribuição dos subsídios.

2 – Os requerentes podem ser dispensados da apresentação dos elementos exigíveis caso esteja salvaguardado o acesso à informação em causa por parte da segurança social, designadamente por efeito de processos de interconexão de dados com outros organismos da Administração Pública.

Artigo 70º – Meios de prova do subsídio por risco clínico durante a gravidez e por interrupção da gravidez

A atribuição dos subsídios por risco clínico durante a gravidez e por interrupção da gravidez depende da apresentação de certificação médica que indique o período de impedimento.

Artigo 71º – Meios de prova do subsídio parental inicial, parental inicial exclusivo do pai e do subsídio para assistência em caso de nascimento de neto

A atribuição dos subsídios parentais iniciais e do subsídio para assistência em caso de nascimento de neto depende da apresentação de declaração do médico do estabelecimento ou serviço de saúde comprovativa do parto ou de documento de identificação civil do descendente.

Artigo 71º-A – Meios de prova do acréscimo à licença parental por internamento hospitalar da criança e por prematuridade até às 33 semanas [203]

Os acréscimos ao período de licença parental por internamento hospitalar da criança e por prematuridade até às 33 semanas, previstos nos nºs 4 e 5 do artigo 12º, dependem de apresentação de certificação do hospital que comprove o período de internamento da criança.

Artigo 72º – Meios de prova do subsídio parental inicial por impossibilidade do outro progenitor

A atribuição do subsídio parental inicial por impossibilidade do outro progenitor depende da apresentação de certificação médica da incapacidade física ou psíquica do outro progenitor ou de certidão de óbito.

Artigo 73º – Meios de prova do subsídio por adopção

1 – A atribuição do subsídio por adopção depende da apresentação da declaração da confiança administrativa ou judicial do menor adoptado.

2 – Nas situações a que se refere o nº 2 do artigo 17º são exigidos os meios de prova previstos no artigo anterior.

Artigo 74º – Meios de prova do subsídio por riscos específicos

A atribuição do subsídio por riscos específicos depende da apresentação dos seguintes elementos:

a) Declaração do empregador da impossibilidade de atribuição de outras tarefas à beneficiária grávida, puérpera ou lactante que desempenhe trabalho nocturno ou esteja exposta a agentes ou processos ou condições de trabalho que constituam risco;

b) No caso dos trabalhadores independentes e abrangidos pelo seguro social voluntário a comprovação de desempenho de trabalho nocturno ou de exposição a agente ou processos ou condições de trabalho que constituam risco é efectuada por médico do trabalho ou por instituição ou serviço integrado no Serviço Nacional de Saúde.

[203] Aditado pela Lei nº 90/2019, de 4 de Setembro. Entra em vigor com o orçamento de 2020.

Artigo 75º – Meios de prova do subsídio para assistência a filho

1 – A atribuição do subsídio para assistência a filho depende da apresentação de certificação médica ou declaração hospitalar.

2 – A certificação médica de deficiência, na situação de filho com deficiência com 12 ou mais anos de idade, é dispensada no caso de estar a ser atribuída uma prestação por deficiência.

3 – A certificação médica de doença crónica, na situação de filho com doença crónica com 12 ou mais anos de idade, apenas é exigível aquando da apresentação do primeiro requerimento.

Artigo 76º – Meios de prova do subsídio para assistência a filho com deficiência ou doença crónica

1 – A atribuição do subsídio para assistência a filho com deficiência ou doença crónica depende de apresentação da certificação médica que comprove a necessidade de assistência.

2 – É aplicável à concessão deste subsídio o disposto nos nºs 2 e 3 do artigo anterior.

3 – A prorrogação da concessão do subsídio depende de comunicação do beneficiário de que a licença para assistência a filho com deficiência ou doença crónica se mantém, no prazo de 10 dias úteis antes do termo do período de concessão.

Artigo 77º – Meios de prova do subsídio para assistência a neto

A atribuição do subsídio para assistência a neto depende de apresentação de certificação médica com indicação dos períodos de impedimento para o trabalho necessários para garantir a assistência inadiável e imprescindível ao neto.

Artigo 78º – Meios de prova dos subsídios sociais

1 – Para além dos meios de prova exigidos para os correspondentes subsídios do sistema previdencial a atribuição dos subsídios sociais depende, ainda, dos seguintes elementos obtidos oficiosamente:

a) Composição do agregado familiar e respectivos rendimentos;

b) Comprovação de residência em território nacional.

2 – Na impossibilidade de obtenção oficiosa dos elementos referidos no número anterior os serviços competentes notificam os beneficiários para efectuarem a respectiva apresentação.

Artigo 79º – Articulações

1 – As instituições gestoras das prestações devem promover a articulação com as entidades e serviços com competência para comprovar os requisitos de que

depende a atribuição e manutenção dos subsídios, com vista a assegurar o correcto enquadramento das situações a proteger.

2 – Para os efeitos referidos no número anterior, a comprovação pode ser efectuada por troca de informação, designadamente através da utilização de suporte electrónico.

(Para o nº 2 caso do CIT para risco clínico durante a gravidez e interrupção da gravidez – artº 2º da Port 220/2013, 07/07)

Artigo 80º – Comunicação da atribuição dos subsídios

As instituições gestoras devem comunicar aos titulares do direito as decisões sobre a atribuição dos subsídios de acordo com o disposto no Código do Procedimento Administrativo.

SECÇÃO IV – Pagamento dos subsídios

Artigo 81º – Disposição geral [204]

1 – Os subsídios previstos no presente decreto-lei são pagos mensalmente aos titulares do direito ou aos seus representantes legais, salvo se, pela especificidade da sua duração, se justificar o pagamento de uma só vez.

2 – O pagamento do acréscimo devido por nascimento de gémeos, por internamento hospitalar da criança, por prematuridade até às 33 semanas e por adopções múltiplas é reportado aos últimos dias do período de concessão do respectivo subsídio.

Artigo 82º – Prescrição

O direito aos subsídios previstos neste decreto-lei prescreve a favor das instituições gestoras devedoras no prazo de cinco anos contados a partir da data em que a prestação é posta a pagamento com conhecimento do credor.

CAPÍTULO VI – Disposições transitórias e finais

Artigo 83º – Regime subsidiário

Com excepção do disposto no artigo 22º em tudo o que não esteja especialmente previsto no capítulo III são aplicáveis, com as devidas adaptações, as disposições constantes do capítulo II.

[204] O nº 2 na redacção da Lei nº 90/2019, de 4 de Setembro.

Artigo 84º – Execução

1 – Os procedimentos que venham a ser considerados necessários à execução do disposto no presente decreto-lei são aprovados por portaria do ministro responsável pela área do trabalho e da solidariedade social.

2 – Os modelos de formulários de requerimento e de declarações são aprovados por portaria do ministro responsável pela área do trabalho e da solidariedade social.

3 – O modelo de formulário de certificação médica a emitir pelos estabelecimentos ou serviços de saúde é aprovado por portaria conjunta dos ministros responsáveis pelas áreas do trabalho e da solidariedade social e da saúde.

(Para o nº 2 ver Port 458/2009, 30/04)

Artigo 84º-A – Referências [205]

1 – Para efeitos de aplicação do presente decreto-lei, todas as referências feitas à mãe e ao pai consideram-se efectuadas aos titulares do direito de parentalidade, salvo as que resultem da condição biológica daqueles.

2 – O titular do direito de parentalidade que se enquadre no disposto nas alíneas a) ou b) do nº 1 do artigo 36º do Código do Trabalho goza da licença parental exclusiva da mãe, gozando o outro titular do direito de parentalidade da licença exclusiva do pai.

3 – Às situações de adopção por casais do mesmo sexo aplica-se o disposto nos artigos 44º e 64º do Código do Trabalho.

Artigo 85º – Norma revogatória

O presente decreto-lei revoga:

a) O Decreto-Lei nº 154/88, de 29 de Abril, alterado pelos Decretos-Leis nºs 333/95, de 23 de Dezembro, 347/98, de 9 de Novembro, 77/2000, de 9 de Maio, e 77/2005, de 13 de Abril;

b) O Decreto-Lei nº 105/2008, de 25 de Junho;

c) As disposições do Decreto-Lei nº 40/89, de 1 de Fevereiro, que disponham sobre a mesma matéria no âmbito do presente decreto-lei.

Artigo 86º – Disposição transitória

1 – Enquanto não for publicada a portaria prevista no nº 3 do artigo 84º, a concessão dos subsídios por risco clínico e interrupção da gravidez está sujeita a apresentação de requerimento e certificação médica comprovativa do período do impedimento.

[205] Aditado pela Lei nº 90/2019, de 4 de Setembro.

2 – Mantêm-se transitoriamente em vigor os nºs 2 e 3 do artigo 10º do Decreto-Lei nº 154/88, de 29 de Abril, e suas alterações, enquanto não for publicado o regime jurídico de protecção social próprio dos profissionais de espectáculos.

(Para a caducidade do nº 2 ver regime dos profissionais de artes do espectáculo e do audiovisual na Lei nº 4/2008, de 7 de Fevereiro, na versão da L 28/2011, 16/06)

Artigo 87º – Produção de efeitos

1 – A atribuição dos subsídios previstos nas alíneas *c*) do artigo 7º, nas modalidades correspondentes às alíneas *a*) a *c*) do artigo 11º, e *e*) do mesmo artigo 7º, em conformidade com o disposto no presente decreto-lei, é aplicável às situações em que estejam a ser atribuídos os correspondentes subsídios de maternidade, paternidade e adopção ao abrigo da legislação revogada, desde que, no prazo de 30 dias contados a partir do início de vigência deste decreto-lei, seja efectuada a declaração dos períodos a gozar em conformidade com as condições previstas.

2 – O disposto no número anterior é aplicável, com as devidas adaptações, aos subsídios sociais previstos na alínea *c*) do artigo 46º, nas modalidades correspondentes às alíneas *a*) a *c*) do artigo 48º, e na alínea *d*) do mesmo artigo 46º.

3 – Para efeitos de delimitação dos períodos de concessão são tidos em consideração os períodos já subsidiados.

4 – A atribuição do subsídio parental inicial exclusivo do pai pelo período a que se refere a alínea *a*) do nº 1 do artigo 15º e do subsídio social parental inicial exclusivo do pai, por período correspondente, apenas é aplicável nas situações em que o facto determinante do direito ocorra na vigência do presente decreto-lei.

Artigo 88º – Entrada em vigor

O presente decreto-lei entra em vigor no 1º dia do mês seguinte ao da sua publicação.

(Determinando, nos termos do artº 14º da L 7/2009, 12/02, a entrada em vigor dos arts 34º a 62º do Código do Trabalho)

Visto e aprovado em Conselho de Ministros de 12 de Fevereiro de 2009. – *José Sócrates Carvalho Pinto de Sousa – Emanuel Augusto dos Santos – Alberto Bernardes Costa – José António Fonseca Vieira da Silva – Ana Maria Teodoro Jorge.* Promulgado em 1 de Abril de 2009. Publique-se. O Presidente da República, ANÍBAL CAVACO SILVA. Referendado em 3 de Abril de 2009. O Primeiro-Ministro, *José Sócrates Carvalho Pinto de Sousa.*

b. Prestações diferidas

• Pensões de invalidez e velhice

– Decreto-Lei nº 187/2007, de 10 de Maio – Regime
– Lei nº 90/2009, de 31 de Agosto – Regime especial de invalidez

---

Decreto-Lei nº 187/2007, de 10 de Maio

Com a redacção dos seguintes diplomas:
– Declaração de Rectificação nº 59/2007, de 26 de Junho;
– Lei nº 64-A/2008, de 31 de Dezembro (artº 63º);
– Decreto-Lei nº 167-E/2013, de 31 de Dezembro (artº 5º a 7º);
– Decreto-Lei nº 8/2015, de 14 de Janeiro;
– Decreto-Lei nº 10/2016, de 8 de Março;
– Decreto-Lei nº 126-B/2017, de 6 de Outubro;
– Decreto-Lei nº 33/2018, de 15 de Maio (artº 158º);
– Decreto-Lei nº 73/2018, de 17 de Setembro;
– Decreto-Lei nº 119/2018, de 27 de Dezembro;
– Decreto-Lei nº 79/2019, de 14 de Junho.

O sistema de segurança social português conheceu nos últimos anos a influência crescente e determinante de novos factores – de raiz demográfica, económica e social – que, sendo comuns à generalidade dos países mais desenvolvidos, reclamam aqui, pelas suas acrescidas vulnerabilidades, uma atenção especial. Com efeito, tal como aqueles países, Portugal enfrenta os desafios colocados pelo envelhecimento demográfico e pela evolução das taxas de actividade da população. Se à sociedade é exigido o aprofundamento de mecanismos, institucionalizados ou informais, de solidariedade intergeracional, ao Estado impõe-se o desenvolvimento de novas respostas estruturais e integradas nos sectores particularmente sensíveis àqueles problemas, ou seja, não apenas o sistema de protecção social mas também a saúde, os sistemas de emprego e de educação. Acresce o facto de a segurança social portuguesa, por razões que se prendem com a maturação tardia do sistema, mas também com as fragilidades estruturais da nossa economia, ter de enfrentar uma exigência acrescida, nomeadamente quando confrontada com a realidade europeia: a necessidade de ver aprofundados os seus níveis e instrumentos de protecção social, que lhe permitam, antes de mais, combater, com eficácia, a pobreza e a desigualdade social, de dimensão ainda hoje expressiva e preocupante.

Atendendo a que o envelhecimento da população tem expressão a médio mas sobretudo a longo prazo, os governos e cada vez mais instituições avaliam hoje a dimensão do seu impacte na economia e nas finanças públicas. No plano orçamental, são já hoje notórias as mudanças, afirmando-se nas diferentes legislações, por exemplo, o princípio da sustentabilidade social, económica e financeira da segurança social, que encontra por sua vez respaldo técnico adequado em novos instrumentos de previsão e avaliação: cenários e projecções de longo prazo, de evolução de receitas e despesas e planeamento, de médio prazo, das despesas.

Tendo presentes todas estas vicissitudes e exigências, o XVII Governo Constitucional assumiu, desde logo, no seu Programa, o objectivo da promoção da sustentabilidade de longo prazo do sistema de segurança social português. Paralelamente e como forma de garantir o reforço da justiça no sistema de protecção social e a defesa do emprego e da produtividade, mormente dos trabalhadores mais velhos, muitas vezes afastados precoce e involuntariamente do mercado de trabalho, reforçou-se a consagração do princípio do envelhecimento activo, cuja concretização passa justamente por alterações de fundo de regras de incentivos à permanência no mercado de trabalho. Estes princípios foram recentemente consolidados num importante acordo sobre a reforma da segurança social, subscrito pelo Governo e pela generalidade dos parceiros sociais, com assento na Comissão Permanente de Concertação Social.

A aprovação do presente decreto-lei procura assim concretizar as medidas mais adequadas para enfrentar os riscos do envelhecimento demográfico, designadamente através da alteração das regras de cálculo das pensões por velhice e invalidez. Desde logo, na pensão por velhice, prevê-se a aplicação, na determinação do montante das pensões, de um factor de sustentabilidade, relacionado com a evolução da esperança média de vida e que é elemento fundamental de adequação do sistema de pensões às modificações de origem demográfica ou económica. Dispõe-se concretamente que o factor de sustentabilidade resulta da relação entre a esperança média de vida em 2006 e aquela que vier a verificar-se no ano anterior ao do requerimento da pensão. Ainda assim, salvaguarda-se que este mecanismo só venha a entrar em vigor a partir de 2008, facultando a todos um melhor conhecimento e antecipação dos respectivos efeitos e até a possibilidade de poderem neutralizar esses efeitos no cálculo das pensões, através de um conjunto de opções estratégicas, garantidas não apenas no quadro da aplicação do presente decreto-lei mas também de outros que com ele necessariamente se articularão. Assim, por exemplo, querendo compensar o impacte da aplicação do factor de sustentabilidade, poderão os beneficiários optar: i) ou por trabalhar, mais algum tempo, após a idade de reforma, regulando-se no presente decreto-lei, justamente, a bonificação na formação da pensão por cada mês de trabalho efectivo para além do momento de acesso à pensão completa ii) ou por descontar voluntariamente para o novo regime complementar público de contas individuais, a regular em diploma próprio, de que advirão ganhos adicionais no montante da pensão a atribuir.

Ainda no domínio do cálculo das pensões de reforma, prevê-se a aceleração do período de passagem à nova fórmula de cálculo das pensões, introduzida com o Decreto-Lei nº 35/2002, de 19 de Fevereiro, afirmando-se, de forma inequívoca e por razões de justiça, o princípio da contributividade no cálculo das pensões.

Depois, e para dar concretização ao princípio do envelhecimento activo, alteram-se, de forma significativa, as regras em matéria de flexibilidade da idade de reforma. Na verdade, tendo-se apurado que o factor de penalização de 4,5% por cada ano de antecipação, previsto no regime anterior de flexibilidade da idade de reforma, não garantia a neutralidade actuarial e financeira do regime, antes comportando custos elevados para o sistema (o que justificou, aliás, a sua suspensão, em 2005), procede-se agora, conforme previsto no mencionado Acordo de Reforma da Segurança Social, à fixação de um factor de redução actuarialmente neutro e justo, de 0,5% por cada mês de redução relativamente à idade de 65 anos.

No entanto, procurando definir com clareza as balizas temporais de aplicação dos factores de redução referidos, o presente decreto-lei clarifica que, para as situações de acesso à pensão antecipada por velhice na sequência de desemprego de longa duração, seja mantida a aplicação do anterior factor de penalização de 4,5% ao ano a todos os beneficiários que tenham requerido prestações de desemprego até à data de entrada em vigor do Decreto-Lei nº 125/2005, de 3 de Agosto, mantendo, portanto, os seus direitos independentemente de a sua reforma vir a ocorrer em momento posterior à entrada em vigor do presente decreto-lei.

No sentido ainda de moralizar a opção pelo regime e atendendo às suas consequências quer no sistema de pensões quer no mercado de trabalho, estabelece-se agora a proibição de acumulação da pensão antecipada com a continuação imediata de prestação de trabalho na mesma empresa ou grupo empresarial onde o pensionista desenvolvia a sua actividade profissional antes da reforma.

Ainda no quadro do regime da flexibilidade da idade legal de reforma reforçam-se os incentivos ao envelhecimento activo, revendo o regime do prolongamento da idade de reforma, através de uma nova forma de concessão de bonificação, que passa a ser atribuída por cada mês efectivo de trabalho adicional e diferenciada em função da carreira contributiva. Para além disto introduzem-se mecanismos de bonificação da permanência no mercado de trabalho para os pensionistas que, podendo antecipar a idade de reforma sem qualquer penalização, optem por continuar a trabalhar.

Ainda tendo por objectivo a promoção do envelhecimento activo, o presente decreto-lei atribui agora um tratamento diferenciado às carreiras contributivas muito longas, o que é feito em diferentes momentos. Por um lado, concedendo-se aos beneficiários com carreiras acima de 46 anos e que se reformem durante o período de passagem das regras antigas às novas regras de cálculo das pensões, a possibilidade de optar, caso lhes seja mais favorável, pela pensão que resultar de acordo com a aplicação exclusiva da nova fórmula de cálculo, por outro, salvaguardando-se que, no cálculo das pensões, sejam considerados, para efeitos de ponderação dos períodos contributivos, todos os anos da carreira, ainda que superiores a 40 anos, considerando, contudo, para o cálculo da remuneração de referência apenas os melhores 40 anos.

O presente decreto-lei traz ainda uma outra importante novidade ao nosso ordenamento jurídico. Vem introduzir uma distinção, no regime da protecção social na invalidez, entre a invalidez relativa, até aqui objecto de regulamentação anterior, e a invalidez absoluta, situa-

ção a merecer pela primeira vez atenção e tratamento especiais. Na verdade, considera-se que estas situações – que traduzem casos de incapacidade permanente e definitiva para a obtenção de quaisquer meios de subsistência resultantes do exercício de qualquer profissão ou trabalho – devem merecer um cuidado especial, pois, ao contrário do que sucede com a invalidez relativa, não subsistem capacidades remanescentes para o trabalho e são, por isso, situações de gravidade social extrema. Assim sendo, a tutela acrescida que o legislador vem agora, em termos inovadores, conceder traduz-se nos seguintes aspectos: em primeiro lugar, a fixação de um prazo de garantia mais baixo que aquele que se exige para a invalidez relativa (três anos naquela contra os cinco desta); em segundo lugar, a não aplicação do factor de sustentabilidade, no momento da convolação da pensão por invalidez em velhice, sempre que o beneficiário tenha estado numa situação de incapacidade absoluta por um período considerado suficientemente longo que impeça a compensação dos efeitos daquele factor, finalmente, a fixação de uma nova regra em matéria de mínimos sociais, garantindo-se, de forma gradual, a atribuição aos beneficiários de pensões de invalidez absoluta de um valor mínimo de pensão igual ao valor mínimo da pensão de velhice correspondente a uma carreira contributiva completa.

Prevê-se ainda a definição de medidas de activação dos pensionistas de invalidez, a aprovar por legislação própria, que visem a reinserção profissional destes beneficiários no mercado de trabalho, valorizando e incentivando as suas capacidades remanescentes.

O legislador vem agora, também na sequência do Acordo de Reforma da Segurança Social, consagrar um princípio de limitação das pensões de montante elevado com vista a uma maior moralização do sistema. Prevê-se assim a limitação superior das pensões com valor superior a 12 vezes o indexante dos apoios sociais, ainda que garantindo o respeito integral pelo princípio da contributividade, designadamente através das salvaguardas que contempla.

O presente decreto-lei reflecte os contributos decorrentes da reflexão e da discussão técnicas que tiveram lugar em diversos sectores e concretiza especificamente os pontos acordados entre o Governo e os parceiros sociais no Acordo de Reforma da Segurança Social. O presente decreto-lei foi submetido, a título facultativo, a apreciação pública através de publicação na separata nº 8 do Boletim do Trabalho e Emprego, de 20 de Novembro de 2006.

Foi promovida a consulta à Comissão Nacional de Protecção de Dados.

Foram ainda ouvidos os órgãos de governo próprios das Regiões Autónomas.

Assim:

No desenvolvimento do regime jurídico estabelecido pela Lei nº 4/2007, de 16 de Janeiro, e nos termos da alínea c) do nº 1 do artigo 198º da Constituição, o Governo decreta o seguinte:

CAPÍTULO I – Princípios fundamentais

SECÇÃO I – Objecto, natureza, âmbito e titularidade das prestações

Artigo 1º – Objecto

1 – O presente decreto-lei define e regulamenta o regime jurídico de protecção nas eventualidades invalidez e velhice do regime geral de segurança social, adiante designado por regime geral.

2 – A protecção prevista no presente decreto-lei tem por objectivo compensar a perda de remunerações de trabalho motivada pela ocorrência das eventualidades referidas no número anterior.

Artigo 2º – Caracterização das eventualidades

1 – Integra a eventualidade invalidez toda a situação incapacitante de causa não profissional determinante de incapacidade física, sensorial ou mental permanente para o trabalho.

2 – Integra a eventualidade velhice a situação em que o beneficiário tenha atingido a idade mínima legalmente presumida como adequada para a cessação do exercício da actividade profissional.

3 – Para efeitos do disposto no nº 1, considera-se situação incapacitante de causa profissional a que resulta de acidente de trabalho ou de doença profissional.

Artigo 3º – Âmbito pessoal

Integram o âmbito pessoal do presente decreto-lei os beneficiários com enquadramento obrigatório no regime geral, para efeitos de protecção nas eventualidades invalidez e velhice.

(Para invalidez dos trabalhadores do BPN ver artº 3º do DL 28/2012, de 11 de Abril. Para invalidez dos trabalhadores do IFADAP ver artº 3º do DL 30/2013, de 12 de Fevereiro)

Artigo 4º – Âmbito material

A protecção nas eventualidades invalidez e velhice é assegurada através da atribuição de prestações pecuniárias mensais, denominadas pensão de invalidez e pensão de velhice.

Artigo 5º – Titularidade das prestações

São titulares do direito às prestações os beneficiários que integrem o âmbito pessoal do presente decreto-lei e satisfaçam as respectivas condições de atribuição.

SECÇÃO II – Regime da responsabilidade civil de terceiro na protecção na invalidez

Artigo 6º – Responsabilidade civil de terceiro

1 – Existindo responsabilidade civil de terceiro pelo facto determinante da incapacidade que fundamenta a atribuição da pensão de invalidez, não há lugar ao pagamento das respectivas prestações até que o somatório das pensões a que o beneficiário teria direito, se não houvesse tal responsabilidade, atinja o valor da indemnização por perda de capacidade de ganho.

2 – Quando não seja discriminado o valor da indemnização por perda da capacidade de ganho, presume-se que a mesma corresponde a dois terços do valor total da indemnização atribuída.

Artigo 7º – Direito ao reembolso das pensões pagas

Sem prejuízo do disposto no artigo anterior, se tiver havido pagamento de pensões, a instituição gestora tem o direito de exigir o respectivo reembolso.

Artigo 8º – Não pagamento da indemnização por falta de bens penhoráveis

Nos casos em que, por falta de bens penhoráveis, o beneficiário não possa obter do responsável o valor da indemnização devida, não há lugar à aplicação do disposto no artigo 6º.

Artigo 9º – Celebração de acordos

1 – Nos casos em que o pedido de reembolso do valor das pensões não tiver sido judicialmente formulado pela instituição gestora, nenhuma transacção pode ser celebrada com o beneficiário titular do direito à indemnização nem pode ser-lhe efectuado qualquer pagamento com a mesma finalidade sem que se encontre certificado, pela mesma instituição, o pagamento de pensões e o respectivo montante.

2 – Havendo acordo, o responsável pela indemnização deve:

a) Comunicar à instituição gestora o valor total da indemnização devida;

b) Reter e pagar directamente à instituição gestora o valor correspondente ao das pensões pagas, até ao limite do montante da indemnização.

3 – Em caso de incumprimento do disposto nos números anteriores, o terceiro responsável pela indemnização responde solidariamente com o beneficiário pelo reembolso do valor das pensões pagas a este.

CAPÍTULO II – Condições de atribuição das prestações

SECÇÃO I – Condições comuns

Artigo 10º – Condições comuns

1 – O reconhecimento do direito às pensões de invalidez e de velhice depende do preenchimento do prazo de garantia e de apresentação de requerimento, sem prejuízo do disposto no número seguinte.

2 – O reconhecimento do direito à pensão provisória de invalidez e à pensão de invalidez, na sequência de verificação de incapacidade permanente promovida oficiosamente, não depende de manifestação de vontade do beneficiário.

3 – Não é reconhecido o direito a pensão de invalidez aos beneficiários que reúnam as condições de atribuição da pensão de velhice nem aos que já sejam titulares da mesma.

Artigo 11º – Totalização de períodos contributivos [206]

1 – Os períodos contributivos cumpridos no âmbito de outros regimes de protecção social, na parte em que não se sobreponham aos períodos contributivos cumpridos no regime geral de segurança social, relevam para os seguintes efeitos:

a) Cumprimento dos prazos de garantia;

b) Condições de acesso à pensão de velhice antecipada ou bonificada no âmbito do regime de flexibilização;

c) Condições de acesso à pensão de velhice no âmbito do regime de antecipação nas situações de desemprego involuntário de longa duração;

d) Determinação do factor de redução ou de bonificação correspondente a aplicar no cálculo da pensão;

e) Cômputo dos anos civis com registo de remunerações relevantes para a determinação da taxa anual de formação da pensão nos termos previstos nos artigos 29º a 31º.

2 – Para efeitos do disposto no número anterior, consideram-se outros regimes de protecção social os regimes especiais de segurança social, o regime de protecção social convergente, os regimes das caixas de reforma ou previdência ainda subsistentes, o regime de segurança social substitutivo constante de instrumento de regulamentação colectiva de trabalho vigente no sector bancário e os regimes dos sistemas de segurança social estrangeiros, de acordo com o disposto em instrumentos internacionais, desde que confiram protecção nas eventualidades de invalidez e velhice.

[206] Redacção do DL 126-B/2017, de 6 de Outubro.

Artigo 12º – Densidade contributiva

1 – Para efeitos da totalização de períodos contributivos prevista no artigo anterior, são considerados os anos civis em que o total de dias com registo de remunerações seja igual ou superior a 120, sem prejuízo do disposto no nº 2 do artigo 96º. [207]

2 – Quando, em alguns dos anos civis com remunerações registadas, não se verificar a densidade contributiva, os dias com registo de remunerações neles verificados são tomados em conta no apuramento da densidade contributiva, dando-se como cumprido um ano civil por cada grupo de 120 dias.

3 – Se o número de dias registados num ano civil, contado individualmente ou em conglobação com outros, for superior a 120, não são considerados os dias excedentes para a contagem de outro ano civil.

4 – Sempre que para o apuramento da densidade contributiva haja necessidade de considerar mais de um ano, a sua contagem é feita sequencialmente, sem prejuízo da irrelevância para o efeito dos anos civis que apresentam o mínimo de 120 dias.

SECÇÃO II – Condições específicas

SUBSECÇÃO I – Condições específicas da invalidez

Artigo 13º – Tipos de invalidez

Para efeitos da protecção prevista no presente decreto-lei, a invalidez pode ser relativa ou absoluta, nos termos dos artigos seguintes.

Artigo 14º – Invalidez relativa

1 – Considera-se em situação de invalidez relativa o beneficiário que, em consequência de incapacidade permanente, não possa auferir na sua profissão mais de um terço da remuneração correspondente ao seu exercício normal.

2 – A incapacidade para o trabalho é permanente quando seja de presumir que o beneficiário não recupera, dentro dos três anos subsequentes, a capacidade de auferir no desempenho da sua profissão mais de 50% da retribuição correspondente.

3 – A incapacidade referida no número anterior reporta-se ao exercício da última profissão desempenhada pelo beneficiário no âmbito do regime geral.

4 – Se, à data do requerimento da pensão, o beneficiário exercer, simultaneamente, mais de uma profissão abrangida pelo regime geral, a invalidez só lhe é

[207] Redacção do DL 126-B/2017, de 6 de Outubro.

reconhecida se a redução de capacidade de ganho prevista se reportar à profissão com remuneração mais elevada.

Artigo 15º – Invalidez absoluta

1 – Considera-se em situação de invalidez absoluta o beneficiário que se encontre numa situação de incapacidade permanente e definitiva para toda e qualquer profissão ou trabalho.

2 – A situação de incapacidade considera-se permanente e definitiva quando o beneficiário não apresenta capacidades de ganho remanescentes nem seja de presumir que o beneficiário venha a recuperar, até à idade legal de acesso à pensão de velhice, a capacidade de auferir quaisquer meios de subsistência.

Artigo 16º – Prazo de garantia

1 – O prazo de garantia para atribuição da pensão de invalidez relativa é de cinco anos civis, seguidos ou interpolados, com registo de remunerações, nos termos do disposto no artigo 12º.

2 – O prazo de garantia para atribuição da pensão de invalidez absoluta é de três anos civis, seguidos ou interpolados, com registo de remunerações, nos termos do disposto no artigo 12º.

3 – Não é exigível o cumprimento do prazo de garantia nos casos em que o beneficiário esgote o período de 1095 dias de registo de remunerações por equivalência à entrada de contribuições por motivo de doença e lhe seja certificada situação de incapacidade permanente para o trabalho.

4 – Nas situações em que por força da revisão da incapacidade, prevista no presente decreto-lei, passe a ser atribuída pensão de invalidez relativa, o pensionista mantém o direito a esta pensão mesmo que não preencha o respectivo prazo de garantia.

Artigo 17º – Certificação da invalidez

1 – O reconhecimento do direito à pensão de invalidez depende ainda da certificação da situação de invalidez.

2 – A situação de invalidez é certificada pelo sistema de verificação de incapacidades em função da incapacidade permanente para o trabalho apresentada pelo beneficiário, nos termos definidos por lei.

3 – O reconhecimento do direito a pensão de invalidez nas situações de existência de incapacidade anterior à data de inscrição do beneficiário no sistema de segurança social depende da verificação de um agravamento posterior determinante de incapacidade permanente para o exercício da profissão.

Artigo 18º – Vinculação sucessiva a outros regimes

Se, à data em que for requerida a pensão, tiver cessado o registo de remunerações, no âmbito do regime geral, por período ininterrupto superior a 12 meses, e o beneficiário estiver a exercer actividade abrangida por diferente regime, ainda que de outro sistema de protecção social, nacional ou estrangeiro, a concessão da pensão fica dependente do reconhecimento, pelo sistema de verificação de incapacidades, da situação de invalidez em relação a essa actividade.

SUBSECÇÃO I – Condições específicas da velhice

Artigo 19º – Prazo de garantia

O prazo de garantia para atribuição da pensão de velhice é de 15 anos civis, seguidos ou interpolados, com registo de remunerações, nos termos do disposto no artigo 12º.

Artigo 20º – Idade de acesso à pensão de velhice [208]

1 – O reconhecimento do direito à pensão de velhice depende ainda de o beneficiário ter idade igual ou superior à idade normal de acesso à pensão de velhice definida nos termos dos números seguintes, sem prejuízo dos seguintes regimes e medidas especiais de antecipação:

a) Regime de flexibilização da idade de pensão de velhice;

b) Regime de antecipação da idade de pensão de velhice por carreiras contributivas muito longas;

c) Regimes de antecipação da idade de pensão de velhice, por motivo da natureza especialmente penosa ou desgastante da actividade profissional exercida, expressamente reconhecida por lei;

d) Medidas temporárias de protecção específica a actividades ou empresas por razões conjunturais;

e) Regime de antecipação da pensão de velhice nas situações de desemprego involuntário de longa duração.

2 – A idade normal de acesso à pensão de velhice em 2014 e 2015 é igual a 65 anos mais o número de meses necessários à compensação do efeito redutor no cálculo das pensões resultante da aplicação do factor de sustentabilidade correspondente a 2013, calculado nos termos do nº 3 do artigo 35º, tendo por referência a taxa mensal de bonificação de 1%.

[208] Redacção do DL 119/2018, de 27 de Dezembro. Teve redacção do artº 5º do DL 167-E/2013, de 31 de Dezembro:
O nº 8 na redacção do DL 79/2019, de 14 de Junho:

3 – Após 2014 a idade normal de acesso à pensão de velhice varia em função da evolução da esperança média de vida aos 65 anos de idade, e corresponde à idade normal de acesso à pensão de velhice em 2014 acrescida do número de meses apurados pela aplicação da seguinte fórmula:

$$m_n = \sum_{n=2015}^{n} (EMV_{1-2} - EMV_{1-2}) \times 12 \times \frac{2}{3}$$

4 – Para efeitos da aplicação da fórmula referida no número anterior, entende-se por:

«m» o número de meses a acrescer à idade normal de acesso à pensão relativa a 2014;

«n» o ano de início da pensão;

«EMV» a esperança média de vida aos 65 anos.

5 – O número de meses obtido por aplicação da fórmula prevista no nº 3 é aproximado, por excesso ou por defeito, à unidade mais próxima.

6 – A idade normal de acesso à pensão de velhice mantém-se em 65 anos relativamente aos beneficiários que se encontrem impedidos legalmente de continuar a prestar o trabalho ou actividade para além daquela idade e que os tenham efectivamente prestado, pelo menos, nos cinco anos civis imediatamente anteriores ao ano de início da pensão.

7 – Para efeitos do número anterior, os beneficiários devem apresentar declaração que comprove a prestação de trabalho ou da actividade, emitida pelo empregador, pelo prestador do serviço, ou pela entidade beneficiária da actividade prestada, consoante os casos.

8 – A idade pessoal de acesso à pensão de velhice é a que resulta da redução, por relação à idade normal de acesso à pensão em vigor, de 4 meses por cada ano civil que exceda os 40 anos de carreira contributiva com registo de remunerações relevantes para cálculo da pensão, que o beneficiário possua à data da apresentação do requerimento da pensão ou na data indicada por este no requerimento com efeitos diferidos, não podendo a redução resultar no acesso à pensão de velhice antes dos 60 anos de idade.

9 – A idade normal de acesso à pensão, determinada nos termos dos números anteriores, consta de portaria do membro do Governo responsável pela área da solidariedade e da segurança social, a publicar no segundo ano civil imediatamente anterior.

Evolução da idade normal de acesso à pensão de velhice:

Ano	*Diploma*	*Idade*
Até Dez 2013	*Dec 45266, 23 Set 1963* *DL 329/93, 25/09*	*65A **
2014 e 2015	*Port 378-G/2013, 31/12*	*66A*
2016	*Port 277/2014, 28/12*	*66A e 2M*
2017	*Port 67/2016, 01/04*	*66A e 3M*
2018	*Port 99/2017, 07/03*	*66A e 4 M*
2019	*Port 25/2018, 18/01*	*66A e 5 M*
2020	*Port 50/2019, 08/02*	*66A e 5M*

Idade diferenciada para mulheres (de 1974 a 1998)
– de 1974 a 1993 – 62 anos de idade (Dec 486/73, 27/09;
– de 1994 a 1999 – subiu 6 meses / ano até atingir 65 anos em 1999.

Artigo 21º – Flexibilização da idade de pensão de velhice [209]

1 – A flexibilização da idade de acesso à pensão de velhice, prevista na alínea a) do nº 1 do artigo anterior, consiste no direito de requerer a pensão em idade inferior ou superior à idade pessoal ou à idade normal de acesso à pensão de velhice vigente no ano de início da pensão de velhice antecipada ou bonificada.

2 – Tem direito à antecipação da idade de pensão de velhice, no âmbito do número anterior, o beneficiário que, tendo cumprido o prazo de garantia, tenha, pelo menos, 60 anos de idade e que, enquanto tiver essa idade, tenha 40 ou mais anos de registo de remunerações relevantes para cálculo da pensão.

3 – A flexibilização da idade de pensão de velhice pode verificar-se no âmbito do regime da pensão unificada.

4 – A pensão é deferida se, no prazo de 30 dias após a comunicação, por parte da entidade gestora das pensões, do montante da pensão a atribuir, o beneficiário não manifestar de forma expressa a desistência do requerimento de acesso à pensão antecipada.

[209] Os nºs 1 e 2 na redacção do DL 119/2018, de 27 de Dezembro, aplicável desde Outubro de 2019.
O nº 1 teve redacção do artº 5º do DL 167-E/2013, de 31 de Dezembro:
O nº 4 aditado pelo Decreto-Lei nº 10/2016, de 8 de Março.
Os nºs 4 e 5 na redacção do DL 79/2019, de 14 de Junho.

5 – Em caso de concordância por parte do beneficiário, expressamente manifestada no requerimento, fica dispensado o período de espera previsto no número anterior.

(Regime transitório de 1 de Janeiro a 30 de Setembro de 2019: apenas aplicável a beneficiários com 63 anos ou mais; com menos de 63 anos aplica-se o regime de 2018. V. regime nos arts 36º e 37º)

(Suspensa desde Abril de 2012 – DL 85-A/2012, 05/04 – a Dezembro de 2014 – DL 8/2015, 14/01.
Esta suspensão não foi aplicada a pilotos, nos termos do artº 8º do DL 167-E/2013, 31/12.
O nº 2 fora derrogado, para 2015 pelo artº 4º do DL 8/2015, 14.01, e depois, na redacção do DL 10/2016, 08/03:
Regime desde 2015: 60 anos de idade e 40 de contribuições)

Artigo 21º-A – Antecipação da idade de pensão de velhice por carreiras contributivas muito longas [210]

1 – A antecipação da idade de acesso à pensão de velhice, prevista na alínea b) do nº 1 do artigo 20º, consiste no direito de acesso à pensão de velhice dos beneficiários que à data de início da pensão cumpram os seguintes requisitos:

a) Idade igual ou superior a 60 anos e, pelo menos, 48 anos civis com registo de remunerações relevantes para cálculo da pensão;

b) Idade igual ou superior a 60 anos e, pelo menos, 46 anos civis com registo de remunerações relevantes para cálculo da pensão, com início de carreira contributiva no regime geral de segurança social ou no regime de protecção social convergente em idade inferior a 17 anos.

2 – Para efeitos do disposto no número anterior, não releva o tempo de carreira contributiva que corresponda a tempo bonificado contado ao abrigo do disposto no artigo 49º.

3 – A pensão é deferida se, no prazo de 30 dias após a comunicação, por parte da entidade gestora das pensões, do montante da pensão a atribuir, o beneficiário não manifestar de forma expressa a desistência do requerimento de acesso à pensão antecipada.

4 – Em caso de concordância por parte do beneficiário, expressamente manifestada no requerimento, fica dispensado o período de espera previsto no número anterior.

[210] Aditado pelo DL 119/2018, de 27 de Dezembro. Na redacção do DL 79/2019, de 14 de Junho.

Artigo 22º – Antecipação da idade de pensão de velhice por motivo da natureza da actividade exercida [211]

A antecipação da idade de pensão de velhice, prevista na alínea c) do nº 1 do artigo 20º, é estabelecida por lei que defina as respectivas condições de atribuição, designadamente a natureza especialmente penosa ou desgastante da actividade profissional exercida pelo beneficiário e as particularidades específicas relevantes no seu exercício.

(Por exemplo: controladores aéreos – DL 155/2009, 09/07)

Artigo 23º – Antecipação da idade de pensão de velhice por razões conjunturais [212]

A antecipação da idade de pensão de velhice, no âmbito das medidas temporárias de protecção específica previstas na alínea d) do nº 1 do artigo 20º, é estabelecida por lei e tem como limite os 55 anos de idade do beneficiário.

Artigo 24º – Antecipação da pensão de velhice nas situações de desemprego involuntário de longa duração [213]

A antecipação da idade de pensão de velhice nas situações de desemprego involuntário de longa duração previstas na alínea e) do nº 1 do artigo 20º é estabelecida por lei e tem como limite os 57 anos de idade do beneficiário.

(V. arts 57º e 58º do DL 220/2006, 03/11)

Artigo 25º – Suporte financeiro da antecipação da idade de pensão de velhice[214]

1 – A antecipação da idade de pensão de velhice pressupõe a existência de adequado suporte financeiro para o efeito.

2 – No regime de flexibilização da idade de pensão, previsto na alínea *a)* do nº 1 do artigo 20º, o suporte financeiro da antecipação da pensão é garantido pela aplicação de adequado factor de redução da pensão de velhice.

3 – Nos restantes regimes e medidas de antecipação da idade de pensão de velhice, previstos nas alíneas c), d) e e) do nº 1 do artigo 20º, o suporte financeiro

[211] Redacção do DL 119/2018, de 27 de Dezembro. Teve redacção do artº 5º do DL 167-E/2013, de 31 de Dezembro:

[212] Redacção do DL 119/2018, de 27 de Dezembro. Teve redacção do artº 5º do DL 167-E/2013, de 31 de Dezembro:

[213] Redacção do DL 119/2019, de 27 de Dezembro. Teve redacção do artº 5º do DL 167-E/2013, de 31 de Dezembro:

[214] Redacção do DL 119/2018, de 27 de Dezembro. Teve redacção do artº 5º do DL 167-E/2013, de 31 de Dezembro:

da antecipação da pensão de velhice é previsto em lei especial que estabeleça o respectivo financiamento.

CAPÍTULO II – Determinação do montante das pensões de invalidez e de velhice

(Aplicável ao regime de protecção social convergente, então ainda regime da função pública, relativamente a beneficiários admitidos desde Setembro de 1993, nos termos do DL 286/93, 20/08)

SECÇÃO I – Pensão estatutária

SUBSECÇÃO I – Elementos de cálculo

Artigo 26º – Montante [215]

1 – A pensão estatutária é a que resulta da aplicação das regras de cálculo da pensão.

2 – O montante mensal da pensão estatutária é igual ao produto da remuneração de referência pela taxa global de formação da pensão e pelo factor de sustentabilidade, quando aplicável, nos termos previstos na presente secção.

Artigo 27º – Revalorização

1 – Os valores das remunerações registadas a considerar para a determinação da remuneração de referência são actualizados por aplicação do índice geral de preços no consumidor (IPC), sem habitação, sem prejuízo do disposto nos números seguintes.

2 – Os valores das remunerações registadas a partir de 1 de Janeiro de 2002, para efeitos do cálculo da pensão com base em toda a carreira contributiva, previstos nos artigos 32º e 33º, são actualizados por aplicação de um índice resultante da ponderação de 75% do IPC, sem habitação, e de 25% da evolução média dos ganhos subjacentes às contribuições declaradas à segurança social, sempre que esta evolução seja superior ao IPC, sem habitação, e com observância do limite fixado no número seguinte. [216]

3 – O índice de actualização anual resultante da aplicação do disposto no número anterior não pode ser superior ao IPC, sem habitação, acrescido de 0,5 pontos percentuais.

[215] Redacção do DL 119/2018, de 27 de Dezembro.
[216] Redacção do artº 5º do DL 167-E/2013, de 31 de Dezembro.

4 – *(revogado)* [217]

5 – A revalorização obtém-se por aplicação às remunerações anuais consideradas para o cálculo da remuneração de referência do coeficiente correspondente a cada um dos anos.

(V. portarias anuais)

Artigo 28º – Remuneração de referência

1 – A remuneração de referência para efeitos do cálculo das pensões é definida pela fórmula TR/(n x 14), em que TR representa o total das remunerações anuais revalorizadas, nos termos do artigo anterior, de toda a carreira contributiva e n o número de anos civis com registo de remunerações, até ao limite de 40.

2 – Quando o número de anos civis com registo de remunerações for superior a 40, considera-se, para apuramento da remuneração de referência, a soma das 40 remunerações anuais, revalorizadas, mais elevadas.

3 – Sem prejuízo do disposto nos números anteriores, a remuneração de referência, para efeitos de determinação de P1, a que se refere o artigo 33º, é definida pela fórmula R/140, em que R representa o total das remunerações dos 10 anos civis a que correspondam as remunerações mais elevadas, compreendidos nos últimos 15 anos da carreira contributiva até ao mês de início da pensão, com registo de remunerações.

4 – Nos casos em que o número de anos civis com registo de remunerações seja inferior a 10, a remuneração de referência a que alude o número anterior obtém-se dividindo o total das remunerações registadas pelo produto de 14 vezes o número de anos civis a que as mesmas correspondam.

5 – Quando, pela natureza e antiguidade dos registos de remunerações existentes nas instituições de segurança social, se não mostrar tecnicamente possível a aplicação dos critérios estabelecidos nos nºs 1 e 3, são considerados os valores convencionais de remunerações fixados na Portaria nº 56/94, de 21 de Janeiro, nos termos nesta estabelecidos e sem prejuízo da possibilidade aí prevista de os beneficiários comprovarem, relativamente a todos os anos a que a mesma se aplique, os valores das remunerações efectivamente auferidas e que sejam base de incidência contributiva para a segurança social.

Artigo 29º – Taxa de formação da pensão

1 – A taxa anual de formação da pensão varia entre 2,3% e 2%, em função do número de anos civis com registo de remunerações e do montante da remuneração de referência, de acordo com o estabelecido no presente decreto-lei.

[217] Revogado pelo artº 5º do DL 167-E/2013, de 31 de Dezembro.

2 – A taxa global de formação da pensão é igual ao produto da taxa anual pelo número de anos civis relevantes, no máximo de 40.

3 – São relevantes para a taxa de formação da pensão os anos civis com densidade contributiva igual ou superior a 120 dias com registo de remunerações.

4 – Quando, em alguns dos anos com remunerações registadas, não se verificar a densidade contributiva estabelecida no número anterior, aplica-se o disposto nos nºs 2, 3 e 4 do artigo 12º.

(Com densidade contributiva desde 1 de Janeiro de 1994 – V. artº 98º)

Artigo 30º – Taxa de formação da pensão dos beneficiários com 20 ou menos anos de registo de remunerações

1 – A taxa anual de formação da pensão dos beneficiários com 20 ou menos anos civis de registo de remunerações é de 2% por cada ano civil relevante.

2 – A taxa global de formação da pensão dos beneficiários referidos no número anterior é igual ao produto de 2% pelo número de anos civis relevantes, com o limite mínimo de 30%.

Artigo 31º – Taxa de formação da pensão dos beneficiários com 21 ou mais anos de registo de remunerações

1 – A taxa anual de formação da pensão dos beneficiários com 21 ou mais anos civis com registo de remunerações é regressiva por referência ao valor da respectiva remuneração de referência, nos termos da tabela constante do anexo I do presente decreto-lei, que deste faz parte integrante.

2 – A taxa global de formação da pensão dos beneficiários referidos no número anterior é, em cada uma das parcelas que compõem a remuneração de referência, igual ao produto da taxa anual pelo número de anos civis relevantes, com o limite de 40.

SUBSECÇÃO II – Cálculo das pensões

Artigo 32º – Regras aplicáveis aos beneficiários inscritos a partir de 1 de Janeiro de 2002 [218]

1 – A pensão estatutária dos beneficiários com 20 ou menos anos civis com registo de remunerações é apurada pela aplicação da seguinte fórmula:

P = RR x 2% x N

2 – A pensão estatutária dos beneficiários com 21 ou mais anos civis de registo de remunerações é obtida pela aplicação das seguintes regras de cálculo:

[218] A alínea c) do nº 2 conforme Declaração de Rectificação nº 59/2007, 26/06.

a) Se a remuneração de referência for igual ou inferior a 1,1 IAS:

P = RR x 2,3% x N

b) Se a remuneração de referência for superior a 1,1 IAS e igual ou inferior a 2 IAS:

P = (1,1 IAS x 2,3% x N) + [(RR – 1,1 IAS) x 2,25% x N]

c) Se a remuneração de referência for superior a 2 IAS e igual ou inferior a 4 IAS:

P = (1,1 IAS x 2,3% x N) + (0,9 IAS x 2,25% x N) + [(RR – 2 IAS) x 2,2% x N]

d) Se a remuneração de referência for superior a 4 IAS e igual ou inferior a 8 IAS:

P = (1,1 IAS x 2,3% x N) + (0,9 IAS x 2,25% x N) + (2 IAS x 2,2% x N) + [(RR – 4 IAS) x 2,1% x N]

e) Se a remuneração de referência for superior a 8 IAS:

P = (1,1 IAS x 2,3% x N) + (0,9 IAS x 2,25% x N) + (2 IAS x 2,2% x N) + (4 IAS x 2,1% x N) + [(RR – 8 IAS) x 2% x N]

3 – Para efeitos da aplicação das fórmulas referidas nos números anteriores, entende-se por:

«P» o montante mensal da pensão estatutária;

«RR» a remuneração de referência;

«N» o número de anos civis com registo de remunerações relevantes para os efeitos da taxa de formação da pensão, com o limite de 40;

«IAS» o indexante dos apoios sociais, tal como definido na lei.

– O regime do IAS está previsto na L 53-B/2006, 26/12.

Artigo 33º – Regras aplicáveis aos beneficiários inscritos até 31 de Dezembro de 2001

1 – A pensão estatutária dos beneficiários inscritos até 31 de Dezembro de 2001 e que iniciem pensão até 31 de Dezembro de 2016 resulta da aplicação da fórmula seguinte:

$$P = \frac{(P1 \times C1 + P2 \times C2)}{C}$$

2 – A pensão estatutária dos beneficiários inscritos até 31 de Dezembro de 2001 e que iniciem pensão após 1 de Janeiro de 2017 resulta da aplicação da fórmula seguinte:

$$P = \frac{(P1 \times C3 + P2 \times C4)}{C}$$

3 – Para efeitos da aplicação das fórmulas referidas nos números anteriores, entende-se por:

«P» o montante mensal da pensão estatutária;

«P1» a pensão calculada por aplicação da regra de cálculo prevista no artigo seguinte;

«P2» a pensão calculada por aplicação das regras de cálculo previstas no artigo anterior;

«C» o número de anos civis da carreira contributiva com registo de remunerações relevantes para os efeitos da taxa de formação de pensão;

«C1» o número de anos civis da carreira contributiva com registo de remunerações relevantes para os efeitos da taxa de formação de pensão completados até 31 de Dezembro de 2006;

«C2» o número de anos civis da carreira contributiva com registo de remunerações relevantes para os efeitos da taxa de formação de pensão completados a partir de 1 de Janeiro de 2007;

«C3» o número de anos civis da carreira contributiva com registo de remunerações relevantes para os efeitos da taxa de formação de pensão completados até 31 de Dezembro de 2001;

«C4» o número de anos civis da carreira contributiva com registo de remunerações relevantes para os efeitos da taxa de formação de pensão completados a partir de 1 de Janeiro de 2002.

4 – Para efeitos de determinação de C1, C2, C3 e C4, previstos nas fórmulas dos números anteriores, considera-se a totalidade dos anos de carreira contributiva, ainda que superior a 40 anos.

5 – Aos beneficiários previstos nos nºs 1 e 2 é garantido o valor de pensão resultante das regras de cálculo constantes no artigo anterior caso este lhes seja mais favorável e superior ao valor mínimo da pensão estabelecido nos artigos 44º, 45º e 55º. [219]

Artigo 34º – Regras de cálculo para determinação de P1

1 – P1 é igual ao produto da taxa global de formação da pensão pelo valor da remuneração de referência, determinada nos termos dos nºs 3 e seguintes do artigo 28º.

2 – A taxa anual de formação da pensão é de 2% por cada ano civil com registo de remunerações.

3 – A taxa global de formação da pensão é o produto da taxa anual pelo número de anos civis com registo de remunerações, tendo por limites mínimo e máximo, respectivamente, 30% e 80%.

[219] Redacção do artº 63º da Lei nº 64-A/2008, de 31 de Dezembro.

Artigo 35º – Factor de sustentabilidade [220]

1 – No momento do cálculo da pensão de velhice, ao montante da pensão estatutária é aplicável o factor de sustentabilidade correspondente ao ano de início da pensão, sem prejuízo do disposto no nº 5.

2 *(revogado)*

3 – O factor de sustentabilidade é definido pela seguinte fórmula:

$$FS = EMV_{2000}/EMV_{\mathrm{ano}i\text{-}1}$$

4 – Para efeitos da aplicação da fórmula referida no número anterior, entende-se por:

«FS» o factor de sustentabilidade;

«*EMV2000*» a esperança média de vida aos 65 anos verificada em 2000;

«*EMV*ano*i*-1» a esperança média de vida aos 65 anos verificada no ano anterior ao de início da pensão.

5 – Fica salvaguardado da aplicação do factor de sustentabilidade o cálculo das seguintes pensões estatutárias:

a) Pensões de invalidez;

b) Pensões de velhice resultantes da convolação das pensões de invalidez;

c) Pensões de velhice dos beneficiários que passem à situação de pensionistas na idade normal ou na idade pessoal de acesso à pensão, ou em idade superior;

d) Pensões de velhice do regime de flexibilização da idade;

e) Pensões de velhice do regime de antecipação por carreiras contributivas muito longas.

6 – *(revogado)*

7 – O indicador da esperança média de vida aos 65 anos relativa a cada ano é objecto de publicação pelo Instituto Nacional de Estatística.

FS	*2008*	*2009*	*2010*	*2011*	*2012*	*2013*	*2014*	*2015*	*2016*	*2017*	*2018*	*2019*
Valor	*0,9944*	*0,9868*	*0,9835*	*0,9686*	*0,9608*	*0,9522*	*0,8766**	*0,8698**	*0,8666**	*0,8612**	*0,8550*	*0,8533*
Redução	*0,56%*	*1,32%*	*1,65%*	*3,14%*	*3,92%*	*4,78%*	*12,34%*	*13,02%*	*13,34%*	*13,88%*	*14,5%*	*14,67%*

** Na situação de invalidez convolada: 2014 – 0,9457 (redução de 5,43%);*
2015 – 0,9383 (redução de 6,17%);
2016 – 0,9339 (redução de 6,61%);
2017 – 0,9291 (redução de 7,09%)
2018 e segs sem factor de sustentabilidade.

[220] Redacção do DL 119/2018, de 27 de Dezembro. O nº 6 b) teve redacção do DL 73/2018, de 17 de Setembro:
Teve redacção do DL 126-B/2017, de 6 de Outubro.
Teve redacção do artº 5º do DL 167-E/2013, de 31 de Dezembro.

SECÇÃO II – Pensão antecipada

Artigo 36º – Montante da pensão antecipada [221]

1 – O montante da pensão antecipada de velhice atribuída no âmbito do disposto na alínea *a)* do nº 1 do artigo 20º é calculado pela aplicação de um factor de redução ao valor da pensão estatutária, calculada nos termos gerais.

2 – O factor de redução é determinado pela fórmula 1 – x, em que x é igual à taxa global de redução.

3 – A taxa global de redução é o produto da taxa mensal de 0,5% pelo número de meses de antecipação considerados para o efeito.

4 – O número de meses de antecipação é apurado entre a data da apresentação do requerimento da pensão antecipada ou, quando aplicável, entre a data indicada pelo beneficiário no requerimento apresentado com efeitos diferidos, e a idade pessoal de acesso à pensão de velhice do beneficiário, ou a idade normal de acesso à pensão de velhice em vigor.

5 – *(revogado)*

6 – Os beneficiários com pensão antecipada, reduzida nos termos dos números anteriores, que tenham cessado o exercício de actividade podem continuar a contribuir para efeito de acréscimo do montante da pensão, nos termos da lei.

7 – O montante da pensão antecipada atribuída ao abrigo do regime previsto no artigo 21º-A é calculado nos termos gerais, sem aplicação do disposto nos números anteriores ou do artigo 37º.

8 – O montante da pensão antecipada atribuída ao abrigo dos regimes especiais previstos nas alíneas c), d) e e) do nº 1 do artigo 20º é calculado nos termos gerais, com as particularidades previstas na lei especial que se lhes aplique.

(Para o nº 5 desde 2015: 60 anos de idade e 40 anos com contribuições – respectivamente, artº 4º do DL 8/2015, 14/01 e DL nº 10/2016, de 8 de Março)

(Para o nº 6 ver arts 249º a 253º do CRC e DL 435/99, 29/10)

(As pensões dos grupos em que há antecipação legal da idade de reforma não tem qualquer redução, como por exemplo os controladores aéreos)

[221] O nº 4 na redacção do DL 79/2019, de 14 de Junho. Teve redacção do artº 5º do DL 167-E/2013, de 31 de Dezembro.
O nº 5 revogado pelo DL 119/2018, de 27 de Dezembro. Teve redacção do DL 8/2015, de 14 de Janeiro:
O nº 8 aditado pelo DL 126-B/2017, de 6 de Outubro, na redacção do DL 119/2018, de 27 de Dezembro.
Os nºs 1 e 7 tiveram redacção do artº 5º do DL 167-E/2013, de 31 de Dezembro.

SECÇÃO III – Pensão bonificada

Artigo 37º – Montante da pensão bonificada [222]

1 – O montante da pensão estatutária de velhice atribuída a beneficiário com idade superior à idade pessoal ou à idade normal de acesso à pensão em vigor e, pelo menos, 15 anos com registo de remunerações relevantes para efeitos da taxa de formação da pensão é calculado nos termos gerais e bonificado pela aplicação do factor definido no número seguinte.

2 – O factor de bonificação é determinado pela fórmula 1 + y, em que y é igual à taxa global de bonificação.

3 – A taxa global de bonificação é o produto da taxa mensal pelo número de meses a bonificar compreendidos entre o mês em que o beneficiário atinja a idade pessoal ou a idade normal de acesso à pensão de velhice em vigor e o mês de início da pensão, com o limite de 70 anos.

4 – A taxa mensal de bonificação varia em função do número de anos civis com registo de remunerações que o beneficiário tenha cumprido à data do início da pensão, nos termos da tabela constante do anexo II do presente decreto-lei, que deste faz parte integrante.

5 – Para efeitos de apuramento da taxa global de bonificação referida no nº 3 relevam os meses com registo de remunerações por trabalho efectivo.

6 – O montante da pensão bonificada não pode ser superior a 92% da melhor das remunerações de referência que tenham servido de base ao cálculo da pensão estatutária.

7 – Quando o beneficiário activo falecer sem ter requerido a pensão, ainda que reunindo as condições de bonificação previstas nos números anteriores, o montante da pensão bonificada deve ser considerado para efeito de cálculo da pensão de sobrevivência.

Artigo 38º – Bonificação de períodos contributivos cumpridos antes dos 65 anos *(revogado)* [223]

[222] Os nºs 1 e 3 na redacção do DL 119/2018, de 27 de Dezembro. Tiveram redacção do artº 5º do DL 167-E/2013, de 31 de Dezembro.

[223] Revogado pelo artº 7º do DL 119/2018, de 27 de Dezembro. Teve redacção do artº 5º do DL 167-E/2013, de 31 de Dezembro.

SECÇÃO IV – Pensão proporcional

Artigo 39º – Montante da pensão proporcional

1 – As pensões com prazo de garantia preenchido por recurso à totalização de períodos contributivos verificados noutros regimes de protecção social, nos termos do artigo 11º, são calculadas nos termos gerais, mas o seu montante é reduzido à fracção correspondente à relação entre o período contributivo cumprido no regime geral e o prazo de garantia legalmente exigido.

2 – Se, para efeito de totalização, forem tomados em consideração períodos contributivos de regime de segurança social estrangeiro, o cálculo da pensão é efectuado nos termos do instrumento internacional aplicável.

SECÇÃO V – Pensão regulamentar

Artigo 40º – Montante da pensão regulamentar

O quantitativo mensal da pensão regulamentar é igual ao montante da pensão estatutária, acrescido dos valores respeitantes:

a) Às actualizações das pensões;

b) Aos acréscimos decorrentes de actividade exercida em acumulação, se for caso disso.

Artigo 41º – Montantes adicionais das pensões

Nos meses de Julho e Dezembro de cada ano, os pensionistas têm direito a receber, além da pensão mensal que lhes corresponda, um montante adicional de igual quantitativo.

Artigo 42º – Actualização das pensões

Os valores das pensões são actualizados anualmente segundo as regras legalmente definidas.

Artigo 43º – Acréscimos por exercício de actividade

1 – Nas situações de exercício de actividade em acumulação com pensões de invalidez relativa e de velhice, o montante mensal da pensão regulamentar é acrescido de 1/14 de 2% do total das remunerações registadas.

2 – O acréscimo referido no número anterior produz efeitos no dia 1 de Janeiro de cada ano, com referência às remunerações registadas no ano anterior.

SECÇÃO VI – Valores mínimos de pensão

Artigo 44º – Valores mínimos de pensão de invalidez relativa e de pensão de velhice [224]

1 – Aos pensionistas de invalidez relativa e de velhice é garantido um valor mínimo de pensão variável em função do número de anos civis com registo de remunerações relevantes para efeitos da taxa de formação da pensão, cujos montantes constam de legislação própria.

2 – Quando esteja em causa a atribuição de pensão proporcional prevista no artigo 39º, é garantida, como valor mínimo, uma percentagem da pensão mínima aplicável correspondente à fracção do período contributivo cumprido no âmbito do regime geral.

3 – O valor mínimo de pensão previsto no nº 1 é aplicável nas pensões antecipadas atribuídas ao abrigo dos regimes previstos nas alíneas b), c), d) e e) do nº 1 do artigo 20º.

(Para o nº 1 ver artº 7º e anexo da L 53-B/2006, 29/12 e portarias anuais)

Artigo 45º – Valor mínimo de pensão de invalidez absoluta

1 – Aos pensionistas de invalidez absoluta é garantido um valor mínimo de pensão igual ao valor mínimo de pensão de invalidez relativa e de velhice correspondente a uma carreira contributiva de 40 anos, em termos graduais, definidos no presente decreto-lei.

2 – Quando esteja em causa a atribuição de pensão proporcional prevista no artigo 39º, é garantida, como valor mínimo, uma percentagem da pensão mínima referida no número anterior, e nos termos por este previstos, correspondente à fracção do período contributivo cumprido no âmbito do regime geral.

3 – O disposto nos números anteriores é ainda aplicável às pensões de invalidez absoluta convoladas em pensão de velhice.

(Para o nº 1 ver artº 105º)

Artigo 46º – Atribuição de complemento social

Quando o valor das pensões, calculadas nos termos gerais, for de montante inferior aos valores garantidos nos artigos 44º e 45º, acresce ao respectivo montante uma prestação, designada por complemento social, cujo valor corresponde à diferença entre o valor mínimo garantido e o valor da pensão estatutária ou regulamentar.

[224] O nº 3 na redacção do DL 79/2019, de 14 de Junho. Teve redacção do DL 119/2018, de 27 de Dezembro. Teve redacção do artº 5º do DL 167-E/2013, de 31 de Dezembro.

Artigo 47º – Natureza do complemento social

O complemento social previsto no artigo anterior é uma prestação do subsistema de solidariedade, cuja atribuição não depende de condição de recursos nem de residência.

SECÇÃO VII – Contagens especiais de tempo de carreira contributiva

Artigo 48º – Contagem de tempo de serviço militar obrigatório [225]

1 – O tempo de serviço militar obrigatório é contado, a requerimento dos interessados, aos beneficiários activos ou pensionistas que:

a) À data da prestação desse serviço não estivessem abrangidos por regimes de segurança social, em termos de conferirem direito ao registo de remunerações por equivalência à entrada de contribuições;

b) Não tenham usufruído da contagem do referido tempo para efeito de qualquer outro regime, ainda que de outro sistema de protecção social.

2 – A contagem de tempo, a que se refere o número anterior, faz-se nos termos gerais e releva para os seguintes efeitos:

a) Cumprimento dos prazos de garantia e de outras condições especiais de tempo de carreira contributiva para acesso às pensões de invalidez e velhice;

b) Condições de acesso à pensão de velhice do regime de flexibilização, do regime de antecipação da idade de pensão de velhice por carreiras contributivas muito longas e do regime de antecipação da pensão de velhice nas situações de desemprego involuntário de longa duração;

c) Determinação do factor de redução ou de bonificação a aplicar no cálculo da pensão;

d) Determinação da taxa global de formação da pensão.

3 – Os efeitos a que se refere o número anterior reportam-se à data do início da pensão, se o requerimento for anterior, ou ao mês seguinte ao da entrada do requerimento, se for posterior àquela data.

(Para os abrangidos: equivalência à entrada de contribuições – artº 72º do D Reg 1-A/2011, 03/01.

Entretanto o artº 112º da Lei nº 114/2017, de 29 de Dezembro, tinha vindo dispor:

"Artigo 112º – Reconhecimento geral e contagem integral do tempo de serviço militar obrigatório

1 – É garantido o reconhecimento geral e a contagem integral do tempo de serviço militar obrigatório e das eventuais bonificações a que haja lugar, para efeitos de aposentação ou reforma, independentemente de os beneficiários estarem abrangidos ou

[225] O nº 2 b) na redacção do DL 119/2018, de 27 de Dezembro. Teve redacção do artº 158º do DL 33/2018, de 15 de Maio, aplicável desde 1 de Janeiro de 2018.

não por regimes de segurança social à data da prestação do serviço militar e sem necessidade de exigir o pagamento de contribuições ou quotizações.

2 – O disposto no número anterior aplica-se aos subscritores da CGA, I. P., e aos beneficiários da segurança social que ainda não requereram a contagem do tempo de serviço militar obrigatório ou das bonificações ou que, já o tendo requerido, os respectivos processos ainda não estejam concluídos.

3 – O Governo aprova legislação que garanta e regulamente o cumprimento do disposto nos números anteriores no prazo de 30 dias a contar da data de entrada em vigor da presente lei."

Tratou-se da alteração produzida pelo nº 2 do artº 158º do DL 33/2018, de 15 de Maio)

Artigo 49º – Contagens especiais de períodos de actividade [226]

1 – As contagens especiais de períodos de actividade para cálculo das pensões previstas em normas de segurança social inseridas em diplomas que definem os estatutos profissionais de certas actividades só podem ter lugar desde que tenham sido pagas para o efeito as correspondentes contribuições adicionais.

2 – As contagens especiais de períodos de actividade referidas no número anterior não relevam para efeitos do cômputo dos anos civis com registo de remunerações para efeitos do regime de antecipação da idade de pensão de velhice por carreiras contributivas muito longas, previsto no artigo 21º-A.

CAPÍTULO IV – Início e duração das pensões

Artigo 50º – Início da pensão de invalidez

1 – A pensão de invalidez é devida a partir da data da deliberação da comissão de verificação ou de recurso ou daquela a que a comissão reporte a incapacidade, sem prejuízo do disposto no número seguinte.

2 – A pensão de invalidez não pode ter início em data anterior à do requerimento ou à da promoção oficiosa da verificação da incapacidade.

Artigo 51º – Início da pensão de velhice

A pensão de velhice é devida a partir da data da apresentação do respectivo requerimento ou daquela que o beneficiário indique para o início da pensão, no caso previsto neste decreto-lei relativamente à apresentação antecipada do requerimento.

[226] O nº 2 na redacção do DL 119/2018, de 27 de Dezembro. Teve redacção do DL 126-B/2017, de 6 de Outubro.
O nº 1 era o corpo do artigo na versão original.

Artigo 52º – Convolação em pensão de velhice[227]

As pensões de invalidez adquirem a natureza de pensão de velhice a partir do mês seguinte àquele em que o pensionista atinge a idade normal de acesso à pensão de velhice em vigor.

(Regra aplicável a todas as convolações que ocorram a partir de 1 de Outubro de 2018. Quanto à "idade normal de acesso à pensão" ver nº 9 do artº 20º)

Artigo 53º – Cessação das pensões

1 – As pensões cessam no fim do mês em que se verifique a extinção do respectivo direito.

2 – O direito extingue-se pela morte do titular da pensão e pelo desaparecimento das respectivas condições de atribuição.

3 – A cessação das pensões de invalidez, decorrente da revisão da incapacidade, produz efeitos a partir do mês seguinte ao da comunicação do facto ao pensionista pela instituição gestora.

CAPÍTULO V – Acumulação e coordenação das pensões

SECÇÃO I – Acumulação de pensões com pensões

Artigo 54º – Acumulação com pensões de regimes de enquadramento obrigatório

É permitida a acumulação das pensões estatutárias ou regulamentares de invalidez e de velhice do regime geral com pensões de outros regimes de protecção social de enquadramento obrigatório, sem prejuízo do disposto no artigo seguinte.

Artigo 55º – Garantia de mínimos na acumulação com outras pensões

1 – No caso de acumulação de pensões do regime geral com pensões de outros regimes de protecção social de enquadramento obrigatório, os valores mínimos a que se referem os nºs 1 dos artigos 44º e 45º são garantidos na soma das pensões que sejam objecto de acumulação.

2 – Em caso de acumulação de pensão proporcional com pensões de outros regimes de protecção social de enquadramento obrigatório, os valores mínimos a que se referem os nºs 2 dos artigos 44º e 45º são garantidos na soma das pensões que sejam objecto de acumulação.

[227] Redacção do DL 126-B/2017, de 6 de Outubro, com produção de efeitos a Out 2018. Teve redacção do artº 5º do DL 167-E/2013, de 31 de Dezembro.

3 – Quando a soma das pensões não atinja os valores mínimos previstos nos nºs 1 e 2 dos artigos 44º e 45º, ao valor da pensão do regime geral acresce o montante de complemento social necessário para atingir este mínimo.

4 – Para efeito de garantia dos valores mínimos previstos nos números anteriores, a actualização das pensões atribuídas por outros regimes de protecção social obedece às mesmas regras de actualização aplicáveis às pensões do regime geral.

5 – Exceptuam-se do disposto no número anterior as situações em que o beneficiário possa, de forma comprovada e regular, informar o Centro Nacional de Pensões sobre o valor actualizado da pensão atribuída por outro regime de protecção social.

6 – Os procedimentos para concretização do disposto no número anterior constam de despacho da instituição gestora.

Artigo 56º – Outros regimes de protecção social de enquadramento obrigatório

Para efeitos de aplicação do disposto no artigo anterior, consideram-se outros regimes de protecção social de enquadramento obrigatório os seguintes regimes:

a) Os regimes especiais do sistema de segurança social;

b) Os regimes da função pública;

c) O regime dos antigos funcionários ultramarinos;

d) O regime dos advogados e solicitadores;

e) O regime dos trabalhadores da Companhia Portuguesa Rádio Marconi;

f) O regime de protecção social estabelecido na regulamentação colectiva de trabalho dos empregados bancários;

g) Os regimes de protecção nos riscos de acidente de trabalho e doença profissional;

h) Os regimes dos sistemas de segurança social estrangeiros.

Artigo 57º – Acumulação com pensões de regimes facultativos

1 – As pensões de invalidez e de velhice do regime geral são livremente acumuláveis com pensões atribuídas por regimes facultativos de protecção social.

2 – Os períodos de registo de remunerações sucessivos para o regime geral e para o regime do seguro social voluntário determinam a atribuição de uma única pensão, não dando, consequentemente, origem à acumulação prevista no número anterior.

SECÇÃO II – Acumulação de pensões com rendimentos de trabalho

Artigo 58º – Acumulação da pensão de invalidez relativa com rendimentos de trabalho

É permitida a acumulação da pensão de invalidez relativa com rendimentos de trabalho, auferidos no País ou no estrangeiro, atentas as capacidades remanescentes do pensionista e tendo em vista a sua reabilitação e reintegração profissional.

Artigo 59º – Regras aplicáveis na acumulação

1 – Quando a acumulação tenha lugar com rendimentos provenientes da profissão que o beneficiário vinha exercendo à data da invalidez, a acumulação a que se reporta o artigo anterior tem por limite o valor de 100% da remuneração de referência tomada em consideração no cálculo da pensão.

2 – Quando a acumulação se faça com rendimentos provenientes de profissões ou actividades diferentes daquela que o beneficiário vinha exercendo à data da invalidez, a acumulação tem por limite os valores indexados à remuneração de referência tomada em consideração no cálculo da pensão, nos termos do anexo III do presente decreto-lei, que deste faz parte integrante.

3 – Para efeitos de determinação dos limites de acumulação referidos nos números anteriores, não se consideram incluídos no valor da pensão mensal os respectivos montantes adicionais, o complemento social ou quaisquer outros complementos de pensão.

4 – A remuneração de referência a que se referem os nºs 1 e 2 é actualizada pela aplicação das regras previstas no artigo 27º.

Artigo 60º – Redução da pensão de invalidez relativa por efeito da acumulação

1 – Se o quantitativo mensal recebido pelo pensionista como soma da pensão de invalidez relativa com rendimentos de trabalho for superior aos limites estabelecidos nos nºs 1 e 2 do artigo anterior, os montantes concedidos ao pensionista são reduzidos na parte em que o referido quantitativo mensal exceda esses limites.

2 – O quantitativo mensal dos rendimentos do trabalho, a considerar para efeitos do número anterior, corresponde aos valores seguintes, conforme o caso:

a) No início da acumulação, ao valor da remuneração declarada pelo pensionista ou oficiosamente apurada pela entidade gestora das pensões; [228]

b) Posteriormente, a 1/14 das remunerações auferidas no ano anterior.

[228] Redacção do DL 119/2018, de 27 de Dezembro.

Artigo 61º – Proibição de acumulação da pensão de invalidez absoluta com rendimentos de trabalho

1 – A pensão de invalidez absoluta não é acumulável com rendimentos de trabalho.

2 – O exercício de actividade em violação do disposto no número anterior determina a perda do direito à pensão durante o correspondente período, sem prejuízo da aplicação dos regimes legais de restituição das prestações indevidamente pagas e sancionatório.

Artigo 62º – Acumulação da pensão de velhice com rendimentos de trabalho ou actividade [229]

1 – A acumulação da pensão de velhice com rendimentos de trabalho é livre, sem prejuízo do disposto nos números seguintes.

2 – As pensões de velhice resultantes da convolação das pensões de invalidez absoluta não são acumuláveis com rendimentos de trabalho.

3 – Sem prejuízo do disposto no nº 1 do artigo 79º, é proibida a acumulação de pensão antecipada de velhice, atribuída no âmbito do regime de flexibilização e no regime de antecipação da idade de pensão de velhice por carreiras contributivas muito longas, com rendimentos provenientes de exercício de trabalho ou actividade, a qualquer título, na mesma empresa ou grupo empresarial, por um período de três anos a contar da data de acesso à pensão antecipada.

4 – O exercício de actividade em violação do disposto nos nºs 2 e 3 determina a perda do direito à pensão durante o correspondente período, sem prejuízo da aplicação dos regimes legais de restituição das prestações indevidamente pagas e sancionatório.

5 – Em caso de violação do disposto no nº 3, a entidade empregadora ou a entidade a quem seja prestado o serviço é solidariamente responsável pela devolução das prestações recebidas indevidamente pelo beneficiário desde que a situação seja do seu conhecimento.

(Para o nº 3 ver artº 104º nº 3)

(Não acumulação com rendimentos da Administração Pública de 2011 a 2014 – V. artº 4º da Port 159/2011, 15/04)

[229] O nº 3 na redacção do DL 79/2019, de 14 de Junho. Teve redacção do DL 119/2018, de 27 de Dezembro.

SECÇÃO III – Coordenação das pensões do regime geral e da função pública

Artigo 63º – Pensão unificada

1 – As pensões de invalidez e de velhice do regime geral e as pensões de aposentação ou de reforma da Caixa Geral de Aposentações, a receber por quem tenha sido abrangido pelos dois regimes de protecção social, podem ser atribuídas de forma unificada.

2 – A atribuição da pensão unificada é regulada por lei.

(Para o nº 2 ver Decreto-Lei nº 361/98, de 18 de Novembro)

CAPÍTULO VI – Verificação das incapacidades permanentes

Artigo 64º – Verificação das incapacidades

1 – A verificação da incapacidade para atribuição das pensões de invalidez é realizada pelos centros distritais de segurança social no âmbito do sistema de verificação de incapacidades.

2 – Constituem órgãos especializados do sistema de verificação de incapacidades as comissões de verificação, as comissões de recurso e os médicos relatores.

3 – A lei define a estrutura, as competências e o regime de funcionamento do sistema de verificação de incapacidades.

(Trata-se do DL 360/97, 17/12)

Artigo 65º – Avaliação da incapacidade

A incapacidade permanente para o trabalho é avaliada em função das funcionalidades físicas, sensoriais e mentais, do estado geral, da idade, das aptidões profissionais e da capacidade de trabalho remanescente dos beneficiários, sem prejuízo do disposto no nº 2 do artigo 15º.

Artigo 66º – Revisão da incapacidade

1 – O pensionista de invalidez pode ser sujeito a exame de revisão da incapacidade por decisão da instituição gestora ou a seu pedido, nos termos da lei.

2 – Ressalvada a situação de agravamento da incapacidade, a revisão da incapacidade só pode ser requerida após três anos a contar da data da atribuição da pensão.

(Cf. alínea j) do nº 2 do artº 24º do DL 360/97, de 17 de Dezembro)

CAPÍTULO VII – Atribuição de pensões provisórias

SECÇÃO I – Condições de atribuição das pensões provisórias

Artigo 67º – Pensões provisórias

Podem ser atribuídas pensões provisórias de invalidez ou de velhice tendo em vista impedir situações temporárias de desprotecção.

Artigo 68º – Atribuição da pensão provisória de invalidez [230]

1 – A atribuição de pensões provisórias de invalidez depende de o beneficiário, à data do requerimento, satisfazer as condições de atribuição da pensão, sem prejuízo do disposto no número seguinte.

2 – É ainda atribuída pensão provisória de invalidez quando se tenha esgotado o período máximo de 1095 dias de registo de remunerações por incapacidade temporária e se mantenha a incapacidade para o trabalho.

3 – Os beneficiários a quem tenha sido atribuída pensão provisória de invalidez são sujeitos oficiosamente a exame pelas comissões de verificação de incapacidades, no prazo de 30 dias.

(Cf. artº 25º do DL 28/2004, de 4 de Fevereiro)

Artigo 69º – Não atribuição de pensão provisória de invalidez [231]

1 – Nas situações previstas no nº 2 do artigo anterior, não há lugar à atribuição de pensão provisória de invalidez nos casos em que o período máximo de 1095 dias de registo de remunerações por incapacidade temporária for atingido sem que tenha decorrido um ano sobre a data da deliberação anterior da comissão de verificação ou de recurso que não tenha considerado o beneficiário em situação de incapacidade permanente.

2 – O princípio estabelecido no número anterior não é aplicável aos casos de nova verificação de incapacidade permanente por agravamento do estado de saúde do beneficiário, nos termos legalmente previstos.

Artigo 70º – Atribuição da pensão provisória de velhice

A atribuição da pensão provisória de velhice depende de os beneficiários satisfazerem, à data do requerimento, as condições de atribuição da pensão de velhice.

230 Redacção do DL 79/2019, de 14 de Junho. O nº 2 passou a nº 3.
231 O nº 1 na redacção do DL 79/2019, de 14 de Junho.

Artigo 71º – Montante das pensões provisórias [232]

1 – O montante da pensão provisória de invalidez prevista no nº 2 do artigo 68º corresponde ao valor da pensão social do regime não contributivo.

2 – O montante da pensão provisória de invalidez prevista no nº 1 do artigo 68º, e de velhice prevista no artigo 70º, é o que resulta do cálculo efectuado nos termos gerais, de acordo com os elementos disponíveis, sem prejuízo da garantia do valor mínimo nos termos dos artigos 44º e 45º.

SECÇÃO II – Duração das pensões provisórias

Artigo 72º – Início das pensões provisórias de invalidez [233]

As pensões provisórias de invalidez, previstas no nº 2 do artigo 68º, são devidas a partir do dia seguinte àquele em que se esgotou o período máximo de 1095 dias de registo de remunerações por incapacidade temporária.

Artigo 73º – Cessação das pensões provisórias [234]

1 – As pensões provisórias cessam pela sua conversão em pensões definitivas.

2 – As pensões provisórias de invalidez cessam:

a) Se não for verificada a incapacidade permanente determinante de atribuição de pensão de invalidez;

b) Se o beneficiário não comparecer, sem motivo justificado, ao exame para que tenha sido convocado nos termos do nº 3 do artigo 68º.

3 – Na situação prevista na alínea b) do número anterior há lugar à restituição dos valores das pensões provisórias de invalidez que tenham sido pagas.

Artigo 74º – Acerto de valores

Determinado o montante da pensão definitiva, a instituição gestora procede de imediato ao acerto do respectivo valor com o montante da pensão provisória que vinha sendo atribuída.

232 Redacção do DL 79/2019, de 14 de Junho.
233 Redacção do DL 79/2019, de 14 de Junho.
234 A alínea b) do nº 2 na redacção do DL 79/2019, de 14 de Junho.

CAPÍTULO VIII – Processamento e administração

SECÇÃO I – Gestão das pensões

Artigo 75º – Instituição gestora

1 – A gestão das pensões previstas neste decreto-lei e a aplicação da respectiva legislação compete ao Instituto de Segurança Social, I. P., através do Centro Nacional de Pensões e dos centros distritais, sem prejuízo das competências exercidas pelos serviços e organismos competentes das administrações regionais.

2 – Compete ao Centro Nacional de Pensões:

a) A atribuição do direito às pensões, incluindo os complementos sociais;

b) A realização do cálculo, processamento e pagamento das pensões;

c) A disponibilização de informação, ao abrigo do Código do Procedimento Administrativo, sobre a simulação do montante provável de pensão.

3 – Compete aos centros distritais do Instituto de Segurança Social, I. P., a prestação de informação e de apoio aos beneficiários sobre as matérias referentes às pensões, disponibilizando, designadamente, a consulta de dados sobre a respectiva situação no sítio da Internet da segurança social.

SECÇÃO II – Organização dos processos

Artigo 76º – Requerimento

1 – A atribuição das pensões depende de requerimento dos interessados, sem prejuízo do disposto no nº 2 do artigo 10º.

2 – Os requerimentos, de modelo próprio, podem ser apresentados no centro distrital de segurança social da área de residência do beneficiário, no Centro Nacional de Pensões ou no sítio da Internet da segurança social.

3 – No caso de os beneficiários residirem no estrangeiro, o requerimento pode ser apresentado nas instituições previstas para o efeito nos instrumentos internacionais aplicáveis e, na sua falta, no Centro Nacional de Pensões ou no sítio da Internet da segurança social.

4 – O requerimento de pensão de velhice pode ser apresentado com a antecedência máxima de três meses em relação à data a que o beneficiário deseje reportar o início da pensão.

Artigo 77º – Declaração de exercício de actividade profissional dos requerentes de pensão de invalidez

1 – Os beneficiários devem declarar, no acto do requerimento da pensão de invalidez, a última profissão desempenhada no âmbito do regime geral e, no caso

de exercício simultâneo de mais de uma, ainda que de diferente sistema de protecção social, nacional ou estrangeiro, aquela a que corresponda maior remuneração.

2 – Nas situações de cessação de registo de remunerações por período ininterrupto superior a 12 meses, à data do requerimento, o requerente da pensão deve declarar se exerce actividade profissional abrangida por outro regime, ainda que de diferente sistema de protecção social, nacional ou estrangeiro.

3 – Os requerentes de pensão de invalidez devem ainda declarar se exercem actividade profissional abrangida por regime de diferente sistema de protecção social, nacional ou estrangeiro, bem como a respectiva remuneração.

Artigo 78º – Declaração de exercício de actividade profissional dos pensionistas de invalidez relativa

Os pensionistas de invalidez relativa que exerçam actividade profissional devem comunicar ao Centro Nacional de Pensões:

a) O início do exercício da actividade e o valor da respectiva remuneração mensal;

b) O termo do exercício da actividade;

c) Periodicamente, o valor médio mensal das remunerações auferidas.

Artigo 79º – Exercício de actividade profissional dos pensionistas de velhice antecipada [235]

1 – Para os efeitos previstos no nº 3 do artigo 62º, os pensionistas que acedam à pensão de velhice, no âmbito do regime de flexibilização da idade de pensão de velhice e do regime de antecipação da idade de pensão de velhice por carreiras contributivas muito longas são obrigados a cessar a actividade profissional na mesma empresa ou grupo empresarial em que exerciam à data do requerimento de pensão, caso ainda não o tenham feito, no prazo de 60 dias após a data de produção de efeitos do deferimento da pensão de velhice antecipada.

2 – Os pensionistas referidos no número anterior devem comunicar ao Centro Nacional de Pensões o reinício de actividade na mesma empresa ou grupo empresarial, nos três anos seguintes a contar da data de acesso à pensão antecipada, bem como a identificação da entidade empregadora respectiva.

[235] Redacção do DL 79/2019, de 14 de Junho. Teve redacção do DL 119/2018, de 27 de Dezembro.

Artigo 80º – Declaração de titularidade de pensão dos requerentes de pensão de invalidez e de velhice

Os beneficiários devem declarar, no acto do requerimento, se são titulares de outra pensão e, em caso afirmativo, indicar o respectivo valor e a entidade pagadora.

Artigo 81º – Declaração de titularidade de pensão dos pensionistas de invalidez e de velhice

Os pensionistas de invalidez e de velhice que passem a acumular a pensão com outra concedida por outro regime, ainda que de diferente sistema de protecção social, devem declarar ao Centro Nacional de Pensões:

a) O início e o valor da pensão acumulada;

b) O termo da pensão acumulada;

c) Periodicamente, o valor da pensão acumulada.

Artigo 82º – Declaração em caso de incapacidade decorrente do acto de terceiro

No acto de requerimento da pensão de invalidez devem os beneficiários:

a) Declarar se a incapacidade foi provocada por intervenção de terceiro;

b) Identificar os eventuais responsáveis pela incapacidade permanente;

c) Declarar se houve lugar a indemnização e qual o respectivo montante.

Artigo 83º – Actuação do Centro Nacional de Pensões nas declarações periódicas

1 – As declarações periódicas referidas na alínea c) do artigo 78º e na alínea c) do artigo 81º são realizadas nos prazos e nos termos estabelecidos pelo Centro Nacional de Pensões.

2 – O Centro Nacional de Pensões dá conhecimento directo aos pensionistas dos prazos e dos termos estabelecidos para as declarações periódicas a que se refere o número anterior de modo que seja assegurada a informação necessária para o cumprimento da respectiva obrigação.

Artigo 84º – Prazo geral das declarações

O prazo para a apresentação das declarações não referidas no artigo anterior é de 30 dias após a ocorrência do respectivo evento.

Artigo 85º – Meios de prova para a atribuição das pensões de invalidez e de velhice

1 – O processo de atribuição das pensões de invalidez e de velhice deve ser instruído, para além do requerimento, com os seguintes elementos:

a) Fotocópia do bilhete de identidade;

b) Certificação da incapacidade permanente, nos termos definidos no presente decreto-lei, tratando-se de pensão de invalidez;

c) Certificação dos períodos contributivos cumpridos.

2 – Dos processos devem ainda constar as declarações exigidas neste decreto-lei, designadamente as referidas nos artigos 77º, 80º e 82º, bem como outros elementos necessários, pertinentes e adequados à aplicação do presente decreto-lei.

Artigo 86º – Efeitos da inobservância das obrigações legais

1 – Determinam a suspensão do pagamento das prestações em curso:

a) A falta de apresentação das declarações a que se referem a alínea c) do artigo 78º e a alínea c) do artigo 81º;

b) A adopção pelos pensionistas de procedimentos que impeçam ou retardem a avaliação da subsistência da incapacidade, designadamente a ausência injustificada ao exame médico e a não actuação para a obtenção de elementos clínicos.

2 – Apresentadas as declarações referidas no número anterior e adoptados os procedimentos que permitam a avaliação da subsistência da incapacidade, o pensionista readquire o direito ao pagamento das prestações suspensas desde o início daquela, verificados os requisitos legais.

SECÇÃO III – Atribuição e pagamento das pensões

Artigo 87º – Forma expressa

A atribuição das pensões exige decisão expressa da instituição gestora.

Artigo 88º – Comunicação de atribuição das pensões

1 – O Centro Nacional de Pensões notifica o beneficiário e a entidade empregadora, se for caso disso, da atribuição das pensões e da data a que o início das mesmas se reporta.

2 – Da comunicação deve constar a discriminação dos elementos necessários à correcta compreensão do montante da pensão, designadamente:

a) As remunerações consideradas para o cálculo;

b) O número de anos civis com registo de remunerações relevantes para o cálculo da pensão;

c) O valor da pensão estatutária;

d) O montante do complemento social da pensão, sempre que haja lugar à sua atribuição.

Artigo 89º – Comunicação de não atribuição das pensões

1 – Se na apreciação do processo se verificar que não se encontram reunidas as condições de atribuição da pensão requerida, a instituição gestora promove a audiência do interessado nos termos gerais.

2 – Da notificação ao interessado devem constar informações sobre:

a) As condições em falta que inviabilizam a atribuição da pensão requerida;

b) O prazo, não inferior a 10 dias, para o requerente se pronunciar e fazer prova da existência das referidas condições de atribuição;

c) A consequência de indeferimento do pedido, caso o requerente não proceda à comprovação em falta até ao termo do prazo fixado.

3 – Quando os elementos remetidos pelo beneficiário não permitam a verificação das condições de atribuição das pensões, há lugar ao indeferimento do pedido devidamente fundamentado.

Artigo 90º – Pagamento das pensões

As pensões previstas no presente decreto-lei são pagas mensalmente, salvo quando o seu valor for inferior a 1% do IAS, caso em que o pagamento é semestral.

Artigo 91º – Prazo de prescrição

1 – O direito às pensões vencidas prescreve a favor da instituição gestora no prazo de cinco anos contado a partir da data em que as mesmas são postas a pagamento, com conhecimento dos pensionistas.

2 – São equiparadas a prestações postas a pagamento as que se encontrem legalmente suspensas por incumprimento de obrigações imputável ao beneficiário.

CAPÍTULO IX – Disposições complementares, transitórias e finais

SECÇÃO I – Disposições complementares

Artigo 92º – Contra-ordenações [236]

1 – Constituem contra-ordenação punível, ao abrigo do regime de contra-ordenações no âmbito dos regimes de segurança social, com coima de € 50 a € 350:

a) Falsas declarações previstas no nº 7 do artigo 20º, sobre o trabalho ou actividade efectivamente prestados nos últimos cinco anos civis imediatamente anteriores ao ano de início da pensão;

[236] A alínea a) do nº 1 foi aditada e as seguintes renumeradas pelo artº 5º do DL 167-E/2013, de 31 de Dezembro.

b) A acumulação da pensão de invalidez absoluta com rendimentos de trabalho em violação do disposto no artigo 61º;

c) A acumulação da pensão de velhice com rendimentos de trabalho em violação do disposto nos nºs 2 e 3 do artigo 62º;

d) As falsas declarações previstas no artigo 77º sobre a última profissão exercida;

e) A omissão ou falsas declarações sobre o início do exercício da actividade e respectiva remuneração dos pensionistas de invalidez, prevista na alínea a) do artigo 78º, quando devida;

f) A omissão ou falsas declarações sobre a cessação ou reinício da actividade prevista no artigo 79º;

g) A omissão ou falsas declarações sobre o recebimento de outra pensão pelos requerentes ou pensionistas de invalidez e velhice, prevista no artigo 80º e na alínea a) do artigo 81º;

h) As falsas declarações previstas na alínea b) do artigo 78º e na alínea b) do artigo 81º;

i) A omissão ou falsas declarações previstas no artigo 82º.

2 – O montante da coima prevista no número anterior é elevada para o dobro quando do incumprimento dos deveres previstos nas respectivas alíneas resulte o efectivo pagamento indevido de prestações.

3 – A apresentação das declarações previstas na alínea b) do artigo 78º e na alínea b) do artigo 81º findo o prazo estabelecido no artigo 84º não constitui contra-ordenação, mas, decorrendo desse facto alteração do montante das prestações, os novos valores apenas são devidos a partir da data de apresentação das respectivas declarações.

(Para as alíneas b) e c) do nº 1 ver artº 230º do CRC)
(Para as alíneas a) e d) a i) do nº 1 ver artº 22º c) do CRC)

Artigo 93º – Requerimentos de pensões com efeitos diferidos

Nas situações em que tenha sido requerida pensão de velhice com efeitos diferidos, nos termos do nº 4 do artigo 76º, ou em que os requisitos legais para a atribuição das pensões só se verifiquem na vigência deste decreto-lei, o regime aplicável é o que se encontra em vigor à data do início da atribuição das pensões.

Artigo 94º – Conversão das pensões de invalidez

As pensões de invalidez que se encontrem em curso à data da entrada em vigor do presente decreto-lei são convertidas em pensões de invalidez relativa, sem prejuízo de posterior pedido de revisão da incapacidade a que se refere o artigo 66º.

Artigo 95º – Alteração ao Decreto-Lei nº 261/91, de 25 de Julho

O artigo 12º do Decreto-Lei nº 261/91, de 25 de Julho, repristinado pelo Decreto-Lei nº 87/2004, de 17 de Abril, passa a ter a seguinte redacção:

(...)

(Está no diploma próprio)

(Quanto ao âmbito da alteração ver artº 106º.
Para o actual regime dos trabalhadores pré-reformados ver arts 84º a 88º do CRC)

SECÇÃO II – Disposições transitórias

Artigo 96º – Prazos de garantia adquiridos ao abrigo de normas anteriores

1 – Relevam para efeitos de atribuição das pensões de invalidez e de velhice os prazos de garantia cumpridos ao abrigo e durante a vigência das normas que os determinaram.

2 – Para cumprimento dos prazos de garantia em formação à data da entrada em vigor do presente decreto-lei não é exigida a densidade contributiva relativamente aos anos anteriores a 1994.

3 – Sempre que o beneficiário não tenha adquirido o prazo de garantia ao abrigo de norma anterior, cada período de 12 meses com registo de remunerações anterior a 1994 corresponde a um ano civil para o efeito deste decreto-lei.

Artigo 97º – Prazo de garantia nas situações de pagamento retroactivo de contribuições

O disposto no artigo 12º do Decreto Regulamentar nº 37/90, de 27 de Novembro, quanto à lei reguladora dos prazos de garantia, apenas é aplicável relativamente aos pedidos de pagamento retroactivo de contribuições apresentados até 31 de Dezembro de 1993.

Artigo 98º – Densidade contributiva para efeito de taxa de formação da pensão

Para efeitos de taxa de formação prevista nos artigos 29º e 34º, a exigência de densidade contributiva prevista só tem lugar a partir de 1 de Janeiro de 1994.

Artigo 99º – Revalorização das remunerações nas situações de pagamento retroactivo de contribuições

As remunerações decorrentes do pagamento retroactivo de contribuições efectuado ao abrigo do disposto no Decreto-Lei nº 380/89, de 27 de Outubro, são revalorizadas nos termos previstos no artigo 27º, por aplicação do coeficiente correspondente ao ano de apresentação do respectivo requerimento.

Artigo 100º – Aplicação do factor de sustentabilidade aos beneficiários já inscritos na segurança social *(revogado)*[237]

Artigo 101º – Limite superior das pensões

1 – Nas pensões calculadas nos termos do artigo 34º, P1 fica limitada a 12 vezes o IAS, sem prejuízo do disposto nos números seguintes.

2 – Sempre que P2 seja superior a P1, não é aplicado qualquer limite a esta parcela.

3 – A limitação referida no nº 1 também não é aplicável se o valor de P1 e de P2 for superior a 12 vezes o valor do IAS e o P1 for superior a P2, situação em que a pensão é calculada nos termos do artigo 32º.

Artigo 102º – Excepção ao princípio da limitação das actualizações de pensões de valor elevado

1 – O princípio da limitação das actualizações das pensões de valor superior a 12 vezes o valor do IAS, estabelecido por lei, não é aplicável quando se verifique o previsto nos nºs 2 e 3 do artigo anterior.

2 – As excepções previstas no número anterior abrangem ainda as pensões calculadas e atribuídas ao abrigo de legislação anterior desde que preencham as condições ali previstas, tendo em conta para o efeito o montante de P2, que seria calculado com a aplicação do artigo 32º deste decreto-lei.

Artigo 103º – Complemento por cônjuge a cargo

Mantém-se o direito à prestação designada por complemento por cônjuge a cargo, atribuída ou a atribuir em função de pensões concedidas no âmbito da legislação anteriormente vigente e nos seus precisos termos.

(V. artº 80º nºs 4 e 5 do Dec 45 266, 23/09/1963)

Artigo 104º – Salvaguarda de direitos

1 – Às pensões em curso à data da entrada em vigor do presente decreto-lei continua a aplicar-se o regime de valores mínimos previsto na lei anterior, salvo se, por efeito da revisão da incapacidade a que se refere o artigo 66º, resultar a possibilidade de aplicação de regime de mínimos sociais mais favorável, constante do artigo 45º, tendo em conta a transição prevista no artigo seguinte.

2 – Para as pensões acumuladas com pensões de outros regimes de protecção social anteriormente ao início de vigência do presente decreto-lei mantêm-se em vigor as normas que lhes eram aplicáveis e nos seus precisos termos.

[237] Revogado pelo artº 6º do Decreto-Lei nº 126-B/2017, de 6 de Outubro. Teve redacção do artº 5º do DL 167-E/2013, de 31 de Dezembro.

3 – Para as pensões de invalidez e pensões de velhice antecipadas ao abrigo do regime da flexibilização, acumuladas com rendimentos de trabalho anteriormente ao início de vigência do presente decreto-lei, mantêm-se em vigor as normas que lhes eram aplicáveis e nos seus precisos termos.

4 – As pensões antecipadas de velhice atribuídas após situação de desemprego de longa duração, tendo em conta a salvaguarda de direitos adquiridos prevista no nº 3 do artigo 82º do Decreto-Lei nº 220/2006, de 3 de Novembro, são calculadas nos seguintes termos:

a) Aos beneficiários cujas prestações de desemprego tenham sido requeridas até à data da entrada em vigor do Decreto-Lei nº 125/2005, de 3 de Agosto, é aplicável, no cálculo da respectiva pensão, o factor de redução previsto no artigo 38º-A do Decreto-Lei nº 329/93, de 25 de Setembro, e suas alterações;

b) Aos beneficiários que tenham requerido as suas prestações de desemprego depois da data da entrada em vigor do Decreto-Lei nº 125/2005, de 3 de Agosto, é aplicável, no cálculo da respectiva pensão, o factor de redução previsto no artigo 36º do presente decreto-lei.

Artigo 105º – Transição para os valores mínimos das pensões por invalidez absoluta

O valor mínimo das pensões de invalidez absoluta converge para o valor referido no artigo 45º, nos seguintes termos:

a) Em 2008 e 2009, garante-se o valor mínimo de pensão correspondente a uma carreira contributiva de 15 a 20 anos;

b) Em 2010 e 2011, garante-se o valor mínimo de pensão correspondente a uma carreira contributiva de 21 a 30 anos;

c) De 2012 em diante, garante-se o valor mínimo de pensão correspondente a uma carreira contributiva de 40 anos.

Artigo 106º – Âmbito das alterações ao regime da pré-reforma

A alteração resultante do disposto no artigo 95º ao Decreto-Lei nº 261/91, de 25 de Julho, não é aplicável aos trabalhadores que à data de entrada em vigor do presente decreto-lei estejam em situação de pré-reforma.

(V. nota ao artº 95º)

SECÇÃO III – Disposições finais

Artigo 107º – Avaliação dos regimes e medidas especiais de flexibilização

1 – Os regimes e medidas especiais de flexibilização da idade de pensão de velhice, previstos no presente decreto-lei, ficam sujeitos a avaliação periódica

para aferir da adequação do suporte financeiro e da regulamentação aos condicionalismos económicos e sociais que os fundamentam.

2 – Sem prejuízo do disposto no número anterior, quaisquer novos regimes ou medidas especiais de flexibilização a criar devem ter duração limitada, fixando o diploma que os institua o respectivo período de vigência.

3 – A avaliação e a concretização dos regimes e das medidas previstas no número anterior são precedidas de parecer, não vinculativo, da comissão executiva do Conselho Nacional de Segurança Social.

(Para o nº 3 o Conselho Nacional de Segurança Social foi substituído pelo Conselho Nacional para as Políticas de Solidariedade e Segurança Social. V. nota ao artº 95º da L 4/2007, 16 JAN)

Artigo 108º – Regulamentação

As medidas de reabilitação e de reconversão profissional e de activação dos pensionistas de invalidez constam de legislação própria.

Artigo 109º – Execução

Os procedimentos necessários à execução do presente decreto-lei são aprovados por portaria do Ministro do Trabalho e da Solidariedade Social.

Artigo 110º – Referências legais

As referências legais para preceitos de diplomas revogados entendem-se feitas para as correspondentes disposições deste decreto-lei.

Artigo 111º – Regimes especiais de protecção social na invalidez

1 – Mantêm-se em vigor os regimes especiais de protecção social na invalidez aprovados por lei.

2 – O disposto no número anterior não prejudica a possibilidade de revisão da incapacidade para o efeito de aplicação do regime da invalidez absoluta, se mais favorável.

Artigo 112º – Âmbito pessoal de aplicação do capítulo II do Decreto-Lei nº 141/91, de 10 de Abril

O capítulo II do Decreto-Lei nº 141/91, de 10 de Abril, não se aplica aos beneficiários do regime geral.

Artigo 113º – Norma revogatória

São revogados:

a) O Decreto-Lei nº 329/93, de 25 de Setembro, na redacção dada pelos Decretos-Leis nºs 9/99, de 8 de Janeiro, e 437/99, de 29 de Outubro, sem prejuízo do previsto no nº 4 do artigo 104º;

b) O Decreto Regulamentar nº 7/94, de 11 de Março;

c) O Decreto-Lei nº 35/2002, de 19 de Fevereiro;

d) Os artigos 1º e 2º do Decreto-Lei nº 125/2005, de 3 de Agosto.

Artigo 114º – Produção de efeitos

1 – O regime estabelecido no presente decreto-lei aplica-se:

a) Às prestações requeridas ou promovidas oficiosamente após a sua entrada em vigor;

b) Às relações jurídicas prestacionais, constituídas ao abrigo de legislação anterior e que se mantenham na vigência da presente lei, salvo nos casos em que a aplicação da lei anterior esteja prevista neste decreto-lei.

2 – O factor de sustentabilidade não se aplica às pensões cuja data a que se reporta o respectivo início não seja posterior a 31 de Dezembro de 2007.

3 – O factor de sustentabilidade não se aplica ainda à convolação das pensões de invalidez em pensão de velhice se iniciadas até 31 de Dezembro de 2007.

Artigo 115º – Entrada em vigor

O presente decreto-lei entra em vigor no 1º dia útil do mês seguinte ao da sua publicação.

Visto e aprovado em Conselho de Ministros de 8 de Março de 2007. – *José Sócrates Carvalho Pinto de Sousa – Fernando Teixeira dos Santos – José António Fonseca Vieira da Silva.* Promulgado em 26 de Abril de 2007. Publique-se. O Presidente da República, ANÍBAL CAVACO SILVA. Referendado em 30 de Abril de 2007. O Primeiro-Ministro, *José Sócrates Carvalho Pinto de Sousa.*

ANEXO I

Taxa anual de formação de pensão dos beneficiários com registo de remunerações igual ou superior a 21 anos (a que se refere o nº 1 do artigo 31º)

Definição das parcelas da remuneração de referência (RR) por indexação ao montante do indexante dos apoios sociais (IAS)	Taxas anuais (percentagem)
1ª parcela – até 1,1 x AS	2,30
2ª parcela – superior a 1,1 x IAS e até 2 x IAS	2,25
3ª parcela – superior a 2 x IAS e até 4 x IAS	2,20
4ª parcela – superior a 4 x IAS e até 8 x IAS	2,10
5ª parcela – superior a 8 IAS	2

ANEXO II

(na versão do DL 167-E/2013, de 31 de Dezembro)

Taxa mensal de bonificação (a que se refere o nº 4 do artigo 37º)

Situação do beneficiário		Taxas de bonificação mensal (percentagem)
Idade	Carreira contributiva (anos)	
Superior à idade pessoal ou à idade normal de acesso à pensão de velhice	De 15 a 24	0,33
	De 25 a 34	0,5
	De 35 a 39	0,65
	Superior a 40	1

ANEXO III

Limites de acumulação de pensão de invalidez relativa com rendimentos de trabalho

(a que se refere o nº 2 do artigo 59º)

Anos de acumulação	Limites de acumulação
1º	2 x RR
2º	1,75 x RR
3º	1,5 x RR
4º e seguintes	1,33 x RR

Lei nº 90/2009, de 31 de Agosto

Aprova o regime especial de protecção na invalidez

Com a redacção dos seguintes diplomas:
– DL 246/2015, de 20 de Outubro;
– L 6/2016, de 17 de Março;
– DL 136/2019, de 6 de Setembro.

A Assembleia da República decreta, nos termos da alínea *c)* do artigo 161º da Constituição, o seguinte:

Artigo 1º – Objecto [238]

A presente lei estabelece o regime especial de protecção social na invalidez no âmbito do regime geral de segurança social e do regime do seguro social

238 Redacção do Decreto-Lei nº 246/2015, de 20 de Outubro.

voluntário do sistema previdencial, do regime não contributivo do subsistema de solidariedade e do regime de protecção social convergente.

Artigo 2º – Âmbito pessoal [239]

1 – A presente lei abrange os beneficiários dos regimes de protecção social previstos no artigo anterior que se encontrem em situação de incapacidade permanente para o trabalho, nos termos previstos no nº 2 do artigo 14º do Decreto-Lei nº 187/2007, de 10 de Maio, e com prognóstico de evolução rápida para uma situação de perda de autonomia com impacto negativo na profissão por eles exercida, originada por paramiloidose familiar, doença de Machado-Joseph, VIH/sida, esclerose múltipla, doença do foro oncológico, esclerose lateral amiotrófica, doença de Parkinson, doença de Alzheimer e doenças raras, sem prejuízo do disposto no número seguinte.

2 – São ainda abrangidos os beneficiários que se encontrem em situação de incapacidade permanente para o trabalho, nos termos previstos no nº 2 do artigo 14º do Decreto-Lei nº 187/2007, de 10 de Maio, decorrente de outras doenças de causa não profissional ou de responsabilidade de terceiro, de aparecimento súbito ou precoce que evoluam rapidamente para uma situação de perda de autonomia com impacto negativo na profissão por eles exercida.

(Doença rara – Directiva 2011/24/UE, do Parlamento e do Conselho, 9 de Março de 2011)

Artigo 3º – Âmbito material [240]

1 – A protecção especial na eventualidade invalidez, regulada na presente lei, é assegurada através da atribuição das prestações pecuniárias mensais denominadas:

a) Pensão de invalidez, no âmbito do regime especial de protecção na invalidez, atribuível aos beneficiários do regime geral de segurança social e do regime do seguro social voluntário;

b) Pensão de aposentação por invalidez atribuível aos beneficiários do regime de protecção social convergente;

c) Pensão social de invalidez, no âmbito do regime especial de protecção na invalidez, atribuível aos beneficiários do regime não contributivo;

d) Complemento por dependência atribuível aos beneficiários de qualquer dos regimes de protecção social, independentemente da qualidade de pensionista.

2 – (*revogado*)

[239] Redacção da Lei nº 6/2016, de 17 de Março. Teve redacção do Decreto-Lei nº 246/2015, de 20 de Outubro.

[240] As alíneas a) e c) do nº 1 na redacção da Lei nº 6/2016, de 17 de Março.
Teve redacção do Decreto-Lei nº 246/2015, de 20 de Outubro, que revogou o nº 2.

(Para a alínea c) do nº 1 apesar de a pensão social de invalidez ter sido convertida em prestação social para a inclusão pelo nº 2 do art 48º do DL 126-A/217, de 6 de Outubro. Cf artº 10-A)

Artigo 4º – Prazo de garantia [241]

1 – O prazo de garantia para atribuição da pensão de invalidez prevista na presente lei aos beneficiários do regime geral de segurança social e do regime de protecção social convergente é de três anos civis, seguidos ou interpolados, com registo de remunerações, nos termos do disposto nos artigos 11º e 12º do Decreto-Lei nº 187/2007, de 10 de Maio.

2 – O prazo de garantia para atribuição da pensão de invalidez prevista na presente lei aos beneficiários do regime do seguro social voluntário é de 36 meses.

Artigo 5º – Cálculo da pensão

1 – O montante da pensão do regime geral é igual a 3% da remuneração de referência, calculada nos termos do número seguinte, por cada ano civil relevante para efeitos de cálculo de pensão, tendo em conta os limites estabelecidos no artigo 6º.

2 – A remuneração de referência a considerar resulta da seguinte fórmula: *R*/42, em que *R* representa o total das remunerações dos três anos civis a que correspondam as remunerações mais elevadas de entre os últimos 15 com registo de remunerações.

3 – O disposto nos números anteriores não prejudica a possibilidade de aplicação das regras de cálculo previstas no artigo 32º do Decreto-Lei nº 187/2007, de 10 de Maio, se mais favorável.

4 – O montante da pensão do regime não contributivo do subsistema de solidariedade é igual ao valor mínimo de pensão de invalidez e de velhice correspondente a uma carreira contributiva inferior a 15 anos.

Artigo 6º – Montante mínimo

O montante da pensão não pode ser inferior a 30% da remuneração de referência e superior a 80% da melhor das remunerações de referência que tenham servido de base ao cálculo da pensão estatutária.

Artigo 7º – Complemento por dependência *(revogado)* [242]

241 Redacção do Decreto-Lei nº 246/2015, de 20 de Outubro.

242 Revogado pelo artº 5º do Decreto-Lei nº 246/2015, de 20 de Outubro.

Artigo 8º – Processo de atribuição das prestações [243]

O processo de atribuição das prestações deve ser instruído, para além do requerimento, com os seguintes documentos:

a) Informação clínica emitida por médico especializado, comprovando a doença que origina a situação de incapacidade permanente para o trabalho ou a situação de dependência;

b) Deliberação dos serviços de verificação de incapacidades competentes nos respectivos regimes de protecção social, de que o requerente se encontra em situação de incapacidade permanente para o trabalho, para efeitos de atribuição de pensão de invalidez, no âmbito do regime especial de protecção na invalidez;

c) Deliberação dos serviços de verificação de incapacidades competentes nos respectivos regimes de protecção social, de que o requerente se encontra em situação de dependência, para efeitos de atribuição do complemento por dependência.

Artigo 9º – Direito subsidiário

Em tudo o que não estiver especialmente previsto na presente lei é aplicável o disposto no regime geral de segurança social do sistema previdencial e no regime não contributivo do subsistema de solidariedade, de harmonia com o regime em que o beneficiário se enquadre.

Artigo 10º – Regime de protecção social convergente [244]

1 – O disposto nos artigos 5º a 9º é aplicável, com as necessárias adaptações, aos subscritores da Caixa Geral de Aposentações, I. P., inscritos nesta Caixa a partir de 1 de Setembro de 1993.

2 – No cálculo da pensão de aposentação dos subscritores inscritos na Caixa Geral de Aposentações, I. P., antes de 1 de Setembro de 1993, o tempo de serviço apurado na parcela P1 é acrescido em 50% com o limite, no cômputo das parcelas P1 e P2, do número máximo de anos de serviço relevantes em vigor na data do reconhecimento da incapacidade permanente, nos termos da fórmula de cálculo prevista no artigo 5º da Lei nº 60/2005, de 29 de Dezembro, na redacção introduzida pela Lei nº 11/2014, de 6 de Março, não havendo lugar ao pagamento de contribuições relativamente a esse acréscimo.

3 – Ao cálculo da parcela P2 das pensões dos subscritores referidos no número anterior aplica-se, com as necessárias adaptações, o disposto nos nºs 1, 2 e 3 do artigo 5º.

[243] As alíneas a) e b) na redacção da Lei nº 6/2016, de 17 de Março. Teve redacção do Decreto-Lei nº 246/2015, de 20 de Outubro.

[244] Redacção do Decreto-Lei nº 246/2015, de 20 de Outubro.

4 – Compete à Caixa Geral de Aposentações, I. P., ou às respectivas entidades empregadoras, conforme os beneficiários se encontrem aposentados ou em actividade, respectivamente, a atribuição do complemento por dependência previsto na presente lei, bem como suportar os respectivos encargos.

5 – O complemento por dependência concedido ao abrigo deste diploma e da demais legislação aplicável não é acumulável com benefícios da ADSE destinadas a idêntico fim.

Artigo 10º-A – Cessação da pensão [245]

1 – A pensão social prevista na alínea c) do n.º 1 do artigo 3º cessa a partir da data de atribuição da prestação social para a inclusão.

2 – O beneficiário pode apresentar novo requerimento para atribuição da pensão prevista na alínea c) do n.º 1 do artigo 3º, caso deixe de preencher os requisitos para atribuição da prestação social para inclusão.

Artigo 11º – Comissão *(revogado)* [246]

Artigo 12º – Produção de efeitos

O regime estabelecido na presente lei aplica-se:

a) Às prestações requeridas após a sua entrada em vigor;

b) Às relações jurídicas prestacionais constituídas ao abrigo de legislação anterior que se mantenham na vigência do presente diploma, desde que requerido pelos respectivos titulares e a respectiva patologia certificada tenha sido causa da incapacidade permanente para o trabalho que originou a pensão de invalidez.

Artigo 13º – Norma revogatória

São revogados os seguintes diplomas:

a) Os artigos 1º, 4º, 5º e 7º da Lei nº 1/89, de 31 de Janeiro;

b) Decreto Regulamentar nº 25/90, de 9 de Agosto;

c) Decreto Legislativo Regional nº 21/92/A, de 21 de Outubro;

d) Decreto Regulamentar Regional nº 9/93/A, de 6 de Abril;

e) Decreto-Lei nº 216/98, de 16 de Junho;

f) Decreto-Lei nº 92/2000, de 19 de Maio;

g) Decreto-Lei nº 327/2000, de 22 de Dezembro;

h) Decreto-Lei nº 173/2001, de 31 de Maio.

[245] Aditado pelo artº 5º do DL nº 136/2019, de 6 de Setembro.

[246] Revogado pela Lei nº 6/2016, de 17 de Março. Teve redacção do DL 246/2015, de 20 de Outubro.
A alínea b) fora revogada pelo artº 5º do Decreto-Lei nº 246/2015, de 20 de Outubro.

(Adicionalmente ver norma revogatória (artº 5º) do DL 246/2015, de 20 de Outubro. (Os diplomas referidos nas alíneas c) e d) foram aplicáveis até Dezembro de 2015 – para a doença de Machado-Joseph (DMJ) aplicável o regime anterior próprio nos termos do Ac TC 304/2011 – DR 1ª de 28 de Julho)

Artigo 14º – Entrada em vigor

A presente lei entra em vigor no dia 1 de Janeiro de 2010.

Aprovada em 10 de Julho de 2009. O Presidente da Assembleia da República, *Jaime Gama*. Promulgada em 20 de Agosto de 2009. Publique-se. O Presidente da República, ANÍBAL CAVACO SILVA. Referendada em 20 de Agosto de 2009. O Primeiro-Ministro, *José Sócrates Carvalho Pinto de Sousa*.

• Pensão de sobrevivência e subsídio por morte

– Decreto-Lei nº 322/90, de 18 de Outubro – Regime
– Lei nº 7/2001, de 11 de Maio – Uniões de facto

Decreto-Lei nº 322/90, de 18 de Outubro

Com as alterações dos seguintes diplomas:
– DL 141/91, de 10 de Abril;
– DL 265/99, de 14 de Julho;
– L 23/2010, de 30 de Agosto;
– DL 133/2012, de 17 de Junho;
– DL 13/2013, de 25 de Janeiro (artº 2º);
– Lei nº 82-B/2014, de 31 de Dezembro (artº 170º);
– Decreto-Lei nº 33/2018, de 15 de Maio (artº 150º);
– Decreto-Lei nº 79/2019, de 14 de Junho (arts 3º, 7º e 10º).

A protecção por morte dos beneficiários abrangidos por regime de segurança social é realizada genericamente a favor do seu agregado familiar mediante a concessão de prestações continuadas, embora não necessariamente vitalícias – as pensões de sobrevivência –, e de uma prestação única – o subsídio por morte.

A generalização do regime das pensões de sobrevivência estabelecida pelo Decreto-Lei nº 277/70, de 18 de Junho, enquadrado pelo Regulamento, ainda hoje em vigor, aprovado por despacho ministerial de 23 de Dezembro de 1970, contribuiu de forma significativa para o alargamento do âmbito das pessoas protegidas. Por seu turno, a regulamentação do subsídio por morte consta do Decreto nº 45266, de 23 de Setembro de 1963, que concretiza as bases estabelecidas na Lei nº 2115, de 18 de Junho de 1962 (Lei de Bases do Sistema de Previdência Social), então em vigor.

A evolução processada no domínio da Segurança Social determinou, no entanto, a desactualização de muitos dos preceitos do Regulamento, bem como de aspectos importantes relativos às finalidades próprias destas prestações.

Por outro lado, as modificações introduzidas nos últimos anos ao regime das pensões de sobrevivência da função pública aconselham, de igual modo, uma revisão técnica e normativa, com a preocupação de aproximar e harmonizar o mais possível os dois sistemas de protecção social, dentro de limites que permitam as suas diferenças estruturais, sobretudo jurídico-institucionais e financeiras.

A inclusão num mesmo diploma dos dois benefícios por morte concedidos pela Segurança Social tem em vista, por um lado, articulá-los devidamente, uma vez que têm regras análogas ou mesmo comuns.

Concretiza-se assim a preocupação de actualizar a legislação de segurança social, sistematizando-a e codificando-a por eventualidades, de harmonia com o padrão estabelecido pela norma mínima internacional (Convenção nº 102 da OIT) e o Código Europeu de Segurança Social (Conselho da Europa).

De entre as inovações introduzidas, importa sublinhar fundamentalmente as seguintes, que apresentam maior relevância:

Em primeiro lugar, procedeu-se à redefinição dos titulares das pensões de sobrevivência em termos mais actualizados, nomeadamente estabelecendo-se a igualdade de tratamento entre cônjuges e colocando-se os descendentes além do 1º grau com direito a abono de família em pé de igualdade com os filhos.

Consagrou-se também, na medida em que é técnica e financeiramente possível, a reformulação dos montantes, isto é, da percentagem, que passou de 60% para 70%, a atribuir ao cônjuge e ex-cônjuge, quando concorram, valorizando assim o quantitativo das respectivas pensões.

Garante-se igualmente a atribuição de benefícios por morte em caso de ausência prolongada em condições que façam presumir a morte, tendo em atenção, nas condições actuais, o elevado significado social e familiar da prestação.

É de destacar, por outro lado, a atribuição do subsídio por assistência de terceira pessoa aos pensionistas de sobrevivência que, por motivo de incapacidade, se encontram em situação de dependência por perda de autonomia para os actos correntes da vida.

Finalmente, consagram-se, de forma autónoma, relativamente às pensões de sobrevivência, as regras de atribuição dos montantes provisórios.

Relativamente ao subsídio por morte, há uma considerável melhoria na medida em que a prestação passa a ser atribuída independentemente do cumprimento de prazo de garantia.

Para além das inovações referidas, o diploma é, sobretudo, rico em alterações para aperfeiçoamento de normas incompletas e desarticuladas actualmente existentes, preenchendo-se algumas lacunas do sistema e aperfeiçoando globalmente o conjunto normativo.

Procura-se, deste modo, contribuir para um mais fácil conhecimento pelos interessados e mais correcta aplicação pelas instituições dentro do objectivo de sistematizar e codificar legislação de segurança social, que se encontra ainda nalguns aspectos excessivamente atomizada e dispersa.

Por fim, importa referir a disposição inovatória que inclui, no regime ora criado, as situações de facto previstas no artigo 2020º do Código Civil, embora se remeta para regulamentação específica a sua aplicação, designadamente no que diz respeito à caracterização das situações e à produção da prova.

Assim:

Ouvidos os órgãos de governo próprio das Regiões Autónomas dos Açores e da Madeira;

No desenvolvimento do regime jurídico estabelecido pela Lei nº 28/84, de 14 de Agosto, e nos termos das alíneas a) e c) do nº 1 do artigo 201º da Constituição, o Governo decreta o seguinte:

CAPÍTULO I – Da natureza, objectivos e titularidade das prestações

SECÇÃO I – Da natureza e objectivos das prestações

Artigo 1º – Protecção por morte [247]

1 – O presente diploma define e regulamenta a protecção na eventualidade da morte dos beneficiários do regime geral de segurança social.

2 – Não estão abrangidos pela protecção na eventualidade da morte, no âmbito do regime instituído pelo presente diploma, os beneficiários da Caixa de Abono de Família dos Empregados Bancários.

Para o nº 1: Trabalhadores do BPN – artº 3º do DL 88/2012, de 11 de Abril;
Trabalhadores do IFADAP – artº 3º do DL 30/2013, de 22 de Fevereiro)
Para o nº 2 a caixa referida foi entretanto extinta)

Artigo 2º – Caracterização da eventualidade

1 – Para efeitos do disposto neste diploma, é considerado o falecimento do beneficiário ainda que seja resultante de acidente de trabalho ou doença profissional.

2 – O regime de protecção previsto neste diploma só é aplicável às situações de falecimento por acidentes de trabalho ou doença profissional nos casos em que as mesmas não estejam abrangidas por legislação própria ou, estando, os valores das prestações sejam inferiores.

(Trata-se de um regime subsidiário – Despacho nº 40/SESS/93, de 20/5/93 -DR II, de 5/6/93)

Artigo 3º – Modalidade das prestações [248]

1 – A protecção por morte dos beneficiários activos ou pensionistas é realizada mediante a atribuição das prestações pecuniárias denominadas pensões de sobrevivência e subsídio por morte.

2 – *(Revogado.)*

[247] O nº 1 conforme rectificação in DR I, de 31/12/90 – 5º Supl.

[248] O nº 2 foi revogado pelo DL 79/2019, de 14 de Junho.
O nº 3 na redacção do DL 79/2019, de 14 de Junho.

3 – Podem ainda ser atribuídas pensões provisórias de sobrevivência, nas situações previstas no presente diploma

Artigo 4º – Objectivos das prestações

1 – As pensões de sobrevivência são prestações pecuniárias que têm por objectivo compensar os familiares de beneficiário da perda dos rendimentos de trabalho determinada pela morte deste.

2 – O subsídio por morte destina-se a compensar o acréscimo dos encargos decorrentes da morte do beneficiário, tendo em vista facilitar a reorganização da vida familiar.

3 – (*revogado*)[249]

Artigo 5º – Natureza das prestações

As pensões de sobrevivência são de concessão continuada e o subsídio por morte é de concessão única.

Artigo 6º – Presunção de morte

Para efeitos deste diploma, é equiparado à morte o desaparecimento do beneficiário em caso de guerra, de calamidade pública, em situação de sinistro ou ocorrência semelhante, em condições que permitam presumir, nos termos do processo previsto no artigo 51º, o seu falecimento.

Artigo 6º-A – Responsabilidade civil de terceiro[250]

Em caso de responsabilidade civil de terceiro pelo facto determinante da morte são aplicáveis à pensão de sobrevivência, com as devidas adaptações, as normas que regulam esta matéria no âmbito do regime jurídico de protecção nas eventualidades invalidez e velhice do regime geral.

SECÇÃO II – Da titularidade das prestações

Artigo 7º – Titulares do direito às prestações

1 – A titularidade do direito às prestações é reconhecida às seguintes pessoas:

a) Cônjuges e ex-cônjuges;

b) Descendentes, ainda que nascituros, incluindo os adoptados plenamente;

c) Ascendentes.

2 – Para efeitos da titularidade do direito, são considerados descendentes os enteados dos beneficiários falecidos desde que estes, em relação aos mesmos,

[249] Revogado pelo artº 34º nº 2 do Decreto-Lei nº 265/99, de 14 de Julho.
[250] Aditado pelo DL 79/2019, de 14 de Junho.

estivessem obrigados à prestação de alimentos nos termos da alínea f) do nº 1 do artigo 2009º do Código Civil.

3 – Na falta das pessoas referidas no nº 1 ou das condições que as mesmas devem reunir para ter direito à prestação, têm direito ao subsídio por morte outros parentes, afins ou equiparados, em linha recta e até ao 3º grau da linha colateral, incluindo os adoptados e os adoptantes restritamente.

Artigo 8º – Uniões de facto [251]

1 – O direito às prestações previstas neste diploma e o respectivo regime jurídico são tornados extensivos às pessoas que vivam em união de facto.

2 – A prova da união de facto é efectuada nos termos definidos na Lei nº 7/2001, de 11 de Maio, que adopta medidas de protecção das uniões de facto.

(Independentemente da necessidade de alimentos, nos termos do artº 6º da L 7/2001, 11/05, versão da L 23/2010, 30/08).

Quanto à aplicação no tempo desta nova regra a situações anteriores ver nota ao artº 6º da L 7/2001, 11/05).

No regime que vigorou até 31 de Dezembro de 2010, para além da exigência de ordem procedimental (instaurar uma acção judicial para serem reconhecidas as condições de acesso à prestação) em termos substantivos 5 pressupostos eram exigidos:

– que o companheiro do requerente tivesse falecido no estado de solteiro, divorciado ou separado de pessoas e bens;

– que a união em condições análogas às dos cônjuges tivesse perdurado por mais de 2 anos;

– que o requerente tivesse necessidade de alimentos;

– que o requerente os não pudesse obter do seu cônjuge ou ex-cônjuge ou de descendentes ou ascendentes ou de seus irmãos;

– que o requerente não os pudesse obter da herança do companheiro falecido).

Artigo 9º – Situações especiais dos cônjuges e ex-cônjuges

1 – Não havendo filhos do casamento, ainda que nascituros, o cônjuge sobrevivo só tem direito às prestações se tiver casado com o beneficiário pelo menos um ano antes da data do falecimento deste, salvo se a morte tiver resultado de acidente ou de doença contraída ou manifestada depois do casamento.

2 – Em caso de casamento declarado nulo ou anulado têm direito às prestações as pessoas que tenham celebrado o casamento de boa fé com o beneficiário e à data da sua morte recebessem pensão de alimentos decretada ou homologada

[251] Redacção da Lei nº 23/2010, de 30 de Agosto – desde Janeiro de 2011.

judicialmente ou se esta não lhes tivesse sido atribuída por falta de capacidade económica do falecido para a prestar.

(Para o nº 1 o tempo de união de facto não releva para a contagem de um ano – Ac TC nº 515/2011)

Artigo 10º – Situações excluídas por indignidade e deserdação

1 – Não tem direito às prestações quem se encontrar nas situações previstas no artigo 2034º do Código Civil, considerando-se autor da sucessão o beneficiário falecido, salvo se o ofendido o tiver reabilitado nos termos do artigo 2038º do mesmo diploma.

2 – Não tem igualmente direito às prestações a pessoa que carecer de capacidade sucessória por motivo de deserdação, nos termos do artigo 2166º do Código Civil.

(A indignidade pode ser declarada em sentença penal – artº 69º-A do CP – redacção da L 82/2014, 30/12)

CAPÍTULO II – Das condições de atribuição das prestações

SECÇÃO I – Das condições comuns de atribuição das prestações

Artigo 11º – Situação de separação ou divórcio

O cônjuge separado judicialmente de pessoas e bens e o divorciado só têm direito às prestações se, à data da morte do beneficiário, dele recebessem pensão de alimentos decretada ou homologada pelo tribunal ou se esta não lhes tivesse sido atribuída por falta de capacidade económica do falecido judicialmente reconhecida.

Artigo 12º – Idade dos descendentes

1 – A atribuição das prestações aos descendentes depende de estes terem idade inferior a 18 anos.

2 – No caso de os descendentes terem idade igual ou superior a 18 anos, as prestações apenas são concedidas se os mesmos não exercerem actividade determinante de enquadramento nos regimes de protecção social de inscrição obrigatória, com excepção daquela que seja prestada ao abrigo de contrato de trabalho, em período de férias escolares, nos termos da subsecção v da secção I do capítulo II do Código dos Regimes Contributivos do Sistema Previdencial de Segurança Social, e satisfizerem as seguintes condições:

a) Dos 18 aos 25 anos, desde que estejam matriculados em qualquer curso de nível secundário, pós-secundário não superior ou superior;

b) Até aos 27 anos, se estiverem matriculados em pós-graduações, ciclos de estudos de mestrado ou doutoramento ou a realizar estágio indispensável à obtenção do respectivo grau;

c) Sem limite de idade, tratando-se de pessoa com deficiência que nessa qualidade seja destinatário de prestações familiares ou da prestação social para a inclusão. [252]

3 – Os limites etários previstos na alínea a) do número anterior são aplicáveis à frequência de cursos de formação profissional que não determinem enquadramento nos regimes de protecção social.

4 – No caso de o curso de formação ou o estágio de fim de curso serem subsidiados, só há lugar à atribuição das prestações desde que o respectivo valor não ultrapasse dois terços da remuneração mínima garantida à generalidade dos trabalhadores.

5 – A prova da situação escolar, nas situações referidas nas alíneas a) e b) do nº 2, é efectuada pelo interessado pelos meios e nos termos previstos no regime jurídico do abono de família. [253]

(Para o nº 2 a) considerar apenas os níveis secundário e superior)
(Prova escolar: Port 191/2019, de 24 de Junho)

Artigo 13º – Descendentes além do 1º grau [254]

1 – A atribuição das prestações a descendentes além do 1º grau depende de estes estarem a cargo do beneficiário falecido à data da sua morte.

2 – Para efeitos do disposto no número anterior, consideram-se a cargo do beneficiário falecido os descendentes além do primeiro grau sem rendimentos e que convivessem com o beneficiário em comunhão de mesa e habitação à data da sua morte.

Artigo 14º – Ascendentes

São condições de atribuição das prestações aos ascendentes que estes estejam a cargo do beneficiário falecido e não existam cônjuges, ex-cônjuges e descendentes com direito às mesmas prestações.

(Pessoa a cargo: com rendimentos não superiores à pensão social – Desp 7/SESS/91, 04/01 – DR II, de 24/01)

[252] O nº 2 na redacção do DL 79/2019, de 14 de Junho. Teve redacção do DL 33/2018, de 15 de Maio.
[253] O nº 5 aditado pelo DL 79/2019, de 14 de Junho.
[254] Redacção do DL 79/2019, de 14 de Junho.

Artigo 15º – Momento da verificação das condições de atribuição

As condições de atribuição das prestações são definidas à data da morte do beneficiário.

SECÇÃO II – Das condições especiais de atribuição das prestações

SUBSECÇÃO I – Das pensões de sobrevivência

Artigo 16º – Prazo de garantia

1 – O reconhecimento do direito à pensão de sobrevivência depende da verificação de um prazo de garantia de 36 meses.

2 – Quando, para preenchimento do prazo de garantia das pensões de invalidez e de velhice, forem estabelecidas densidades contributivas, são as mesmas aplicáveis à pensão de sobrevivência.

(O nº 2 ainda não tem aplicação: tem de ser harmonizado pois nas pensões de invalidez e de velhice o prazo é contado em anos e na pensão de sobrevivência em meses – Desp 52 I/SESS/93, 30/12)

Artigo 17º – Pensões provisórias [255]

1 – Pode ser atribuída pensão provisória de sobrevivência tendo em vista impedir situações temporárias de desprotecção.

2 – A atribuição da pensão provisória de sobrevivência depende de o requerente satisfazer, à data do requerimento, as condições de atribuição da pensão de sobrevivência.

SUBSECÇÃO II – Do subsídio por morte

Artigo 18º – Prazo de garantia

O subsídio por morte é atribuído aos familiares dos beneficiários independentemente da verificação do prazo de garantia.

Artigo 19º – Dependência económica

Nos casos em que a titularidade do subsídio por morte respeitar aos parentes, afins e equiparados, em linha recta e até ao 3º grau da linha colateral, incluindo os adoptados restritamente, a atribuição da prestação depende de os mesmos estarem a cargo do beneficiário à data da morte deste.

(Pessoa a cargo: com rendimentos não superiores à pensão social – Desp 7/SESS/91, 04/01– DR II, de 24/01)

[255] Redacção do DL 79/2019, de 14 de Junho.

SUBSECÇÃO III – Do subsídio por assistência de 3ª pessoa

Arts 20º a 23º*(revogados)*[256]

CAPÍTULO III – Da determinação do montante das prestações

SECÇÃO I – Do montante das pensões de sobrevivência

Artigo 24º – Forma de cálculo

1 – O montante das pensões de sobrevivência é determinado pela aplicação das percentagens estabelecidas nos artigos seguintes ao valor da pensão de invalidez ou de velhice que o beneficiário recebia ou que lhe seria calculada à data do seu falecimento, de acordo com as regras fixadas para a determinação do montante das pensões.

2 – No caso de o beneficiário se encontrar a receber uma pensão limitada, o cálculo da pensão de sobrevivência é feito em função do montante a que o beneficiário teria direito, se não existisse limitação.[257]

3 – Nas situações em que os beneficiários, à data da morte, não perfizerem 60 meses com contribuições, a pensão é calculada com base na fórmula R/60, sendo R o total das remunerações registadas em que se verificou incidência contributiva.

(Para o nº 1: o valor da pensão + o complemento social – Desp 52-I/SESS/93, 30/12)
O nº 2 está prejudicado pelo mecanismo do nº 4 do artº 28º do DL 187/2007,10/05)

Artigo 25º – Cálculo das pensões dos cônjuges

As percentagens a considerar para a determinação do valor das pensões de sobrevivência atribuídas aos cônjuges ou ex-cônjuges são de 60% ou 70%, consoante forem um ou mais do que um.

Artigo 26º – Cálculo das pensões dos descendentes

As percentagens a considerar para a determinação do valor das pensões dos descendentes são:

a) De 20%, 30% ou 40%, consoante forem um, dois ou mais de dois, se houver cônjuge ou ex-cônjuge com direito a pensão;

b) De 40%, 60% ou 80%, consoante forem um, dois ou mais de dois, se não houver cônjuge ou ex-cônjuge com direito a pensão.

[256] Revogados pelo artº 34º nº 2 do Decreto-Lei nº 265/99, de 14 de Julho.
[257] O nº 2 – rectificado in DR I, de 21/12/90 (5º Supl.)

Artigo 27º – Cálculo das pensões dos ascendentes

As percentagens a considerar para a determinação do valor das pensões dos ascendentes são de 30%, 50% ou 80%, consoante forem um, dois, três ou mais de três.

Artigo 28º – Individualização das pensões

1 – Os montantes obtidos pela aplicação das percentagens estabelecidas são repartidos por igual entre os titulares do direito à pensão incluídos em cada um dos grupos referidos nos artigos 25º, 26º e 27º.

2 – A verificação de qualquer causa de extinção do direito à pensão, ou o aparecimento de novo titular, determina novo cálculo ou nova repartição dos montantes a que se refere o número anterior, nos termos prescritos.

Artigo 29º – Montantes das pensões de sobrevivência [258]

1 – As pensões de sobrevivência não podem ser de montante inferior ao valor que resulta da aplicação das respectivas percentagens de cálculo ao valor mínimo estabelecido por lei para as pensões de invalidez e de velhice.

2 – O montante da pensão provisória de sobrevivência é o que resulta do cálculo efectuado nos termos gerais previstos no presente diploma, de acordo com os elementos disponíveis, sem prejuízo do disposto no número anterior.

3 – Determinado o montante definitivo da pensão, se este for diferente do valor da pensão provisória entretanto atribuída, há lugar à respectiva regularização.

4 – No caso de haver direito a pensões por morte do beneficiário, nos termos do regime jurídico de acidentes de trabalho e doenças profissionais, apenas será concedida a pensão de sobrevivência no montante que exceda o valor da pensão por risco profissional.

5 – No caso de ex-cônjuge, cônjuge separado judicialmente de pessoas e bens e pessoa cujo casamento tenha sido declarado nulo ou anulado, o montante da pensão de sobrevivência não pode exceder o valor da pensão de alimentos que recebia do beneficiário à data do seu falecimento.

(Para o nº 2 devem os centros distritais comunicar os titulares da prestação ao CNP para determinação dos valores percentuais – Desp 7/SESS/91)

(Para o nº 4 – pagamento diferencial – Desp 40/SESS/93, 20/5 – DR II, de 5/6/93)

[258] O nº 2 na redacção do DL 79/2019, de 14 de Junho.
O nº 5 foi aditado pelo artº 4º do Decreto-Lei nº 133/2012, de 27 de Junho. Nos termos do nº 3 do artº 16º do mesmo diploma aplicou-se às situações decorrentes de óbitos de beneficiários ocorridos após 1 de Julho de 2012.

Artigo 30º – Prestações adicionais de pensão [259]

Nos meses de Julho e de Dezembro de cada ano, os pensionistas têm direito a receber, além da pensão normal que lhes corresponda, uma prestação adicional de igual montante.

(V. nota ao artº 41º do DL 187/2007, 10/05)

SECÇÃO II – Do montante do subsídio por assistência de 3ª pessoa

Artigo 31º *(revogado)* [260]

SECÇÃO III – Do montante do subsídio por morte

Artigo 32º – Montante do subsídio [261]

1 – O montante do subsídio por morte é igual a três vezes o valor do indexante dos apoios sociais (IAS).

2 – Nas situações em que existam titulares do direito ao subsídio por morte e se verifique que as despesas de funeral não foram suportadas por estes, há lugar ao pagamento do subsídio por morte aos respectivos titulares, nos termos do artigo 35º, pelo valor diferencial entre as despesas de funeral e o valor do subsídio por morte.

(O algarismo 1 não figura em qualquer versão normativa)

Artigo 33º – Remuneração de referência [262] *(revogado)*

Artigo 34º – Valor mínimo da remuneração de referência [263] *(revogado)*

Artigo 35º – Individualização do subsídio

1 – O subsídio por morte é atribuído aos titulares nos termos seguintes:

a) Metade ao cônjuge e ex-cônjuge e metade aos descendentes, quando existam simultaneamente aqueles e estes;

[259] Rectificado in DR I, de 21/12/90 – 5º Supl.

[260] Revogado pelo artº 34º nº 2 do Decreto-Lei nº 265/99, de 14 de Julho.

[261] O nº 2 aditado pelo DL 79/2019, de 14 de Junho.
O nº 1 na redacção do DL 13/2013, de 25 de Janeiro. Teve redacção do artº 4º do Decreto-Lei nº 133/2012, de 27 de Junho.

[262] Revogado pelo DL 13/2013, de 25 de Janeiro.

[263] Embora só expressamente revogado pelo DL 79/2019, de 24 de Junho, a revogação já decorria do artigo anterior.
Teve redacção do artº 4º do Decreto-Lei nº 133/2012, de 27 de Junho:

b) Por inteiro ao cônjuge, ao ex-cônjuge ou aos descendentes, conforme os casos, quando não se verifique a situação prevista na alínea a);

c) Por inteiro aos ascendentes ou às pessoas referidas no nº 3 do artigo 7º.

2 – O montante do subsídio por morte estabelecido nos termos do número anterior é repartido por igual entre os titulares do direito ao subsídio incluídos em cada um dos grupos definidos no artigo 7º.

CAPÍTULO IV – Do início e duração das prestações

SECÇÃO I – Do início e duração das pensões de sobrevivência

SUBSECÇÃO I – Do início da pensão de sobrevivência

Artigo 36º – Princípio geral

1 – A pensão é devida a partir do início do mês seguinte ao do falecimento, no caso de ser requerida nos seis meses imediatos ao evento, e a partir do início do mês seguinte ao do requerimento, em caso contrário. [264]

2 – Tratando-se de nascituro, a pensão só é devida a partir do mês seguinte ao do nascimento.

3 – Nos casos em que a atribuição do direito à pensão dependa de sentença judicial, a pensão é devida desde o início do mês seguinte ao da verificação do evento que o determina, sem prejuízo do disposto no nº 4 do artigo 53º.

(Para o nº 3: Se requerida nos seis meses imediatos. Se for requerida para além dos seis meses é devida a partir do início do mês seguinte ao do requerimento – Desp 7/SESS/91, 04/01 – DR II, de 24 /01)

Artigo 37º – Início de novos montantes

Os montantes das pensões que resultam da alteração das percentagens referidas nos artigos 25º, 26º e 27º são devidos desde o início do mês seguinte ao da verificação do facto que a determinou.

264 Redacção do artº 4º do Decreto-Lei nº 133/2012, de 27 de Junho. Nos termos do nº 3 do artº 16º do mesmo diploma aplicou-se às situações decorrentes de óbitos de beneficiários ocorridos após 1 de Julho de 2012.

SUBSECÇÃO II – Período de concessão

Artigo 38º – Período de concessão das pensões aos cônjuges, ex-cônjuges e unidos de facto [265]

1 – As pensões são concedidas aos cônjuges, ex-cônjuges e unidos de facto pelo período de cinco anos, no caso de estes à data da morte do beneficiário terem idade inferior a 35 anos.

2 – As pensões são concedidas sem limite de tempo se os cônjuges, ex-cônjuges e unidos de facto à data da morte do beneficiário:

a) Tiverem idade igual ou superior a 35 anos ou atingirem esta idade enquanto tiverem direito à pensão;

b) Estiverem em situação de incapacidade total e permanente para qualquer trabalho.

3 – O período referido no nº 1 é prorrogado no caso de existirem descendentes do beneficiário falecido e do cônjuge, ex-cônjuge ou unido de facto com direito à pensão de sobrevivência até ao termo do ano civil em que ocorra a cessação do direito à pensão por parte dos descendentes.

Artigo 39º – Período de concessão das pensões aos descendentes [266]

1 – Quando a concessão da pensão de sobrevivência dependa da matrícula em estabelecimento de ensino, considera-se que integra o ano lectivo o período de férias que lhe é subsequente, ainda que entretanto se tenham deixado de verificar os requisitos da sua concessão.

2 – Mantém-se a concessão da pensão de sobrevivência, pelo período de um ano lectivo e período de férias subsequente, aos descendentes que não tenham podido matricular-se por força da aplicação da regra do *numerus clausus* legalmente estabelecida.

Artigo 40º – Duração da suspensão

A suspensão do pagamento da pensão tem efeitos a partir do mês seguinte àquele em que se verificar o facto que a determinou e permanece até ao fim do mês em que a respectiva situação se extinguir.

(Ocorre em situações previstas no nº 3 do artº 50º – Desp 7/SESS/91, 04/01 – DR II, de 24 /01)

265 A epígrafe, o nº 1 e o corpo do nº 2 com redacção do DL 79/2019, de 14 de Junho.
266 O nº 1 na redacção do DL 79/2019, de 14 de Junho.

Artigo 41º – Cessação das pensões

1 – Para além das causas gerais de cessação das pensões, o direito às pensões cessa com:

a) O casamento ou união de facto dos pensionistas cônjuges, ex-cônjuges ou pessoas que viviam com o beneficiário em união de facto;[267]

b) O reconhecimento judicial das situações previstas no artigo 10º.

2 – Os pensionistas referidos na alínea *a*) que venham a contrair casamento ou constituir união de facto estão obrigados a comunicar tais factos ao CNP. [268]

Artigo 42º – Momento da cessação da pensão

A pensão cessa no final do mês em que se extinguir o respectivo direito.

SECÇÃO II – Do início e cessação do subsídio por assistência de terceira pessoa

Artigos 43º e 44º *(revogados)* [269]

Artigo 45º *(revogado)* [270]

CAPÍTULO V – Do processamento e administração

SECÇÃO I – Do requerimento e das provas

Artigo 46º – Instituições competentes [271]

1 – A gestão das pensões previstas neste decreto-lei e a aplicação da respectiva legislação compete ao Instituto da Segurança Social, I. P., através do Centro Nacional de Pensões e dos centros distritais.

2 – *(Revogado.)*

[267] O nº 3 na redacção do DL 79/2019, de 14 de Junho.
Teve redacção do artº 4º do Decreto-Lei nº 133/2012, de 27 de Junho. Nos termos do nº 3 do artº 16º do mesmo diploma aplicou-se às situações decorrentes de óbitos de beneficiários ocorridos após 1 de Julho de 2012.

[268] Aditado pelo artº 170º da Lei nº 82-B/2014, de 31 de Dezembro.

[269] Revogados pelo artº 34º nº 2 do Decreto-Lei nº 265/99, de 14 de Julho – regime do complemento por dependência.

[270] Revogado pelo artº 14º c) do Decreto-Lei nº 141/91, de 10 de Abril.

[271] Redacção do DL 79/2019, de 14 de Junho.

Artigo 47º – Requerimento [272]

1 – As prestações previstas neste diploma devem ser requeridas pelos interessados ou pelos seus representantes legais.

2 – As prestações podem ser requeridas pelas pessoas que provem ter a seu cargo os interessados menores ou incapazes, bem como pelas pessoas que aguardem decisão judicial de suprimento do poder paternal, de interdição ou de inabilitação.

3 – A atribuição da pensão provisória de sobrevivência não depende de requerimento próprio, bastando a entrega de requerimento para atribuição de pensão de sobrevivência.

Artigo 48º – Prazo para requerer as prestações [273]

1 – A pensão de sobrevivência pode ser requerida a todo o tempo, sem prejuízo do disposto no nº 1 do artigo 36º.

2 – O prazo para requerer o subsídio por morte é de 180 dias a contar da data do registo do óbito do beneficiário ou da data do seu desaparecimento nos casos de presunção previstos no artigo 6º.

Artigo 49º – Declaração sob compromisso de honra *(revogado)* [274]

Artigo 50º – Meios de prova e sua actualização

1 – O requerimento é instruído com os documentos comprovativos do óbito e dos demais factos condicionantes do direito.

2 – Os processos para atribuição de prestações que, por motivos imputáveis aos requerentes ou seus representantes, não tenham andamento por período superior a 90 dias, contados a partir da comunicação aos interessados para procederem a diligências necessárias à sua continuidade, são arquivados, exigindo-se a apresentação de novo requerimento para atribuição das prestações, sem prejuízo das regras de caducidade.

[272] O nº 3 na redacção do DL 79/2019, de 14 de Junho.
[273] O nº 2 na redacção do DL 79/2019, de 24 de Junho. Teve redacção do artº 4º do Decreto-Lei nº 133/2012, de 27 de Junho.
Nos termos do nº 4 do artº 16º do mesmo diploma o disposto no nº 1 na redacção actual, aplicou-se ao requerimento de pensão de sobrevivência decorrente de óbito de beneficiário ocorrido antes da entrada em vigor deste diploma, nas situações em que o direito à pensão ao abrigo da lei anterior ainda possa ser exercido em 1 de Julho de 2012.
Nos termos do nº 5 do artº 16º do mesmo diploma, o disposto no nº 2 na redacção actual, aplicou-se aos requerimentos de subsídio por morte e de reembolso das despesas de funeral decorrentes de óbito de beneficiário ocorrida antes de 1 de Julho de 2012, nas situações em que o direito à pensão ao abrigo da lei anterior ainda possa ser exercido em 1 de Julho de 2012, iniciando-se a contagem dos novos prazos em 1 de Julho de 2012.
[274] Revogado pelo artº 10º do DL 79/2019, de 24 de Junho.

3 – Os pensionistas devem apresentar, nos prazos que forem estabelecidos pelas instituições, os meios de prova dos factos determinantes da manutenção do direito à pensão de sobrevivência.

4 – No requerimento do subsídio por morte, o requerente deve apresentar documento comprovativo do pagamento das despesas de funeral.[275]

(Para o nº 3: Senão suspende o pagamento da prestação nos termos do artº 40º – Desp 7/SESS/91, 04/01 – DR II, de 24 /01)

Artigo 51º – Prova do desaparecimento

1 – Para efeitos da instrução do processo de atribuição das prestações nas situações previstas no artigo 6º, a certidão de óbito é substituída pela declaração do desaparecimento e das condições em que o mesmo se deu, acompanhada dos elementos em que se fundamenta a presunção da morte.

2 – A declaração prevista no número anterior é prestada sob compromisso de honra pelo requerente e confirmada por escrito por duas testemunhas.

3 – Na instrução do processo os organismos competentes podem exigir, caso seja necessário, outros documentos comprovativos do desaparecimento.

Artigo 52º – Processo de atribuição do subsídio por assistência de terceira pessoa *(revogado)* [276]

SECÇÃO II – Do pagamento das prestações

Artigo 53º – Pagamento das prestações em situações especiais

1 – Nos casos em que se aguarde a nomeação de representante legal do titular das pensões, e para ocorrer às necessidades imediatas, podem aquelas prestações ser entregues directamente à pessoa ou entidade considerada idónea para o efeito, mediante adequada informação dos serviços da instituição competente.

2 – O disposto no número anterior é aplicável nos casos em que o titular da pensão se encontre impossibilitado, de modo permanente ou duradouro, de receber as mesmas ou se encontre internado em estabelecimento de assistência ou equiparado.

3 – No caso de subsídio por morte, os valores que caibam a menores ou outros incapazes, quando não haja representante legal a quem devam ser entregues,

[275] O nº 4 aditado pelo artº 4º do Decreto-Lei nº 133/2012, de 27 de Junho. Nos termos do nº 3 do artº 16º do mesmo diploma aplicou-se às situações decorrentes de óbitos de beneficiários ocorridos após 1 de Julho de 2012.

[276] Revogado pelo artº 34º nº 2 do Decreto-Lei nº 265/99 de 14 de Julho.

podem ser depositados, até à cessação ou suprimento da incapacidade, na Caixa Geral de Depósitos, à ordem do titular do direito.

4 – Nas situações previstas no nº 3 do artigo 36º o pagamento das prestações só se efectua após o trânsito em julgado da respectiva sentença.

Artigo 54º – Reembolso das despesas de funeral [277]

1 – Por morte de beneficiário da segurança social, a instituição de segurança social competente procede ao reembolso das despesas de funeral à pessoa que prove tê-las realizado.

2 – O valor do reembolso das despesas de funeral tem o limite de três vezes o valor do IAS.

3 – O prazo para requerer o reembolso das despesas de funeral é de 90 dias a contar da data do registo do óbito.

4 – Na falta de comprovativo do pagamento das despesas de funeral por parte dos titulares do direito ao subsídio por morte, este só é pago àqueles, findo o prazo de requerimento do reembolso das despesas de funeral, sem que este tenha sido requerido.

(Para o nº 1 – Prova: declaração sob compromisso de honra – Desp 7/SESS/91, 04/01 – DR II, de 24 /01)

Artigo 55º – Pagamento em caso de desaparecimento do beneficiário

1 – O pagamento das prestações em caso de desaparecimento, nos termos do artigo 6º, tem natureza provisória e só se torna definitivo com a certidão de morte ou a declaração de morte presumida prevista no artigo 114º do Código Civil.

2 – Quando, após a atribuição das prestações, se verificar o aparecimento com vida do beneficiário ou se houver comprovado conhecimento da sua existência, há lugar à reposição das importâncias indevidamente recebidas, se tiver havido má fé de quem as recebeu.

Artigo 56º – Prescrição

1 – Para efeitos de prescrição do direito às prestações, considera-se que a contagem do prazo de prescrição se inicia no dia 1 do mês seguinte àquele em que as mesmas foram postas a pagamento.

[277] O nº 1 na redacção do DL 79/2019, de 24 de Junho.
O nº 2 na redacção do DL 13/2013, de 25 de Janeiro.
O nº 3 na redacção do DL 79/2019, de 24 de Junho. Teve redacção do DL 133/212, de 27 de Junho.
O nº 4 na redacção do DL 13/2013, de 25 de Janeiro. Teve redacção do Decreto-Lei nº 133/2012, de 27 de Junho.

2 – No caso de as prestações não chegarem a ser postas a pagamento, nomeadamente por morte do respectivo titular, a contagem do prazo da prescrição inicia-se no dia 1 do mês seguinte àquele em que foram deferidas.

3 – A suspensão do pagamento das prestações imputável ao beneficiário não prejudica o início do prazo de prescrição.

4 – Relativamente a menores e a incapazes, é aplicável o disposto no artigo 320º do Código Civil quanto à suspensão da prescrição.

CAPÍTULO VI – Das disposições finais

Artigo 57º – Legislação subsidiária

Em tudo o que não estiver expressamente previsto neste diploma aplicam-se as regras constantes dos diplomas reguladores do regime comum das prestações.

Artigo 58º – Regiões Autónomas

O presente diploma é aplicável às Regiões Autónomas dos Açores e da Madeira de harmonia com o disposto no artigo 84º da Lei nº 28/84, de 14 de Agosto.

Artigo 59º – Revogação

É revogada a secção VII do capítulo V do Decreto nº 45266, de 23 de Setembro de 1963, e o Regulamento Especial do Regime de Pensões de Sobrevivência, aprovado pelo despacho de 23 de Dezembro de 1970, publicado no Diário do Governo, 2ª série, de 26 de Janeiro de 1971, bem como a demais legislação complementar relativa às matérias reguladas no presente diploma.

Artigo 60º – Entrada em vigor

O presente diploma entra em vigor no primeiro dia do terceiro mês seguinte ao da data da sua publicação.

Visto e aprovado em Conselho de Ministros de 2 de Agosto de 1990. – *Joaquim Fernando Nogueira – Vasco Joaquim Rocha Vieira – Lino Dias Miguel – Luís Miguel Couceiro Pizarro Beleza – José Albino da Silva Peneda.*

Promulgado em 28 de Setembro de 1990. Publique-se. O Presidente da República, MÁRIO SOARES.

Referendado em 8 de Outubro de 1990. O Primeiro-Ministro, *Aníbal António Cavaco Silva.*

Lei nº 7/2001, de 11 de Maio

Adopta medidas de protecção das uniões de facto

Com a redacção dos seguintes diplomas:
- *Lei nº 23/2010, de 30 de Agosto (versão consolidada);*
- *Lei nº 2/2016, de 29 de Fevereiro;*
- *Lei nº 71/2018, de 31 de Dezembro (artº 326º).*

A Assembleia da República decreta, nos termos da alínea c) do artigo 161º da Constituição, para valer como lei geral da República, o seguinte:

Artigo 1º – Objecto [278]

1 – A presente lei adopta medidas de protecção das uniões de facto.

2 – A união de facto é a situação jurídica de duas pessoas que, independentemente do sexo, vivam em condições análogas às dos cônjuges há mais de dois anos.

Artigo 2º – Excepções [279]

Impedem a atribuição de direitos ou benefícios, em vida ou por morte, fundados na união de facto:

a) Idade inferior a 18 anos à data da do reconhecimento da união de facto;

b) Demência notória, mesmo com intervalos lúcidos, e a interdição ou inabilitação por anomalia psíquica, salvo se a demência se manifestar ou a anomalia se verificar em momento posterior ao do início da união de facto;

c) Casamento não dissolvido, salvo se tiver sido decretada a separação de pessoas e bens;

d) Parentesco na linha recta ou no 2º grau da linha colateral ou afinidade na linha recta;

e) Condenação anterior de uma das pessoas como autor ou cúmplice por homicídio doloso ainda que não consumado contra o cônjuge do outro.

Artigo 2º-A – Prova da união de facto [280]

1 – Na falta de disposição legal ou regulamentar que exija prova documental específica, a união de facto prova-se por qualquer meio legalmente admissível.

2 – No caso de se provar a união de facto por declaração emitida pela junta de freguesia competente, o documento deve ser acompanhado de declaração de ambos os membros da união de facto, sob compromisso de honra, de que vivem

[278] Redacção da L 23/2010, 30/08.
[279] As alíneas a), b) e c) com redacção da L 23/2010, 30/08.
[280] Aditado pela L 23/2010, 30/08.

em união de facto há mais de dois anos, e de certidões de cópia integral do registo de nascimento de cada um deles.

3 – Caso a união de facto se tenha dissolvido por vontade de um ou de ambos os membros, aplica-se o disposto no número anterior, com as necessárias adaptações, devendo a declaração sob compromisso de honra mencionar quando cessou a união de facto; se um dos membros da união dissolvida não se dispuser a subscrever a declaração conjunta da existência pretérita da união de facto, o interessado deve apresentar declaração singular.

4 – No caso de morte de um dos membros da união de facto, a declaração emitida pela junta de freguesia atesta que o interessado residia há mais de dois anos com o falecido, à data do falecimento, e deve ser acompanhada de declaração do interessado, sob compromisso de honra, de que vivia em união de facto com o falecido há mais de dois anos, à mesma data, de certidão de cópia integral do registo de nascimento do interessado e de certidão do óbito do falecido.

5 – As falsas declarações são punidas nos termos da lei penal.

Artigo 3º – Efeitos [281]

1 – As pessoas que vivem em união de facto nas condições previstas na presente lei têm direito a:

a) Protecção da casa de morada da família, nos termos da presente lei;

b) Beneficiar do regime jurídico aplicável a pessoas casadas em matéria de férias, feriados, faltas, licenças e de preferência na colocação dos trabalhadores da Administração Pública;

c) Beneficiar de regime jurídico equiparado ao aplicável a pessoas casadas vinculadas por contrato de trabalho, em matéria de férias, feriados, faltas e licenças;

d) Aplicação do regime do imposto sobre o rendimento das pessoas singulares nas mesmas condições aplicáveis aos sujeitos passivos casados e não separados de pessoas e bens;

e) Protecção social na eventualidade de morte do beneficiário, por aplicação do regime geral ou de regimes especiais de segurança social e da presente lei;

f) Prestações por morte resultante de acidente de trabalho ou doença profissional, por aplicação dos regimes jurídicos respectivos e da presente lei;

g) Pensão de preço de sangue e por serviços excepcionais e relevantes prestados ao País, por aplicação dos regimes jurídicos respectivos e da presente lei.

2 – Nenhuma norma da presente lei prejudica a aplicação de qualquer outra disposição legal ou regulamentar em vigor tendente à protecção jurídica de uniões de facto ou de situações de economia comum.

[281] Redacção da L 23/2010, 30/08.

3 – Ressalvado o disposto no artigo 7º da presente lei, e no nº 1 do artigo 6º da Lei nº 32/2006, de 26 de Julho, qualquer disposição em vigor tendente à atribuição de direitos ou benefícios fundados na união de facto é aplicável independentemente do sexo dos seus membros.

(...)

Artigo 6º – Regime de acesso às prestações por morte [282]

1 – O membro sobrevivo da união de facto beneficia dos direitos previstos nas alíneas e), f) e g) do artigo 3º, independentemente da necessidade de alimentos.

2 – A entidade responsável pelo pagamento das prestações, quando entenda que existem fundadas dúvidas sobre a existência da união de facto, pode solicitar meios de prova complementares, designadamente declaração emitida pela Autoridade Tributária e Aduaneira ou pelo Instituto dos Registos e do Notariado, I. P., onde se ateste que à data da morte os membros da união de facto tinham domicílio fiscal comum há mais de dois anos.

3 – Quando, na sequência das diligências previstas no número anterior, subsistam dúvidas, a entidade responsável pelo pagamento das prestações deve promover a competente acção judicial com vista à sua comprovação.

(O regime da nova redacção é aplicável também às situações em que o óbito do beneficiário ocorreu antes da entrada em vigor do novo regime – AC STJ nº 3/2013, 15/03/2012 (DR, 1ª, 15/01/2013)

Artigo 7º – Adopção [283]

Nos termos do actual regime de adopção, constante do livro IV, título IV, do Código Civil, é reconhecido a todas as pessoas que vivam em união de facto nos termos da presente lei o direito de adopção em condições análogas às previstas no artigo 1979º do Código Civil, sem prejuízo das disposições legais respeitantes à adopção por pessoas não casadas.

Artigo 8º – Dissolução da união de facto [284]

1 – A união de facto dissolve-se:

a) Com o falecimento de um dos membros;

b) Por vontade de um dos membros;

c) Com o casamento de um dos membros.

[282] Os nºs 2 e 3 na redacção do artº 326º da Lei nº 71/2018, de 31 de Dezembro. Teve redacção da L 23/2010, 30/08.

[283] Redacção da Lei nº 2/2016, de 29 de Fevereiro.

[284] Os nºs 2 e 3 têm redacção da L 23/2010, 30/08.

2 – A dissolução prevista na alínea b) do número anterior apenas tem de ser judicialmente declarada quando se pretendam fazer valer direitos que dependam dela.

3 – A declaração judicial de dissolução da união de facto deve ser proferida na acção mediante a qual o interessado pretende exercer direitos dependentes da dissolução da união de facto, ou em acção que siga o regime processual das acções de estado.

Artigo 9º – Regulamentação

(Caducado)

Artigo 10º – Revogação

É revogada a Lei nº 135/99, de 28 de Agosto.

Artigo 11º – Entrada em vigor

Os preceitos da presente lei com repercussão orçamental produzem efeitos com a Lei do Orçamento do Estado posterior à sua entrada em vigor.

Aprovada em 15 de Março de 2001. O Presidente da Assembleia da República, *António de Almeida Santos.*

Promulgada em 20 de Abril de 2001. Publique-se. O Presidente da República, JORGE SAMPAIO.

Referendada em 26 de Abril de 2001. O Primeiro-Ministro, em exercício, *Jaime José Matos da Gama*

3. Por riscos económicos

• Subsídio de desemprego e por cessação de actividade

- Decreto-Lei nº 220/2006, de 3 de Novembro – Subsídio de desemprego
- Portaria nº 8-B/2007, de 3 de Janeiro – Normas de execução do DL 220/2006
- Portaria nº 1301/2007, de 3 de Outubro – Comissão de recursos
- Decreto-Lei nº 65/2012, de 15 de Março – Subsídio por cessação de actividade dos prestadores de serviços
- Decreto-Lei nº 12/2013, de 25 de Janeiro – Subsídio por cessação de actividade a empresários em nome individual e membros de órgãos estatutários

---

Decreto-Lei nº 220/2006, de 3 de Novembro

Com a redacção dos seguintes diplomas:
– DL 68/2009, de 20 de Março;
– L 5/2010, de 5 de Maio (artº 4º);
– DL 72/2010, de 18 de Junho (versão consolidada);
– DL 64/2012, de 15 de Março;
– L 66-B/2012, de 31 de Dezembro (artº 184º);
– DL 13/2013, de 25 de Janeiro (arts 4º e 5º);
– DL 167-E/2013, de 31 de Dezembro (artº 4º);
– L 34/2016, de 24 de Agosto;
– Declaração de Rectificação nº 19/2016, de 10 de Outubro;
– Decreto-Lei nº 53-A/2017, de 31 de Maio;
– L 114/2017, de 29 de Dezembro (artº 122º);
– DL 53/2018, de 2 de Julho (artº 3º);
– Lei nº 71/2018, de 31 de Dezembro (artº 334º);
– DL 84/2019, de 28 de Junho (artº 170º e 207º);
– DL 153/2019, de 17 de Outubro.

A protecção no desemprego constitui uma das pedras basilares dos sistemas de protecção social.

Reconhecendo a importância e a necessidade de valorizar o papel social desta prestação, procede-se à revisão do regime jurídico de protecção no desemprego de modo que o mesmo possa reflectir positivamente a alteração dos paradigmas de funcionamento dos sistemas económicos e os desafios que são colocados aos sistemas de protecção social.

A necessidade de sustentar a elevação das taxas de emprego e a manutenção de taxas de desemprego estrutural reduzidas, no quadro dos objectivos definidos na Estratégia de Lisboa, e, consequentemente, do Programa Nacional de Acção para o Crescimento e o Emprego, onde se integra o Plano Nacional de Emprego, impõe um aumento dos esforços no sentido da activação rápida dos trabalhadores que temporariamente se encontrem em situação de desemprego, pois o ciclo de deterioração das qualificações é hoje substancialmente mais acelerado.

Considerando que as medidas passivas de emprego devem ter a duração do período de tempo estritamente necessário para que seja possível o retorno ao mercado de trabalho, são previstos mecanismos de activação dos beneficiários, reforçando-se para o efeito a acção do serviço público de emprego.

Com efeito, o reforço e a sustentação da protecção social fazem-se por via do reforço das exigências das partes, na relação entre o Estado e os cidadãos, pelo que se entende necessário reforçar o papel dos serviços públicos no sentido de ser garantida aos beneficiários desta prestação uma actuação cada vez mais personalizada e mais e melhores esforços na garantia de novas oportunidades de qualificação e inserção profissional dos beneficiários.

Assim, no âmbito das alterações preconizadas no presente decreto-lei, destaca-se o reforço do papel dos centros de emprego no acompanhamento personalizado dos beneficiários das prestações de desemprego visando a sua rápida inserção no mercado de trabalho, estabelecendo orientações quanto às medidas que o beneficiário deve encetar no sentido de melhorar a sua empregabilidade, quais os esforços de procura activa mais adequados, eventuais necessidades de formação profissional e ainda, tendo em conta a conjuntura específica do mercado de trabalho, quais os empregos em que se pode verificar uma mais rápida inserção profissional.

Complementarmente, estabelece-se um conjunto de medidas ao nível operativo que têm como objectivo a promoção de um serviço personalizado de acompanhamento aos beneficiários das prestações de desemprego, nomeadamente através da reafectação de recursos humanos nos serviços de atendimento público dos centros de emprego, a criação de uma bolsa de emprego através do serviço de Net-emprego, bem como a definição de uma estratégia de contacto com o meio empresarial, procurando desenvolver uma metodologia eficaz de divulgação da oferta de trabalhadores e de identificação das áreas e sectores mais carenciadas de recursos humanos, procurando proceder aos necessários ajustamentos entre a oferta e a procura de acordo com a evolução do mercado de trabalho.

Por outro lado, introduz-se igualmente um conjunto de medidas que visam a activação dos beneficiários, as quais se traduzem numa maior exigência no modo como é efectivada a disponibilidade dos beneficiários das prestações de desemprego no sentido de promoverem esforços de procura activa e contribuírem empenhadamente na melhoria das suas condições de empregabilidade.

Assim, aos beneficiários que estejam a receber prestações de desemprego passa a ser exigido o cumprimento de deveres no sentido da promoção da sua empregabilidade, como o cumprimento do dever de procura activa e a obrigação de apresentação quinzenal.

A experiência demonstrou que o actual conceito de emprego conveniente é bastante vago, impreciso e pouco operativo, pelo que, no sentido de permitir a melhor e mais rápida colocação no mercado de trabalho dos beneficiários, clarifica-se o conceito de emprego con-

veniente delimitando com maior precisão e clareza as situações em que são admitidas as recusas a ofertas de emprego ou outras intervenções postas à disposição dos beneficiários pelos serviços públicos de emprego.

Neste âmbito foram ajustadas as regras por forma a ter em conta especificidades decorrentes das estruturas familiares, nomeadamente no que concerne à conciliação da vida familiar com a vida profissional, diferenciando-se positivamente as condições de qualificação das ofertas de emprego conveniente para os beneficiários que tenham menores e dependentes a cargo.

O regime actual tem-se mostrado pouco eficaz na prevenção de situações de fraude no acesso e na atribuição indevida desta prestação, sendo necessário proceder a alguns ajustamentos e aperfeiçoar conceitos de modo que os mesmos possam ser mais operativos, promovendo-se, por isso, uma articulação entre os serviços de emprego e os da segurança social, reforçando e agilizando os canais de comunicação e a partilha de informação entre os mesmos.

Destaca-se ainda o facto de as medidas de combate à fraude, para além da promoção da poupança de recursos na segurança social, penalizarem os comportamentos que distorcem a concorrência entre empresas.

Assim, são definidas com rigor as condições em que, mesmo nos casos de cessação do contrato por acordo entre a entidade empregadora e o trabalhador, se mantém o acesso ao subsídio de desemprego, pois o sistema de protecção social não deve continuar a suportar os custos decorrentes de todas as situações de acordo entre trabalhadores e empresas, sem prejuízo, contudo, da consideração de situações específicas de verdadeira reestruturação das empresas, com vista a garantir a sua viabilidade económica, e, assim, dos postos de trabalho em causa.

Introduzem-se, ainda, regras no sentido de alargar o prazo de suspensão das prestações de desemprego por exercício de actividade profissional, garantindo-se aos trabalhadores a possibilidade de, caso lhes seja mais vantajoso, poderem usufruir do montante da prestação inicial, fomentando, deste modo, os esforços de activação dos beneficiários.

Os recentes estudos sobre a sustentabilidade da segurança social levam a que também em sede desta prestação se verifique a necessidade de reforçar o princípio da contributividade, sem deixar contudo de garantir a adequada protecção nas situações mais carenciadas abrangidas pelo subsídio social de desemprego.

Procede-se também à alteração das regras respeitantes ao período de concessão das prestações de desemprego, que passa a ser calculado tendo em conta, não só a idade do beneficiário, como também a carreira contributiva verificada desde a última situação de desemprego. Esta alteração valoriza, na determinação do período de concessão, as carreiras mais longas.

Alteram-se as regras de acesso à pensão antecipada após desemprego, procurando incentivar a permanência dos trabalhadores na vida activa, em sintonia com a evolução da esperança média de vida, fomentando o prolongamento da carreira contributiva e valorizando as medidas de envelhecimento activo, sem deixar contudo de reconhecer, para os trabalhadores mais idosos e que estejam em situação de desemprego há mais tempo, condições especiais e mais favoráveis de acesso à pensão de velhice.

Em sede procedimental, em cumprimento dos objectivos de criação de um balcão único de atendimento, são criados mecanismos que visam introduzir maior facilidade, flexibilidade e comodidade dos beneficiários com os serviços permitindo que os requerimentos das prestações e respectivos documentos probatórios possam ser entregues nos centros de emprego ou através da Internet.

O presente decreto-lei resultou do envolvimento e do diálogo com os parceiros sociais no âmbito da Comissão Permanente de Concertação Social, do Conselho Económico e Social e foi submetido, a título facultativo, a apreciação pública através de publicação na separata nº 6 do Boletim do Trabalho e Emprego, de 28 de Junho de 2006.

Foi promovida a consulta à Comissão Nacional de Protecção de Dados.

Foram ouvidos os órgãos de governo próprio das Regiões Autónomas.

Assim:

No desenvolvimento do regime jurídico estabelecido na Lei nº 32/2002, de 20 de Dezembro, e nos termos da alínea c) do nº 1 do artigo 198º da Constituição, o Governo decreta o seguinte:

CAPÍTULO I – Natureza e objectivo

Artigo 1º – Âmbito

1 – O presente decreto-lei estabelece, no âmbito do subsistema previdencial, o quadro legal da reparação da eventualidade de desemprego dos trabalhadores por conta de outrem, sem prejuízo do disposto em instrumento internacional aplicável.

2 – A reparação da situação de desemprego realiza-se através de medidas passivas e activas, podendo, ainda, incluir medidas excepcionais e transitórias nos termos previstos em legislação própria.

(Para trabalhadores em funções públicas ver artº 10º da L 4/2009, 29/01, e artº 9º da L 11/2008, 20/02)

Artigo 2º – Caracterização da eventualidade

1 – Para efeitos do presente decreto-lei é considerado desemprego toda a situação decorrente da perda involuntária de emprego do beneficiário com capacidade e disponibilidade para o trabalho, inscrito para emprego no centro de emprego.

2 – *(revogado)* [285]

Artigo 3º – Medidas passivas

Constituem medidas passivas:

[285] O nº 2 foi revogado pelo artº 6º do Decreto-Lei nº 72/2010, de 18 de Junho.

a) A atribuição de subsídio de desemprego;

b) A atribuição de subsídio social de desemprego inicial ou subsequente ao subsídio de desemprego.

Artigo 4º – Medidas activas

Constituem medidas activas:

a) O pagamento, por uma só vez, do montante global das prestações de desemprego com vista à criação do próprio emprego;

b) A possibilidade de acumular subsídio de desemprego parcial com trabalho por conta de outrem a tempo parcial ou com actividade profissional independente;[286]

c) A suspensão total ou parcial das prestações de desemprego durante a frequência de curso de formação profissional com atribuição de compensação remuneratória;

d) A manutenção das prestações de desemprego durante o período de exercício de actividade ocupacional;

e) Outras medidas de política activa de emprego não mencionadas nas alíneas anteriores desde que promovam a melhoria dos níveis de empregabilidade e a reinserção no mercado de trabalho de beneficiários das prestações de desemprego em termos a definir por legislação própria.

(Para a alínea c) ver Port 26/2015, de 10 de Fevereiro)

CAPÍTULO II – Prestações de desemprego e capacidade e disponibilidade para o trabalho

SECÇÃO I – Prestações de desemprego

Artigo 5º – Disposição geral

1 – A reparação da eventualidade de desemprego dos beneficiários abrangidos pelo regime geral de segurança social dos trabalhadores por conta de outrem é efectivada mediante a atribuição de prestações.

2 – A reparação no desemprego pode, ainda, abranger trabalhadores cujo sistema de protecção social não integre a eventualidade de desemprego, nos termos estabelecidos em diploma próprio.

Artigo 6º – Objectivos das prestações

As prestações de desemprego têm como objectivo:

[286] A alínea b) na redacção do artº 2º do Decreto-Lei nº 72/2010, de 18 de Junho.

a) Compensar os beneficiários da falta de retribuição resultante da situação de desemprego ou de redução determinada pela aceitação de trabalho a tempo parcial;

b) Promover a criação de emprego, através, designadamente, do pagamento por uma só vez do montante global das prestações de desemprego com vista à criação do próprio emprego.

Artigo 7º – Modalidades das prestações

1 – Constituem prestações de desemprego o subsídio de desemprego, o subsídio social de desemprego e o subsídio de desemprego parcial.

2 – A protecção através do subsídio social de desemprego tem lugar:

a) Nas situações em que não seja atribuível subsídio de desemprego;

b) Nas situações em que os beneficiários tenham esgotado os períodos de concessão do subsídio de desemprego, desde que se encontrem preenchidos os demais condicionalismos previstos no presente decreto-lei.

3 – A protecção através do subsídio de desemprego parcial é assegurada nas situações em que o beneficiário, requerente ou titular de prestações de desemprego exerça uma actividade profissional nos termos do presente decreto-lei. [287]

Artigo 8º – Titulares do direito às prestações

1 – A titularidade do direito ao subsídio de desemprego e subsídio social de desemprego é reconhecida aos beneficiários cujo contrato de trabalho tenha cessado nos termos do artigo 9º, reúnam as respectivas condições de atribuição à data do desemprego e residam em território nacional.

2 – Os cidadãos estrangeiros, abrangidos pelo disposto no número anterior, devem ainda ser portadores de título válido de residência ou respectivo recibo de pedido de renovação, ou, ainda, de outros que habilitem o exercício de actividade profissional subordinada e respectivas prorrogações, bem como os refugiados ou apátridas, que devem ser portadores de título válido de protecção temporária.

3 – A titularidade do direito ao subsídio de desemprego e, na sua sequência, ao subsídio social de desemprego é ainda reconhecida aos beneficiários que, sendo pensionistas de invalidez, cuja qualidade adquiriram no âmbito do regime geral de segurança social, e não exercendo simultaneamente actividade profissional, sejam declarados aptos para o trabalho em exame de revisão de incapacidade.

Artigo 9º – Desemprego involuntário

1 – O desemprego considera-se involuntário sempre que a cessação do contrato de trabalho decorra de:

[287] O nº 3 na redacção do artº 2º do Decreto-Lei nº 72/2010, de 18 de Junho.

a) Iniciativa do empregador;

b) Caducidade do contrato não determinada por atribuição de pensão;

c) Resolução com justa causa por iniciativa do trabalhador;

d) Acordo de revogação celebrado nos termos definidos no presente decreto-lei.

2 – Para efeitos da alínea a) do número anterior, presume-se haver desemprego involuntário nas situações em que: [288]

a) O fundamento invocado pelo empregador não constitua justa causa de despedimento por facto imputável ao trabalhador ou, constituindo, desde que o trabalhador faça prova de propositura de acção judicial contra o empregador;

b) O empregador efectue despedimento sem cumprimento das formalidades previstas no Código do Trabalho, desde que o trabalhador faça prova da propositura de acção judicial contra o empregador.

3 – Não há desemprego involuntário nos casos em que o trabalhador recuse, de forma injustificada, a continuação ao serviço no termo do contrato, se essa continuação lhe tiver sido proposta ou decorrer do incumprimento, pelo empregador, do prazo de aviso prévio de caducidade.

4 – Considera-se igualmente em situação de desemprego involuntário o trabalhador que, tendo sido reformado por invalidez é, em posterior exame de revisão da incapacidade realizado nos termos regulamentares, declarado apto para o trabalho.

5 – Para efeitos do disposto na alínea c) do nº 1, presume-se haver desemprego involuntário quando o fundamento de justa causa invocado pelo trabalhador não seja contraditado pelo empregador ou, sendo-o, o trabalhador faça prova de interposição de acção judicial contra o empregador.

6 – Não são consideradas como desemprego involuntário as situações em que o trabalhador não solicite a renovação do contrato quando esta, nos termos de legislação própria, dependa de requerimento.

(Para o nº 6 ver artº 19º da Port 8-B/2007, 03/01)

Artigo 10º – Cessação por acordo

1 – Consideram-se desemprego involuntário, para efeitos da alínea d) do nº 1 do artigo anterior, as situações de cessação do contrato de trabalho por acordo, que se integrem num processo de redução de efectivos, quer por motivo de reestruturação, viabilização ou recuperação da empresa, quer ainda por a empresa se encontrar em situação económica difícil, independentemente da sua dimensão.

2 – Para efeitos de aplicação do número anterior considera-se:

[288] O nº 2 na redacção do artº 3º do DL 64/2012, de 15 de Março.

a) Empresa em situação de recuperação ou viabilização, aquela que se encontre em processo especial de recuperação, previsto no Código dos Processos Especiais de Recuperação da Empresa e Falência, bem como no Código da Insolvência e Recuperação de Empresa, ou no procedimento extra-judicial de conciliação;

b) Empresa em situação económica difícil, aquela que assim seja declarada nos termos do disposto no Decreto-Lei nº 353-H/77, de 29 de Agosto;

c) Empresa em reestruturação, a pertencente a sector assim declarado por diploma próprio nos termos do disposto no Decreto-Lei nº 251/86, de 25 de Agosto, e no nº 1 do artigo 5º do Decreto-Lei nº 206/87, de 16 de Maio;

d) Considera-se, ainda, empresa em reestruturação aquela que assim for declarada para os efeitos previstos no presente decreto-lei através de despacho favorável do membro do Governo responsável pela área do emprego, consultados os Ministérios da Economia e do Emprego e da Solidariedade e da Segurança Social, após apresentação do projecto que demonstre inequivocamente que a dimensão da reestruturação da empresa, necessária à sua viabilidade económica e financeira, determina a necessidade de ultrapassar os limites quantitativos fixados no nº 4 do presente artigo. [289]

3 – A consulta ao Ministério da Economia prevista na alínea d) do número anterior pode ser efectuada, designadamente, através do Gabinete de Intervenção Integrada de Reestruturação Empresarial (AGIIRE), criado pelo Decreto Regulamentar nº 5/2005, de 12 de Julho, salvaguardando-se em qualquer dos casos a audição dos parceiros sociais sobre a situação económica e do emprego no sector em causa.

4 – Para além das situações previstas no nº 2 são, ainda, consideradas as cessações do contrato de trabalho por acordo fundamentadas em motivos que permitam o recurso ao despedimento colectivo ou por extinção do posto de trabalho, tendo em conta a dimensão da empresa e o número de trabalhadores abrangidos, nos termos seguintes:

a) Nas empresas que empreguem até 250 trabalhadores, são consideradas as cessações de contrato de trabalho até três trabalhadores inclusive ou até 25% do quadro de pessoal, em cada triénio;

b) Nas empresas que empreguem mais de 250 trabalhadores, são consideradas as cessações de contrato de trabalho até 62 trabalhadores inclusive, ou até 20% do quadro de pessoal, com um limite máximo de 80 trabalhadores em cada triénio.

5 – Os limites estabelecidos no número anterior são aferidos por referência aos três últimos anos, cuja contagem se inicia na data da cessação do contrato, inclusive, e pelo número de trabalhadores da empresa no mês anterior ao da data do início do triénio, com observância do critério mais favorável.

[289] A alínea d) do nº 2 na redacção do artº 3º DL 64/2012, de 15 de Março.

6 – Para efeitos dos nºs 4 e 5 são consideradas as pessoas singulares e colectivas, independentemente da sua natureza e das finalidades que prossigam, que beneficiem da actividade profissional de terceiros prestada em regime de trabalho subordinado ou situações legalmente equiparadas para efeitos de segurança social.

(Para os nºs 4 e 5 ver artº 4º da Port 8-B/2007, 03/01)

Artigo 10º-A – Cessação por acordo para reforço da qualificação e capacidade técnica das empresas [290]

1 – Para além das situações referidas no artigo anterior, considera-se, ainda, desemprego involuntário, para efeitos da alínea *d*) do nº 1 do artigo 9º, as situações de cessação de contrato de trabalho por acordo que visem o reforço da qualificação e da capacidade técnica das empresas e não determinem a diminuição do nível de emprego.

2 – Para efeitos do disposto no número anterior, a manutenção do nível de emprego tem de se verificar até ao final do mês seguinte ao da cessação do contrato de trabalho e considera-se assegurada por meio de contratação de novo trabalhador mediante contrato sem termo a tempo completo, para posto de trabalho a que corresponda o exercício de actividade de complexidade técnica, elevado grau de responsabilidade ou que pressuponha uma especial qualificação.

3 – Os serviços de segurança social devem informar o serviço com competência inspectiva do ministério responsável pela área laboral quando detectem ou suspeitem do incumprimento do disposto nos números anteriores para que notifique o empregador por forma a que este, no prazo máximo de 30 dias após a notificação, assegure a manutenção do nível de emprego.

4 – Às cessações de contrato de trabalho efectuadas ao abrigo do presente artigo não são aplicáveis os limites estabelecidos no nº 4 do artigo anterior.

5 – Constitui contra-ordenação grave a cessação de contratos de trabalho com acesso ao subsídio de desemprego em violação do disposto nos nº s 1, 2 e 3.

6 – Nas situações de cessação do contrato de trabalho por acordo, em violação dolosa do disposto nos nºs 1, 2 e 3, o trabalhador mantém o direito às prestações de desemprego, ficando o empregador obrigado perante a segurança social ao pagamento do montante correspondente à totalidade do período de concessão da prestação inicial de desemprego.

[290] Aditado pelo artº 5º do DL 13/2013, de 25 de Janeiro.

SECÇÃO II – Capacidade e disponibilidade para o trabalho

(não aplicável aos beneficiários da Port 26/2015, de 10 de Fevereiro)

Artigo 11º – Capacidade e disponibilidade para o trabalho

1 – A capacidade para o trabalho traduz-se na aptidão para ocupar um posto de trabalho.

2 – A disponibilidade para o trabalho traduz-se nas seguintes obrigações assumidas pelo trabalhador:

a) Procura activa de emprego pelos seus próprios meios;

b) Aceitação de emprego conveniente;

c) Aceitação de trabalho socialmente necessário;

d) Aceitação de formação profissional;

e) Aceitação de outras medidas activas de emprego em vigor que se revelem ajustadas ao perfil dos beneficiários, designadamente as previstas no PPE;

f) Aceitação do plano pessoal de emprego;

g) Cumprimento do PPE e das acções nele previstas;

h) Sujeição a medidas de acompanhamento, controlo e avaliação promovidas pelos centros de emprego.

3 – A titularidade do subsídio de desemprego parcial não prejudica a obrigatoriedade de aceitação de emprego conveniente a tempo inteiro.

4 – A capacidade e disponibilidade para o trabalho, nos termos e para efeitos do presente decreto-lei, são pressupostos da inscrição como candidato a emprego no centro de emprego da área de residência.

Artigo 12º – Procura activa de emprego[291]

1 – A procura activa de emprego consiste na realização de forma continuada de um conjunto de diligências do candidato a emprego com vista à inserção sócio-profissional no mercado de trabalho pelos seus próprios meios.

2 – A procura activa de emprego concretiza-se, designadamente, através das seguintes diligências:

a) Respostas escritas a anúncios de emprego;

b) Respostas ou comparências a ofertas de emprego divulgadas pelo centro de emprego ou pelos meios de comunicação social;

c) Apresentações de candidaturas espontâneas;

[291] O nº 3 que havia sido aditado pelo artº 3º do DL 64/2012, de 15 de Março, na redacção do artº 4º do DL 13/2013, de 25 de Janeiro. Teve redacção do DL 64/2012:
O nº 6, actual nº 7, fora aditado pelo artº 4º da Lei nº 5/2010, de 5 de Maio.
Os nºs 3 a 6 passaram aos actuais nº 4 a 7 pelo DL 64/2012, de 15 de Março.

d) Diligências para a criação do próprio emprego ou para a criação de uma nova iniciativa empresarial;

e) Respostas a ofertas disponíveis na Internet;

f) Registos do *curriculum vitae* em sítios da Internet.

3 – As diligências de procura activa de emprego previstas nas alíneas *a)*, *b)*, *c)* e *e)* do número anterior devem ser adequadas ao candidato a emprego, considerando, nomeadamente, as suas aptidões físicas, habilitações escolares, formação profissional, competências e experiências profissionais, ainda que se situem em sector de actividade ou profissão distinta da ocupação anterior ao momento do desemprego.

4 – Os beneficiários das prestações de desemprego devem proceder, nos termos determinados pelo centro de emprego, ao registo actualizado das diligências efectuadas para a procura activa de emprego e ao arquivo da respectiva documentação comprovativa.

5 – Os centros de emprego asseguram o devido apoio aos beneficiários na aquisição de estratégias de aproximação do mercado de trabalho através da orientação, formação e acompanhamento dos esforços de procura activa e de melhoria das condições de empregabilidade a desenvolver por parte do beneficiário.

6 – Com vista a facilitar a procura de emprego por parte do candidato a emprego, os centros de emprego devem disponibilizar, de acordo com os recursos disponíveis, meios de apoio à procura activa.

7 – Sempre que a Administração Pública promove concursos, como forma de recrutamento e selecção de pessoal para os quadros, é obrigada a contactar, por via electrónica ou postal simples, todos os desempregados que detenham as habilitações literárias requeridas para o concurso, inscritos no centro de emprego da área geográfica do posto de trabalho, bem como nos imediatamente limítrofes.

Artigo 13º – Emprego conveniente [292]

1 – Considera-se emprego conveniente aquele que, cumulativamente:

a) Respeite as retribuições mínimas e demais condições estabelecidas na lei geral ou em instrumento de regulamentação colectiva de trabalho aplicável;

b) Consista no exercício de funções ou tarefas susceptíveis de poderem ser desempenhadas pelo trabalhador, considerando, nomeadamente, as suas aptidões físicas, habilitações escolares, formação profissional, competências e experiências profissionais, ainda que se situem em sector de actividade ou profissão distinta da ocupação anterior ao momento do desemprego;

[292] As alíneas b) e c) do nº 1 na redacção do Decreto-Lei nº 72/2010, de 18 de Junho. O nº 2 foi revogado pelo artº 6º do mesmo diploma.

c) Garanta uma retribuição ilíquida igual ou superior ao valor da prestação de desemprego, acrescido de 10%, se a oferta de emprego ocorrer durante os primeiros 12 meses de concessão de prestações de desemprego, ou igual ou superior ao valor da prestação de desemprego, se aquela oferta ocorrer no decurso ou após o 13º mês;

d) Assegure que o valor das despesas de transporte entre a residência e o local de trabalho cumpra uma das seguintes condições:

i) Não seja superior a 10% da retribuição mensal ilíquida a auferir;

ii) Não ultrapasse as despesas de deslocação no emprego imediatamente anterior desde que a retribuição da oferta de emprego seja igual ou superior à auferida no emprego imediatamente anterior;

iii) O empregador suporte as despesas com a deslocação entre a residência e o local de trabalho ou assegure gratuitamente o meio de transporte;

e) Garanta que o tempo médio de deslocação entre a residência e o local de trabalho proposto:

i) Não exceda 25% do horário de trabalho, salvo nas situações em que o beneficiário tenha filhos menores ou dependentes a cargo, em que a percentagem é reduzida para 20%;

ii) Excedendo 25% do horário de trabalho da oferta de emprego, não seja superior ao tempo de deslocação no emprego imediatamente anterior.

2 – *(revogado)*

3 – Para efeitos do disposto na alínea c) do nº 1, é sempre considerado emprego conveniente aquele que garanta uma retribuição ilíquida igual ou superior ao valor da retribuição ilíquida auferida no emprego imediatamente anterior.

4 – Para efeitos do disposto na alínea d) do nº 1, no valor das despesas de deslocação relevantes para a caracterização de emprego conveniente é tido como referência o valor das despesas de deslocação em transportes colectivos públicos.

5 – Para efeitos do disposto na alínea e) do nº 1, o tempo de deslocação é aferido tendo em conta o tempo médio de deslocação entre a residência e o local do emprego em transportes colectivos públicos, designadamente através dos elementos resultantes de dados estatísticos oficiais.

Artigo 14º – Formação profissional

1 – A formação profissional proposta pelo centro de emprego deve ter como objectivo o reforço das condições de empregabilidade do beneficiário, facilitando o seu regresso rápido e sustentado ao mercado de trabalho.

2 – No âmbito da execução do PPE de cada beneficiário, as acções de formação profissional ou outras medidas equivalentes a proporcionar devem permitir a melhoria das habilitações escolares e ou profissionais e são definidas tendo em conta as suas competências, expectativas e as necessidades do mercado de trabalho.

(Ver arts 5º e 6º da Port 8-B/2007, 03/01)

Artigo 15º – Trabalho socialmente necessário

Considera-se trabalho socialmente necessário o que deva ser desenvolvido no âmbito de programas ocupacionais cujo regime é regulado em diploma próprio, organizados por entidades públicas ou privadas sem fins lucrativos, em benefício da colectividade e por razões de necessidade social ou colectiva, para o qual os titulares das prestações tenham capacidade e não recusem com base em motivos atendíveis invocados.

(Ver Port 128/2009, 30/01)

Artigo 16º – Plano pessoal de emprego

1 – O PPE é um instrumento de co-responsabilização, contratualizado entre o centro de emprego e o beneficiário, em que, de acordo com o perfil e circunstâncias específicas de cada beneficiário bem como do mercado de trabalho em que se insere, se definem e estruturam acções que visam a sua integração no mercado de trabalho.

2 – O PPE é elaborado conjuntamente pelo beneficiário e pelo centro de emprego da sua área de residência, sendo a aceitação do mesmo formalizada através da sua assinatura por ambas as partes.

3 – O PPE identifica e prevê, nomeadamente:

a) O conjunto de acções previsíveis do processo de inserção no mercado de trabalho;

b) As diligências mínimas exigíveis em cumprimento do dever de procura activa de emprego;

c) As acções de acompanhamento, avaliação e controlo a promover pelo centro de emprego.

4 – Para efeitos do cumprimento do PPE, considera-se relevante a prestação de trabalho em regime de voluntariado e a prestação de trabalho de utilidade social a favor de entidades sem fins lucrativos desde que se encontre salvaguardada a sua compatibilidade com a procura activa de emprego.

5 – O PPE pode ser objecto de reformulação por iniciativa do centro de emprego quando da sua avaliação resulte a necessidade do seu reajustamento ao mercado de emprego ou a novas medidas de trabalho.

6 – O PPE é celebrado na sequência da inscrição do candidato para emprego no centro de emprego, nos prazos e termos a definir em regulamentação posterior.

7 – O PPE inicia-se no momento da sua formalização e cessa com a inserção do beneficiário no mercado de trabalho bem como pela anulação da inscrição para emprego no centro de emprego.

Artigo 17º – Acompanhamento personalizado para o emprego [293]

1 – O acompanhamento personalizado para o emprego no âmbito do PPE é um sistema de acompanhamento integrado centrado no beneficiário das prestações de desemprego com o objectivo de garantir:

a) Apoio, acompanhamento e orientação do beneficiário;

b) Activação na procura de emprego, através da formação e aquisição de competências; e

c) Monitorização e fiscalização do cumprimento das obrigações previstas na lei, garantindo o rigor na utilização destas prestações.

2 – O acompanhamento personalizado para o emprego inclui, nomeadamente:

a) Elaboração conjunta do PPE, que deve ser feito até ao período máximo de 15 dias após a inscrição do beneficiário no centro de emprego;

b) Actualização e reavaliação regular do PPE;

c) Sessões de procura de emprego acompanhada;

d) Sessões colectivas de carácter informativo, nomeadamente sobre direitos e deveres dos beneficiários, mercado de emprego e oferta formativa, programas disponíveis no serviço público de emprego;

e) Sessões de divulgação de ofertas e planos formativos adequados ao perfil de cada beneficiário;

f) Ações de desenvolvimento de competências para a empregabilidade; e

g) Outras sessões regulares de atendimento personalizado.

CAPÍTULO III – Condições de atribuição das prestações

Artigo 18º – Disposição geral

1 – O reconhecimento do direito às prestações de desemprego depende da caracterização da relação laboral, da situação de desemprego e da verificação de prazos de garantia, nos termos dos artigos seguintes.

2 – O reconhecimento do direito ao subsídio social de desemprego depende ainda do preenchimento da condição de recursos e do termo da concessão do subsídio de desemprego quando aquele lhe for subsequente.

3 – Não é reconhecido o direito às prestações de desemprego aos beneficiários que à data do desemprego tenham idade legal de acesso à pensão de velhice, desde que se encontre cumprido o respectivo prazo de garantia.

[293] Redacção da Lei nº 34/2016, de 24 de Agosto.

Artigo 19º – Caracterização da relação laboral

1 – A caracterização da relação laboral decorre da situação de o trabalhador ter estado vinculado por contrato de trabalho, ainda que sujeito a legislação especial.

2 – O disposto no número anterior só é aplicável, no que respeita aos trabalhadores do serviço doméstico, quando a base de incidência contributiva para a segurança social corresponde a remunerações efectivas.

Artigo 20º – Situação de desemprego [294]

Os beneficiários devem encontrar-se em situação de desemprego involuntário e inscritos para emprego no centro de emprego da área de residência, sem prejuízo do disposto no nº 4 do artigo 72º.

Artigo 21º – Data do desemprego

1 – Considera-se data do desemprego o dia imediatamente subsequente àquele em que se verificou a cessação do contrato de trabalho.

2 – Nas situações previstas no nº 4 do artigo 9º considera-se data do desemprego a data em que foi comunicada ao beneficiário a declaração de aptidão para o trabalho.

Artigo 22º – Prazos de garantia[295]

1 – O prazo de garantia para atribuição do subsídio de desemprego é de 360 dias de trabalho por conta de outrem, com o correspondente registo de remunerações, num período de 24 meses imediatamente anterior à data do desemprego. [296]

2 – O prazo de garantia para atribuição do subsídio social de desemprego é de 180 dias de trabalho por conta de outrem, com o correspondente registo de remunerações, num período de 12 meses imediatamente anterior à data do desemprego, sem prejuízo do disposto no número seguinte.

3 – Nas situações de desemprego involuntário por caducidade do contrato de trabalho a termo, o prazo de garantia para atribuição do subsídio social de desemprego é de 120 dias de trabalho por conta de outrem, com o correspondente registo de renumerações, num período de 12 meses imediatamente anterior à data do desemprego.

4 – O prazo de garantia para atribuição do subsídio social de desemprego previsto no número anterior é igualmente aplicável nas situações de denúncia do contrato de trabalho por iniciativa da entidade empregadora durante o período experimental, nas condições previstas no nº 6 do artigo 24º.

294 Na redacção do artº 3º do DL 64/2012, de 15 de Março.

295 Redacção do DL 153/2019, de 17 de Outubro. O nº 5 antes nº 3 fora aditado pelo DL 53/2018, de 2 de Julho.

296 O nº 1 na redacção do artº 3º do DL 64/2012, de 15 de Março.

5 – Para efeitos do disposto nos números anteriores, quando necessário, podem ser considerados os períodos de registo de remunerações por exercício de actividade profissional independente, sem prejuízo do disposto no artigo seguinte.

Artigo 23º – Verificação dos prazos de garantia

1 – Os períodos de registo de remunerações correspondentes a situações de equivalência decorrentes da concessão das prestações de desemprego não são relevantes para efeitos de verificação dos prazos de garantia.

2 – Os períodos de registo de remunerações relevantes para o preenchimento de um prazo de garantia com atribuição de prestações de desemprego não são considerados para efeitos de prazo de garantia em nova situação de desemprego.

3 – Os períodos de registos de remunerações decorrentes de coexistência de subsídio de desemprego parcial e exercício de actividade profissional por conta de outrem ou independente, nos termos previstos no presente decreto-lei, não relevam para efeitos dos prazos de garantia. [297]

4 – Na verificação dos prazos de garantia para os trabalhadores agrícolas e de serviço doméstico só podem ser considerados registos de remunerações por equivalência à entrada de contribuições até ao máximo de 120 dias.

Artigo 24º – Condições especiais de atribuição do subsídio social de desemprego [298]

1 – O reconhecimento do direito ao subsídio social de desemprego depende ainda do preenchimento da condição de recursos à data do desemprego ou à data da cessação da atribuição do subsídio de desemprego, conforme se trate, respectivamente, de subsídio inicial ou subsequente.

2 – A condição de recursos é definida em função dos rendimentos mensais do agregado familiar do requerente que não podem ultrapassar 80% do IAS, cuja capitação do rendimento é ponderada segundo a escala de equivalência prevista na lei da condição de recursos.

3 – *(revogado)*

4 – Para efeitos do nº 2, sem prejuízo do disposto no Decreto-Lei nº 70/2010, de 16 de Junho, na sua redacção actual, são considerados os rendimentos mensais mais recentes.

[297] O nº 3 na redacção do artº 2º Decreto-Lei nº 72/2010, de 18 de Junho.
[298] O nº 1 na redacção do artº 3º do DL 64/2012, de 15 de Março.
O nº 2 na redacção do artº 2º do Decreto-Lei nº 72/2010, de 18 de Junho.
O nº 3 foi revogado pelo artº 6º do DL 72/2010.
O nº 4 aditado pelo artº 170º do DL 84/2019, de 28 de Junho.
O nº 5 era o nº 4 na versão anterior.
O nº 6 aditado pelo DL 153/2019, de 17 de Outubro.

5 – Nas situações em que o beneficiário esteja a receber subsídio de desemprego parcial e o contrato de trabalho a tempo parcial cesse após o termo do período de concessão daquele subsídio sem que tenha sido adquirido novo direito a prestações de desemprego, mantém-se o acesso ao subsídio social de desemprego subsequente desde que se encontre preenchida a condição de recursos.

6 – Sem prejuízo da aplicação de outros prazos de garantia, os beneficiários podem aceder ao subsídio social de desemprego nos termos do nº 4 do artigo 22º uma vez em cada dois anos a contar da data de cessação do subsídio social de desemprego atribuído naqueles termos.

(Quanto aos rendimentos a considerar ver DL 70/2010, 16/06)

(Para o nº 2: para subsídio social de desemprego subsequente para 2019: 105% do IAS – artº 116º da L 71/2018, 31/12)

Artigo 25º – Conceito de agregado familiar*(revogado)* [299]

(Ver DL 72/2010, 18/06)

Artigo 26º – Condições de atribuição das prestações a ex-pensionistas

O reconhecimento do direito às prestações de desemprego aos ex-pensionistas de invalidez depende apenas da caracterização da situação de desemprego e da verificação da condição de recursos no caso de atribuição do subsídio social de desemprego subsequente ao subsídio de desemprego.

Artigo 27º – Condições de atribuição do subsídio de desemprego parcial [300]

1 – Sem prejuízo do disposto no nº 4 do artigo 60º, o direito ao subsídio de desemprego parcial é reconhecido a quem seja requerente ou titular de subsídio de desemprego e exerça, ou venha a exercer, uma actividade profissional por conta de outrem a tempo parcial, com um período normal de trabalho semanal inferior ao praticado a tempo completo em situação comparável, ou uma actividade profissional independente nos termos previstos no presente diploma, desde que o valor do rendimento relevante do trabalho independente ou da retribuição do trabalho por conta de outrem a tempo parcial seja inferior ao montante do subsídio de desemprego.

2 – O direito ao subsídio referido no número anterior apenas é reconhecido aos beneficiários que reúnam as condições de atribuição do subsídio de desemprego.

[299] Revogado pelo artº 6º do Decreto-Lei nº 72/2010, de 18 de Junho.

[300] Redacção do artº 2º do Decreto-Lei nº 72/2010, de 18 de Junho.

CAPÍTULO IV – Montante das prestações

Artigo 28º – Montante do subsídio de desemprego [301]

1 – O montante diário do subsídio de desemprego é igual a 65% da remuneração de referência e calculado na base de 30 dias por mês, sem prejuízo do disposto no número seguinte.

2 – *(revogado)*

3 – *(revogado)*

4 – A remuneração de referência corresponde à remuneração média diária definida por R/360, em que R representa o total das remunerações registadas nos primeiros 12 meses civis que precedem o 2º mês anterior ao da data do desemprego.

5 – Para efeitos do disposto no número anterior, só são consideradas as importâncias registadas relativas a subsídios de férias e de Natal devidos no período de referência.

(Em 2012: com majoração nos termos do DL 64/2012, 15/03;
Em 2013: redução de 6% – artº 10º da L 51/2013, 24/07 (na medida em que o artº 116º da L 66-B/2012, 31/12, foi considerada inconstitucional). E com majoração nos termos do artº 117º da L 66-B/2012, 31/12;
Em 2014: redução de 6% e majoração – arts 115º e 116º da L 83-C/2013, 31/12;
Em 2016: majoração – artº 75º da Lei nº 7-A/2016, de 30 de Março;
Em 2017: majoração – artº 100º da Lei nº 42/2017, de 28 de Dezembro;
Em 2018: majoração – artº 123º da Lei nº 114/2017, de 29 de Dezembro;
Em 2019: majoração – artº 131º da Lei nº 71/2018, de 31 de Dezembro.)

Artigo 29º – Limites ao montante do subsídio de desemprego [302]

1 – O montante mensal do subsídio de desemprego não pode ser superior a duas vezes e meia o valor do indexante dos apoios sociais (IAS) nem inferior ao valor desse indexante, sem prejuízo do disposto nos números seguintes.

[301] Os nºs 2 e 3 foram revogados pelo artº 122º da Lei nº 114/2017, de 29 de Dezembro.
Tiveram redacção do Decreto-Lei nº 53-A/2017, de 31 de Maio. Aditado o nº 3 e renumerados os nºs 4 e 5.
O nº 1 na redacção do artº 3º do DL 64/2012, de 15 de Março.
Os anteriores nºs 2 e 3 passaram nessa altura aos nºs 3 e 4, respectivamente pelo mesmo diploma.

[302] O nº 1 na redacção do artº 3º do DL 64/2012, de 15 de Março. Teve redacção do Decreto-Lei nº 72/2010, de 18/06.
Os nºs 2 e 4 na redacção do artº 2º do Decreto-Lei nº 72/2010, de 18 de Junho.

2 – O montante mensal do subsídio de desemprego não pode ser superior a 75% do valor líquido da remuneração de referência que serviu de base de cálculo ao subsídio de desemprego, sem prejuízo do disposto na parte final do nº 1.

3 – O montante mensal do subsídio de desemprego não pode, em qualquer caso, ser superior ao valor líquido da remuneração de referência que serviu de base de cálculo ao subsídio de desemprego.

4 – O valor líquido da remuneração de referência referido nos números anteriores obtém-se pela dedução, ao valor ilíquido daquela remuneração, da taxa contributiva que seria imputável ao beneficiário e da taxa de retenção do IRS.

Artigo 30º – Montante do subsídio social de desemprego [303]

1 – O montante diário do subsídio social de desemprego é indexado ao valor do indexante dos apoios sociais (IAS) e calculado na base de 30 dias por mês, nos termos seguintes:

a) 100% para os beneficiários com agregado familiar;

b) 80% para os beneficiários isolados.

2 – Sempre que pela aplicação das percentagens fixadas no número anterior resulte um valor superior ao valor líquido da remuneração de referência, apurada nos termos do nº 4 do artigo anterior, o subsídio é reduzido ao montante desta remuneração.

3 – Para efeitos do disposto no número anterior, a remuneração de referência diária é definida por R/180, em que R é igual à soma das remunerações registadas nos primeiros seis meses civis que precedem o 2º mês anterior ao da data do desemprego, observando-sc o disposto no nº 4 do artigo 28º.

4 – O montante mensal do subsídio social de desemprego subsequente não pode ser superior ao valor do subsídio de desemprego que o beneficiário se encontrava a receber.

Artigo 31º – Alteração do montante do subsídio social de desemprego

1 – Durante o período de concessão do subsídio social de desemprego o seu montante é adaptado às alterações relativas ao agregado familiar.

2 – A alteração do montante do subsídio decorrente da situação prevista no número anterior produz efeitos no dia imediato ao da verificação do facto que a determinou.

303 O corpo do nº 1 tem redacção do Decreto-Lei nº 72/2010, de 18 de Junho.
O nº 3 na redacção do Decreto-Lei nº 53-A/2017, de 31 de Maio.
O nº 4 na redacção do artº 184º da Lei nº 66-B/2012, de 31 de Dezembro.

Artigo 32º – Montantes das prestações de desemprego dos ex-pensionistas de invalidez

1 – O montante das prestações de desemprego, quer do subsídio de desemprego quer do subsídio social subsequente, atribuídas aos beneficiários ex-pensionistas de invalidez é determinado nos termos estabelecidos no nº 1 do artigo 30º.

2 – O montante das prestações de desemprego a que se refere o número anterior não pode ser superior ao último valor da pensão de invalidez a que os beneficiários tinham direito enquanto pensionistas.

Artigo 33º – Montante do subsídio de desemprego parcial [304]

1 – O montante do subsídio de desemprego parcial corresponde à diferença entre o montante do subsídio de desemprego acrescido de 35% do seu valor e a retribuição do trabalho por conta de outrem.

2 – Nas situações em que o beneficiário exerce uma actividade profissional independente, o montante do subsídio de desemprego parcial corresponde à diferença entre:

a) O valor do subsídio de desemprego acrescido de 35% do seu valor; e

b) O valor do duodécimo do seu rendimento anual relevante, ou, no caso de início de actividade, do rendimento relevante presumido pelo beneficiário para efeitos fiscais.

3 – O montante do subsídio de desemprego parcial é recalculado sempre que o valor presumido referido na alínea b) do número anterior não seja confirmado.

4 – O montante do subsídio de desemprego parcial permanece igual ao subsídio de desemprego, nas situações em que, cumulativamente:

a) O subsídio de desemprego, acrescido de 35% do seu valor, corresponda a um montante inferior à remuneração mínima mensal garantida; e

b) A soma dos rendimentos de trabalho por conta de outrem, ou trabalho independente, com o subsídio de desemprego parcial, calculado nos termos dos nºs 1 ou 2, corresponda a um valor inferior à remuneração mínima mensal garantida.

5 – O montante do subsídio de desemprego parcial não pode, em qualquer caso, ser superior ao montante do subsídio de desemprego que lhe corresponda.

Artigo 34º – Montante único das prestações de desemprego [305]

1 – O subsídio de desemprego ou o subsídio social de desemprego inicial a que os beneficiários tenham direito pode ser pago globalmente, por uma só vez, nos casos em que os interessados apresentem projecto de criação do próprio emprego.

[304] Redacção do artº 2º do Decreto-Lei nº 72/2010, de 18 de Junho.

[305] Os nºs 3 a 5 foram aditados pelo artº 3º do DL 64/2012, de 15 de Março. O nº 3 da versão inicial passou a nº 6.

2 – O montante global das prestações corresponde à soma dos valores mensais que seriam pagos aos beneficiários durante o período de concessão, deduzido das importâncias eventualmente já recebidas.

3 – Nas situações de criação do próprio emprego com recurso ao montante global das prestações de desemprego, os beneficiários não podem acumular o exercício dessa actividade com outra actividade normalmente remunerada durante o período em que são obrigados a manter aquela actividade.

4 – O incumprimento injustificado das obrigações decorrentes da aprovação do projecto de criação do próprio emprego ou a aplicação, ainda que parcial, das prestações para fim diferente daquele a que se destinam implica a revogação do apoio concedido, aplicando-se o regime jurídico da restituição das prestações de segurança social indevidamente pagas, sem prejuízo da responsabilidade contra-ordenacional ou penal a que houver lugar.

5 – Sem prejuízo das competências dos centros de emprego, os serviços de fiscalização da segurança social podem, para efeitos do número anterior, verificar o cumprimento das condições de atribuição do pagamento, por uma só vez, do montante global das prestações de desemprego.

6 – A regulamentação do pagamento do montante global das prestações de desemprego consta de diploma próprio.

(Para o nº 6 trata-se dos arts 12º e 13º da Port 985/2009, 04/09, e Desp 7131/2011, 03/05 – DR, 2ª, 11/05)

Artigo 34º-A – Pagamento parcial do montante único das prestações de desemprego [306]

1 – O subsídio de desemprego ou o subsídio social de desemprego inicial a que os beneficiários tenham direito pode ser pago parcialmente de uma só vez, nos casos em que os interessados apresentem projecto de criação do próprio emprego e as despesas elegíveis não ultrapassem o valor do montante único.

2 – Na situação prevista no número anterior, continuam a ser pagas aos beneficiários as prestações de desemprego correspondentes ao remanescente do período de concessão que não foi pago de uma só vez, salvo se se verificar o enquadramento no regime dos trabalhadores por conta de outrem em que há lugar à suspensão do seu pagamento.

[306] Aditado pelo artº 4º do DL 64/2012, de 15 de Março.

Artigo 35º – Actualização do valor do indexante dos apoios sociais [307]

Sempre que o valor do indexante dos apoios sociais (IAS) seja actualizado, o novo valor é considerado a partir da produção de efeitos do diploma que procede à sua fixação.

CAPÍTULO V – Duração das prestações

Artigo 36º – Início das prestações [308]

1 – As prestações de desemprego são devidas desde a data do requerimento, sem prejuízo do disposto nos números seguintes.

2 – As prestações de desemprego a conceder aos ex-pensionistas de invalidez são devidas desde o dia 1 do mês seguinte àquele em que foi comunicada ao beneficiário a declaração de aptidão para o trabalho.

3 – O início do pagamento do subsídio social de desemprego que seja devido subsequentemente ao termo do período de concessão do subsídio de desemprego reporta-se ao dia em que se encontre preenchida a condição de recursos.

4 – O início do pagamento do subsídio de desemprego parcial tem lugar a partir da data de início da actividade profissional, por conta de outrem ou independente, se ela ocorrer durante o período de atribuição das prestações, ou da data do requerimento do subsídio de desemprego se o início daquela actividade for anterior à data do desemprego.

5 – Nas situações a que se refere o nº 2 do artigo 72º, as prestações de desemprego são devidas desde a data de apresentação do requerimento ou das provas, deduzindo-se no período de concessão os dias decorridos entre o termo do prazo para a apresentação do requerimento ou apresentação das provas e a data da apresentação dos mesmos.

Artigo 37º – Período de concessão das prestações de desemprego [309]

1 – O período de concessão do subsídio de desemprego e do subsídio social de desemprego inicial é estabelecido em função da idade do beneficiário e do número de meses com registo de remunerações no período imediatamente anterior à data do desemprego, nos seguintes termos:

a) Beneficiários com idade inferior a 30 anos:

i) Com registo de remunerações num período inferior a 15 meses, 150 dias;

[307] Redacção do artº 2º do Decreto-Lei nº 72/2010, de 18 de Junho.

[308] O nº 4 na redacção do Decreto-Lei nº 72/2010, de 18 de Junho.

[309] Redacção do DL 64/2012, de 15 de Março. Teve redacção do Decreto-Lei nº 68/2009, de 20 de Março.

ii) Com registo de remunerações num período igual ou superior a 15 meses e inferior a 24 meses, 210 dias;

iii) Com registo de remunerações num período igual ou superior a 24 meses, 330 dias;

b) Beneficiários com idade igual ou superior a 30 anos e inferior a 40 anos:

i) Com registo de remunerações num período inferior a 15 meses, 180 dias;

ii) Com registo de remunerações num período igual ou superior a 15 meses e inferior a 24 meses, 330 dias;

iii) Com registo de remunerações num período igual ou superior a 24 meses, 420 dias;

c) Beneficiários com idade igual ou superior a 40 anos e inferior a 50 anos:

i) Com registo de remunerações num período inferior a 15 meses, 210 dias;

ii) Com registo de remunerações num período igual ou superior a 15 meses e inferior a 24 meses, 360 dias;

iii) Com registo de remunerações num período igual ou superior a 24 meses, 540 dias;

d) Beneficiários com idade igual ou superior a 50 anos:

i) Com registo de remunerações num período inferior a 15 meses, 270 dias;

ii) Com registo de remunerações num período igual ou superior a 15 meses e inferior a 24 meses, 480 dias;

iii) Com registo de remunerações num período igual ou superior a 24 meses, 540 dias.

2 – Os períodos de concessão do subsídio de desemprego e do subsídio social de desemprego inicial previstos no número anterior são majorados em função da carreira contributiva no período imediatamente anterior à data do desemprego, nos seguintes termos:

a) Para os beneficiários com idade inferior a 40 anos, um acréscimo de 30 dias por cada cinco anos com registo de remunerações nos últimos 20 anos;

b) Para os beneficiários com idade igual ou superior a 40 anos e inferior a 50 anos, um acréscimo de 45 dias por cada cinco anos com registo de remunerações nos últimos 20 anos;

c) Para os beneficiários com idade igual ou superior a 50 anos, um acréscimo de 60 dias por cada cinco anos com registo de remunerações nos últimos 20 anos.

3 – Para efeitos do disposto nos números anteriores são considerados os períodos de registo de remunerações posteriores ao termo da concessão das prestações devidas pela última situação de desemprego, sem prejuízo do disposto no número seguinte.

4 – Nas situações em que o trabalhador tenha retomado o exercício de actividade profissional no decurso dos primeiros seis meses de atribuição das prestações é considerado ainda, na determinação do período de concessão e respectivo

acréscimo da prestação de desemprego imediatamente subsequente, o período de remunerações tido em conta na atribuição da prestação de desemprego imediatamente anterior.

5 – Nas situações em que o trabalhador não tenha beneficiado dos acréscimos, previstos no nº 2, por ter retomado o trabalho antes de ter esgotado o período máximo de concessão da prestação inicial de desemprego, os períodos de registo de remunerações que não tenham sido considerados relevam, para efeitos de acréscimo do período de concessão de prestações, em posterior situação de desemprego.

(O artigo 6º do DL 64/2012, 15/03, veio dispor sobre salvaguarda de direitos que:
Na primeira situação de desemprego subsidiado, ocorrida após 1 de Abril, é garantido ao beneficiário o período de concessão do subsídio de desemprego a que teria direito no dia anterior àquela data, ao abrigo das normas então em vigor.
Ver artº 9º da Port 8-B/2007, 03/01.
Para o prolongamento ver artº 59º.
Ex-militares ver artº 21º do DL 76/2018, de 11 de Outubro.
Prorrogada a atribuição por mais seis meses com cessação em 2009 – artº 2º do DL 68/2009, 20/03)

Artigo 38º – Subsídio social de desemprego subsequente ao subsídio de desemprego [310]

1 – O período de concessão do subsídio social de desemprego, quando atribuído subsequentemente ao subsídio de desemprego a beneficiários com idade inferior a 40 anos, tem uma duração correspondente a metade dos períodos fixados no nº 1 do artigo anterior, tendo em conta a idade do beneficiário à data em que cessou a concessão do subsídio de desemprego.

2 – O período de concessão do subsídio social de desemprego, quando atribuído subsequentemente ao subsídio de desemprego a beneficiários com idade igual ou superior a 40 anos, tem a mesma duração do subsídio de desemprego atribuído inicialmente.

(O nº 2 do artº 7º do DL 64/2012, 15/03, veio dispor sobre produção de efeitos que:
2 – Na primeira situação de desemprego subsidiado ocorrida após 1 de Abril, que beneficie do disposto no artigo 6º, não é aplicável o disposto no nº 2 do artigo 38º do DL 220/2006, 03/11, sendo o período de concessão do subsídio social de desemprego nestes casos igual a metade do período de concessão do subsídio de desemprego inicial a que o beneficiário teve direito.
Ver artº 10º da Port 8-B/2007, 03/01.
Para o prolongamento ver artº 59º e 59ºA –Apoio aos desempregados de longa duração)

[310] Redacção do artº 3º do DL 64/2012, de 15 de Março.

Artigo 39º – Subsídio de desemprego parcial [311]

A duração do período de atribuição do subsídio de desemprego parcial tem como limite o período de concessão definido para o subsídio de desemprego.

Artigo 40º – Prestações de desemprego nos casos de frequência de formação profissional

1 – Nas situações de frequência de formação com atribuição de compensação remuneratória, o período de concessão das prestações a que o beneficiário teria direito, após o termo do curso de formação profissional, é reduzido em função dos valores das prestações parciais de desemprego que lhe foram pagas durante a frequência do curso.

2 – Não integram o conceito de compensação remuneratória os subsídios de alimentação, de transporte e de alojamento.

3 – Para aplicação do disposto no nº 1, divide-se o somatório dos valores pagos pelo montante diário das prestações inicialmente calculado, não relevando fracções deste valor.

(Ver artº 11º da Port 8-B/2007, 03/01).

CAPÍTULO VI – Deveres e consequências do seu incumprimento

SECÇÃO I – Deveres

Artigo 41º – Deveres dos beneficiários

1 – Durante o período de concessão das prestações de desemprego, constitui dever dos beneficiários:

a) Aceitar emprego conveniente;

b) Aceitar trabalho socialmente necessário;

c) Aceitar formação profissional;

d) Aceitar outras medidas activas de emprego em vigor não previstas nas alíneas anteriores desde que ajustadas ao perfil dos beneficiários;

e) Procurar activamente emprego pelos seus próprios meios e efectuar a sua demonstração perante o centro de emprego;

f) (revogada) [312]

g) Sujeitar-se a medidas de avaliação, acompanhamento e controlo, nomeadamente comparecer nas datas e nos locais que lhes forem determinados pelo centro de emprego.

[311] Redacção do artº 2º do Decreto-Lei nº 72/2010, de 18 de Junho.
[312] Revogada pela Lei nº 34/2016, de 18 de Junho.

2 – Os beneficiários são dispensados, mediante comunicação prévia ao centro de emprego com a antecedência mínima de 30 dias, do cumprimento dos deveres estabelecidos no número anterior durante o período anual máximo de 30 dias ininterruptos.

(Não aplicável aos beneficiários da Port 26/2015, de 10 de Fevereiro)

Artigo 42º – Comunicações obrigatórias

1 – Durante o período de concessão das prestações de desemprego, os beneficiários devem comunicar ao centro de emprego:

a) A alteração de residência;

b) O período anual de dispensa previsto no nº 2 do artigo 41º;

c) O período de ausência do território nacional;

d) O início e o termo do período de duração da protecção na maternidade;

e) As situações de doença, nos termos do artigo 45º.

2 – Os beneficiários das prestações de desemprego estão ainda obrigados, durante o período de concessão das prestações, a comunicar ao serviço da segurança social da área de residência ou instituição de segurança social competente qualquer facto susceptível de determinar:

a) A suspensão ou a cessação das prestações;

b) A redução dos montantes do subsídio social de desemprego;

c) A decisão judicial proferida no âmbito dos processos nas situações previstas nos nºs 2 e 5 do artigo 9º.

3 – A comunicação prevista nos números anteriores, salvo o disposto na alínea b) do nº 1, deve ser efectuada no prazo de cinco dias úteis a contar da data do conhecimento do facto.

4 – A restituição das prestações indevidamente recebidas é efectuada nos termos estabelecidos no respectivo regime jurídico, sem prejuízo da responsabilidade contra-ordenacional ou criminal a que houver lugar.

Artigo 43º – Deveres do empregador para com os beneficiários

1 – Em caso de cessação do contrato de trabalho, o empregador é obrigado a entregar ao trabalhador as declarações previstas nos artigos 73º e 74º para instrução do requerimento das prestações no prazo de cinco dias úteis a contar da data em que o trabalhador as solicite, sem prejuízo da possibilidade de as declarações serem apresentadas online no sítio da Internet da segurança social, nos termos previstos no presente decreto-lei.

2 – Nas situações previstas no nº 4 do artigo 10º o empregador tem de declarar que não ultrapassou os limites legalmente fixados.

SECÇÃO II – Faltas

Artigo 44º – Regime de faltas [313]

1 – A falta de comparência do beneficiário, sempre que convocado pelos centros de emprego, é justificada nos termos constantes do regime previsto no Código do Trabalho, sem prejuízo do disposto nos nºs 2 e 3 e no artigo seguinte quanto às faltas por motivo de doença, devendo, na aplicação do referido regime, considerar-se as especificidades da relação entre o candidato a emprego e o centro de emprego, beneficiário possuir maior flexibilidade na organização e gestão do seu tempo.

2 – A falta, quando previsível, deve ser comunicada com a devida antecedência, acompanhada da indicação do motivo justificativo e, caso a falta ocorra por motivo imprevisível, aquela comunicação deve ser efectuada logo que possível.

3 – A prova do motivo justificativo das faltas deve ser apresentada no prazo máximo de cinco dias consecutivos a contar da verificação dos factos que a determinaram.

4 – *(revogado)*

5 – As faltas não justificadas de acordo com o regime estabelecido no presente decreto-lei consideram-se injustificadas.

Artigo 45º – Situação de incapacidade temporária por doença [314]

1 – Durante o período de concessão das prestações de desemprego, as situações de doença têm de ser comunicadas ao centro de emprego no prazo de cinco dias úteis a contar da data do seu início.

2 – A certificação das situações de doença previstas no número anterior é efectuada nos mesmos termos em que é certificada a incapacidade temporária para o trabalho nos termos do regime jurídico de protecção social na eventualidade doença no âmbito do sistema previdencial, na qual deve constar o período previsível de duração da incapacidade temporária.

3 – O disposto nos números anteriores aplica-se, com as necessárias adaptações, às situações de incapacidade temporária para assistência inadiável e imprescindível em caso de doença ou acidente, a filhos, adoptados ou a enteados menores de 12 anos, ou deficientes, nos termos do Código do Trabalho.

4 – A situação de incapacidade por doença está sujeita à intervenção dos serviços de verificação de incapacidades da segurança social.

313 Redacção do artº 2º do Decreto-Lei nº 72/2010, de 18 de Junho.

314 O nº 2 na redacção do DL 64/2012, de 15 de Março.
O nº 3 na redacção do DL 13/2013, de 25 de Janeiro. Teve redacção do DL 64/2012, de 15 de Março.

5 – Nos casos em que a comissão de verificação não confirme a incapacidade, esta deixa de constituir fundamento de incumprimento de obrigações perante os centros de emprego.

Artigo 46º – Justificação de recusas e desistências de medidas activas de emprego [315]

À justificação das recusas de emprego conveniente, das recusas ou desistências de trabalho socialmente necessário, formação profissional, controle e acompanhamento personalizado ou outra medida activa de emprego, aplica-se o disposto nos artigos 44º e 45º, com as necessárias adaptações.

SECÇÃO III – Incumprimento de deveres

Artigo 47º – Actuações injustificadas

O incumprimento dos deveres do beneficiário para com o centro de emprego determina as seguintes consequências:

a) Advertência escrita;

b) Anulação da inscrição no centro de emprego.

Artigo 48º – Advertência escrita [316]

1 – Determina advertência escrita o primeiro incumprimento injustificado:

a) Do dever de procurar activamente emprego pelos seus próprios meios e efectuar a sua demonstração perante o centro de emprego;

b) Do PPE, nomeadamente das acções nele previstas, com excepção das referidas no nº 4 do artigo seguinte;

c) No âmbito de acções de controlo, acompanhamento personalizado e avaliação promovidas pelos centros de emprego;

d) (revogada)

2 – A advertência escrita é efectuada com dispensa de audiência prévia.

Artigo 49º – Anulação da inscrição no centro de emprego [317]

1 – Determinam a anulação da inscrição no centro de emprego as seguintes actuações injustificadas:

a) Recusa de emprego conveniente;

b) Recusa de trabalho socialmente necessário;

[315] Redacção da Lei nº 34/2016, de 24 de Agosto.
[316] Redacção da Lei nº 34/2016, de 24 de Agosto.
A alínea d) do nº 1 fora revogada pelo artº 6º do Decreto-Lei nº 72/2010, de 18/06.
[317] O nº 5 foi aditado pelo artº 3º do DL 64/2012, de 15 de Março. O nº 5 inicial passou ao actual nº 6.

c) Recusa de formação profissional;

d) Recusa do PPE;

e) Recusa de outras medidas activas de emprego em vigor, não previstas nas alíneas anteriores;

f) Segundo incumprimento do dever de procurar activamente emprego pelos seus próprios meios e efectuar a sua demonstração perante o centro de emprego;

g) Segundo incumprimento das obrigações e acções previstas no plano pessoal de emprego, com excepção das situações referidas no nº 4 do presente artigo;

h) Falta de comparência a convocatória do centro de emprego;

i) Falta de comparência nas entidades para onde foi encaminhado pelo centro de emprego;

j) (revogada) [318]

2 – Para efeitos da alínea d) do número anterior, considera-se como recusa do PPE a não aceitação ou sua não assinatura injustificada.

3 – Nos casos previstos nas alíneas f), g) e h) do nº 1, a anulação da inscrição só tem lugar nas situações em que o beneficiário já tenha sido advertido por escrito nos termos do artigo anterior. [319]

4 – Determinam, ainda, a anulação da inscrição no centro de emprego a desistência injustificada ou exclusão justificada de trabalho socialmente necessário e formação profissional e a recusa ou desistência injustificada ou a exclusão justificada de medidas activas de emprego previstas no PPE.

5 – A decisão de anulação de inscrição do beneficiário nos termos dos números anteriores é proferida no prazo de 30 dias consecutivos a contar da data do conhecimento do facto que determine a anulação.

6 – A reinscrição no centro de emprego por parte dos beneficiários cuja inscrição foi anulada por actuação injustificada, nos termos previstos nos números anteriores, só pode verificar-se decorridos 90 dias consecutivos contados da data da decisão de anulação.

CAPÍTULO VII – Suspensão e cessação das prestações

SECÇÃO I – Suspensão das prestações

Artigo 50º – Situações determinantes da suspensão

O pagamento das prestações é suspenso:

a) Por razões inerentes à situação do beneficiário perante a segurança social;

[318] Revogada pela Lei nº 34/2016, de 24 de Agosto.

[319] Redacção da Lei nº 34/2016, de 24 de Agosto.

b) Por motivos da sua situação laboral ou profissional, quer a mesma se verifique no País quer no estrangeiro;

c) Em consequência do cumprimento de decisões judiciais relativas a detenção em estabelecimento prisional ou aplicação de outras medidas de coacção privativas da liberdade.

(Também artº 5º da Port 207/2012, 06/07)
(Ver artº 12º da Port 8-B/2007, 03/01)

Artigo 51º – Situação perante a segurança social [320]

1 – Determina a suspensão do pagamento das prestações, sem prejuízo do disposto no número seguinte, o reconhecimento do direito às seguintes prestações:

a) Subsídios por risco clínico durante a gravidez;

b) Subsídio por interrupção da gravidez;

c) Subsídio parental inicial;

d) Subsídio parental inicial exclusivo do pai;

e) Subsídio parental inicial exclusivo da mãe; ou

f) Subsídio parental inicial atribuído a um progenitor em caso de impossibilidade do outro e subsídio por adopção.

2 – Os titulares do subsídio de desemprego parcial que se encontrem em situação de incapacidade para o trabalho por doença ou por impedimento no âmbito da protecção na parentalidade diferente do que determina a suspensão do pagamento das prestações nos termos do número anterior têm direito a receber o subsídio de desemprego durante o período de incapacidade ou de impedimento.

(Cf. artº 8º do DL 91/2009, de 09.04)

Artigo 52º – Situação laboral ou profissional [321]

1 – Determinam a suspensão do pagamento das prestações de desemprego as seguintes situações inerentes à situação laboral ou profissional do beneficiário:

a) Exercício de actividade profissional por conta de outrem ou por conta própria, por período consecutivo inferior a três anos;

b) Frequência de curso de formação profissional com atribuição de compensação remuneratória;

c) Registo de remunerações relativo a férias não gozadas na vigência do contrato de trabalho.

[320] Redacção do Decreto-Lei nº 72/2010, de 18 de Junho.
[321] O nº 6 foi aditado pelo artº 2º do Decreto-Lei nº 72/2010, de 18 de Junho.

2 – Sempre que o valor da compensação remuneratória referida na alínea b) do número anterior for inferior ao montante da prestação a que o beneficiário tinha direito, a suspensão só abrange o valor daquela compensação.

3 – A ausência de registo de remunerações decorrente do disposto na alínea b) do nº 1 não afecta a atribuição de prestações no âmbito do subsistema de protecção familiar.

4 – O pagamento das prestações de desemprego é igualmente suspenso durante o período de ausência do território nacional, sem prejuízo do disposto no número seguinte.

5 – O pagamento das prestações de desemprego não é suspenso:

a) Durante o período anual de dispensa de cumprimento de deveres comunicado ao centro de emprego;

b) Durante o período de ausência do território nacional, nas situações de deslocação ao estrangeiro para tratamento médico, desde que esta necessidade seja atestada nos termos estabelecidos no âmbito do Serviço Nacional de Saúde.

6 – O pagamento das prestações de desemprego é ainda suspenso durante o período de exercício de actividade profissional determinante do reconhecimento do direito ao subsídio de desemprego parcial, quando o rendimento relevante da actividade profissional independente ou a retribuição do trabalho por conta de outrem for igual ou superior ao valor do subsídio de desemprego, consoante o caso.

Artigo 53º – Reinício das prestações

1 – O reinício do pagamento das prestações de desemprego depende da verificação da capacidade e disponibilidade para o trabalho, concretizada na inscrição para emprego no centro de emprego.

2 – Nas situações decorrentes da cessação do exercício de actividade profissional por conta de outrem, o reinício do pagamento das prestações depende, ainda, da caracterização do desemprego como involuntário.

SECÇÃO II – Cessação das prestações

Artigo 54º – Situações determinantes da cessação

1 – O direito às prestações de desemprego cessa:

a) Por razões inerentes à situação dos beneficiários perante os sistemas de protecção social de inscrição obrigatória;

b) Por motivos da sua situação laboral, quer a mesma se verifique no País quer no estrangeiro;

c) Em consequência da anulação da inscrição para emprego no centro de emprego;

d) Quando se verifique a utilização de meios fraudulentos, por acção ou omissão, determinante de ilegalidade relativa à atribuição e ao montante das prestações de desemprego.

2 – A cessação do direito às prestações produz efeitos no dia imediato ao da verificação do facto que a determinou.

Artigo 55º – Situação perante os sistemas de protecção social [322]

1 – Determinam a cessação do direito às prestações de desemprego os seguintes casos inerentes à situação do beneficiário perante os sistemas de protecção social a que se encontre vinculado:

a) O termo do período de concessão das prestações de desemprego;

b) A passagem do beneficiário à situação de pensionista por invalidez;

c) A verificação da idade legal de acesso à pensão por velhice, se o beneficiário tiver cumprido o prazo de garantia;

d) A alteração dos rendimentos do agregado familiar do beneficiário para um valor superior ao fixado no nº 2 do artigo 24º, tratando-se de subsídio social de desemprego.

2 – O direito às prestações de desemprego cujo pagamento se encontre suspenso cessa com a atribuição ao beneficiário de novas prestações de desemprego, sem prejuízo do reinício do pagamento das prestações caso lhe seja mais favorável.

3 – Nas situações previstas no número anterior, independentemente de se encontrar preenchido o prazo de garantia para acesso a novas prestações, o pagamento das prestações que se encontre suspenso é reiniciado pelo período remanescente e com o valor que se encontrava a ser atribuído à data da suspensão, sem prejuízo do disposto no nº 5.

4 – A determinação da protecção mais favorável é efectuada oficiosamente, tendo em conta os respectivos montantes e períodos de atribuição, sem prejuízo do reconhecimento do direito dos interessados à determinação do regime que no seu caso em concreto considera mais favorável, desde que solicitado no prazo de 60 dias após a concessão das prestações de desemprego.

5 – O período remanescente da prestação inicial é deduzido no período de concessão da nova prestação de desemprego por forma a que a duração global da prestação não ultrapasse o período de concessão relativo à nova prestação de desemprego.

[322] O nº 3 na redacção do Decreto-Lei nº 68/2009, de 20 de Março.
O nº 4 foi aditado pelo mesmo diploma. O nº 4 original passou a nº 5.

Artigo 56º – Situação laboral

O direito às prestações de desemprego cujo pagamento se encontre suspenso cessa nos seguintes casos:

a) Exercício de actividade profissional por conta de outrem ou por conta própria por período consecutivo igual ou superior a três anos;

b) Ausência de território nacional sem que seja feita prova de exercício de actividade profissional por período superior a três meses;

c) Decurso de um período de cinco anos contados a partir da data do requerimento das prestações de desemprego.

(Ver artº 14º da Port 8-B/2007, 03.01)

CAPÍTULO VIII – Flexibilização da idade de acesso à pensão por velhice

(Nos termos do artº 24º do DL 187/2007, 10.05)

Artigo 57º – Condições de atribuição da pensão de velhice por antecipação da idade

1 – Nas situações de desemprego de longa duração devidamente comprovadas e após esgotado o período de concessão dos subsídios de desemprego ou social de desemprego inicial, os beneficiários podem aceder à pensão de velhice, por antecipação da idade, nos termos estabelecidos nos números seguintes.

2 – A idade de acesso à pensão de velhice é antecipada para os 62 anos aos beneficiários que preencham o prazo de garantia legalmente exigido e tenham, à data do desemprego, idade igual ou superior a 57 anos.

3 – A idade de acesso à pensão de velhice é ainda antecipada para os 57 anos aos beneficiários que, à data do desemprego, cumulativamente, tenham idade igual ou superior a 52 anos e possuam carreira contributiva de, pelo menos, 22 anos civis com registo de remunerações.

4 – Os beneficiários abrangidos pelo nº 2 podem optar pelo regime consagrado no nº 3 desde que, à data do desemprego, possuam carreira contributiva de, pelo menos, 22 anos civis com registo de remunerações.

(Ver artº 15º da Port 8-B/2007, 03.01)

Nos termos do nº 3 do artº 82º, aplicável apenas a prestações de desemprego requeridas depois de 1 de Janeiro de 2007. Para prestações requeridas até 31/12/2006: artº 44º do DL 119/99, 14.04)

Artigo 58º – Cálculo da pensão de velhice por antecipação da idade [323]

1 – Nas situações previstas no nº 2 do artigo anterior, a pensão estatutária é calculada de acordo com as regras aplicáveis no âmbito do regime geral de segurança social.

2 – Nas situações previstas nos nºs 3 e 4 do artigo anterior, ao montante da pensão estatutária aplica-se o factor de redução, previsto no diploma que estabelece a flexibilização da idade legal de acesso à pensão de velhice, em função do número de anos de antecipação em relação aos 62 anos de idade.

3 – Para efeitos do número anterior, o número de anos de antecipação a considerar para determinação da taxa global de redução para cálculo da pensão é reduzido de um ano por cada período de três anos que exceda 32 anos de carreira contributiva aos 57 anos de idade.

4 – Nos casos em que a situação de desemprego decorra de cessação do contrato de trabalho por acordo, ao montante da pensão, calculado nos termos dos números anteriores, é aplicado um factor de redução resultante da fórmula 1 – (n x 0,25%) em que n corresponde ao número de meses de antecipação entre os 62 anos e a idade normal de acesso à pensão de velhice em vigor.

5 – O factor de redução adicional previsto no número anterior é anulado a partir do momento em que o beneficiário atinja a idade normal de acesso à pensão.

6 – Para efeitos do disposto nos nºs 4 e 5, a idade normal de acesso à pensão dos beneficiários referidos no nº 6 do artigo 20º do Decreto-Lei nº 187/2007, de 10 de Maio, é 65 anos.

7 – Para efeitos do disposto no nº 5, a idade normal de acesso à pensão dos beneficiários referidos no nº 8 do artigo 20º do Decreto-Lei nº 187/2007, de 10 de Maio, é a idade resultante da redução neste prevista.

(Quanto ao factor de redução ver artº 104º nº 4 do DL 187/2007, 10.05 – 4,5% ano, agravada a taxa para 0,5% mês para situações de desemprego desde 4 de Agosto de 2005 – data de entrada em vigor do DL 125/2005, 03.08)

Artigo 59º – Situações especiais de prolongamento do subsídio social de desemprego

A concessão do subsídio social de desemprego pode ser prolongada aos beneficiários que à data do desemprego tenham idade igual ou superior a 52 anos até atingirem a idade de acesso à pensão de velhice antecipada, desde que satisfaçam à data do prolongamento as condições de atribuição do subsídio social de desemprego, comprovando-as nos termos definidos para o acesso a esta prestação.

[323] Os nºs 4 e 5 na redacção do DL 167-E/2013, de 31 de Dezembro. Os nº 6 e 7 aditados pelo mesmo diploma.

Artigo 59º-A – Apoio aos desempregados de longa duração [324]

1 – Os beneficiários que se encontrem em situação de desemprego não subsidiado, após cessação do período de concessão do subsídio social de desemprego inicial ou subsequente, têm direito a uma prestação pecuniária mensal de valor igual a 80 % do montante do último subsídio social de desemprego pago, desde que à data da apresentação do requerimento se verifiquem as seguintes condições de atribuição:

a) Terem decorrido 180 dias após a data da cessação do período de concessão do subsídio social de desemprego;

b) Estarem em situação de desemprego involuntário;

c) Terem capacidade e disponibilidade para o trabalho e com inscrição activa no centro de emprego;

d) Preencherem a condição de recursos legalmente prevista para acesso ao subsídio social de desemprego.

2 – A prestação social prevista no número anterior é atribuída durante um período de 180 dias.

3 – Os serviços competentes devem notificar atempadamente e por escrito todos os beneficiários elegíveis para que estes possam efectuar o respectivo requerimento, que deve ser apresentado nos serviços de segurança social da área de residência do beneficiário, no prazo máximo de 90 dias a contar do dia seguinte ao do termo do período previsto na alínea a) do nº 1.

4 – A prestação social é devida a partir da data de apresentação do requerimento.

5 – A não apresentação do requerimento no prazo estabelecido no nº 3 implica a perda do direito à prestação social.

6 – A prestação social cessa antes do termo do período de 180 dias nos casos de incumprimento injustificado dos deveres e comunicações previstos nos artigos 41º e 42º, com as devidas adaptações, bem como quando deixem de se verificar as condições de atribuição previstas nas alíneas b), c) e d) do nº 1.

7 – O pagamento da prestação social dá lugar ao registo de remunerações por equivalência à entrada de contribuições pelo valor auferido.

8 – Aplicam-se a esta prestação, com as devidas adaptações, as disposições relativas ao subsídio social de desemprego.

9 – A prestação social prevista no presente artigo enquadra-se no âmbito do subsistema de solidariedade, nos termos da Lei nº 4/2007, de 16 de Janeiro.

[324] Aditado pelo artº 334º da Lei nº 71/2018, de 31 de Dezembro.

CAPÍTULO IX – Acumulação e coordenação das prestações

Artigo 60º – Princípio de não acumulação [325]

1 – As prestações de desemprego não são acumuláveis com:

a) Prestações compensatórias da perda de remuneração de trabalho;

b) Pensões atribuídas pelos regimes do sistema de segurança social ou de outro sistema de protecção social de inscrição obrigatória incluindo o da função pública e regimes estrangeiros;

c) Prestações de pré-reforma e outras atribuições pecuniárias, regulares, normalmente designadas por rendas, pagas pelo empregador aos trabalhadores por motivo da cessação do contrato de trabalho.

2 – Para efeitos de acumulação, não são relevantes as indemnizações e pensões por riscos profissionais ou equiparadas.

3 – As prestações de desemprego apenas são acumuláveis com rendimentos de trabalho independente ou por conta de outrem nos termos previstos no presente decreto-lei ou quando expressamente previsto em diploma legal que disponha sobre medidas activas de emprego.

4 – Durante o período de concessão das prestações de desemprego é proibida a sua acumulação com rendimentos provenientes do exercício de trabalho, ou actividade, a qualquer título, em empresa com a qual o beneficiário manteve uma relação laboral cuja cessação tenha dado origem ao reconhecimento do direito àquelas prestações, ou em empresa ou grupo empresarial que tenha uma relação de domínio ou de grupo com aquela.

Artigo 61º – Trabalho socialmente necessário inserido em programas ocupacionais

Durante a realização de trabalho socialmente necessário inserido em programas ocupacionais é mantido aos beneficiários o direito às prestações de desemprego pelo período de concessão inicialmente definido.

(V. artº 15º)

Artigo 62º – Coordenação no âmbito da protecção aos trabalhadores com retribuições em mora

1 – Sempre que se verifiquem, relativamente ao mesmo beneficiário, situações sucessivas de suspensão da prestação de trabalho e de rescisão do respectivo contrato determinadas por não pagamento pontual da retribuição, nos termos estabelecidos no Código do Trabalho, aprovado pela Lei nº 99/2003, de 27 de

[325] Os nºs 3 e 4 foram aditados pelo Decreto-Lei nº 72/2010, de 18 de Junho.
O actual nº 3 na redacção do DL 64/2012, de 15 de Março. Teve redacção do DL 72/2010.

Agosto, e pela Lei nº 35/2004, de 29 de Julho, a aplicação do regime previsto no presente decreto-lei é referenciada à data em que ocorreu a primeira daquelas situações.

2 – O disposto no número anterior não impede que as prestações não concedidas no período da suspensão sejam pagas após a rescisão do contrato.

(Para o nº 1 agora: arts 25º e segs da Lei nº 105/2009, de 14 de Setembro)

CAPÍTULO X – Responsabilidade e regime sancionatório

SECÇÃO I – Responsabilidade

Artigo 63º – Responsabilidade pelo pagamento das prestações [326]

Nas situações em que a cessação do contrato de trabalho por acordo teve subjacente a convicção do trabalhador, criada pelo empregador, de que a empresa se encontra numa das situações previstas no nº 2 do artigo 10º ou de que se encontram preenchidas as condições previstas no nº 4 do mesmo artigo e tal não se venha a verificar, o trabalhador mantém o direito às prestações de desemprego, ficando o empregador obrigado perante a segurança social ao pagamento do montante correspondente à totalidade do período de concessão da prestação inicial de desemprego.

SECÇÃO II – Contra-ordenações

Artigo 64º – Contra-ordenações

1 – Constitui contra-ordenação punível com coima de € 100 a € 700 o incumprimento dos deveres para com os serviços ou instituições de segurança social previstos no nº 2 do artigo 42º.

2 – Constitui contra-ordenação punível com coima de € 250 a € 1000 o exercício de actividade normalmente remunerada durante o período de concessão das prestações de desemprego, ainda que não se prove o pagamento de retribuição, sem prejuízo das situações admitidas nos termos do presente decreto-lei.

3 – Constitui contra-ordenação o incumprimento, pelo empregador, do dever de entrega das declarações comprovativas da situação de desemprego, que é punido com coima de € 250 a € 2000, salvo quando se tratar de empregador com cinco ou menos trabalhadores, em que os montantes são reduzidos a metade.

[326] Redacção do artº 3º do DL 64/2012, de 15 de Março.

4 – Ao incumprimento, pelos beneficiários, dos deveres para com os serviços e instituições de segurança social, previstos no presente decreto-lei, aplica-se o regime das contra-ordenações no âmbito dos regimes de segurança social.

(Ver regime das contra-ordenações nos arts 22º c), 230º, 242º e 243º do CRC)
(Para o nº 3 ver artº 341º do CT)

Artigo 65º – Sanção acessória

No caso de violação do dever de comunicação de início de actividade profissional determinante da suspensão do pagamento das prestações previsto no nº 2 do artigo 42º, e tendo em conta a gravidade da infracção, pode ser aplicada ao beneficiário, simultaneamente com a coima a que houver lugar, a sanção acessória de privação de acesso às prestações de desemprego pelo período máximo de dois anos, contado a partir da decisão condenatória definitiva.

(V. regime das sanções acessórias no CRC, designadamente no artº 243º)

SECÇÃO III – Procedimento administrativo

Artigo 66º – Reclamações [327]

1 – As decisões proferidas pelos centros de emprego e serviços e instituições de segurança social relativas a matéria das suas competências são comunicadas aos beneficiários com observância das normas aplicáveis do Código do Procedimento Administrativo, sem prejuízo do disposto no presente decreto-lei.

2 – Sempre que as decisões proferidas nos termos do número anterior devam ser precedidas de audiência prévia dos interessados, os beneficiários dispõem do prazo de cinco dias úteis para se pronunciarem.

3 – Das decisões a que se referem os números anteriores não cabe reclamação.

4 – Das decisões de anulação de inscrição proferidas pelos centros de emprego, pode ser apresentado recurso para a Comissão de Recursos prevista no artigo seguinte.

Artigo 67º – Comissão de recursos

1 – A comissão de recursos, a criar por legislação própria no prazo de 120 dias, é composta por um coordenador central e cinco vice-coordenadores regionais, a designar pelo conselho de administração do IEFP, sob proposta do respectivo conselho directivo.

[327] O nº 2 aditado pelo artº 2º do Decreto-Lei nº 72/2010, de 18 de Junho. Os anteriores nº 2 e 3 passaram a nºs 3 e 4, respectivamente.

2 – A comissão de recursos tem a finalidade de apreciar os recursos não contenciosos de decisões de anulação de inscrição no centro de emprego.

3 – A legislação referida no presente artigo define, entre outras matérias, as atribuições e competências da comissão de recursos, a nomeação e duração do mandato dos seus titulares, bem como a periodicidade da emissão de relatórios globais de actividade.

(Trata-se da Port 1301/2007, 03.10)

CAPÍTULO XI – Processamento e administração

SECÇÃO I – Gestão das prestações

Artigo 68º – Serviços e instituições gestoras

1 – A gestão das prestações de desemprego compete ao Instituto da Segurança Social, I. P., através dos centros distritais de segurança social, e às caixas de actividade ou de empresa subsistentes e às entidades competentes das administrações regionais autónomas no âmbito das respectivas competências.

2 – As competências cometidas no presente decreto-lei ao serviço público de emprego são exercidas pelo IEFP e pelas entidades competentes das administrações regionais autónomas.

3 – As competências cometidas no presente decreto-lei à Inspecção-Geral do Trabalho são exercidas pelas entidades competentes das administrações regionais autónomas.

Artigo 69º – Competências dos serviços e instituições de segurança social

Compete ao serviço ou instituição de segurança social pela qual o beneficiário está abrangido:

a) Proceder à qualificação do desemprego como involuntário;

b) Reconhecer o direito às prestações;

c) Assegurar o acompanhamento da situação do beneficiário tendo em vista, designadamente, o controlo de eventuais irregularidades;

d) Verificar o cumprimento pelo beneficiário dos deveres estabelecidos no nº 2 do artigo 42º;

e) Praticar os actos decorrentes da aplicação de instrumentos internacionais de segurança social a que Portugal se encontre vinculado, nomeadamente o pagamento de prestações de desemprego por conta de instituições estrangeiras;

f) Em geral, praticar todos os actos cuja competência não esteja expressamente atribuída aos centros de emprego.

(Ver artº 16º da Port 8-B/2007, 03/01)

Artigo 70º – Competências dos centros de emprego [328]

1 – Compete ao centro de emprego da área da residência do beneficiário:

a) Proceder à avaliação da capacidade e da disponibilidade para o trabalho;

b) Contratualizar com o beneficiário o PPE, o qual estabelece o percurso de inserção profissional e os deveres de procura activa de emprego;

c) Implementar medidas personalizadas de acompanhamento, avaliação e controlo dos trabalhadores desempregados;

d) Prestar apoio e acompanhamento personalizado ao beneficiário na aquisição de estratégias de aproximação ao mercado de trabalho ou outras intervenções promotoras da empregabilidade, nomeadamente através da orientação, formação e acompanhamento dos esforços de procura activa e melhoria das condições de empregabilidade a desenvolver pelo beneficiário;

e) Convocar os beneficiários das prestações de desemprego para comparência no serviço público de emprego, ou outro local a definir em função do objectivo e proximidade com a residência do beneficiário, no âmbito de acções de controlo não periódicas, acompanhamento personalizado e avaliação;

f) Proceder à qualificação do emprego como conveniente e do trabalho como socialmente necessário;

g) Avaliar a justificação das faltas de comparência do beneficiário a convocatória do serviço público de emprego;

h) Avaliar a justificação da recusa de emprego conveniente e da recusa, desistência ou exclusão de trabalho socialmente necessário ou formação profissional;

i) Verificar o cumprimento dos deveres que estão legalmente cometidos aos beneficiários das prestações de desemprego;

j) Aplicar advertência escrita e decidir da anulação da inscrição no centro de emprego por incumprimento de deveres do beneficiário.

2 – Cabe igualmente aos centros de emprego, na qualidade de serviço do lugar de estada ou residência, praticar os actos referidos no número anterior quando decorrentes da aplicação de instrumento internacional a que Portugal se encontre vinculado relativamente aos trabalhadores migrantes desempregados.

3 – As convocatórias e notificações emitidas pelos centros de emprego, nos termos do presente diploma, devem ser enviadas para o domicílio do beneficiário com a antecedência mínima de três dias úteis relativamente à data da comparência, considerando-se efectuadas e presumindo-se a notificação postal feita no terceiro dia posterior ao do envio, ou no primeiro dia útil, quando o não seja.

[328] As alíneas e) e g) do nº 1 na redacção da Lei nº 34/2016, de 24 de Agosto.
Os nºs 3 a 8 aditados pelo artº 3º do DL 64/2012, de 15 de Março. O nº 3 anterior passou a nº 9. O nº 8 na redacção do artº 4º do DL 13/2013, de 25 de Janeiro. Teve redacção do DL 64/2012, de 15 de Março.

4 – A notificação da decisão de anulação de inscrição nos centros de emprego é efectuada por carta registada, em registo simples, presumindo-se a notificação postal feita no 3º dia útil posterior ao do envio.

5 – As convocatórias e ou notificações referidas nos números anteriores enviadas para a morada indicada pelo beneficiário produzem efeitos ainda que devolvidas, presumindo-se a convocatória ou notificação feita nos termos do número anterior.

6 – As notificações referidas no presente artigo podem ser efectuadas por transmissão electrónica de dados que equivalem, consoante os casos, à remessa por via postal simples ou por via postal registada.

7 – As notificações efectuadas por transmissão electrónica de dados consideram-se feitas no momento em que o destinatário aceda à caixa postal electrónica.

8 – Em caso de ausência de acesso à caixa postal electrónica, deve ser efectuada nova transmissão electrónica de dados, no prazo de 3 dias seguintes ao respectivo conhecimento por parte do centro de emprego que tenha procedido à emissão da notificação, considerando-se esta efectuada no 3º dia posterior à data do segundo envio, salvo nos casos em que se comprove que o beneficiário comunicou a alteração daquela ao centro de emprego ou que demonstre ter sido impossível essa comunicação.

9 – Para o exercício da sua função de verificação e controlo das situações de desemprego, os centros de emprego podem estabelecer formas concertadas de cooperação com outras entidades.

Artigo 71º – Competência para o processamento e aplicação das coimas

1 – A competência para a instrução do processo de contra-ordenação e para a aplicação das respectivas coimas, decorrentes do incumprimento de deveres para com a segurança social, é determinada de acordo com o estabelecido no regime das contra-ordenações no âmbito dos regimes de segurança social.

2 – É competente para o processo de contra-ordenação e para aplicação da respectiva coima a Inspecção-Geral do Trabalho, no caso previsto no nº 3 do artigo 64º.

SECÇÃO II – Organização de processos

Artigo 72º – Requerimento [329]

1 – A atribuição das prestações de desemprego deve ser requerida no prazo de 90 dias consecutivos a contar da data do desemprego e ser precedida de inscrição para emprego no centro de emprego.

2 – A entrega do requerimento ou das provas previstas nos nºs 1 e 2 do artigo 78º após o decurso do prazo previsto no número anterior nos casos em que a mesma seja efectuada durante o período legal de concessão das prestações de desemprego determina a redução no período de concessão das prestações pelo período de tempo respeitante ao atraso verificado.

3 – O requerimento, de modelo próprio, é apresentado no centro de emprego da área da residência do beneficiário ou online no sítio da Internet da segurança social.

4 – Os beneficiários que, durante o prazo previsto no nº 1, se encontrem em situação de incapacidade temporária para o trabalho por motivo de doença iniciada após a data do desemprego impeditiva da sua inscrição no centro de emprego, podem inscrever-se e requerer as respectivas prestações de desemprego através de um representante.

5 – Nas situações previstas no número anterior, o representante deve fazer prova do impedimento do beneficiário através do certificado de incapacidade temporária (CIT) emitido por médico dos serviços competentes do Serviço Nacional de Saúde.

6 – Quando a situação de doença se prolongue para além da data inicialmente prevista, os beneficiários devem remeter ao centro de emprego a respectiva certificação médica no prazo de cinco dias úteis.

7 – Após o termo do período de incapacidade temporária para o trabalho, os beneficiários devem actualizar a respectiva inscrição no centro de emprego da área da sua residência no prazo de 5 dias úteis.

8 – Ao incumprimento dos prazos referidos nos nºs 6 e 7 aplica-se o disposto no nº 2, com as necessárias adaptações.

(Para o nº 1 ver efeitos jurídicos do prazo de caducidade: inconstitucionalidade – Ac TC 275/2007 (DR II, 18/06/2007)

[329] O nº 2 foi aditado pelo Decreto-Lei nº 68/2009, de 20 de Março, e o nº 2 anterior passou a nº 3.
Os nº s 4 a 8 foram aditados pelo DL 64/2012, de 15 de Março.
O nº 6 na redacção do artº 4º do DL 13/2013, de 25 de Janeiro. Teve redacção do DL 64/2012, de 15 de Março.

Artigo 73º – Elementos instrutórios do requerimento

1 – O requerimento das prestações de desemprego é instruído com informação do empregador comprovativa da situação de desemprego e da data a que se reporta a última remuneração.

2 – O empregador pode, mediante autorização do beneficiário, apresentar online no sítio da Internet da segurança social a declaração com a informação prevista no número anterior, comprovativa da situação de desemprego, apresentando desde logo ao beneficiário o respectivo comprovativo da entrega.

3 – Nas situações em que o requerimento seja apresentado online no sítio da Internet da segurança social, os respectivos meios de prova podem ser apresentados pela mesma via desde que correctamente digitalizados e integralmente apreensíveis.

4 – Os beneficiários têm o dever de conservar os originais dos meios de prova, pelo prazo de cinco anos, bem como o dever de os apresentar sempre que solicitados pelos serviços competentes.

Artigo 74º – Declaração em caso de cessação do contrato de trabalho por acordo

1 – Na declaração do empregador comprovativa da situação de desemprego, nos casos de cessação do contrato de trabalho por acordo, nas situações previstas na alínea d) do nº 1 do artigo 9º e no artigo 10º, o empregador tem de declarar os fundamentos que permitam avaliar os condicionalismos estabelecidos no presente decreto-lei, sem prejuízo de a qualquer momento lhe poder ser exigida a exibição de documentos probatórios dos fundamentos invocados.

2 – Nas situações previstas no número anterior o empregador tem ainda de declarar que a cessação do contrato de trabalho se encontra compreendida nos limites estabelecidos no nº 4 do artigo 10º e que informou o trabalhador desse facto.

Artigo 75º – Intervenção supletiva da Inspecção-Geral do Trabalho

Em caso de impossibilidade ou de recusa por parte do empregador de entregar ao trabalhador as declarações referidas no nº 1 do artigo 43º, a sua emissão compete à Inspecção-Geral do Trabalho, que, a requerimento do interessado e na sequência de averiguações efectuadas junto do empregador, a deve elaborar no prazo máximo de 30 dias a partir do pedido.

(Trata-se da actual Autoridade para as Condições de Trabalho – ACT)

Artigo 76º – Meios de prova específicos do subsídio social de desemprego e do subsídio de desemprego parcial [330]

1 – *(revogado)*

2 – Para atribuição do subsídio de desemprego parcial constituem prova das respectivas condições:

a) Contrato de trabalho a tempo parcial;

b) Prova dos rendimentos da actividade profissional exercida.

3 – Nas situações em que o requerimento seja apresentado online no sítio da Internet da segurança social, os respectivos meios de prova podem ser apresentados pela mesma via desde que correctamente digitalizados e integralmente apreensíveis.

4 – Os requerentes podem ser dispensados da apresentação de alguns dos documentos exigíveis caso esteja salvaguardado o acesso à informação em causa por parte da segurança social, designadamente por efeito de processos de interconexão de dados com outros organismos da Administração Pública, em termos a regulamentar.

5 – A manutenção do direito ao subsídio social de desemprego depende de os beneficiários renovarem, no sítio na Internet da segurança social ou no serviço de segurança social da respectiva área de residência, a prova da composição do agregado familiar e dos respectivos rendimentos durante o mês em que completem cada período de 360 dias consecutivos de atribuição do subsídio.

6 – A falta da renovação da prova prevista no número anterior determina a suspensão do pagamento da prestação a partir do início do mês seguinte àquele em que a prova devia ter sido efectuada.

7 – A não renovação da prova durante o mês seguinte àquele em que a prova devia ter sido efectuada determina a cessação da prestação.

8 – Os rendimentos do agregado familiar são, periodicamente, objecto de reavaliação oficiosa, tendo em conta a informação disponível no sistema de segurança social, bem como através de interconexão de dados entre as bases de dados da segurança social e da administração fiscal, nos termos previstos no Decreto-Lei nº 92/2004, de 20 de Abril.

9 – O disposto nos números anteriores não prejudica a obrigação de apresentação de quaisquer outros meios de prova quando solicitados pelos serviços ou instituições de segurança social.

[330] O nº 1 revogado pelo artº 207º do DL 84/2019, de 28 de Junho.
O nº 2 aditado pelo Decreto-Lei nº 72/2010, de 18 de Junho e os nºs 2, 3 e 4 passaram a 3, 4 e 5.
Os nº 5 a 7 aditados pelo DL 64/2012, de 15 de Março, e o nº 5 passou a nº 8.
O nº 5 na redacção do DL 13/2013, de 2 de Janeiro. Teve redacção do DL 64/2012, de 15 de Março.
O nº 8 aditado pelo DL 13/2013, passando o anterior nº 8 a nº 9 e aplicando-se às relações prestacionais em curso.

Artigo 77º – Suspensão do prazo para requerer

1 – O prazo para requerer as prestações de desemprego é suspenso durante o período de tempo correspondente ao da ocorrência das seguintes situações:

a) Incapacidade por doença;

b) Protecção na maternidade, paternidade ou adopção;

c) Incapacidade que confira direito ao subsídio de gravidez, atribuído ao abrigo do Regulamento do Fundo Especial de Segurança Social dos Profissionais de Espectáculos;

d) Exercício de funções de manifesto interesse público;

e) Detenção em estabelecimento prisional.

2 – O prazo para requerer as prestações é ainda suspenso pelo tempo que medeia entre o pedido do beneficiário e a emissão da declaração pela Inspecção-Geral do Trabalho nos termos previstos nesta secção.

3 – Nas situações da alínea a) do nº 1, a incapacidade que se prolongue por mais de 30 dias, seguidos ou interpolados, no período de 90 dias para além da data do desemprego, determina a suspensão se confirmada pelo sistema de verificação de incapacidades, após comunicação do facto pelo interessado.

4 – Para efeitos do disposto na alínea d) do nº 1, são consideradas as situações em que se verifique a existência de legislação que preveja um quadro jurídico que garanta direitos decorrentes da situação laboral anterior.

(A alínea c) do nº 1 caducou dada a supressão do subsídio de gravidez do âmbito material do regime dos trabalhadores de espectáculos, nos termos da L 4/2008, 07.02.

(Para o nº 3 ver artº 18º da Port 8-B/2007, 03.01)

Artigo 78º – Dispensa de requerimento [331]

1 – A atribuição do subsídio social de desemprego subsequente bem como a atribuição do subsídio de desemprego parcial no decurso do período de atribuição do subsídio de desemprego não dependem de requerimento, mas obrigam os interessados à apresentação dos meios de prova específicos das condições que justificam a sua atribuição.

2 – A prova a que se refere o número anterior é apresentada no prazo de 90 dias consecutivos a contar, respectivamente:

a) Da cessação do subsídio de desemprego;

b) Do início da actividade profissional.

3 – No caso do subsídio de desemprego parcial, deve ser apresentada prova do tipo de actividade profissional exercida e, consoante o caso, do montante da retribuição mensal do trabalho por conta de outrem ou do rendimento ilíquido

[331] O nº 1 na redacção do artº 2º do Decreto-Lei nº 72/2010, de 18 de Junho.
Os nºs 2 e 3 aditados pelo mesmo diploma, passando os nºs 2 e 3 anteriores a 4 e 5.
O nº 4 na redacção do artº 170º do DL 84/2019, de 28 de Junho.

da actividade profissional independente ou, nas situações de início de actividade, dos rendimentos presumidos declarados para efeitos fiscais.

4– Nas situações previstas no nº 5 do artigo 24º, o prazo para apresentação dos meios de prova das condições de atribuição do subsídio social de desemprego conta-se a partir da data do termo do contrato de trabalho a tempo parcial.

5 – O reinício do pagamento das prestações de desemprego que se encontrava suspenso não depende de requerimento mas exige a inscrição para emprego no centro de emprego e, no caso de exercício de actividade profissional por conta de outrem, a apresentação da declaração do empregador comprovativa da situação de desemprego.

Artigo 79º – Comunicação entre serviços

1 – O centro de emprego deve comunicar ao respectivo serviço ou instituição de segurança social os dados referentes ao requerimento das prestações de desemprego, da inscrição do beneficiário para emprego e qualquer facto susceptível de influir na manutenção ou na cessação do direito às prestações, designadamente a anulação da inscrição no centro de emprego.

2 – O serviço ou instituição de segurança social que abrange o beneficiário deve comunicar ao centro de emprego competente as decisões de atribuição, de não atribuição, de suspensão, de reinício e de cessação das prestações.

3 – Tendo em vista promover a celeridade no conhecimento das situações previstas nos números anteriores, a informação deve ser transmitida privilegiando a utilização de meios electrónicos.

4 – Por legislação própria são aprovadas as normas necessárias a assegurar o disposto no presente artigo, nomeadamente a articulação entre os serviços de emprego e da segurança social e a comunicação de dados por via electrónica.

Artigo 80º – Registo de equivalências [332]

1 – Os períodos de pagamento de subsídio de desemprego e de subsídio social de desemprego inicial dão lugar ao registo de remunerações por equivalência à entrada de contribuições pelo valor da remuneração de referência que serviu de base ao cálculo da prestação, que não pode em qualquer caso ser superior a oito vezes o valor do IAS.

2 – Os períodos de pagamento do subsídio social de desemprego subsequente ao subsídio de desemprego dão lugar ao registo de remunerações por equivalência à entrada de contribuições pelo valor do subsídio de desemprego anteriormente auferido.

[332] O nº 1 na redacção do artº 3º do DL 64/2012, de 15 de Março.
O nº 4 na redacção do DL 53/2018, de 2/07. Teve redacção do artº 2º do DL nº 72/2010, de 18/06.

3 – Nos casos de atribuição de prestações de desemprego aos beneficiários ex-pensionistas de invalidez, a remuneração a registar por equivalência à entrada de contribuições corresponde ao subsídio atribuído.

4 – Nas situações de atribuição de subsídio de desemprego parcial, a remuneração a registar por equivalência à entrada de contribuições é igual à diferença entre a remuneração por trabalho por conta de outrem ou entre o rendimento relevante da actividade exercida como trabalho independente e a remuneração de referência que serviu de base de cálculo ao subsídio de desemprego, que não pode ser superior a oito vezes o valor do IAS.

5 – Nas situações de frequência de curso de formação profissional, sempre que o valor da compensação remuneratória seja inferior à remuneração registada, nos termos estabelecidos nos nºs 1 e 2, há lugar ao registo de remunerações por equivalência pela diferença entre a referida remuneração e o montante da compensação remuneratória.

(V. artº 72º nº 1 f) do D Reg 1-A/2011, 03/01, nos termos do qual na situação de pagamento de uma só vez não há registo por equivalência – V. também nº 11 do Desp 20 871/2009, 8/09 – DR, 2ª, de 17.09)

Artigo 81º – Contagem do prazo de prescrição

O prazo de prescrição conta-se a partir do dia seguinte àquele em que foi posta a pagamento a respectiva prestação, com conhecimento do beneficiário.

CAPÍTULO XII – Disposições transitórias e finais

Artigo 82º – Disposições transitórias

1 – Os requerimentos de atribuição das prestações de desemprego são apreciados de acordo com a lei em vigor no momento da sua apresentação.

2 – *(revogado)* [333]

3 – Os beneficiários das prestações de desemprego que, à data da entrada em vigor do presente decreto-lei, tenham requerido ou estejam a receber prestações de desemprego mantêm o direito à antecipação da idade legal de acesso à pensão de velhice desde que reúnam as respectivas condições de atribuição previstas no artigo 44º do Decreto-Lei nº 119/99, de 14 de Abril, na redacção dada pelo Decreto-Lei nº 326/2000, de 22 de Dezembro.

4 – *(revogado)* [334]

(Para o nº 3 ver artº 15º nº 2 da Port 8-B/2007, 03.01).

[333] Revogado pela Lei nº 34/2016, de 24 de Agosto.
[334] O nº 4 foi revogado pelo artº 5º do DL 64/2012, de 15 de Março. .

Artigo 83º – Regulamentação comunitária

Mantém-se em vigor o Decreto-Lei nº 46/93, de 20 de Fevereiro, relativo à coordenação do disposto em regulamentos comunitários, e o regime constante do presente decreto-lei.

Artigo 84º – Comissão de acompanhamento

1 – O acompanhamento da aplicação da legislação é realizado por uma comissão de acompanhamento integrando representantes da Direcção-Geral da Segurança Social, da Direcção-Geral do Emprego e das Relações de Trabalho, do Instituto da Segurança Social, I. P., do IEFP e dos parceiros sociais com assento na Comissão Permanente de Concertação Social.

2 – A constituição, a designação dos representantes e o regime de funcionamento da comissão de acompanhamento referida no número anterior são objecto de despacho do Ministro do Trabalho e da Solidariedade Social, a proferir no prazo de três meses a contar da publicação do presente decreto-lei.

3 – Os representantes dos parceiros sociais são indicados pelas respectivas estruturas representativas.

4 – A comissão de acompanhamento deve, num prazo máximo de três anos, apresentar ao Governo uma avaliação global dos novos mecanismos legais introduzidos com vista à sua eventual revisão.

Artigo 85º – Execução do diploma

1 – As modalidades e formas de execução do PPE e a realização e demonstração probatória da procura activa de emprego, bem como outras vertentes relevantes para a concretização das obrigações, são objecto de regulamentação própria. [335]

2 – Os procedimentos que venham a ser considerados necessários à execução do disposto no presente decreto-lei são aprovados por portaria do Ministro do Trabalho e da Solidariedade Social.

3 – Os formulários relativos ao requerimento da prestação de desemprego e respectivas declarações instrutórias são aprovados por despacho do Ministro do Trabalho e da Solidariedade Social.

(Para o nº 1 v. Port 282/2016, 27/10.
Para o nº 2 trata-se da Portaria nº 8-B/2007, 03/01, e Port 282/2016, 27/10.
Para declaração da situação de desemprego ver Desp 13263/2013 – DR, 2ª, nº 201, de 17.10)

[335] Redacção da Lei nº 34/2016, de 24 de Agosto.

Artigo 86º – Norma revogatória

O presente decreto-lei revoga os Decretos-Leis nºs 119/99, de 14 de Abril, na redacção dada pelos Decretos-Leis nºs 186-B/99 e 326/2000, de 31 de Maio e de 22 de Dezembro, respectivamente, e 84/2003, de 24 de Abril.

Artigo 87º – Remissão

Quando disposições legais remetam para preceitos dos decretos-leis revogados nos termos do artigo anterior, entende-se que a remissão é feita para as correspondentes disposições do presente decreto-lei.

Artigo 88º – Entrada em vigor e produção de efeitos

1 – O presente decreto-lei entra em vigor no 1º dia do 2º mês seguinte ao da sua publicação, sem prejuízo do disposto nos números seguintes.

2 – O regime previsto na alínea d) do artigo 9º e no artigo 10º entra em vigor no dia seguinte ao da sua publicação.

3 – As cessações do contrato de trabalho por acordo verificadas anteriormente à data prevista no número anterior não relevam para efeitos de preenchimento dos limites do número de trabalhadores referido no nº 4 do artigo 10º.

4 – O regime previsto no nº 3 do artigo 66º do presente decreto-lei entra em vigor à data do início de vigência da legislação prevista do nº 1 do artigo 67º.

Visto e aprovado em Conselho de Ministros de 7 de Setembro de 2006. – *José Sócrates Carvalho Pinto de Sousa – José António Fonseca Vieira da Silva.* Promulgado em 25 de Outubro de 2006. Publique-se. O Presidente da República, ANÍBAL CAVACO SILVA. Referendado em 26 de Outubro de 2006. O Primeiro-Ministro, *José Sócrates Carvalho Pinto de Sousa.*

Portaria nº 8-B/2007, de 3 de Janeiro

(Redacção da Port 282/2016, de 27 de Outubro)

O Decreto-Lei nº 220/2006, de 3 de Novembro, estabeleceu o regime jurídico da reparação da eventualidade de desemprego, aplicável aos trabalhadores por conta de outrem.

O novo quadro legal que teve em atenção um diferente contexto sócio-económico introduziu uma maior partilha de responsabilidades entre o serviço público de emprego e os titulares de prestações de desemprego estabelecendo compromissos que visam alcançar uma protecção social mais eficaz e maior rigor na atribuição das prestações.

Foram, igualmente, estabelecidos processos de maior agilização, facilitadores do relacionamento do desempregado com a Administração.

As alterações relativamente ao regime objecto de revogação determinam que, visando assegurar a boa execução do diploma, essencial à eficácia da protecção que se pretende garantir, se estabeleçam os necessários procedimentos.

Assim:

Ao abrigo do nº 2 do artigo 85º do Decreto-Lei nº 220/2006, de 3 de Novembro:

Manda o Governo, pelo Ministro do Trabalho e da Solidariedade Social, o seguinte:

Artigo 1º – Objecto

1 – A presente portaria visa estabelecer as normas de execução necessárias à aplicação do regime jurídico de protecção no desemprego, constante do Decreto-Lei nº 220/2006, de 3 de Novembro.

2 – As referências aos artigos constantes da presente portaria respeitam ao Decreto-Lei nº 220/2006, de 3 de Novembro.

Artigo 2º – Apuramento dos rendimentos da actividade independente

1 – Para efeitos do nº 2 do artigo 2º, são considerados os rendimentos ilíquidos da actividade independente.

2 – O valor do rendimento mensal será obtido através do apuramento do duodécimo do rendimento do ano fiscal anterior, sendo referenciado à retribuição mínima mensal garantida em vigor nesse mesmo ano.

3 – Nos casos de início de actividade independente no ano que em que ocorra o desemprego é considerado o rendimento presumido pelo beneficiário para efeitos fiscais, sendo o mesmo objecto de rectificação sempre que venha a verificar-se a sua não confirmação.

Artigo 3º– Meios de prova dos rendimentos da actividade independente

1 – Os requerentes das prestações de desemprego que exerçam uma actividade independente, nos termos do nº 2 do artigo 2º, devem declarar o valor dos rendimentos auferidos pelo exercício dessa actividade.

2 – A declaração referida no número anterior goza da presunção de veracidade, sendo, no entanto, ilidível, perante elementos comparativos que sejam do conhecimento oficioso ou solicitados, para o efeito, pelos serviços ou instituições gestoras das prestações.

Artigo 4º – Cessações do contrato de trabalho por acordo

1 – Para efeitos do disposto nos nºs 4 e 5 do artigo 10º, são consideradas as cessações de contrato de trabalho ocorridas na empresa e não apenas as verificadas em cada um dos estabelecimentos que dela fazem parte.

2 – Nas situações em que sejam ultrapassados os limites fixados no nº 4 do artigo 10º, para efeitos do disposto no artigo 63º, são considerados os contratos

de trabalho cuja data de cessação seja mais recente ou, caso se verifique coincidência de datas, aquelas cujos requerimentos tenham sido apresentados em data mais recente.

Artigo 5º – Dispensa do dever de procura activa de emprego *(revogado)* [336]

Artigo 6º – Dispensa do cumprimento do dever de apresentação quinzenal *(revogado)* [337]

Artigo 7º – Contagem do prazo de garantia

1 – Na contagem de prazo de garantia para efeitos de atribuição do subsídio de desemprego e do subsídio social de desemprego, a que se refere o artigo 22º, consideram-se, respectivamente, os 24 e 12 meses civis anteriores ao da data do desemprego, sem prejuízo de, nas situações em que se mostre necessário para o preenchimento do respectivo prazo de garantia, relevarem:

a) Os dias de trabalho prestados no mês em que ocorreu o desemprego;

b) Os dias de férias vencidos e não gozados na vigência do contrato de trabalho.

2 – O período de ausência de registo de remunerações durante o período de concessão de pensões provisórias de invalidez ou no âmbito da protecção nos riscos profissionais não é considerado para efeitos de contagem do prazo de garantia e de cálculo da remuneração de referência das prestações de desemprego, relevando os períodos de registo de remunerações anteriores e posteriores.

Artigo 8º – Subsídio de desemprego parcial

Para efeitos do disposto no artigo 27º, nas situações em que o beneficiário celebre mais do que um contrato de trabalho a tempo parcial, os requisitos previstos nas alíneas b) e c) são verificados tendo em atenção o conjunto dos contratos.

Artigo 9º – Número de anos com registo de remunerações

1 – O registo de remunerações, referido no artigo 37º, a considerar na primeira situação de desemprego ocorrida após a entrada em vigor do Decreto-Lei nº 220/2006, de 3 de Novembro, reporta-se ao que tiver sido efectuado em qualquer regime de inscrição obrigatória no âmbito da segurança social.

2 – Para efeitos do período de concessão das prestações, a que se refere o nº 1 do artigo 37º, na contagem dos grupos de cinco anos são considerados os anos civis, relevando o próprio ano em que ocorre a eventualidade.

[336] Revogado pela Port 282/2016, de 27 de Outubro.
[337] Revogado pela Port 282/2016, de 27 de Outubro.

Artigo 10º – Subsídio social de desemprego subsequente ao subsídio de desemprego

Na definição do período de duração do subsídio social de desemprego subsequente ao subsídio de desemprego, a que se refere o artigo 38º, a carreira contributiva a considerar é aquela que relevou para atribuição da prestação inicial de desemprego.

Artigo 11º – Frequência de formação profissional durante a concessão de subsídio de desemprego parcial

1 – Nos casos de titularidade de subsídio de desemprego parcial com compensação remuneratória decorrente de frequência de formação profissional, observa-se o disposto no artigo 40º.

2 – No caso de frequência de formação profissional promovida pelo empregador e ministrada no período de trabalho a tempo parcial, mantém-se o direito ao subsídio de desemprego parcial.

Artigo 12º – Suspensão do pagamento das prestações

Nas situações de exercício de actividade profissional por conta própria em que o respectivo pagamento é identificado, para efeitos fiscais, como acto isolado, o número de dias de suspensão do pagamento das prestações é apurado pela divisão do montante recebido pelo valor da remuneração de referência.

Artigo 13º – Reinício das prestações

1 – O reinício das prestações de desemprego nas situações de protecção na maternidade, paternidade e adopção, a que se refere o nº 1 do artigo 51º, bem como de frequência de formação profissional, não depende da verificação dos requisitos exigidos no nº 1 do artigo 53º, tendo lugar oficiosamente.

2 – A retoma do pagamento do subsídio de desemprego, após a cessação do contrato de trabalho a tempo parcial durante o qual foi concedido subsídio de desemprego parcial, fica subordinada às regras constantes do artigo 53º com as necessárias adaptações.

Artigo 14º – Cessação das prestações

Para efeitos do disposto na alínea b) do artigo 56º o período de ausência do território nacional é aferido pelo tempo em que o beneficiário não garantiu a sua disponibilidade para o trabalho, prevista no artigo 11º.

Artigo 15º – Pensão de velhice por antecipação da idade

1 – O acesso à pensão de velhice por antecipação da idade, nas situações enquadráveis no artigo 57º em que não haja lugar a subsídio social de desemprego, por

não se encontrar preenchida a condição de recursos, depende da manutenção da situação de desemprego de longa duração, comprovada pela inscrição no centro de emprego.

2 – Para efeitos da aplicação da norma transitória, constante do nº 3 do artigo 82º, considera-se que integram o seu âmbito, para além das situações em que os beneficiários tenham requerido ou se encontrem a receber subsídio de desemprego, subsídio social de desemprego ou subsídio de desemprego parcial, aquelas em que o pagamento das prestações se encontra suspenso e as enquadradas no artigo 46º do Decreto-Lei nº 119/99, de 14 de Abril.

Artigo 16º – Serviço de segurança social competente

Para aplicação do disposto no artigo 69º considera-se serviço de segurança social competente o da residência do beneficiário.

Artigo 17º – Situações especiais

1 – Para efeitos de aplicação das regras de coordenação no âmbito comunitário, o requerimento das prestações de desemprego, que tem de ser precedido de inscrição para emprego no centro de emprego, é apresentado nos serviços de segurança social da área de residência.

2 – O disposto no número anterior é aplicável, com as necessárias adaptações, às situações de reinício do pagamento das prestações.

Artigo 18º – Suspensão do prazo para requerer as prestações

1 – Para efeitos de aplicação do disposto no nº 3 do artigo 77º, observa-se o seguinte:

a) Quando o beneficiário requerer a intervenção do sistema de verificação de incapacidades até ao 30º dia:

i) O prazo mantém-se suspenso, no caso do sistema de verificação de incapacidades confirmar a incapacidade do beneficiário;

ii) A contagem do prazo reinicia-se a partir da data da deliberação da não confirmação, no caso do sistema de verificação de incapacidades não confirmar a incapacidade do beneficiário;

b) Quando o beneficiário requerer a intervenção do sistema de verificação de incapacidades após o 30º dia, com o prazo para requerer em curso, é o mesmo suspenso a partir da data do requerimento, aplicando-se, posteriormente, os critérios fixados na alínea a).

2 – O prazo para requerer as prestações de desemprego suspende-se, ainda, durante o período de concessão de pensão provisória de invalidez ou no âmbito da protecção nos riscos profissionais.

3 – A contagem do prazo para requerer as prestações de desemprego por trabalhadores reclusos em regime aberto, por ocorrência da eventualidade de desemprego durante o período de reclusão, inicia-se no dia seguinte ao termo deste período.

Artigo 19º – Meios de prova

1 – As situações a que se refere o nº 6 do artigo 9º são comprovadas com declaração do empregador em que este comprova que o trabalhador requereu a renovação do contrato e que esta não lhe foi concedida.

2 – Nas situações de suspensão do contrato de trabalho por falta de pagamento pontual da retribuição, o requerimento das prestações deve ser acompanhado de declaração de modelo próprio de que conste a confirmação do incumprimento da prestação retributiva no período em causa.

Artigo 20º – Troca de informação entre serviços

1 – Os serviços do emprego e os serviços da segurança social trocam a informação necessária ao reconhecimento do direito à protecção no desemprego, à manutenção, suspensão e cessação das respectivas prestações.

2 – O acesso, o tratamento, e a conservação dos dados recolhidos para efeitos do reconhecimento do direito e sua manutenção estão subordinados à legislação aplicável.

Artigo 21º – Revogação

São revogados:

a) A Portaria nº 481-A/99, de 30 de Junho;

b) O despacho nº 3220/2002, publicado no Diário República, 2ª série, de 11 de Fevereiro de 2002.

Artigo 22º – Entrada em vigor

O disposto na presente portaria produz efeitos desde a data de entrada em vigor do Decreto-Lei nº 220/2006, de 3 de Novembro.

O Ministro do Trabalho e da Solidariedade Social, *José António Fonseca Vieira da Silva*, em 22 de Dezembro de 2006.

Portaria nº 1301/2007, de 3 de Outubro

O Decreto-Lei nº 220/2006, de 3 de Novembro, veio definir um novo regime jurídico de protecção social na eventualidade de desemprego dos beneficiários abrangidos pelo regime geral de segurança social dos trabalhadores por conta de outrem.

No âmbito das inovações introduzidas por aquele decreto-lei salientam-se as medidas de activação dos beneficiários do subsídio de desemprego, tendo sido estabelecido que o incumprimento dos deveres de procura activa e de cumprimento do plano pessoal de emprego podem levar à anulação da inscrição do beneficiário do centro de emprego e a consequente cessação do subsídio de desemprego.

Assim, como reforço das garantias dos beneficiários surgiu a possibilidade dos desempregados abrangidos pelo seu regime poderem apresentar recurso não contencioso das decisões de anulação de inscrição, proferidas pelos centros de emprego, para uma comissão de recursos, a criar mediante legislação própria.

A presente portaria cria a referida comissão e define, nos termos legalmente previstos, as atribuições e competências, a nomeação e a duração dos mandatos dos seus titulares, bem como a periodicidade da emissão de relatórios globais de actividade, contribuindo desta forma para a harmonização da interpretação e aplicação do regime do Decreto-Lei nº 220/2006, de 3 de Novembro, designadamente ao procurar assegurar a uniformidade das decisões perante as mesmas situações de facto e de direito.

Assim:

Nos termos do disposto no nº 1 do artigo 67º do Decreto-Lei nº 220/2006, de 3 de Novembro:

Manda o Governo, pelos Ministros de Estado e das Finanças e do Trabalho e da Solidariedade Social, o seguinte:

Artigo 1º

É criada a comissão de recursos prevista no artigo 67º do Decreto-Lei nº 220/2006, de 3 de Novembro.

Artigo 2º

1 – A comissão de recursos é composta por um coordenador central e cinco vice-coordenadores regionais, considerados cargos dirigentes e adstritos, respectivamente, à estrutura central e a cada uma das estruturas regionais do Instituto do Emprego e Formação Profissional (IEFP, I. P.).

2 – O coordenador central e os vice-coordenadores regionais são nomeados pelo conselho de administração do IEFP, I. P., sob proposta do respectivo conselho directivo, em comissão de serviço, no regime do contrato individual de trabalho da Administração Pública.

3 – Os despachos de nomeação são publicados na 2ª série do Diário da República.

4 – O coordenador central e os vice-coordenadores regionais, directamente dependentes do conselho de administração do IEFP, I. P., são equiparados, para efeitos remuneratórios, respectivamente, a director de departamento e a director de serviços da estrutura dirigente do IEFP, I. P.

5 – O coordenador central e os vice-coordenadores regionais têm o apoio técnico e logístico, respectivamente, dos serviços centrais e das delegações regionais do IEFP, I. P., a que estejam adstritos.

Artigo 3º

1 – Das decisões de anulação de inscrição proferidas pelos centros de emprego do IEFP, I. P., ao abrigo do regime do Decreto-Lei nº 220/2006, de 3 de Novembro, cabe recurso para o vice-coordenador regional respectivo.

2 – Das decisões proferidas, ao abrigo do número anterior, pelos vice-coordenadores regionais, cabe recurso para a comissão de recursos.

3 – Das decisões da comissão de recursos não cabe recurso administrativo.

Artigo 4º

À comissão de recursos compete:

a) Apreciar e decidir, nos termos do nº 2 do artigo anterior, com observância das normas aplicáveis do Código do Procedimento Administrativo, os recursos não contenciosos apresentados pelos desempregados das decisões proferidas pelos vice-coordenadores regionais, relativos a decisões de anulação de inscrição proferidas pelos centros de emprego do IEFP, I. P., ao abrigo do regime do Decreto-Lei nº 220/2006, de 3 de Novembro;

b) Elaborar semestralmente relatórios globais, a submeter ao conselho de administração do IEFP, I. P., sobre a actividade desenvolvida no que respeita às decisões recorridas, nomeadamente, quanto ao seu sentido;

c) Dar conhecimento ao conselho directivo do IEFP, I. P., dos relatórios referidos na alínea anterior.

Artigo 5º

1 – Ao coordenador central compete convocar e presidir às reuniões da comissão de recursos e superintender em todas as questões relacionadas com a comissão de recursos.

2 – Aos vice-coordenadores regionais compete apreciar e decidir, nos termos do nº 2 do artigo 3º, com observância das normas aplicáveis do Código do Procedimento Administrativo, os recursos não contenciosos apresentados pelos desempregados das decisões proferidas pelos vice-coordenadores regionais, relativos a decisões de anulação de inscrição proferidas pelos centros de emprego do IEFP, I. P., ao abrigo do regime do Decreto-Lei nº 220/2006, de 3 de Novembro.

Artigo 6º

Os encargos relativos ao funcionamento da comissão de recursos são suportados pelo IEFP, I. P.

Artigo 7º

A presente portaria produz efeitos na data da sua assinatura.

Em 29 de Junho de 2007. O Ministro de Estado e das Finanças, *Fernando Teixeira dos Santos.* – O Ministro do Trabalho e da Solidariedade Social, *José António Fonseca Vieira da Silva.*

Decreto-Lei nº 65/2012, de 15 de Março

Com redacção dos seguintes diplomas:
– DL 13/2013, de 25 de Janeiro;
– DL 53/2018, de 2 de Julho (artº 5º).

Através do presente decreto-lei o Governo institui um regime jurídico de protecção na eventualidade desemprego, de natureza contributiva, que tem como âmbito pessoal os trabalhadores independentes que prestam serviços a uma entidade contratante da qual dependam economicamente.

O objectivo é estender a estes trabalhadores independentes a protecção no desemprego, cumprindo também o compromisso assumido pelo Governo português no memorando de entendimento sobre os condicionalismos da política económica (MoU).

O conceito de dependência económica adoptado é o que se encontra subjacente ao conceito de entidade contratante previsto no artigo 140º do Código dos Regimes Contributivos, aprovado pela Lei nº 110/2009, de 16 de Setembro.

Ficam, assim, abrangidos pelo presente decreto-lei os trabalhadores independentes que, no mesmo ano civil, obtenham da mesma empresa, seja ela uma pessoa colectiva ou uma pessoa singular com actividade empresarial, independentemente da sua natureza e das finalidades que prossigam, 80% ou mais do valor total anual dos rendimentos obtidos na actividade independente.

Com vista a assegurar a sustentabilidade financeira da medida, optou-se por financiar a protecção social no desemprego destes trabalhadores através das contribuições pagas pelas empresas, decorrentes da taxa contributiva de 5% devida na sua qualidade de entidades contratantes.

Tendo em conta os riscos que se encontram sempre associados à implementação de uma medida de protecção social inovadora, como é o caso, decidiu-se que o regime jurídico a instituir devia ter como subsidiário o regime de protecção social no desemprego dos trabalhadores por conta de outrem previsto no Decreto-Lei nº 220/2006, de 3 de Novembro, regulando no presente decreto-lei as matérias que, atentas as especificidades próprias da actividade profissional independente, necessitam de regras especiais face àquele regime.

É o caso, por exemplo, da previsão de um prazo de garantia mais alargado e da impossibilidade de acesso ao regime de flexibilização da idade de acesso à pensão por velhice específico do regime de protecção social do desemprego dos trabalhadores por conta de outrem.

Atento o carácter inovatório da protecção, prevê-se a reavaliação do regime ora instituído no prazo de dois anos, com vista a adequá-lo às disfuncionalidades que, entretanto, venham a ser identificadas e que careçam de correcção.

Por último, considera-se que a implementação do regime de protecção social no desemprego dos trabalhadores independentes, economicamente dependentes, seja operacionalizada em estreita articulação com o reforço das políticas activas de emprego, com vista à rápida inserção no mercado de trabalho daqueles trabalhadores.

Para isso, o Governo considera fundamental a implementação de medidas que visem a criação de postos de trabalho e que reforcem a empregabilidade, nomeadamente as que visam promover a inserção no mercado de trabalho dos desempregados antes destes perderem o direito à protecção no desemprego.

Foram ouvidos os órgãos de governo próprio da Regiões Autónomas e os parceiros sociais com assento na Comissão Permanente da Concertação Social.

Assim:

No desenvolvimento do regime jurídico estabelecido pela Lei nº 4/2007, de 16 de Janeiro, e nos termos das alíneas a) e c) do nº 1 do artigo 198º da Constituição, o Governo decreta o seguinte:

Artigo 1º – Objecto

O presente decreto-lei estabelece, no âmbito do sistema previdencial, o regime jurídico de protecção social na eventualidade de desemprego dos trabalhadores que se encontrem enquadrados no regime dos trabalhadores independentes e que prestam serviços maioritariamente a uma entidade contratante.

Artigo 2º – Caracterização da eventualidade

1 – Para efeitos do presente decreto-lei é considerado desemprego toda a situação decorrente da cessação involuntária do contrato de prestação de serviços com entidade contratante do trabalhador independente, economicamente dependente, com capacidade e disponibilidade para o trabalho e inscrito para emprego no centro de emprego.

2 – Consideram-se entidades contratantes as definidas como tal no artigo 140º do Código dos Regimes Contributivos.

Artigo 3º – Âmbito pessoal

1 – Integram o âmbito pessoal do presente decreto-lei os beneficiários enquadrados no regime dos trabalhadores independentes que sejam economicamente dependentes de uma única entidade contratante.

2 – Consideram-se economicamente dependentes os trabalhadores independentes que reúnam os requisitos previstos no artigo 140º do Código dos Regimes Contributivos do Sistema Previdencial de Segurança Social (CRC), aprovado pela Lei nº 110/2009, de 16 de Setembro, na sua redacção actual.[338]

Artigo 4º – Âmbito material

1 – A protecção social na eventualidade efectiva-se mediante a atribuição do subsídio por cessação de actividade e do subsídio parcial por cessação de actividade.

2 – O subsídio por cessação de actividade visa compensar a perda de rendimentos dos trabalhadores independentes em consequência da cessação involuntária da actividade independente resultante da cessação de contrato de prestação de serviços com entidade contratante.

3 – O subsídio parcial por cessação de actividade é atribuído nas situações em que o trabalhador independente, após cessar o contrato de prestação de serviços com a entidade contratante, mantenha uma actividade profissional cujo rendimento seja inferior ao montante do subsídio por cessação de actividade.[339]

Artigo 5º – Titularidade

A titularidade do direito aos subsídios previstos no artigo anterior é reconhecida aos beneficiários que integram o âmbito pessoal do presente decreto-lei que reúnam as respectivas condições de atribuição à data da cessação do contrato de prestação de serviços com entidade contratante e residam em território nacional.

Artigo 6º – Condições de atribuição

1 – O reconhecimento do direito ao subsídio por cessação de actividade ao trabalhador independente depende da verificação cumulativa das seguintes condições:

a) Cessação involuntária do vínculo contratual celebrado com a entidade contratante;

b) Cumprimento do prazo de garantia;

c) O trabalhador independente ter sido considerado economicamente dependente de entidade contratante no ano civil imediatamente anterior ao da cessação do contrato de prestação de serviços;[340]

d) O trabalhador independente ser considerado economicamente dependente à data da cessação do contrato de prestação de serviços;

[338] Redacção do DL 53/2018, de 2 de Julho.

[339] Redacção do DL 53/2018, de 2 de Julho.

[340] Redacção do DL 53/2018, de 2 de Julho. Teve redacção do artº 6º do DL 13/2013, de 25 de Janeiro..

e) Inscrição no centro de emprego da área de residência, para efeitos de emprego.

2 – Não é reconhecido o direito à protecção aos beneficiários que à data da cessação involuntária do contrato de prestação de serviços tenham idade legal de acesso à pensão de velhice, desde que se encontre cumprido o respectivo prazo de garantia.

Artigo 7º – Data do desemprego

Considera-se data do desemprego o dia imediatamente subsequente àquele em que se verificou a cessação do contrato de prestação de serviços, indicado pela entidade contratante em modelo próprio.

Artigo 8º – Prazo de garantia [341]

1 – O prazo de garantia para atribuição dos subsídios por cessação de actividade é de 360 dias de exercício de actividade independente economicamente dependente, com o correspondente pagamento efectivo de contribuições, num período de 24 meses imediatamente anterior à data da cessação involuntária do contrato de prestação de serviços.

2 – Para efeitos do disposto no número anterior, quando necessário, podem ainda ser considerados os períodos de registo de remunerações no âmbito do regime geral dos trabalhadores por conta de outrem e do regime dos trabalhadores independentes.

Artigo 9º – Verificação do prazo de garantia

1 – Os períodos de registo de remunerações correspondentes a situações de equivalência decorrentes da concessão do subsídio por cessação da actividade não são relevantes para efeitos de verificação do prazo de garantia.

2 – Os períodos de registo de remunerações relevantes para o preenchimento de um prazo de garantia com atribuição de subsídio por cessação da actividade não são considerados para efeitos de prazo de garantia em nova situação de desemprego por cessação de contrato de trabalho ou de prestação de serviços com entidade contratante.

3 – Os períodos de registos de remunerações decorrentes de coexistência de subsídio parcial por cessação de actividade e exercício de actividade profissional por conta de outrem ou independente, nos termos previstos no presente decreto-lei, não relevam para efeitos do prazo de garantia.

341 Redacção do DL 53/2018, de 2 de Julho.

Artigo 10º – Montante do subsídio por cessação de actividade [342]

1 – O montante diário do subsídio por cessação de actividade é calculado na base de 30 dias por mês, de acordo com a seguinte fórmula:

(RR x 0,65) x P

2 – Para efeitos de aplicação da fórmula referida no número anterior, entende-se por:

a) 'RR' a remuneração média diária definida por R/360, em que R representa o total das remunerações registadas nos 12 meses civis que precedem o 2º mês anterior ao da data da cessação involuntária do contrato de prestação de serviços;

b) 'P' a percentagem correspondente à dependência económica do beneficiário relativamente à entidade contratante.

Artigo 11º – Requerimento

1 – O requerimento para atribuição do subsídio por cessação de actividade deve ser apresentado no prazo de 90 dias consecutivos a contar da data do desemprego por cessação do contrato de prestação de serviços e precedido de inscrição para emprego no centro de emprego.

2 – O requerimento, de modelo próprio, é apresentado no centro de emprego da área da residência do beneficiário ou online no sítio da Internet da segurança social.

Artigo 12º – Elementos instrutórios do requerimento

1 – O requerimento do subsídio por cessação de actividade é instruído com informação comprovativa da situação de cessação involuntária do contrato de prestação de serviços e da data a que se reporta, em modelo próprio.

2 – Nas situações em que o requerimento seja apresentado online no sítio da Internet da segurança social, os respectivos meios de prova podem ser apresentados pela mesma via desde que correctamente digitalizados e integralmente apreensíveis.

3 – Os beneficiários têm o dever de conservar os originais dos meios de prova, pelo prazo de cinco anos, bem como o dever de os apresentar sempre que solicitados pelos serviços competentes.

Artigo 13º – Modelos do requerimento

Os modelos dos requerimentos referidos nos artigos 7º, 11º e 12º são aprovados por despacho do membro do Governo responsável pela área da solidariedade e segurança social.

(Trata-se do Desp 819/2013, 02/01 – DR, 2ª, nº 10, 15/01)

[342] Redacção do DL 53/2018, de 2 de Julho.

Artigo 14º – Meios de prova específicos do subsídio parcial por cessação de actividade

A atribuição do subsídio parcial por cessação de actividade depende ainda da prova das seguintes condições especiais:

a) Tipo de actividade exercida;

b) Retribuição mensal do trabalho por conta de outrem a tempo parcial ou do montante ilíquido da actividade independente.

Artigo 15º – Registo de equivalências

1 – O período de pagamento do subsídio por cessação de actividade dá lugar ao registo de remunerações por equivalência à entrada de contribuições pelo valor do subsídio, relevando para o prazo de garantia das prestações diferidas e imediatas, com excepção do desemprego por cessação do contrato de trabalho e por cessação do contrato de prestação de serviços.

2 – Nas situações de atribuição de subsídio parcial de cessação de actividade, a remuneração a registar por equivalência à entrada de contribuições é igual à diferença entre a remuneração por trabalho por conta de outrem ou entre o rendimento relevante trabalho independente e o valor do subsídio por cessação de actividade.

Artigo 16º – Exclusão do regime de flexibilização da idade de pensão por velhice

O regime de flexibilização da idade de acesso à pensão por velhice previsto no regime jurídico de protecção no desemprego dos trabalhadores por conta de outrem não se aplica aos trabalhadores independentes economicamente dependentes.

Artigo 17º – Financiamento

As contribuições das entidades contratantes sobre serviços prestados por trabalhadores independentes financiam a eventualidade de desemprego para os efeitos previstos no presente decreto-lei.

Artigo 18º – Aplicação subsidiária

Em tudo o que não se encontre especialmente previsto no presente diploma aplica-se subsidiariamente o regime jurídico de protecção no desemprego dos trabalhadores por conta de outrem, com as devidas adaptações.

Artigo 19º – Avaliação do regime instituído

O regime de protecção social no desemprego dos trabalhadores independentes economicamente dependentes estabelecido no presente decreto-lei é objecto de avaliação no prazo de dois anos após a data da sua entrada em vigor.

Artigo 20º – Entrada em vigor

O presente decreto-lei entra em vigor no dia 1 de Julho de 2012.

Visto e aprovado em Conselho de Ministros de 19 de Janeiro de 2012. – *Pedro Passos Coelho – Luís Pedro Russo da Mota Soares.* Promulgado em 5 de Março de 2012. Publique-se. O Presidente da República, ANÍBAL CAVACO SILVA. Referendado em 7 de Março de 2012. O Primeiro-Ministro, *Pedro Passos Coelho.*

Decreto-Lei nº 12/2013, de 25 de Janeiro

(na redacção do DL 53/2018, de 2 de Julho)

No âmbito do Acordo Tripartido de Concertação Social, o Governo comprometeu-se a aprovar a atribuição de prestação por cessação da actividade profissional aos membros dos órgãos estatutários que exerçam funções de administração e gerência e aos trabalhadores independentes com actividade empresarial, comercial e industrial.

O presente diploma tem por objectivo cumprir o referido compromisso, instituindo um regime jurídico de protecção na eventualidade desemprego de natureza contributiva.

No que respeita à sustentabilidade financeira da medida, e atenta a natureza previdencial da mesma, foram cumpridas as regras definidas no âmbito dos regimes de natureza previdencial, pelo que o alargamento da protecção nesta eventualidade tem como consequência a aplicação, a estes trabalhadores, da taxa contributiva resultante da consideração da garantia de protecção na totalidade das eventualidades definidas para o sistema.

Tendo em conta os riscos que se encontram sempre associados à implementação de uma medida de protecção social inovadora, como é o caso, decidiu-se que o regime jurídico a instituir devia ter como subsidiário o regime de protecção social no desemprego dos trabalhadores por conta de outrem previsto no Decreto-Lei nº 220/2006, de 3 de Novembro, regulando no presente diploma as matérias que atentas as especificidades próprias da actividade profissional necessitam de regras especiais face àquele regime, aliás à semelhança do que foi estabelecido para os trabalhadores independentes economicamente dependentes no Decreto-Lei nº 65/2012, de 15 de Março.

Do exposto resultou a consagração de um prazo de garantia mais alargado e da impossibilidade de acesso ao regime de flexibilização da idade de acesso à pensão por velhice específico do regime de protecção social do desemprego dos trabalhadores por conta de outrem, bem como a reavaliação do regime no prazo de dois anos, com vista a adequá-lo às disfuncionalidades que, entretanto, venham a ser identificadas e que careçam de correcção.

Foram ouvidos os parceiros sociais com assento na Comissão Permanente da Concertação Social.

Assim:

No desenvolvimento da Lei nº 4/2007, de 16 de Janeiro, e nos termos das alíneas a) e c) do nº 1 do artigo 198º da Constituição, o Governo decreta o seguinte:

Artigo 1º – Objecto

O presente diploma estabelece, no âmbito do sistema previdencial, o regime jurídico de protecção social na eventualidade de desemprego dos trabalhadores independentes com actividade empresarial e dos membros dos órgãos estatutários das pessoas colectivas.

Artigo 2º – Caracterização da eventualidade

Para efeitos do presente diploma é considerado desemprego toda a situação de perda de rendimentos decorrente de encerramento de empresa ou de cessação de actividade profissional de forma involuntária do beneficiário com capacidade e disponibilidade para o trabalho e inscrito para emprego no centro de emprego.

Artigo 3º – Âmbito pessoal

1 – A protecção social regulada no presente diploma abrange:

a) Os trabalhadores independentes com actividade empresarial;

b) Os membros dos órgãos estatutários das pessoas colectivas que exerçam funções de gerência ou de administração.

2 – Consideram-se com actividade empresarial os trabalhadores independentes como tal enquadrados no respectivo regime que sejam:

a) Empresários em nome individual com rendimentos decorrentes do exercício de qualquer actividade comercial ou industrial, nos termos da alínea a) do nº 1 do artigo 3º do Código do Imposto sobre o Rendimento das Pessoas Singulares;

b) Titulares de Estabelecimentos Individuais de Responsabilidade Limitada;

c) Cônjuges dos trabalhadores independentes referidos nas alíneas anteriores que com eles exercem efectiva actividade profissional com carácter de regularidade e permanência.

3 – *(revogado)* [343]

Artigo 4º – Âmbito material

A protecção social destes beneficiários efectiva-se mediante a atribuição do subsídio por cessação de actividade profissional e do subsídio parcial por cessação de actividade profissional, que visam compensar a perda de rendimentos dos trabalhadores independentes com actividade empresarial, bem como dos gerentes e dos administradores das pessoas colectivas, em consequência da cessação

[343] Revogado pela alínea b) do artº 8º do DL 53/2018, de 2 de Julho.

de actividade profissional por motivos justificados que determinam o encerramento da empresa.

Artigo 5º – Titularidade

A titularidade do direito aos subsídios previstos no artigo anterior é reconhecida aos beneficiários que integram o âmbito pessoal do presente diploma que reúnam as respectivas condições de atribuição à data da cessação da actividade e residam em território nacional.

Artigo 6º – Encerramento da empresa ou cessação da actividade profissional de forma involuntária

1 – O encerramento da empresa ou a cessação da actividade profissional considera-se involuntária sempre que decorra de:

a) Redução significativa do volume de negócios que determine o encerramento da empresa ou a cessação da actividade para efeitos de Imposto sobre o Valor Acrescentado;

b) Sentença de declaração da insolvência nas situações em que seja determinada a cessação da actividade dos gerentes ou administradores ou em que o processo de insolvência culmine com o encerramento total e definitivo da empresa;

c) Ocorrência de motivos económicos, técnicos, produtivos e organizativos que inviabilizem a continuação da actividade económica ou profissional;

d) Motivos de força maior determinante da cessação da actividade económica ou profissional;

e) Perda de licença administrativa sempre que esta seja exigida para o exercício da actividade e desde que essa perda não seja motivada por incumprimentos contratuais ou pela prática de infracção administrativa ou delito imputável ao próprio.

2 – Para efeitos do disposto na alínea *a)* do número anterior entende-se que existe redução significativa do volume de negócios quando se verifique:

a) Redução do volume de facturação da actividade igual ou superior a 40 % nos dois anos imediatamente anteriores ao ano relevante; [344]

b) Apresentação de resultados negativos contabilísticos e fiscais no ano relevante e no ano imediatamente anterior.

3 – Para efeitos do disposto na alínea *b)* do nº 1, considera-se involuntária a cessação da actividade dos gerentes ou administradores ou a cessação da actividade da empresa desde que a insolvência não tenha sido qualificada como culposa em consequência de actuação dolosa ou com culpa grave dos gerentes ou administradores.

[344] Redacção do DL 53/2018, de 2 de Julho.

4 – Para efeitos do disposto na alínea *c)* do nº 1, considera-se existir ocorrência de motivos económicos, técnicos, produtivos e organizativos que inviabilizem a continuação da actividade económica ou profissional, nas situações de impossibilidade superveniente, prática ou legal, de continuação da actividade, que não sejam subsumíveis nas restantes alíneas do nº 1.

5 – Para efeitos do disposto na alínea *d)* do nº 1, exige-se o encerramento do estabelecimento aberto ao público enquanto os beneficiários se encontrem a receber a prestação.

Artigo 7º – Condições de atribuição

1 – O reconhecimento do direito aos subsídios por cessação de actividade profissional depende do preenchimento cumulativo das seguintes condições:

a) Encerramento da empresa ou cessação da actividade profissional de forma involuntária;

b) Cumprimento do prazo de garantia;

c) Situação contributiva regularizada perante a segurança social, do próprio e da empresa;

d) Perda de rendimentos que determine a cessação de actividade;

e) Inscrição no centro de emprego da área de residência, para efeitos de emprego.

2 – Na situação prevista na alínea *a)* do nº 1 do artigo anterior, os membros dos órgãos estatutários devem ainda comprovar a cessação do respectivo enquadramento, nos termos e para os efeitos do nº 2 do artigo 70º do Código dos Regimes Contributivos.

3 – Não é reconhecido o direito aos subsídios aos beneficiários que à data do encerramento da empresa ou cessação da actividade profissional de forma involuntária tenham idade legal de acesso à pensão de velhice, desde que se encontre cumprido o respectivo prazo de garantia.

Artigo 8º – Data da cessação de actividade

Considera-se data da cessação de actividade o dia imediatamente subsequente àquele em que se verificou o encerramento da empresa ou a cessação da actividade profissional de forma involuntária.

Artigo 9º – Prazos de garantia [345]

1 – O prazo de garantia para atribuição dos subsídios por cessação de actividade profissional é de 720 dias de exercício de actividade profissional, com o

[345] Redacção do DL 53/2018, de 2 de Julho – foi aditado o nº 2.

correspondente registo de remunerações num período de 48 meses imediatamente anterior à data da cessação de actividade.

2 – Para efeitos do disposto no número anterior, quando necessário, podem ainda ser considerados os períodos de registo de remunerações no âmbito do regime geral dos trabalhadores por conta de outrem e do regime dos trabalhadores independentes.

Artigo 10º – Verificação dos prazos de garantia

1 – Os períodos de registo de remunerações correspondentes a situações de equivalência decorrentes da concessão do subsídio por cessação da actividade profissional não são relevantes para efeitos de verificação do prazo de garantia.

2 – Os períodos de registo de remunerações relevantes para o preenchimento de um prazo de garantia com atribuição do subsídio por cessação da actividade profissional não são considerados para efeitos de prazo de garantia em nova situação de cessação de actividade profissional.

3 – Os períodos de registo de remunerações decorrentes de coexistência de subsídio parcial por cessação de actividade profissional e exercício de actividade profissional por conta de outrem ou independente, nos termos previstos no presente diploma, não relevam para efeitos de prazo de garantia.

Artigo 11º – Montante do subsídio por cessação da actividade profissional

1 – O montante diário do subsídio por cessação da actividade profissional é de 65% da remuneração de referência e calculado na base de 30 dias por mês.

2 – A remuneração de referência corresponde à remuneração média diária definida por R/360, em que R representa o total das remunerações registadas nos 12 meses civis que precedem o 2º mês anterior ao da data da cessação de actividade profissional.

Artigo 12º – Requerimento

1 – O requerimento para atribuição dos subsídios por cessação de actividade profissional deve ser apresentado no prazo de 90 dias consecutivos a contar da data do encerramento da empresa ou da cessação da actividade profissional e ser precedido de inscrição para emprego no centro de emprego.

2 – O requerimento, de modelo próprio, é apresentado no centro de emprego da área da residência do beneficiário ou no sítio da segurança social na Internet.

Artigo 13º – Elementos instrutórios do requerimento

1 – O requerimento dos subsídios por cessação de actividade profissional é instruído com documentos comprovativos da involuntariedade do encerramento

da empresa ou da cessação da actividade profissional e da data a que se reporta, em modelo próprio.

2 – Nas situações em que o requerimento seja apresentado no sítio da segurança social na Internet, os respectivos meios de prova podem ser apresentados pela mesma via desde que correctamente digitalizados e integralmente apreensíveis.

3 – Os beneficiários têm o dever de conservar os originais dos meios de prova, pelo prazo de cinco anos, bem como o dever de os apresentar sempre que solicitados pelos serviços competentes.

Artigo 14º – Meios de prova específicos do subsídio parcial por cessação de actividade

A atribuição do subsídio parcial por cessação de actividade profissional depende da prova das seguintes condições especiais:

a) Tipo de actividade exercida;

b) Retribuição mensal do trabalho por conta de outrem a tempo parcial ou do montante ilíquido da actividade independente.

Artigo 15º – Registo de equivalências

1 – O período de pagamento do subsídio por cessação de actividade dá lugar ao registo de remunerações por equivalência à entrada de contribuições pelo valor do subsídio, relevando para o prazo de garantia das prestações diferidas e imediatas, com excepção das prestações na eventualidade de desemprego.

2 – Nas situações de atribuição de subsídio parcial de cessação de actividade, a remuneração a registar por equivalência à entrada de contribuições é igual à diferença entre a remuneração por trabalho por conta de outrem ou entre o rendimento relevante da actividade exercida como trabalho independente e o valor do subsídio por cessação de actividade.

Artigo 16º – Exclusão do regime de flexibilização da idade de pensão por velhice

O regime de flexibilização da idade de acesso à pensão por velhice previsto no regime jurídico de protecção no desemprego dos trabalhadores por conta de outrem não se aplica aos trabalhadores independentes com actividade empresarial e aos membros dos órgãos estatutários referidos no âmbito pessoal do presente diploma.

Artigo 17º – Aplicação subsidiária

Em tudo o que não se encontre especialmente previsto no presente diploma aplicam-se, subsidiariamente, as regras constantes do regime jurídico de protecção no desemprego dos trabalhadores por conta de outrem, com as devidas adaptações.

Artigo 18º – Execução do diploma

1 – Os procedimentos que venham a ser considerados necessários à execução do disposto no presente diploma são aprovados por portaria do membro do Governo responsável pelas áreas da solidariedade e da segurança social.

2 – Os formulários relativos ao requerimento dos subsídios e respectivas declarações instrutórias são aprovados por despacho do membro do Governo responsável pelas áreas da solidariedade e da segurança social.

(Para o nº 2 ver Desp 15654/2014 – DR, 2ª, nº 250, 29/12/2014)

Artigo 19º – Avaliação do regime instituído

O regime de protecção social no desemprego dos trabalhadores independentes com actividade empresarial e dos membros dos órgãos estatutários regulado no presente diploma é objecto de avaliação no prazo de dois anos após a data da sua entrada em vigor.

Artigo 20º – Entrada em vigor

O presente diploma entra em vigor no primeiro dia útil do mês subsequente ao da sua publicação.

Visto e aprovado em Conselho de Ministros de 11 de Dezembro de 2012. – *Pedro Passos Coelho – Vítor Louçã Rabaça Gaspar – Luís Pedro Russo da Mota Soares.* Promulgado em 23 de Janeiro de 2013. Publique-se. O Presidente da República, ANÍBAL CAVACO SILVA. Referendado em 24 de Janeiro dc 2013. O Primeiro-Ministro, *Pedro Passos Coelho.*

PARTE IV – GARANTIAS E GESTÃO FINANCEIRA

1. Procedimentos, Processo e Contencioso

- Decreto-Lei nº 133/88, de 20 de Abril – Restituição. Revogação de actos administrativos
- Decreto-Lei nº 59/89, de 22 de Fevereiro – Reembolso de prestações em processo judicial
- Lei nº 3-B/2000, de 4 de Abril (arts 37º e 38º) – Competência das instituições de segurança social em matéria penal e contra-ordenacional e autorizações legislativas
- Decreto-Lei nº 42/2001, de 9 de Fevereiro – Processo executivo do sistema de segurança social
- Lei nº 15/2001, de 5 de Junho – Regime Geral das Infracções Tributárias – RGIT (arts 103º a 107º) – Crimes contra a segurança social
- Decreto-Lei nº 92/2004, de 20 de Abril – Interconexão de dados (fisco / segurança social)
- Decreto-Lei nº 276/2007, de 31 de Julho – Procedimentos inspectivos (Inspecções-Gerais)
- Lei nº 107/2009, de 14 de Setembro – Regime processual das contra-ordenações e procedimentos inspectivos (ACT e ISS, IP)
- Lei nº 110/2009, de 16 de Setembro (artº 248º) – Contra-ordenações (remissão)
- Decreto-Lei nº 83/2012, de 30 de Março (artº 17º) – Poderes de autoridade (ISS)
- Decreto-Lei nº 84/2012, de 30 de Março (artº 15º) – Competência para execução de dívidas

- Portaria nº 135/2012, de 8 de Maio (artº 8º) – Departamento de fiscalização
- Portaria nº 417/2012, de 19 de Dezembro (artº 9º) – Secções de processo executivo da segurança social
- Decreto-Lei nº 93/2017, de 1 de Agosto (arts 15º **a 18º**) – Notificação electrónica

---

Decreto–Lei nº 133/88, de 20 de Abril

Com redacção dos seguintes diplomas
– DL 133/2012, de 27 de Junho;
– DL 33/2018, de 15 de Maio (artº 149º);
– DL 79/2019, de 14 de Junho.

A Lei nº 28/84, de 14 de Agosto, estabeleceu as bases em que assenta o sistema de segurança social e definiu os regimes que o mesmo compreende como indispensáveis à efectivação do direito à segurança social.

A regulamentação da referida lei é realizada, entre outras medidas legislativas, no âmbito do Código dos Regimes de Segurança Social, cujo projecto técnico se encontra concluído.

No entanto a sua imediata aprovação e entrada em vigor é naturalmente impossível, dado o tempo e atenta a metodologia de apreciação de um diploma desta natureza e com tal envergadura jurídica e social. De facto ele abarca toda a protecção garantida pela segurança social aos trabalhadores por conta de outrem e aos trabalhadores independentes e, bem assim, a que é instituída a favor da população não trabalhadora, nomeadamente através do seguro social voluntário e do regime não contributivo.

Assim, sendo a actual legislação omissa em relação a certas questões importantes, designadamente algumas a que respeita o presente diploma, foi entendido não se dever aguardar o início da vigência do referido Código.

Nesta conformidade, concretizando princípios estabelecidos na Lei nº 28/84, procede-se desde já à definição das normas jurídicas referentes a situação de concessão indevida de prestações, tanto que no respeita à responsabilidade emergente do pagamento de prestações indevidas como no que se refere à revogação dos actos de atribuição das prestações.

Assim:

O Governo decreta, nos termos da alínea c) do nº 1 do artigo 201º da Constituição, o seguinte:

CAPÍTULO I – Da responsabilidade emergente do recebimento de prestações indevidas

Artigo 1º – Obrigação de restituir [346]

1 – O recebimento indevido de prestações no âmbito do sistema de segurança social dá lugar à obrigação de restituir o respectivo valor, sem prejuízo da observância do regime de anulação e revogação dos actos administrativos.

2 – Salvo disposição legal em contrário, sempre que haja prestações pagas a título provisório ou de adiantamento, de acordo com as normas legais em vigor, o ressarcimento dos valores indevidamente pagos faz-se de acordo com o regime previsto no presente decreto-lei.

3 – O regime relativo à restituição de prestações indevidamente pagas previsto no presente decreto-lei é aplicável, com as necessárias adaptações:

a) À recuperação de montantes relativos a prestações ou comparticipações cuja gestão e pagamento se encontra entregue à responsabilidade das instituições de segurança social;

b) Ao ressarcimento do valor de prestações da responsabilidade das entidades empregadoras, nomeadamente no âmbito do artigo 63º do Decreto-Lei nº 220/2006, de 3 de Novembro, na sua redacção actual;

c) Às compensações retributivas a que se refere o artigo 305º do Código do Trabalho.

Artigo 2º – Conceito de prestações indevidas [347]

1 – Consideram-se prestações indevidas as que sejam concedidas sem observância das disposições legais em vigor, designadamente:

a) As que sejam concedidas sem observância das condições legais de atribuição, ainda que a comprovação da respectiva inobservância resulte de decisão judicial posterior;

b) As que sejam concedidas e pagas em valor superior ao que resulta das regras legais de apuramento do seu valor, e apenas quanto ao excesso;

c) As prestações continuadas atribuídas após deixarem de se verificar as condições de atribuição ou ter cessado o período de concessão.

2 – *(revogado)*

3 – Para os efeitos do presente decreto-lei, são equiparadas a prestações indevidas as que tenham sido recebidas por terceiro que para tal não tenha legitimidade, designadamente, após a morte do beneficiário, os cotitulares da conta bancária onde as prestações foram creditadas.

[346] Redacção do DL 79/2019, de 14 de Junho.
[347] Redacção do DL 79/2019, de 14 de Junho.

Artigo 3º – Pagamento de prestações indevidas imputável aos interessados

No caso de o pagamento indevido das prestações resultar de alterações de condicionalismo da sua atribuição, cujo reconhecimento por parte das instituições de segurança social dependa da informação dos interessados, a obrigatoriedade da respectiva restituição respeita à totalidade dos montantes indevidos, independentemente do período de tempo da respectiva concessão.

Artigo 4º – Responsáveis pela restituição [348]

1 – São responsáveis pela restituição dos valores recebidos as pessoas ou entidades a quem as prestações forem indevidamente atribuídas ou aquelas que as tenham indevidamente recebido, bem como as que tenham contribuído para a atribuição ou recebimento indevido.

2 – Para efeitos de aplicação do disposto no presente decreto-lei, são igualmente consideradas titulares do débito, no âmbito das prestações do subsistema de protecção familiar, as pessoas a quem foi ou esteja a ser paga a prestação.

3 – Se forem vários os responsáveis pelo recebimento indevido, é solidária a obrigação de restituição.

4 – São igualmente responsáveis pela restituição das prestações pagas após a morte do titular do direito, a herança do falecido, bem como, quando o pagamento tiver sido efectuado por transferência bancária, o cotitular ou cotitulares da conta bancária.

Artigo 4º-A – Comunicações e prazos [349]

O prazo para comunicação, pelo beneficiário da prestação ou terceiro responsável pelo seu requerimento ou recebimento, de quaisquer factos ou circunstâncias susceptíveis de alterar, suspender ou cessar a atribuição das prestações é fixado em 10 dias úteis, sem prejuízo dos prazos fixados nos regimes jurídicos próprios.

Artigo 4º-B – Estorno de valores pagos após o óbito do beneficiário [350]

1 – No caso de ter sido efectuado o pagamento de valores de pensão de invalidez, velhice ou sobrevivência por transferência bancária em data posterior ao mês da morte do seu beneficiário, a instituição de segurança social que efectuou o pagamento procede à sua recuperação através de débito daqueles valores na conta onde efectuou o crédito.

[348] Redacção do DL 79/2019, de 14 de Junho.
[349] Aditado pelo DL 79/2019, de 14 de Junho.
[350] Aditado pelo DL 79/2019, de 14 de Junho.

2 – A operação de estorno referida no número anterior apenas pode ocorrer nos 3 meses seguintes ao mês da morte do beneficiário.

Artigo 5º – Procedimento administrativo [351]

1 – Verificada a concessão indevida de prestações, os serviços de segurança social devem:

a) Suspender de imediato o pagamento das prestações enquanto decorrer o procedimento de verificação de concessão indevida e/ou pagamento indevido;

b) Proceder à notificação do beneficiário da suspensão do pagamento das prestações para se pronunciar em sede de audiência de interessados sobre a concessão indevida da prestação e respectivas causas, bem como sobre a obrigação de restituição dos valores indevidamente pagos;

c) Proceder à interpelação dos responsáveis para efectuarem a restituição dos valores indevidamente pagos, indicando os valores a restituir e as formas de restituição.

2 – Quando o pagamento indevido das prestações for imputável a terceiros, por acção ou omissão, nomeadamente na sequência da morte do beneficiário, devem os serviços da segurança social averiguar quem são os responsáveis pela restituição para efeitos de aplicação do disposto no número anterior.

3 – No caso de ter havido recebimento indevido por terceiro, devem ainda ser promovidas as rectificações que se mostrem necessárias à regularização da situação.

4 – Nas situações em que tenha ocorrido o óbito do responsável pela restituição e verificada a inexistência de herança, a dívida extingue-se decorridos cinco anos após a sua morte.

5 – O reconhecimento da extinção prevista no número anterior é feito por decisão do dirigente máximo do organismo que atribui a prestação.

Artigo 6º – Formas de restituição

A restituição do valor das prestações indevidamente pagas pode ser efectuada através de pagamento directo ou por compensação com prestações devidas pelas instituições.

Artigo 7º – Restituição directa [352]

1 – A restituição directa deve ser efectuada no prazo de 30 dias a contar da interpelação do devedor.

[351] Redacção do DL 79/2019, de 14 de Junho.
[352] Redacção do DL 79/2019, de 14 de Junho. O nº 3 teve redacção do DL 133/2012, 27/06.

2 – Dentro do prazo estabelecido no número anterior, o devedor pode solicitar, em requerimento fundamentado, o pagamento em prestações mensais dos benefícios indevidamente recebidos.

3 – Sendo inequivocamente atendíveis os motivos invocados pelo devedor, pode ser autorizada a restituição parcelada, desde que a mesma se efectue no prazo máximo de 150 meses, a aplicar em função do valor da dívida, a fixar por despacho do membro do Governo responsável pela área da segurança social.

4 – A autorização para pagamento parcelado deverá englobar a totalidade da dívida de prestações que não tenha sido objecto de participação para cobrança coerciva.

5 – A falta de pagamento de uma das prestações mensais determina o vencimento imediato das restantes e a aplicação dos artigos seguintes.

Artigo 8º – Compensação com prestações [353]

1 – A compensação do valor das prestações indevidamente pagas com outras prestações devidas no âmbito do sistema de segurança social tem lugar quando for o mesmo o titular do débito pelas prestações indevidas e do crédito de outras prestações.

2 – A compensação efectua-se até 1/3 das prestações mensais devidas, salvo expressa autorização do devedor para dedução por valor superior, sem prejuízo do disposto nos números seguintes.

3 – A compensação com prestações em curso deve garantir ao devedor:

a) Um montante mensal igual ao do valor do Indexante dos Apoios Sociais (IAS), ou o valor da respectiva prestação se inferior àquele, quando a compensação for efectuada com prestações compensatórias da perda ou redução de rendimentos de trabalho por ocorrência das eventualidades;

b) Um montante mensal igual ao valor da pensão social, ou o valor da respectiva prestação se inferior àquele, para as restantes prestações do sistema.

4 – Não podem ser objecto de compensação as prestações destinadas a assegurar mínimos de subsistência a pessoas em situação de carência económica, excepto se a compensação tiver origem em pagamento indevido da própria prestação, à qual se aplica o disposto no número anterior.

5 – Quando o pagamento das prestações indevidas resultar de falta de oportuno conhecimento do falecimento do benefici*á*rio e aquelas tiverem sido recebidas por familiares com direito a subsídio por morte ou a pensão de sobrevivência, considera-se o respectivo valor como pagamento antecipado destas prestações.

[353] Redacção do DL 79/2019, de 14 de Junho.

6 – Não pode ser feita compensação de prestações indevidamente recebidas pelo beneficiário com prestações de familiares cujo direito resulte da morte do próprio beneficiário.

7 – Os limites referidos nos números anteriores são afastados no caso de o pagamento indevido de prestações resultar de falsas declarações do responsável, salvaguardado o limite mínimo do valor da pensão social.

8 – Nos casos em que, durante o período de concessão de prestações, ocorram pagamentos que se venham a revelar indevidos, da mesma ou de outras prestações, haverá lugar a compensação dos mesmos nos valores das prestações que o beneficiário esteja a receber, comunicando-se-lhe esse facto.

9 – A compensação efectua-se nas prestações devidas no mês ou meses seguintes, pela totalidade do montante indevidamente pago, salvo se o remanescente da prestação a pagar for inferior ao valor da pensão social, garantindo-se, nestes casos, este valor.

(Não há compensação com prestações por encargos familiares – Desp 105/SESS/90, 30/12/90 – DR II, de 18/1/91)

Artigo 9º – Oposição do devedor

No caso de o devedor não reconhecer o dever de restituir e reclamar de forma fundamentada, fica suspenso o recurso à compensação até que seja decidida a reclamação.

Artigo 10º – Restituição em caso de morte

1 – O falecimento do beneficiário antes de se ter efectuado a restituição das prestações indevidamente pagas não impede que as instituições procedam à sua dedução em benefícios que lhe fossem devidos.

2 – Não havendo familiares com direito a subsídio por morte ou a pensão de sobrevivência o eventual ressarcimento a terceiros de encargos com despesas de funeral só se operará após a dedução do valor em dívida e em função do quantitativo remanescente.

Artigo 11º – Cobrança coerciva [354]

1 – Os serviços de segurança social devem promover a cobrança coerciva do valor das prestações indevidamente pagas sempre que o recurso à compensação possa pôr em causa o seu efectivo reembolso e estejam em causa montantes de prestações que, no seu conjunto, sejam superiores a 50 euros.

[354] Redacção do DL 79/2019, de 14 de Junho.

2 – A cobrança coerciva tem por base certidão autenticada da qual constem a identificação completa do devedor, os valores e os períodos a que respeite a restituição e os fundamentos da mesma.

3 – As dívidas referentes a prestações que garantam mínimos de subsistência não são passíveis de cobrança coerciva durante o período de concessão, salvo se a sua atribuição resultar de falsas declarações do interessado.

Artigo 12º – Regularização por encontro de contas

Nos casos em que o pagamento de prestações indevidas tenha sido feito a instituições particulares de solidariedade social e a famílias de acolhimento, deve o respectivo montante ser reduzido no quantitativo global das prestações que lhes são pagas, em virtude de terem a seu cargo titulares de prestações de segurança social, justificando-se o procedimento para adequado acerto de contas.

Artigo 13º – Prescrição do direito à restituição [355]

1 – O direito à restituição do valor das prestações indevidamente pagas prescreve no prazo de cinco anos a contar da data da interpelação para restituir.

2 – Para além das causas gerais de interrupção ou suspensão da prescrição, o prazo previsto no número anterior suspende-se ainda quando tenha sido autorizado o pagamento parcelado dos montantes a restituir, e enquanto se mantiver o seu cumprimento.

3 – As dívidas a que se refere o nº 3 do artigo 11º são declaradas prescritas, por via administrativa, na parte que não tenha sido objecto de compensação, decorrido o prazo previsto no nº 1.

(Ver prazo geral de 5 anos aplicável aos créditos da segurança social nos termos do artº 60º da L 4/2007, 16/01)

Artigo 14º – Actuação das instituições

As instituições devem desenvolver as medidas necessárias, no plano de organização interna de serviços, da informação e da fiscalização, para impedir a concessão de prestações indevidas e para a sua recuperação.

355 Redacção do DL 79/2018, de 14 de Junho. O nº 1 teve redacção do DL 33/2018, de 15 de Maio.

CAPÍTULO II – Da revogação dos actos de atribuição das prestações

Artigo 15º – Revogabilidade dos actos de atribuição das prestações

1 – Os actos administrativos de atribuição de prestações feridos de ilegalidade são revogáveis nos termos e nos prazos previstos para os actos administrativos constitutivos de direitos, salvo o disposto no número seguinte.

2 – Tratando-se de actos administrativos de atribuição de prestações continuadas, a verificação da respectiva ilegalidade após a expiração do prazo de revogação determina a imediata cessação da respectiva concessão.

(Revogado com a entrada em vigor do CPA – Parecer da PGR 38/92)

Artigo 16º – Contagem dos prazos de revogação

1 – O prazo de revogação dos actos administrativos de atribuição das prestações começa a contar a partir da data em que o acto for praticado, ainda que os seus efeitos se reportem a momentos anteriores, ou da data de decisão judicial de que resulte ilegalidade na atribuição da prestação.

2 – No caso em que os actos de atribuição das prestações não possam conter expressamente, em atenção às regras do processo de formação dos mesmos actos, a data da atribuição, considera-se que a mesma se reporta à do primeiro pagamento.

Artigo 17º – Efeitos da revogação

A revogação dos actos administrativos de atribuição de prestações tem como efeito a obrigação de repor, por parte dos beneficiários, os valores das prestações indevidamente recebidas.

Artigo 18º – Erro de cálculo ou de escrita

1 – Quando haja erro de cálculo ou de escrita na atribuição das prestações, há lugar, a todo o tempo, à sua rectificação.

2 – Apenas são considerados erros de cálculo ou de escrita, para efeito de número anterior, aqueles em que seja evidente ou ostensivo o respectivo vício.

3 – O disposto no artigo anterior é aplicável à rectificação resultante de erro de cálculo ou de escrita.

Artigo 19º – Legislação supletiva

Em tudo o que não estiver expressamente previsto neste capítulo aplicam-se as normas gerais de direito administrativo.

CAPÍTULO III – Das disposições finais

Artigo 20º – Regiões autónomas

O presente diploma é aplicável às Regiões Autónomas dos Açores e da Madeira, de harmonia com o disposto no artigo 84º da Lei nº 28/84, de 14 de Agosto.

Artigo 21º – Revogação

Fica revogada a legislação anterior que contrarie o disposto no presente diploma.

Artigo 22º – Entrada em vigor

Este diploma entra em vigor no dia 1 do mês seguinte ao da sua publicação.

Visto e aprovado em Conselho de Ministros de 3 de Março de 1988. – *Aníbal António Cavaco Silva – José Albino da Silva Peneda.* Promulgado em 6 de Abril de 1988. Publique-se. O Presidente da República, MÁRIO SOARES. Referendado em 8 de Abril de 1988. O Primeiro-Ministro, *Aníbal António Cavaco Silva.*

Decreto-Lei nº 59/89, de 22 de Fevereiro

Uma das funções da Segurança Social dentro dos objectivos que prossegue é a de substituir-se à entidade pagadora de rendimentos do trabalho recebidos pelos seus beneficiários quando os mesmos se vejam deles privados por ocorrência de alguma das eventualidades que integram o respectivo esquema de prestações do regime geral.

No entanto, existem eventos que provocam a mesma consequência, traduzida na perda de remunerações pelas quais há terceiros responsáveis, embora tal situação não signifique que a segurança social a ela seja alheia, pois, ao invés, assegura provisoriamente a protecção do beneficiário, cabendo-lhe, em conformidade, exigir o valor dos subsídios ou pensões pagos.

Torna-se necessário, porém, alargar o âmbito da aplicação do regime actualmente em vigor por esta matéria.

Assim:

No desenvolvimento do regime jurídico estabelecido pela Lei nº 28/84, de 14 de Agosto, e nos termos das alíneas a) e c) do nº 1 do artigo 201º da Constituição, o Governo decreta o seguinte:

Artigo 1º – Pedido de reembolso de prestações em acção cível

1 – Em todas as acções cíveis em que seja formulado pedido de indemnização de perdas e danos por acidente de trabalho ou acto de terceiro que tenha

determinado incapacidade temporária ou definitiva para o exercício da actividade profissional, ou morte, o autor deve identificar na petição a sua qualidade de beneficiário da Segurança Social ou a do ofendido e a instituição ou instituições pelas quais se encontra abrangido.

2 – As instituições de segurança social competentes para a concessão das prestações são citadas para, no prazo da contestação, deduzirem pedido de reembolso de montantes que tenham pago em consequência dos eventos referidos no número anterior.

3 – A apresentação de pedido de reembolso é notificada às partes, que poderão, nos oito dias subsequentes, responder o que se lhes oferecer.

4 – Todas as provas devem ser oferecidas com a petição e as respostas.

5 – Se o autor não tiver dado cumprimento ao disposto na parte final do nº 1, deve o juiz convidá-lo a fazê-lo no prazo que lhe fixar, sob a pena de a instância ficar suspensa, findo esse prazo.

Artigo 2º – Pedido de reembolso de prestações em acção penal

1 – Em todas as acções penais por actos que tenham determinado incapacidade para o exercício da actividade profissional, ou morte, o Ministério Público, quando deduza acusação ou se pronuncie sobre a acusação particular, deve indicar a qualidade de beneficiário da Segurança Social do ofendido e identificar a instituição ou instituições que o abranjam, elementos que são apurados no inquérito preliminar ou na instrução.

2 – As instituições de segurança social, nos casos abrangidos por este diploma, são tidas como lesadas nos termos e para os efeitos do artigo 74º do Código do Processo Penal.

3 – Recebida a acusação, a autoridade judiciária deve informar a instituição de segurança social que abranja o beneficiário da possibilidade de deduzir o pedido de reembolso de valores que tenha pago ao ofendido, em consequência dos eventos referidos no nº 1 e das formalidade a observar.

Artigo 3º – Citação do Centro Nacional de Pensões

No caso de morte, ou se a incapacidade para o trabalho revestir a forma de invalidez, é ainda citado ou informado, conforme os casos, o Centro Nacional de Pensões.

Artigo 4º – Responsabilidade solidária

1 – Os devedores de indemnização são solidariamente responsáveis, até ao limite do valor daquela, pelo reembolso dos montantes que tenham sido pagos pelas instituições.

2 – Se a situação económica do devedor o justificar, o juiz pode autorizar o pagamento em prestações da importância em dívida.

Artigo 5º – Revogação

É revogado o Decreto-Lei nº 162/77, de 21 de Abril.

Visto e aprovado em Conselho de Ministros de 26 de Janeiro de1989. – *Aníbal António Cavaco Silva – Joaquim Fernando Nogueira – José Albino da Silva Peneda*. Promulgado em 9 de Fevereiro de 1989. Publique-se. O Presidente da República, Mário Soares. Referendo em 9 de Fevereiro de 1989. O Primeiro-Ministro, *Aníbal António Cavaco Silva*.

Lei nº 3-B/2000, de 4 de Abril

(...)

Artigo 37º – Competências no âmbito do processo penal e contra-ordenacional da segurança social

As competências no âmbito do processo penal e do processo contra-ordenacional da segurança social, que cabem a entidades das instituições de segurança social, nas áreas das contribuições e das prestações são transferidas, no âmbito do processo de reforma administrativa do sistema de solidariedade e segurança social, com faculdade de subdelegação, para os presidentes das pessoas colectivas de direito público a quem sejam cometidas as atribuições nas áreas dos contribuintes e dos beneficiários, nos termos das respectivas legislações orgânicas.

(Para processo contra-ordenacional ver artº 248º do CRC)

Artigo 38º – Secções de processos e processo de execução da segurança social

Fica o Governo autorizado a legislar no seguinte sentido:

a) A criação, no sistema de solidariedade e segurança social, de secções de processos competentes para o processo de execução das dívidas à segurança social, designadamente contribuições, impostos, taxas, incluindo os adicionais, juros, reembolsos, reposições, coimas e outras sanções pecuniárias relativas a contra-ordenações, custas e outros encargos legais e outras dívidas equiparadas por lei a créditos do Estado e todas as receitas parafiscais em dívida, no âmbito do referido sistema de solidariedade e segurança social;

b) A adequar a organização e competência dos tribunais administrativos e fiscais à criação do processo de execução da segurança social, através da adaptação de meios procedimentais e processuais do processo de execução fiscal à especificidade das dívidas à segurança social e da criação das secções de processos previstas nos termos da alínea anterior.

(Trata-se do DL 42/2001, 09/02)

(...)

Decreto-Lei nº 42/2001, de 9 de Fevereiro

Com a redacção dos seguintes diplomas:
– Decreto-Lei nº 112/2004, de 13 de Maio;
– Lei nº 64-A/2008, de 31 de Dezembro (artº 65º);
– Lei nº 3-B/2010, de 28 de Abril (artº 52º);
– Lei nº 64-B/2011, de 30 de Dezembro (artº 82º);
– Lei nº 20/2012, de 14 de Maio (artº 17º);
– Lei nº 64/2012, de 20 de Dezembro (artº 18º);
– Decreto-Lei nº 63/2014, de 28 de Abril (versão consolidada);
– Decreto-Lei nº 128/2015, de 7 de Julho;
– Decreto-Lei nº 35-C/2016, de 30 de Junho;
– Decreto-Lei nº 93/2017, de 1 de Agosto (artº 14º);
– Lei nº 114/2017, de 29 de Dezembro (artº 307º);
– Decreto-Lei nº 84/2019, de 28 de Junho (arts 167º e 195º).

Nos termos do artigo 38º da Lei nº 3-B/2000, de 4 de Abril, ficou o Governo autorizado a legislar no sentido da criação, no âmbito do sistema de solidariedade e segurança social, de secções de processos competentes para a execução de dívidas à segurança social, competindo-lhe igualmente, e em simultâneo, adequar a organização e competência dos tribunais administrativos e fiscais àquela nova realidade.

No seguimento da aprovação de uma nova Lei de Bases da Solidariedade e Segurança Social, e no momento em que o processo de reforma institucional deste sistema se encontra já numa fase final de implementação, importa dar mais um passo decisivo no sentido do reforço da eficácia operacional do aparelho administrativo da segurança social através da concretização da autorização legislativa acima mencionada.

Mediante a criação de secções de execução autónomas, devidamente integradas no sistema, confere-se maior celeridade ao processo de cobrança coerciva na medida em que se agilizam os mecanismos e procedimentos tendentes à sua efectivação.

Os objectivos a prosseguir pelas secções de processos não põem em causa a experiência entretanto adquirida e, nesta 1.ª fase, o quadro legislativo de fundo deverá manter-se o existente para o procedimento e o processo tributários.

Reafirma-se este princípio em várias disposições do presente diploma, que mais não pretendem que aplicar o disposto no Código de Procedimento e de Processo Tributário ao sistema de solidariedade e segurança social.

Desse modo se dará continuidade ao trabalho já realizado, deixando para mais tarde e depois de algum tempo de prática a alteração do quadro legislativo em vigor.

Da mesma forma se estabelece o regime jurídico especial que consagra a autonomia da execução das contribuições e das dívidas à segurança social, sem prejuízo quer da possível coligação da segurança social com a Fazenda Pública como exequentes, quer da apensação dos respectivos processos de execução. Fica já traçado o regime jurídico especial do processo de execução das dívidas à segurança social.

Às delegações do Instituto de Gestão Financeira da Segurança Social, enquanto órgãos próprios do sistema, é atribuída a competência para a instauração e instrução dos processos de execução de dívidas ao sistema de solidariedade e segurança social.

Este novo processo de execução entronca com o processo judicial de execução fiscal já instituído. Daí que a autorização legislativa preveja também a adequação da organização e da competência dos tribunais administrativos e tributários para o caso de se entender que aquelas são alteradas.

Com o presente diploma visam-se dois objectivos primaciais: por um lado, aproveitar a experiência e as sinergias que a prática com a administração fiscal sempre proporciona e, por outro, ganhar autonomia que facilite uma maior celeridade e eficiência na cobrança das dívidas à segurança social e, desse modo, combater a evasão e a fraude contributivas.

Assim, no uso da autorização legislativa concedida pelas alíneas a) e b) do artigo 38º da Lei nº 3-B/2000, de 4 de Abril, nos termos da alínea b) do nº 1 do artigo 198º da Constituição, o Governo decreta, para valer como lei geral da República, o seguinte:

Artigo 1º – Objecto

O presente diploma cria as secções de processo executivo do sistema de segurança social, define as regras especiais daquele processo e adequa a organização e a competência dos tribunais administrativos e fiscais.

Artigo 2º – Âmbito de aplicação [356]

1 – O presente diploma aplica-se ao processo de execução de dívidas à segurança social.

2 – Para efeitos do presente diploma, consideram-se dívidas à segurança social todos os montantes devidos às instituições do sistema de segurança social ou pagos indevidamente por estas a pessoas singulares, colectivas ou outras entidades a estas legalmente equiparadas, designadamente:

a) Contribuições, quotizações, taxas, incluindo as adicionais e juros;

b) Prestações, subsídios e financiamentos de qualquer natureza, incluindo juros;

c) Coimas e outras sanções pecuniárias, custas e outros encargos legais;

[356] O nº 2 na redacção da L 64/2012, 20/12.
O nº 3 na redacção do DL 63/2014, 28/04. Teve redacção da L 64/2012, 20/12.

d) Reposições de pagamentos indevidos efectuados por qualquer instituição do sistema de segurança social.

3 – O processo de execução de dívidas à segurança social aplica-se igualmente às situações de incumprimento relativas à obrigação de reposição de prestações de qualquer natureza pagas por fundos cujo funcionamento ou gestão, estratégica ou operacional, tenham sido legalmente entregues a instituições do sistema de segurança social.

Artigo 3º – Competência para a instauração e instrução do processo
(revogado) [357]

(Ver competência e remessa de certidões no artº 15º do 84/2012, 30/03)

Artigo 3º-A – Competência para a instauração e instrução do processo [358]

Compete ao Instituto de Gestão Financeira da Segurança Social, I.P. (IGFSS, I.P.), a instauração e instrução do processo de execução de dívidas à segurança social.

Artigo 4º – Órgãos de execução *(revogado)* [359]

(Ver artº 15º do DL 84/2012, 30/03, e Port 417/2012, 19/12 – artº 9º dos Estatutos do IGFSS, IP)

Artigo 5º – Competência dos tribunais administrativos e fiscais

1 – Compete ao tribunal tributário de 1.ª instância da área onde corre a execução decidir os incidentes, os embargos, a oposição, incluindo quando incida sobre os pressupostos da responsabilidade subsidiária, a graduação e a verificação de créditos e as reclamações dos actos materialmente administrativos praticados pelos órgãos de execução.

2 – Das decisões dos tribunais de 1.ª instância cabe recurso nos termos da lei.

(Nos termos do artº 49º do ETAF e artº 151º do CPPT)

Artigo 6º – Legislação aplicável

Ao processo de execução das dívidas à segurança social aplica-se, em tudo o que não estiver regulado no presente diploma, a legislação específica da segurança social, a Lei Geral Tributária e o Código de Procedimento e de Processo Tributário.

357 Revogado pelo artº 8º do DL 112/2004, 13/05.
358 Aditado pelo DL 63/2014, 28/04.
359 Revogado pelo artº 8º do DL 112/2004, 13/05.

Artigo 6º-A – Notificações electrónicas [360]

1 – Os executados em processos de execução fiscal por dívidas à segurança social são obrigados a aderir ao sistema de notificações electrónicas da Segurança Social, quando não adiram ao serviço público de notificações electrónicas, associado à morada única digital.

2 – A obrigação acessória prevista no número anterior impende sobre:

a) As entidades empregadoras, com excepção das pessoas singulares sem actividade empresarial;

b) As entidades contratantes;

c) Os trabalhadores independentes que se encontrem sujeitos ao cumprimento da obrigação contributiva.

3 – O regime das notificações e citações efectuadas através da plataforma informática disponibilizada pelo sítio electrónico da Segurança Social, previsto no presente artigo, é regulamentado em diploma próprio.

(Para o valor das notificações electrónicas ver arts 15º e 16º do DL 93/2017, de 1 de Agosto.

(V. arts 23º-A do CRC e 2º do D Reg 1-A/2011, 03/01)

Artigo 7º – Títulos executivos [361]

1 – São títulos executivos as certidões de dívida emitidas, nos termos legais, pelas instituições de segurança social e pelos fundos geridos pelas mesmas.

2 – As certidões referidas no número anterior devem indicar o órgão de execução ou a instituição que as tiverem extraído, com a assinatura devidamente autenticada, data em que foram passadas, nome e domicílio do devedor, proveniência da dívida e indicação, por extenso, do seu montante, da data a partir da qual são devidos juros de mora e da importância sobre que incidem, com discriminação dos valores retidos na fonte, se for o caso.

3 – Carece de força executiva, devendo ser devolvido à entidade que o tiver extraído ou remetido, o título a que falte algum dos requisitos obrigatórios.

4 – Ao título executivo deve ser junto o extracto da conta corrente, quando for caso disso.

(Ver artº 15º do DL 84/2012, 30/03 – competência e remessa de certidões)

[360] Aditado pelo artº 17º da L 20/2012, 14/05. Na redacção do artº 14º do DL 93/2017, de 1 de Agosto.
Os nºs 1 e 2 tiveram redacção do DL 63/2014, 28/04

[361] O nº 1 na redacção do DL 63/2014, 28/04.

Artigo 8º – Personalidade e capacidade judiciárias [362]

Têm personalidade e capacidade judiciárias para o processo de execução de dívidas à segurança social, as instituições do sistema de segurança social, os fundos geridos pelas mesmas, as pessoas singulares e colectivas e outras entidades a estas legalmente equiparadas.

Artigo 9º – Legitimidade para reclamação de créditos *(revogado)* [363]

(Revogado na sequência da extinção das delegações do IGFSS. Ver atribuições do ISS – DL 83/2012, 30/03 – artº 3º nº 2 e) e nº 3)

Artigo 10º – Coligação de exequentes

1 – As instituições do sistema de segurança social podem coligar-se, em processo de execução, às instituições do sistema tributário.

2 – A coligação é decidida pelos membros do Governo competentes, com faculdade de delegação.

3 – O processo de execução é instaurado e instruído pelo maior credor.

Artigo 11º – Apensação de execuções

É permitida a apensação de execuções nos termos do disposto no artigo anterior.

Artigo 12º – Patrocínio judiciário [364]

Nos tribunais comuns e nos tributários, as instituições do sistema de segurança social são representadas por mandatário judicial nomeado pelo IGFSS, I.P.

(Ver artº 123º da L 71/2018, 31/12 – Representação da segurança social nos processos de recuperação de empresas e de insolvência pelo ISS,IP)

Artigo 13º – Pagamento em prestações [365]

1 – Os pedidos de pagamentos em prestações são dirigidos ao coordenador da secção de processo executivo do IGFSS, I.P. onde corra o processo.

[362] Na redacção do DL 63/2014, 28/04.

[363] Revogado pelo artº 8º do DL 112/2004, 13/05,

[364] Redacção do DL 63/2014, 28/04.

[365] O nº 1 com redacção do nº 1 do artº 65º da L 64-A/2008, 31/12.
O nº 2 com redacção do artº 52º da L 3-B/2010, 28/04. O nº 2 fora revogado pelo artº 8º do DL 112/2004, 13/05, na sequência da extinção das delegações do IGFSS e teve redacção do artº 65º da L 64-A/2008, 31/12.
O nº 3 na redacção do DL 35-C/2016, 30.06. Teve redacção do DL 63/2014, 28/04 e do artº 82º da L 64-B/2011, 30/12.
O nº 4 na redacção do DL 128/2015, de 7 de Julho.

2 – O pagamento em prestações pode ser autorizado desde que se verifique que o executado, pela sua situação económica, não pode solver a dívida de uma só vez, não devendo o número das prestações exceder 36.

3 – O número de prestações referido no número anterior pode ser alargado até 60, se a dívida exequenda exceder 30 unidades de conta no momento da autorização ou, independentemente do valor da dívida exequenda, no caso de pessoas singulares.

4 – O número de prestações previstas no nº 2 pode ser alargado até 150 desde que, cumulativamente, se verifiquem as seguintes condições:

a) A dívida exequenda exceda 150 unidades de conta no momento da autorização;

b) O executado preste garantia idónea ou requeira a sua isenção e a mesma seja concedida;

c) Se demonstre notória dificuldade financeira e previsíveis consequências económicas.

5 – Para as pessoas singulares, o número de prestações previstas no nº 2 pode ser alargado até 150, desde que, cumulativamente, se verifiquem as seguintes condições:

a) A dívida exequenda exceda 30 unidades de conta no momento da autorização;

b) O executado preste garantia idónea ou requeira a sua isenção e a mesma seja concedida.

6 – Para efeitos do disposto nos números anteriores, a fixação do número de prestações a autorizar não está condicionada a um limite mínimo de pagamento.

Artigo 13º-A – Pagamentos por conta [366]

Sem prejuízo do andamento do processo, podem os executados efectuar pagamentos de qualquer montante por conta do débito, solicitando para o efeito, junto das entidades competentes, o documento único de cobrança.

(Quanto à imputação do pagamento ver artº 79º do D Reg 1-A/2011, 03/01)

O corpo do artº 4º teve redacção do artº 82º da L 64-B/2011, 30 /12.
A alínea a) do nº 4 na redacção do DL 35-C/2016, 30.06.
A alínea b) do nº 4 na redacção do DL 63/2014, 28/04. As restantes alíneas do nº 4 com redacção do artº 65º da L 64-A/2008, 31/12.
Os nºs 5 e 6 foram aditados pelo artº 82º da L 64-B/2011, 30/12.
O corpo do nº 5 na redacção do DL 63/2014, 28/04.
A alínea a) do nº 5 na redacção do DL 35-C/2016, 30.06.
366 Aditado pelo artº 65º nº 2 da L 64-A/2008, 31/12.

Artigo 13º-B – Dispensa de garantia [367]

É dispensada a prestação de garantia quando, à data do pedido, o valor em dívida no processo executivo no qual é formulado o pedido de pagamento em prestações for inferior a € 5 000 para pessoas singulares, ou € 10 000 para pessoas colectivas.

Artigo 14º – Garantias [368]

1 – Caso não se encontre já constituída garantia com o pedido de pagamento em prestações, nos termos do artigo anterior, deve o executado prestá-la através de garantia bancária, hipoteca voluntária, penhor, caução, seguro-caução ou qualquer meio susceptível de assegurar os créditos do exequente.

2 – A garantia é prestada pelo valor da dívida exequenda, juros de mora contados à data do pedido e custas na totalidade, acrescida de 25 % da soma daqueles valores, sem prejuízo do disposto no número seguinte.

3 – O valor da garantia é o que consta da citação, nos casos em que seja apresentada nos 30 dias posteriores à mesma.

(Para o nº 1 "artigo anterior" trata-se obviamente do artº 13º)

Artigo 14º-A – Suspensão do processo de execução [369]

Sem prejuízo das causas de suspensão previstas na lei aplicável, o processo de execução por dívidas à segurança social suspende-se nas situações em que a dívida esteja a ser regularizada através de compensação nos termos previstos no artigo 220º do Código dos Regimes Contributivos do Sistema Previdencial de Segurança Social.

Artigo 15º – Sigilo

No caso de transmissão de bens imóveis, devidamente comprovada, o interessado pode ser informado da existência de privilégio creditório da segurança social.

Artigo 16º – Registo das execuções

O registo dos processos de execução é efectuado através de verbetes informáticos e de acordo com os procedimentos a definir pelo IGFSS, I.P.

Artigo 17º – Processos pendentes

Os processos de execução fiscal por dívidas que a segurança social tenha participado aos órgãos do Ministério das Finanças antes da entrada em vigor do presente diploma continuam a correr por esses órgãos.

367 Aditado pelo artº 307º da Lei nº 114/2017, de 28 de Dezembro.
368 Na redacção do DL 84/2019, de 28 de Junho.
369 Aditado pelo DL 84/2019, de 28 de Junho.

Artigo 18º – Normas de execução

1 – A legislação complementar ao estatuído no presente diploma consta de decreto-lei.

2 – A definição dos procedimentos que se revelem necessários à aplicação do presente diploma é aprovada por despacho do membro do Governo competente na matéria.

Artigo 19º – Entrada em vigor

O presente decreto-lei entra em vigor 180 dias depois do dia seguinte ao da sua publicação.

Visto e aprovado em Conselho de Ministros de 14 de Dezembro de 2000. – *António Manuel de Oliveira Guterres – Joaquim Augusto Nunes Pina Moura – Eduardo Luís Barreto Ferro Rodrigues – António Luís Santos Costa*. Promulgado em 26 de Janeiro de 2001. Publique-se. O Presidente da República, JORGE SAMPAIO. Referendado em 1 de Fevereiro de 2001. O Primeiro-Ministro, *António Manuel de Oliveira Guterres.*

Lei nº 15/2001, de 5 de Junho

Reforça as garantias do contribuinte e a simplificação processual, reformula a organização judiciária tributária e estabelece um novo regime geral para as infracções tributárias.

A Assembleia da República decreta, nos termos da alínea c) do artigo 161º da Constituição, para valer como lei geral da República, o seguinte:

CAPÍTULO I – Das infracções tributárias

Artigo 1º – Regime Geral das Infracções Tributárias

1 – É aprovado o Regime Geral das Infracções Tributárias anexo à presente lei e que dela faz parte integrante.

2 – O regime das contra-ordenações contra a segurança social consta de legislação especial.

(Para o nº 2 ver direito substantivo: DL 64/89, 25/02, e arts 221º a 248º do CRC e para procedimentos: L 107/2009, 14/09)

(...)

ANEXO – REGIME GERAL DAS INFRACÇÕES TRIBUTÁRIAS

Com redacção dos seguintes diplomas:
– Lei nº 60-A/2005, de 30 de Dezembro;
– Lei nº 53-A/2006, de 29 de Dezembro;
– Lei nº 64-A/2008, de 31 de Dezembro (artºs113º e 115º);
– Lei nº 64-B/2011, de 30 de Dezembro (artº 55º);
– Lei nº 66-B/2012, de 31 de Dezembro (artº 224º);
– Lei nº 83-C/2013, de 31 de Dezembro (artº 222º),
– Lei nº 71/2018, de 31 de Dezembro (artº 298º).
(...)

Artigo 8º – Responsabilidade civil pelas multas e coimas [370]

1 – Os administradores, gerentes e outras pessoas que exerçam, ainda que somente de facto, funções de administração em pessoas colectivas, sociedades, ainda que irregularmente constituídas, e outras entidades fiscalmente equiparadas são subsidiariamente responsáveis:

a) Pelas multas ou coimas aplicadas a infracções por factos praticados no período do exercício do seu cargo ou por factos anteriores quando tiver sido por culpa sua que o património da sociedade ou pessoa colectiva se tornou insuficiente para o seu pagamento;

b) Pelas multas ou coimas devidas por factos anteriores quando a decisão definitiva que as aplicar for notificada durante o período do exercício do seu cargo e lhes seja imputável a falta de pagamento.

2 – A responsabilidade subsidiária prevista no número anterior é solidária se forem várias as pessoas a praticar os actos ou omissões culposos de que resulte a insuficiência do património das entidades em causa.

3 – As pessoas referidas no nº 1, bem como os técnicos oficiais de contas, são ainda subsidiariamente responsáveis, e solidariamente entre si, pelas coimas devidas pela falta ou atraso de quaisquer declarações que devam ser apresentadas no período de exercício de funções, quando não comuniquem, até 30 dias após o termo do prazo de entrega da declaração, à Direcção-Geral dos Impostos as razões que impediram o cumprimento atempado da obrigação e o atraso ou a falta de entrega não lhes seja imputável a qualquer título.

4 – As pessoas a quem se achem subordinados aqueles que, por conta delas, cometerem infracções fiscais são solidariamente responsáveis pelo pagamento das multas ou coimas àqueles aplicadas, salvo se tiverem tomado as providências necessárias para os fazer observar a lei.

[370] Redacção da L 60-A/2005, 30/12.

5 – O disposto no número anterior aplica-se aos pais e representantes legais dos menores ou incapazes, quanto às infracções por estes cometidas.

6 – O disposto no nº 4 aplica-se às pessoas singulares, às pessoas colectivas, às sociedades, ainda que irregularmente constituídas, e a outras entidades fiscalmente equiparadas.

7 – Quem colaborar dolosamente na prática de infracção tributária é solidariamente responsável pelas multas e coimas aplicadas pela prática da infracção, independentemente da sua responsabilidade pela infracção, quando for o caso.

8 – Sendo várias as pessoas responsáveis nos termos dos números anteriores, é solidária a sua responsabilidade.

O nº 7 foi declarado inconstitucional quando aplicável a gerente de uma pessoa colectiva que foi igualmente condenado a título pessoal pela prática da mesma infracção tributária – Acórdão nº 1/2013 do Tribunal Constitucional, in D.R. nº 38, Série II de 2013-02-22.

O nº 7 foi declarado inconstitucional com força obrigatória geral na parte em que se refere a responsabilidade solidária dos gerentes e administradores de uma sociedade que hajam colaborado dolosamente na prática de infracção tributária pelas multas aplicadas a socied*ade – Acórdão do TC nº 171/2014, in DR, 1ª, de 13/04/2014.*

(...)

CAPÍTULO III – Crimes fiscais

Artigo 103º – Fraude [371]

1 – Constituem fraude fiscal, punível com pena de prisão até três anos ou multa até 360 dias, as condutas ilegítimas tipificadas no presente artigo que visem a não liquidação, entrega ou pagamento da prestação tributária ou a obtenção indevida de benefícios fiscais, reembolsos ou outras vantagens patrimoniais susceptíveis de causarem diminuição das receitas tributárias. A fraude fiscal pode ter lugar por:

a) Ocultação ou alteração de factos ou valores que devam constar dos livros de contabilidade ou escrituração, ou das declarações apresentadas ou prestadas a fim de que a administração fiscal especificamente fiscalize, determine, avalie ou controle a matéria colectável;

b) Ocultação de factos ou valores não declarados e que devam ser revelados à administração tributária;

c) Celebração de negócio simulado, quer quanto ao valor, quer quanto à natureza, quer por interposição, omissão ou substituição de pessoas.

2 – Os factos previstos nos números anteriores não são puníveis se a vantagem patrimonial ilegítima for inferior a € 15 000.

[371] O nº 2 na redacção da L 60-A/2005, 30/12.

3 – Para efeitos do disposto nos números anteriores, os valores a considerar são os que, nos termos da legislação aplicável, devam constar de cada declaração a apresentar à administração tributária.

Artigo 104º – Fraude qualificada[372]

1 – Os factos previstos no artigo anterior são puníveis com prisão de um a cinco anos para as pessoas singulares e multa de 240 a 1200 dias para as pessoas colectivas quando se verificar a acumulação de mais de uma das seguintes circunstâncias:

a) O agente se tiver conluiado com terceiros que estejam sujeitos a obrigações acessórias para efeitos de fiscalização tributária;

b) O agente for funcionário público e tiver abusado gravemente das suas funções;

c) O agente se tiver socorrido do auxílio do funcionário público com grave abuso das suas funções;

d) O agente falsificar ou viciar, ocultar, destruir, inutilizar ou recusar entregar, exibir ou apresentar livros, programas ou ficheiros informáticos e quaisquer outros documentos ou elementos probatórios exigidos pela lei tributária;

e) O agente usar os livros ou quaisquer outros elementos referidos no número anterior sabendo-os falsificados ou viciados por terceiro;

f) Tiver sido utilizada a interposição de pessoas singulares ou colectivas residentes fora do território português e aí submetidas a um regime fiscal claramente mais favorável;

g) O agente se tiver conluiado com terceiros com os quais esteja em situação de relações especiais.

2 – A mesma pena é aplicável quando:

a) A fraude tiver lugar mediante a utilização de facturas ou documentos equivalentes por operações inexistentes ou por valores diferentes ou ainda com a intervenção de pessoas ou entidades diversas das da operação subjacente; ou

b) A vantagem patrimonial for de valor superior a € 50 000.

3 – Se a vantagem patrimonial for de valor superior a € 200 000, a pena é a de prisão de 2 a 8 anos para as pessoas singulares e a de multa de 480 a 1920 dias para as pessoas colectivas.

4 – Os factos previstos nas alíneas d) e e) do nº 1 do presente preceito com o fim definido no nº 1 do artigo 103º não são puníveis autonomamente, salvo se pena mais grave lhes couber.

[372] Redacção do artº 55º da L 64-B/2011, 30/12.

Artigo 105º – Abuso de confiança [373]

1 – Quem não entregar à administração tributária, total ou parcialmente, prestação tributária de valor superior a € 7500 deduzida nos termos da lei e que estava legalmente obrigado a entregar é punido com pena de prisão até três anos ou multa até 360 dias.

2 – Para os efeitos do disposto no número anterior, considera-se também prestação tributária a que foi deduzida por conta daquela, bem como aquela que, tendo sido recebida, haja obrigação legal de a liquidar, nos casos em que a lei o preveja.

3 – É aplicável o disposto no número anterior ainda que a prestação deduzida tenha natureza parafiscal e desde que possa ser entregue autonomamente.

4 – Os factos descritos nos números anteriores só são puníveis se:

a) Tiverem decorrido mais de 90 dias sobre o termo do prazo legal de entrega da prestação;

b) A prestação comunicada à administração tributária através da correspondente declaração não for paga, acrescida dos juros respectivos e do valor da coima aplicável, no prazo de 30 dias após notificação para o efeito.

5 – Nos casos previstos nos números anteriores, quando a entrega não efectuada for superior a € 50000, a pena é a de prisão de um a cinco anos e de multa de 240 a 1200 dias para as pessoas colectivas.

6 – *(revogado)*

7 – Para efeitos do disposto nos números anteriores, os valores a considerar são os que, nos termos da legislação aplicável, devam constar de cada declaração a apresentar à administração tributária.

CAPÍTULO IV – Crimes contra a segurança social

Artigo 106º – Fraude contra a segurança social [374]

1 – Constituem fraude contra a segurança social as condutas das entidades empregadoras, dos trabalhadores independentes e dos beneficiários que visem a não liquidação, entrega ou pagamento, total ou parcial, ou o recebimento inde-

[373] O nº 1 tem redacção do artº 113º da L 64-A/2008, 31/12.
O nº 4 tem redacção da L 53-A/2006, 29/12.
O nº 6 que teve redacção da L 60-A/2005, 30/12, e foi revogado pelo artº 115º da L 64-A/2008, 31/12.

[374] O nº 1 tem redacção do artº 222º da L 83-C/2013, 31/12;
Valor na redacção inicial: € 7500;
Valor na redacção do artº 224º da L 66-B/2012, 31/12: € 3500)
O nº 2 na redacção do artº 298º da Lei nº 71/2018, de 31 de Dezembro.

vido, total ou parcial, de prestações de segurança social com intenção de obter para si ou para outrem vantagem ilegítima de valor superior a € 7500.

2 – É aplicável à fraude contra a segurança social a pena prevista no nº 1 do artigo 103º, bem como o disposto nas respectivas alíneas.

3 – É igualmente aplicável às condutas previstas no nº 1 deste artigo o disposto no artigo 104º.

4 – Para efeito deste artigo também se consideram prestação da segurança social os benefícios previstos na legislação da segurança social.

Artigo 107º – Abuso de confiança contra a segurança social [375]

1 – As entidades empregadoras que, tendo deduzido do valor das remunerações devidas a trabalhadores e membros dos órgãos sociais o montante das contribuições por estes legalmente devidas, não o entreguem, total ou parcialmente, às instituições de segurança social, são punidas com as penas previstas nos nºs 1 e 5 do artigo 105º.

2 – É aplicável o disposto nos nºs 4 e 7 do artigo 105º.

(Seja qual for o valor da dívida, ou seja, não é aplicável o limite dos € 7 500 do artº 105º– Acórdão TC nº 97/2011 – DR, 2ª, 28/03/2011)

O Acórdão do STJ nº 1/2013 (DR, 1ª, 7/01/2013) fixou jurisprudência no sentido em que "Em processo penal decorrente de crime de abuso de confiança contra a Segurança Social, p. e p. no artº 107º nº 1, do R.G.I.T., é admissível, de harmonia com o artº 71º, do CPP, a dedução de pedido de indemnização civil tendo por objecto o montante das contribuições legalmente devidas por trabalhadores e membros dos órgãos sociais das entidades empregadoras, que por estas tenha sido deduzido do valor das remunerações, e não tenha sido entregue, total ou parcialmente, às instituições de segurança social".

(...)

Decreto-Lei nº 92/2004, de 20 de Abril

A Lei nº 107-B/2003, de 31 de Dezembro, que aprovou o Orçamento do Estado para 2004, concedeu ao Governo, na alínea d) do nº 1 do artigo 47º, autorização para legislar em matéria de interconexão de dados a efectivar entre os serviços da administração fiscal e as instituições da segurança social.

A interconexão dos dados que o presente diploma consagra incide sobre o acesso e o tratamento da informação de natureza tributária e contributiva essencial para prosseguir alguns dos principais objectivos do XV Governo Constitucional, designadamente em matéria fiscal e social.

[375] O nº 2 na redacção do artº 224º da L 66-B/2012, 31/12.

Desde logo, o controlo activo do cumprimento das obrigações fiscais e contributivas. Só uma cobrança efectiva de todas as contribuições devidas permite ao Estado sustentar os encargos de uma política social e redistributiva justa.

Com efeito, a interconexão entre os serviços da administração fiscal e da segurança social é decisiva nesse combate, mas tal instrumento só poderá dar um verdadeiro contributo para a justiça social se for aplicado no escrupuloso respeito pelos direitos, liberdades e garantias dos cidadãos.

Por último, importa referir que, para além da adequação e da diferenciação das prestações e dos apoios a conceder, a realização efectiva da justiça social compreende também a atribuição rigorosa das prestações sociais. Aliás, um dos principais propósitos da reforma da segurança social que tem vindo a ser concretizada desde a entrada em vigor da Lei nº 32/2002, de 20 de Dezembro, que aprovou as bases da segurança social, consiste, precisamente, em dotar todo o sistema de maior rigor, justiça e celeridade na atribuição das prestações. Só assim será possível uma verdadeira equidade social.

O presente decreto-lei constitui o desenvolvimento dessa autorização legislativa e é tributário das preocupações enunciadas. Assim, estabelece a forma, extensão e limites da interconexão a efectivar entre os serviços da administração fiscal e as instituições da segurança social e a Inspecção-Geral de Finanças, atentas as suas competências de âmbito nacional, enquanto serviço de controlo da administração financeira do Estado, em matéria de controlo financeiro e tributário das entidades públicas e privadas, no cumprimento da autorização legislativa ao abrigo da qual é emitido e nos termos da Lei nº 67/98, de 26 de Outubro, relativa à protecção de dados pessoais.

Para além de enunciar de forma precisa o seu objecto e finalidade, este diploma identifica com meridiana clareza as categorias de dados objecto da interconexão. Esta interconexão faz-se mediante a transmissão entre as bases de dados actualmente existentes na Direcção-Geral de Informática e Apoio aos Serviços Tributários e Aduaneiros e no Instituto de Informática e Estatística da Solidariedade, resultando na criação de duas bases de dados autónomas, a base de dados interconectados com a segurança social e a base de dados interconectados com a administração fiscal, às quais só poderão aceder as entidades para tal devidamente autorizadas.

O procedimento de interconexão e o acesso aos dados foi definido em consonância e no escrupuloso respeito pelos princípios da adequação, proporcionalidade, pertinência e complementaridade como se pode aferir, nomeadamente, pelas medidas de segurança e tratamento de dados a que acrescem as matérias relativas ao sigilo e direito de acesso e rectificação.

Foi ouvida a Comissão Nacional de Protecção de Dados.

Assim:

No uso da autorização legislativa concedida pela alínea d) do nº 1 do artigo 47º da Lei nº 107-B/2003, de 31 de Dezembro, e nos termos das alíneas a) e b) do nº 1 do artigo 198º da Constituição, o Governo decreta o seguinte:

Artigo 1º – Objecto e finalidade

O presente diploma regula a forma, extensão e limites da interconexão a efectivar entre os serviços da administração fiscal e as instituições da segurança social no domínio do acesso e tratamento da informação de natureza tributária e contributiva relevante para assegurar o controlo do cumprimento das obrigações fiscais e contributivas, garantindo a atribuição rigorosa das prestações sociais e a concessão de benefícios fiscais, bem como promovendo a eficácia na prevenção e combate à fraude e evasão fiscal e contributiva no âmbito das respectivas competências.

(Interconexão com outros departamento – V. Leis do orçamento anuais.
Procedimentos simplificados:
– dispensa de prova anual de rendimentos relativamente ao abono de família (feito oficiosamente) – DL 176/2003, 02/08 – artº 40º nº 3;
– dispensa de participação de início de actividade para trabalhadores independentes e entidades empregadoras (contribuintes) – Port 121/2007, 25/01;
– dispensa de certidão comprovativa de situação contributiva regularizada – DL 114/2007, 19/04)

Artigo 2º – Cooperação e coordenação

Os serviços da administração fiscal e as instituições da segurança social coordenam as suas acções nas respectivas áreas de intervenção e trocam entre si as informações necessárias à prossecução das finalidades previstas no artigo 1º do presente diploma, no respeito pelos princípios da adequação, proporcionalidade, pertinência e complementaridade.

Artigo 3º – Categorias de dados objecto de interconexão

1 – Para efeitos do disposto no artigo 1º, são objecto de interconexão as seguintes categorias de dados relativas às pessoas singulares e colectivas:

a) Cadastro e identificação;

b) Tributos fiscais ou parafiscais, designadamente as contribuições e quotizações para a segurança social;

c) Rendimentos e despesas;

d) Património imobiliário e mobiliário;

e) Obrigações acessórias, designadamente início, reinício, alteração, suspensão e cessação da actividade.

2 – Os dados integrados nas categorias referidas no número anterior constam da base de dados da Direcção-Geral de Informática e Apoio aos Serviços Tributários e Aduaneiros (DGITA), da base de dados do Instituto de Informática e Estatística da Solidariedade (IIES) ou de ambas as bases de dados.

3 – Outras categorias de dados de natureza tributária e contributiva não previstas no presente diploma poderão dele ser objecto, mediante autorização da Comissão Nacional de Protecção de Dados.

Artigo 4º – Interconexão de dados

1 – Para os fins estipulados no presente diploma, a DGITA e o IIES transmitem entre si os dados integrados nas categorias referidas no artigo 3º.

2 – É criada junto da DGITA uma base de dados interconectados com a segurança social (BDISS) e é criada junto do IIES uma base de dados interconectados com a administração fiscal (BDIAF).

3 – As entidades responsáveis pelo tratamento da BDISS e da BDIAF, nos termos da alínea d) do artigo 3º da Lei nº 67/98, de 26 de Outubro, são, respectivamente, a DGITA e o IIES.

(Para comunicação dos valores das prestações sociais ver Port 297/2012, 28/09)

Artigo 5º – Acesso às bases de dados

1 – As entidades com acesso, em tempo real, às bases de dados criadas pelo presente diploma são a Direcção-Geral dos Impostos, a Direcção-Geral das Alfândegas e dos Impostos Especiais sobre o Consumo, a Inspecção-Geral de Finanças, o Instituto de Solidariedade e Segurança Social e o Instituto de Gestão Financeira da Segurança Social.

2 – A Direcção-Geral dos Impostos, a Direcção-Geral das Alfândegas e dos Impostos Especiais sobre o Consumo e a Inspecção-Geral de Finanças ficam autorizadas a aceder à BDISS através da DGITA.

3 – O Instituto de Solidariedade e Segurança Social e o Instituto de Gestão Financeira da Segurança Social ficam autorizados a aceder à BDIAF através do IIES.

4 – É vedada a utilização dos dados para qualquer fim diverso do fixado no artigo 1º.

Artigo 6º – Conservação de dados

Os dados pessoais constantes das bases de dados são conservados apenas durante o tempo necessário para a prossecução dos fins a que se destinam, sendo obrigatoriamente destruídos decorrido o prazo de cinco anos após a sua recolha, sem prejuízo da existência de processos judiciais em curso.

Artigo 7º – Medidas de segurança e tratamento dos dados

1 – A transmissão dos dados é efectuada mediante controlo de acesso entre os sistemas informáticos e com prévia autenticação das entidades responsáveis pelo tratamento das bases de dados criadas por este diploma.

2 – O acesso aos dados só é permitido a pessoas devidamente credenciadas pelas entidades referidas no número anterior, mediante atribuição de código de utilizador e de palavra-passe.

3 – Sem prejuízo de lei especial que contemple a utilização dos dados para finalidades distintas das referidas no artigo 1º, o acesso aos dados fica subordinado à identificação de uma das seguintes finalidades:

a) Atribuição de prestações sociais;

b) Concessão e controlo de usufruição de benefícios, designadamente fiscais;

c) Acções de fiscalização;

d) Concessão de apoio judiciário;

e) Processos de regularização e cobrança de dívidas;

f) Verificação de informações relativas ao início, reinício, alteração, suspensão e cessação da actividade.

4 – A DGITA e o IIES registam, em média, pelo menos 1 em cada 10 consultas de dados pessoais, para efeitos de controlo da sua legitimidade.

Artigo 8º – Actualização de dados

A DGITA e o IIES comunicam mensalmente as actualizações dos dados transmitidos no âmbito do presente diploma.

Artigo 9º – Sigilo

As entidades responsáveis pelo tratamento dos dados, bem como todas as pessoas que, no exercício das suas funções, tenham conhecimento dos dados pessoais tratados ao abrigo do presente diploma, ficam obrigadas aos deveres de sigilo e confidencialidade, mesmo após a cessação daquelas funções.

Artigo 10º – Direito de acesso e rectificação

1 – É reconhecido o direito de acesso dos titulares dos dados às informações que lhes digam respeito registadas nas bases de dados criadas no presente diploma, nos termos dos nºs 1 e 2 do artigo 11º da Lei nº 67/98, de 26 de Outubro, bem como o direito a exigir a rectificação de informações inexactas e a inclusão de informações total ou parcialmente omissas.

2 – O direito de acesso e rectificação às informações constantes das bases de dados criadas por este diploma pode implicar o acesso e eventual rectificação das informações contidas nas bases de dados que estão na origem do cruzamento da informação.

3 – O exercício dos direitos de acesso e rectificação nos termos do número anterior não prejudica o exercício dos mesmos, no que respeita às bases de dados originárias, nos termos gerais.

4 – Nas situações previstas nos números anteriores deste artigo devem as entidades com acesso às bases de dados garantir que seja dada satisfação ao requerimento do titular dos dados ou comunicar-lhe o que tiverem por conveniente no prazo de 30 dias.

Artigo 11º – Auditorias técnicas

A DGITA e o IIES realizam auditorias técnicas anuais para garantir que a transmissão, interconexão e acesso aos dados se realize com a observância de todos os procedimentos e garantias previstos no presente diploma.

Artigo 12º – Protocolo

A concretização da cooperação, coordenação e procedimentos entre os serviços da administração fiscal e as instituições da segurança social é objecto de protocolo.

(Vg: Protocolo homologado em 6 de Dezembro de 2004 – Desp 10 406/2008, 31/03/2008, DR, 2ª série, nº 70, 9/04/2008)

Artigo 13º – Direito subsidiário

É subsidiariamente aplicável o disposto na Lei nº 67/98, de 26 de Outubro.

Visto e aprovado em Conselho de Ministros de 26 de Fevereiro de 2004. – *José Manuel Durão Barroso – Maria Manuela Dias Ferreira Leite – Maria Celeste Ferreira Lopes Cardona – António José de Castro Bagão Félix*. Promulgado em 6 de Abril de 2004. Publique-se. O Presidente da República, JORGE SAMPAIO. Referendado em 12 de Abril de 2004. O Primeiro-Ministro, *José Manuel Durão Barroso.*

Decreto-Lei nº 276/2007, de 31 de Julho

(Redacção do artº 308º da Lei nº 114/2017, de 28 de Dezembro)

No quadro das orientações definidas pelo Programa de Reestruturação da Administração Central do Estado (PRACE) e dos objectivos do Programa do Governo no tocante à modernização administrativa e à melhoria da qualidade dos serviços públicos com ganhos de eficiência, importa concretizar o esforço de racionalização estrutural consagrado nas novas leis orgânicas dos ministérios em relação aos diversos serviços da administração directa e indirecta do Estado com competências em matéria inspectiva.

Uma das vertentes do PRACE consistiu no reforço das funções de apoio à governação e das correspondentes soluções orgânicas. De entre essas funções ressaltam as de inspecção. Estabilizadas as soluções organizativas, identificou-se a necessidade de aprovar um regime jurídico comum a toda a actividade de inspecção que, sem prejuízo da necessidade de acautelar regimes específicos, decorrentes das exigências próprias de cada sector de actividade objecto de acções de inspecção, permita racionalizar e uniformizar um acervo de regras comuns a toda a actividade, designadamente em matérias relacionadas com os deveres de cooperação e colaboração com outras entidades, os procedimentos de inspecção, as garantias da actividade de inspecção, o regime de incompatibilidades e impedimentos do pessoal que exerce funções de inspecção e com a organização interna dos serviços de inspecção.

Assim:

Nos termos da alínea a) do nº 1 do artigo 198º da Constituição, o Governo decreta o seguinte:

CAPÍTULO I – Disposições gerais

Artigo 1º – Objecto

O presente decreto-lei estabelece o regime jurídico da actividade de inspecção, auditoria e fiscalização dos serviços da administração directa e indirecta do Estado aos quais tenha sido cometida a missão de assegurar o exercício de funções de controlo, interno ou externo.

Artigo 2º – Designações

Para efeitos do presente decreto-lei, são adoptadas as seguintes designações:

a) «Actividade de inspecção», para designar a actividade de inspecção, auditoria e fiscalização desenvolvida pelos serviços da administração directa e indirecta do Estado aos quais tenha sido cometida a missão de assegurar o exercício de funções de controlo, interno ou externo;

b) «Serviço de inspecção», para designar os serviços da administração directa e indirecta do Estado aos quais tenha sido cometida a missão de assegurar o exercício de funções de controlo, interno ou externo;

c) «Pessoal de inspecção», para designar o pessoal dos serviços referidos na alínea anterior que exerça funções de inspecção, auditoria e fiscalização.

Artigo 3º – Âmbito

1 – O presente decreto-lei aplica-se aos seguintes serviços de inspecção:

a) À Inspecção-Geral de Finanças;

b) À Inspecção-Geral da Administração Interna;

c) À Inspecção-Geral da Administração Local;

d) À Inspecção-Geral Diplomática e Consular;

e) À Inspecção-Geral da Defesa Nacional;

f) À Inspecção-Geral dos Serviços de Justiça;

g) À Inspecção-Geral do Ambiente e do Ordenamento do Território;

h) À Autoridade de Segurança Alimentar e Económica;

i) À Inspecção-Geral de Agricultura e Pescas;

j) À Inspecção-Geral das Obras Públicas, Transportes e Comunicações;

l) À Inspecção-Geral do Ministério do Trabalho e da Solidariedade Social;

m) À Autoridade para as Condições de Trabalho;

n) À Inspecção-Geral das Actividades em Saúde;

o) À Inspecção-Geral da Educação;

p) À Inspecção-Geral do Ministério da Ciência, Tecnologia e do Ensino Superior;

q) À Inspecção-Geral das Actividades Culturais.

2 – O presente decreto-lei aplica-se ainda:

a) Às unidades orgânicas da Secretaria-Geral da Presidência do Conselho de Ministros e da Secretaria-Geral do Ministério da Economia e da Inovação às quais sejam cometidas essas funções pelos respectivos diplomas orgânicos;

b) Ao Turismo de Portugal, I. P., no que respeita exclusivamente ao exercício das competências do respectivo Serviço de Inspecção de Jogos.

(Para a alínea l) agora Inspecção-Geral do Ministério do Trabalho, da Solidariedade e da Segurança Social – D Reg 22/2012, 8/02)

CAPÍTULO II – Actividade de inspecção

SECÇÃO I – Cooperação e colaboração com outras entidades

Artigo 4º – Deveres de informação e cooperação pelas entidades inspeccionadas

1 – Os serviços da administração directa, indirecta e autónoma do Estado, bem como as pessoas singulares e colectivas de direito público e privado objecto de acção inspectiva, encontram-se vinculados aos deveres de informação e cooperação, designadamente fornecendo os elementos de informação necessários ao desenvolvimento da actividade de inspecção, nos moldes, suportes e com a periodicidade e urgência requeridos.

2 – Os dirigentes e trabalhadores das entidades inspeccionadas têm o dever de prestar, no prazo fixado para o efeito, todos os esclarecimentos, pareceres, informações e colaboração que lhes sejam solicitados pelos serviços de inspecção.

3 – As entidades inspeccionadas devem dar conhecimento aos serviços de inspecção das medidas adoptadas na sequência das acções de inspecção, designadamente do resultado dos processos disciplinares instaurados em resultado delas.

4 – Para o cumprimento das suas atribuições é conferida aos serviços de inspecção a faculdade de solicitar aos serviços da administração directa e indirecta

do Estado a afectação de pessoal técnico especializado para acompanhamento das acções de inspecção.

5 – A violação dos deveres de informação e de cooperação para com os serviços de inspecção faz incorrer o infractor em responsabilidade disciplinar e criminal, nos termos da legislação aplicável.

Artigo 5º – Dever de colaboração e pedidos de informação [376]

1 – As pessoas colectivas públicas devem prestar aos serviços de inspecção toda a colaboração por estes solicitada.

2 – Os serviços de inspecção podem solicitar informações a qualquer pessoa colectiva de direito privado ou pessoa singular, sempre que o repute necessário para o apuramento dos factos.

3 – É facultado, de forma recíproca, o acesso à informação relevante entre:

a) Os serviços de inspecção;

b) Os serviços de inspecção e a Autoridade Tributária e Aduaneira;

c) Os serviços de inspecção e os órgãos de polícia criminal;

d) Os serviços de inspecção e quaisquer outras pessoas colectivas públicas.

4 – O acesso à informação relevante para o exercício das respectivas atribuições, as categorias dos titulares e dos dados a analisar, a forma de comunicação e o respectivo tratamento, no âmbito da troca de informações a que se refere o número anterior, é definido mediante protocolos a celebrar entre as respectivas entidades, sujeitos a autorização da Comissão Nacional de Protecção de Dados.

Artigo 6º – Colaboração entre serviços de inspecção

Os serviços de inspecção têm o dever de colaborar entre si, de acordo com as respectivas atribuições e competências legais, utilizando para tal os mecanismos que se mostrem mais adequados.

Artigo 7º – Colaboração com serviços congéneres

Os serviços de inspecção podem prestar colaboração aos serviços congéneres das regiões autónomas no âmbito material das suas atribuições.

SECÇÃO II – Procedimentos de inspecção

Artigo 8º – Forma e planeamento das acções inspectivas

1 – As acções de inspecção são ordinárias ou extraordinárias, podendo assumir as formas de auditoria, inspecção, inquérito, sindicância e averiguações.

[376] Os nºs 3 e 4 aditados pelo artº 308º da Lei nº 114/2017, de 28 de Dezembro.

2 – O disposto no número anterior não prejudica a realização de outras formas de intervenção consagradas em legislação específica.

3 – Consideram-se ordinárias as acções de inspecção que constam de planos anuais elaborados pelo dirigente máximo do serviço inspectivo até 30 de Novembro do ano anterior àquele a que respeitam e aprovados pelo membro do Governo responsável pelo serviço.

4 – Consideram-se extraordinárias as acções de inspecção determinadas por despacho do membro do Governo responsável pelo serviço de inspecção ou pelo respectivo dirigente máximo.

Artigo 9º – Regulamentos do procedimento de inspecção

Os regulamentos do procedimento de inspecção são aprovados por despacho do membro do Governo responsável pelo serviço de inspecção, mediante proposta do inspector-geral ou do dirigente máximo deste serviço.

(Para a IGMTSSS: Regulamento aprovado pelo Despacho nº 6846/2018, de 27 de Junho – DR,2ª, 16/07/2018)

Artigo 10º – Autonomia técnica

Os dirigentes dos serviços de inspecção e o pessoal de inspecção gozam de autonomia técnica no exercício das tarefas de inspecção que lhes sejam confiadas.

Artigo 11º – Princípio da proporcionalidade

No exercício das suas funções, os dirigentes dos serviços de inspecção e o pessoal de inspecção deve pautar a sua conduta pela adequação dos seus procedimentos aos objectivos da acção.

Artigo 12º – Princípio do contraditório

1 – Os serviços de inspecção devem conduzir as suas intervenções com observância do princípio do contraditório, salvo nos casos previstos na lei.

2 – Os serviços de inspecção devem fornecer às entidades objecto da sua intervenção as informações e outros esclarecimentos de interesse justificado que lhe sejam solicitados, sem prejuízo das regras aplicáveis aos deveres de sigilo.

Artigo 13º – Notificação e requisição de testemunhas ou declarantes

1 – Os titulares dos órgãos e serviços da administração directa e indirecta do Estado, bem como das empresas e estabelecimentos objecto de acção de inspecção podem ser notificados pelo inspector responsável pela acção de inspecção, para a prestação de declarações ou depoimentos que se julguem necessários.

2 – A comparência, para prestação de declarações ou depoimentos em acções de inspecção ou procedimentos disciplinares, de trabalhadores da administração directa e indirecta do Estado, bem como de outros trabalhadores do sector público, deve ser requisitada à entidade na qual exerçam funções.

3 – A notificação para comparência de quaisquer outras pessoas para os efeitos referidos no número anterior pode ser solicitada às autoridades policiais, observadas as disposições aplicáveis do Código de Processo Penal.

4 – Os serviços de inspecção devem fazer constar no seu relatório anual de actividades quaisquer obstáculos colocados ao normal exercício da sua actuação.

Artigo 14º – Medidas preventivas

1 – Quando seja detectada uma situação de grave lesão para o interesse público, o dirigente máximo do serviço de inspecção pode determinar as providências previstas na legislação sectorial aplicável e que, em cada caso, se justifiquem adequadas para prevenir ou eliminar tal situação.

2 – A competência prevista no número anterior pode ser delegada nos dirigentes do serviço de inspecção, sem faculdade de subdelegação.

Artigo 15º – Conclusão do procedimento

1 – No final de cada acção de inspecção, o inspector responsável pelo procedimento elabora um relatório final e submete-o à decisão do dirigente máximo do serviço de inspecção, que o deve reencaminhar, para homologação, ao ministro da tutela.

2 – O ministro da tutela pode delegar no dirigente máximo do serviço a competência para homologação dos relatórios finais das inspecções, sendo obrigatória a informação dos relatórios à tutela.

3 – Nos casos em que o ministro da tutela delegue a competência para homologação dos relatórios finais, a decisão do dirigente máximo prevista no nº 1 adquire imediatamente eficácia externa.

4 – No relatório final relativo a cada acção de inspecção, os serviços de inspecção podem emitir recomendações dirigidas à melhoria da adequação das actividades das entidades objecto de inspecção à legislação que lhes seja aplicável e aos fins que prosseguem.

5 – Na sequência da homologação ministerial sobre os seus relatórios, os serviços de inspecção asseguram o respectivo encaminhamento para os membros do Governo com responsabilidades de superintendência ou tutela sobrem as entidades inspeccionadas, bem como para o dirigente máximo da entidade objecto de inspecção.

6 – Sem prejuízo do dever de o serviço de inspecção proceder ao acompanhamento do resultado das recomendações e propostas formuladas, as entidades

públicas visadas devem fornecer-lhe, no prazo de 60 dias contados a partir da data de recepção do relatório, informações sobre as medidas e decisões entretanto adoptadas na sequência da sua intervenção, podendo ainda pronunciar-se sobre o efeito da acção.

7 – Os serviços de inspecção participam às entidades competentes, nomeadamente ao Ministério Público, os factos com relevância para o exercício da acção penal e contra-ordenacional, quando existam e na sequência da homologação do relatório pelo ministro da tutela.

8 – Os serviços de inspecção devem ainda, por decisão do ministro, e nos termos da Lei nº 98/97, de 26 de Agosto, enviar ao Tribunal de Contas os relatórios finais das suas acções de inspecção que contenham matéria de interesse para a acção daquele Tribunal.

9 – O disposto no presente artigo não prejudica a aplicação da legislação sectorial e de outros procedimentos determinados pelas necessidades de actuação directa dos serviços de inspecção.

CAPÍTULO III – Garantias do exercício da actividade de inspecção

Artigo 16º – Garantias do exercício da actividade de inspecção

No exercício das suas funções, os dirigentes dos serviços de inspecção e o pessoal de inspecção gozam das seguintes prerrogativas:

a) Direito de acesso e livre-trânsito, nos termos da lei, pelo tempo e no horário necessários ao desempenho das suas funções, em todos os serviços e instalações das entidades públicas e privadas sujeitas ao exercício das suas atribuições;

b) Requisitar para exame, consulta e junção aos autos, livros, documentos, registos, arquivos e outros elementos pertinentes em poder das entidades cuja actividade seja objecto da acção de inspecção;

c) Recolher informações sobre as actividades inspeccionadas, proceder a exames a quaisquer vestígios de infracções, bem como a perícias, medições e colheitas de amostras para exame laboratorial;

d) Realizar inspecções, com vista à obtenção de elementos probatórios, aos locais onde se desenvolvam actividades sujeitas ao seu âmbito de actuação e passíveis de consubstanciar actividades ilícitas, sem dependência de prévia notificação;

e) Promover, nos termos legais aplicáveis, a selagem de quaisquer instalações, bem como a apreensão de documentos e objectos de prova em poder das entidades inspeccionadas ou do seu pessoal, quando isso se mostre indispensável à realização da acção, para o que deve ser levantado o competente auto;

f) Solicitar a colaboração das autoridades policiais, nos casos de recusa de acesso ou obstrução ao exercício da acção de inspecção por parte dos destinatários, para remover tal obstrução e garantir a realização e a segurança dos actos inspectivos;

g) Solicitar a adopção de medidas cautelares necessárias e urgentes para assegurar os meios de prova, quando tal resulte necessário, nos termos do Código de Processo Penal;

h) Obter, para auxílio nas acções em curso nos mesmos serviços, a cedência de material e equipamento próprio, bem como a colaboração de pessoal que se mostrem indispensáveis, designadamente para o efeito de se executarem ou complementarem serviços em atraso de execução, cuja falta impossibilite ou dificulte aquelas acções;

i) Utilizar nos locais inspeccionados, por cedência das respectivas entidades inspeccionadas, instalações em condições de dignidade e de eficácia para o desempenho das suas funções;

j) Trocar correspondência, em serviço, com todas as entidades públicas ou privadas sobre assuntos de serviço da sua competência;

l) Proceder, por si ou com recurso a autoridade policial ou administrativa, e cumpridas as formalidades legais, às notificações necessárias ao desenvolvimento da acção de inspecção;

m) Ser considerado como autoridade pública para os efeitos de protecção criminal.

(Aplicável aos funcionários do IGFSS – artº 15º-A do DL 84/2012, de 30/03)

Artigo 17º – Meios de identificação profissional

1 – Os dirigentes dos serviços de inspecção e o pessoal dc inspecção têm direito a cartão de identificação profissional e de livre-trânsito próprio, de modelo a aprovar por portaria do ministro responsável pelo serviço de inspecção respectivo, que devem exibir no exercício das suas funções.

2 – O restante pessoal dos serviços de inspecção dispõe de cartão de identificação de modelo a aprovar por portaria do ministro responsável pelo serviço ou organismo inspectivo respectivo.

3 – A identificação dos dirigentes dos serviços de inspecção e do pessoal de inspecção pode ainda ser feita mediante exibição de crachá, cujo modelo é aprovado por portaria do ministro responsável pelo serviço de inspecção respectivo.

Artigo 18º – Porte de arma

O pessoal de inspecção e os dirigentes dos serviços de inspecção cujo âmbito de actuação é externo à Administração Pública podem ainda ter direito a possuir e usar arma de defesa, com dispensa da respectiva licença de uso e porte de arma, valendo como tal o respectivo cartão de identificação profissional, quando previsto no respectivo diploma orgânico.

Artigo 19º – Apoio em processos judiciais

1 – Os dirigentes dos serviços de inspecção e o pessoal de inspecção que sejam arguidos ou parte em processo contra-ordenacional, disciplinar ou judicial, por actos cometidos ou ocorridos no exercício e por causa das suas funções, têm direito a ser assistidos por advogado, indicado, nos termos da lei, pelo dirigente máximo do serviço de inspecção, ouvido o interessado, retribuído a expensas do organismo correspondente.

2 – O pessoal referido no número anterior tem ainda direito ao pagamento das custas judiciais, bem como a transportes e ajudas de custo quando a localização do tribunal ou das entidades judiciais o justifique.

3 – As importâncias eventualmente despendidas ao abrigo do disposto nos números anteriores devem ser reembolsadas pelo funcionário ou agente que lhes deu causa, no caso de condenação em qualquer dos processos referidos no nº 1.

CAPÍTULO IV – Regime de incompatibilidades e impedimentos

Artigo 20º – Incompatibilidades e impedimentos

1 – O pessoal dos serviços de inspecção está sujeito ao regime geral de incompatibilidades e impedimentos vigente na Administração Pública.

2 – Encontra-se ainda vedado ao pessoal de inspecção:

a) Efectuar quaisquer acções de natureza inspectiva ou disciplinar em serviços, organismos e empresas onde exerçam funções ou prestem serviços parentes seus ou afins em qualquer grau da linha recta ou até ao 3º grau da linha colateral;

b) Efectuar quaisquer acções de natureza inspectiva ou disciplinar em serviços, organismos e empresas onde tenham exercido funções há menos de três anos ou onde as exerçam em regime de acumulação;

c) Aceitar hospedagem, onerosa ou gratuita, em estabelecimento que seja propriedade de titulares dos órgãos ou dirigentes das entidades inspeccionadas quando estas sejam objecto de qualquer acção de natureza inspectiva.

3 – Na decisão dos pedidos de acumulação de funções de inspecção com qualquer função, remunerada ou não, os dirigentes dos serviços de inspecção devem ponderar os riscos para a imparcialidade do pessoal de inspecção decorrentes do exercício de funções em entidades integradas no âmbito de intervenção do respectivo serviço de inspecção.

Artigo 21º – Sigilo profissional

1 – Para além da sujeição aos demais deveres inerentes ao exercício das suas funções, os dirigentes, o pessoal de inspecção e todos aqueles que com eles colaborem são obrigados a guardar sigilo sobre as matérias de que tiverem conhecimento no exercício das suas funções ou por causa delas, não podendo divulgar ou utilizar em proveito próprio ou alheio, directamente ou por interposta pessoa, o conhecimento assim adquirido.

2 – A violação do sigilo profissional pode implicar a aplicação de sanções disciplinares, determináveis em função da sua gravidade, sem prejuízo da responsabilidade civil ou criminal que dela possa resultar.

3 – O dever de sigilo profissional mantém-se após a cessação das funções.

CAPÍTULO V – Organização interna dos serviços de inspecção

Artigo 22º – Áreas territoriais de inspecção

1 – O dirigente máximo pode definir áreas territoriais de inspecção, com o objectivo de agilizar e diversificar a intervenção dos inspectores, assegurando uma melhor distribuição, coordenação e qualidade de trabalho.

2 – No despacho que defina as áreas territoriais de inspecção, o dirigente máximo pode ainda fixar, obtido o acordo do funcionário ou agente, um domicílio profissional distinto do da respectiva sede.

Artigo 23º – Tipo de organização interna

1 – Na organização interna dos serviços de inspecção pode ser adoptada a estrutura matricial, nos termos previstos na Lei nº 4/2004, de 15 de Janeiro.

2 – Aos chefes das equipas multidisciplinares de inspecção pode ser atribuído um estatuto remuneratório definido através de um acréscimo remuneratório em pontos indiciários da escala salarial geral e a designação de chefes de equipa ou coordenadores, nos diplomas orgânicos dos respectivos serviços de inspecção.

3 – O disposto no número anterior não prejudica os regimes especiais de chefias integradas em carreiras inspectivas próprias.

CAPÍTULO VII – Disposições finais e transitórias

Artigo 24º – Salvaguarda de regimes especiais

O disposto no presente decreto-lei não prejudica a consagração nos diplomas orgânicos dos serviços identificados no artigo 3º ou noutros diplomas específicos referentes àqueles serviços de outros procedimentos e prerrogativas específicos aplicáveis a esses serviços e a algumas das suas áreas de actividade de inspecção, designadamente as do âmbito do Sistema de Controlo Interno da Administração Financeira do Estado (SCI), instituído através do Decreto-Lei nº 166/98, de 25 de Junho.

Artigo 25º – Norma revogatória

São revogados os artigos 12º a 19º e 28º do Decreto-Lei nº 249/98, de 11 de Agosto.

Artigo 26º – Entrada em vigor

O presente decreto-lei entra em vigor no dia seguinte ao da sua publicação.

Visto e aprovado em Conselho de Ministros de 3 de Maio de 2007. – *José Sócrates Carvalho Pinto de Sousa – Eduardo Arménio do Nascimento Cabrita – João Titterington Gomes Cravinho – Fernando Teixeira dos Santos – Manuel Pedro Cunha da Silva Pereira – Henrique Nuno Pires Severiano Teixeira – Alberto Bernardes Costa – Francisco Carlos da Graça Nunes Correia – António José de Castro Guerra – Jaime de Jesus Lopes Silva – Mário Lino Soares Correia – José António Fonseca Vieira da Silva – António Fernando Correia de Campos – Maria de Lurdes Reis Rodrigues – José Mariano Rebelo Pires Gago – Maria Isabel da Silva Pires de Lima*. Promulgado em 29 de Junho de 2007. Publique-se. O Presidente da República, ANÍBAL CAVACO SILVA. Referendado em 3 de Julho de 2007. O Primeiro-Ministro, *José Sócrates Carvalho Pinto de Sousa*.

Lei nº 107/2009, de 14 de Setembro

Aprova o regime processual aplicável às contra-ordenações laborais e de segurança social

Com a redacção dos seguintes diplomas:
– Lei nº 63/2013, de 27 de Agosto;
– Lei nº 55/2017, e 17 de Julho.

A Assembleia da República decreta, nos termos da alínea *c*) do artigo 161º da Constituição, o seguinte:

CAPÍTULO I – Objecto, âmbito e competência

Artigo 1º – Objecto e âmbito

A presente lei estabelece o regime jurídico do procedimento aplicável às contra-ordenações laborais e de segurança social.

Artigo 2º – Competência para o procedimento de contra-ordenações

1 – O procedimento das contra-ordenações abrangidas pelo âmbito de aplicação da presente lei compete às seguintes autoridades administrativas:

a) À Autoridade para as Condições do Trabalho (ACT), quando estejam em causa contra-ordenações por violação de norma que consagre direitos ou imponha deveres a qualquer sujeito no âmbito de relação laboral e que seja punível com coima;

b) Ao Instituto da Segurança Social, I. P. (ISS, I. P.), quando estejam em causa contra-ordenações praticadas no âmbito do sistema de segurança social.

2 – Sempre que se verifique uma situação de prestação de actividade, por forma aparentemente autónoma, em condições características de contrato de trabalho, que possa causar prejuízo ao trabalhador ou ao Estado ou a falta de comunicação de admissão do trabalhador na segurança social, qualquer uma das autoridades administrativas referidas no número anterior é competente para o procedimento das contra-ordenações por esse facto.

3 – A ACT é igualmente competente e instaura o procedimento previsto no artigo 15º-A da presente lei, sempre que se verifique, na relação entre a pessoa que presta uma actividade e outra ou outras que dela beneficiam, a existência de características de contrato de trabalho, nos termos previstos no nº 1 do artigo 12º do Código do Trabalho, aprovado pela Lei nº 7/2009, de 12 de Fevereiro.

(Nos termos do artº 248º do CRC)
(O nº 3 foi aditado pela L 63/2013, 27/08, e alterado pela Lei nº 55/2017, de 17 de Julho)

Artigo 3º – Competência para a decisão

1 – A decisão dos processos de contra-ordenação compete:

a) Ao inspector-geral do Trabalho (IGT), no caso de contra-ordenações laborais;

b) Ao conselho directivo do ISS, I. P., no caso de contra-ordenações praticadas no âmbito do sistema de segurança social.

2 – Nos termos do nº 2 do artigo anterior a decisão dos processos de contra-ordenação compete ao inspector-geral do Trabalho quando o respectivo procedimento tiver sido realizado pela ACT e ao conselho directivo do ISS, I. P., quando tiver sido realizado pelo ISS, I. P.

3 – As competências a que se refere o presente artigo podem ser delegadas nos termos do Código do Procedimento Administrativo (CPA).

Artigo 4º – Competência territorial

São territorialmente competentes para o procedimento das contra-ordenações, no âmbito das respectivas áreas geográficas de actuação de acordo com as competências previstas nas correspondentes leis orgânicas:

a) Os serviços desconcentrados da ACT em cuja área se haja verificado a contra-ordenação;

b) Os serviços do ISS, I. P., em cuja área se haja verificado a contra-ordenação.

CAPÍTULO II – Actos processuais na fase administrativa

Artigo 5º – Forma dos actos processuais

1 – No âmbito do procedimento administrativo, os actos processuais podem ser praticados em suporte informático com aposição de assinatura electrónica qualificada.

2 – Os actos processuais e documentos assinados nos termos do número anterior substituem e dispensam para quaisquer efeitos a assinatura autógrafa no processo em suporte de papel.

3 – Para os efeitos previstos nos números anteriores, apenas pode ser utilizada assinatura electrónica qualificada de acordo com os requisitos legais e regulamentares exigíveis pelo sistema de certificação electrónica do Estado.

4 – A tramitação processual no âmbito do procedimento administrativo pode ser efectuada informaticamente.

Artigo 6º – Contagem dos prazos

1 – À contagem dos prazos para a prática de actos processuais previstos na presente lei são aplicáveis as disposições constantes da lei do processo penal.

2 – A contagem referida no número anterior não se suspende durante as férias judiciais.

Artigo 7º – Notificações

1 – As notificações são dirigidas para a sede ou para o domicílio dos destinatários.

2 – Os interessados que intervenham em quaisquer procedimentos levados a cabo pela autoridade administrativa competente, devem comunicar, no prazo de 10 dias, qualquer alteração da sua sede ou domicílio.

3 – Se do incumprimento do disposto no número anterior resultar a falta de recebimento pelos interessados de notificação, esta considera-se efectuada para todos os efeitos legais, sem prejuízo do disposto no artigo seguinte.

Artigo 8º – Notificação por carta registada

1 – As notificações em processo de contra-ordenação são efectuadas por carta registada, com aviso de recepção, sempre que se notifique o arguido do auto de notícia, da participação e da decisão da autoridade administrativa que lhe aplique coima, sanção acessória ou admoestação.

2 – Sempre que o notificando se recusar a receber ou assinar a notificação, o distribuidor do serviço postal certifica a recusa, considerando-se efectuada a notificação.

3 – A notificação por carta registada considera-se efectuada na data em que seja assinado o aviso de recepção ou no 3º dia útil após essa data, quando o aviso seja assinado por pessoa diversa do notificando.

Artigo 9º – Notificação na pendência de processo

1 – As notificações efectuadas na pendência do processo não referidas no nº 1 do artigo anterior são efectuadas por meio de carta simples.

2 – Quando a notificação seja efectuada por carta simples deve ficar expressamente registada no processo a data da respectiva expedição e a morada para a qual foi enviada, considerando-se a notificação efectuada no 5º dia posterior à data ali indicada, devendo esta cominação constar do acto de notificação.

3 – Sempre que exista o consentimento expresso e informado do arguido ou este se encontre representado por defensor constituído, as notificações referidas no número anterior podem ser efectuadas por telefax ou via correio electrónico.

4 – Para efeitos do disposto no número anterior, considera-se consentimento expresso e informado a utilização de telefax ou correio electrónico pelo arguido como meio de contactar a autoridade administrativa competente.

5 – Quando a notificação seja efectuada por telefax ou via correio electrónico, presume-se que foi feita na data da emissão, servindo de prova, respectivamente, a cópia do aviso onde conste a menção de que a mensagem foi enviada com sucesso, bem como a data, hora e número de telefax do receptor ou extracto da mensagem efectuada, o qual será junto aos autos.

6 – Sempre que o arguido se encontre representado por defensor legal as notificações são a este efectuadas.

CAPÍTULO III – Da acção inspectiva

Artigo 10º – Procedimentos inspectivos

1 – No exercício das suas funções profissionais o inspector do trabalho efectua, sem prejuízo do disposto em legislação específica, os seguintes procedimentos:

a) Requisitar, com efeitos imediatos ou para apresentação nos serviços desconcentrados do serviço com competência inspectiva do ministério responsável pela área laboral, examinar e copiar documentos e outros registos que interessem para o esclarecimento das relações de trabalho e das condições de trabalho;

b) Notificar o empregador para adoptar medidas de prevenção no domínio da avaliação dos riscos profissionais, designadamente promover, através de organismos especializados, medições, testes ou peritagens incidentes sobre os componentes materiais de trabalho;

c) Notificar para que sejam adoptadas medidas imediatamente executórias, incluindo a suspensão de trabalhos em curso, em caso de risco grave ou probabilidade séria da verificação de lesão da vida, integridade física ou saúde dos trabalhadores;

d) Levantar autos de notícia e participações, relativamente a infracções constatadas no exercício das respectivas competências, podendo ainda levantar autos de advertência em caso de infracções classificadas como leves e das quais ainda não tenha resultado prejuízo grave para os trabalhadores, para a administração do trabalho ou para a segurança social.

2 – No exercício das suas funções profissionais o inspector da segurança social efectua, sem prejuízo dos previstos em legislação específica, os seguintes procedimentos:

a) Requisitar e copiar, com efeitos imediatos, para exame, consulta e junção aos autos, livros, documentos, registos, arquivos e outros elementos pertinentes em poder das entidades cuja actividade seja objecto da sua acção e que interessem à averiguação dos factos objecto da acção inspectiva;

b) Levantar autos de notícia e participações, relativamente a infracções constatadas no exercício das respectivas competências, podendo ainda levantar autos de advertência em caso de infracções classificadas como leves e das quais ainda não tenha resultado prejuízo grave para a segurança social;

c) Notificar trabalhadores, beneficiários ou não, bem como entidades empregadoras, que sejam encontrados em situação de infracção, podendo igualmente proceder à notificação de outros cidadãos, com vista à sua inquirição como testemunhas e ou declarantes, com a faculdade de reduzir a escrito os respectivos depoimentos;

d) Direito de acesso livre-trânsito, nos termos da lei, pelo tempo e horário necessários ao desempenho das suas funções, nas instalações das entidades sujeitas ao exercício das suas atribuições;

e) Obter, das entidades fiscalizadas para apoio nas acções de fiscalização, a cedência de instalações adequadas, material e equipamento próprio, bem como a colaboração de pessoal que se mostre indispensável;

f) Trocar correspondência, em serviço, com todas as entidades públicas ou privadas sobre assuntos de serviço da sua competência;

g) Requisitar a colaboração necessária das autoridades policiais e administrativas, para o exercício das suas funções.

3 – O inspector do trabalho ou da segurança social, consoante os casos, pode, caso assim o entenda, notificar ou entregar imediatamente ao infractor os instrumentos referidos nos nºs 1 e 2.

4 – A notificação ou a entrega deve ser feita com a indicação da contra-ordenação verificada, das medidas recomendadas ao infractor e do prazo para o seu cumprimento, avisando-o de que o incumprimento das medidas recomendadas influi na determinação da medida da coima.

Artigo 11º – Notificação no âmbito de procedimentos inspectivos

No caso de entrega imediata, a notificação considera-se feita na pessoa do infractor quando seja efectuada em qualquer pessoa que na altura o represente, ou na sua falta, em qualquer trabalhador que se encontre a exercer funções no local.

Artigo 12º – Modo e lugar do cumprimento

1 – Se o cumprimento da norma a que respeita a contra-ordenação for comprovável por documentos, o sujeito responsável exibe ou envia a título devolutivo os documentos comprovativos do cumprimento no serviço territorialmente competente da respectiva autoridade administrativa, dentro do prazo fixado.

2 – No caso de contra-ordenação não abrangida pelo disposto no número anterior, o inspector pode ordenar ao sujeito responsável pela contra-ordenação que, dentro do prazo fixado, comunique ao serviço territorialmente competente que tomou as medidas necessárias para cumprir a norma.

CAPÍTULO IV – Tramitação processual

SECÇÃO I – Da fase administrativa

Artigo 13º – Auto de notícia c participação

1 – O auto de notícia e a participação são elaborados pelos inspectores do trabalho ou da segurança social, consoante a natureza das contra-ordenações em causa.

2 – Sem prejuízo do disposto em legislação especial, há lugar a auto de notícia quando, no exercício das suas funções o inspector do trabalho ou da segurança social, verificar ou comprovar, pessoal e directamente, ainda que por forma não imediata, qualquer infracção a normas sujeitas à fiscalização da respectiva autoridade administrativa sancionada com coima.

3 – Consideram-se provados os factos materiais constantes do auto de notícia levantado nos termos do número anterior enquanto a autenticidade do documento ou a veracidade do seu conteúdo não forem fundadamente postas em causa.

4 – Relativamente às infracções de natureza contra-ordenacional cuja verificação não tenha sido comprovada pessoalmente pelo inspector do trabalho ou da segurança social, há lugar à elaboração de participação instruída com os elementos de prova disponíveis e a indicação de, pelo menos, duas testemunhas e

o máximo de cinco, independentemente do número de contra-ordenações em causa.

Artigo 14º – Auto de infracção

1 – O auto de infracção é levantado por qualquer técnico da segurança social.

2 – Há lugar a auto de infracção quando seja verificada por qualquer técnico no exercício das suas funções infracção correspondente a contra-ordenação da segurança social.

3 – Consideram-se provados os factos materiais constantes do auto levantado nos termos do número anterior enquanto a autenticidade do documento ou a veracidade do seu conteúdo não forem fundadamente postas em causa.

Artigo 15º – Elementos do auto de notícia, da participação e do auto de infracção

1 – O auto de notícia, a participação e o auto de infracção referidos nos artigos anteriores mencionam especificadamente os factos que constituem a contra-ordenação, o dia, a hora, o local e as circunstâncias em que foram cometidos e o que puder ser averiguado acerca da identificação e residência do arguido, o nome e categoria do autuante ou participante e, ainda, relativamente à participação, a identificação e a residência das testemunhas.

2 – Quando o responsável pela contra-ordenação seja uma pessoa colectiva ou equiparada, indica-se, sempre que possível, a sede da pessoa colectiva e a identificação e a residência dos respectivos gerentes, administradores ou directores.

3 – No caso de subcontrato, indica-se, sempre que possível, a identificação e a residência do subcontratante e do contratante principal.

Artigo 15º-A – Procedimento a adoptar em caso de inadequação do vínculo que titula a prestação de uma actividade em condições correspondentes às do contrato de trabalho [377]

1 – Caso o inspector do trabalho verifique, na relação entre a pessoa que presta uma actividade e outra ou outras que dela beneficiam, a existência de características de contrato de trabalho, nos termos previstos no nº 1 do artigo 12º do Código do Trabalho, aprovado pela Lei nº 7/2009, de 12 de Fevereiro, lavra um auto e notifica o empregador para, no prazo de 10 dias, regularizar a situação, ou se pronunciar dizendo o que tiver por conveniente.

2 – O procedimento é imediatamente arquivado no caso em que o empregador faça prova da regularização da situação do trabalhador, designadamente mediante a apresentação do contrato de trabalho ou de documento comprovativo da existência do mesmo, reportada à data do início da relação laboral.

[377] Aditado pela L 63/2013, 27/08. Os nºs 1 e 3 alterados pela Lei nº 55/2017, de 17 de Julho.

3 – Findo o prazo referido no nº 1 sem que a situação do trabalhador em causa se mostre devidamente regularizada, a ACT remete, em cinco dias, participação dos factos para os serviços do Ministério Público junto do tribunal do lugar da prestação da actividade, acompanhada de todos os elementos de prova recolhidos, para fins de instauração de acção de reconhecimento da existência de contrato de trabalho.

4 – A acção referida no número anterior suspende até ao trânsito em julgado da decisão o procedimento contra-ordenacional ou a execução com ela relacionada.

(A acção referida no nº 3 está prevista nos arts 186º-K a 186º-R do CPT)

Artigo 16º – Impedimentos

O autuante ou o participante não podem exercer funções instrutórias no mesmo processo.

Artigo 17º – Notificação ao arguido das infracções laborais

1 – O auto de notícia, a participação e o auto de infracção são notificados ao arguido, para, no prazo de 15 dias, proceder ao pagamento voluntário da coima.

2 – Dentro do prazo referido no número anterior, pode o arguido, em alternativa, apresentar resposta escrita ou comparecer pessoalmente para apresentar resposta, devendo juntar os documentos probatórios de que disponha e arrolar ou apresentar testemunhas, até ao máximo de duas por cada infracção.

3 – Quando tiver praticado três ou mais contra-ordenações a que seja aplicável uma coima única, o arguido pode arrolar até ao máximo de cinco testemunhas por todas as infracções.

Artigo 18º – Notificação ao arguido das infracções de segurança social

1 – O arguido é notificado dos factos que lhe são imputados para, no prazo de 15 dias, proceder ao pagamento voluntário da coima, ou para contestar, querendo, devendo apresentar os documentos probatórios de que disponha e arrolar testemunhas, até ao máximo de duas por cada infracção.

2 – Quando tiver praticado três ou mais contra-ordenações a que seja aplicável uma coima única, o arguido pode arrolar até ao máximo de cinco testemunhas por todas as infracções.

Artigo 19º – Pagamento voluntário da coima

1 – Em qualquer altura do processo, mas sempre antes da decisão da autoridade administrativa competente, nos casos em que a infracção seja qualificada como leve, grave ou muito grave praticada com negligência, o arguido pode proceder ao pagamento voluntário da coima, nos termos seguintes:

a) Em caso de pagamento voluntário da coima efectuado no prazo de 15 dias estabelecido no nº 1 dos artigos 17º e 18º, a coima é liquidada pelo valor mínimo que corresponda à contra-ordenação praticada com negligência, devendo ter em conta o agravamento a título de reincidência, sem custas processuais;

b) Em caso de pagamento voluntário da coima efectuado posteriormente ao decurso do prazo previsto na alínea anterior, mas antes da decisão da autoridade administrativa competente, a coima é liquidada pelo valor mínimo que corresponda à contra-ordenação praticada com negligência, devendo ter em conta o agravamento a título de reincidência, acrescido das devidas custas processuais.

2 – Se a contra-ordenação consistir na falta de entrega de mapas, relatórios ou outros documentos ou na omissão de comunicações obrigatórias, o pagamento voluntário da coima só é possível se o arguido sanar a falta no mesmo prazo.

3 – O pagamento voluntário da coima, nos termos do nº 1, equivale a condenação e determina o arquivamento do processo, não podendo o mesmo ser reaberto, e não podendo os factos voltar a ser apreciados como contra-ordenação, salvo se à contra-ordenação for aplicável sanção acessória, caso em que prossegue restrito à aplicação da mesma.

4 – Se o infractor agir com desrespeito das medidas recomendadas no auto de advertência, a coima pode ser elevada até ao valor mínimo do grau que corresponda à infracção praticada com dolo.

Artigo 20º – Responsabilidade solidária pelo pagamento da coima

O disposto nos artigos 17º, 18º e 19º é aplicável, com as necessárias adaptações, ao sujeito solidariamente responsável pelo pagamento da coima.

Artigo 21º – Testemunhas

1 – As testemunhas indicadas pelo arguido na resposta escrita devem por ele ser apresentadas na data, na hora e no local indicados pela entidade instrutora do processo.

2 – Os depoimentos prestados nos termos do número anterior podem ser documentados em meios técnicos áudio-visuais.

3 – Os depoimentos ou esclarecimentos recolhidos nos termos do número anterior não são reduzidos a escrito, nem é necessária a sua transcrição para efeitos de recurso, devendo ser junta ao processo cópia das gravações.

Artigo 22º – Adiamento da diligência de inquirição de testemunhas

1 – A diligência de inquirição de testemunhas apenas pode ser adiada uma única vez, ainda que a falta à primeira marcação tenha sido considerada justificada.

2 – Considera-se justificada a falta motivada por facto não imputável ao faltoso que o impeça de comparecer no acto processual.

3 – A impossibilidade de comparecimento deve ser comunicada com cinco dias de antecedência, se for previsível, e no dia e hora designados para a prática do acto ou no prazo de vinte e quatro horas em caso de manifesta impossibilidade, se for imprevisível, constando da comunicação a indicação do respectivo motivo e da duração previsível do impedimento, sob pena de não justificação da falta.

4 – Os elementos de prova da impossibilidade de comparecimento devem ser apresentados com a comunicação referida no número anterior.

Artigo 23º – Legitimidade das associações sindicais como assistentes

1 – Nos processos instaurados no âmbito da presente secção, podem constituir-se assistentes as associações sindicais representativas dos trabalhadores relativamente aos quais se verifique a contra-ordenação.

2 – À constituição de assistente são aplicáveis, com as necessárias adaptações, as disposições do Código de Processo Penal.

3 – Pela constituição de assistente não são devidas quaisquer taxas.

Artigo 24º – Prazo para a instrução

1 – O prazo para a conclusão da instrução é de 60 dias.

2 – O prazo referido no número anterior pode ser sucessivamente prorrogado por iguais períodos em casos devidamente fundamentados.

3 – Para efeitos do nº 1, a contagem do prazo inicia-se com a distribuição do processo ao respectivo instrutor.

Artigo 25º – Decisão condenatória

1 – A decisão que aplica a coima e ou as sanções acessórias contém:

a) A identificação dos sujeitos responsáveis pela infracção;

b) A descrição dos factos imputados, com indicação das provas obtidas;

c) A indicação das normas segundo as quais se pune e a fundamentação da decisão;

d) A coima e as sanções acessórias.

2 – Da decisão consta também a informação de que:

a) A condenação se torna definitiva e exequível se não for judicialmente impugnada nos termos dos artigos 32º a 35º;

b) Em caso de impugnação judicial, o tribunal pode decidir mediante audiência ou, caso os sujeitos responsáveis pela infracção, o Ministério Público e o assistente, quando exista, não se oponham, mediante simples despacho.

3 – A decisão contém ainda a ordem de pagamento da coima no prazo máximo de 10 dias após o carácter definitivo ou o trânsito em julgado da decisão.

4 – Não tendo o arguido exercido o direito de defesa nos termos do nº 2 do artigo 17º e do nº 1 do artigo 18º, a descrição dos factos imputados, das provas, e das circunstâncias relevantes para a decisão é feita por simples remissão para o auto de notícia, para a participação ou para o auto de infracção.

5 – A fundamentação da decisão pode consistir em mera declaração de concordância com fundamentos de anteriores pareceres, informações ou propostas de decisão elaborados no âmbito do respectivo processo de contra-ordenação.

Artigo 26º – Natureza de título executivo

A decisão condenatória de aplicação de coima que não se mostre liquidada no prazo legal tem a natureza de título executivo.

Artigo 27º – Pagamento da coima em prestações

1 – Excepcionalmente, quando o arguido o requeira e desde que a sua situação económica o justifique, pode a autoridade administrativa competente, após decisão condenatória, autorizar o pagamento da coima em prestações, não podendo a última delas ir além de um ano subsequente ao carácter definitivo da decisão.

2 – A falta de pagamento de uma prestação implica o vencimento de todas as outras.

3 – Para efeitos de apreciação do pedido do pagamento da coima em prestações, o arguido tem de fazer prova da impossibilidade de pagamento imediato da coima.

4 – Nos casos em que seja autorizado o pagamento da coima em prestações, são pagos com a primeira prestação e pela seguinte ordem:

a) Créditos laborais em que o empregador tenha sido condenado;

b) Dívidas à segurança social e respectivas custas.

SUBSECÇÃO I – Processo especial

Artigo 28º – Âmbito

1 – A infracção classificada como leve ou grave, com valor mínimo legal inferior ou igual ao valor de 10 UC, segue a forma de processo especial.

2 – O processo especial não é aplicável quando o infractor já tenha sido condenado por infracção anterior, sobre a qual ainda não decorreu um prazo superior ao da prescrição da respectiva coima, contado a partir da data da decisão condenatória.

Artigo 29º – Procedimento

1 – A autoridade administrativa competente, antes da acusação, notifica o infractor da descrição sumária dos factos imputados, com menção das disposições legais violadas e indicação do valor da coima calculada.

2 – Na mesma notificação o infractor é informado da possibilidade de pagamento da coima, no prazo de cinco dias, com a redução prevista nos termos do artigo seguinte, desde que proceda simultaneamente ao cumprimento da obrigação devida.

3 – A ausência de resposta do infractor, recusa de pagamento no prazo referido no nº 2 ou o não cumprimento da obrigação devida, determina o imediato prosseguimento do processo de acordo com as regras previstas nos artigos 17º a 27º, com as seguintes adaptações:

a) O prazo previsto no nº 1 dos artigos 17º e 18º é reduzido para 10 dias;

b) O prazo previsto no nº 1 do artigo 19º é reduzido para 10 dias;

c) O prazo previsto no nº 1 do artigo 24º é reduzido para 30 dias.

Artigo 30º – Redução da coima

O valor da coima, calculado para os efeitos do nº 2 do artigo anterior, corresponde a 75% do montante mínimo legal aplicável.

Artigo 31º – Efeitos do cumprimento

O cumprimento da obrigação devida e o respectivo pagamento da coima nos termos do nº 2 do artigo 28º equivale a decisão condenatória definitiva, não podendo o facto voltar a ser apreciado como contra-ordenação, nem o infractor impugnar judicialmente aquela decisão.

SECÇÃO II – Fase judicial

Artigo 32º – Impugnação judicial das decisões de aplicação das coimas

A decisão da autoridade administrativa de aplicação de coima é susceptível de impugnação judicial.

Artigo 33º – Forma e prazo

1 – A impugnação judicial é dirigida ao tribunal de trabalho competente e deve conter alegações, conclusões e indicação dos meios de prova a produzir.

2 – A impugnação judicial é apresentada na autoridade administrativa que tenha proferido a decisão de aplicação da coima, no prazo de 20 dias após a sua notificação.

Artigo 34º – Tribunal competente

É competente para conhecer da impugnação judicial o tribunal de trabalho em cuja área territorial se tiver verificado a contra-ordenação.

(Nos termos do artº 126º da LOSJ aprovada pela Lei nº 62/2013, de 26 de Agosto)

Artigo 35º – Efeitos da impugnação judicial

1 – A impugnação judicial tem efeito meramente devolutivo.

2 – A impugnação judicial tem efeito suspensivo se o recorrente depositar o valor da coima e das custas do processo, no prazo referido no nº 2 do artigo 33º, em instituição bancária aderente, a favor da autoridade administrativa competente que proferiu a decisão de aplicação da coima.

3 – O depósito referido no número anterior pode ser substituído por garantia bancária, na modalidade «à primeira solicitação».

Artigo 36º – Envio dos autos ao Ministério Público

1 – Recebida a impugnação judicial e, sendo caso disso, efectuado o depósito referido no artigo anterior, a autoridade administrativa competente envia os autos ao Ministério Público no prazo de 10 dias, podendo, caso o entenda, apresentar alegações.

2 – Até ao envio dos autos, pode a autoridade administrativa competente revogar, total ou parcialmente, a decisão de aplicação da coima ou sanção acessória.

Artigo 37º – Apresentação dos autos ao juiz

O Ministério Público torna sempre presentes os autos ao juiz, com indicação dos respectivos elementos de prova, valendo este acto como acusação.

Artigo 38º – Não aceitação da impugnação judicial

1 – O juiz rejeita, por meio de despacho, a impugnação judicial feita fora do prazo ou sem respeito pelas exigências de forma.

2 – Deste despacho há recurso, que sobe imediatamente.

Artigo 39º – Decisão judicial

1 – O juiz decide do caso mediante audiência de julgamento ou através de simples despacho.

2 – O juiz decide por despacho quando não considere necessária a audiência de julgamento e o arguido ou o Ministério Público não se oponham.

3 – O despacho pode ordenar o arquivamento do processo, absolver o arguido ou manter ou alterar a condenação.

4 – O juiz fundamenta a sua decisão, tanto no que respeita aos factos como no que respeita ao direito aplicado e às circunstâncias que determinaram a medida da sanção, podendo basear-se em mera declaração de concordância com a decisão condenatória da autoridade administrativa.

5 – Em caso de absolvição, o juiz indica porque não considera provados os factos ou porque não constituem uma contra-ordenação.

(Para o nº 3 conformidade constitucional – Ac TC 141/2019)

Artigo 40º – Marcação da audiência

Ao aceitar a impugnação judicial o juiz marca a audiência, salvo no caso referido no nº 2 do artigo anterior.

Artigo 41º – Retirada da acusação

A todo o tempo, e até à sentença em primeira instância ou até ser proferido o despacho previsto no nº 2 do artigo 39º, pode o Ministério Público, com o acordo do arguido e da autoridade administrativa, retirar a acusação.

Artigo 42º – Participação do arguido na audiência

1 – O arguido não é obrigado a comparecer à audiência, salvo se o juiz considerar a sua presença como necessária ao esclarecimento dos factos.

2 – O arguido pode sempre fazer-se representar por defensor legal.

3 – Nos casos em que o juiz não ordenou a presença do arguido a audiência prossegue sem a presença deste.

Artigo 43º – Ausência do arguido

Nos casos em que o arguido não comparece nem se faz representar por advogado, tomam-se em conta as declarações que tenham sido colhidas no âmbito do processo de contra-ordenação que correu termos na autoridade administrativa competente ou regista-se que ele nunca se pronunciou sobre a matéria dos autos, apesar de lhe ter sido concedida a oportunidade para o fazer, e procede-se a julgamento.

Artigo 44º – Participação do Ministério Público

O Ministério Público está presente na audiência de julgamento.

Artigo 45º – Participação da autoridade administrativa competente

1 – O tribunal comunica à autoridade administrativa competente a data da audiência para, querendo, esta poder participar na audiência.

2 – O Ministério Público, após notificação da decisão de arquivamento do processo, absolvição ou alteração da condenação, solicita a pronúncia por escrito da autoridade administrativa competente, no prazo de cinco dias, a fim de ser equacionado um eventual recurso no processo.

3 – O tribunal comunica à autoridade administrativa competente, de imediato e antes do trânsito em julgado, a sentença, bem como as demais decisões finais.

Artigo 46º – Retirada da impugnação judicial

1 – A impugnação judicial pode ser retirada pelo arguido até à sentença em primeira instância ou até ser proferido o despacho previsto no nº 2 do artigo 39º.

2 – Depois do início da audiência de julgamento, a impugnação judicial só pode ser retirada mediante o acordo do Ministério Público.

Artigo 47º – Prova

1 – Compete ao Ministério Público promover a prova de todos os factos que considere relevantes para a decisão.

2 – Compete ao juiz determinar o âmbito da prova a produzir.

3 – O Ministério Público e o arguido podem arrolar até ao máximo de duas testemunhas por cada infracção.

4 – Quando se trate de três ou mais contra-ordenações a que seja aplicável uma coima única, o Ministério Público e o arguido podem arrolar até ao máximo de cinco testemunhas por todas as infracções.

Artigo 48º – Admoestação judicial

Excepcionalmente, se a infracção consistir em contra-ordenação classificada como leve e a reduzida culpa do arguido o justifique, pode o juiz proferir uma admoestação.

Artigo 49º – Decisões judiciais que admitem recurso

1 – Admite-se recurso para o Tribunal da Relação da sentença ou do despacho judicial proferidos nos termos do artigo 39º, quando:

a) For aplicada ao arguido uma coima superior a 25 UC ou valor equivalente;

b) A condenação do arguido abranger sanções acessórias;

c) O arguido for absolvido ou o processo for arquivado em casos em que a autoridade administrativa competente tenha aplicado uma coima superior a 25 UC ou valor equivalente, ou em que tal coima tenha sido reclamada pelo Ministério Público;

d) A impugnação judicial for rejeitada;

e) O tribunal decidir através de despacho não obstante o recorrente se ter oposto nos termos do disposto no nº 2 do artigo 39º.

2 – Para além dos casos enunciados no número anterior, pode o Tribunal da Relação, a requerimento do arguido ou do Ministério Público, aceitar o recurso da decisão quando tal se afigure manifestamente necessário à melhoria da aplicação do direito ou à promoção da uniformidade da jurisprudência.

3 – Se a sentença ou o despacho recorrido são relativos a várias infracções ou a vários arguidos e se apenas quanto a alguma das infracções ou a algum dos arguidos se verificam os pressupostos necessários, o recurso sobe com esses limites.

Artigo 50º – Regime do recurso

1 – O recurso é interposto no prazo de 20 dias a partir da sentença ou do despacho, ou da sua notificação ao arguido, caso a decisão tenha sido proferida sem a presença deste.

2 – Nos casos previstos no nº 2 do artigo anterior, o requerimento segue junto ao recurso, antecedendo-o.

3 – Nestes casos, a decisão sobre o requerimento constitui questão prévia, que é resolvida por despacho fundamentado do tribunal, equivalendo o seu indeferimento à retirada do recurso.

4 – O recurso segue a tramitação do recurso em processo penal, tendo em conta as especialidades que resultem desta lei.

Artigo 51º – Âmbito e efeitos do recurso

1 – Se o contrário não resultar da presente lei, a segunda instância apenas conhece da matéria de direito, não cabendo recurso das suas decisões.

2 – A decisão do recurso pode:

a) Alterar a decisão do tribunal recorrido sem qualquer vinculação aos termos e ao sentido da decisão recorrida;

b) Anulá-la e devolver o processo ao tribunal recorrido.

CAPÍTULO V – Prescrição

Artigo 52º – Prescrição do procedimento

Sem prejuízo das causas de suspensão e interrupção da prescrição previstas no regime geral das contra-ordenações, o procedimento extingue-se por efeito da prescrição logo que sobre a prática da contra-ordenação hajam decorrido cinco anos.

(Conformidade constitucional – Ac TC 297/2016)

Artigo 53º – Suspensão da prescrição

1 – A prescrição do procedimento por contra-ordenação suspende-se, para além dos casos especialmente previstos na lei, durante o tempo em que o procedimento:

a) Não possa legalmente iniciar-se ou continuar por falta de autorização legal;

b) Não possa prosseguir por inviabilidade de notificar o arguido por carta registada com aviso de recepção;

c) Esteja pendente a partir do envio do processo ao Ministério Público até à sua devolução à autoridade administrativa competente, nos termos previstos no regime geral das contra-ordenações;

d) Esteja pendente a partir da notificação do despacho que procede ao exame preliminar do recurso da decisão da autoridade administrativa competente, até à decisão final do recurso.

2 – Nos casos previstos nas alíneas *b*), *c*) e *d*) do número anterior, a suspensão não pode ultrapassar seis meses.

Artigo 54º – Interrupção da prescrição

1 – A prescrição do procedimento por contra-ordenação interrompe-se:

a) Com a comunicação ao arguido dos despachos, decisões ou medidas contra ele tomados ou com qualquer notificação;

b) Com a realização de quaisquer diligências de prova, designadamente exames e buscas, ou com o pedido de auxílio às autoridades policiais ou a qualquer autoridade administrativa;

c) Com a notificação ao arguido para exercício do direito de audição ou com as declarações por ele prestadas no exercício desse direito;

d) Com a decisão da autoridade administrativa competente que procede à aplicação da coima.

2 – Nos casos de concurso de infracções, a interrupção da prescrição do procedimento criminal determina a interrupção da prescrição do procedimento por contra-ordenação.

3 – A prescrição do procedimento tem sempre lugar quando, desde o seu início e ressalvado o tempo de suspensão, tenha decorrido o prazo da prescrição acrescido de metade.

Artigo 55º – Prescrição da coima

Sem prejuízo das causas de suspensão e interrupção da prescrição previstas no regime geral das contra-ordenações, as coimas prescrevem no prazo de cinco anos, a partir do carácter definitivo ou do trânsito em julgado da decisão condenatória.

Artigo 56º – Suspensão da prescrição da coima

A prescrição da coima suspende-se durante o tempo em que:

a) Por força da lei, a execução não pode começar ou não pode continuar a ter lugar;

b) A execução está interrompida;

c) Esteja em curso plano de pagamento em prestações.

Artigo 57º – Interrupção da prescrição da coima

1 – A prescrição da coima interrompe-se com a sua execução.

2 – A prescrição da coima ocorre quando, desde o seu início e ressalvado o tempo de suspensão, tenha decorrido o prazo normal da prescrição acrescido de metade.

Artigo 58º – Prescrição das sanções acessórias
Aplica-se às sanções acessórias o regime previsto nos artigos anteriores para a prescrição da coima.

CAPÍTULO V – Custas

Artigo 59º – Custas processuais
Sempre que o contrário não resulte da presente lei, são aplicáveis, com as devidas adaptações, as disposições do regulamento das custas processuais.

(O referido regulamento foi aprovado pelo Decreto-Lei nº 34/2008, de 26 de Fevereiro)

CAPÍTULO VI – Disposições finais

Artigo 60º – Direito subsidiário
Sempre que o contrário não resulte da presente lei, são aplicáveis, com as devidas adaptações, os preceitos reguladores do processo de contra-ordenação previstos no regime geral das contra-ordenações.

(Trata-se do DL 433/82, 27/10)

Artigo 61º – Cumprimento da obrigação devida
O pagamento da coima não dispensa o infractor do cumprimento da obrigação, se este ainda for possível.

(V. artº 21º do CRC)

Artigo 62º – Comunicações entre autoridades administrativas competentes
1 – Para efeitos do disposto no nº 2 do artigo 2º, as autoridades administrativas competentes comunicam entre si, trimestralmente, os procedimentos de contra-ordenação em curso e as coimas aplicadas.

2 – As autoridades administrativas competentes devem comunicar entre si, no prazo de 10 dias, a verificação de infracção a que corresponda uma contra-ordenação laboral ou de segurança social que não seja da sua competência.

Artigo 63º – Regiões Autónomas

Na aplicação da presente lei às Regiões Autónomas são tidas em conta as competências legais atribuídas aos respectivos órgãos e serviços regionais.

Artigo 64º – Norma revogatória

São revogados os artigos 14º a 32º do Decreto-Lei nº 64/89, de 25 de Fevereiro.

Artigo 65º – Entrada em vigor

1 – A presente lei entra em vigor no 1º dia do mês seguinte ao da sua publicação.

2 – As disposições da presente lei referentes aos meios áudio-visuais e informáticos só entram em vigor na data da sua implementação pelos competentes serviços do ministério responsável pela área laboral.

Aprovada em 23 de Julho de 2009. O Presidente da Assembleia da República, *Jaime Gama.*

Promulgada em 31 de Agosto de 2009. Publique-se. O Presidente da República, ANÍBAL CAVACO SILVA.

Referendada em 31 de Agosto de 2009. O Primeiro-Ministro, *José Sócrates Carvalho Pinto de Sousa.*

Decreto-Lei nº 83/2012, de 30 de Março

(...)

Artigo 3º – Missão e atribuições

2 – São atribuições do ISS, I. P.:

(...)

u) Exercer a acção fiscalizadora no cumprimento dos direitos e obrigações dos beneficiários e contribuintes do sistema de segurança social, das instituições particulares de solidariedade social e de outras entidades privadas que exerçam actividades de apoio social;

(...)

Artigo 17º – Poderes de autoridade

1 – O pessoal do ISS, I. P., quando no exercício de funções de acompanhamento e supervisão das instituições particulares de solidariedade social e de outras entidades privadas que exerçam actividades de apoio social e, ainda, no exercício de funções de fiscalização, goza das seguintes prerrogativas:

a) Direito de acesso e livre trânsito nos termos da lei, pelo tempo e horário necessários ao desempenho das suas funções, em todos os serviços e instalações das entidades públicas e privadas sujeitas ao exercício das suas atribuições;

b) Obter, das entidades auditadas para apoio nas acções de controlo e auditoria em curso, a cedência de instalações adequadas, material e equipamento próprio, bem como a colaboração de pessoal que se mostre indispensável;

c) Requisitar a colaboração necessária das autoridades policiais e administrativas para o exercício das suas funções;

d) Promover, nos termos legais, a selagem de quaisquer instalações, dependências, cofres ou móveis, bem como a apreensão, requisição ou reprodução de documentos em poder das entidades alvo de controlo e auditoria ou do seu pessoal, quando isso se mostre indispensável à realização da acção para o que deve ser levantado o competente auto, dispensável no caso de simples reprodução de documento;

e) Requisitar para exame, consulta e junção aos autos livros, documentos, registos, arquivos e outros elementos pertinentes em poder das entidades cuja actividade seja objecto da sua acção de controlo e auditoria.

2 – Ao pessoal referido no número anterior é aplicável o regime jurídico da actividade inspectiva dos serviços de inspecção, auditoria e fiscalização da administração central do Estado, no que se refere ao regime de incompatibilidades e impedimentos, bem como ao direito a apoio em processos judiciais.

3 – O pessoal do ISS, I. P., no exercício das prerrogativas previstas no presente artigo, é portador de um documento de identificação próprio, de modelo a fixar por portaria do membro do Governo responsável pela área da segurança social, devendo exibi-lo no exercício das suas funções.

(Para o nº 3, trata-se da Port 316/2011, 29/12)

(...)

Decreto-Lei nº 84/2012, de 30 de Março

(redacção do DL 56/2019, de 26 de Abril)

(...)

Artigo 15º – Execução de dívidas à segurança social

1 – Para efeitos do disposto no Decreto-Lei nº 42/2001, de 9 de Fevereiro, compete ao IGFSS, I. P., a instauração e instrução do processo de execução de dívidas à segurança social, através da secção de processo executivo do distrito da sede ou da área de residência do devedor.

2 – As instituições do sistema de segurança social remetem as certidões de dívida à secção de processo executivo do IGFSS, I. P., competente, nos termos do número anterior.

Artigo 15º-A – Poderes de autoridade [378]

1 – Os trabalhadores do IGFSS, I. P., quando no exercício das funções de fiscalização previstas na alínea f) do nº 3 do artigo 3º do presente decreto-lei, gozam das prerrogativas previstas no artigo 16º do Decreto-Lei nº 276/2007, de 31 de Julho, na sua redacção actual.

2 – Para efeitos do disposto no número anterior, os trabalhadores do IGFSS, I. P., são portadores de cartão de identificação profissional, de modelo a fixar por portaria do membro do Governo responsável pela área da segurança social, devendo exibi-lo no exercício das suas funções.

(...)

Portaria nº 135/2012, de 8 de Maio

Estatutos do Instituto da Segurança Social, I. P.

(...)

Artigo 8º – Departamento de Fiscalização

1 – Compete ao Departamento de Fiscalização, abreviadamente designado por DF, exercer a acção fiscalizadora no cumprimento dos direitos e obrigações dos beneficiários e contribuintes do sistema de segurança social, instituições particulares de solidariedade social (IPSS) e outras entidades privadas que exerçam actividades de apoio social.

2 – Compete, ainda, ao DF:

a) Desenvolver, em articulação com o DCGC, acções de esclarecimento e orientação dos beneficiários e contribuintes sobre os seus direitos e obrigações para com a segurança social, tendo em vista prevenir ou corrigir a prática de infracções;

b) Fiscalizar o cumprimento das obrigações dos beneficiários e contribuintes, nomeadamente as relacionadas com o enquadramento, a inscrição, o registo e a declaração de remunerações;

c) Elaborar e determinar o registo oficioso das declarações de remunerações, na sequência do resultado da acção inspectiva;

d) Fiscalizar os beneficiários de prestações sociais e, caso conclua pela não verificação, total ou parcial, dos requisitos necessários à manutenção dos mesmos,

[378] Aditado pelo DL 56/2019, de 26 de Abril.

determinar aos serviços competentes pela atribuição dos direitos que procedam à realização das diligências adequadas à correcção das irregularidades detectadas;

e) Elaborar autos de notícia respeitantes às actuações ilegais de beneficiários e contribuintes, detectadas no exercício das suas funções;

f) Exercer a acção fiscalizadora das IPSS e de outras entidades privadas que exerçam actividades de apoio social;

g) Efectuar a prospecção e o levantamento de estabelecimentos clandestinos e a funcionar ilegalmente;

h) Desenvolver, nos termos da lei, as acções necessárias ao encerramento dos estabelecimentos que exerçam actividades de apoio social;

i) Informar e esclarecer as entidades proprietárias e os utentes de estabelecimentos de apoio social quanto aos seus direitos e obrigações, com vista a prevenir ou corrigir a prática de infracções;

j) Elaborar autos de notícia respeitantes às actuações ilegais das IPSS e de outras entidades privadas, detectadas no exercício das suas funções;

k) Desenvolver as acções necessárias à instrução dos processos de investigação no âmbito de condutas ilícitas dos beneficiários e contribuintes em relação à segurança social, legalmente definidas;

l) Promover e realizar acções de prevenção criminal.

(...)

Portaria nº 417/2012, de 19 de Dezembro

(...)

ANEXO – Estatutos do Instituto de Gestão Financeira da Segurança Social, I.P

Artigo 1º – Estrutura

1 – A organização interna dos serviços do IGFSS, I.P., é constituído por:

(...)

4 – São unidades orgânicas territorialmente desconcentradas as Secções de Processo Executivo da Segurança Social, abreviadamente designadas por Secções de Processo.

5 – As Secções de Processo Executivo da Segurança Social constam do Anexo I aos presentes estatutos, do qual faz parte integrante, e integram o Departamento de Gestão da Dívida.

(...)

Artigo 9º – Secções de processo

1 – Compete às Secções de Processo executar as dívidas à Segurança Social:

a) Instaurando os processos executivos, no âmbito da recuperação executiva da dívida à segurança social;

b) Instruindo os processos executivos, praticando os actos previstos na legislação aplicável à recuperação executiva da dívida à segurança social.

2 – As Secções de Processo têm âmbito geográfico distrital sem prejuízo de, nos distritos com maior volume de processos, se justificar a existência de mais do que uma secção.

3 – A Secção de Processo Executivo 100, abreviadamente designada por SPE 100, tem âmbito geográfico nacional, sendo competente para a coordenação da execução de dívidas à Segurança Social de todas as pessoas singulares.

(...)

ANEXO I (nº 5 do artigo 1º dos Estatutos)

Secções de Processo Executivo da Segurança Social

Secção de Processo Executivo de Aveiro
Secção de Processo Executivo de Braga
Secção de Processo Executivo de Bragança
Secção de Processo Executivo de Beja
Secção de Processo Executivo de Castelo Branco
Secção de Processo Executivo de Coimbra
Secção de Processo Executivo de Évora
Secção de Processo Executivo de Faro
Secção de Processo Executivo de Guarda
Secção de Processo Executivo de Leiria
Secção de Processo Executivo de Lisboa I
Secção de Processo Executivo de Lisboa II
Secção de Processo Executivo de Lisboa III
Secção de Processo Executivo de Portalegre
Secção de Processo Executivo de Porto I
Secção de Processo Executivo de Porto II
Secção de Processo Executivo de Santarém
Secção de Processo Executivo de Setúbal
Secção de Processo Executivo de Viana do Castelo
Secção de Processo Executivo de Vila Real
Secção de Processo Executivo de Viseu
Secção de Processo Executivo 100

(...)

Decreto-Lei nº 93/2017, de 1 de Agosto

(...)

CAPÍTULO IV – Disposições finais

Artigo 15º – Notificações electrónicas da Segurança Social

1 – As notificações e as citações electrónicas no âmbito das relações jurídicas contributivas e prestacionais do sistema de segurança social e do processo executivo e do procedimento contra-ordenacional, quando não exista adesão ao serviço público de notificações electrónicas associado à morada única digital, são efectuadas através da plataforma informática disponibilizada pelo sítio electrónico da Segurança Social ou através da caixa postal electrónica.

2 – As notificações e citações previstas no número anterior, efectuadas através da plataforma informática disponibilizada no sítio electrónico da Segurança Social, equivalem à remessa por via postal, via postal registada ou por via postal registada com aviso de recepção, consoante os casos.

3 – Aplica-se à perfeição das notificações e das citações electrónicas referidas no nº 1, o disposto nos nºs 10 e 11 do artigo 39º e nos nºs 6 e 7 do artigo 191º do CPPT, respectivamente.

4 – Aplica-se ainda o disposto no nº 13 do artigo 38º do CPPT.

Artigo 16º – Regulamentação

Por portaria dos membros do Governo responsáveis pelas áreas da modernização administrativa, das finanças, da justiça, da segurança social c da saúde são definidos:

a) O sistema e os termos de adesão ao serviço público de notificações electrónicas por parte das pessoas a notificar e respectivos mecanismos de autenticação;

b) O mecanismo seguro de confirmação do endereço de correio electrónico escolhido;

c) O sítio na Internet e a aplicação móvel a partir dos quais é possível aceder ao sistema informático de suporte ao serviço público de notificações electrónicas;

d) O mecanismo de reencaminhamento das notificações electrónicas para a morada única digital da pessoa a notificar, bem como a respectiva periodicidade, no caso de impossibilidade de entrega da mesma;

e) A definição dos sistemas e dos mecanismos de interoperabilidade utilizados, incluindo os dados usados através do mecanismo de federação de identidades;

f) A definição de canais de envio de alertas relativos ao envio de notificações.

(Trata-se da Portaria nº 365/2017, de 7 de Dezembro)

(...)

Artigo 17º – Prevalência

1 – As normas estabelecidas no presente decreto-lei prevalecem sobre quaisquer outras disposições gerais ou especiais que versem sobre regimes de notificações electrónicas, nos termos do número seguinte.

2 – Caso a pessoa a notificar, por uma entidade aderente, tenha igualmente aderido ao serviço público de notificações electrónicas associado à morada única digital, a notificação deve ser remetida por aquele meio e prevalece relativamente ao envio da mesma notificação através de caixa de correio electrónica ou conta electrónica aberta junto da plataforma informática disponibilizada pelo sítio electrónico institucional do órgão competente.

Artigo 18º – Direito subsidiário

Em caso de omissão aplica-se, com as necessárias adaptações, o disposto no Código do Procedimento Administrativo em matéria de notificações electrónicas, salvo quando seja aplicável o Código de Procedimento e de Processo Tributário.

(...)

2. Gestão Financeira

– Decreto-Lei nº 367/2007, de 2 de Novembro – Financiamento do sistema

---

Decreto-Lei nº 367/2007, de 2 de Novembro

Com redacção dos seguintes diplomas:
– Lei nº 3-B/2010, de 28 de Fevereiro (artº 53º);
– Lei nº 55-A/2010, de 31 de Dezembro (artº 63º).

A nova Lei de Bases do Sistema de Segurança Social, Lei nº 4/2007, de 16 de Janeiro, introduziu algumas alterações na estrutura do sistema, agora composto pelo sistema de protecção social de cidadania, o sistema previdencial e o sistema complementar.

No que aos dois primeiros diz respeito, a referida Lei, na concretização do princípio da adequação selectiva das fontes de financiamento às modalidades de protecção social, clarificou e simplificou as regras de afectação de recursos a cada uma delas. O objectivo último subjacente a esta clarificação prendeu-se com a necessidade de tornar mais transparente e rigorosa a gestão financeira do sistema, pela delimitação precisa das responsabilidades em matéria de financiamento que devem caber, por um lado, ao Estado nas transferências realizadas para a área não contributiva da segurança social e, por outro, aos trabalhadores e entidades empregadoras que, através do pagamento de contribuições sociais, suportam os encargos com o sector contributivo. E assim precisou duas formas de financiamento: uma primeira, do sistema de protecção social de cidadania, através de transferências do Orçamento do Estado e da consignação de receitas fiscais; outra, do sistema previdencial, através das quotizações dos trabalhadores e das contribuições das entidades empregadoras.

Nesta linha, o presente decreto-lei vem agora estabelecer e desenvolver o quadro genérico do financiamento do sistema da segurança social, procurando discriminar as receitas e as despesas enquadradas em cada um dos sistemas. Particularmente inovadora e importante é a distinção no sistema previdencial entre a componente de gestão em repartição e a componente de gestão em capitalização, evidenciando-se o papel desta última enquanto garante da estabilização financeira do sistema em causa.

O presente decreto-lei foi objecto de consulta aos parceiros sociais com assento na Comissão Permanente de Concertação Social.

Foram ouvidos os órgãos de governo próprios das Regiões Autónomas e a Associação Nacional de Municípios Portugueses.

Assim:

No desenvolvimento da Lei nº 4/2007, de 16 de Janeiro, e nos termos das alíneas a) e c) do nº 1 do artigo 198º da Constituição, o Governo decreta o seguinte:

CAPÍTULO I – Objecto

Artigo 1º – Objecto

O presente decreto-lei estabelece o quadro genérico do financiamento do sistema da segurança social, procedendo à regulamentação do disposto no capítulo VI da Lei nº 4/2007, de 16 de Janeiro, abreviadamente designada por Lei de Bases, nomeadamente do disposto no seu artigo 90º.

CAPÍTULO II – Formas de financiamento do sistema de segurança social

SECÇÃO I – Disposições gerais

Artigo 2º – Adequação selectiva

1 – O financiamento do sistema de segurança social obedece ao princípio da adequação selectiva previsto no artigo 89º da Lei de Bases.

2 – O princípio da adequação selectiva consiste na determinação das fontes de financiamento e na afectação dos recursos financeiros, de acordo com a natureza e os objectivos das modalidades de protecção social e com as situações e medidas especiais, designadamente as relacionadas com políticas activas de emprego e formação profissional.

Artigo 3º – Formas de financiamento

Constituem formas de financiamento da segurança social, nos termos do artigo 90º da Lei de Bases, as seguintes:

a) Financiamento por quotizações dos trabalhadores por conta de outrem, por contribuições dos trabalhadores independentes, por contribuições das entidades empregadoras, devidas no âmbito dos regimes gerais de segurança social e, bem assim, por outras contribuições, devidas no âmbito de outros regimes de segurança social, ainda que de inscrição facultativa;

b) Financiamento por transferências do Orçamento do Estado;

c) Financiamento por consignação de receitas.

Artigo 4º – Adequação das formas de financiamento às modalidades de protecção

1 – No respeito pelo princípio da adequação selectiva, o financiamento das despesas do sistema da segurança social concretiza-se do seguinte modo:

a) A protecção garantida no âmbito do sistema de protecção social de cidadania, previsto no capítulo II da Lei de Bases, é financiada por transferências do Orçamento do Estado e por consignação de receitas;

b) As prestações substitutivas de rendimentos de actividade profissional, atribuídas no âmbito do sistema previdencial, previsto no capítulo III da Lei de Bases e, bem assim, as políticas activas de emprego e formação profissional são financiadas por quotizações dos trabalhadores e por contribuições das entidades empregadoras.

2 – Sem prejuízo do disposto na alínea b) do número anterior, a contrapartida nacional das despesas financiadas no âmbito do Fundo Social Europeu é suportada pelo Orçamento do Estado.

3 – A adequação das formas de financiamento às despesas do sistema obedece ao disposto nas secções seguintes.

Artigo 5º – Despesas de administração

1 – As despesas de administração e outras despesas comuns do sistema, qualquer que seja a sua natureza, são financiadas através das fontes correspondentes aos sistemas de protecção social de cidadania e previdencial, na proporção dos respectivos encargos.

2 – As despesas de administração do sistema previdencial-capitalização, a que se referem os artigos 13º e 16º, correspondem aos encargos decorrentes do serviço de administração e gestão dos fundos de capitalização da segurança social.

3 – Tendo em conta o disposto no nº 2 do artigo anterior, todas as despesas de administração, associadas a encargos com juros de linhas de crédito, decorrentes da implementação do Quadro de Referência Estratégico Nacional (QREN) são ainda suportadas pelo Orçamento do Estado.

4 – Não são consideradas despesas de administração as transferências do sistema de segurança social para serviços da Administração Pública, previstas no presente diploma.

5 – Sem prejuízo do disposto no nº 1, ficam salvaguardadas as receitas dos jogos sociais, as quais são consignadas à realização de programas na área da acção social.

SECÇÃO II – Financiamento do sistema de protecção social de cidadania

SUBSECÇÃO I – Receitas do sistema de protecção social de cidadania

Artigo 6º – Composição do sistema de protecção social de cidadania

O sistema de protecção social de cidadania engloba, nos termos do artigo 28º da Lei de Bases, o subsistema de acção social, o subsistema de solidariedade e o subsistema de protecção familiar.

Artigo 7º – Receitas do sistema de protecção social de cidadania

1 – Ao abrigo do disposto nos artigos 90º e 92º da Lei de Bases, constituem receitas do sistema de protecção social de cidadania as seguintes:

a) As transferências do Estado;

b) As receitas do IVA consignadas ao sistema de segurança social;

c) Outras receitas fiscais legalmente consignadas;

d) As transferências de outras entidades ou de fundos públicos ou privados;

e) As transferências ao abrigo de fundos comunitários e, bem assim, de programas da União Europeia, ainda que com contrapartida nacional, e sem prejuízo do disposto na alínea c) do nº 1 do artigo 14º;

f) As receitas dos jogos sociais, consignadas a despesas na área da acção social nos termos da legislação aplicável;

g) O produto de comparticipações previstas em lei ou em regulamentos, designadamente no âmbito da execução de programas de desenvolvimento social;

h) As transferências de organismos estrangeiros;

i) O produto de sanções pecuniárias aplicáveis no âmbito do sistema;

j) Outras receitas legalmente previstas.

2 – A alínea a) do número anterior compreende quer as transferências anuais do Orçamento do Estado quer as transferências provenientes de outras entidades das Administrações Públicas, nos termos da legislação aplicável.

(Para a alínea f) do nº 1, ver DL 56/2006, 15/03, com alterações)

Artigo 8º – Consignação do IVA [379]

1 – É consignada à realização da despesa com prestações sociais, no âmbito do subsistema de protecção familiar, a receita do IVA resultante do aumento da taxa normal operada através do nº 6 do artigo 32º da Lei nº 39-B/94, de 27 de Dezembro, relativamente à cobrança efectuada em cada exercício orçamental.

2 – Mantém-se ainda consignada à realização das despesas referidas no número anterior a receita do IVA resultante do aumento da taxa normal deste imposto, operada pela Lei nº 39/2005, de 24 de Junho, nos termos definidos no seu artigo 3º.

3 – O produto da receita do IVA referido nos números anteriores é afecto à segurança social anualmente.

4 – A satisfação dos encargos com o subsistema de protecção familiar é garantida pela receita fiscal referida no nº 1 e, no remanescente, por transferências do Orçamento do Estado para a segurança social.

(V. artº 3º da L 26-A/2008, 27/06, e artº 55º da L 3-B/2010, 28/04)
(Para 2019 ver artº 129º da L 71/2018, 31/12)

[379] Os nº 1 e 4 têm redacção do artº 53º da L 3-B/2010, 28/04.

SUBSECÇÃO II – Despesas do sistema de protecção social de cidadania

Artigo 9º – Despesas comuns do sistema

Constituem despesas comuns do sistema de protecção social de cidadania as que correspondam à concretização dos objectivos comuns e transversais deste, designadamente as despesas com a promoção da natalidade a que se refere o artigo 27º da Lei de Bases.

Artigo 10º – Despesas do subsistema de acção social

1 – Constituem despesas do subsistema de acção social as despesas com as políticas e medidas de prevenção e erradicação de situações de carência e de disfunção, exclusão ou vulnerabilidade sociais, nomeadamente em relação a determinados grupos sociais mais vulneráveis, crianças, jovens, pessoas portadoras de deficiência e idosos.

2 – As despesas do subsistema traduzem-se na concretização de:

a) Serviços e investimentos em equipamentos sociais;

b) Programas de combate à pobreza, disfunção, marginalização e exclusão sociais;

c) Prestações pecuniárias e em espécie.

3 – A concretização das despesas mencionadas na alínea a) do número anterior resulta designadamente da celebração de acordos ou protocolos de cooperação com instituições particulares de solidariedade social e outras e de outras formas de parceria previstas na legislação aplicável.

4 – A realização de serviços e investimentos em equipamentos sociais, referidos na alínea a) do nº 2, pode concretizar-se mediante transferências para outros sectores da Administração Pública cujas competências sejam enquadráveis na prossecução dos objectivos associados àqueles equipamentos.

5 – Constituem ainda despesas do subsistema as seguintes:

a) Programas e projectos de apoio às famílias, à infância e às vítimas de violência doméstica;

b) Despesas que se insiram no âmbito de programas de apoio aos refugiados;

c) Despesas no âmbito de políticas de lazer social;

d) Transferências para outros serviços públicos cujas competências sejam enquadráveis na prossecução dos objectivos da acção social;

e) Outras prestações e apoios enquadráveis nos objectivos do subsistema de acção social;

f) Outras despesas previstas por lei.

Artigo 11º – Despesas do subsistema de solidariedade

1 – Constituem despesas do subsistema de solidariedade as despesas com a protecção social por este assegurada, designadamente com o pagamento de:

a) Prestações do regime de solidariedade e regimes legalmente equiparados, incluindo prestações e complementos sociais em caso de insuficiência da carreira contributiva dos beneficiários ou das prestações substitutivas de rendimentos de trabalho;

b) Prestações do rendimento social de inserção;

c) Complemento solidário para idosos;

d) Subsídio social de desemprego;

e) Encargos decorrentes do aumento de despesas em virtude de regimes de antecipação da pensão de velhice;

f) Outras situações de ausência ou diminuição de suporte contributivo específico por força da concretização do princípio da solidariedade de base profissional aplicável no sistema previdencial.

2 – Constituem ainda despesas do subsistema:

a) As despesas de outros ministérios ou sectores cuja responsabilidade pelo pagamento caiba ao sistema de segurança social, designadamente com o pagamento de subsídios de renda ou com a prestação de apoio judiciário;

b) Transferências para outras entidades públicas ou privadas cujas competências se enquadrem na prossecução dos objectivos do subsistema de solidariedade;

c) Outras prestações e apoios enquadráveis nos objectivos do subsistema de solidariedade.

3 – A perda ou diminuição de receita associada à fixação de taxas contributivas mais favoráveis é ainda objecto de financiamento por transferências do Estado, sem prejuízo do disposto no número seguinte.

4 – A perda ou diminuição de receita associada a medidas de estímulo ao emprego e ao aumento de postos de trabalho é financiada em 50% por transferências do Estado.

Artigo 12º – Despesas do subsistema de protecção familiar

1 – Constituem despesas do subsistema de protecção familiar as despesas com a protecção social nas eventualidades encargos familiares, deficiência e dependência.

2 – A protecção garantida pelo subsistema é susceptível de ser alargada de modo a dar resposta a novas necessidades sociais, bem como as que relevem dos domínios da dependência e da deficiência.

SECÇÃO III – Financiamento do sistema previdencial

SUBSECÇÃO I – Disposição geral

Artigo 13º – Gestão financeira do sistema previdencial

1 – A gestão financeira do sistema previdencial obedece aos métodos de repartição e de capitalização.

2 – A capitalização a que se refere o número anterior é a capitalização pública de estabilização.

3 – A componente financeira do sistema previdencial gerida em repartição é denominada sistema previdencial repartição e a componente gerida em capitalização denomina-se sistema previdencial capitalização.

SUBSECÇÃO II – Sistema previdencial repartição

Artigo 14º – Receitas do sistema [380]

1 – Ao abrigo do disposto nos artigos 90º e 92º da Lei de Bases, constituem receitas do sistema previdencial as seguintes:

a) Receitas provenientes das quotizações dos trabalhadores por conta de outrem, das contribuições dos trabalhadores independentes, das contribuições das entidades empregadoras, devidas no âmbito dos regimes gerais de segurança social e, bem assim, de outras contribuições, devidas no âmbito de outros regimes de segurança social, ainda que de inscrição facultativa;

b) Receitas provenientes de entidades ou fundos públicos associados a políticas activas de emprego e formação profissional;

c) Receitas do Fundo Social Europeu e respectiva contrapartida nacional a cargo do Orçamento do Estado;

d) Rendimentos provenientes da rendibilização dos excedentes de tesouraria;

e) Transferências do sistema de protecção social de cidadania;

f) O produto de sanções pecuniárias aplicáveis no âmbito do sistema;

g) Receitas resultantes da contracção de empréstimos, autorizados nos termos da lei;

h) As receitas referentes aos nºs 3 e 4 do artigo 11º;

i) Outras receitas legalmente previstas.

2 – As receitas referidas na alínea a) do número anterior correspondem ao produto da taxa contributiva global ou de outra, quando aplicável, pela base de

[380] As alíneas h) e i) do nº 1 na redacção da L 55-A/2010, 31/12.
O nº 3 na redacção da L 55-A/2010, 31/12. Teve redacção da L 3-B/2010, 28/04.
O nº 4 na redacção da L 3-B/2010, 28/04.

incidência, destinada a compensar a ocorrência das eventualidades integradas no sistema previdencial e, bem assim, as despesas com as políticas activas de emprego e formação profissional, nos termos legalmente previstos.

3 – Transferências do Orçamento do Estado para financiar o pagamento dos salários intercalares previstos no artigo 98º-N do Código do Processo do Trabalho, aprovado pelo Decreto-Lei nº 480/99, de 9 de Novembro, alterado pelos Decretos-Leis nºs 323/2001, de 17 de Dezembro, 38/2003, de 8 de Março, e 295/2009, de 13 de Outubro.

4 – Sem prejuízo do disposto no nº 1, pode haver lugar a transferências do Orçamento do Estado e, bem assim, a transferências do Fundo de Estabilização Financeira da Segurança Social quando a situação financeira do sistema previdencial o justifique.

Artigo 15º – Despesas do sistema

1 – Constituem despesas do sistema previdencial as despesas com a protecção social nas eventualidades doença, maternidade, paternidade e adopção, desemprego, doenças profissionais, invalidez, velhice e morte e demais despesas previstas por lei relacionadas com a prossecução dos objectivos deste sistema.

2 – O elenco das eventualidades referidas no número anterior pode ser alargado, em função da necessidade de dar cobertura a novos riscos sociais, nos termos e nas condições legalmente previstos, em função de determinadas situações e categorias de beneficiários.

3 – Constituem ainda despesas do sistema previdencial, nos termos do nº 2 do artigo 90º da Lei de Bases, as seguintes despesas com políticas activas de emprego e formação profissional:

a) Pagamento de compensações e outras prestações aos trabalhadores em caso de suspensão ou cessação dos respectivos contratos de trabalho, previstas por lei;

b) Transferências para outros serviços ou entidades públicas no quadro da prossecução de objectivos de políticas de emprego, higiene e segurança no trabalho e formação profissional;

c) Realização de acções de formação profissional;

d) Os encargos decorrentes de taxas contributivas mais favoráveis em virtude de medidas de estímulo ao emprego e ao aumento de postos de trabalho que não sejam objecto de financiamento por transferências do Orçamento do Estado nos termos previstos no nº 4 do artigo 11º.

SUBSECÇÃO III – Sistema previdencial capitalização

Artigo 16º – Objectivos da capitalização pública de estabilização

1 – A capitalização pública de estabilização tem por objectivo contribuir para o equilíbrio e sustentabilidade do sistema previdencial.

2 – O sistema previdencial capitalização, nos termos do nº 1 do artigo 91º da Lei de Bases, deve garantir, através de reservas acumuladas no Fundo de Estabilização Financeira da Segurança Social, um montante equivalente ao pagamento de pensões aos beneficiários por um período mínimo de dois anos.

Artigo 17º – Receitas

1 – Nos termos do artigo 91º da Lei de Bases, constituem receitas do sistema previdencial capitalização, integrando o Fundo de Estabilização Financeira da Segurança Social, as receitas resultantes de:

a) Uma parcela entre 2 e 4 pontos dos 11 pontos percentuais correspondentes às quotizações dos trabalhadores por conta de outrem;

b) Alienação do património do sistema de segurança social;

c) Rendimentos do património próprio e do património do Estado consignados ao reforço das reservas de capitalização;

d) Ganhos obtidos das aplicações financeiras geridos em regime de capitalização;

e) Excedentes anuais do sistema de segurança social, excepto aqueles que decorram de programas financiados por transferências comunitárias;

f) O produto de eventuais excedentes de execução do Orçamento do Estado de cada ano;

g) Outras fontes previstas por lei.

2 – A transferência para capitalização a que se refere a alínea a) do número anterior é obrigatória, excepto se a conjuntura económica do ano a que se refere ou a situação financeira do sistema previdencial justificadamente o não permitirem.

(A alínea a) do nº 1 deve considerar-se aplicável a independentes e seguro social voluntário por também no seu âmbito material estarem contidas prestações diferidas)

Artigo 18º – Despesas

Constituem despesas do sistema previdencial capitalização as seguintes:

a) Investimentos;

b) Transferências para o sistema previdencial repartição;

c) Outras despesas previstas por lei.

CAPÍTULO III – Disposição transitória

Artigo 19º – Regime aplicável às despesas no âmbito do QCA III

Sem prejuízo do disposto no nº 2 do artigo 4º do presente decreto-lei, as despesas relativas à contrapartida nacional do 3º Quadro Comunitário de Apoio são objecto de financiamento nos termos seguintes:

a) 50%, por transferências do Orçamento do Estado;

b) 50%, por receitas do sistema previdencial.

CAPÍTULO IV – Disposições finais

Artigo 20º – Criação de novas prestações

1 – A criação de novas prestações no subsistema de acção social, após a entrada em vigor do presente decreto-lei e que sejam objecto de financiamento pelo Orçamento do Estado ou por consignação de receitas fiscais, consta de portaria conjunta dos ministros responsáveis pela área das finanças e da segurança social, sem prejuízo de outra forma que seja imposta, designadamente pela lei de enquadramento orçamental.

2 – O disposto no número anterior não é aplicável às prestações cuja denominação se altere nem àquelas que se destinem a substituir outras e não alarguem o âmbito pessoal e material respectivo ou que correspondam à actualização de encargos legalmente prevista.

Artigo 21º – Execução financeira

O Ministério do Trabalho e da Solidariedade Social apresenta mensalmente uma estimativa da execução financeira do sistema de segurança social, resultante da aplicação do presente decreto-lei, até final do mês seguinte do período a que diz respeito, incluindo, designadamente, informação sobre o número de beneficiários, receitas e despesas, desagregadas por sistema, subsistema e fontes de financiamento.

Artigo 22º – Projecções de longo prazo de receitas e despesas

1 – Compete a um grupo de trabalho, especialmente nomeado para o efeito pelo ministro responsável pela área da segurança social, produzir projecções actualizadas de longo prazo dos encargos das prestações diferidas, das quotizações dos trabalhadores e das contribuições das entidades empregadoras, para o efeito designadamente, nos termos do nº 4 do artigo 93º da Lei de Bases, do seu envio à Assembleia da República no quadro do processo orçamental.

2 – O grupo de trabalho referido no número anterior contará com um representante do ministro responsável pela área das finanças.

Artigo 23º – Norma revogatória

É revogado o Decreto-Lei nº 331/2001, de 20 de Dezembro.

Artigo 24º – Produção de efeitos

O presente decreto-lei produz efeitos a partir de 1 de Janeiro de 2008.

Visto e aprovado em Conselho de Ministros de 13 de Setembro de 2007. – *José Sócrates Carvalho Pinto de Sousa – Fernando Teixeira dos Santos – José António Fonseca Vieira da Silva.*

Promulgado em 22 de Outubro de 2007. Publique-se. O Presidente da República, *Aníbal Cavaco Silva.*

Referendado em 25 de Outubro de 2007. O Primeiro-Ministro, *José Sócrates Carvalho Pinto de Sousa.*

APÊNDICE

LISTA DE DIPLOMAS DE REGIMES E PRESTAÇÕES NÃO REPRODUZIDOS NESTA COMPILAÇÃO [381]

(Por ordem cronológica)

Decreto n.º 45 266, de 23 de Setembro de 1963 (art.º 80.º n.º4 e 5) – Complemento de pensão por cônjuge a cargo
Portaria de 18 de Dezembro de 1975 – Reforma por velhice. Inscritos marítimos da marinha de comércio
Decreto-Lei nº 127/78, de 3 de Junho – Responsabilidade pelas contribuições de técnicos e gestores requisitados
Decreto Regulamentar nº 23/78, de 15 de Julho – Deputados
Decreto-Lei nº 141/79, de 22 de Maio – Pessoal dos organismos de coordenação económica e outros – Pensão global
Decreto-Lei nº 11/82, de 19 de Janeiro – Trabalhadores intelectuais
Artº 6º – Facultatividade
Lei nº 28/82, de 15 de Novembro (artº 23º-A) – Juízes do Tribunal Constitucional
Decreto-Lei nº 193/84, de 11 de Junho (artº 12º) – Empresas comuns de pesca
Portaria nº 212/85, de 17 de Abril (artº 42º) – Trabalhadores das associações de beneficiários das obras de rega
Decreto-Lei nº 165/85, de 16 de Maio (artº 16º) – Trabalhadores dos centros protocolares
Lei nº 2/86, de 20 de Janeiro – Pessoal de apoio aos deputados do Parlamento Europeu
Decreto-Lei nº 165/86, de 20 de Junho (artº 9º) – Isenção de contribuições – Zona Franca da Madeira
Decreto-Lei nº 262/86, de 2 de Setembro – artº 78º do Cód. Soc. Com.– Responsabili-

[381] Para além dos diplomas alteradores dos diplomas reproduzidos.
Para os diplomas publicados até Maio de 2013 ver 5ª edição.

dade dos gerentes

Decreto Regulamentar nº 40/86, de 12 de Setembro – Pensão de velhice. Pescadores

Decreto-Lei nº 403/86, de 3 de Dezembro (artº 72º-A do Código do Registo Civil) – Comunicações obrigatórias

Decreto-Lei nº 68/87, de 9 de Fevereiro – Responsabilidade dos gerentes e administradores de sociedades

Decreto-Lei nº 203/87, de 16 de Maio – Revogação dos DL 410/74 e 607/74 (Eliminação do "plafond" contributivo)

Lei nº 29/87, de 30 de Junho (art. 13º) – Regime dos eleitos locais

Decreto-Lei nº 18/89, de 11 de Janeiro (arts 10º e 11º) – Regula as actividades ocupacionais. Deficientes

Decreto-Lei nº 40/89, de 1 de Fevereiro (parcial) – Seguro social voluntário

Decreto-Lei nº 41/89, de 2 de Fevereiro – Pensões. Acumulação com rendimento de trabalho

Decreto-Lei nº 64/89, de 25 de Fevereiro (arts 9º, 11º, 13º e 33º) – Contra-ordenações

Decreto-Lei nº 96/89, de 20 de Março (artº 25º) – Tripulantes de navios da Madeira

Decreto-Lei nº 141/89, de 28 de Abril (artº 16º) – Regime das ajudantes familiares

Decreto-Lei nº 336/89, de 4 de Outubro (arts 1º e 9º) – Regime dos sócios das sociedades de agricultura de grupo

Decreto Regulamentar nº 31/90, de 21 de Setembro – Regulamenta o DL 336/89 (Sócios de sociedades de agricultura de grupo)

Lei nº 9/91, de 9 de Abril (artº 13º) – Provedor de Justiça

Decreto-Lei nº 141/91, de 10 de Abril – Acumulação de pensões

Decreto-Lei nº 236/91, de 28 de Junho (arts 3º, 4º, 6º, 7º e 10º) – Cobrança de contribuições para a segurança social

Decreto-Lei nº 261/91, de 25 de Julho (artº 12º) – Pré-reforma antecipada

Decreto-Lei nº 391/91, de 10 de Outubro (artº 20º nº 1) – Regime dos membros da família de acolhimento

Decreto-Lei nº 46/93, de 20 de Fevereiro – Adaptação do regime do desemprego à legislação comunitária

Lei nº 7/93, de 1 de Março (artº 18º) – Deputados

Decreto-Lei nº 64/93, de 5 de Março – Trabalhadores destacados

Decreto-Lei nº 286/93, de 20 de Agosto – Pensão de aposentação dos inscritos na CGA após 1/9/93

Portaria nº 56/94, de 21 de Janeiro – Valores convencionais das remunerações para as pensões

Decreto-Lei nº 131/95, de 6 de Junho (artº 102º-A) – Comunicação obrigatória do registo de nascimento

Decreto-Lei nº 195/95, de 28 de Julho – Regime de invalidez e velhice dos mineiros e das pedreiras

Despacho Normativo nº 61/95, de 11 de Outubro – Regime dos trabalhadores da Junta Autónoma de Estradas afectos à Ponte sobre o Tejo (Lusoponte)

Portaria nº 1272/95, de 25 de Outubro (artº 12º) – Regime dos formandos dos cursos de educação e formação profissional

Portaria nº 192/96, de 30 de Maio (13º) – Projectos ocupacionais
Portaria nº 224/96, de 24 de Junho – Regulamenta o DL 64/93 (Destacamento)
Decreto-Lei nº 205/96, de 25 de Outubro (artº 25º) – Regime da aprendizagem
Decreto-Lei n° 133-B/97, de 30 de Maio – Regime jurídico das prestações familiares
Decreto nº 58/97, de 15 de Outubro (arts 1º e 19º, nº 2) – Trabalhadores da USFORAZORES
Decreto-Lei nº 8/98, de 15 de Janeiro – Formandos
Decreto-Lei nº 129/98, de 13 de Maio (artº 13º-A do Regime do Registo Nacional de Pessoas Colectivas) – Comunicações obrigatórias
Decreto-Lei nº 361/98, de 18 de Novembro – Pensão unificada
Decreto-Lei nº 73/99, de 16 de Março – Juros de mora por dívidas ao Estado
Decreto-Lei n° 265/99 de 14 de Julho – Complemento por dependência
Decreto-Lei nº 290-D/99, de 2 de Agosto (arts 1º a 6º) – Validade, eficácia e valor probatório dos documentos electrónicos
Portaria n° 764/99, de 27 de Agosto – Normas de execução do DL 265/99 (complemento por dependência)
Decreto-Lei nº 389/99, de 30 de Setembro (arts 6º a 12º e 16º e 17º) – Regime de protecção dos voluntários
Decreto-Lei nº 435/99, de 29 de Outubro (arts 4º e segs) – Continuação facultativa de pagamento de contribuições – situação de antecipação de pensão
Decreto-Lei nº 482/99, de 9 de Novembro – Profissionais de bailado – Pensão de velhice
Decreto-Lei nº 483/99, de 9 de Novembro – Trabalhadores portuários – Pensão
Decreto-Lei nº 67/2000, de 26 de Abril – Pessoal docente – desemprego
Portaria nº 129/2001, de 27 de Fevereiro – Unificação de períodos contributivos dos inscritos marítimos
Despacho Conjunto nº 561/2001, de 5 de Junho – Reclusos em regime aberto – Redução contributiva
Lei nº 16/2001, de 22 de Julho (arts 15º, 63º e 64º) – Lei da liberdade religiosa
Portaria nº 1039/2001, de 27 de Agosto – Declaração de remunerações em suporte informático
Decreto-Lei nº 8-B/2002, de 15 e Janeiro (arts 17º, 21º, 23º e 32º) – Competências, cheques e declaração de situação contributiva
Decreto Legislativo Regional nº 8/2002/A, de 10 de Abril (artº 3º, 8º) – Acréscimo regional ao salário mínimo e complemento de pensão
Portaria nº 396/2002, de 15 de Abril – Bonificações das pensões dos bombeiros
Decreto-Lei nº 176/2003, de 2 de Agosto (versão do DL 133/2012) – Abono de família para crianças e jovens, Abono de família pré-natal e Subsídio de funeral
Lei nº 13/2004, de 14 de Abril (arts 1º, 2º, 17º e 28º) – Agentes da cooperação
Lei nº 40/2004, de 18 de Agosto (arts 9º a 11º) – Bolseiros de investigação
Decreto-Lei nº 28/2005 de 10 de Fevereiro – Aplicação do DL 195/95 aos trabalhadores da ENU
Lei nº 52-A/2005, de 10 de Outubro
Arts 7º, 8º e 10º – Subvenções vitalícias
Arts 9º e 10º – Cumulação com pensões

Lei nº 60/2005, de 29 de Dezembro (arts 1º e 2º) – Alargamento de âmbito a funcionários e agentes do Estado
Decreto-Lei nº 56/2006, de 15 de Março – Receitas dos jogos sociais
Portaria nº 458/2006, de 18 de Maio – Regulamenta o artº 7º do DL 176/2003
Decreto-Lei nº 117/2006, de 20 de Junho – Transição de regime da Administração Pública para o regime geral (doença, doenças profissionais, maternidade e desemprego)
Decreto-Lei nº 165/2006, de 11 de Agosto (arts 36º e 36ºA) – Regime dos trabalhadores do ensino português no estrangeiro
Lei nº 53-B/2006, de 29 de Dezembro – Indexante dos apoios sociais
Lei nº 5/2007, de 16 de Janeiro (artº 41º) – Segurança social dos desportistas
Portaria nº 91/2007, de 22 de Janeiro – Taxas por intervenção médica
Portaria nº 168/2007, de 5 de Fevereiro – Normas de execução do DL 117/2006
Decreto-Lei nº 71/2007, de 27 de Março (arts 1º a 3º e 35º) – Estatuto do gestor público
Decreto-Lei nº 241/2007, de 21 de Junho (parcial) – Estatuto social do bombeiro
Decreto-Lei nº 377/2007, de 9 de Novembro (artº 4º) – Regulamento das juntas médicas
Portaria nº 96-B/2008, de 30 de Janeiro – Articulação CGA / ISS
Lei nº 4/2008, de 7 de Fevereiro (arts 1º a 4º e 21º a 21F) – Regime dos profissionais das artes de espectáculo e audiovisual
Lei nº 11/2008, de 20 de Fevereiro (arts 9º e 10º) – Subsídio de desemprego a trabalhadores em funções públicas
Decreto-Lei nº 34/2008, de 26 de Fevereiro (artº 22º e artº 5º do Regulamento das Custas Processuais) – Unidade de conta
Lei nº 12-A/2008, de 27 de Fevereiro (artº 114º) – Trabalhadores em funções públicas
Lei nº 4/2009, de 29 de Janeiro – Regime dos trabalhadores em funções públicas
Portaria nº 128/2009, de 30 de Janeiro – Trabalho socialmente necessário
Lei nº 7/2009, de 12 de Fevereiro – Aprova o Código do Trabalho (CT)
arts 33º a 65º do CT – maternidade e paternidade
arts 254º e 296º do CT– suspensão e caducidade do contrato de trabalho
arts 273º a 275º do CT – retribuição mínima mensal garantida (RMMG)
arts 281º a 284º do CT – acidentes de trabalho e doenças profissionais
arts 298º a 308º do CT – compensação retributiva *(lay-off)*
arts 318º a 322º, 343º e 348º do CT – efeitos da pré-reforma e da reforma
artº 336º – garantia salarial
Decreto-Lei nº 54/2009, de 2 de Março – Alargamento do regime geral aos trabalhadores bancários a admitir, passando a grupo fechados os já inscritos no regime substitutivo constante do IRCT do sector bancário
Decreto-Lei nº 156/2009, de 9 de Julho – Pilotos de aeronaves
Lei nº 71/2009, de 6 de Agosto (artº 6º) – Parentalidade – crianças e jovens com doença oncológica
Lei nº 98/2009, de 4 de Setembro – Regulamenta o regime de reparação de acidentes de trabalho e de doenças profissionais
Portaria nº 985/2009, de 4 de Setembro (arts 1º, 2º, 12º e 13º) – Pagamento do subsídio de desemprego de uma só vez
Lei nº 101/2009, de 8 de Setembro (arts 1º e 14º) – Trabalho no domicílio

Lei nº 102/2009, de 10 de Setembro (arts 50º a 60º) – Trabalhadoras grávidas, puérperas e lactantes
Lei nº 105/2009, de 14 de Setembro (Regulamenta e altera o CT)
arts 17º a 24º – Prova de doença
arts 25º a 31º – Subsídio de desemprego
Lei nº 112/2009, de 16 de Setembro (artº 47º) – Transferência do abono para vítimas
Decreto-Lei nº 260/2009, de 25 de Setembro (arts 1º e 13º) – Trabalho temporário
Decreto-Lei nº 272/2009, de 1 de Outubro (artº 40º) – Praticantes desportivos de alto rendimento
Decreto-Lei nº 290/2009, de 12 de Outubro (arts 39º e 67º) – Emprego apoiado
Portaria nº 1315/2009, de 21 de Outubro – Subsídio de educação especial – Comparticipação familiar
Portaria nº 1324/2009, de 21 de Outubro – Mensalidades das cooperativas e associações de ensino especial
Portaria nº 1388/2009, de 12 de Novembro – Mensalidades de estabelecimentos de ensino especial privados
Lei nº 10/2010, de 14 de Junho – Trabalhadores da ENU. Assistência médica
Decreto-Lei nº 70/2010, de 16 de Junho – Conceito de rendimento e de agregado familiar
Decreto-Lei nº 140-B/2010, de 30 de Dezembro – Integração dos trabalhadores do grupo fechado da PT e ex-CTT como grupo fechado na segurança social com a extinção da Caixa da Rádio Marconi
Decreto-Lei nº 1-A/2011, de 3 de Janeiro – Integração dos trabalhadores do regime substitutivo do ACTV (como grupo fechado) na segurança social com extinção da Caixa dos Bancários
Portaria nº 92/2011, de 28 de Fevereiro (artº 15º) – Estágios profissionais
Portaria nº 159/2011, de 15 de Abril – Regime de acumulação de pensão com funções públicas
Decreto-Lei nº 66/2011, de 1 Junho (artº 10º) – Contratos de estágio
Lei nº 28/2011, de 16 de Junho (arts 3º e 4º) – Regras transitórias dos profissionais das artes de espectáculo e audiovisual
Decreto-Lei nº 127/2011, de 31 de Dezembro – Pagamento das pensões do grupo fechado dos bancários
Decreto-Lei nº 32/2012, de 13 de Fevereiro (artº 76º) – Pensão global . regime financeiro
Decreto-Lei nº 88/2012, de 10 de Abril – Bancários do BPN
Lei nº 20/2012, de 14 de Maio (artº 18º) – Não suspensão dos montantes adicionais aos bancários e permissão de exercício de funções públicas
Decreto-Lei nº 213/2012, de 25 de Setembro – Acordos de regularização voluntária de contribuições
Portaria nº 344/2012, de 26 de Outubro – Reavaliação de escalões de rendimento
Decreto-Lei nº 13/2013, de 25 de Janeiro (artº 8º) – Complemento de pensão por cônjuge a cargo
Decreto-Lei nº 30/2013, de 22 de Fevereiro – Bancários do IFADAP

Portaria nº 220/2013, de 4 de Julho – Transmissão electrónica do CIT
Decreto-Lei nº 167-E/2013, de 31 de Dezembro – Altera o regime de pensões e pré-reforma
art° 10º – repristina o artº 12º do DL 261/91
Lei nº 35/2014, de 20 de Junho (arts 291º e 292º) – Caducidade do contrato de trabalho em funções públicas
Decreto-Lei nº 8/2015, de 14 de Janeiro – Pensão antecipada
Portaria nº 26/2015, de 10 de Fevereiro – Incentivo à aceitação de ofertas de emprego
Portaria nº 86/2015, de 20 de Março – Medida Reactivar (contratos de estágio)
Decreto-Lei nº 59/2015, de 21 de Abril – Garantia salarial
Decreto-Lei nº 10/2016, de 8 de Março – Antecipação por flexibilidade (2016)
Lei nº 7/2016, de 17 de Março – Majoração da parentalidade nas RA
Lei nº 9/2016, de 4 de Abril – Apoio na Terceira (até 2019)
artº 3º a 5º – desemprego
art 6º – abono de família
Lei nº 10/2016, de 4 de Abril – Compensação por morte – Mineiros da ENU
Lei nº 29/2016, de 23 de Agosto (arts 4º e 5º) – Agricultura familiar nas RA
Portaria nº 282/2016, de 27 de Outubro – Modelo de acompanhamento personalizado
Decreto-Lei nº 72/2017, de 21 de Junho – Dispensa de contribuições – 1º emprego e desempregados
Portaria nº 25/2018, de 18 de Janeiro – Idade de reforma por velhice (66 A e 5 M) (2019) e factor de sustentabilidade (2018)
Lei nº 54/2018, de 20 de Agosto – Majoração do indexante dos deficientes das FA (+ 35%)
Decreto-Lei nº 76/2018, de 11 de Outubro (arts 20º e 21º) – Militares em regime de contrato
Aviso nº 212/2019, de 17 de Dezembro de 2018 (DR, 2ª 04/01/2018) – Taxa de juro de mora
Decreto-Lei nº 117/2018, de 27 de Dezembro – RMMG – € 600 (2019)
Lei nº 71/2018, de 31 de Dezembro (arts 1º, 109º a 134º, 136º e 154º a 158º) – Orçamento do Estado
Portaria nº 24/2019, de 17 de Janeiro – Valor do IAS (€ 435,76 – 2019)
Portaria nº 49/2019, de 8 de Fevereiro – Coeficientes de revalorização (2019)
Portaria nº 50/2019, de 8 de Fevereiro – Idade de reforma por velhice (66 A e 5 M) (2020) e factor de sustentabilidade (2019)
Decreto Legislativo Regional nº 1/2019/M, de 15 de Fevereiro – RMMG na RAM – € 615 (2019)
Lei nº 22/2019, de 26 de Fevereiro (artº 14º) – Pré-reforma dos profissionais de bailado
Portaria nº 88/2019, de 25 de Março – Trabalhadores das pedreiras
Portaria nº 112-A/2019, de 12 de Abril – Incentivos ao 1º emprego e desempregados
Decreto-Lei nº 87/2019, de 2 de Julho – Bombeiros sapadores e municipais
Portaria nº 276/2019, de 28 de Agosto – Actualização das prestações familiares

ÍNDICES[382]

[382] Convenções no índice temático:
– Os diplomas com identificação completa (nº e data) não fazem parte desta compilação;
– Os números em bold indicam o número de página.

1. ÍNDICE TEMÁTICO

2. ÍNDICE CRONOLÓGICO DE DIPLOMAS